KB268033

고대 기독교 교리사

고대기독교 교리사

저자 J.N.D. 켈리

역자 박희석

크리스챤
다이제스트

제5판 서문

제5판을 준비하면서, 나는 이전의 세 판본에서보다 훨씬 더 많은 수정을 행하였고, 광범위하게 개정하였다. 실제로 몇몇 절들에서 나는 최신의 지식 또는 내 자신의 변경된 견해를 반영하기 위하여 문단이나 페이지 전체를 다시 쓴 경우도 있었다. 나는 친구들의 조언에 깊이 감사하는데, 특히 고맙게도 수정해야 할 대목들을 십수 개나 지적해준 G. C. Stead 교수께 감사를 드린다. 또한 나는 몇몇 학자들이 내게 본서에서 다루어지지 않았다고 주의를 환기시켜준 공백을 메우는 것이 바람직하다고 생각해서 마지막 장을 새로 추가하였다.

1976년 11월 16일

초판 서문

내가 본서를 쓴 목적은 신학도들이나 관심 있는 사람들에게 교부 시대의 교회에서 신학적 발전에 관한 개략적인 서술을 제공하자는 소박한 것이었다. 이 주제와 관련하여 영어로 씌어진 마지막 책인 고(故) J. F. Bethune-Baker의 훌륭한 저서 *Introduction to the Early History of Christian Doctrine*은 반 세기 이전에 출간되었고, 그 책은 여러 차례의 개정과 재판을 거듭했지만, 원래의 본문은 실질적으로 달라진 게 없었다. 그 책이 씌어진 이후로, 고대 교회의 신학 사상에 관한 우리의 지식에 있어서 중요한 진보들이 이루어졌고, 신학적인 풍토도 몇 가지 점에서 눈에 띄게 달라졌다. 나는 본서가 그러한 변화들을 어느 정도 반영했기를 소망한다.

하지만 본서의 제한된 목적으로 인해서, 나는 교의의 발전이 필연적으로 불러일으키게 되는 더 폭넓은 문제들 중 일부를 천착해가는 즐거움을 포기할 수밖에 없었다. 두 가지 예만 들자면, 본서에서는 정통 신앙의 본질이 무엇인가를 정의하거나 헬레니즘이 원래의 복음서에 미친 영향을 평가하는 시도를 하지 않았다. 이러한 것들 및 이와 유사한 주제들은 대단히 중요하지만, 본서와 같은 목적을 지닌 책의 범위를 벗어나는 것들이다. 따라서 나는 교리들 자체를 가능한 한 이해하기 쉽고 공정하게 해설하는 데에 주력하는 것으로 만족해야 했다.

본서에는 고대의 교부들과 신학자들로부터 가져온 인용문들(대체로 영어로 번역된)이나 언급들이 많이 나오는데, 나는 주(註)를 통해서 가급적 이러한 직간접적인 인용들에 대한 정확한 출처와 전거를 밝히고자 노력하였다. 나는 신학생들에게 기회가 되는 대로 전거들을 직접 뒤져보기를 진지하게 권하는데, 이는 고대 교회의 정신을 이해할 수 있는 유일한 길은 교부들의 저작들 속에 푹 빠져 보는 것이기 때문이다. 현대의 저자들과 관련된 전거를 밝히는 것은 일반적으로 생략하였지만, 분별력 있는 독자들은 내가 Harnack, Tixeront, Loofs, Seeberg 같은 고전적인 교리학자들에게 얼마나 깊이 빚지고 있는지를 금방 알아차릴 것이다. 물론, 끝에 붙어 있는 짤막한 참고문헌은 모든 것을 다 망라한 것은 아니고, 단지 독자들에게 심화 학습을 위해서 유익할 것으로 생각되는 저서들만을 선별적으로 모아놓은 것이다.

본서와 같은 책을 끝까지 다 읽고나면, 불만족스럽다는 느낌을 받게 되는 것이 자연스러운 일이다. 아주 많은 주제들을 요약적으로 다루는 것보다는 한 주제를 깊이 있게 다루는 편이 더 쉽고 만족스러울 것이다. 따라서 나는 여기저기에서 논의가 부적절하다고 절들 간의 균형이 잘 맞지 않는다는 생각이 들더라도 독자들께서 너그러이 참아주시기를 부탁드린다. 아울러, 나는 내게 도움과 격려로써 힘을 북돋워준 많은 친구들에게 이 자리를 빌어 감사를 표하고 싶다. 특히 본서를 끝까지 다 읽고서 수많은 가치 있는 조언을 해주신 신학부의 F. L. Cross 박사, Margaret 교수, 색인 작업을 도와주신 Etta Gullick께 감사한다. 또한 처음 몇 장에 대한 초고를 힘들여서 쓰고 마지막 장을 최종적인 형태로 타자를 친 곳인 Bincombe에 있는 Rowley와 Etta Gullick의 Somerset 하우스를 회상하는 것은 즐거운 추억이다.

1958년 부활절 후의 첫 번째 일요일에

약어표

ACO   E. Schwartz, *Acta conciliorum oecumenicorum.*

LXX   Septuagint.

Mansi   J. D. Mansi, *Sacrorum conciliorum nova et amplissima collectio.*

PG   J. P. Migne, *Patrologia Graeca.*

PL   J. P. Migne, *Patrologia Latina.*

교부 문헌을 인용할 때에 본서에서는 일반적으로 J. P. Migne 판(특히 이레나이우스의 저작들의 경우에) 또는 베를린 판의 그리스 교부 총서와 비엔나 판의 라틴 교부 총서를 사용하였다. 장(章) 구분이 부적절하거나 없는 경우에만 해당 판의 페이지를 표기하였다. 몇몇 경우에는 위의 판본들 이외의 다른 잘 알려진 판본들을 사용하기도 했는데, 이때에 해당 페이지는 편집자의 이름 다음에 표기하였다. 끝에 있는 〈참고문헌〉에 인용된 정기간행물 등의 제목과 관련된 약어들은 설명이 없어도 알 수 있을 것이다.

차례

제 1 부
프롤로그

제 2 부
니케아 이전 신학

제 3 부
니케아에서 칼케돈까지

제 4 부
에필로그

제 1 부

프롤로그

제 1 장

배경

1. 교부 시대

　본서의 목적은 주후 1세기 말부터 5세기 중엽까지 이루어진 주요한 기독교 교리들의 발전을 서술하는 것이다. 본서의 서술 범위를 이런 식으로 확정한 것은 언뜻 보는 것과는 달리 결코 자의적이거나 인위적인 것이 아니다. 서술의 시작점을 신약성서의 형성 이후로 잡는 것은 분명한 장점이 있다. 신약성서의 가르침은 매우 전문화된 별개의 연구 분야일 뿐만 아니라, 사도 시대에서 속사도 시대로 넘어가면서 분위기는 아주 분명하게 달라지기 때문이다. 본서의 서술 범위의 종착점에 있는 칼케돈(Chalcedon) 공의회(451년)를 계기로 교회가 교리를 창조적으로 만들어 내었던 최초의 시기는 막을 내리기 시작한다. 물론, 교리와 관련된 논의가 마감된 것은 결코 아니었다. 한 가지 예만 들자면, 칼케돈 공의회가 매듭짓고자 했던 기독론과 관련된 쟁점은 그 이후의 세대들 속에서도 여전히 격렬한 논쟁의 주제가 되었다. 그러나 기독교의 주류에 관한 한, 이전 세기들의 특징을 이루고 있었던 신선한 사상들의 활발한 용솟음은 이미 소진되어 버렸다. 주후 6세기에 이르러서는 동방 교회와 서방 교회에서 형식주의와 스콜라주의가 상당한 정도로 세력을 얻고 있었다.

　교부 시대를 제대로 인식하고자 한다면, 우리는 적어도 교회사와 교부학에 관한 개략적인 지식을 갖출 필요가 있다. 여기에서는 지면 관계상 교부 시대의 한두 가지 두드러진 특징들만을 지적할 수 있을 뿐이다. 먼저 우리는 다른 시대들에서 찾아볼 수 있는 교리적인 동질성이라는 특징을 교부 시대

속에서 기대해서는 안 된다. 아직 형성 단계에 놓여져 있었던 초기의 여러 세기들에서 교회의 신학은 미숙함과 정교함의 양 극단을 생생하게 보여준다. 예를 들면, 주후 2세기의 사도 교부들의 가르침과 알렉산드리아의 키릴루스(Cyril of Alexandria) 같은 주후 5세기의 뛰어난 신학자가 제시한 가르침 간에는 엄청난 차이가 있다. 또한 교부 시대의 교회 상황은 극히 중요한 문제들과 관련해서도 상당히 광범위하게 다른 견해들의 공존을 가능케 하였다. 오늘날의 연구자들은 후대의 교부들이 속죄(贖罪) 같은 신비를 서로 다르게 다양하게 취급하고 있는 데에 종종 놀라게 된다. 그리고 나중에 이단으로 판정받은 몇몇 교부들(오리게네스가 그 전형적인 예이다)은 그들이 살아있는 동안에는 정통교리를 설파한 것으로 여겨졌는데, 이런 일들은 비일비재하였다. 이런 일이 벌어진 이유는 초기 교회가 정통과 이단을 구분하는 데에 무관심했기 때문이 아니라, 계시된 진리의 전체적인 개요는 처음부터 사도들로부터 물려받은 극히 신성한 유산으로 존중되었음에도 불구하고, 그러한 진리들에 대한 신학적인 설명은 많은 부분 별 제한 없이 남겨져 있었기 때문이었다. 논란이 된 비교적 소수의 교리들과 관련해서조차도 정확한 정의와 엄격한 합치를 역설하는 경향은 오직 점진적으로만 확립되었다.

두 개의 중요한 구분선이 이 시기를 가로지르고 있는데, 그 중 하나는 수직적인 구분선이고, 다른 하나는 수평적인 구분선이다. 전자는 동방 교회와 서방 교회 간의 신학적인 풍토의 차이이다. 여러 가지 역사적인 이유들로 인해서 로마 교회 및 그 교회와 직접적으로 연관되어 있었던 여러 교회들(갈리아, 스페인, 북아프리카 등등)은 비교적 동방 교회들과는 독립적으로 발전하였는데, 이것은 그들의 신조들, 예전들, 교리적인 태도 속에 반영되어 있다. 동방 교회의 신학자들은 통상적으로 지적인 모험을 즐기고 사변(思辨)에 기울어 있었던 반면에, 이와는 대조적으로 라틴 계열의 신학자들은 동방 교회의 영향을 받았던 학자들을 제외하고는 조심스럽고 전통을 답습하는 성향을 지니고 있었기 때문에 전통적인 신앙의 표준을 해설하는 것으로 만족했던 것으로 보인다.

이러한 차이를 보여주는 극단적인 예를 보고자 한다면, 우리는 단지 주후 2세기 후반에서 3세기 전반까지 활동하였던 (a) 이레나이우스와 테르툴리아누스, (b) 클레멘스와 오리게네스가 제시하였던 신학의 개념들을 비교해 보기만 하면 된다. 이레나이우스와 테르툴리아누스는 철학에 대해서 깊은 회의를 가지고 있었을 뿐만 아니라 심지어 적대적이기까지 했기 때문에 신학의 기능을 성경에 제시된 교리들을 설명하는 것으로 한정하였다. 그들은 신앙의 표준에 만족하는 단순한 신자들을 높이 평가하였다.[1] 반면에, 클레멘스와 오리게네스는 두 가지 유형의 기독교를 구분하고, 거기에 맞춰서 그리스도인을 두 등급으로 분류하기까지 하였다. 첫 번째이자 열등한 유형의 기독교는 "신앙," 즉 성경 및 교회의 가르침 속에서 선포된 진리들을 문자 그대로 받아들이는 것을 토대로 하고 있는 반면에, 두 번째이자 우월한 유형의 기독교는 "그노시스," 즉 비의적(秘儀的)인 형태의 지식을 토대로 하고 있다고 그들은 주장하였다. 이 두 번째 유형의 기독교는 성경과 전승에서 출발하였고, 실제로 그것들 위에 세워져 있었지만, 성경과 전승이 지닌 더 깊은 의미를 밝혀내서, 그것에 비추어서 하나님과 하나님이 창조하신 우주, 그리고 구원의 계획과 관련된 더 심오한 신비들을 탐구하는 것이 그 목표였다. 그리고 이 기독교는 신비적인 관상(觀想) 또는 탈혼 상태에서 절정에 달하는 것으로 생각되었다. 따라서 그들은 신앙인들을 단순한 신자들과 "신령한" 사람들, "신령한 지식을 소유한 자들" 또는 "완전한 자들"로 구분하고, 전자에 속한 사람들을 얕보고, 후자에 속한 사람들을 하나님에 의해서 특별한 은총을 입은 자들로 여겼다.

수평적인 구분선은 콘스탄티누스 1세(306-337년)에 의해서 이루어진 교회와 제국의 화해 ― 니케아 공의회(325년)는 이 화해의 상징이었다 ― 와 일치한다. 이 일이 있기 이전에 교회는 로마 제국으로부터 박해를 받고 있던 집단으로서, 스스로 환경에 적응하고자 애를 썼고 영지주의 같은 대적들에 맞서 싸우느라 고군분투하고 있었다. 이러한 온갖 어려움에도 불구하고, 교회가 이레나이우스와 오리게네스 같은 위대한 건설적인 신학자들을 배출해낼 수 있었던 것은 바로 이러한 교회가 처해 있던 곤경 때문이었다. 그러나 콘스탄티누스가 황제에 즉위하면서 상황은 완전히 바뀌었다. 그때 이후로 율리아누스(Julian)가 황제로 있었던 짧은 시기(361-3년)를 제외하고는 교회는 당혹스러울 정도로 제국의 호의를 누리게 되었다. 이때부터 교회의 첨예한 논쟁의 시대가 시작되었고, 주교들로 이루어진 공의회들은 교의(dogma)를 정의하는 공인된 기구가 되었다. 명실상부하게 기독교 신학은 이제 그 최초의 전성기를 맞이하게 되었고, 이러한 논쟁과 흔히 불미스러운 경쟁을 배경으로 이루어진 교리적 정의들은 지속적인 가치를 지니는 것으로 입증되었다. 이 수평적인 구분선은 아주 중요하기 때문에, 본서에 서술된 내용들은 이 구분선을 고려해서 배열되었다.

하지만 무엇보다도 가장 중요했던 것은 교부들의 교회가 로마 제국의 복잡한 문화적 환경 속에 놓여져 있었다는 사실이다. 이것은 기독교 신학이 자신의 독특한 계시의 원천들을 사용하였음에도 불구하고 결코 진공 속에서 형성되지 않았다는 것을 의미한다. 교회가 성장하고 발전해야 했던 환경의 분위기는 종교적, 철학적, 심지어 신지학적(神知學的) 개념들로 북적거리고 있었다. 이러한 것들 중 일부에 대해서 교회는 격렬하게 반발하였고, 또한 일부에 의해서 알게 모르게 영향을 받았다.

따라서 교부들의 사상의 발전을 제대로 평가하고자 하는 사람들은 이러한 환경을 어느 정도 친숙하게 아는 것이 필수적이기 때문에, 우리는 이 장에서 바로 그 점을 살펴보고자 한다. 독자들은 처음 다섯 세기들 동안의 후기 유대교나 그리스-로마 문화에 대한 포괄적인 그림 같은 그러한 내용을 기대해서는 안 된다. 이하의 절들에서 우리는 더 눈여겨 볼 만한 가치가 있는 경향들과 운동들을 몇 가지 선별해서 살펴볼 것인데, 이러한 것들조차도 그것들이 교회의 가르침에 영향을 주었을 경우에만 간략하게 다루어지게 될 것이다.

2. 유대교

유대교는 기독교가 자라난 요람이었고, 기독교가 특별한 빚을 진 원천이었다. 학자들이 일반적으로 인정하고 있듯이, 유대교는 교회의 예전(liturgy)과 사역(ministry)에 깊은 족적을 남겼고, 교회의 가르침에는 한층 더 깊은 흔적을 남겼다. 이러한 영향을 평가함에 있어서, 우리는 팔레스타인 유대교와 알렉산드리아에서 통용되었던 그리스화 된 유대교, 이 둘을 모두 고려하지 않으면 안 된다. 전자는 아주 간략하게 다루어질 수 있는데, 이는 교회에 미친 팔레스타인 유대교의 영향은 본서에서 다루는 범위를 벗어나 있는 사도 시대에 집중되어 있어서, 신약성서의 모든 기자들의 사상을 형성하였기 때문이다. 그렇지만 기독교와 유대교가 아주 초기에 결별하였음에도 불구하고, 우리가 살펴보고자 하는 시대 속에서 유대교를 무시해도 좋은 세력으로 치부하는 것은 중대한 잘못이 될 것이다. 헬레니즘적인 사상들이 전면에 부각하기 시작했던 주후 2세기 중반까지는 기독교 신학은 주로 유대교적인 틀 속에서 형성되었고, 변증가들이 등장하기 이전의 거의 모든 기독교 저술가들에 의해서 사용된 사상의 범주들은 대체로 유대적인 것이었다. 이것은 사도 교부의 가르침이 엄밀하게 말해서 비정통적인 것이 아님에도 불구하고 흔히 후대의 기준에 비추어 볼 때에는 이상하게 들리는 이유를 설명해 준다. 그리고 이러한 "유대 기독교적인" 신학이 주후 2세기 이후에도 한동안 강력한 영향력을 계속해서 행사했다는 것은 분명한 사실이다.

여기서 언급해 둘 필요가 있는 후기 팔레스타인 유대교의 두 가지 특징은 하나님의 "위격들"에 대한 태도와 천사들에 대한 고조된 관심이다. 전자 — 물론, 후자도 마찬가지일 것이다 — 가 하나님을 세 위격으로 이루어진 것으로 보는 기독교적 사상의 발전에 유리한 사상적 환경을 만들어 주었다는 것은 분명하다. 구약학 연구자들은 구약성서 속에는 지혜를 인격화하여 지혜에 창조의 기능들을 담당시키는 점진적인 경향이 있다는 것을 잘 알고 있다;[2] 그리고 사도 바울 같은 신약성서 기자들은 이러한 사상을 이용하여 그리스도의 신분을 설명하는 일이 다반사이다.

우리는 후기 유대교 속에서 이러한 유의 존재들을 많이 만나게 된다 — 지혜 자체(한 본문[3]은 하나님께서 "우리가 우리의 형상을 따라 사람을 만들자"라고 말씀하였을 때에 하나님이 염두에 둔 것은 지혜였다는 뜻을 은근히 내비치고 있다), 하나님의 "영광" 또는 "임재"(Shekinah), 하나님의 말씀, 하나님의 영(종종[4] 창조에 있어서 하나님의 대리인이라고 말해지는) 등등. 이러한 것들이 실제로 어느 정도나 인격화되었는지는 여전히 논쟁거리이다. 아마도 이런 것들은 의인화된 추상물들 또는 하나님 자신을 우회적으로 가리키는 것들이었기 때문에, 그것들이 독립적인 실체였느냐 하는 문제는 결코 제기되지 않았을 가능성이 많다. 이와 동시에 후기 유대교에서는 구약성서 속에서 다니엘서의 출현 때까지 익명으로 자주 언급되었던 하나님의 사자들인 천사들에 대한 신앙이 엄청나게 확장되고 심화되었다. 천사들 중 몇몇은 이제 고유한 이름들을 부여받게 되었고, 우리는 일곱(또는 여섯) 천사장들에 관한 이야기를 듣게 된다.[5] 민간 신앙에서는 하나님이 지으신 세상 속에서 하나님의 뜻은 하나님의 대리인들인 천사들에 의해서 집행되고, 별들의 운행을 관장하는 임무를 띤 우리엘(Uriel)이라는 천사가 존재한다고 생각하였다.[6] 일부 학자들은 몇몇 자료들 속에서 그 흔적들을 발견할 수 있는,[7] 하늘의 궁정에서 종종 미가엘과 가브리엘로 불리는 두 천사가 하나님의 보좌 앞에서 사람들을 위하여 중보기도하며 서 있다는 사상이 특히 흥미롭다고 생각하여 왔다.

우리는 알렉산드리아에서 번성하였던 특별한 부류의 유대교에 한층 더 세심한 주의를 기울이지 않으면 안 된다. 이 특별한 유대교는 초창기에 구약성서의 칠십인 역본을 만들어내었는데, 기독교 시대에 이 칠십인 역본은 헬레니즘 문화를 초대 교회로 도입하는 데에 매우 유리한 통로임이 입증되었다. 그리스 사상들은 언제나 동방과 서방의 접경지대에 위치해 있었던 이 거대한 국제적인 도시에 살고 있던 유대인들의 마음을 사로잡았었고, 바로 여기에서 유대교 신학을 헬레니즘적인 철학의 관점에서 해석하고자 하는 가장 철저한 시도가 이루어졌다.

이러한 경향성을 대표하는 가장 탁월한 인물은 필로(Philo : 주전 30년경 – 주후 45년경)였는데, 그는 대단히 신비적인 성향을 지닌 학자로서 알렉산드리아에 있던 유대인 공동체에서 상당한 영향력을 행사한 인물이었고, 이 공동체가 주후 40년에 가이우스 황제에게 보낸 사절단의 단장을 맡기도 하였다. 신앙과 실천에 있어서 엄격했던 유대인인 필로는 그리스 철학자들, 특히 플라톤에게 매료당하여, 이데아(지성)의 세계와 물질의 세계를 나누었던 플라톤적인 구분법을 온전히 받아들였지만, 모든 그리스 철학자들이 주장한 최고의 사상들은 이미 유대 성경 속에 다 나와 있는 것들이라고 주장하였다. 오경은 필로가 특히 연구하기 좋아하였던 책이었는데, 필로의 방대한 저작들 중 대부분은 오경을 해설하는 데에 바쳐져 있다. 필로는 하나님이 성경의 저자들을 하나님의 뜻을 전달하기 위한 수동적인 도구들로 사용하였다는 의미에서 성경을 온전한 영감을 받은 것으로 여겼다.[8] 필로의 사상이 지닌 두 가지 측면은 기독교 교리를 연구하는 사람들에게 특별한 관심을 불러일으킨다.

첫째는 성경을 알레고리적으로 해석하는 방법론이었는데, 필로는 이 방법을 통해서 계시된 종교에 의해서 제시된 진리들이 그리스 철학자들의 진리들과 동일하다는 것을 보여 줄수 있었다. 당시에 알레고리적인 주석은 결코 새로운 것이 아니었다. 학자들은 수 세기 동안 알레고리적인 방법을 활용해서 호메로스와 헤시오도스(Hesiod)의 시들 속에 감추어진 의미들을 발견해 내었고, 스토아 학파에 속한 철학자들(예를 들면, 주후 50년경에 활동한 L. A. Cornutus)은 알레고리적인 방법론의 도움을 받아서 고대의 신화들로부터 그들 자신의 형이상학적인 체계를 읽어낼 수 있었다. 알렉산드리아의 한 유대인인 필로가 등장하기 100여년 전에 아리스토불루스(Aristobulus)는 알레고리적인 방법론을 사용하여서 오경의 조잡한 신인동형론적인 표현들을 설명해내었다. 필로는 알레고리적인 방법론을 열렬히 옹호하면서, 모세 율법을 접근하는 여러 다양한 방식들 가운데에서 가장 만족스러운 것은 율법의 규정들을 곧이곧대로 받아들임과 동시에 알레고리의 도움을 받아서 그 규정들의 더 깊은 의도를 파악해 내는 것이라고 주장하였다.[9] 필로는 성경의 문자적 의미를 몸이 드리우는 그림자에 비유하고,[10] 성경의 더 심오하고 참된 진리를 그 문자가 상징하고 있는 영적인 의미 속에서 찾았다. 필로는 성경의 문자적 의미를 결코 폄하하거나 폐하려고 하지는 않았다; 사람이 몸과 영혼으로 되어 있고 영혼의 장막인 몸에 관심을 기울여야 하듯이, 성경의 역사적 의미는 최고로 존중될 가치가 있다.[11] 이러한 원칙들을 토대로 필로는 아담과 하와에 관한 이야기를 인간의 지성, 감각과 욕정들, 지상적인 영혼의 창조, 쾌락에 의한 지성의 유혹, 물질적 질서에 대한 지성의 종속, 인간의 지상적 영혼이 그 원래의 상태로 돌아갈 수 있는 방식들을 상징하는 신화로 설명할 수 있었다.[12] 이것은 필로가 율법의 문자를 엄격하게 고수하는 가운데 그 문자를, 그가 지성적으로 적합하다고 여겼던 그리스 철학의 거대한 사상 체계를 덮고 있는 하나님에 의해 인정된 베일(veil)로 여길 수 있게 해주었던 방법론의 한 가지 예에 불과하다.

두 번째는 로고스 또는 말씀에 대한 필로의 개념이다. 필로는 그가 그토록 찬양하였던 후기 플라톤주의자들의 사상을 지침으로 삼아서 하나님은 전적으로 초월적이라고 가르쳤다;[13] 하나님은 필로가 존경하였던 스승인 플라톤이 전제하였던 미덕, 지식, 절대 선, 미, 영원한 형상들(Forms)조차 초월한다. 하나님은 순수 존재(τὸ ὄντως ὄν)로서 절대적으로 단일하고 자족적이며,[14] "속성이 없는"(ἄποιος) 것으로 설명될 수 있다.[15] — 이것은 아마도 하나님은 초월성으로 인해서 우리가 유한 존재들을 분류하는 데에 사용하는 그 어떤 논리적인 범주들 속에도 포함될 수 없다는 것을 의미할 것이다. 따라서 세상에 대한 하나님의 관계라는 문제가 생겨난다. 유대교 신학이 하나님을 자신의 명령으로 세상을 존재하게 하였고 세상에 직접적으로 관심을 갖고 있는 것으로 묘사하고 있는데다, 플라톤 사상도 신이 우주를 만들어서 지배하고 있다고 주장했기 때문에, 이것은 한층 더 절실한 문제였다.

나중에 보게 되겠지만, 이 문제에 대한 당시의 플라톤 학파의 해법은 최고 선 또는 하나님과 물질 세계 사이에 신적인 존재들로 이루어진 계층 질서를 끼워 넣고 이 존재들이 물질 세계를 창조하고 다스리는 것으로 보는 것이었다. 이러한 해법은 필로에게 적합한 것이 될 수 없었다. 왜냐하면, 성경에 계시된 하나님의 유일무이성 속에 그 어떤 것도 끼어들어서는 안 되었기 때문이다. 그래서 필로는 별개의 존재들이 아니라 하나님 자신으로부터 추상된 것으로 여겨진 하나님의 활동들로서의 중개적인 세력들(δυνάμεις) — 그 신분이 좀 애매하긴 하지만 — 을 만들어 내었다.[16] 이러한 중개적인 세력들 가운데에서 가장 중요하고 최고의 자리에 있는 세력은 "이제까지 존재한 것들 중에서 가장 오래되고 하나님과 가장 비슷한 존재" — 필로는 이렇게 부른다[17] — 로고스였다.

로고스에 관한 필로의 가르침은 모호하고 심지어 앞뒤가 잘 맞지 않긴 하지만, 그 주된 골자는 아주 분명하다. 하나님과 만유(萬有)를 이어주는 중개적인 세력으로서의 로고스는 이중적인 역할을 지닌다: 로고스는 창조에 있어서 하나님의 대리인이고,[18] 또한 정신이 하나님을 인식하는 수단이기도 하다.[19] 이 두 가지 개념은 모두 스토아 학파의 사상에 그 기원을 두고 있다. 스토아 학파에 있어서 로고스(이성 또는 계획을 의미하기도 하는)는 실재 속에 내재한 이성적 원칙으로서 실재에게 형태와 의미를 부여하는 것이었다;[20] 이와 동시에, 실재는 그 속에 내재하는 로고스의 존재로 말미암아 사람들에게 인식될 수 있었다. 필로는 이러한 사상을 가져다가, 그것을 하나님의 초월성에 관한 자신의 교설과 연결시켰다. 의심할 여지 없이, 필로는 성경 속에서 하나님이 자신의 말씀(λόγῳ)을 통해서 세상을 창조하였고, 하나님께서 자기 자신을 선지자들에게 계시한 것도 그의 말씀을 통해서였다고 말하고 있다는 사실에 의해서 도움을 받았다. 또한 필로는 하나님이 먼저 지혜를 창조하신 후에 지혜를 사용하여 세상을 창조하였다는 지혜 신학도 잘 알고 있었다. 필로가 로고스를 인격적인 존재로 여겼느냐 하는 것에 대해서는 많은 논란이 있어 왔지만, 이러한 질문을 던지는 것 자체가 필로의 입장을 오해하는 것이다. 필로의 형이상학이라는 관점에서 볼 때, 중요한 것은 그가 로고스를 플라톤이 말하는 형상들(Forms) 또는 원형들의 세계 — 이와는 대조적으로 우리가 지각할 수 있는 실재는 그 세계의 모사(模寫)이다 — 와 동일시하고 있다는 것이다.[21] 중세의 플라톤주의자들과 마찬가지로, 필로는 그 세계를 스스로 존재하는 것으로 여긴 것이 아니라, 단순히 한 분 하나님의 정신을 표현하고 있는 것으로 여겼다. 사람 속에(여기서 우리는 다시 한 번 스토아 학파의 영향을 본다) λόγός ἐνδιάθετος(즉, 정신 속에 있는 이성적 사고)와 λόγός προφορικός(즉, 말로써 표현된 사고)가 존재하듯이, 하나님의 로고스는 무엇보다도 먼저 하나님의 정신의 개념들 또는 사고들이고, 그런 후에 형태가 없는 비실재적인 물질 속으로 투사되어, 그 물질을 실재적이고 이성적인 우주로 만든다.[22] 필로가 로고스를 "독생자" 같은 인격적인 용어들로 말한다고 해도,[23] 우리는 이러한 인격화를 지나치게 진지하게 받아들여서는 안 된다.

물론 로고스는 하나님이 세상을 다스리는 매개체이다. 하나님의 정신 속에 내재해 있는 동시에 초월해 있는 로고스는 "우주의 선장이자 조타수"이다.[24] 그리고 로고스는 플라톤적인 형상들의 세계이기 때문에, 사람들은 로고스를 관상함으로써 하나님에 대한 지식으로 나아갈 수 있다.[25] 나아가 구약 성서가 야훼의 천사가 족장들에게 나타났다고 기록하고 있는 대목에서, 필로의 설명[26]은 사실 그 천사는 로고스였다는 것이다.

3. 로마 제국 속에서의 종교적 동향들

교회가 때로는 고통을 당하면서도 기세 좋게 승리하며 돌진하고 있었던 그 세계는 종교에 굶주려 있었다. 오늘날 남아 있는 온갖 종류의 기념비들은 당시 모든 계층의 사람들이 죽음과 운명을 뛰어넘은 확신, 악으로부터의 구속, 영적인 정화, 하나님과의 합일을 절박하게 열망하고 있었다는 것을 증언해 준다. 과거의 고대의 고전적인 종교들은 이러한 당시 사람들의 욕구를 충족시켜줄 그 어떤 것도 가지고 있지 않았다. 종종 주기적으로 고대의 종교를 부활시키려는 시도들이 있었음에도 불구하고(예를 들면, 아우구스투스에 의한), 그리스와 로마의 신들은 과거에 그들이 지녔었던 풍부한 영감을 이미 상실한 상태였다. 아우구스투스와 그의 후계자들이 진작시켰던 황제 또는 그의 수호신에 대한 숭배가 제국의 공식적인 후원을 받아 점차 대세를 장악해 갔다. 그러나 황제 숭배는 기껏해야 집단적인 충성심과 신이 제국을 돌본다는 의식을 위한 통로를 제공해 줄 뿐이었다.

따라서 그리스도가 등장하기 이전의 주후 1세기부터 그리스-로마 세계 전역으로 급속하게 퍼져 나갔던 동방의 종교들이 사람들에게 훨씬 더 큰 만족을 주고 있었다. 이시스(Isis), 세라피스(Serapis), 키벨레(Cybele)는 이 당시에 가장 유행했던 신들로서 수많은 신봉자들을 거느리고 있었고, 사람들은 자신의 비용을 들여서 이 신들을 위한 신전들을 건립하였다; 또한 군사들 사이에서는 태양의 동맹자이자 어두움에 대항한 빛의 수호자인 페르시아의 신 미트라스(Mithras)가 엄청난 인기를 끌고 있었다. 혼합주의 종교는 이러한 종교들이 서로 다투는 과정에서 생겨난 산물이었다. 한 지역의 신들은 다른 지역의 신들과 동일시되었고, 여러 다양한 종교들은 서로서로 무차별적으로 혼합되거나 차용되었다. 종종 피타고라스(주전 6세기)에 의해서 가르쳐진 영혼의 윤회 사상과 결부된 영혼의 불멸 및 형벌 또는 신들과의 복된 삶으로 이어지는 미래의 심판에 대한 신앙은 당시 사람들 속에서 일반적인 것이었다.

이렇게 미신과 진정한 종교가 뒤죽박죽이 된 상황 속에서 우리의 눈길을 끄는 두 가지 현상이 있다. 첫 번째는 이른바 비의 종교들이 극도로 성행하고 있었다는 것이다. 비의 종교는 외부인들에게는 알려져 있지 않은 비밀스러운 의식들("비의들")을 통해서 새로운 신자들을 받아들였던 결속력이 강한 종교 집단들에 붙여진 이름이다. 고전 시대에는 데메테르(Demeter)와 페르세포네(Persephone)를 기리기 위하여 엘레우시스(Eleusis)에서 거행되었던 비의 종교들이 가장 유명하였다. 우리가 살펴보고 있는 시대에서 인기가 있었던 비의 종교들은 대체로 동방에서 기원한 것들이다. 그러한 것들로는 이시스 숭배, 위대한 아나톨리아의 어머니 여신인 키벨레와 그녀의 젊은 연인인 식물의 신 아티스(Attis) 숭배 등이 있었다. 아마도 가장 널리 퍼져 있었고 대표적인 비의 종교는 미트라스 숭배였을 것이다. 이 모든 종교들은 거룩한 식사들을 거행하였고, 이 식사를 위해서 금욕, 고행, 정화(淨化) 같은 준비 단계들이 있었다. 그들의 예배의 절정을 이루고 있었던 의식들은 세심하게 보존된 주문들과 숭배물들을 포함한 주술 행위들이었는데, 이 의식들을 통해서 그들은 입교자들에게 고차원의 계시를 나누어주고, 신과의 신비적인 합일을 맛보게 해주었다. 예를 들면, 키벨레와 아티스의 숭배의식들에서 입교자는 황소(*taurobolium*) 또는 숫양(*criobolium*)의 피로 일종의 세례를 받았고 — 이 황소 또는 숫양은 입교자의 머리 위에서 도살되었다[27] — 그 결과로 스스로 "영원히 거듭난 것"으로 느꼈다. 이시스 제의를 통해서 입교자는 그가 얼굴을 맞대고 바라보고 있는 여신의 보호를 받으며 죽음의 문들을 가로질러서 다시 살아서 되돌아 왔다고 확신하게 된다.[28] 이러한 비의 종교들의 힘은 말할 것도 없이 그것들이 개인적인 신 체험을 원하는 사람들의 강렬한 욕구와 죄책감 및 두려움으로부터 놓여나고자 하는 욕구를 충족시켜줄 수 있었다는 데에 있었다. 우리는 이러한 비의 종교들이 지닌 도덕적인 영향력은 과소평가 해서는 안 된다.

두 번째는 배운 사람이나 못 배운 사람이나 전통적인 다신교에 대한 유일신론적인 해석에 점차 끌리고 있었다는 것이다. 점점 더 이교의 만신전에 속한 수많은 신들은 한 분 최고 신의 인격화된 속성들 또는 우주를 지배하는 유일한 권능의 여러 가지 표현물들로 이해하는 경향이 나타났다. 당시에 촉진되었던 혼합주의 종교는 이러한 과정을 더욱 수월하고 자연스럽게 만들어 주었고, 더 높은 차원에서 이러한 과정은 개화된 철학 사상의 동향과도 일치하는 것이었다. 주후 2세기 중엽에 소아시아와 로마에서 강의하며 활동하였던 궤

변론자인 아리스티데스(Aristides)는 우리에게 하나의 주목할 만한 예를 제공해 준다. 여러 개별적인 신들, 특히 그가 진정으로 독실하게 신봉하였던 아스클레피오스(Asklepios)를 송축하는 그의 일련의 연설들이 아직도 남아 있다; 그러나 그가 보기에 이 신들은 모두 한 분 우주적인 아버지로부터 유출되어 나온 우주적 세력들을 나타내고 있음이 분명하였다.[29]

또한 전기 작가이자 수필가이기도 했던 플루타르크(100년경에 활동)도 조상들의 전래적인 종교적 관습들을 신봉하여 중개 역할을 하는 하위 신들과 귀신들의 존재를 인정하면서도,[30] 이러한 신앙을 참된 존재인 한 분 완전한 최고 신에 대한 믿음과 결합시키고 있다.[31] 여러 신들의 특성들을 하나로 묶은 통합체라는 의미에서이든 한 신의 이름에 붙여진 형용사라는 의미에서이든, '판테오스' 라는 용어가 점점 더 많이 사용된 것은 이러한 현상을 보여주는 징후였다. 주후 274년에 아우렐리우스 황제가 솔 인빅투스(Sol Invictus : 무적의 태양)에 대한 국가 제의를 창설하였을 때, 그는 단순히 제국의 수호신으로서의 태양을 경배하려 한 것이 아니라, 수많은 이름들로 사람들에게 알려져 있었지만 하늘들에서 가장 온전하고 영광스럽게 스스로를 계시한 한 분 우주적인 신을 인정하여 그 신을 경배하려 한 것이었다. 아풀레이우스(Apuleius, 160년경에 활동)는 이시스를 다음과 같이 묘사함으로써[32] 이것을 집약적으로 보여준다: "하늘의 신들 중에서 최고의 주신(主神), 신들과 여신들을 포괄하여 나타난 신, 온 세상이 다양한 형태들 아래에서 갖가지 제의들과 다양한 이름들을 통해서 경배하고 있는 유일한 신."

여기에서 특정한 제의들을 자세하게 논의할 필요는 없지만, 기독교 사상에 특별한 영향을 끼친 마니교(Manichaeism)는 그 예외로서, 우리가 좀 더 살펴볼 필요가 있다. 마니교의 창시자는 주후 216년경에 바빌로니아에서 태어나서 주후 277년경에 바람(Bahram) 치하에서 순교를 당했던 순교자 마니였다. 마니교는 흔히 기독교 이단으로 분류되지만, 사실은 기독교, 불교, 조로아스터교의 여러 다양한 요소들을 결합시켜 만들어 낸 완전히 독립적인 종교였다. 실제로 마니교는 마니의 등장 이전에 활동했던 선지자들이 오직 단편적으로만 전해 주었던 계시를 온전한 모습으로 제시한 유일하게 보편적인 종교라고 주장하였다. 이러한 계시를 우리에게 전달해 주기 위해 사용된 겉옷 역할을 한 정교하고 극적인 신화들은 우리가 본서에서 다루는 문제들과는 별 상관이 없는 것들이다.

요컨대, 마니교는 이 장의 후반부에서 우리가 살펴보게 될 영지주의와 몇 가지 점에서 유사한 영지(靈知), 즉 '그노시스'였고, 그러한 지식을 통해서 사람들이 구원을 받을 수 있다고 설파하였다. 마니교는 극단적인 이원론 위에 세워져 있었고, 실재 세계는 영원히 서로 반목하는 두 큰 세력, 즉 선(즉, 하나님, 진리, 빛)과 악 또는 어둠으로 이루어져 있다고 가르쳤으며, 후자는 물질과 동일시되었다. 이 세상에서 살아가는 동안에 인간은 비극적으로 물질적인 질서에 얽매어 있다; 인간은 타락했고 상실되어 있다. 그러나 실제로는 인간은 빛의 입자로서, 비록 유배의 상태에 처해 있긴 하지만 초월적인 세계에 속해 있다. 인간은 하나님과 동일한 본질(essence)에 속하고, 인간의 영혼은 하나님의 실체(substance)의 파편들이다. 인간은 느닷없이 다가오는 내적 조명, 그러나 통상적으로는 마니교의 공동체 속으로 입교할 때의 응답을 통해서 다가오는 내적 조명에 의해서 이러한 진리를 파악할 때에 구원을 받는다; 그리고 역설적인 말이지만, 이러한 구원 과정 속에서 하나님은 구속자임과 동시에 구속을 받는 자가 된다. 여기서 가장 중요한 것은 물질은 근본적인 악이기 때문에 인간은 스스로를 육체의 오염으로부터 지켜야 한다는 것이다. 위에서 간략하게 서술한 내용이 바로 주후 3세기 말부터 고도로 조직화된 교회와 신자들의 계층화된 위계 질서("방청인들," "택함받은 자들," "사제들," "주교들," "사도들" 또는 "지도자들"), 그리고 이러한 위계 질서와 상응하는 정도의 금욕 생활을 토대로 유럽, 아프리카, 아시아를 휩쓸었고 아우구스티누스 같은 유명한 개종자들을 얻었던 마니교의 이원론적 교리였다.

4. 그리스–로마 철학[33)]

철학은 지성적인 사람들이 선호하였던 좀 더 깊고 심오한 종교였다; 우리의 목적과 관련해서 중요한 것은 이러한 철학에서 사용된 개념들은 그리스도인이든 비그리스도인이든 많은 사상가들에게 그들의 사상들을 표현하기 위한 지적인 틀을 제공해 주었다는 사실이다. 우리가 살펴보고 있는 시대에서 가장 영향력 있는 두 가지 유형의 사상은 플라톤 사상과 스토아 학파의 사상으로 거슬러 올라간다. 그 밖의 다른 중요한 고전적인 사상들 가운데에서 아리스토텔레스의 사상은 그 논리와 몇몇 원리들(예를 들면, 최고 정신이 우주의 궁극적인 원인이라는 것)을 통해서 어느 정도의 영향력을 행사하였고, 나중에 몇몇 형태의 플라톤 사상에 의해 흡수되었다. 엘리스의 피론(Pyrrhon, 주전 300년경에 활동)을 그 창시자로 하는 회의주의는 앎은 불가능하기 때문에 판단을 유보하는 것이야말로 유일하게 합리적인 태도라고 주장했는데, 이 사상은 아이네시데무스(Aenesidemus, 주전 60년경에 활동)와 섹스투스 엠피리쿠스(Sextus Empiricus, 175년 경)에 의해서 부활되어서, 온갖 부류의 교조주의에 대한 가공할 만한 공격을 지속적으로 펼쳤지만, 이러한 사상을 받아들인 것은 주로 학문적인 집단들에 한정되어 있었다. 한편, 신들이 인간사에 관여한다는 사상을 부정하고 실재(實在)는 허공 속의 무한한 원자들로 이루어져 있기 때문에 감각만이 선과 악의 판단 기준이라고 주장했던 에피쿠로스 학파(에피쿠로스에 의해서 창시됨: 주전 347-270년)는 우리가 살펴보고 있는 시대에서는 그 영향력을 완전히 상실한 상태였다.

플라톤(주전 429-347년 경) 철학의 핵심은 그의 인식론이었다. 엄밀한 의미에서의 지식은 가능하긴 하지만 감각-지각 같은 가변적이고 덧없는 것들에 의해서는 얻어질 수 없다고 확신했던 플라톤은 오직 지성에 의해서만 인식되는 초월적이고 비감각적인 형상들 또는 이데아들(εἴδη)의 세계를 상정하게 되었다. 플라톤이 말하고자 한 요지는 감각은 끊임없이 변화하는 구체적인 수많은 대상들을 우리에게 제시해 주는 반면에, 정신은 한 부류의 사물들이 공통적으로 소유하고 있는 변치 않는 몇몇 특성들을 파악한다는 것이었다. 예를 들면, 정신은 어떤 사물들에 공통적인 아름다움이라는 특성과 어떤 사물들에 공통적인 유사성이라는 특성을 포착해서, 아름다움 자체(beauty-in-itself)라는 형상과 유사성 자체(likeness-in-itself)라는 형상에 도달한다. 따라서 형상들은 현대의 철학자들이 말하는 보편자들과 닮았지만, 우리는 플라톤에게 있어서 형상들은 객관적인 실재를 지니고 있었다는 점을 유의해야 한다. 플라톤이 감각할 수 있는 온갖 부류의 사물들에 상응하는 형상들이 존재한다고 믿었는지는 여전히 미지수이지만, 플라톤은 형상들은 위계 질서를 이루고 배열되어 있으며 그 맨 꼭대기에는 모든 형상들 중에서 가장 보편적인 형상, 즉 그 밖의 다른 모든 형상들의 원인이자 그 형상들에 대한 우리의 지식의 원인이기도 한 선(Good)의 형상(나중에 그는 이것을 유일자[the One]라고 불렀다)이 존재한다고 생각하였다. 변치 않고 영원한 것인 형상들만이 진정으로 실재한다. 형상들은 구체적인 감각할 수 있는 사물들의 세계를 초월하고 그러한 사물들의 세계로부터 전적으로 독립되어 있다. 사실, 형성되어 가는 세계인 사물들의 세계는 형상들의 세계를 본뜬 것이고, 특수자들은 형상들이 그 특수자들에 참여하거나 특수자들이 형상들을 본뜨고 있는 한에서만 존재한다.

이러한 플라톤의 철학을 심리학과 신학으로 옮겨서 말하는 것은 쉬운 일이다. 플라톤의 견해에 의하면, 영혼은 비물질적인 실체로서 본질상 불멸적이다; 영혼은 그 영혼을 가두어 놓고 있는 육체 이전에 존재했었고, 육체가 소멸한 후에도 계속해서 존재한다. 형성되어 가는 세계와는 아무런 관련이 없고 본래적으로 형상들(즉, 존재)의 세계에 속한 영혼은 이 세상에 오기 이전의 실존 속에서 형상들에 대하여 가지고 있었던 지식 덕분에 여기에서도 형상들을 인식할 수 있다(그는 이것을 ἀνάμνησις 또는 회상이라고 부른다). 또한 영혼은 진리를 인식하고 천부적으로 인간의 삶 전체를 인도해 가는 더 높은 "이성적" 요소, 더 고상한 정서들의 처소인 "영적" 요소, 육체적인 욕망들을 포괄하는 "욕구적" 요소로 이루어진 삼중 구조로 되어 있다.

신학과 관련하여, 플라톤은 경건한 용어들을 사용하고 있음에도 불구하고 선(善)의 형상 또는 유일자를 통상적인 의미에서의 신으로 여기지 않았다는 것은 꽤 분명한 것으로 보인다. 플라톤에게 있어서 영혼은 만유를 지시하고 조직하는 최고의 원리였고, 플라톤은 세계 영혼이 물질적인 우주에 생명을 불어넣는 것으로 믿었다. 『티마이오스』(*Timaeus*)라는 글에서 플라톤은 데미우르고스(Demiurge) 또는 조물주(Craftsman)가 세계 영혼을 만들어 내었고 선재(先在)하는 물질로부터 세계를 만들어 낸 것으로 묘사한다(『필레보스』[*Philebus*]에서는 이 둘이 동일시되고 있는 것으로 보인다). 그러나 우리는 데미우르고스가 형상들의 세계 속에서 인식한 패턴을 따라 세계를 만든다는 것에 주목하여야 한다. 데미우르고스와 세계는 서로 독립되어 있는 것으로 보이기 때문에, 우리는 선재하는 물질과 아울러 두 가지 궁극적인 원리들이 존재한다고 보아야 한다.

플라톤의 제자였던 아리스토텔레스(주전 384-322년)는 그의 스승의 가르침을 몇 가지 중요한 측면에서 수정하였다. 그의 논리의 한 특징은 정신이 사물들에 관하여 사고하는 방식들에 대한 그의 분석이었다. 이 방식들을 그는 범주들(Categories)이라고 불렀고, 모두 합하여 10개의 범주를 열거하였다: 본질(οὐσία — 개체라는 의미에서), 양, 질, 관계, 장소, 시간, 위치, 상태, 행위, 수동성. 그러나 아리스토텔레스는 이러한 범주들은 정신이 외부 세계에 관하여 사고하는 방식들만이 아니라 사물들이 이 세계에서 객관적으로 존재하는 양식들도 반영하고 있다고 믿었다. 이것으로부터 분명한 것은 아리스토텔레스는 플라톤과는 달리 실재론자였고, 우리가 알고 있는 대로의 물질 세계의 실재성을 인정하였다는 것이다.

나아가, 아리스토텔레스는 형상들에 관한 플라톤의 이론을 신랄하게 비판하였다. 그는 한 부류에 속한 모든 특수자들에 공통적인 보편자들이라는 의미에서의 형상들이 존재하고 있음에 틀림없고 형상들은 단순한 정신적인 개념들이 아니라 객관적으로 실재하고 있음에 틀림없다는 데에는 전적으로 동의하였다; 그는 심지어 기꺼이 형상들을 "이차적인 본질들"(δεύτεραι οὐσίαι)이라고 부르기도 했다. 그러나 그는 형상들이 특수자들로부터 "분리되어" 있거나 초월해 있다는 플라톤의 주장을 반대하였다. 아리스토텔레스의 주장은 형상들은 실제로 특수자들 속에 현존한다는 것이다; 사실, 개체적 본질(οὐσία의 일차적인 의미)은 주체 또는 기층(ὑποκείμενον 또는 ὕλη)과 형상의 복합체(σύνολον)이다. 이러한 개념을 토대로 했던 아리스토텔레스의 심리학은 당연히 플라톤의 심리학과 달랐다. 그는 육체와 영혼은 서로 분리된 별개의 실체들이 아니라 복합적인 단일체를 구성하는데, 육체는 영혼에 대하여 질료(質料)가 되고, 영혼은 육체의 형상이라고 가르쳤다. 신에 관해서는 아리스토텔레스는 플라톤의 사상을 그대로 받아들여서, 영혼은 불멸하며 스스로 움직이고, 영혼이 아닌 모든 것 속에서의 움직임과 변화의 원천이라고 주장한 후에, 그것을 스스로는 움직이지 않지만 존재하는 모든 것의 제1 동인인 영원한 정신이라는 개념으로까지 확장하였다.

스토아 사상은 앞에서 말한 플라톤과 아리스토텔레스의 사상과는 판이하게 다른 모습을 보여준다. 주전 300년경에 키티움의 제논(Zeno of Citium)에 의해서 창시된 스토아 사상은 논리학과 형이상학과 윤리학을 정교하게 짜서 엮은 사상 체계였다. 스토아 사상은 다소 중립적인 고상한 도덕적 이상으로 인해서 무수한 추종자들을 얻었다; 스토아 사상은 자아의 정복, 자연(즉, 우리 속에 있는 이성적 원리)에 따른 삶, 인간의 형제애를 가르쳤다. 그러나 신학적 관점에서 볼 때, 스토아 사상과 관련하여 가장 주목할 만한 것은 범신론적 유물론이었다. 스토아 철학자들은 플라톤이 감각으로는 인식되지 않는 초월적이고 지적인 세계와 감각할 수 있는 통상적인 경험의 세계를 구분한 것에 대하여 격렬하게 반발하였다. 존재하는 모든 것은 몸을 지니고 있을 수밖에 없고, 전체로서의 이 우주는 철두철미하게 물질적일 수밖에 없다고 그들은 주장하였다. 그러면서도 그들은 실재 내에서 수동적 원리와 능동적 원리를 구분하였다. 특성이나 질(質)이 없는 조악하고 형태를 갖추지 않은 물질이 존재한다; 그리고 그 물질에 형태를 부여하고 조직하는 역동적인 이성 또는 계획(λόγος)이 존재한다. 이 후자를 그들은 영(πνεῦμα) 또는 불기운으로 묘사하였다; 조악하고 수동적인 물질은 이러한 온 우주에 편만한 불로부터 생겨났다가, 결국에는 우주적인 큰 화염을 통해서 결국 불 속으로 재흡수될 것이다. 그러나 영혼은 수동적인 물질보다는 더 공기 같긴 하지만 그럼에도 불구하고 물질적이다. 스토아 철학자들은 그들의 이론이 내포하고 있던, 두 물체가 동일한 공간을 점유한다는 모순을 받아들이기를 주저하지 않았다. 이 능동적인 원리 또는 로고스는 정신 또는 의식이 육체에 스며들어 있는 것과 마찬가지로 실재 속에 스며들어 있다. 그들은 이 원리를 신, 섭리, 자연, 우주의 영혼(anima mundi)이라고 불렀다. 세계 속에서 일어나는 모든 것은 섭리에 의해서 인간에게 가장 유익하도록 질서지워져 있다는 그들의 사상은 운명에 순종하라는 그들의 윤리적 가르침의 토대였다.

따라서 스토아 사상은 신 또는 로고스가 물질적인 우주 속에 내재하는 더 정교한 물질이라는 일원론적 가르침이었다. 그러나 또한 스토아 사상은 각각의 사물들은 전체 우주와의 연속적인 통일성 속에서 능동적 원리와 수동적 원리를 내포하고 있는 소우주들이라고 가르쳤다. 사물에 형태를 부여하고 조직하는 원리인 능동적 원리는 그 사물의 로고스로서, 스토아 철학자들은 이것을 "로고스의 씨앗들"(λόγοι σπερματικοί)이라고 불렀다. 세계가 발전해 가면서, 바로 이 씨앗들의 활동을 통해서 개체들이 탄생한다. 이 모든 "로고스의 씨앗들"은 최고의 보편적인 로고스 안에 내포되어 있다; 씨앗들은 실재에 스며들어 있는 신적인 불(Fire)의 무수한 입자들이다. 이러한 개념은 스토아 사상의 인간 본성론으로 귀결된다. 인간 속의 영혼은 로고스인 신적인 불의 한 부분 또는 유출이다. 영혼은 육체에 스며들어서 육체에 형태와 특성과 조직을 부여하는 영 또는 따뜻한 숨이다. 물질 자체는 육체가 소멸된 이후에도 살아남지만, 그 자체로는 유한한 것으로서, 종말에 세계가 불타없어질 때까지만 존속한다. 물질을 이루고 있는 부분들로는 첫째로 오감(五感)들이 있고, 다음으로는 말 또는 자기 표현의 힘이 있으며, 다음으로는 재생산의 능력, 그리고 끝으로 다른 것들을 지배하는 요소(τὸ ἡγεμονικόν)인 이성이 있다. 영혼은 인간 속에 있는 로고스인데, 스토아 철학자들은 인간 속에 현존한다고 생각되는 이성인 "내재하는 로고스"(λόγος ἐνδιάθετος)와 말 또는 자기 표현을 통해서 알려지거나 추정되는 이성인 "표현된 로고스"(λόγος προφορικός)라는 중요한 구분을 하였다.

기독교의 첫 두 세기 동안에 번성하였던 스토아 사상과 플라톤 사상은 둘 다 그 고전적인 원형들과는 상당한 편차들을 보여준다. 각각의 사상은 상대방으로부터 많은 것들을 차용하였기 때문에, 실제로 당시에 교육받은 수많은 사람들의 지적인 태도는 플라톤화된 스토아 사상 또는 스토아화된 플라톤 사상이라고 부를 수 있다. 하지만 절충주의가 이 시대를 휩쓸고 있었다고 말하는 것은 정확한 표현이 아닐 것이다. 어쨌든 학문적인 차원에서는 이 두 학파는 각자의 독립성을 주장하였고, 상대방과 논쟁을 벌였다. 따라서 세네카(주전 4년경-주후 65년), 에픽테토스(55-138년경), 마르쿠스 아우렐리우스(주후 121-180년) 같은 사람들에 의해서 설파된 스토아 사상은, 비록 행위에 그 강조점이 두어져 있긴 하지만, 원래의 스토아 사상과는 구별되는 사상 체계였다. 그러나 우리는 이 사상 체계 속에서 전통적인 유물론을 이론적으로는 고수하고 있으면서도 고전적인 스토아 학파의 입장으로부터 분명하게 이탈해 있는 것을 식별해 낼 수 있다. 예를 들면, 세네카는 신의 완전함과 선함을 아주 강조하기 때문에, 그는 초월자로서의 신 개념에 거의 다가서고 있다. 또한 마르쿠스 아우렐리우스도 인간의 본성을 세 가지 부분 — 육체, 생명의 영혼(ψυχή), 지성(νοῦς) — 으로 나눈 다음에, 이 세 부분 중 마지막 요소인 인간 속의 지배하는 부분(τό ἡγεμονικόν)은 다른 두 부분과는 달리 물질을 구성하는 네 가지 요소들(불, 공기, 물, 흙)로부터 유래되지 않았다고 명시적으로 말한다. 즉, 지성은 신으로부터 나온 것(ἀπόσπασμα), 기원에 있어서 물질보다 더 고상한 영적인 실체라는 것이다.

이 시대의 플라톤 사상(중기 플라톤 사상이라 불리는)은 훨씬 덜 체계적인 면모를 보여준다. 당시의 플라톤 사상을 일반화해서 말하는 것은 쉽지 않은데, 이는 여러 다양한 사상 조류들이 플라톤 사상 속에서 발견되기 때문이다. 예를 들면, 주후 2세기에 플라톤 사상을 주도했던 두 명의 대표자는 아티쿠스(Atticus)와 알비누스(Albinus)인데, 전자는 아리스토텔레스 사상에 대하여 적대적이었고, 후자는 아리스토텔레스의 사상에 의해서 커다란 영향을 받았다. 그러나 이 당시에 부활하였던 플라톤 사상은 하나의 운동으로서는 강력한 종교적인 색채를 띠고 있었다. 당시에 플라톤 사상을 추종하고 있었던 자들의 주된 목적은 신적인 세계에 관한 진리를 이해하고 자신의 개인적인 삶과 관련해서 신을 가장 잘 닮을 수 있는 방법을 얻고자 하는 것이었다. 신학적인 관점에서 볼 때, 그들의 가장 주목할 만한 공로는 아리스토텔레스가 상정하였던 최고 정신(Mind)과 플라톤이 말한 선(Good)을 통합하여 이 둘을 동일시하였다는 것이다. 따라서 중기 플라톤 사상은 그 고전적인 형태보다도 더 명확하게 일신론적이었다; 그들은 존재의 계층 질서의 최정상에 유일한 신적 정신을 놓았다. 그들은 플라톤이 물려준 유산이었던 초월적인 형상들의 세계라는 개념을 유지하였으나, 형상들을 신의 사고들이라고 설명하였다.

알비누스의 사상 체계는 더 복잡한 것이었다. 그는 제1정신 또는 부동의 신, 제2정신 또는 세계 지성, 그리고 세계 영혼을 구별하였고, 제1정신은 제2정신을 통해서 활동하고, 제2정신은 제1정신을 향한 욕구를 통해서 움직여진다고 주장하였다. 오리게네스가 반박했던 기독교의 비판자 켈수스(Celsus)도 알비누스와 동일한 학파에 속해 있었다. 하나님은 육체 또는 그 밖의 어떤 유한한 것도 창조할 수 없었을 것이기 때문에, 오직 영혼은 하나님으로부터 직접 나올 수밖에 없었다고 그는 주장하였다;[34] 그리고 하나님이 사람들에게로 내려온다는 사상은 하나님 안에서의 변화, 그것도 더 나쁜 상태로의 변화를 내포하는 것이기 때문에 거부되어야 한다고 그는 주장하였다.[35] 전체적으로 중기 플라톤 철학자들은 중개 역할을 하는 중간자적인 신들의 존재를 허용할 수 있는 준비가 충분히 되어 있었다. 이러한 것은 그들이 최고의 신에게 할당한 위치에 비추어 보기만 해도 충분히 예상될 수 있는 일이었다. 그들은 최고의 신을 존재의 계층 질서 속에 편입시키기는 하였지만, 그럼에도 불구하고 최고의 신을 오직 이따금씩 조명(illumination)의 순간에만 언뜻 볼 수 있는 전적으로 초월적인 존재로 여겼다.

5. 신플라톤주의

하나님을 초월적인 존재로 보는 경향은 신플라톤주의 속에서 극한까지 치달았다. 신플라톤주의는 플라톤의 주된 영감을 보존하는 가운데 주후 3세기 중엽부터 번성하였고, 우리가 살펴보고 있는 시대의 후반부의 교부들이 친숙해 있었던 아리스토텔레스, 스토아 학파, 동방 종교의 요소들을 통합해서 충분히 발전시킨 형태의 사상 체계였다. 신플라톤주의의 대표자는 이 사상의 창시자이자 그리스어를 사용했던 이집트인인 플로티노스(Plotinos, 205-270년)였는데, 그는 고대 세계의 가장 위대한 사상가들 중의 한 사람이기도 하였다.

철학적으로 말해서, 플로티노스는 존재 너머의 것으로부터 존재 아래에 있는 것에 이르기까지 여러 등급으로 이루어진 방대한 계층 질서 구조로서의 실재 세계를 상정한 일원론자였다. 그가 말한 최고의 원리 또는 "위격"(hypostasis)은 신, 더 정확히 말하면, 유일자로 지칭되었다. 그 자체로 존재를 초월해 있고 심지어 정신(중기 플라톤주의자들이 신과 동일시했던)조차 초월해 있는 유일자는 존재가 유래되는 원천이자 존재가 항상 되돌아가기를 열망하는 목표이다. 이러한 과정은 유비적으로 유출(또는 발출, emanation)이라는 말로 설명되지만, 마치 태양이 빛을 방사한다고 해서 어떤 손실을 입는 것이 아닌 것과 마찬가지로, 유일자는 줄어들지도 변화되지도 않고 그대로 보존된다. 유일자는 말로 표현할 수 없을 정도로 단일하기(simple) 때문에, 그 어떠한 속성들의 주체가 될 수 없다; 우리는 유일자를 선하다고 말할 수 있지만, 이것은 유일자가 선을 하나의 특질 또는 속성으로 소유하고 있다는 의미에서가 아니라, 유일자가 선 자체라는 의미에서이다. 이 계층 질서 속에서 유일자 바로 아래에 오는 것은 두 번째 위격인 정신 또는 사고이다; 그리고 정신 바로 아래에는 이 정신으로부터 나오는 세 번째 위격인 영혼이 있다. 정신은 형상들의 세계를 포괄하는데, 유일자에게로 돌아가려는 시도 속에서 형상들의 세계를 관상한다; 이렇게 해서 다양성이 만유 속에 도입된다. 정신은 원인이 되는 원리로서, 플라톤의 데미우르고스와 동일시된다. 영혼은 둘로 나뉜다: 정신과 유사하면서 물질적 질서를 초월하는 고등 영혼과 현상적 세계의 영혼인 하등 영혼 또는 자연(φύσίς). 모든 개별적인 영혼들은 세계 영혼으로부터 유출된 것들로서, 세계 영혼과 마찬가지로 정신과 연관되어 있는 고등 요소와 육체와 직접적으로 연결되어 있는 하등 요소를 지닌다. 물질 자체, 즉 형상에 의해서 조명받지 못한 물질은 어둠 또는 비존재이고, 그 자체로서 악이다.

우리는 신플라톤주의가 지닌 두 가지 특징을 여기서 강조해 둘 필요가 있다. 플로티노스가 설명하고 있듯이, 신플라톤주의는 만유에 대한 낙관론적인 태도를 반영하고 있다. 우리가 알고 있는 세계는 비록 물질적인 것이긴 하지만 선한 것이라고 그는 보았다; 세계는 고등 영혼에 의해서 창조되고 질서지워져 있으며, 자연에 의해서 통합되어 있다. 물질 자체는 악하지만, 눈에 보이는 만유는 지성으로 파악될 수 있는 질서를 반영하고 있고, 따라서 모든 가능한 세계들 중에서 최고의 것으로 받아들여져야 한다. 신플라톤주의가 지닌 전체적인 개념의 종교적 편향들도 분명하게 드러난다. 존재하는 모든 것은 유일자로부터의 "유출"이고, 모든 실재에 여러 서로 다른 차원에서 스며들어 있으면서 더 높은 차원의 것, 궁극적으로는 유일자와의 합일을 열렬히 열망한다. 따라서 플라톤이 자신의 『향연』(Symposium)에서 말한 천상의 에로스(Eros)에 의해서 불지펴지고 있는 인간의 영혼은 이러한 합일을 위한 승화를 시도하도록 도전받는다. 첫 번째 단계는 정화의 단계이다; 영혼은 육체 및 감각-지각의 속임수들로부터 스스로를 해방시켜야 한다. 두 번째 단계에서 영혼은 정신의 차원으로 올라가고, 자의식을 유지한 채 철학과 학문에 매진한다. 마지막 단계는 유일자와의 신비적 합일이다; 이 단계는 탈혼 상태에 의해서 매개되는데, 이런 일이 일어날 때, 주체와 객체의 구별은 사라진다. 물론, 이 현세적인 삶 속에서 탈혼 상태는 드물게 얻어지고, 그 기간도 짧을 수밖에 없다; 우리는 플로티노스의 전기를 썼던 포르피리오스(Porphyry)[36]를 통해서 플로티노스 자신도 5년 동안에 고작 네 차례만 이러한 체험을 허락받았다는 것을 알게 된다.

6. 영지의 길

특히 주후 2세기와 3세기에 교회라는 환경 속에서 활동했던 가장 강력한 세력들 중의 하나는 영지주의였다. 영지주의는 이레나이우스, 테르툴리아누스, 히폴리투스 같은 신학자들이 우리에게 알려준, 조직을 갖추지 않은 사상 학파들의 무리들에 적용된 명칭이다($\gamma\nu\tilde{\omega}\sigma\iota\varsigma$=지식이라는 말로부터 유래됨). 이 신학자들은 영지주의를 단순히 기독교적인 이단, 즉 건전한 사도적 가르침을 이교의 철학,[37] 점성술, 그리스의 비의 종교들[38]과 혼합함으로써 생겨난 이단으로 취급하고, 사도행전 8장에 나오는 시몬 마구스를 영지주의의 효시로 보았다.[39] 과거의 학자들은 이러한 주장의 주된 내용을 그대로 받아들이는 경향이 있었기 때문에, 하르낙(A. Harnack)은 영지주의를 "기독교를 극단적으로 헬레니즘화한 형태"라고 설명하였다.[40]

우리가 지금 잘 알고 있는 영지주의 체계들은 분명히 그 의도에 있어서 기독교적이었다는 것은 사실이다. 반면에 기독교적 특징들은 아주 피상적으로만 나타나는 그 밖의 다른 영지주의 체계들(예를 들면, 히폴리투스가 인용한 『바룩서』[41]와 『아담 묵시록』이 보여주는 체계들)도 있었다. 나아가 기독교적 영지주의보다 앞선 유대교적 영지주의도 존재했던 것으로 보인다; 대부분의 영지주의 체계들 속에서는 유대교적인, 더 정확하게 말해서 유대교 이단적인 요소들이 두드러지게 나타난다. 또한 신약성서의 후기 문서들 중 일부는 영지주의적인 영향들로 보이는 것과 싸우고 있다. 그러므로 영지주의를 하나의 운동, 더 정확하게 말해서, 기독교보다 더 폭넓고 오래된 경향으로 보는 것이 바람직하다. 혼합주의의 산물인 영지주의는 유대교적, 이교적, 동방 종교적인 요소들을 끌어 모아서, 악과 인간의 운명이라는 문제에 관한 해법과 관련해서 나름대로의 독특한 태도와 분명한 특징을 지닌 사상들을 만들어 내었다.

우리는 영지주의의 가장 중요한 학파들 중의 하나, 즉 주후 2세기 중엽의 이삼십 년 동안에 알렉산드리아와 로마에서 이루어졌던 기독교인 발렌티누스(Valentinus)의 가르침을 개략적으로 요약해 봄으로써[42] 영지주의가 무엇이었는지를 예시해 볼 수 있을 것이다. 이 가르침에 의하면, 만유 위에는 최고의 아버지, 뷔토스(Bythos), 태어나지 않은 모나드(Monad, 단자)이자 완벽한 아이온(aeon)이 거하고, 그의 옆에는 그의 엔노이아(Ennoia, 사고)인 시게(Sige, 침묵)가 거한다. 이들로부터 세 쌍의 아이온들, 즉 누스(Nous, 또는 모노게네스)와 알레테이아(Aletheia, 진리), 로고스와 조에(Zoe, 생명), 안트로포스(Anthropos, 인간)와 에클레시아(Ecclesia, 교회)가 차례로 유출되어서, 8계(ogdoad)를 완성한다. 로고스와 조에로부터는 다시 다섯 쌍의 아이온들(10계)이 유출되고, 안트로포스와 에클레시아로부터는 여섯 쌍의 아이온들(12계)이 유출된다. 이렇게 해서 이루어진 30계가 하나님의 플레로마(Pleroma) 또는 충만(充滿)을 구성하지만, 오직 독생한 누스만이 아버지를 알고 계시할 수 있는 능력을 지닌다. 그러나 30계의 아이온들 중에서 가장 낮은 소피아(Sophia)는 아버지의 본성을 알고자 하는 억누를 수 없는 욕망에 사로잡힌다. 소피아는 그가 품고 있었던 죄악된 욕망(엔튀메시스)으로 진통을 겪는데, 만약 플레로마의 수호자로 임명된 호로스(Horos, 제한: 또한 스타우로스 또는 십자가로 불리기도 한다)가 그녀에게 아버지는 이해될 수 없는 분이라는 것을 확신시켜주지 않았다면, 만유 속으로 용해되고 말았을 것이다. 그래서 소피아는 자신의 욕망을 내어버리고, 플레로마 속에 그대로 머무는 것이 허용되었다. 한편 누스와 알레테이아는 아버지의 명령으로 아버지에 대한 아이온들의 진정한 관계를 아이온들에게 가르치기 위하여 새로운 한 쌍의 아이온들인 그리스도와 성령을 만들어낸다. 이렇게 해서 질서가 회복되자, 아이온들은 아버지를 찬양하는 노래를 부르고, 플레로마의 완전한 열매인 구주 예수를 만들어 낸다.

그러나 소피아로부터 기형적으로 태어나서 플레로마로부터 쫓겨나 이제는 하급의 소피아 또는 아카모스(Acamoth)로 알려지게 된 엔튀메시스는 어떻게 되었는가? 그녀는 여전히 생명 없는 허공을 떠돌아 다니면서, 그녀의 고뇌는 물질을 탄생시키고, 그리스도에 대한 열망으로부터 그녀는 "혼적인"($\psi\upsilon\chi\iota\kappa\acute{o}\nu$) 요소를 산출해 낸다. 그러자 그리스도는 그녀를 불쌍히 여겨서, 십자가(호로스)를 타고 내려가서 무형의 그녀에게 형태를 부여해 준다. 이것의 결과로 그녀는 영적인(pneumatic) 본질을 낳는다. 이 세 가지 요소 — 물질, 혼, 영 — 로부터 세계가 탄생된다. 먼저 소피아가 최고의 아버지의 형상인 혼적인 본질로부터 조물주 또는 데미우르고스를 만들었다. 그런 후에 사실 구약성서의 하나님인 데미우르고스는 하늘과 땅, 그 안에 거하는 피조물들을 창조하였다. 조물주가 인간을 만들었을 때, 그는 먼저 "흙으로 된 인간"을 만든 후에, 자신의 혼적인 본질을 인간에게 숨으로 불어넣었다; 그러나 데미우르고스가 알지 못한 사이에 아카모스는 그녀로부터 태어난 '프뉴마' 또는 영을 몇몇 사람들의 영혼 속에 심어 놓았다. 이 영적인 요소는 하나님을 갈망하고, 구원은 바로 이 영이 그것과 연합되어 있는 하급의 요소들로부터 해방되는 것이다. 이것은 구주 예수가 수행하는 임무이다. 존재가 어떻게 구성되었느냐에 따라서 세 가지 부류의 인간이 존재한다 — 육적인 또는 물질적인 인간, 혼적인 인간, 영적인 인간. 육적인 인간들은 어떤 경우에도 구원받을 수 없는 반면에, 영적인 인간들은 구속을 얻기 위해서는 단지 예수의 가르침을 이해하기만 하면 된다. 혼적인 부류의 인간들은 예수에 대한 지식과 본받음을 통해서 어렵사리 구원받을 수 있다.

이런 식으로 사변과 신화를 융합하고 거기에 드문드문 성경의 내용들에 관한 흔적들을 끼워 넣은 것은 발전 중인 영지주의의 전형적인 모습이었다. 그러나 영지주의에 속한 수많은 체계들 또는 학파들은 서로 간에 상당히 달랐다. 예를 들면, 발렌티누스 자신도 그의 제자들에 의해서 정교하게 다듬어진 사상 체계보다 훨씬 더 단순한 교리를 가르쳤던 것으로 보인다; 발렌티누스의 가르침은 몇몇 신화의 요소들을 포함하고 있었지만 요한의 기독교와 여러 가지 점에서 공통점을 지니고 있었다. 발렌티누스 학파 속에는 제4복음서를 알레고리적으로 주석한 책의 저자이면서 최고 신과 데미우르고스를 구분하고 세 부류의 인간을 구분해야 한다는 것을 강조했던 헤라클레온

(Heracleon, 175년경에 활동), 영지주의적인 주석 원칙들을 아주 분명하게 증언해 주고 있는 『플로라 서신』(*Letter to Flora*)[43]의 저자였던 프톨레마이우스(Ptolemaeus, 180년경에 죽음) 같은 유명한 인물들이 포함되어 있었다. 발렌티누스를 제외하고 가장 유명한 기독교적인 영지주의자로는 주후 120-140년경에 알렉산드리아에서 활동했던 시리아 태생의 바실리데스(Basilides)를 들 수 있다. 그의 사상 체계[44] 속에서 우리는 앞에서 살펴본 것과 동일하게 말로 표현할 수 없는 최고 신인 아버지로부터 순차적으로 형성된 등급화된 존재 질서들에 관한 개념, 최고 신인 아버지와 유대인들의 하나님, 즉 물질적인 만유와 인간의 조물주의 뚜렷한 대비를 만나게 된다. 구속은 아버지의 독생자인 누스가 인간의 육체 속에 갇혀 있는 영적인 요소를 해방시키기 위하여 인간의 형태로 오는 데에 있다. 여기에서는 기독교적인 모티프들이 지배적이지만, 이러한 모티프들은 그리스의 신화들과 모세의 창조 기사를 배경으로 밀접하게 연관되어 있는 구속에 관한 이야기를 설명하는 영지주의자 유스티누스(Justin)의 『바룩서』[45]에서는 미미한 역할을 할 뿐이다. 또한 히폴리투스에 의해서 인용된[46] 나세네파(Naassene)의 소책자에서는 아티스 신에게 드려진 짧은 송영을 본문으로 삼고 있다. 이 송영을 토대로 이 책자는 인간의 기원과 고통을 설명하고자 한다. 그 밖에 우리가 주후 2세기에서 볼 수 있는 영지주의자들로는 주술을 행하였다고 전해지는 사마리아의 메난더(Menander of Samaria),[47] 영지주의자들의 물질 경시의 필연적인 결과인 금욕을 강조했던 안디옥의 사토르닐루스(Satornilus 또는 사투르니누스),[48] 바실리데스의 아들이자 제자이면서, 영적으로 완전한 자들은 자유롭기 때문에 부도덕해도 상관 없다고 그의 추종자들이 주장했다고 하는 이시도루스(Isidore),[49] 이러한 반(反)율법주의적 태도를 극단까지 주장하였던 카르포크레테스(Carpocrates)[50] 등이 있다. 교회와 훨씬 더 밀접한 연관이 있었던 인물인 마르키온에 대해서는 나중에 설명하기로 하자.[51]

  영지주의를 하나의 운동이라고 말하는 것은 오해의 소지가 있다. 왜냐하면, 운동이라는 용어는 구체적인 조직이나 교회를 암시하기 때문이다. 앞에서 보았듯이, 수많은 영지주의 교사들이 있었고, 그들은 각각 추종자들을 거느리고 있었지만, 영지주의적 교회라는 조직은 존재하지 않았다. 반면에, 온갖 다양한 영지주의적 분파들 배후에는 실존, 악, 구원의 문제들에 대한 해답을 발견하는 데에 관심을 둔 종교적인 운동들에 달라붙어서 스스로 적응하여 결국에는 그 운동을 변화시킬 수 있는 일련의 공통의 사상들이 놓여 있었다는 것은 분명하다. 이제 우리는 이러한 사상들을 간략하게 요약해 보고자 한다.

첫째, 대부분의 영지주의적 학파들은 철저하게 이원론적이었기 때문에, 영적인 세계와 물질의 세계를 철저하게 구분하고 서로 건널 수 없는 무한한 간격을 설정하였고, 물질의 세계를 본질적으로 악하다고 보았다. 둘째, 물질의 질서가 어떻게 존재하게 되었는가를 설명하고자 할 때, 그들은 한결같이 물질 세계의 기원을 최고의 신, 즉 빛과 선의 신에게 돌리기를 거부하였다. 물질 세계는 태초에 있었던 어떤 무질서, 더 높은 영역에서의 어떤 갈등이나 타락의 결과임에 틀림없고, 물질 세계를 만든 자도 어떤 열등한 신 또는 데미우르고스임에 틀림없다는 것이다. 구약성서가 권위적인 것으로 받아들여졌던 곳에서는 데미우르고스를 유대인들의 창조주 하나님과 동일시하는 것이 손쉽고 자연스러운 일이었다. 셋째, 영지주의자들은 모두 인간 또는 적어도 인류의 엘리트 계층 속에 영적인 요소가 존재한다고 믿었는데, 이 영적인 요소는 이 세상에서 나그네로서의 위치에 처해 있기 때문에, 물질로부터 해방되어 그 진정한 본향으로 올라가기를 열망한다. 넷째, 영지주의자들은 인간 속의 영적인 요소가 이러한 열망을 성취하는 것을 돕기 위하여 중개자(들)가 여러 연속적인 아이온들 또는 하늘들을 거쳐서 이 땅으로 내려오는 것으로 묘사하였다. 영지주의자들은 이러한 사상들을 정교한 유사 우주론적 사변 속에서 설명하였고, 이교의 신화들, 구약성서, 동방의 종교들로부터 빌어온 개념들을 광범위하게 사용하였다.

이런 식으로 영지주의자들은 인간에게 이질적인 것이라고 느껴진 만유 속에서의 인간의 곤경이라는 수수께끼를 설명하고자 하였다. 그러나 그들이 제시한 구속은 도대체 무엇이었는가? 여기서 우리는 영지주의라는 이름이 유래하게 된 그들의 독특한 특징을 만나게 된다. 모든 영지주의적인 체계들 속에서 구속은 지식에 의해서 일어나고, "영적인" 인간들에게 진리를 향한 문을 열어 주는 것은 신적인 중개자들의 역할이다. "영적인 인간은 지식에 의해서 구속받는다"라고 발렌티누스주의자였던 마르쿠스(Marcus)의 제자들은 분명하게 선언하였다;[52] 바실리데스에 의하면,[53] "복음은 초현세적인 것들에 관한 지식이다." 달리 말하면, 어떤 사람이 영지주의적인 신화들을 그 진정한 내적인 의미까지 모두 파악함으로써 자기가 누구이고 자기가 어떻게 해서 현재의 상태에 있게 되었으며 최고의 신인 "말로 표현할 수 없는 위대하신 분"이 어떤 분인지를 깨닫게 될 때, 그 사람 속에 있는 영적인 요소는 물질의 속박으로부터 해방되기 시작한다는 것이다. 발렌티누스는 자신의 저서인 『진리의 복음서』(Gospel of Truth)에서 이러한 주장을 아주 생생한 이미지들을 통해 표현해 놓았다:[54] 그는 이 지식을 얻기 전에는 마치 술취한 사람처럼 흐리멍덩한 상태에서 이리저리 비틀거렸지만, 이 지식을 얻은 후에는 술에 취해서 자고 있는 상태로부터 깨어났다고 말한다. 이레나이우스는 영지주의자들이 이러한 비의적인 지식 — 심연의 타락, 아카모스, 데미우르고스 등등 — 의 소유를 통해서 어떻게 사후에 그들이 대면하게 될 세력들을 극복하고 천상을 향한 여러 연속적인 단계들을 통과할 수 있었는지를 아주 생생하게 묘사해 놓았다.[55]

일련의 영지주의적인 사상들이 많은 그리스도인들을 사로잡게 된 이유를 이해하기는 쉽다. 교회도 사람들에게 구원의 지식을 제공하고 있다고 공언하면서, 그리스도야말로 성부 아버지의 계시라고 그들 앞에 제시하였다. 영지주의적 경향성들과 공감대를 지니고 있었던 초기 기독교 속에는 강력한 긴장이 존재해 있었다. 우리는 이러한 긴장이 영생은 하나님과 그리스도를 아는 것이라는 공리를 제시하고 있는 제4복음서에서 작용하고 있음을 볼 수 있고, 『클레멘스2서』와 테오필루스(Theophilus)의 『아우톨리쿠스에게』(Ad Autolycum) 같은 주후 2세기의 작품들 속에서는 이것을 한층 더 분명하게 볼 수 있다.

우리가 앞에서 이미 언급했듯이, 알렉산드리아의 클레멘스는 신앙을 철학적으로 파악하고 있었던 그리스도인들에게 "영지주의자들"이라는 호칭을 아무 거리낌없이 적용하였다.[56] 부분적으로 기독교적이거나 이단적인 또는 비기독교적인 영지(靈知)들이 진정하게 기독교적이고 정통적인 영지(gnosis)와 공존했다는 것은 부분적으로 영지주의를 정확하게 정의하기가 어려웠던 현실을 설명해 준다. 앞에서 보았듯이, 위에서 우리가 언급했던 영지주의적 교사들 중 다수는 스스로를 진정한 그리스도인으로 여겼고, 그들의 사상 체계들은 단순한 복음을 당시 사람들이 알아들을 수 있도록 철학적으로 또는 학문적으로 더 만족스러운 형태로 재진술하려는 시도들이었다는 주장은 어느 정도 일리가 있다.

이레나이우스 같은 주후 2세기의 교부들이 재빨리 알아차렸던 것처럼, 기독교와 영지주의가 근본적으로 양립할 수 없었던 것은 사실 물질 세계와 역사 과정에 대한 서로 다른 태도 때문이었다. 일반적으로 영지주의자들(널리 사용되고 있는 좁은 의미에서의)은 물질을 하찮은 것으로 여겼고 역사에 관심을 갖지 않았기 때문에, 말씀의 성육신에 관한 기독교의 근본적인 교리에 온전한 가치를 부여할 수 없었다.

제 2 장

전승과 성경

1. 교리의 규범

구체적으로 특정한 교리들을 살펴보기 전에 우리가 반드시 해결하여야 할 중요한 예비적인 문제가 있다. 그것은 우리가 지금 살펴보고 있는 교회가 기독교 교리 자체, 특히 그 원천들과 권위에 대하여 어떠한 태도를 취하였느냐에 관한 것이다. 여기서 조잡하고 불완전한 대답을 제시하기는 쉬운 일이다. 기독교는 계시의 종교로 세상에 등장하였기 때문에, 그 메시지가 초자연적인 기원을 가지고 있다고 주장하였다. 초기의 여러 세기들에 활동했던 신학자들이 분명하게 인식하였듯이, 기독교의 궁극적인 원천은 예수 그리스도를 정점으로 하는 이러한 계시의 맥락 속에서 이루어진 예수 그리스도의 인격, 말씀들, 행위들에 있었다.

그러나 더 자세하게 들여다보면, 이 문제는 복잡한 양상을 띠게 된다. 기독교 교리라는 것은 주후 1세기 말 이래의 가톨릭 교회의 가르침이다. 이것은 즉시 원래의 계시를 보존하고 교회 속에서 전하였던 매체에 관한 문제를 불러일으킨다. 나아가 이러한 매체들을 해석할 때에 사용했던 원칙들도 검토할 필요가 있다; 그리고 해석이라는 것은 서로 다를 수 있기 때문에, 교회가 교리들이 건전하다거나 잘못되었다거나, 정통적이라거나 이단적이라고 판단할 때에 사용했던 기준들을 살펴보는 것이 바람직해 보인다.

개략적으로 말해서, 우리가 앞에서 제기한 문제는 전승(우리는 오늘날 이렇게 부른다)과 성경, 즉 이 둘 간의 관계에 관한 문제이다. 기독교의 진리의 형성에 있어서 이성에 부여된 지위 같은 그 밖의 다른 문제들은 이 문제와 밀접하게 연결되어 있다; 그러나 여기서는 우리의 논의를 이 중심적인 문제로 국한시키는 것이 좋을 것 같다. 초기의 모든 신학자들이 인정했듯이, 하나님 자신이 계시의 궁극적인 원천이었다; 그러나 하나님은 계시를 선지자들과 영감받은 율법 수여자들, 특히 무엇보다도 성육신한 말씀의 목격자들이었던 사도들에게 위탁하셨고, 그들은 그 계시를 교회에 전하였다. 따라서 진정한 신앙을 어디에서 발견할 수 있느냐는 질문을 받았을 때, 그들의 대답은 분명했고 한결같았다: 일반적으로 말해서, 진리는 교회의 지속적인 가르침의 전승, 더 구체적으로는 성경 속에 담겨져 있다. 사실 이 둘은 그리스도인들이 그들의 신앙을 확증하기 위하여 그 근거로 삼았던 쌍둥이 — 앞으로 보게 되겠지만, 서로 중복되는 — 권위들이었다.

그러나 이러한 말은 그 자체로는 거칠은 진술이기 때문에, 이 말이 담고 있는 함의(含意)들을 제대로 파악하려면, 상당한 정도의 정교한 분석이 요구된다. 예를 들면, 어떤 책들이 성경으로 받아들여졌고, 교회는 그 거룩한 정경을 어떤 식으로 결정하였는가? 그리고 교회는 어떠한 주석 원칙들을 채용하였는가? 또한 전승이라는 개념도 더 정확한 정의를 필요로 하고, 교회가 여러 시대들에 걸쳐서 축적해 놓은 전승들에 대한 평가도 이루어지지 않으면 안 된다. 또한 우리는 전승과 성경은 어느 정도나 서로에 대하여 독립적이었는가 또는 보완적이었는가를 물어야 한다. 그리고 이러한 물음 전체 속에는 교회에 의해서 행사되었고 교회에게 귀속되어 있다고 주장된 교리와 관련된 교도권(*magisterium*)이라는 더 깊은 문제가 전제되어 있다.

이 장에서는 성경 및 그 해석과 관련된 앞서 말한 일련의 질문들을 주제로 삼아서 살펴보게 될 것이다. 이 장에서 우리는 교회가 끊임없이 성경과 전승을 권위의 근거로 사용하였다는 것을 더 자세하게 살펴볼 것이고, 이러한 과정 속에서 교회가 전승을 어떤 식으로 이해하였는지를 설명해 보고자 시도할 것이다. 그러나 연구에 앞서서 독자들은 이 단어 속에 내재해 있는 모호성에 경각심을 가지지 않으면 안 된다. 오늘날의 관용어법 속에서 "전승"은 교회 속에서 전해내려온 문서화되지 않은 일련의 가르침 또는 그러한 가르침의 전수를 의미하기 때문에, 성경과 대비되는 개념으로 이해되는 경향이 있다. 교부들의 언어 속에서, 그리고 물론 신약성서의 언어 속에서도,[1] 이 용어는 이러한 전수(傳受)라는 개념을 지니고 있었고, 결국에는 그것이 현대적인 용법으로 정착되었다. 그러나 이 단어의 일차적인 의미(cf. παραδιδόναι; *tradere*), 즉 권위를 지닌 전달이라는 의미가 원래는 전면에 부각되어 있었고, 항상 주된 의미로 남아 있었다. 그러므로 전승이라는 말을 통해서 교부들은 통상적으로 구전으로 된 것이든 문서로 전해진 것이든 그런 것과는 상관 없이 주님 또는 주의 사도들이 교회에게 위탁했던 가르침을 의미했고, 좀 더 이른 세기들에서는 어쨌든 그들은 문서화되지 않은 교회의 전래적인 가르침을 지칭하는 데에 다른 단어들이나 표현들을 사용하기를 좋아하였다. 이 용어가 지닌 고대적인 의미는 "주님께서 수여하셨고 사도들이 선포하였으며 교부들이 보존한 가톨릭 교회의 원래의 실제적인 전승, 가르침, 믿음"이라는 아타나시우스(Athanasius)의 말 속에 잘 나타나 있다.[2]

2. 초기 시대

사도 시대로부터 주후 2세기 중엽에 이르는 여러 세대들은 우리의 연구를 위한 특별한 관심 대상이다. 왜냐하면, 나중에 신약성서에 포함될 책들은 이 시기에 이미 존재하고 있긴 하였지만, 아직 정경으로는 공식적으로 확정되어 있지 않았기 때문이다. 그렇다면 교회는 그 가르침을 어디에서 가져왔고, 그 건전성을 어떤 식으로 평가하였던 것일까? 이에 대한 대답을 찾기 위해서는 우리는 당연히 이른바 사도 교부들(로마의 클레멘스, 이그나티우스, 폴리카르푸스, 클레멘스2서의 저자, 바나바서의 저자, 헤르마스)과 그리스의 변증가들(아리스티데스, 유스티누스, 타티아누스, 아테나고라스, 테오필루스)이 쓴 저작들을 살펴보지 않으면 안 된다. 이들 모두는 기독교를 궁극적으로는 그리스도 자신에게로 거슬러 올라가는 신앙과 실천의 복합체를 의미하는 것으로 보았던 것 같다(클레멘스의 말을 빌면,[3] "우리 전승의 표준"; 유스티누스의 표현에 의하면,[4] "하나님 및 그분에게서 나온 가르침을 따라"). 그러나 그리스도가 최고의 선생이었다고 할 때,[5] 우리가 그리스도의 인격과 그의 메시지에 관한 사실들과 관련하여 직접적으로 접근할 수 있는 권위들은 (a) 그리스도의 사역의 온갖 세부적인 내용들을 미리 내다보았던 선지자들과 (b) 그리스도와 함께 했었고 그리스도로부터 친히 위임을 받았던 사도들이었다.

이렇게 구약성서와 사도들의 합치된 증언이라는 이중적인 근거에 의거한 것이 이 시대의 특징을 이루었다; 이러한 모습은 폴리카르푸스가 빌립보 교회의 성도들에게 그리스도 자신과 더불어 "복음을 우리에게 선포한 사도들과 우리 주님의 오심을 미리 알렸던 선지자들"을 그들의 표준으로 삼으라고 촉구한 것[6]에서 아주 잘 드러난다.

초대 교회에서 구약성서가 교리의 규범으로서 중요하였다는 것은 아무리 과장해도 지나치지 않는다. 이에 대한 더 자세한 논의는 다음 장까지 미루기로 하고, 여기 이 단계에서는 세 가지 점만을 확인해 두면 된다. 첫째, 초대 교회가 구약성서에 교리적 권위를 부여했던 것은 구약성서는 올바르게 해석되기만 한다면 기독교의 책이고, 특히 선지자들은 실제로 그리스도 및 그의 영광을 증언하고 있다는 의심할 수 없는 전제에 그 토대를 두고 있었다. 유대 성경은 유대인들이 아니라 그리스도인들의 것이라는 유스티누스의 단호한 주장[7]은 그리스도인들에 의해서 보편적으로 공유되고 있었다. 둘째, 이러한 전제는 그리스도인들이 의식적이든 무이식적이든 특정한 주석 방법론을 사용할 때에만 가능할 수 있었다. 이 방법론은 나중에 자세하게 다루어질 것이기 때문에, 여기서는 이 방법론은 구약성서 자체 속에 명백하게 내포되어 있거나 암시되어 있지 않았다는 것만을 말해 두는 것으로 충분할 것이다. 자기들은 오로지 성경(즉, 구약성서)만을 연구해서 그리스도인이 되었다고 주장한 변증가들[8]은 분명히 사실들이 보장해 주는 경계를 넘어서서 과장되게 말하고 있는 것이다. 사실 그들은 기독교 특유의 계시에 의해서 밝아진 눈을 가지고 성경을 읽고 있었던 것이다; 그리고 바나바서의 저자는 자신의 그리스도 중심의 주석을 '그노시스'라고 지칭함으로써[9] 이 점을 인정하고 있다. 그러나 셋째로, 이러한 해석 원칙은 결코 주후 2세기 초의 발명품이 아니었다. 앞으로 보게 되겠지만, 사도들도 이 해석 원칙을 채택하였었고, 우리 주님 자신이 그 선례를 남겼다고 생각할 만한 충분한 근거가 있다 — 이것은 유스티누스가 명시적으로 인정하고 있는 사실이다.[10] 사도 교부들과 변증가들의 시대에 이 해석 원칙은 교회 속에서 이미 전승이 되어 있었는데, 교회는 인간적인 차원에서 이 전승과 관련하여 사도들에게 빚지고 있었다(이 점을 최초로 인정한 인물도 역시 유스티누스였다[11]).

또 하나의 교리적 규범인 사도들의 증언은 이론상으로는 선지자들의 증언과 대등한 중요성을 지닌다고 할 수 있지만 실제로는 더 중요하였다. 클레멘스는 이렇게 썼다:[12] "사도들은 주 예수 그리스도로부터 우리를 위한 복음을 받았다 … 그러므로 사명감으로 무장되고, 우리 주 예수 그리스도의 부활을 통해 온전한 확신을 얻고, 성령의 확신케 하심을 따라서 하나님의 말씀 속에서 확증을 받은 사도들은 기쁜 소식을 들고 밖으로 나아갔다." 유스티누스의 시대에 이르러서는[13] 교회의 메시지가 그리스도 및 부활 이전과 이후에 그리스도가 사도들에게 행한 가르침들에 대한 사도들의 증언에 의거하고 있다는 사실은 더 상세하게 해명되어 있었다. 하나님의 아들이 온 세계에 전파된 것은 사도들을 통해서였다고 헤르마스(Hermas)는 분명하게 말하였다.[14] 그러므로 한 세대 전에 이그나티우스(Ignatius)[15]가 주님 및 그의 사도들과 일치하는 것을 이상으로 내세운 것은 전혀 이상한 일이 아니었다; 그가 윤리적인 가르침을 일차적으로 염두에 두고 있었을 것이라고 해도, 사정은 그리 달라지지 않는다. 이러한 태도의 실제적 표현은 그리스도에 대한 사도들의 개인적인 회상들이 교부들의 초미의 관심사가 되었다는 것이다. 예를 들면, 파피아스(Papias)는 "장로들"을 연구함으로써 그리스도의 정확한 가르침을 찾아내고자 최선을 다하였다.[16] 이것을 보여주는 또 하나의 증거는 바울 서신들과 복음서들이 누린 최고의 영예였다. 이러한 저작들은 당시에 정경화되어 있지 않았지만, 이 시기에 이것들로부터 인용된 인용문들의 수는 매우 두드러진다. 예를 들면, 폴리카르푸스는 바울의 빌립보서를 그들의 신앙의 초석으로 여겼다;[17] 그리고 유스티누스는 복음서들이 권위를 지니는 것은 그것들이 사도들의 "회고록"($\dot{\alpha}\pi o\mu\nu\eta\mu o\nu\epsilon\acute{\nu}\mu\alpha\tau\alpha$)이기 때문이라고 생각하였다.[18] 또한 유스티누스는 왜 세례가 필수적인가를 설명하고 성찬식을 거행하는 방법을 설명할 때에도 복음서들을 그 근거로 들었다.[19]

하지만 초기 교회가 사도적 증언을 사도들로부터 나왔거나 사도들에게 돌려진 기록된 문서들에 국한된 것으로 여겼다고 추론할 만한 근거는 전혀 없다. 논리적으로 보아서, 증언은 문서들보다 연대적으로 앞서기 때문에, 문서들은 그에 앞선 증언을 담고 있느냐의 여부에 따라 그 가치가 평가되었다고 말하는 것이 더 옳을 것이다. 잘 알려져 있듯이, 나중에 신약성서에 속하게 될 책들 속에 들어있지 않았던 신앙이나 실천들이 이 시기에 통용되고 있었다는 증거는 전혀 존재하지 않는다. 그러나 기독교 교사들이 사도적 증언이라고 말할 때에 대부분의 경우 나중에 정경이 되었던 이러한 책들을 특별히 염두에 두고 있었다는 것을 시사해 주는 증거도 전혀 존재하지 않고, 또한 그랬을 가능성도 희박하다. 일반적으로 그들은 공식적인 문서들에서와 마찬가지로 교회 속에서의 매일매일의 설교와 예전 행위, 교리문답 교육 속에서 표현되었던, 강조점들은 서로 달랐지만 개요에 있어서는 충분히 명확했던 일련의 공통적인 사실들과 가르침들을 사도적 증언이라고 생각했을 가능성이 훨씬 더 높다. 신약성서 기자들도 여러 가지 형태로 존재했던 이러한 개략적인 메시지 또는 "케리그마"(kerygma)를 전제했고 종종 그것들을 요약해서 인용하였다는 것은 상식에 속하는 사실이다. 이와 같은 개략적인 메시지는 우리가 살펴보고 있는 시기의 저술가들에게도 이용되었던 것으로 보이고, 그 개략적인 메시지를 그대로 반영하여 재현해 놓는 일도 그들에게는 흔했다(공식적인 신조들이 아직 존재하지 않고 있던 상황에서).[20] 이러한 사도적 증언들이 활용된 무대는 흔히 교회의 생생한 예전 및 교리문답 전승이었던 것으로 보인다. 그들은 사도 서신들이나 복음서들로 기록되었든, 아니면 교회의 전도나 예전적 삶 속에 표현된 것이든, 이러한 "형태의 가르침"[21]을 앞에서 언급한 구약성서 해석의 원칙들과 더불어 "그리스도의 사도들로부터 유래한 가르침"[22]으로 여겼다.

여기에 우리는 추가로 세 가지 점에 유의해야 한다. 첫째, 성경(즉, 구약성서)과 사도적 증언은 형식상으로는 서로 독립되어 있었지만, 교부들은 그것들의 내용이 실제로 일치하는 것으로 취급하였던 것으로 보인다. 사도들이 목격자로서 보았고 선포했던 것을 선지자들은 미리 매우 상세하게 증언하여 놓았다; 사도들의 메시지 속에는 성경을 찾아보아서 선지자들이 미리 내다보았다고 말할 수 없는 그런 내용은 없었다.

둘째, 사도적 증언은 사람들에게 아직 "전승"으로 불려지지 않았다. 클레멘스는 "우리 전승의 표준"이라는 말을 사용하긴 했지만,[23] 이 용어(παράδοσις)는 이 시기의 문헌에 드물게 나온다. 유스티누스는 이 용어를 단 한 번 사용하였는데,[24] 그것도 유대인 교사들의 전승을 가리키는 데에 사용하였을 뿐이다. 이 명사와 동일한 어근에서 나온 동사($\pi\alpha\rho\alpha\delta\iota\delta\acute{o}\nu\alpha\iota$)는 훨씬 더 자주 등장하지만, 전문적인 의미를 지니고 있지는 않았다. 폴리카르푸스는 "처음부터 전해진 말씀"이라는 말을 하였고,[25] 유스티누스는 사도들이 예수에 관한 예언들을 이방인들에게 "전하였다"거나[26] 성찬식의 제정의 말씀을 "전하여 주었다"[27]고 말한다. 하지만 흔히 그 문맥은 기독교와 전혀 상관없는 것이거나, 기독교와 상관이 있다고 해도 이 표현은 그리스도 자신 또는 심지어 성경 속에 담겨진 가르침[28]을 가리키는 것이었다. 사실 이 개념은 배아(胚芽)의 상태로는 존재하긴 했지만, 전승, 즉 교리의 권위 있는 전수 또는 그렇게 전수된 교리를 가리키는 단일한 용어는 정해져 있지 않았다.

셋째, 교회의 목회자들은 성령을 수여받았기 때문에 하나님으로부터 공인받은 사도적 가르침의 수호자들이라는 이론에 대한 암시들이 나타나기 시작한다. 예를 들면, 클레멘스는 이 점에 대해서 명시적으로 말하고 있지는 않지만 사도들을 계승한 성직자들이 그들에게 위임된 복음 메시지를 물려 받았다는 뜻을 넌지시 내비치고 있는 것 같다.[29] 이그나티우스가 주교단에 대한 충성을 극구 강조한 것도 그가 주교를 교리의 순수성을 지켜내라고 지명된 보증인으로 여겼다는 사실에서 그 이유를 찾을 수 있다. 클레멘스2서[30]에서는 장로들의 임무는 신앙을 가르치는 것이고 그들의 교훈은 그리스도 자신의 교훈과 동일하다는 이유를 들어서 장로들에 대한 절대적인 순종을 되풀이해서 역설한다.

3. 이레나이우스와 테르툴리아누스

이후의 반 세기 동안 교리의 규범들에 대한 교회의 평가는 몇 가지 조정을 겪었다. 먼저 구약성서가 계시의 기관(organ)으로서의 영예를 전혀 상실하지 않은 가운데, 사도적 증언은 그리스도인들의 사고 속에서 최고의 권위의 위치로 높여졌다. 물론 이러한 관점의 변화는 신약성서가 완전한 정경으로서 구약성서와 대등하게 영감된 성경으로 인정받은 것에 의해서 촉진되었고, 또한 사실 가능해졌다. 둘째, 이러한 사도적 증언의 두 가지 상호보완적인 통로로서의 성경과 교회의 살아있는 전승의 구별은 더 분명하게 인식되었고, 후자에 더 높은 비중이 두어지기 시작하였다. 이러한 발전은 상당 부분이 시기에 와서 전면전을 벌이게 된 가톨릭 교회와 영지주의 분파들 간의 대격돌의 부산물이었다. 영지주의자들은 그들 자신의 목적을 위하여 성경을 활용하였을 뿐만 아니라, 그들이 활용했던 기법들 중 하나[31]는 그들의 이론들을 밑받침하기 위하여 자신들이 지니고 있다고 주장한 소위 은밀한 사도적 전승을 근거로 제시하는 것이었다.

서로 강조점의 차이는 있지만, 이러한 새롭고 좀 더 성숙한 입장은 이레나이우스(Irenaeus:180년경에 활동)와 테르툴리아누스(Tertullian:160-220년경)의 저작들 속에 반영되어 있다. 이 두 사람 모두에게[32] 진리이자 성부 하나님을 계시한 말씀인 그리스도 자신이 기독교 교리의 궁극적인 원천이었다; 그러나 그리스도는 이 계시를 그의 사도들에게 위탁하였기 때문에, 그리스도에 관한 지식은 오직 사도들을 통해서만 얻어질 수 있다. "우리에게 복음을 전해준 자들 이외의 그 어떤 다른 이를 통해서 우리는 우리의 구원의 계획을 배운 적이 없다"라고 이레나이우스는 썼다;[33] 한편 테르툴리아누스에게는[34] 교회들 속에서 믿어지고 전파된 것들이 절대적인 권위를 지니는 것은 그것들이 교회가 사도들로부터 받았고 사도들이 그리스도로부터 받았으며 그리스도가 하나님으로부터 받았던 것과 동일한 계시이기 때문이었다. 다른 곳에서[35] 그는 그리스도인들은 자신의 변덕스러운 기분에 따라 교리들을 선택적으로 받아들여서는 안 된다고 역설하였다; 교리들의 유일한 권위는 그리스도의 가르침을 충실하게 전한 사도들이었다.

이레나이우스와 테르툴리아누스는 둘 다 종종 이 원래의 메시지를 전승이라고 말했는데, 그들은 사도들이 전해준 가르침을 지칭할 목적으로 이 단어를 사용했을 뿐이고, 전승과 성경을 대비시키고자 하는 의도는 전혀 없었다. 따라서 이레나이우스는 그리스도인들은 표현이나 정신적인 능력에 있어서 아무리 서로 다르다고 할지라도 "전승(즉, 사도들이 전해준 "신앙" 또는 "설교")의 힘"은 여전히 동일하다고 주장한다;[36] 한편 테르툴리아누스는 구전된 것이든 서신으로 된 것이든 사도적 가르침 전체를 "사도적 전승"(*apostolorum traditio* 또는 *apostolica traditio*)이라 불렀다.[37]

그러나 이 사도적 증언 또는 전승은 실제로 어디에서 발견될 수 있는가? 파피아스와 그 이전의 저술가들이 했던 것과는 달리, 사도들의 개인적인 회상에 의지하는 것은 더 이상 불가능하였다. 따라서 이에 대한 가장 손쉬운 대답은 사도들은 사도적 증언 또는 전승을 구두로써 교회에 위탁하여 교회로 하여금 그것을 대대로 전하게 하였다는 것이다. 이레나이우스는 교회는 사도들로부터 물려받은 전승을 보존하고 그것을 자녀들에게 전해준다고 분명하게 말함으로써[38] 그러한 대답이 옳다고 믿었다. 사도적 전승은 원칙적으로 글로 씌어진 문서들과는 무관한 살아있는 전승이라고 그는 생각하였다; 그리고 그는 야만인 부족들은 "이 신앙을 문자가 없는 상태에서 받아들였다는 것"을 지적하였다.[39] 소위 영지주의자들이 내세운 은밀한 전승과는 달리, 이러한 사도적 전승은 사도들이 그 후계자들에게, 그리고 그 후계자들은 그들을 좇는 사람들에게 위탁한, 전적으로 공적이고 공개적인 것이었으며, 그 전승을 살펴보고자 하는 사람들은 누구든지 교회 속에서 그것을 찾을 수 있는 그런 것이었다.[40] 이레나이우스는 영지주의자들과 논쟁을 벌이는 과정에서 "전승"이라는 말을 새롭고 제한된 의미로서 성경에 담겨 있는 것과 구별되는 교회의 구전에 의한 가르침을 특별하게 가리키는 데에 사용하였다.[41] 이 전승은 실제적인 목적들을 위해서 그가 "진리의 교령"(the canon of the truth)이라고 불렀던 것에 표현되어 있는 것으로 여겨질 수 있었다. "진리의 교령"이라는 말을 그는 기독교 계시의 핵심 내용들을 규칙의 형태로 제시해 놓은, 단어 사용에 있어서는 융통성이 있지만 내용에 있어서는 고정되어 있는 압축된 요약문이라는 의미로 사용하였다 — 이것에 대한 그의 빈번한 직접 및 간접 인용이 입증해 주듯이.[42]

이레나이우스는 그 밖에도 두 가지를 더 지적한다. 첫째, 구전 전승과 원래의 계시 간의 동일성은 계보상으로 사도들에게로 거슬러 올라가는 일련의 주교들에 의해서 보증된다.[43] 둘째, 추가적인 보호막은 성령에 의해서 제공된다. 왜냐하면, 메시지는 교회에 위탁되었고, 교회는 성령의 처소이기 때문이다.[44] 실제로 그는 교회의 주교들을 "진리의 무오한 카리스마적 권위"(*charisma veritatis certum*)[45]를 부여받은 성령의 사람들로 보았다.

한편 이레나이우스는 사도적 전승이 글로 씌어진 문서들 속에도 집적되어 있다는 것을 당연한 것으로 여겼다. 그가 말하고 있듯이,[46] 사도들은 처음에 입의 말을 통해서 선포했던 것들을 나중에는 하나님의 뜻에 의해서 성경을 통해 우리에게 전하였다. 변증가들과 마찬가지로, 이레나이우스는 그리스도의 삶 전체, 수난, 가르침은 구약성서 속에 예표되어 있다고 주장하였다;[47] 그러나 그는 신약성서는 사도적 전승을 글로 써서 표현해 놓은 것이라고 보았다(cf. ἐγγράφως παραδιδόναι[48]). 이런 이유 때문에 그가 어떤 책이 사도적 전승에 속하느냐를 결정할 때에 사용했던 시금석은 단순히 교회의 관습이 아니라 사도성,[49] 즉 사도들 또는 그 제자들에 의해서 씌어졌기 때문에 사도적 증언을 담고 있는 것으로 신뢰할 수 있다는 사실이었다. 물론 이단들은 성경으로부터 교회와는 다른 의미를 읽어낼 수 있다는 난점은 있었다; 그러나 이레나이우스는 성경을 전체적으로 본다면 그 가르침은 자명하다고 확신하였다.[50] 이단들은 성경의 밑바탕에 있는 통일성을 무시하고 개별 성구들을 뽑아내어 자신의 사상에 맞도록 배열하기 때문에 성경을 잘못 해석할 수 있었다.[51] 성경은 그 근본적인 원안(ground-plan), 즉 원래의 계시 자체에 비추어서 해석되어야 한다. 이런 이유로 올바른 주석(석의)은 성경의 열쇠인 사도적 전승 또는 가르침을 교회 속에서 손상 없이 보존해 온 교회의 대권이었다.[52]

그렇다면 이레나이우스는 성경을 글로 씌어지지 않은 전승에 종속시켰던 것인가? 이러한 추론이 일반적으로 행해져 왔지만, 그러한 추론은 오해의 소지가 있는 대비에서 유래된 것이다. 이 추론을 그럴 듯하게 만든 것은 (a) 영지주의자들과의 논쟁 속에서 이레나이우스는 성경이 아니라 전승을 자신의 최종적인 근거로 삼은 것처럼 보인다는 것, (b) 그는 분명히 올바른 성경 해석을 확증할 때에 그 근거로 전승을 들었다는 것 등과 같은 고찰들이었다. 그러나 이레나이우스의 『이단들을 논박함』(Adverus haereses)을 세심하게 분석해 보면, 영지주의자들이 이른바 은밀한 전승을 근거로 내세웠기 때문에 그는 교회의 공적 전승의 우월성을 강조하지 않을 수 없었지만, 실제로 정통 신앙을 변호할 때는 성경을 근거로 제시하였다는 것이 드러난다.[53] 그가 보기에 사실 전승 자체는 "우리 신앙의 터전이자 기둥"[54]인 성경에 의해서 확증되는 것이었다. 둘째, 우리가 잘 알다시피, 이레나이우스는 세례 때에 받은 "진리의 교령"을 견고히 붙잡고 있으면 성경의 의미를 왜곡하는 일은 없게 될 것이라고 주장하였다.[55] 그러나 이 "교령"(敎令)은 결코 성경과 구분되는 그 무엇이 아니라, 단지 성경 속에 담겨져 있는 메시지를 요약해 놓은 것이었다. 성격상 규범적일 수밖에 없는 규칙은 이단들에 의해서 그 여러 부분들이 왜곡된 성경에 대한 손쉬운 해석의 열쇠를 제공해 주는 것이었다. 사실 이레나이우스의 가르침이 지닌 전체적인 취지는 성경과 글로 씌어지지 않은 교회의 전승은 내용상으로 동일하고, 둘 다 계시의 도구들이라는 것이었다. "교령"을 통해서 전수된 전승이 더 신뢰할 만한 지침이라고 말할 수 있다면, 그것은 전승이 성경 속에 계시된 것들과 다른 진리들을 담고 있기 때문이 아니라, 사도들의 메시지의 진정한 요지가 거기에 모호하지 않게 제시되어 있기 때문이다.

테르툴리아누스의 태도도 모든 중요한 측면들에서 이레나이우스의 태도와 다르지 않았다. 사실 그는 "전승"의 의미를 확대해서 교회 속에서 여러 세대 동안 관습화되어 내려온 것들을 포함시켰다는 점에서 개혁자였다. 이런 의미에서 세례 때에 행하는 세 번의 부인(否認)과 세 번의 침수, 이른 아침에 성찬을 거행하는 것, 주일과 부활절 주간에 무릎꿇는 것을 금지한 것, 십자가 표지 같은 관행들은 전승들이라 할 수 있었다;[56] 이런 의미에서 전승들 간에 서로 차이가 있다고 말하는 것도 가능해진다.[57] 그러나 일차적인 의미에서 사도적, 복음적, 가톨릭적 전승[58]은 사도들이 전해준 신앙을 나타내는 것이었고, 테르툴리아누스는 그런 식으로 이해된 전승을 결코 성경과 대비시키지 않았다. 사실 전승은 성경 속에 소중히 간직되었다고 할 수 있다. 왜냐하면, 사도들은 그들의 구전에 의한 가르침을 나중에 서신들로 기록했기 때문이다.[59] 이런 이유로 성경은 절대적인 권위를 지닌다; 성경이 가르치는 것은 무엇이나 필연적으로 참되고,[60] 성경 속에서 찾아볼 수 없는 가르침들을 받아들이는 자는 저주를 받을 것이다.[61] 그러나 테르툴리아누스는 사도적 전승을 신약성서에 국한시키지 않았다; 비록 성경이 한편에 자리잡고 있다고 할지라도, 사도적 전승은 교회들이 공적으로 선포하는 가르침 속에서 여전히 발견된다. 이레나이우스와 마찬가지로, 테르툴리아누스는 이러한 가르침의 진정성을 가장 확실하게 보장해 주는 것은 교회들이 사도들에 의해서 세워졌고 지속적으로 사도들과 연결되어 있다는 사실이라고 생각하였다;[62] 그리고 그는 추가적인 보증으로 다른 식으로는 설명될 수 없는 교회들의 일치된 가르침을 들었다.[63] 그는 은밀한 전승이라는 것은 존재하지 않으며, 사도들이 계시를 전체로써 알고 있지 못했다거나 전해주지 않았다는 것은 도저히 생각할 수 없는 일이라고 역설하였다.[64]

그는 이 글로 씌어지지 않은 전승을 영지주의자들과 논쟁을 할 때에 기준으로 사용하여 성경보다 더 선호하였던 "신앙의 표준"(regula fidei)과 실제로 동일한 것으로 생각하였다. 이 말을 통해서 그가 의미했던 것은 학자들이 종종 생각해 왔던 것과는 달리 공식적인 신조가 아니라 계시 자체의 본래적인 형태와 패턴이었다. 신앙의 표준으로부터 그가 인용한 인용문들[65]은 완전하게 표현된 신앙의 표준은 성부 하나님, 예수 그리스도, 성령에 관한 주요한 진리들을 명시하고 있었다는 것을 보여준다. 따라서 테르툴리아누스가 자주 사용했던 신앙의 표준이라는 표현은 이레나이우스가 사용했던 "진리의 교령"과 같은 것이었다. 그는 신앙의 표준이 사도들을 통해서 그리스도에 의해 전해졌다는 것을 명시적으로 단언하고 있고,[66] 신앙의 표준을 어떤 사람이 그리스도인인지 아닌지를 시험하는 데에 사용할 수 있다고 말한다.[67] 나아가 신앙의 표준은 성경에 대한 올바른 주석의 길을 지시해 준다. 이레나이우스와 마찬가지로, 테르툴리아누스는 성경은 모든 부분에 있어서 서로 일치하기 때문에 전체적으로 읽으면 그 의미가 분명해진다는 것을 확신하였다.[68] 그러나 이단들과의 논쟁이 벌어질 때, 올바른 해석은 참된 기독교적 신앙과 치리가 유지되어 왔던 유일한 곳인 교회 속에서만 발견될 수 있다.[69] 이단들은 신앙의 표준을 무시하였기 때문에 성경을 자기 멋대로 해석하게 되었다고 그는 한탄하였다.[70]

별로 놀랄 일은 아니지만, 많은 연구자들은 테르툴리아누스가 전승(즉, 신앙의 표준 속에 제시된 글로 씌어지지 않은 교회의 가르침)을 성경보다 더 궁극적인 규범으로 삼았다고 추론해 왔다. 그러나 테르툴리아누스의 진정한 입장은 다소 미묘한 것이긴 하지만 전체적으로 이레나이우스의 입장과 거의 동일하였다. 그는 오직 성경을 토대로 해서 이단들과 논쟁하는 것은 아무 소용이 없다는 것을 너무도 분명하게 확신하고 있었다.[71] 이단들은 성경의 명백한 의미를 매우 노련하고 교묘하게 왜곡하였기 때문에, 그러한 논쟁 속에서 성경만을 토대로 삼아서 결정적인 결론을 얻어내는 것은 불가능하였기 때문이다. 또한 그는 성경에 대한 필수불가결한 열쇠는 신앙의 표준을 통해서 사도들의 증언을 그 원래적인 형태로 보존해 왔던 교회에만 있다는 점을 이레나이우스보다 한층 더 강력하게 주장하였고, 그러한 주장에 확신을 가지고 있었다. 그러나 그의 『이단 처방법』(De praescriptione) 속에 설명되어 있는 이러한 생각들은 성경은 어떤 식으로든 권위에 있어서 종속적이거나 내용에 있어서 불충분하다는 것을 말하고자 한 것은 아니었다. 그의 주된 전제는 이레나이우스의 전제와 동일한 것이었다. 즉, 하나님의 하나의 동일한 계시는 성경과 교회의 지속적인 공적 증언 속에 완전한 형태로 보존되어 있다. 그가 교회들이 순수한 사도적 가르침을 전수함에 있어서 어떤 잘못을 저지를 수 있다는 것은 상상도 할 수 없는 일이라는 논증을 자세하게 펼치면서 이레나이우스보다 한층 더 후자의 매체, 즉 전승을 강조했던 이유는 이단들과의 논쟁 속에서 후자의 매체가 확실한 전략적 장점들을 지니고 있었기 때문이었다. 왜냐하면, 정의상 규범적일 수밖에 없는 신앙의 표준은 그 어떤 논란도 있을 수 없는 형태로 복음의 취지를 제시하고 있었기 때문이다.

4. 주후 3세기와 4세기

두 가지 주요한 차이점을 제외하고는, 우리가 앞 절에서 보았던 성경과 전승에 관한 태도는 주후 3세기와 4세기의 교회 속에서도 고전적인 것이 되어 있었다. 두 가지 차이는 다음과 같은 것들이었다: (a) 영지주의의 위협이 사라지면서, 이레나이우스에 의해서 종종 명시적으로 표현되었고 테르툴리아누스에 의해서 한층 더 강도높게 나타났던 현상인, 직접적으로 성경을 근거로 제시하는 것을 주저하는 일이 없어졌다; (b) 교회의 제도적 삶이 발전한 결과로써 전승의 토대는 더 폭넓고 명시적이 되었다. 물론 교리상의 최고의 권위는 여전히 그리스도에 의해서 주어졌고 그의 사도들에 의해서 교회에 전해진 원래의 계시였다. 그리고 그것은 엄격한 의미에서의 신적 전승 또는 사도적 "전승"(παράδοσις; traditio)이었다. 이것과 관련해서 주후 3세기의 키프리아누스는 "주의 전승의 뿌리이자 원천" 또는 "신적 전승의 샘이자 원천"이라고 말했고,[72] 주후 4세기의 아타나시우스는 교회의 초석으로 "주께서 주셨고 사도들이 선포하였던 전승"이라고 말하였다.[73] 하지만 이것이 성경 속에 구체화되어 있고 교회의 일반적인 글로 씌어지지 않은 가르침과 예전적 삶 속에 표현되어 있다는 것은 당연시되었고, "교회의" 또는 "교부들의" 같은 수식어를 붙여서든 안 붙여서든 "전승"이라는 용어를 이 후자의 매체를 설명하는 데에 사용하는 것은 이제 점점 더 흔한 일이 되었다.

교리의 규범으로서의 성경에 부여된 절대적인 권위에 대해서는 길게 얘기할 필요가 없을 것이다. 주후 200년경에 활동했던 알렉산드리아의 클레멘스(Clement of Alexandria)는 교회에 의해서 해석된 성경이야말로 기독교적 가르침의 원천이라고 분명하게 선언하였다.[74] 스승보다 뛰어났던, 클레멘스의 제자 오리게네스(Origen)는 성경은 교리의 옳고 그름을 판별하는 결정적인 기준이라고 여러 차례 강조해서 역설하였던[75] 철두철미한 성경주의자였다. 교회는 교리문답을 위한 자료를 예언서들, 복음서들, 사도들의 글들로부터 가져왔다고 그는 말하였다;[76] 또한 그는 교희의 신앙을 떠받치고 있는 것은 상식에 의해서 밑받침되고 있는 성경이라고 말하였다.[77] 한 세기 후에 아타나시우스(Athanasius)는 "거룩한 영감된 성경은 진리의 선포를 위해 온전히 충분하다"고 썼다;[78] 한편 그의 동시대인이었던 예루살렘의 키릴루스(Cyril of Jerusalem)는 이렇게 썼다: "신앙의 신적인 구원의 신비들과 관련된 교리는 아무리 사소한 것이라고 해도 신적인 성경의 지지 없이 가르쳐져서는 안 된다 … 왜냐하면, 우리를 구원하는 신앙은 그 힘이 변덕스러운 추론들로부터 나오는 것이 아니라 성경에서 입증될 수 있는 것으로부터 나오기 때문이다."[79] 같은 세기에 나중에 활동했던 요한 크리소스토무스(John Chrysostom)는 그의 회중에게 하나님의 말씀들(oracles) 외에 다른 가르침을 구하지 말라고 명하였다;[80] 성경 속에는 모든 것이 직설적이고 분명하게 나와 있고, 꼭 알아야 할 모든 것들은 성경으로부터 도출될 수 있다. 서방 교회에서는 아우구스티누스가 "성경의 단순명료한 가르침 속에서 우리는 우리의 신앙 및 도덕적 행실과 관련된 모든 것들을 발견한다"고 분명하게 말하였다;[81] 아우구스티누스보다 조금 후에 등장한 레이랭스의 빈켄티우스(Vincent of Lerins, 450년경에 죽음)는 성경이라는 정경은 "모든 목적들을 위하여 충분할 뿐만 아니라 그 이상이라는" 것을 공리(公理)로 여겼다.[82]

그러는 사이에 전승이라는 개념에 있어서는 몇몇 강조점의 변화들이 감지되었다. 알렉산드리아의 클레멘스와 오리게네스 같은 주후 3세기 초의 저술가들은 계속해서 전승이라는 표현을 이레나이우스와 테르툴리아누스가 사용했던 용법과 아주 흡사한 의미로 사용하였고, "교회의 교령" 또는 "신앙의 교령"이라는 말을 사용하였다. 이 두 사람의 입장은 그들이 교회의 공적인 전승과 더불어 은밀한 교리 전승에 접할 수 있다고 믿었다는 사실에 의해서 복잡해진다는 것은 사실이다. 이 은밀한 교리 전승을 '그노시스'(γνῶσις) 또는 '파라도시스'(παράδοσις)라 불렀던 클레멘스는 그것이 사도들로부터 유래하였고 유사 영지주의적인 사고들을 포함하고 있는 것으로 여겼던 반면에,[83] 오리게네스는 그것이 성경에 토대를 둔 비의적(秘儀的)인 신학으로 이루어져 있다고 보았던 것 같다;[84] 두 경우 모두 이 비밀스러운 교리 전승은 교회의 지적 엘리트들을 위한 것이었다. 클레멘스는 그가 말한 은밀한 영지주의적 전승을 "교회의 교령"과 혼동하였던 것으로 보이지만, 후자에 관한 명확한 개념들을 가지고 있어서, "율법 및 예언서들과 주님의 '파루시아' (parousia, 오심) 때에 주신 계약과의 일치와 조화"로 정의하였다.[85]

오리게네스에 의하면,[86] 신앙의 표준 또는 교령은 통상적인 그리스도인들에 의해서 당시에 받아들여진 일련의 신조들이었다; 또한 그것은 신앙의 전체 내용을 나타내는 것이었다.[87] 그의 용법에 따르면, 신앙의 표준 또는 교령은 그가 "교회의 선포" (κήρυγμα[88])라고 불렀던 것과 동일한 것이었고, 이 말을 통해서 그가 의미했던 것은 당시의 교회에서 가르쳐졌고 사도들로부터 전해져 내려왔던 기독교적 신앙이었다. 신앙의 표준이 담고 있는 내용은 성경의 내용과 일치하는 것이었지만, 신앙의 표준은 형식상으로 성경으로부터 독립되어 있었고, 실제로 성경 해석의 원칙들을 포함하고 있었다.[89]

클레멘스와 오리게네스 이후에 "신앙의 교령"이라는 개념은 점차 과거에 누렸던 영화(榮華)를 상실하였고, 그 밖의 다른 전승 매체들이 교회의 살아 있는 교리적 유산의 저장소들로 인정받게 되었다. 이러한 전승 매체들 중의 하나는 주후 3세기에 상당한 정도로 정착되어 있었던 예전(liturgy)이었다. 주후 3세기에 히폴리투스(Hippolytus)가 예식들을 집성해 놓은 책인 저 유명한 『사도 전승』(*The Apostolic Tradition*)과 이것보다 훨씬 전에 나온 『디다케』(*Didache*, "열두 사도를 통한 주님의 가르침")라는 제목들은 통상적인 그리스도인들의 경건 생활 속에 아주 깊숙이 들어와 있었던 세례 및 성찬 예식을 포함한 교회의 예전 의식 전체가 사도들로부터 나온 것으로서 사도들의 증언을 반영하고 있는 것으로 여겨졌다는 것을 상기시켜 준다. 세례 때에 주고받는 엄숙한 질문과 대답들에 토대를 둔 공식적인 신조들과 세례에 앞서 행해진 정교한 교리문답은 이제 통상적으로 사용되게 되었다. 서방 교회가 세례 예식을 행할 때에 사용하였던 신조에 붙여진 당시의 명칭인 사도신경(*symbolum apostolorum*)과 이 신조가 열두 사도에 의해서 지어졌다는 널리 받아들여진 이야기[90]는 이 간략한 정형문구들이 사도들의 원래의 가르침을 요약해 놓은 것들이라는 보편적인 전제를 증언해 준다. 교회회의들과 공의회들, 특히 니케아 공의회(325년)는 주후 3세기 중엽 이후에 점차 중요한 역할을 하게 되었고, 이러한 회의들이 공포한 신조들이 존중받게 된 것은 그것들이 과거에 성도들에게 전해졌던 신앙을 증거하고 명시적으로 나타낸 것이라는 믿음 때문이었다. 이것과의 밀접한 연관 속에서 개인들로서이든 교회회의들에 참여한 자로서이든 정통적인 교부들의 말을 근거로 제시하는 관행이 발전하기 시작하였다. 이레나이우스와 테르툴리아누스가 아주 소중히 여겼던 이론, 즉 사도들에 의해서 세워진 주교단이 사도들의 증언을 순수한 형태로 보존하여 왔다는 이론이 쇠퇴하면서, 가톨릭 교회의 통치권에 대한 증대된 인식이 그 자리를 대신하였다. 특히 로마 교회는 스스로를 특별한 의미에서 사도적 전승의 지명된 수호자이자 대변자로 여겼고(이에 대한 증거들은 나중에 살펴보기로 하자), 많은 사람들도 그렇게 여겼다.

이에 대해서는 몇 가지 예를 드는 것으로 충분할 것이다. 니케아 공의회에 자신의 신조를 제출할 때에 성경만이 아니라 자신의 선배 주교들로부터 받은 가르침 및 교리문답 교육, 세례 때에 받은 가르침을 토대로 하였다는 유세비우스의 말[91]은 바로 교리적 권위에 관한 당시의 생각들을 반영하고 있다. 또한 그가 사도들의 증언의 저장소들을 찾았을 때에 과거의 일련의 정통적인 신앙 위인들 — 헤게시푸스, 고린도의 디오니시우스, 멜리토, 이레나이우스 등 — 을 든 것은 당연한 일이었다.[92] 아타나시우스는 아리우스주의자들과 논쟁을 벌이면서 자신의 교리는 대대로 전해져 온 것인 반면에 아리우스주의자들은 그들의 교리에 대한 단일한 존중할 만한 증언을 제시할 수 없다고 주장하였다.[93] 니케아 공의회의 신앙은 처음부터 믿어져 왔던 진리를 구체화한 것이었다. 니케아 공의회의 교부들은 그리스도가 주셨고 사도들이 선포하였던 가르침을 단순히 승인하고 전한 것이기 때문에, 그것으로부터 벗어난 자는 그리스도인이라 할 수 없다고 아나타시우스는 분명하게 말하였다.[94] 한 세기 후에 키릴루스가 네스토리우스와 주고 받은 서신과 칼케돈 선언이 보여주듯이, 니케아 공의회와 그 신조는 건드릴 수 없는 권위라는 영예를 누렸다. 반면에 바실리우스(Basil)는 성부와 성자와 성령의 이름으로 세례를 주는 예전적인 관습을 주축으로 삼아서 성령이 성부 및 성자와 동등하다는 논증을 폈고,[95] 사도적 증언은 성경과 아울러 비의(秘儀, mysteries)들을 통해서 교회에 전해졌기 때문에 이 기록되지 않은 전승에 머무는 것이 사도적인 것이라고 주장하였다.[96]

니사의 그레고리우스(Gregory of Nyssa)는 성자의 독특한 발생을 실증하고자 했을 때에 "우리에게는 사도들을 계승한 일련의 거룩한 이들을 따라 사도들로부터 전해진 유산과 마찬가지로 교부들로부터 우리에게 내려온 전승이 있다"는 것으로 충분하다고 설명하였다.[97] 나지안주스의 그레고리우스(Gregory of Nazianzus),[98] 에피파니우스(Epiphanius),[99] 크리소스토무스,[100] 같은 그 밖의 저술가들 속에서는 문서(ἐγγράφως)로 전해진 것과 기록되지 않은 전승(ἀγράφως) 간의 대비가 뚜렷하게 제시되어 있다. 주목할 만한 것은 에피파니우스는 로마 교회가 사도적 신앙의 표준을 유일무이하게 아무런 손상 없이 보존해 온 것으로 보았다는 것이다(그의 태도는 특이한 것이 아니었다);[101] 그러나 사도적 신앙의 표준을 가장 잘 표현한 것은 니케아 공의회에 모인 교부들에 의해서 승인된 신조라고 그는 생각하였다.[102]

전승 개념이 이런 식으로 확대되고 더 구체적이 되었을지라도, 전승이 성경과 마찬가지로 교리의 규범으로서의 지위를 지닌다는 평가는 기본적으로 여전히 변하지 않았다. 성경이 누리고 있던 영예를 가장 극명하게 보여주는 것은 교부들의 거의 모든 신학적인 노력이 — 그들의 목적이 변증적인 것이든 건설적인 것이든 — 상당 부분 성경에 대한 해설에 집중되어 있었다는 사실이다. 또한 어떤 교리가 받아들여지기 위해서는 먼저 그 성경적 토대가 확증되어야 한다는 것이 어디에서나 당연시되었다. 이 점을 단적으로 보여

주는 실례는 '호모우시오스'(ὁμοούσιος, "동일본질의"), '아게네토스'
(ἀγένητος, "출생하지 않은" 또는 "자존하는"), '아나르코스'(ἄναρχος,
"시작이 없는") 같은 새로운 신학적인 용어들을 주장했던 사람들이 성부에
대한 성자의 관계 또는 하나님의 영원한 존재에 관한 이러한 설명들을 일반
적으로 인정받기 위해서 심한 어려움을 겪었다는 사실이다. 그들은 이단 진
영들로부터만이 아니라 보수 진영으로부터도 이러한 설명들이 성경 속에서
발견되지 않는다는 맹렬한 반론에 직면해야 했다. 결국 그들은 이 용어들 자
체는 성경에 나오지 않더라도 그 용어들이 전달하고자 하는 의미는 바로 정
확히 성경에서 말하고 있는 의미라는 것을 지적함으로써 가까스로 반론을
진정시킬 수 있었다(한편으로는 아타나시우스[103]와 다른 한편으로는 나지안
주스의 그레고리우스[104]). 예루살렘의 키릴루스,[105] 아우구스티누스,[106] 카시아
누스[107]에 의하면, 신조 자체는 성경의 요약이었다.

앞에서 언급했듯이, 이러한 일반적인 태도에 대한 예외는 바실리우스가
성령의 완전한 신성을 입증하기 위하여 성경이 아니라 예전 속에 담겨져 있
는 전승에 의존하였다는 것이다. 하지만 바실리우스조차도 관련된 논의를
진행하는 과정 속에서 기록되지 않은 전승과 복음 간에는 그 어떠한 모순도
존재하지 않는다는 것을 아주 분명하게 말하고 있는데,[108] 이는 교부들이 전
승에 의해서 전해받은 가르침 속에서 오직 성경 자체가 함축하고 있는 내용
만을 따르고 있었기 때문이라고 말한다.[109] 실제로 초기 신학자들이 언급하고
있는 성경적 밑받침이 결여된 기록되지 않은 전승의 모든 예들을 자세히 검
토해 보면, 그것들은 교리 자체가 아니라 관습의 문제들과 관련되어 있다는
것을 알 수 있다(예를 들면, 세례 때에 세 번 침수하는 것; 기도할 때에 동쪽
을 바라보는 것) — 물론 종종 이러한 관습들 속에는 교리와 관련된 내용들
이 포함되어 있기도 하였다(예를 들면, 유아 세례; 죽은 자들을 위한 기도들).

다른 한편으로 성령의 거소(home)이자 신앙의 표준, 예전 행위, 일반적인
증언을 통해서 진정한 사도적 증언을 보존해 온 교회만이 성경 해석에 대한
필수불가결한 열쇠를 소유하고 있다는 예전의 생각은 이레나이우스와 테르
툴리아누스 시대에서 만큼이나 여전히 강력하게 작용하고 있었다. 예를 들
면, 클레멘스는 이단들이 "신적인 전승을 거부하는" 잘못을 습관적으로 범

하고 있다고 비난하였는데,[110] 이 말을 통해서 그가 의미했던 것은 이단들이 성경을 잘못 해석하고 있다는 것이었다; 클레멘스는 사도적이고 교회적인 유산만이 성경에 대한 참된 해석이라고 믿었다.

"교회의 교령"이라는 오리게네스의 언급들을 잘 검토해 보면, 오리게네스는 그것이 성경과 밀접하게 연관되어 있고 또한 성경 속에서 확증을 얻고 있긴 하지만, 또한 그것은 성경의 기자들의 참된 의도에 대하여 빛을 비춰준다고 생각했음이 드러난다. 아타나시우스 자신도 성경의 온전한 충족성을 강조하면서도 나아가 성경을 해설해 줄 건전한 선생들이 교회에 있는 것이 바람직하다고 강조하였다.[111] 아리우스주의자들을 공격하는 가운데 아타나시우스는 만약 그들이 "교회의 수호자"($\sigma\kappa o\pi\grave{o}\varsigma$ $\acute{\epsilon}\kappa\kappa\lambda\eta\sigma\iota\alpha\sigma\tau\iota\kappa\acute{o}\varsigma$), 즉 교회 속에서 전승에 의해 특별하게 전해 내려온 계시의 취지에 대한 이해를 최후의 보루로서 견고하게 붙잡고 있었다면 결코 신앙이 파산되는 일은 없었을 것이라고 비난하였다.[112] 힐라리우스는 교회의 가르침을 받아들이는 자들만이 성경이 무엇을 의도하고 있는지를 이해할 수 있다고 주장하였다.[113] 아우구스티누스에 의하면,[114] 성경에 나오는 의심스럽거나 모호한 구절들은 "신앙의 표준"에 의해서 해명될 필요가 있다; 나아가, 그는 오직 교회의 권위만이 성경의 진리성을 보장해 준다고 보았다.[115]

그 밖의 다른 증거들을 여기에서 더 들 필요는 없을 것이다. 이 시기 전체에 걸쳐서 성경과 전승은 상호보완적인 권위들, 형태상으로는 다르지만 내용상으로는 서로 일치하는 매체들로 생각되었다. 어느 쪽이 더 우월하거나 더 궁극적인 것으로 여겨졌는가라고 묻는 것은 이 문제를 시대착오적이고 오도하는 방향으로 제기하는 것이다. 성경은 원칙적으로 그 자체로 충분한 것이지만, 전승은 성경의 해석에 대한 가장 확실한 열쇠로 인식되었다. 왜냐하면, 전승 속에서 교회는 그 제도적인 삶의 모든 기관들 속에 배어 있는 사도들로부터의 유산을 통해서 성경과 전승이 둘 다 증거하고 있는 계시의 참된 취지와 의미에 대한 무오한 이해를 보존하고 있기 때문이다.

5. 교부들의 권위

전승을 논증의 근거로 제시하는 것과 관련하여 마지막으로 한 가지 더 자세하게 살펴보아야 할 것이 있다. 앞 절에서 우리는 주후 4세기에 교회 전승의 수호자이자 해석자들로서 개인으로서든 공의회에 속한 자로서든 정통 신앙을 지녔던 과거의 교부들을 논증의 근거로 제시하는 일이 점차 증가하는 추세에 있었다는 것을 살펴보았다. 주후 5세기에 이러한 관행은 크게 확대되어서, 마침내 일련의 고명한 선생들의 권위에 대한 명시적이고 공식적인 승인이 이루어졌다. 이러한 경향의 부산물로서 건드릴 수 없는 영예를 지닌 교부들의 명단을 작성하고 그들의 저작들로부터 인용문들을 선별하는 일이 신학적인 논쟁 속에서 애용되는 기법이 되었다.

아우구스티누스가 보기에, "정식의 공의회들"의 권위는 "가장 건강한" 것이었다.[116] 성모 마리아가 하나님의 어머니로 불리는 것이 마땅하다는 것을 옹호하기 위하여 이집트의 수도사들에게 쓴 편지 속에서 알렉산드리아의 키릴루스는 그들에게 거룩한 교부들의 발자취를 따르라고 권면한다.[117] 왜냐하면, 거룩한 교부들은 사도들로부터 전해져 온 신앙을 보존하고 그리스도인들에게 올바르게 믿는 법을 가르쳤던 사람들이기 때문이었다. 또한 그는 삼위일체에 관한 올바른 교리는 "거룩한 교부들의 지혜"에 의해서 해명된 것이라고 천명하였다.[118] 네스토리우스를 공격하면서, 그는 "거룩한 전세계적인 교회와 숭앙받을 만한 교부들"을 근거로 들면서[119] 성령이 그들 속에서 말씀하였다고 주장하였다. 또한 그는 자신의 기독론적인 입장을 더 공식적으로 밑받침하기 위하여 교부들의 저작들 속에서 가져온 일련의 인용문들을 한 묶음으로 만든 문건을 준비해서, 그것들을 그의 논란이 심한 글들 속에 삽입하여[120] 에베소 공의회에 제출하였다.[121]

그와 동시대인이면서 판이하게 다른 사상 학파에 속했던 안디옥 학파의 테오도레투스도 정확히 동일한 입장을 채택하여, 정통 신앙은 "사도들과 선지자들에 의해서만이 아니라 그들의 저작들을 해석했던 사람들 — 이그나티우스, 유스타티우스, 아타나시우스, 바실리우스, 그레고리우스, 요한, 그 밖에 세상의 유명한 이들 — 과 그들에 앞서 니케아에 모였던 거룩한 교부들에 의해서도" 우리에게 전해졌다고 말하였다.[122] 그는 그들의 가르침으로부터 벗어난 자들은 그 누구라도 진리의 적으로 규정되어야 한다는 말을 덧붙였다; 그리고 다른 곳에서[123] 그는 성령은 교부들에게 감동을 주어서 성경의 난해한 구절들을 분명하게 해석하도록 하였다고 설명하였다. 또한 그는 교부로서의 권위를 지닌 인물들을 선별하여 한 권의 문건으로 묶었고, 이것들을 그의 저서인 『에라니스테스』(*Eranistes*) 속에 삽입하였다.[124]

이러한 발전들은 교부들의 전승이 그 자체로서 점점 더 권위적인 것으로 취급되기 시작하였다는 것을 암시해 주는 것일 수도 있다. 그러나 증거들을 그런 식으로 해석하는 것은 잘못된 것이다. 교부들에게 커다란 존경이 주어지긴 했지만, 그들이 성경 속에 명시적이든 암묵적이든 이미 담겨 있는 것들과 다른 진리들에 접근할 수 있었다고 여겨진 것은 결코 아니었다. 예를 들면, 기독론 논쟁에서 키릴루스가 궁극적인 근거로 제시한 것[125]은 언제나 성경의 가르침이었다 ― "사도들과 복음서 기자들의 전승, 하나님으로 영감으로 된 성경 전체의 취지." 테오도레투스는 "나는 오직 성경에 순종한다"라는 말로써 자신의 입장을 단적으로 요약하였다.[126] 이들 두 사람이 보기에, 교부들의 권위는 그들이 성경 기자들의 진정한 의도를 아주 충실하고 온전히 해석하였다는 사실 속에 있었다. 그들이 인상적으로 여겼던 것은 온 교회에서 숭앙받는 그토록 많은 유명한 거룩한 선생들이 성경에 대한 그들의 해석과, 성경 속에 제시되어 있거나 어쨌든 함축되어 있는 교리들에 대한 그들의 진술과 관련하여 한 목소리를 내고 있다는 사실이었다.

이러한 오랜 발전의 결과물들은 주후 5세기 중엽에 레이랭스의 빈켄티우스에 의해서 집성되었다. 학식 있고 경건한 사람들은 흔히 가톨릭 신앙의 진리들을 거짓된 이단 사설들로부터 구별해 낼 수 있는 확실하고 보편적으로 적용 가능한 준칙을 탐구해 왔다고 그는 말한다.[127] 여기에서 꼭 필요한 것은 이중적인 보루, 즉 하나님의 법(즉, 성경)의 권위와 가톨릭 교회의 전승이라고 그는 주장한다. 성경은 그 자체로 "충분할 뿐만 아니라, 또한 그 이상"이라고 그는 인정한다; 그러나 성경은 아주 다양한 방식으로 해석될 수 있기 때문에, 우리는 전승에 의지하지 않으면 안 된다. 이 "교회적 및 가톨릭적 견해의 규범" ― 그는 전승을 이렇게 지칭한다 ― 은 "어디에서나, 언제나, 모두에 의해서 믿어져 온 것"(*quod ubique, quod semper, quod ab omnibus creditum est*)과 동일해야 한다. 따라서 "전세계에 걸쳐서 온 교회에 의해 공언된 신앙만이 참되다고 우리가 고백한다면, 우리는 보편성의 원칙에 합치하게 될 것이다; 우리가 우리의 경건한 선조들과 교부들에 의해서 명백하게 공유된 신조들로부터 결코 벗어나지 않는다면, 우리는 고대성의 원칙에 합치하게 될 것이다; 그리고 마찬가지로 우리가 이전 세대들에 의지하여 주교들과 교사들의 전체 또는 어쨌든 대다수의 정의들 및 견해들을 우리의 것으로 삼는다면, 우리는 합치의 원칙에 맞게 될 것이다.”

물론, 실제적으로는 이단 자체도 흔히 선례들을 근거로 내세우는 경우가 있을 뿐만 아니라, 정통 신앙과 관련해서도 과거를 더 면밀하게 검토해 보면 종종 중요한 견해 차이들이 드러난다. 그러한 경우들에 있어서 빈켄티우스는 그리스도인들은 개인들이나 대표성을 지니지 못한 집단들의 성급하게 내린 결정이나 무지한 견해들보다는 에큐메니컬 공의회의 신중한 결정을 따라야 할 것이라고 주장한다;[128] 그리고 에큐메니컬 공의회에서 내려진 결정이 없는 경우에는 대표성을 띤 교부들, 특히 서로 다른 시기에 세계의 서로 다른 지역에 살면서 가톨릭 교회의 신앙과 친교(communion)에 굳건히 서 있었던 교부들의 견해들을 서로 비교하고 검토해 보아야 한다.

빈켄티우스는 교리에 있어서의 발전의 가능성을 완전히 배제한 보수주의자가 결코 아니었다. 먼저 그는 원래의 저장소들에 담겨 있던 위대한 진리들을 표현하되 “새로운 교리들이 아니라 옛 교리들을 새로운 견지에서”(*non nova, sed nove*) 밝히고 있는 전승의 문구들과 개념들을 완전하게 하고 공들여서 다듬는 것이 바로 공의회들의 일이었다는 것을 인정한다.[129] 둘째로, 그러면서도 그는 마치 인간의 몸이 어린 아이에서 성인으로 자라가는 것과 비슷하게 교리도 유기적인 발전을 한다는 것을 인정하고 있는 것으로 보인다. 그러나 그는 이러한 발전은 실제로 존재하는 것이긴 하지만 해당 교리의 원래의 의미를 조금이라도 변경시키는 결과를 가져와서는 안 된다고 조심스럽게 설명한다. 따라서 결국 그리스도인들은 디모데와 마찬가지로[130] “전해 받은 것,” 즉 성경 속에 완전한 모습으로 보존되어 있고 교회의 무오한 전승 속에서 올바르게 해석된 계시를 지켜야 한다.

제 3 장

성경

1. 구약성서

적어도 교회사의 첫 100년 동안에는 엄밀한 의미에서의 교회의 성경은 오로지 구약성서로만 이루어져 있었다. 물론, 나중에 신약성서로 알려지게 된 것에 속하게 될 책들은 이미 존재해 있었다; 실제로 신약성서에 속하게 될 책들은 주후 1세기가 끝나기 훨씬 전에 이미 씌어져 있었고, 그 책들은 주후 2세기의 기독교 저술가들에게 친숙하였으며, 또한 그들에 의해서 사용되었다. 그러나 그 책들은 정경이라는 특별한 지위로 아직 승격되지는 않고 있었다. 한편 유대교는 기독교가 탄생하기 훨씬 이전부터 "거룩한" 책들의 모음집을 가지고 있었다. 유대교의 성경은 주후 90-100년에 열렸던 소위 얌니아 회의(synod of Jamnia)를 통해서 최종적으로 확정되었기 때문에, 그 공식적인 목록은 사도 시대에 있어서는 사실상 마감되어 있었다. 따라서 교회가 유대교의 성경을 자신의 것으로 활용한 것은 당연한 일이었다. 교회는 본능적으로 스스로를 새로운 이스라엘로 자처하였고, 그 결과로서 옛 이스라엘을 향한 하나님의 계시와 약속들에 대한 합법적인 상속자로 생각하였다. 그러므로 로마의 클레멘스,[1] 바나바서의 저자,[2] 유스티누스[3] 같은 저술가들이 성경을 언급할 때에("기록된 바" 등등으로 시작하는), 그들이 염두에 두고 있었던 것은 거의 언제나 유대인들의 성경이었다.

주후 2세기의 그리스도인들 가운데에는 구약성서를 탐탁지 않게 생각하거나 그리스도의 복음에 대하여 전적으로 이질적인 것으로 취급하여 거부하기까지 했던 중요한 집단들이 있었는데(그들에 대해서는 이후의 한 절에서 논의하기로 하자), 그들은 기독교의 주류 밖에 있었다. 교회 전체에 있어서 유대교의 성경은 모든 면면에서 구주에 관하여 말하고 있는 기독교적인 책이었다. 주후 2세기의 후반기에 신약성서의 저작들이 영감된 성경으로 인정되었을 때에도 구약성서에 대한 이러한 존중은 결코 줄어들지 않았다. 실제로 이후의 모든 기독교의 세기들에서와 마찬가지로 교부 시대 전체에 걸쳐서도 구약성서는 하나님의 말씀, 구원의 교리에 관한 건드릴 수 없는 원천으로 받아들여졌다.

한 가지 우리가 알아 두어야 할 것은 이렇게 교회 속에서 권위 있는 정경으로 받아들여졌던 구약성서는 팔레스타인 유대교의 히브리 성경에 속했던 22권[4] 또는 24권[5]의 책보다 더 분량이 많고 포괄적이었다는 것이다. (이와 같은 관습에 의한 히브리 성경에 속한 책들의 총수는 사무엘상하, 열왕기상하, 열두 권으로 이루어진 소선지서들, 에스라서와 느헤미야서, 역대기상하를 각각 1권으로 계산하여 이루어진 것인데, 여기에 룻기와 예레미야 애가를 사사기와 예레미야서에 각각 합쳐서 총 22권으로 계수하기도 하였다.) 교회에서 받아들인 구약성서는 정도 차이는 있었지만 언제나 이른바 외경에 속한 책들을 포함하고 있었다. 이렇게 된 이유는 그리스도인들의 손에 최초로 들어온 구약성서는 원래의 히브리어 판본이 아니라 칠십인역으로 알려진 그리스어 번역본이었기 때문이다. 주전 3세기 중엽에 알렉산드리아에서 출간된 칠십인역은 그리스어를 사용하는 디아스포라 유대인들의 성경이 되었고, 신약성서 속에서 발견되는 대부분의 성경 인용문들은 히브리어 판본이 아니라 칠십인역을 토대로 한 것이다.

팔레스타인의 유대인들에게 정경의 범위(이 용어는 기독교적인 것으로서, 유대교에서는 사용되지 않았다)는 확고하게 고정되어 있었다; 그들은 "손을 부정하게 하는" 책들, 즉 거룩한 책들과 그 밖의 다른 종교적으로 덕을 세우는 저작들을 엄격하게 구분하였다. 팔레스타인 밖에 있었던 유대인 공동체들의 관점은 이보다 훨씬 더 융통성이 있었다. 그들은 오경이 지닌 독특한 지위를 존중하면서도, 나중에 구약성서에 포함된 책들을 상당히 자유롭게 취급하여서, 어떤 책들에는 내용들을 첨가하고 어떤 책들에 대해서는 그 내용을 근본적으로 다시 쓰기도 하였다; 그리고 그들은 이미 받아들여진 목록에 완전히 새로운 책들을 추가하는 일도 주저하지 않았다. 이런 식으로 해서 에스드라1(3)서, 유딧서, 토빗서, 마카베오의 여러 책들이 역사서 속에 포함되게 되었고, 지혜서, 집회서, 바룩서, 세 거룩한 자녀의 노래, 수산나 이야기, 벨과 용(마지막에 열거한 이 세 권의 책들은 "다니엘서의 부록들"이었다), 므낫세의 기도서는 시가서와 예언서에 추가되었다.

어쨌든 처음 두 세기 동안에 교회는 이러한 추가적인 책들의 전부 또는 대부분을 영감된 성경으로 받아들여서 그 책들을 아무런 의심 없이 성경으로 취급하였던 것으로 보인다. 예를 들면, 지혜서로부터 인용한 인용문들이 클레멘스1서[6]와 바나바서[7]에 나오고, 에스드라2(4)서와 집회서로부터 인용한 인용문들이 바나바서에 나온다.[8] 폴리카르푸스[9]는 토빗서, 디다케,[10] 집회서를 인용한다. 이레나이우스는 지혜서, 수산나 이야기, 벨과 용, 바룩서를 언급한다.[11] 테르툴리아누스, 히폴리투스, 키프리아누스, 알렉산드리아의 클레멘스는 여기에서 일일이 열거할 수 없을 정도로 아주 빈번하게 외경들에 나오는 내용들을 활용하였다.

주후 2세기 말이 되자 유대인들과의 논쟁의 결과로 유대인들이 이제 외경에 속한 책들을 배격하는 데에 한 목소리를 내고 있다는 것이 알려지게 되면서, 기독교계에서도 점차 외경을 꺼리는 분위기가 감지되기 시작하였다; 예를 들면, 사르디스의 멜리토(Melito of Sardis, 170년경에 활동)는 팔레스타인을 방문한 후에 히브리 정경만이 권위 있는 성경이라는 것을 확신하였다.[12] 오리게네스가 외경(실제로 그 밖의 다른 진정으로 외경에 속한 작품들)을 광범위하게 사용하였다는 것은 사실이지만, 그는 학자로서 히브리 성경에 정통해 있었기 때문에 외경을 사용하는 것은 문제가 있다는 것을 인식하였다. 그가 제기한 주장[13]은 그리스도인들은 유대인들과 논쟁할 때에 유대인들이 인정하는 책들로 스스로를 국한시켜야 한다는 것이었다; 그러면서도 그는 그러한 자기부인적인 태도를 더 확장하게 된다면 현재 교회들에서 사용되고 있는 성경에 속한 여러 책들을 폐기해야 될 것이라는 경고를 덧붙였다.

이러한 의구심들이 공식적으로 부각되기 시작한 것은 알렉산드리아의 기독교의 학문적 표준들이 영향력을 한창 발휘하고 있던 때인 주후 4세기였다. 아타나시우스,[14] 예루살렘의 키릴루스,[15] 나지안주스의 그레고리우스,[16] 에피파니우스[17]에 의해서 대표되는 동방 교회에서 꽤 일반적으로 통용되었던 견해는 외경에 속한 책들은 본래의 정경에 대하여 종속적인 지위가 부여되어야 한다는 것이었다. 키릴루스의 입장은 대단히 강경하였다;[18] 공식적인 정경에 속하지 않은 책들은 사사롭게조차도 연구되어서는 안 된다. 아타나시우스는 상당한 융통성을 보여주고 있는데, 외경들은 교육의 목적으로 교리문답 교육에서 사용될 수도 있다고 판단하였다.[19] 그렇지만 우리가 주의할 것이 있다. (a) 요한 크리소스토무스와 테오도레투스 같은 안디옥 학파에 속한 학자들은 외경에 속한 책들을 사용함에 있어서 전혀 거리낌을 갖지 않았던 것으로 보인다; (b) 그리고 심지어 정경과 외경을 엄격하게 구분하였던 동방의 저술가들조차도 공식적으로 논쟁을 벌이는 경우에는 외경들로부터 많은 내용들을 인용하였다. 하지만 외경에 대한 이러한 공식적인 유보적 태도는 동방 교회에서 오랫동안 지속되었다. 한 예로서, 주후 8세기 말에 활동했던 다메섹 사람 요한은 히브리 정경은 22권으로 이루어졌다고 주장하고 지혜서와 집회서를 배제하였다[20] — 물론, 그는 기꺼이 이 외경들이 놀랄 정도로 좋은 내용을 담고 있다는 것을 인정하긴 했지만.

서방 교회는 전체적으로 외경에 대하여 훨씬 더 호의적으로 평가하는 경향을 보여주었다. 하지만, 우리가 예상할 수 있듯이, 서방 교회에 속한 인물들 중에서도 동방 교회와 접촉했던 사람들은 외경을 뒷전으로 밀어놓는 성향을 보여주기도 했다. 따라서 힐라리우스는 사실 외경 전체를 영감받은 책으로 취급하여 인용하고 있음에도 불구하고, 본래의 구약성서는 히브리어로 된 22권의 책들(그는 이렇게 계수하였다)로 이루어져 있다고 말하였다;[21] 반면에 루피누스(Rufinus)는 지혜서, 집회서, 토빗서, 유딧서, 마카베오1서와 2서를 "정경적이지는 않지만 교회적인" 책들, 즉 그리스도인들에 의해서 읽혀지지만 교리와 관련해서 권위 있는 것으로 인용되지는 않는 책들이라고 설명하였다.[22] 유대인들이 배척하는 책들을 토대로 해서 유대인들과 논쟁을 벌이는 것이 어렵다는 것을 알고 있었던 제롬은 히브리 정경을 권위 있는 것으로 여기고, 그 정경 속에 들어 있지 않은 것들은 정경이 아니라 "외경으로 분류되어야" 한다고 보았다;[23] 나중에 그는 마지못해서 교회는 외경에 속한 이러한 책들 중 일부는 덕 세움을 위해서는 읽을 수 있지만 교리를 밑받침하

는 증거로는 제시되어서는 안 된다는 것을 인정하였다.[24]

그러나 대부분의 사람들에게는 외경에 속한 책들은 완전한 의미에서의 성경으로 자리를 잡고 있었다. 예를 들면, 서방 교회에 결정적인 영향력을 미쳤던 아우구스티누스는 외경과 그 밖의 다른 구약성서의 책들을 구별하지 않았고, 고대 히브리인들의 계수와는 완전히 결별한 채 구약성서를 44권으로 이루어졌다고 주장하였다.[25] 이러한 외경에 대한 수용적인 태도는 주후 393년과 397년에 각각 히포(Hippo)와 카르타고(Carthage)에서 열린 교회회의들에서 권위 있게 표명되었고, 또한 교황 인노켄티우스 1세가 주후 405년에 툴루즈(Toulouse)의 주교였던 엑수페리우스(Exuperius)에게 보낸 저 유명한 서신[26]에도 잘 드러나 있다.

2. 정경으로서의 신약성서

"신약" 성서가 구약성서와 대등하다고 분명하게 말한 최초의 저술가는 이레나이우스였다.[27] 그러나 신약성서가 영감된 성경이라고 가르친 것은 결코 그가 최초의 인물은 아니었다. 베드로후서의 저자[28]는 사도 바울의 서신들을 "다른 성경의 책들," 즉 구약성서와 동일한 수준에 있다는 표현을 사용하였고, 이그나티우스[29]는 "복음서"는 "예언서"와 동등한 권위를 지니고 있다고 보았다. 클레멘스2서[30]는 "또 다른 성경에 이르기를"이라는 말로 시작해서 제1복음서로부터 가져온 인용문을 소개한다; 그리고 바나바서의 저자[31]와 유스티누스[32]는 둘 다 신약성서에 나오는 내용들을 발췌해서 인용할 때에 "기록된 바"라는 문구를 그 앞에 붙여 놓는다.

그러나 이레나이우스의 시대 이후에는 기독교 특유의 저작들이 완전한 성경으로서의 성격을 지니고 있다는 것이 보편적으로 인정되었고, 그 저작들을 "신약"(즉, 새 언약 — 유대 성경을 "옛 언약"이라 불렀던 사도 바울의 표현[33]에까지 거슬러 올라가는 명칭)으로 부르는 것이 유행하게 되었다. 예를 들면, 알렉산드리아의 클레멘스는 "신선하고 새로운 언약"이 하나님의 새로운 백성에게 주어졌다고 말한다;[34] 주님의 말씀들 중 하나를 보도하면서, 그는 그것이 "신약성서를 따른" 것이라고 말한다.[35] 또한 테르툴리아누스는 로마 교회가 "율법과 예언서를 복음서들 및 사도의 책들과 연관시키고 있다"라는 말을 했다.[36] 그는 동일한 권위를 지닌 두 개의 모음집을 인정하면서[37] 이것을 "두 언약의 도구"(*instrumentum utriusque testamenti*)라고 불렀는데, 그가 보기에는 이 두 개의 성경은 동일하게 "신적인 성경"이었다.[38] 그랬기 때문에, 기독교의 책들은 "거룩한 글들"(αἱ ἅγιαι γραφαί, *sanctae scripturae*) 또는 그것들과 동등한 많은 책들에 속한다는 것은 의심할 여지가 없었다.

신약성서에 속한 책들의 확정적인 목록 또는 정경이 공식적으로 인정된 것은 대략 주후 2세기 중엽이라 할 수 있다. 현존하는 증거들을 통해서 볼 때, 이러한 정경 목록을 최초로 제시한 인물은 흑해를 중심으로 활동했던 시노페(Sinope) 출신의 이단이었던 마르키온(Marcion)이었는데, 그는 주후 144년에 로마에서 스스로 가톨릭 교회로부터 떠났다. 그리스도인으로 양육받았던 그는 교회 속에서 통용되고 있었던 알레고리적인 주석 방법론들에 심취했고, 그 결과 구약성서가 그리스도의 복음과 양립할 수 없다는 것을 발견하였다. 구약성서가 보여주는 율법주의와 엄격한 정의, 그리고 그리스도의 복음 속에 나타나 있는 은혜와 구속의 사랑은 서로 상반되는 종교 개념들을 나타낸다고 그는 생각하였다. 구약성서를 문자 그대로 참된 것으로 받아들인 그는 두 분의 하나님, 즉 만유를 창조한 하급의 신인 데미우르고스(즉, 유대교의 하나님)와 그리스도에 의해서 최초로 알려지게 된 최고의 신 하나님이 존재하고 있음에 틀림없다는 결론을 내렸다.

그의 사상과 당시의 영지주의의 사상[39] 간의 유사성은 부인할 수 없는 것이지만(이레나이우스는 마르키온을 영지주의자였던 케르도의 제자라고 말한다[40]), 그는 데미우르고스를 악의 원리와 동일시하는 것을 꺼려하였다. 그러나 그의 이원론은 그로 하여금 구약성서를 거부하게 만들었고, 이에 따라서 그가 자신의 교회 속에서 사용할 여러 책들을 기존의 교회에서 사용하고 있는 책들과 구별하여 정경화하고자 했다는 것은 자연스러운 일이었다. 아주 명백하게 율법에 대하여 적대적이었던 사도 바울은 그의 영웅이었고, 그는 유대교적 전망에 의해서 오염된 것으로 보였던 그 밖의 다른 기독교적 저작들을 의심스러운 눈으로 보았다. 그런 까닭에 그가 작성한 목록은 유대화된 모든 구절들이 배제된 누가복음,[41] 그리고 마찬가지로 유대화된 구절들이

배제된 10개의 바울 서신들(사실상 목회 서신들을 제외한 전부)로 구성되어 있다.[42]

우리는 마르키온이 취한 조치가 지닌 의미를 오해해서는 안 된다. 그는 종종 가톨릭 교회의 정경을 최초로 제시한 자라는 칭송을 받아왔지만(예를 들면, 독일의 위대한 학자인 하르낙에 의해서), 이것은 지나치게 과장된 견해이다. 우리가 앞서 보았던 대로, 교회는 이미 성경으로 취급받기 시작하고 있었던 기독교적 저작들의 대략적으로 정의된 모음집, 또는 (더 정확하게 말해서) 모음집들을 지니고 있었다. 사도 바울[43]과 초기 교부들[44]이 주의 말씀들을 사용한 것이 입증해 주듯이, 주의 말씀들은 처음부터 집적되어 있었고, 주후 150년경에 우리는 유스티누스가 사복음서 모두를 잘 알고 있었고(그는 사복음서를 "사도들의 회고록들"이라고 불렀다[45]), 사복음서들이 주일 예배에 사용되었다고 말한다는 것을 발견하게 된다. 사복음서들이 이미 하나의 통일체를 형성하고 있었다고 말하는 것은 지나친 말이지만, 상당 부분 그러한 쪽으로 진행되고 있었다. 오직 한 세대 후에야 이레나이우스는 "사중복음"(τετράμορφον εὐαγγέλιον)이 세상에서 가장 자연스러운 것이라고 말할 수 있었고,[46] 타티아누스는 네 명의 복음서 기자들의 저작들을 짜맞추어서 "조화로운 본문"(*Diatessaron*)을 만들어 낼 수 있었다.

게다가 사도 바울의 서신들이 구약성서와 동일한 수준으로 보편적으로 인정받기까지는 복음서들보다 더 오랜 시간이 걸리긴 하였지만(이레나이우스가 바울 서신들로부터 인용한 206개의 인용문들 중 그 어디에도 그 앞에 "성경에 이르기를"[*scriptura ait*]이라는 문구가 덧붙어 있지 않다는 것은 주목할 만하다), 모든 증거들은 바울 서신들은 매우 초기에 하나의 모음집으로 결집되어 있었음을 시사해 준다. 예를 들면, 이그나티우스는 사도 바울이 "모든 서신 속에서" 에베소 교인들을 언급하고 있다고 분명하게 말한다;[47] 그리고 폴리카르푸스가 바울 서신들로부터 인용한 인용문들은 그러한 모음집이 서머나에 존재했다는 것을 보여준다. 클레멘스 서신들 속에는 바울의 서신들을 반영하고 있는 수많은 내용들이 존재하는데, 이것은 그가 일찍이 주후 95년경에 바울 서신의 모음집의 핵심들을 잘 알고 있었다는 것을 보여주는 것 같다.[48] 그러므로 마르키온이 제3복음서를 따로 골라내어 사용했을 때나 그의 『사도 서신』(*Apostolicum*)을 편찬했을 때도 그러한 목록을 최초로 제시한 것이 아니라 교회 속에서 이미 사용되고 있었던 책들의 목록을 개정한 것일 가능성이 더 큰 것 같다.

그럼에도 불구하고, 기독교 특유의 정경이라는 개념이 교회 자신의 확신들과 실천 속에 깊이 뿌리박고 있었을지라도, 마르키온은 그러한 정경의 실제적인 출현에 있어서 중요한 몫을 하였다. 우리가 알고 있는 한, 교회의 위대한 중심지들 중 그 어느 곳에서도 하지 못했던 것에 대한 마르키온의 최초의 시도는 그들에게 도전을 주어서, 공인된 기독교의 책들에 관한 목록들을 공적이고 공식적인 방식으로 제한하고자 하는 움직임이 태동되었다. 주후 156년에 프리기아(Phrygia)에서 발생하였고 그 창시자인 몬타누스(Montanus)와 그의 주된 협력자들이 스스로를 성령의 새로운 유출의 도구라고 믿었던 탈혼 상태를 지향하는 운동인 몬타누스주의도 동일한 방향으로 활동하였다. 몬타누스주의자들은 그들의 선지자들의 "신탁들"을 "옛 성경"(*pristina instrumenta*)을 보충하는 것으로 여겨질 수 있는 성령의 계시로 보았다.[49]

그러므로 그 이후로부터는 신약성서로 불리게 된 기독교의 정경이 정확하게 몇 권의 책으로 되어 있고 정확하게 어떤 책들로 이루어져 있는지가 교회의 초미의 관심사가 되었다. 예를 들면, 테르툴리아누스는 마르키온에 반대하여 사복음서[50] 전체와 사도행전,[51] 13개의 바울 서신들[52]이 모두 영감된 성경으로서의 성격을 지니고 있다고 주장하였다. 또한 그는 히브리서를 바나바가 썼다고 주장하면서 히브리서의 정경성을 인정하였고,[53] 요한1서와 요한계시록도 정경에 포함시켰다.[54] 그렇지만 그의 저작들 속에는 정경에 관한 공식적인 목록 같은 것은 나오지 않는다.

현존하는 증거로 볼 때에 가장 초기의 정경 목록은 이른바 무라토리 단편 속에 포함되어 있는 로마 교회의 정경 목록이다.[55] 연대적으로 주후 2세기 말엽에 나왔고 품격상으로 권위가 있었던 이 목록은 히브리서, 베드로전후서, 야고보서, 요한3서를 제외한 신약성서 전체를 정경으로 인정하였고, 지혜서와 베드로 묵시록을 정경에 포함시켰으며, 헤르마스의 목자서를 읽으면 유익한 책으로 인정하였고, 마르키온주의자들의 책과 영지주의적 책들을 "가톨릭 교회 안에서" 읽기에 부적합한 책들로 낙인찍었다. 이 단편의 본문은 매우 손상되어 있기 때문에, 베드로 서신들, 또는 어쨌든 베드로전서에 관한 언급을 복원하는 여러 수정안들이 제시되어 왔다.

우리가 살펴보고 있는 시대의 나머지 시기에 걸쳐서 정경의 발전 과정은 극히 복잡한 이야기이고, 또한 이 책에서 다루고 있는 범위를 뛰어넘는다. 이 문제에 관심이 있는 사람들은 이 주제와 관련된 전문적인 서적들을 참조하면 좋을 것이다. 여기에서 우리가 눈여겨 보아 두어야 할 주된 핵심은 신약성서에 속하게 된 책들의 목록을 최종적으로 확정하고 그 배열 순서를 정한 것은 매우 점진적인 과정의 산물이었다는 것이다. 이러한 정경의 개략적인 개요는 주후 2세기 말에 확정되어 있었지만, 지역들마다 각자의 서로 다른 전통들을 계속해서 유지하였고, 몇몇 지역들(예를 들면, 오리게네스의 시대에 있어서의 알렉산드리아[56])에서는 다른 지역들보다 정경의 확정에 대하여 더 융통성이 있었던 것으로 보인다.

우리는 이러한 과정에서 나타난 세 가지 특징들을 여기서 주목해볼 필요가 있다. 첫째, 궁극적으로 우세하게 된 판별 기준은 사도성(apostolicity)이었다. 어떤 책이 사도의 펜으로부터 나왔거나 적어도 그 배후에 사도의 권위를 지니고 있다는 것이 인정될 수 없는 경우에, 그 책은 신실한 자들에게 아무리 인기가 있거나 덕을 세우는 데에 좋은 책이라 할지라도 단호하게 거부되었다. 둘째, 오랫동안 정경의 언저리에서 맴돌았던 몇몇 책들이 있었지만, 그 책들은 통상적으로 이러한 필수불가결한 각인이 결여되어 있었기 때문에, 결국 정경으로 받아들여지지 못했다. 이러한 책들로는 디다케, 헤르마스의 목자서, 베드로 묵시록이 있었다. 셋째, 나중에 정경에 포함되게 된 책들 중의 일부는 보편적인 인정을 받기 위하여 상당 기간을 기다려야만 했다. 예를 들면, 히브리서는 서방 교회에서 오랫동안 의심을 받았고, 요한계시록은 안디옥 학파가 장악하고 있었던 주후 4세기와 5세기에는 통상적으로 정경에서 배제되었다. 서방 교회는 주후 4세기 후반에 이르기까지는 야고보서에 관하여 절대적으로 침묵을 지켰고, 초기의 대부분의 목록들에 빠져 있었던 4편의 작은 가톨릭 서신들(베드로후서, 요한2서와 3서, 유다서)은 몇몇 진영들 속에서는 오랫동안 계속해서 의심스러운 책들로 취급되었다. 그러나 점진적인 단계들을 거쳐서 동방 교회와 서방 교회는 모두 자신의 성스러운 책들에 관하여 공통된 마음에 도달하였다. 우리가 지금 신약성서로 지니고 있는 것에 속한 27권의 책들만을 정경으로 규정하고 있는 최초의 공식적인 문서는 주후 367년에 나온 아타나시우스의 부활절 서신이지만,[57] 신약성서의 정경화 과정은 적어도 한 세기 반이 지날 때까지는 모든 곳에서 완전히 마무리된 것은 아니었다.

3. 성경의 영감성

기독교는 유대교로부터 성경은 하나님에 의해 영감되었다는 인식을 물려받았다. 우리 주님과 그의 사도들이 구약성서를 인용할 때마다, 그들이 구약성서를 하나님의 말씀으로 여겼다는 것은 분명하다. 이 점은 신약성서의 기록들 속에서 반복해서 드러나지만, 명시적으로 언급되고 있는 것은 후기의 서신들 속에 나오는 두 개의 구절들에서이다: (a) "모든 성경은 하나님의 감동으로 된 것으로 교훈과 책망과 바르게 함과 의로 교육하기에 유익하니";[58] (b) "예언은 언제든지 사람의 뜻으로 낸 것이 아니요 오직 성령의 감동하심을 받은 사람들이 하나님께 받아 말한 것임이라."[59] 이와 같은 문장들은 이 책에서 다루고 있는 시기 전체에 걸쳐서 구약성서에 대한 교회의 태도와 신약성서가 구약성서와 동일한 권위를 지닌 것으로 받아들여져서 정경화된 이후에 신약성서에 대한 교회의 태도가 무엇이었는지를 잘 요약해서 보여준다. 교부들의 저작 속에 흔히 표현되어 있듯이,[60] 신약성서에 속한 몇몇 책들은 "성령에 의해서 씌어졌다"; 인간 저자는 하나님의 도구로서 기여하였는데, 흔히 이런 의미로 사용된[61] 시편 기자의 말(45:1)을 빌면, 인간 저자의 혀는 "준비된 기자(記者)의 펜"(개역개정판에는 "글솜씨가 뛰어난 서기관의 붓끝")이었다.

교부들이 성경 전체를 영감된 것으로 보았다는 것은 말할 필요도 없다. 성경은 일부는 하나님에게서 기원하였고 일부는 단순한 인간의 창작물에 불과한 여러 잡다한 저작들의 모음집이 아니었다. 예를 들면, 이레나이우스는 "성경은 그 전체에 있어서 영적이라고 보았기" 때문에 성경이 자주 모호하다는 것을 이상하게 여기지 않았다[62]; 한편 니사의 그레고리우스는 사도 바울이 성경에 담겨 있는 모든 것들은 성령이 하신 말씀이라는 뜻을 함축한 말을 한 것이라고 이해한다.[63] 선지자들에게 주어진 특별한 영감과 솔로몬에게 허락된 "지혜"라는 열등한 은혜를 구분하였던[64] 몹수에스티아의 테오도루스(Theodore of Mopsuestia)조차도 실제로는 예외가 아니었다. 왜냐하면, 그는 신구약성서의 모든 저자들은 한 분 동일한 성령의 영향 아래에서 글을 썼다는 것을 확신하였기 때문이다.[65] 실제로 오리게네스[66]와 그의 뒤를 이은 나지안주스의 그레고리우스[67]는 거룩한 책들의 가장 사소한 말과 세부적인 표현, 심지어 어법에 어긋나는 파격들 속에서조차도[68] 하나님의 지혜가 활동하고 있는 것을 감지할 수 있다고 생각하였다.

이러한 태도는 꽤 널리 퍼져 있었고, 교부들 중에는 다른 이들보다 이것을 더 상세하게 표현한 이들이 있었지만, 그들의 전체적인 견해는 성경은 오류로부터 면제되어 있을 뿐만 아니라 쓸데없는 것은 아무것도 포함하고 있지 않다는 것이었다. 오리게네스는 "성경에 기록되어 있는 것들 중에는 성경을 사용할 줄 아는 사람들에게 특별하게 역사하지 않는 것은 일점일획도 존재하지 않는다"라고 분명하게 못박아 말하였다.[69] 비슷한 맥락 속에서 제롬은 "하나님의 성경 속에는 모든 단어, 음절, 강세, 점들은 의미로 가득 채워져 있다"라고 단언하였다;[70] 빌레몬서의 평범한 내용들을 하찮게 여기는 사람들은 자신의 무지로 말미암아 그 서신의 내용들이 숨기고 있는 권능과 지혜를 제대로 깨닫지 못하고 있는 것이다.[71] 크리소스토무스에 의하면,[72] 성경 속에 포함되어 있는 연대기와 관련된 숫자들과 이름들의 목록들조차도 심오한 가치를 지닌다; 그리고 그는 그의 청중들에게 지혜의 보화들이 성령에 의해서 말씀된 모든 단어 속에 숨겨져 있다는 것을 확신시키기 위하여 로마서 16장에 나오는 문안 인사를 해설하는 데에 2편의 강해를 바쳤다.[73]

교부 시대에는 영감을 어떤 식으로 이해했던 것일까? 알렉산드리아의 유대교에서 통상적으로 받아들여졌던 이론은 영감은 일종의 사로잡힘(possession)이었다는 것이다. 필로(Philo)는 선지자들의 경험을 다음과 같이 설명하였다:[74] 하나님의 성령이 그들을 사로잡았을 때, 그들은 의식을 잃었다; 그들은 더 이상 자신들이 무엇을 말하고 있는지를 알지 못했다. 아니, 더 정확하게 말하면, 그들은 더 이상 말하지 않았고, 하나님이 그들의 입술을 통해서 말씀하였다. 기독교 변증가인 아테나고라스는 선지자들은 탈혼 상태에서(κατ' ἔκστασιν) 예언하였는 데[75] 이때에는 마치 음악가가 파이프를 통해서 숨을 쉬듯이 성령이 그들을 통해서 숨을 쉬었다는 식으로 앞에서 말한 것과 비슷한 설명을 하였다. 그러나 이 이론은 앞에서 언급했던 탈혼파인 몬타누스주의자들에게 특히 호소력을 지녔는데,[76] 그들의 지도자들인 몬타누스, 브리스길라, 막시밀라는 그들이 예언할 때에 탈혼 상태에 빠짐으로써 이에 대한 생생한 실례들을 제공해 주었다.[77] 테르툴리아누스는 몬타누스주의의 영향에 압도당함으로써 이 이론의 열렬한 옹호자가 되었다.[78]크리소스토무스가 사도 요한과 사도 바울이 성령에 의해서 연주된 악기들이었다고 말할 때,[79] 암브로시우스가 선지자의 마음이 격렬한 동요를 겪는다고 설명할 때,[80] 우리는 반복해서 가톨릭 저술가들의 표현 속에서 이 이론의 반영들을 포착하게 된다.

하지만 전체적으로 필로의 인식들에 의해서 영향을 받고 성경의 기자들을 악기에 비유하는 일이 거리낌없이 행해지면서, 정통적인 전승은 성경 기자들의 역할이 순전히 수동적이었다는 함의를 피하기 위하여 신경을 썼다. 예를 들면, 히폴리투스는 말씀이 선지자들에게 감동되었을 때, 그 효과는 그들의 보는 것을 분명하게 해 주고 그들의 오성을 깨우치는 것이었다고 설명한다;[81] 그리고 오리게네스는 영감받은 저자들과 이교의 탈혼 상태에서의 신탁 간의 온갖 비교들을 거부하면서 성령의 기능은 성경 기자들로 하여금 그들의 자유 의지를 중지함이 없이 신적인 진리를 더 명확하게 이해할 수 있게 해 주는 것이었다고 주장한다.[82] 몬타누스주의자들에 대한 에피파니우스의 비판의 취지[83]도 하나님의 참 선지자들(이 말을 통해서 그가 의미했던 것은 신구약성서의 기자들이었다)은 몬타누스주의자들과는 달리 그들이 글을 쓸 때에 정상적인 의식 상태에 있었고 그들의 감각 기관을 온전히 소유하고 있었다는 점을 상기시키는 것이었다. 그러므로 성경 기자들은 자신이 무엇을 말하고 있는지를 이해하였다; 그리고 성경은 종종 그들이 탈혼 상태에 빠진 것으로 묘사하고 있지만, 이것으로부터 그들이 그들의 이성의 사용을 상실하였다고 추론하는 것은 잘못된 것이다.

조금 다른 방향에서 논증을 펴고 있긴 하지만, 크리소스토무스[84]와 알렉산드리아의 키릴루스[85]도 모세, 사도 요한, 사도 바울이 그들의 저작들을 실제로 기록할 때에 개인적으로 기여를 행하였다는 점을 훨씬 더 강조한다. 서방 교회에서 제롬은 선지자의 상태가 정상적이었다는 점을 강조하고,[86] 선지자들이 각각 서로 다른 스타일, 일반적인 문화, 출신배경을 보여주고 있다는 점도 부각시킨다.[87] 따라서 아우구스티누스는 복음서 기자들의 활동을 다루면서 그들이 복음서들을 저술하면서 그들 자신의 개인적인 회상들을 사용하였으며 성령의 기능은 그들의 기억들을 촉진시키고 오류 없이 보존하는 것이었다는 점을 인정한다.[88] 성령이 그들에게 새로운 계시를 나누어 주었다는 것은 사실이 아니다; 오히려 성령은 그들의 정신적인 능력들을 규제하고 통제하였다.[89]

불행히도 교부들 중에서 그들의 영감론에 의해서 제기되는 더 깊은 문제들을 천착하고자 시도했던 사람은 거의 없었던 것으로 보인다. 한두 가지의 예외를 제외하고는, 영감받은 저자들에 대한 성령의 역사(役事)에 관한 적극적이고 건설적인 설명(통상적으로 그들이 위험하다고 생생하게 느끼고 있었던 사로잡힘의 이론과는 다른)은 찾아볼 수 없다. 아우구스티누스가 하나님께서 선지자들로 하여금 선포하게 하고자 했던 것들을 그들에게 전할 때에 사용하였던 세 가지 주요한 유형의 비전들(유형적, 영적, 지적)을 자세하게 분석하고 있는 것은 사실이다.[90] 다른 곳에서 그는 몇몇 경우들에 있어서는 성령이 선지자에게 직접적인 비전을 수여하고, 또 어떤 경우들에 있어서는 선지자의 지성을 깨우치며, 또 어떤 경우들에 있어서는(예를 들면, 가야바의 경우에서처럼) 자기도 모르는 가운데 신적인 진리를 말하도록 촉발시킨다고 지적한다.[91]

또한 몹수에스티아의 테오도루스도 이 주제에 관한 몇몇 독창적인 생각들을 가지고 있었다. 먼저, 성경 전체가 영감되었다는 것을 받아들이면서도, 그는 성령의 행위는 저자마다 달랐다고 주장한다;[92] 예를 들면, 선지자들에게 수여된 특별한 은사는 솔로몬이 소유했던 지혜의 은사와는 다른 범주에 속하는 것이었다. 둘째, 그는 예언 현상 자체를 탐구하고자 시도한다. 예언 현상은 선지자의 관심을 자신의 직접적인 환경들로부터 벗어나서 성령에 의해서 그에게 주어진 "아주 놀랍고 신비로운 비전들"에 집중하도록 하는 탈혼 상태를 포함한다고 그는 설명한다.[93] 이렇게 해서 시각 기관들이 먼저 영향을 받고, 그런 다음에 구두의 메시지가 그의 청각에 전달된다. 이와 같은 주장들은 나름대로의 가치를 지니고 있지만, 아우구스티누스와 테오도루스는 당시의 흐름으로부터 단절된 독보적인 선구자들이었다. 그 밖의 대다수의 사람들은 성경의 기자들에 대한 영감의 방식 또는 정도를 더 천착해 들어가지 않고 단지 성서의 기자들이 영감을 받았다는 사실을 받아들이는 것으로 만족하였다.

4. 신약과 구약의 통일성

성경이 영감되었다는 사실을 당연한 것으로 받아들인 교회는 성경을 해석할 때에 사용되어야 할 주석 방법론들을 밝혀내지 않으면 안 되었다. 여기에서 근본적인 문제는 구약성서와 신약성서의 정확한 관계, 아니 (가장 초기 단계에서는 기독교 특유의 정경이라는 것이 존재하지 않았기 때문에) 구약성서와 사도들이 증언했던 계시와의 정확한 관계를 결정하는 것이라는 것이 아주 신속하게 인식되었다. 이미 앞에서 언급했듯이, 이에 관하여 도달된 해법은 구약성서는 꺼풀이 벗겨진 눈으로 바라보면 철두철미하게 기독교적으로 보아질 수 있다는 것이었다. 이러한 태도를 취함에 있어서 기독교 신학자들과 교사들은 단지 사도들과 복음서 기자들, 그리고 사실 주님 자신의 본을 따르기만 하면 되었다.

복음서 기록들의 모든 면면들 속에서 분명한 것은 성육신한 그리스도는 이미 이스라엘의 신앙 속에 존재해 있었던 메시야, 고난받는 종, 하나님 나라 등등과 같은 핵심적인 개념들을 아무런 거리낌 없이 가져다가 자기 자신 및 자신의 사명에 적용하였고, 그렇게 함으로써 구약성서를 재해석하였다는 것이다. 이것과 맥을 같이 하여, 사도들의 메시지의 핵심은 주님의 나타나심, 사역, 수난, 부활, 승천과 그 이후에 일어난 성령 강림 속에서 옛 예언들이 성취되었다는 선포였다. 사도행전에 배어 있는 원시 설교의 단편들을 살펴보든, 또는 바울이 그의 서신 수신자들과 벌인 논쟁들을 살펴보든, 또는 히브리서에 설명된 정교한 주장을 살펴보든, 복음서 기자들의 이야기들의 틀을 살펴보든, 우리는 한결같이 기독교 계시의 패턴 전체는 독특하고 새로운 것이지만 "성경에 따른" 것이라는 전제에 맞닥뜨리지 않을 수 없게 된다.

이와 관련해서 누가복음에 나오는 엠마오로 가던 두 제자에 관한 이야기[94]는 대단히 시사적이다. 왜냐하면, 이 이야기는 그리스도의 지상적 사역에서 일어난 모든 사건들은 그것들이 지닌 심오한 구속적 의미들과 아울러 "모세의 율법과 선지자와 시편에서" 그에 관하여 기록된 것에 대한 성취로 이해되어야 한다는 것, 그리고 이러한 확신에 대한 궁극적인 보장은 자신의 권세에 대한 그리스도 자신의 명백한 입장 표명이라는 초대 교회의 확신을 생생하게 묘사하고 있기 때문이다.

사도 시대 이후의 관행을 보여주는 한 예로서 우리는 클레멘스1서의 저자를 들 수 있을 것이다. 그의 사고의 초점은 구약성서였다; 구약성서는 그리스도인의 행실을 위한 교본일 뿐만 아니라, 또한 기독교적 사역과 예전의 원형을 제공해 준다.[95] 주후 2세기에서 우리는 유스티누스가 유대인 트리포(Trypho)에게 한 말을 발견하게 된다:[96] "성경은 너희들의 것이라기보다는 훨씬 더 우리들의 것이다. 왜냐하면, 우리는 그 성경을 충분히 이해하는 반면에, 너희는 성경을 읽으면서도 그 참된 의미를 파악하지 못하기 때문이다."

『베드로의 설교』(*The Preaching of Peter*)라는 저작을 쓴 저자는 사도들이 다음과 같이 말했다고 전한다:[97] "우리가 소유하고 있는 책들, 선지자들이 그리스도를 때로는 비유들을 통해서, 때로는 수수께끼 같은 말씀들을 통해서, 때로는 명료하고 뚜렷하게, 언급하고 있는 책들을 펼 때, 우리는 그리스도의 오심, 그의 죽음, 그의 십자가, 유대인들이 그리스도에게 가했던 그 밖의 온갖 고난들, 그의 부활, 그의 승천을 발견한다 … 그리고 우리는 성경을 떠나서는 아무것도 말하지 않는다."

유스티누스는 "만약 우리가 그리스도께서 인간으로 오시기 전에 행해진 증언을 발견하지 않았고, 그 증언이 정확히 성취되었다는 것을 보지 못했다면, 우리가 어떻게 십자가에 못 박힌 한 사람이 스스로 존재하는 하나님의 독생자이고, 온 인류를 심판하실 것이라는 것을 믿을 수 있었겠는가?"라고 반문한다.[98] 유스티누스와 그의 동시대인들이 공인된 증거 본문들

(*testimonia*)의 모음집을 활용할 수 없었다면, 그들은 어쨌든 복음을 통해서 성취된 "하나님의 결정적인 계획"을 기록하고 있는 것으로 보였던 이사야서, 예레미야서, 일부 소선지서들, 시편 같은 구약성서의 선별적인 부분들을 근거로 제시하는 확립된 방법론을 사용하였을 것임에 틀림없다.[99]

그러나 알렉산드리아의 필로[100]의 예를 본받아서 알레고리에 지나치게 의존함으로써 해석 작업을 더 손쉽게 하고자 했던 사람들도 있었다. 바나바서의 저자에 의하면,[101] 유대인들이 저지른 치명적인 잘못은 성경의 문자적 의미에 스스로 속아 넘어갔다는 것이었다. 하나님이 그의 백성에게 진정으로 요구했던 것은, 율법이 규정하고 있는 것으로 보였던 피의 희생제사가 아니라, 통회하는 마음이었고, 육체적인 금식이 아니라 선행의 실천이었으며, 몇몇 형태의 음식을 금하는 것이 아니라 그것들이 상징하고 있는 악덕을 피하는 것이었다.[102] 바나바서의 저자는 심지어 아브라함이 거느린 종들의 수(318명) 속에서 구주의 이름과 그의 십자가 처형에 관한 예언을 찾아내기도 하였는데,[103] 그는 18을 나타내는 그리스어 문자들, 즉 IH는 'Iησοῦς(예수)를 가리키고, 300을 나타내는 문자인 T는 십자가를 의미한다고 해석하였다.

옛 섭리와 새로운 섭리 간에는 그 근저에 통일성이 존재한다는 정통 신앙의 전제는 모든 그리스도인들에게 받아들여진 것이 아니었다. 앞에서 살펴보았듯이,[104] 그러한 전제는 마르키온에 의해서 거부되었는데, 그는 구약성서를 기독교의 책으로 받아들이기를 거부하였다. 구약성서는 인류와 유대 민족의 역사서로서는 정확한 것일 수 있지만, 엄격한 의의 법전으로서는 잠정적인 유효성만을 지닌다는 것이다; 그러나 구약성서의 저자는 그리스도에 의해서 계시된 사랑의 하나님이 아니라 데미우르고스임에 틀림없고, 구약성서는 구주에 의해서 선포된 새로운 율법에 의해서 완전히 지양(止揚)되었음에 틀림없다.

한편으로, 마르키온의 태도보다는 좀 덜 극단적이면서도, 공식적인 견해와는 다른 태도가 기독교 영지주의 분파들 속에서 통용되었다. 우리는 이러한 태도의 한 예를 발렌티누스주의자였던 프톨레마이오스가 주후 160년 경에 플로라(Flora)라는 교리 학습자에게 쓴 저 유명한 편지에서 찾아 볼 수 있다.[105] 먼저 그는 모세 율법이 선한 하나님의 작품이라는 정통적인 주장(모세 율법은 불완전하기 때문에 이러한 주장은 충분히 반박된다)과 모세 율법은 악한 데미우르고스에게 돌려야 한다는 정반대의 주장, 이 둘 모두를 거부한다. 그런 다음에, 그는 오경의 내용은 세 부분으로 나누어지고, 실제로 그 중 한 부분은 하나님으로부터 유래하였지만, 다른 한 부분은 모세가 그의 입법적인 능력으로 만들어 낸 것이고, 또 다른 하나는 백성의 장로들로부터 나온 것이라고 주장한다. 끝으로, 그는 하나님에게 돌려질 수 있는 부분 속에서 세 가지 차원을 구분한다. 첫 번째로는 불완전한 것을 전혀 포함하고 있지 않은 하나님의 계명들(예를 들면, 십계명)이 있는데, 그리스도가 율법을 폐하러 온 것이 아니라 성취하기 위하여 왔다고 말할 때에 그 율법은 바로 이것을 말한다. 또한 부분적으로는 선하고 부분적으로는 악한 혼합적인 몇몇 계명들이 존재하는데(동태복수법이 그 한 예이다), 이 계명을 지양한다는 것을 그리스도는 명확하게 밝혔다. 셋째, 그가 "모형론적" 계명들이라고 부른 것, 즉 일반적으로 희생 제사와 의식법에 관련된 율법들이 존재하는데, 이것들은 문자적으로가 아니라 모형들 또는 비유들로 취급될 때에만 가치를 지닌다. 이것으로부터 분명한 것은 이러한 세 부분으로 이루어진 율법에 영감을 불어넣은 하나님은 절대적이고 출생하지 않은 성부 하나님이 아니라 그의 형상(image)인 의로운 데미우르고스라는 것이다.

프톨레마이오스는 구약성서의 일부가 지닌 영적인 가치를 인정했다는 점에서 마르키온보다는 덜 극단적이긴 하지만, 옛 섭리와 새로운 섭리 사이에 깊은 간격을 설정하였다는 점에서는 마르키온과 다를 바 없었다. 프톨레마이오스가 제시한 것과 같은 견해들은 미지(未知)의 최고 신인 하나님과 하급 신인 데미우르고스를 구분했던 영지주의적 태도가 우세했던 곳에서는 불가피한 것이었기 때문에, 가톨릭 교회는 자신의 입장이 옳다는 것을 더 명시적으로 제시할 필요성이 있었다. "주후 2세기의 진정한 전투는 구약성서의 지위를 둘러싸고 벌어졌다"라는 말은 결코 틀린 말이 아니었다.[106]

유스티누스는 이러한 변증의 개요들을 추구하였는데, 예를 들면, 그는 레아와 라헬은 회당과 교회에 대한 예표이고, 족장들의 일부다처제는 "신비"(οἰκονομία)라고 주장하였다.[107] 그러나 정통적인 입장을 가장 완벽하게 대변한 말은 이레나이우스의 저작 속에서 찾아볼 수 있다. 그가 좋아했던 명제들 중의 하나[108]는 모세의 율법과 신약성서의 은혜는 둘 다 서로 다른 상황들에 맞춰서 주어진 것으로서 인류의 유익을 위하여 한 분 유일한 하나님에 의하여 수여되었다는 것이다. 구약성서의 율법이 신약성서보다 덜 완전해 보인다면, 이것은 인류가 아직 덜 진보하였고 앞으로 더 발전해야 했기 때문이고, 옛 율법은 그 발전의 초기 단계들에 맞춰서 계획된 것이다.[109] 그러므로 우리는 구약성서가 맹목적인 데미우르고스의 산물이라거나 선한 하나님은 그것을 폐하기 위하여 왔다고 결론내려서는 안 된다; 산상수훈 속에서 그리스도는 더 친밀하고 완전한 의를 설파함으로써 구약성서를 성취하였다.[110]

마르키온주의자들에게 걸림돌이 되었던 그러한 대목들(예를 들면, 롯에 관한 이야기 또는 애굽인들을 약탈한 것에 관한 이야기)과 관련하여 요구되는 것[111]은 그러한 이야기들이 비유 또는 모형을 통해서 제시하고 있는 더 깊은 의미를 찾는 것이다. 마찬가지로, 선지자들은 열등한 조물주 하나님만을 알았던 것이 아니라, 성육신과 관련된 모든 사건들을 온전히 알고 있었고,[112] 하나님으로부터 구주의 가르침과 수난에 관하여 모든 것을 전해 들었다.[113] 유일한 차이는 예언은 그 성격상 하나님께서 역사적으로 실현된 후에야 비로소 정확하게 그 윤곽이 드러나는 사건들을 보여주는 것이었기 때문에 모호하고 수수께끼 같을 수밖에 없었다는 것이다.[114]

이 시기 이후로 신약성서와 구약성서의 연속성은 기독교 저술가들에게 있어서 하나의 상식이 되었다. 안디옥의 테오필루스가 지적한대로,[115] 이것은 선지자들이나 복음서 기자들은 모두 한 분 동일한 하나님의 성령에 의해서 감동을 받았다는 사실에 토대를 두고 있었다. 영지주의적인 온갖 종류의 사변에 의해서 위태롭게 된 하나님의 유일성을 확고하게 긍정하는 일은 신약과 구약을 구분하고자 한 영지주의적인 태도를 반박함에 있어서 필수불가결한 전제였고, 이러한 하나님의 유일성을 입증하는 일은 이레나이우스와 그의 동시대인들에게 맡겨진 주된 과제였다. 그들의 노력의 결과로서 테르툴리아누스는 "율법과 복음 사이에 존재하는 평화,"[116] "예언의 말씀들과 주님의 말씀들 간의 조화"[117]라는 말을 할 수 있었다. 어떤 차이가 존재한다면, 그것은 구약성서와 신약성서가 서로 상반되기 때문이 아니라, 마치 성숙한 과실이 씨가 발전되어 나온 것임과 마찬가지로 신약성서가 구약성서에 담겨져

있는 것으로부터 나왔다는 사실로부터 기인하는 것이다.[118]

오리게네스는 "이른바 구약과 신약에 공통되는 교리들"은 하나의 화음을 형성한다고 보았다;[119] 구약성서는 그리스도께서 육체로 오신 사건 이전에 주어졌고 신약성서는 그 이후에 주어졌지만, 이 둘 사이에는 한 점의 차이도 존재하지 않는다.[120] 의심할 여지 없이, 선지자들이 지니고 있던 지식의 유형과 사도들이 지니고 있던 지식의 유형은 서로 달랐다. 왜냐하면, 선지자들은 성육신의 신비를 그것이 성취되기 이전에 상고하였기 때문이다. 그러나 그러한 것은 지극히 부수적인 것에 불과한 것이다. 그리스도의 재림에 참여하게 될 그리스도인들은 그것을 예고하였던 사도들보다 그것에 관하여 더 많은 것을 알지 못할 것이다 ― 물론, 그들의 지식이 사도들과는 종류에 있어서 다를 것이긴 하겠지만; 그리고 마찬가지로 사도들의 통찰은 모세와 선지자들의 통찰보다 우월한 것으로 여겨져서도 안 된다.[121] 이렇게 해서 나중에 아우구스티누스가 다음과 같은 경구를 통해서 형성하게 될 고전적인 교리를 위한 길이 일찍부터 닦여지게 되었다:[122] "신약은 구약 속에 감춰져 있고, 구약은 신약 속에서 드러난다."

5. 모형론과 알레고리

앞 절에서 전제된 주석 방법론은 오늘날에 와서는 "모형론"이라는 편리한 이름이 주어져 있다. 교부들 자신은 모형론을 설명하기 위하여 여러 가지 용어들을 사용하였는데, 주로 사용한 용어는 아마도 "알레고리"였던 것 같다. 교부들은 아브라함의 두 아들에 관한 이야기가 두 언약에 관한 "알레고리"였다는 사도 바울의 말에서 힌트를 얻어냈다.[123] 그러나 "알레고리"는 모형론과 관련해서 가장 피해야 할 용어이다; 이 용어는 교부 시대에서조차도 혼란을 초래하였고, 오늘날 이 용어의 통상적인 의미는 모형론과는 조금 다른 유형의 주석을 의미한다. 교부들은 모형론과 (현대적인 의미에 있어서의) 알레고리를 둘 다 채택하였기 때문에, 이 두 방법론의 차이를 분명하게 드러낼 필요가 있다.

알레고리적인 주석에 있어서 성경 본문은 영적인 진리들에 대한 단순한 상징 또는 알레고리로 취급된다. 문자적이고 역사적인 의미는 비록 어떤 역할을 하다고 해도 상대적으로 사소한 역할만을 할 뿐이고, 주석자의 목표는 각 대목, 실제로는 각 절과 각 단어가 담고 있다고 전제되는 도덕적·신학적·신비적 의미를 도출해 내는 것이다. 그 고전적인 예는 선한 사마리아인 비유에 대한 아우구스티누스의 저 유명한 설명이다.[124] 이 설명에 의하면, 여행자는 아담을 의미하고, 예루살렘은 아담이 타락하여 쫓겨난 하늘의 도성을, 여리고는 아담의 범죄의 결과인 죽음을, 강도들은 아담이 범죄로 인해서 빠져들게 된 비참한 곤경과 마귀와 그의 사자들을, 제사장과 레위인은 옛 언약의 아무런 효력 없는 사역들을, 사마리아인은 그리스도를, 여관은 교회를 상징한다.

알레고리적인 주석 방법은 알렉산드리아의 유대교에서 잘 확립되어 있었고, 앞에서 살펴본 대로,[125] 필로는 구약성서의 계시와 자기 자신의 플라톤화된 철학 간의 괴리를 이어주는 도구로 알레고리적인 주석 방법을 체계적으로 사용하였다. 바나바서의 저자[126]라는 주후 2세기의 기독교 저술가는 필로의 알레고리적인 주석 방법을 사용하여 기독교적인 것 같지 않아 보이는 구약성서의 구절들 속에서 기독교적인 의미를 찾아낼 수 있었다. 기독교적인 영지주의자들은 한층 더 대담하게 알레고리를 신약성서에 적용하여, 예수의 지상적 삶에서 일어난 여러 사건들을 아이온들의 드라마를 반영한 복합적인 상징 체계로 해석하였다. 이에 따라서, 사도 요한이 주님께서 "가버나움으로 내려가셨다"라고 보도할 때에, 영지주의적인 주석자인 헤라클레온(Heracleon)은 "내려가셨다"라는 동사로부터 가버나움은 현실의 최하층, 즉 물질 세계를 나타내는 것이고, 그리스도가 거기에서 아무것도 이루지 않고 아무것도 말하지 않았던 이유는 물질 세계가 그에게 맞지 않았기 때문이라고 추론한다.[127]

모형론적 주석은 천차만별의 형태들로 행해졌다. 기본적으로 모형론적 주석은 신약과 구약의 상응성을 밝혀내기 위한 기법이었고, 구약의 사건들과 인물들은 신약의 사건들과 인물들에 대한 "모형들," 즉 예표라는 사상을 그 지도 원리로 삼고 있었다. 모형론자들은 역사를 진지하게 받아들였다; 역사는 하나님의 일관된 구속 계획의 점진적인 전개를 위한 장이었다. 따라서 모형론자들은 창조 때로부터 심판의 때에 이르기까지에 이르는 거룩한 이야기

속에서 하나님의 흔들림없는 동일한 계획이 감지될 수 있고, 초기의 단계들은 후기 단계들에 대한 그림자들, 또는 비유를 달리하자면, 거칠은 예비적인 소묘들에 불과하다고 전제하였다. 그리스도와 그의 교회는 그 절정이었다; 그리고 하나님은 인류를 다루신 모든 사건들 속에서 기독교적 계시를 이끌어 나가셨기 때문에, 그리스도의 택함받은 백성의 위대한 경험들 속에서 그 계시를 보여주는 지표들을 발견하는 것은 당연한 일이었다.

우리가 유의할 것은 이러한 인식은 결코 기독교 신학자들의 발명품이 아니었다는 것이다. 구약성서 자체에서 이미 이스라엘의 과거의 사건들은 장래 다가올 현실들에 대한 비유들 또는 모형들로 해석된다; 특히 제2이사야[128]는 애굽에서의 구속 사건을 혼돈에 대한 하나님의 원초적 승리를 재현한 것이라고 회고하였고, 그 속에서 장래에 있을 바벨론 포수로부터의 두 번째 출애굽과 피조 세계의 갱신을 내다보았다. 그러나 이러한 것의 부수적인 결과는 모형론은 알레고리와는 달리 성경의 문자적 의미를 평가절하하거나 불필요한 것으로 볼 이유를 가지고 있지 않았다는 것이다. 성경에 서술되어 있는 사건들이 역사의 차원에서 실제로 일어났기 때문에, 그 사건들은 신앙의 눈에 의해서 하나님께서 사람들을 장래에 어떻게 다루실지를 보여주는 믿을 만한 지표들로 해석될 수 있었다.

이 두 가지 주석 방법론들 중에서 특별히 기독교적인 것은 성경적 역사관에 견고하게 그 뿌리를 내리고 있었던 모형론이었다. 마르키온주의자들과의 싸움 속에서 교회는 모형론이 신약과 구약을 분리하고자 한 그들의 시도를 반박하는 데에 이루 말할 수 없이 귀중한 병기라는 것을 발견하였다. 당연한 말이지만, 모형론은 커다란 난점들을 제기하였는데, 그 주된 난점은 우리가 인식할 수 있는 판별 기준에 비추어 볼 때에, 구약성서의 어떤 특징들이 진정으로 "모형론적"인 것으로 여겨져야 하는가를 결정하는 것이었다. 교부들은 이러한 난점들을 언제나 인식하고 있었던 것도 아니었고, 해결할 수 있었던 것은 더더욱 아니었다. 모형론과 관련된 그들의 글들 중 다수는 우리에게 소박하고 자의적인 것으로 비쳐진다; 그럼에도 불구하고, 모형론은 그들이 일관되게 성경 해석에 적용하였던(앞으로 보게 되겠지만, 너무도 자주 다른 합당치 않은 여러 원칙들의 도움을 받아서 서투르게) 공식이었다.

교부들의 주석 유형을 서로 다른 여러 학파들로 구분하는 것이 유행이 되어 왔었다. 특히, 알렉산드리아 학파는 알레고리적 주석에 기울어져 있었고, 안디옥 학파는 문자주의적 주석에 힘을 쏟았다. 이러한 대비는 타당성이 있긴 하지만, 모형론이라는 더 깊은 차원에서는 성경의 계시에 대한 교부들의 접근 방식에는 그 근저에 통일성이 존재한다는 것을 간과할 정도로 이 점이 강조되어서는 안 된다. 아담 또는 율법 수여자로서의 모세가 진정한 의미에서는 그리스도에 대한 예표였다는 것, 대홍수는 세례와 심판을 지시한 것이라는 것, 옛 율법의 모든 희생제사들, 그리고 특히 이삭의 희생제사는 장차 골고다에서 있게 될 희생제사에 대한 예표였다는 것, 홍해를 건넌 것과 만나를 먹은 것은 세례와 성찬식을 내다본 것이라는 것, 여리고의 함락은 세상의 종말에 대한 예표였다는 것 등과 같은 주요한 문제들에 있어서는 일반적인 의견 일치가 존재하였다. 이와 같은 상응물들의 목록은 거의 무한대로 확장될 수 있다. 왜냐하면, 교부들은 그러한 것들을 찾아내어서 그것들을 끈질기게 이야기하는 일에 결코 지칠 줄을 몰랐기 때문이다. 그들은 한결같이 오리게네스가 "유대교적 신비(또는 섭리) 전체"라고 불렀던 것[129]이 기독교적 신비의 예행 연습이었다는 것을 믿었다.

그러나 모형론이 내재적으로 지니고 있던 약점들로 인해서 모형론은 극히 쉽게 알레고리적인 주석으로 넘어갈 수 있었다. 특히 그 문화적 환경이 헬레니즘적이고, 가시적인 질서 전체는 눈으로 볼 수 없는 실재들에 대한 상징적 반영이라는 이론을 지닌 플라톤적 관념주의[130]가 팽배해 있던 곳에서는 더욱 그러하였다. 그런 까닭에, 대다수의 교부들이 그들의 모형론 속에 알레고리적인 요소를 주입시키거나 그 중 일부는 강력한 알레고리를 채택하였다는 것은 결코 놀라운 일이 아니다. 주후 2세기 말엽과 3세기에 교리문답 학교로 유명했던 알렉산드리아는 알레고리적인 주석 방법을 주장했던 대표적인 인물인 위대한 성경학자 오리게네스로 인해서 알레고리적인 주석 방법의 본고장이 되었다. 필로 숭배자였던[131] 그는 성경을 신비들의 광대한 대양 또는 (다른 비유를 사용하자면) 숲으로 여겼다;[132] 그 신비들 모두를 알아내거나 인식하는 일은 불가능하지만, 성경의 저자들이 써 놓은 글들의 모든 행(行)과 심지어 모든 단어는 의미로 가득 차 있다는 것은 틀림없었다.

공식적으로 그는 인간의 본성을 구성하고 있는 세 부분에 상응하여 성경 속에서 세 가지 차원의 의미를 구분하였다:[133] 육적 의미, 혼적 의미, 영적 의미. 육적 의미란 있는 그대로의 역사적인 의미였고, 일반 사람들에게 유용한 것이었다; 두 번째인 혼적 의미는 도덕적 의미 또는 의지를 향한 본문의 교훈이었다; 세 번째인 영적 의미는 그리스도, 교회, 신앙의 위대한 진리들과 관련된 신비적 의미였다. 하지만 실제적으로는 오리게네스는 (a) 명백한 역사적 의미, (b) 모형론적 의미,[134] (c) 본문을 경건한 영혼에 적용할 수 있는 영적인 의미[135]라는, 앞에서 말한 것과는 약간 다른 삼중적 분류를 채택하였던 것으로 보인다. 따라서 시편 기자가 "여호와여 주는 나의 방패시요 나의 영광이시요 나의 머리를 드시는 자이시니이다"(3:4)라고 부르짖은 것에 대하여, 그는 이렇게 설명한다:[136] 첫 번째 의미에서 이 본문 속에서 말하고 있는 사람은 다윗이다; 그러나 두 번째 의미에서 이 본문 속에서 말하고 있는 이는 자신의 수난을 통해서 하나님께서 자기를 신원하실 것이라는 것을 알고 있는 그리스도이다; 그리고 세 번째 의미로는 이 본문이 말하고 있는 이는 그리스도와 연합되어서 하나님 안에서 그리스도의 영광을 발견하는 모든 의로운 영혼이다.

이것은 오리게네스의 손에서 거의 무한대의 방향으로 뻗어나갈 수 있었던 한 주석 방법의 일례에 불과하다. 또 하나의 예는 율법에 규정되어 있는 번제와 속죄제를 (a) 그리스도의 희생제사, (b) 각각의 그리스도인이 그리스도를 본받아서 자신의 마음속에서 재현하고 성취해야 할 희생제사를 가리키는 것으로 본 그의 해석일 것이다.[137] 이런 식으로 해석하게 되면, 오리게네스가 성경 속에서 찾아낼 수 있는 상징에는 한계가 없었을 것임이 분명해진다. 실제로 그는 하나님과 걸맞지 않는 이야기나 명령을 문자적으로 받아들이는 것이 합당치 않을 것이기 때문에 알레고리적인 방법론 덕분에 그러한 것을 성령에 합당한 방식으로 해석하게 되었다는 점을 지적한다.[138] 종종 주장되어 온 것과는 달리, 오리게네스가 비록 몇몇 경우들에 있어서는 성경 본문을 문자적 의미 그대로 받아들일 수 없다고 생각하긴 했지만[139] 문자적인 의미가 필요없다고 배척했다는 것은 사실이 아니다.

하지만 그는 의심할 여지 없이 그의 풍부한 상상력이 성경의 거의 모든 단어 또는 이미지 속에서 발견해 낸 허구적인 영적 상징을 성령의 영감이라고 속단해 버리기가 아주 쉬웠다. 성경 본문 속에 언급된 모든 고유명사, 모든 숫자, 모든 동물들과 식물들과 광물들은 그에게 신학적이거나 영적인 진리들에 대한 알레고리들로 여겨졌다. 끝으로, 그는 복음서들 속에서 명백하게 사실적인 의미와 더불어 영적인 의미를 발견해 내고자 애썼을 뿐만 아니라,[140] 종종 그리스도의 생애 속에서 일어났던 여러 사건들 속에서 영적인 세계에서 이루어진 사건들에 대한 표상 또는 상징을 찾아내는 영지주의적인 기법을 기꺼이 빌려서 사용하였다.[141]

오리게네스는 기본적으로 충실하고 정통적인 신앙을 지닌 교인이었지만, 성경은 상징들을 엮어 짜 놓은 것이라는 그의 전제 속에 들어있는 플라톤적인 요소는 결코 숨겨질 수 없었다. 그의 선배였던 클레멘스는 비록 엄밀한 의미에서는 주석자가 아니었지만, 주석과 관련된 방법론 및 많은 주요한 개념들을 이미 선보여 주었다. 그는 모든 가장 고상한 진리들은 오직 상징들을 통해서만 전달될 수 있다는 이론을 주창하였다;[142] 모세와 선지자들은 이집트와 그리스의 현자들과 마찬가지로 그러한 상징들을 사용하였고, 경건에 있어서 진보한 성경 연구자들은 항상 성경 본문의 더 깊은 의미에 주의를 기울여서 그것을 찾아내야 한다. 이러한 가르침의 밑바탕에 있었던 것은 오리게네스에 의해서도 공유되었던 플라톤적인 인식, 즉 존재들의 위계질서가 존재하고, 하등 존재들은 고등 존재들을 반영하는 상징들로 취급될 수 있다는 인식이었다. 디오니시우스(Dionysius)로부터 키릴루스(Cyril)에 이르기까지 그들의 뒤를 이었던 알렉산드리아 학파의 신학자들은 모두 정도 차이는 있지만 알레고리에 대한 그들의 편애에 감염되어 있었다; 그리고 팔레스타인(에피파니우스는 그 두드러진 예외였다)과 카파도키아의 교부들도 마찬가지였다.

그들의 영향으로 인해서, 알레고리적인 주석 전통은 서방 교회로 전해져서, 힐라리우스와 암브로시우스 등의 강해적인 글들 속에서 찾아볼 수 있게 되었다. 라틴계 주석자들 중에서 가장 위대한 인물이었던 제롬은 비록 그의 후기에는 알레고리적인 주석 방법에 대하여 회의를 갖게 되긴 했지만 초기에는 성경의 세 가지 의미에 대한 오리게네스의 견해를 받아들였고,[143] 성경에 풍부하게 나타나는 신인동형론적인 표현들, 일관되지 못한 내용들, 모순된 내용들로 인해서 영적인 의미에 의존하는 것이 필수적이라고 생각하였다;[144] 그리고 아우구스티누스도 알레고리를 아주 자유스럽게 채택하였고, 특히 이름들과 숫자들의 신비적 의미를 즐겨하였다. 그는 성경에 있어서 한 구절은 몇 가지 서로 다른 의미들을 지니고 있을 수 있고, 이 모든 의미들은 성령에 의해서 의도된 것이라고 주장했던 것으로 보인다.[145]

좀 더 공식적으로는 그는 성경의 네 가지 의미를 열거하였다:[146] 역사적 의미, "원인론적" 의미(그 한 예는 그리스도께서 마태복음 19:8에서 모세가 이혼증서를 허용한 이유들을 설명한 것이다), 유비적 의미(이것은 구약과 신약의 완전한 조화를 밝혀준다), 알레고리적 의미 또는 비유적 의미. 문자적 의미와 비유적 의미 중에서 어느 쪽이 더 정확한가를 결정함에 있어서 그가 사용한 기준은, 본문을 문자적으로 해석하였을 때에 바른 삶 또는 순수한 교리와 모순된다고 할 수 있는 것은 모두 비유적으로 해석되어야 한다는 것이었다. 일반적으로 그는 하나님 사랑 또는 이웃 사랑을 촉진시키지 않는 해석은 그 어떤 것도 참될 수 없다고 생각하였다.[147]

6. 안디옥 학파의 반동

이렇게 해서, 알레고리적인 주석 방법의 전통은 교회 속에서 확고하게 자리를 잡았다 — 물론, 이 전통을 따랐던 후대의 인물들 중 대부분은 오리게네스보다 좀 더 신중하였고 오리게네스의 거칠고 과장된 부분들을 제거하긴 했지만. 그럼에도 불구하고, 온갖 종류의 알레고리적인 주석에 대한 격렬한 반동이 주후 4세기와 5세기에 걸쳐서 일어났다. 그 중심지는 시리아에 있던 교회 본거지인 안디옥이었는데, 이곳에서는 성경 연구의 전통, 본문에 대한 꼼꼼하고 치밀한 연구가 루키아누스(Lucian, 312년에 순교함)의 시대 이후로 육성되어 왔었다. 이와 관련된 주요한 신학자들은 다소의 디오도루스(Diodore of Tarsus, 330-390년경), 몹수에스티아의 테오도루스(Theodore of Mopsuestia, 350-428년경), 테오도레투스(Theodoret, 393-460년경)였지만, 안디옥 학파의 방법론을 실제적으로 잘 보여주는 것들은 요한 크리소스토무스(347-407년경) 같은 설교가의 설교들 속에서 찾아볼 수 있다.

강조점의 차이들에도 불구하고, 이 학파 전체는 한결같이 성경을 해석함에 있어서 알레고리는 믿을 수 없는 부당한 도구라고 믿었다. 참된 예언에서와 마찬가지로 아직 충분히 밝혀지지 않은 성경 본문의 더 깊은 영적인 메시지를 찾아내는 진정한 열쇠는 그들이 "통찰"(θεωρία)이라 불렀던 것 바로 그것이다. 통찰이라는 말을 통해서 그들이 의미했던 것은 본문 속에 제시되어 있는 역사적인 사실들과 더불어 그 사실들이 보여주고자 했던 영적인 실재를 인식하는 능력이었다. 이런 식으로, 그들은 본래의 모형론을 받아들였지만 — 실제로 모형을 "사물들의 견지에서 표현된 예언"(ἡ διὰ πραγμάτων ... προφητεία)이라고 한 고전적인 정의는 크리소스토무스에 의해서 이루어졌다[148] — 그 모형론을 자의적으로 활용되는 것으로부터 구출하고자 하였다. '테오리아'(이론: *theoria*)가 작동하기 위해서는 (a) 성경 속의 이야기가 지닌 문자적 의미가 폐기되어서는 안 되고 (b) 역사적인 사실과 거기에서 분별된 추가적인 영적인 목적 간에는 진정한 상응 관계가 존재해야 하며, (c) 이러한 두 대상은 비록 서로 다른 방식으로이긴 하지만 함께 인식되어야 한다는 것이 필수적인 것으로 생각되었다.

안디옥 학파가 알레고리와 '테오리아'를 구분하여 대비시킨 것은 "물들이 내놓은"(창 1:21) 피조물들과 세례에 의해서 중생이 된 그리스도인들 간의 병행 관계를 정당화했던 갑발라의 세베리아누스(Severian of Gabbala, 400년경)의 말 속에서 분명하게 드러난다. "알레고리를 역사로부터 강제로 밀어내는 것과 역사를 손상시키지 않은 채로 그대로 보존한 채 그 위에서 '테오리아'를 분별해 내는 것은 전혀 다른 문제이다"라고 그는 분명하게 말한다.[149]

크리소스토무스는 성경에 나오는 진술들을 (a) 문자적 의미와 더불어 "이론적" 의미를 허용하는 것들, (b) 오직 문자적인 의미로만 이해될 수 있는 것들, (c) 문자적인 의미와는 다른 의미만을 허용하는 것들, 즉 알레고리적인 진술들로 구분함으로써[150] 앞에서 말한 것과 동일한 주장을 드러내고 있다. 디오도루스의 말을 빌면,[151] "우리는 고등(高等)의 해석과 '테오리아'를 금하지 않는다. 왜냐하면, 역사적인 이야기는 그것을 배제하는 것이 아니라, 오히려 그 반대로 더 고상한 통찰들의 토대이자 하부 구조이기 때문이다… 그러나 우리는 '테오리아'로 인해서 역사적인 토대가 배제되는 일이 없도록 주의해야 한다. 왜냐하면, 그렇게 되면 그 결과는 '테오리아'가 아니라 알레고리가 되고말 것이기 때문이다." 이러한 말에 걸맞게, 그는 가인은 회당에 대한 예표이고, 아벨은 교회에 대한 예표이며, 율법에서 명하고 있는 흠없는 어린양은 그리스도에 대한 예표라고 말하는 것은 합당한 해석이라고 아무 거리낌없이 인정하였다.[152]

마찬가지로 테오도루스는 이스라엘 사람들이 출애굽 때에 문설주에 피를 바른 것 속에서 그리스도의 피로 말미암아 우리가 구원받은 것에 대한 진정한 표지를 찾아내었고,[153] 낮뱀 속에서 주님이 사망을 정복한 것에 대한 모형을 발견해 냈다; 한편 그는 요나의 경험들 속에서 하나님이 그리스도가 무덤에 장사되었다가 부활하실 것과 그리스도가 인류를 영원한 생명으로 부르게 될 것을 미리 나타내 보였다는 데에 동의하였다.

이 운동의 이론가들이었던 디오도루스와 테오도루스는 그 원칙들을 가장 엄격하게 적용하였다. 그 결과로 구약과 신약으로부터 순전히 알레고리적이거나 상징적인 모든 주석이 배제되었고, 구약성서 속에서 엄격하게 예언적이고 모형론적인 요소들은 철저하게 제한되었다. 예를 들면, 테오도루스는 전통적으로 메시야 본문들로부터 인정되었던 호세아 11:1 이하; 미가 4:1-3; 5:1 이하; 학개 2:9; 스가랴 11:12-14; 12:10; 말라기 1:11; 4:5 이하를 직접적으로 메시야와 관련된 본문으로 인정하기를 거부하였다; 이러한 본문들은 그의 엄격한 판별 기준에 합치하지 않았고, 그 문맥들로 보아서 역사적인 설명만으로 충분히 만족스럽다고 그는 생각하였다. 마찬가지로, 그는 성육신과 교회를 직접적으로 예언하고 있는 시편의 수를 4개(2편; 8편; 45편; 110편)로 축소하였다.[154]

사도들의 글이나 그리스도 자신에 의해서 구주를 말하고 있다고 지적된 그 밖의 다른 시편들(예를 들면, 21:2; 69:22)에 대해서는 그는 이러한 시편들이 이런 식으로 사용된 것은 그것들이 메시야를 예언하고 있었기 때문이 아니라 예수의 영적 곤경이 해당 시편 기자의 곤경과 유사했었기 때문이라고 설명한다.[155] 그렇지만 그는 몇몇 시편들(예를 들면, 16편; 55편; 89편)과 예언들(예를 들면, 욜 2:28f.; 암 9:11; 슥 9:9; 말 3:1)은 문자적으로 해석할 때에 비록 메시야적인 것은 아니지만 기독교적 계시 속에서 그 진정한 성취를 이루게 된 모형들이었다는 점에서는 그런 식으로 해석되는 것이 정당할 수 있다는 점을 기꺼이 인정하였다.

거의 대부분의 교회에서 교회에 대한 알레고리로 취급되었고, 그 밖의 몇몇 교회들 속에서는 사랑하는 영혼과 그리스도와의 친교로 해석되었던 아가서에 대한 그의 태도도 마찬가지로 신중한 것이었다. 아가서는 문자적으로 명백한 의미에 완전한 비중이 두어져야 한다고 그는 주장하였고, 사실 아가서는 솔로몬이 이집트의 왕녀와 결혼하면서 그 결혼을 축하하기 위하여 지은 축시였다는 것이다; 그러나 후대에 테오도루스를 비판했던 사람들이 했던 것과는 달리, 그가 아가서가 지닌 더 깊은 의미의 가능성을 배제했다고 추론할 근거는 전혀 없다. 한편 그의 입장은 디오도루스의 입장과 마찬가지로 극단적인 것이었음이 인정되어야 한다.

크리소스토무스와 테오도레투스 같이 안디옥 학파에 속한 인물들로 인정받고 있는 그 밖의 다른 사람들은 이 학파의 원칙들에 충실하면서도 그 원칙들을 더 융통성있게 적용하는 데에 아무런 거리낌이 없었다. 크리소스토무스는 성경 본문의 문자적 의미를 선호한다고 분명히 말하고 있긴 하지만 종종 비유적인 의미를 인용하는 것을 꺼려하지 않는다.[156] 테오도레투스는 시편들 속에서 예언적 요소를 인정함에 있어서[157] 테오도루스보다 훨씬 더 관대하였고, 아가서는 실제적인 인간의 연애시가 아니라 "영적인 작품"이라고 단언하였다.[158]

제 2 부

니케아 이전 신학

제 4 장
삼위일체 하나님

1. 창조주 한 분 하나님

기독교 세계의 고전적인 신조들은 하늘과 땅을 지으신 자인 한 분 하나님에 대한 신앙을 선언하는 것으로 시작된다. 이스라엘의 종교에 뿌리를 박고 있었던 유일신론적인 사상은 가장 초기의 교부들의 사고 속에서도 짙게 드리워져 있었다; 가장 초기의 교부들은 성찰을 수행하는 신학자들은 아니었지만, 유일신론이야말로 교회와 이교 사상을 가르는 구분선이 된다는 것을 충분히 인식하고 있었다. 헤르마스에 의하면,[1] 첫 번째 계명은 "만물을 창조하시고 굳게 붙드시며 만물을 없는 것으로부터 불러내어 있게 하신 하나님은 한 분이시라는 것을 믿는 것"이다. 이 하나님은 "눈에 보이지 않는 강력한 권능과 위대한 지혜를 통해서 만유를 창조하셨고, 그의 영광스러운 목적으로 말미암아 자신의 피조물들을 아름답게 옷입히셨으며, 그의 강력한 말씀을 통해서 하늘들을 붙잡아두셨고, 물들 위에 땅을 세우신 분이었다."[2] 클레멘스에게 있어서[3] 하나님은 "만유의 아버지이자 창조주"였고, 바나바서의 저자[4]와 『디다케』[5]는 하나님을 "우리를 조성하신 분"이라고 말한다. 하나님의 전능함과 우주적인 주권은 인정되었다. 왜냐하면, 하나님은 "전능하신 주님,"[6] "만유를 다스리시는 주님,"[7] "만물의 주인"[8]이었기 때문이다. 독자들이 알아야 할 것은 이 시기에 "전능자"라는 칭호는 실재에 대한 하나님의 두루 미치는 통제권과 주권을 의미하였고, "아버지"는 일차적으로 만물의 창조주이자 창시자로서의 역할을 지칭하였다는 것이다.

이러한 사상들은 거의 전적으로 성경 및 후기의 유대교로부터 도출된 것으로서, 당시의 철학으로부터는 거의 찾아볼 수 없다. 그러나 우리는 후기 스토아 학파의 사상들을 반영한 것을 하나님께서 우주에 질서를 부여하셨다는 클레멘스의 언급들 속에서 찾아볼 수 있다.[9] 변증가들에게로 넘어가게 되면, 세속적인 사상의 침투는 한층 더 뚜렷하게 드러난다. 예를 들면, 아테네의 아리스티데스(Aristides of Athens)는 하드리아누스 황제(170-38년) 또는 안토니누스 피우스(138-61년)에게 보낸 『변증』(*Apology*)이라는 책의 첫머리에서,[10] 아리스토텔레스가 제시한 운동으로부터의 논증[11]을 토대로 하나님의 존재에 대한 간략한 증명을 제시하였다. 우주의 질서와 아름다움에 대하여 생각이 미치자, 그는 스스로는 눈에 보이지 않으면서도 자신의 피조물 속에 거하는 제1의 동인(the prime mover)인 최고의 존재를 믿게 되었다고 말한다. 우주가 존재한다는 사실은 그 우주를 조직한 장인(craftsman)인 하나님의 존재를 요구한다. 주권자이자 주님인 하나님은 인간을 위하여 모든 것을 창조하였다; 실재(實在)는 썩지 않으시고 변함이 없으시며 눈에 보이지 않는 하나님의 명령으로 무로부터 창조되었다. 하나님 자신은 창조되지 않았고 처음도 끝도 없다; 하나님은 형태도 한계도 성별도 없다. 하늘들은 하나님을 담지 못한다(여기서 우리는 하나님을 세계와 동일시했던 스토아 학파의 범신론[12]에 대한 비판을 감지한다); 오히려 그와는 반대로, 하나님은 눈에 보이는 것과 눈에 보이지 않는 모든 것들을 담고, 하늘들도 담고 계신다. 그런 까닭에 그리스도인들은 "하나님을 만물의 창조주이자 데미우르고스(조물주)로 인정하고 … 하나님을 떠나서 다른 신을 섬기지 않는다."[13]

유스티누스는 하나님이 한 분이시라는 것, 하나님의 초월성, 창조주로서의 역할을 당시의 플라톤화된 스토아 학파의 사상에 의해서 짙게 채색된 언어를 사용하여 단언한다.[14] 그리스 사상가들이 모세의 작품들을 읽었을 것이라고 그는 굳게 믿었다.[15] 하나님은 영원하고,[16] 말로 표현할 수 없으며, 이름이 없고,[17] 변함이 없으시고, 고통을 느끼지 않으시며,[18] "발생되지 않으셨다"[19](ἀγέννητος: 하나님은 피조물들과는 달리 그 어떤 것에서 유래된 것이 아니라는 점을 강조하는 전문적인 용어). 또한 하나님은 "만유의 창조자," 만물의 조성자이자 아버지이다; 하나님은 스스로는 존재를 초월해 있지만 모든 존재의 원인이기 때문에,[20] 마르키온이 하나님과 데미우르고스를 구분한 것은 잘못된 것이다.[21] "우리는 하나님이 선하셔서 태초에 형태가 없는 물질로부터 만물을 창조하셨다고 배웠다"라고 그는 분명하게 말한다.[22] 이것은 플라톤의 『티마이오스』(*Timaeus*)에 나오는 가르침이었는데,[23] 유스티누스는 이 가르침이 창세기에 담겨 있는 것과 유사하거나 그것으로부터 빌려온 것이라고 생각하였다.[24] 물론 플라톤에게 있어서 선재하는 물질은 영원한 것이었지만, 유스티누스가 그러한 사상 속에 내포된 이원론을 인정하였을 가능성은 없어 보인다; 여기서 분명해 보이는 것[25]은 그는 제일 먼저 창조된 하늘과 땅 — 모세에 의하면 — 을 하나님께서 우주를 만드실 때에 사용한 재료로 생각하였다는 것이다. 또한 그가 말한 다른 한 가지 중요한 점[26]은 우주를 창조하고 붙드심에 있어서 하나님은 자신의 로고스 또는 말씀을 도구로 사용하였다는 것이다.

그 밖의 다른 변증가들은 비록 일부 사람들이 아주 단정적으로 무로부터의 창조를 지지하긴 했지만 대체로 유스티누스와 같은 견해를 지니고 있었다. 타티아누스가 지적한 것처럼,[27] 하나님이 우주를 만들 때에 사용하였던 물질은 그 자체가 "우주의 유일한 조성자"인 하나님에 의해서 창조되었고, 하나님은 그 물질을 그의 말씀으로 창조하였다. 안디옥의 테오필루스(Theophilus of Antioch)는 "하나님이 자신의 원하는 바에 따라서 자기가 원하는 것을 무로부터 창조하였다"고 선언하였다.[28] 그러나 아테나고라스(Athenagoras)는 섭리(Providence)가 선재하는 물질을 조성하였다고 보았다.[29] 그럼에도 불구하고, 그들은 모두 하나님의 초월성을 강조하였다. 아테나고라스는 이렇게 탄식하였다:[30] "하나님을 물질로부터 구별하고, 하나님과 물질은 전혀 다른 존재라고 가르치며, 이 둘은 거대한 간격에 의해서 분리되어 있다고 가르치는 우리를 향해서 무신론자라고 비난하는 것은 어불성설이 아닌가? 왜냐하면, 신은 기원이 없고 영원하며 오직 오성과 이성에 의해서만 인식될 수 있는 반면에, 물질은 기원한 것이고 썩어 없어지는 것이기 때문이다."

테오필루스에게 있어서[31] 하나님은 "창조되지 않았기 때문에 시작이 없고," "불멸하기 때문에 손상될 수 없으며," "만물을 주관하는 분이기 때문에 주님이시고," "만물보다 먼저 계신 분이기 때문에 아버지이시고," "만물 위에 계시기 때문에 지극히 높으신 분이며," "만물을 붙들고 계시고, 하늘들의 높음과 심연들의 깊음과 세계의 끝들이 그의 수중에 있기 때문에 전능하신" 분이다. 그는 특히 물질의 영원성에 관한 플라톤적인 개념을 비판하였는데,[32] 만약 플라톤의 말이 사실이라면, 하나님은 만물의 창조주가 될 수 없고, 이에 따라서 하나님의 "군주성," 즉 유일한 제1원리로서의 하나님의 지위는 폐기되어야 한다고 주장하였다. 그의 표현을 빌면, "하나님의 능력은 이것, 즉 존재하지 않는 것들로부터 자신이 기뻐하는 것들을 만드신다는 데에서 분명하게 드러난다."

이레나이우스에게 있어서는 한 분이자 창조주로서의 하나님을 단언하는 것이 무엇보다도 특히 중요하였다; 그가 설정한 과제는 변증가들과는 달리 미지의 최고의 신으로부터 순차적으로 내려오는 아이온들(aeons)의 위계질서, 그리고 그 결과로서 최고의 신과 창조주(또는 데미우르고스) 간의 간격을 주장한 영지주의자들의 이론을 반박하는 것이었다. 한두 가지 본문을 살펴보면, 그의 입장이 분명하게 드러난다. 그는 이렇게 썼다:[33] "우리는 가장 중요한 제1의 중요한 명제, 즉 하늘과 땅을 만드셨고 그 안에 있는 모든 것을 지으신 창조주 하나님(*a demiurgo deo*), 그들(즉, 영지주의자들)이 불경스럽게도 불완전한 산물이라고 말하는 하나님으로부터 시작해서, 하나님 위나 그 아래에 아무것도 존재하지 않는다는 것을 보여주는 것이 합당하다 … 왜냐하면, 오직 하나님만이 유일한 하나님이고, 유일한 주님이며, 유일한 창조주이고, 유일한 아버지이며, 만물을 담고 있고 만물에게 존재를 수여하기 때문이다."

우리 신앙의 첫 번째 신조는 "창조되지 않고 발생되지 않았으며 눈에 보이지 않는 아버지이자 오직 한 분이신 신, 우주의 창조주인 하나님"이라고 그는 설명하였다;[34] 그리스도께서 친히 하신 말씀들 속에도 세상은 오직 한 분의 조성자를 가지고 있다는 것과 그분은 율법과 선지자들에 의해서 선포된 하나님과 동일하다는 내용이 함축되어 있다.[35] 그는 하나님은 자신의 말씀과 자신의 지혜 또는 성령을 통해서 자신의 창조 활동을 수행한다고 가르쳤다.[36] 또한 그는 "사람들은 실제로 무로부터는 아무것도 만들어 낼 수 없고, 오직 그들 앞에 놓여 있는 물질로부터 무엇을 만들어 낼 수 있다; 하나님은 이 중요한 점, 즉 하나님은 스스로 그의 피조물들을 위해서 이전에 존재하지 않았던 물질을 제공하였다는 점에서 사람들보다 우월하다"라고 지적함으로써[37] 자신이 무로부터의(*ex nibilo*) 창조에 대한 굳건한 신봉자임을 보여주었다.

이러한 원칙들을 확고히 하기 위하여, 이레나이우스는 성경과 더불어 우리의 자연적인 이성을 그 근거로 든다.[38] "피조된 것들은 반드시 그들의 실존의 시작을 어떤 최초의 원인자로부터 이끌어 와야 한다; 그리고 하나님은 만물의 시작이다. 하나님은 그 어떤 다른 곳에서 오지 않았고, 만물이 하나님으로부터 왔다 …… 만물 속에는 우리가 세계라고 부르는 것이 포함되어 있고, 세계 속에는 인간이 포함되어 있다. 따라서 이 세계는 하나님에 의해서 창조되었다." 또한 그는 여러 등급의 신들이 차례로 유출되었다고 전제하는 것에 내포된 모순을 드러내기를 좋아하였다.[39] "그들이 '플레로마'(Pleroma, 충만) 또는 하나님이 하늘과 땅의 창조주 위에 존재한다는 것을 입증하기 위하여 사용한 바로 그 추론 방식에 의하면, '플레로마' 위에 또 다른 '플레로마'가 존재하고, 그 위에 또 다른 '플레로마'가 존재하며, '뷔토스'(Bythos, 심연) 위에 또 다른 신의 대양(大洋)이 존재한다고 주장하는 것이 가능해진다 … 이런 식으로 그들의 추론은 꼬리에 꼬리를 물고 무한대로(*ad infinitum*) 이어지기 때문에, 그들은 언제나 더 높은 플레로마와 더 높은 뷔토스를 인정하지 않을 수 없게 될 것이다."

어쨌든 모든 종속적인 유출은 자신을 유출시킨 원리의 본성을 공유하고 있음에 틀림없지만,[40] 하나님이라는 개념 자체가 하나님들이라는 복수성을 배제한다. "만물을 담고 있고 모든 피조물들을 자신의 의지에 따라 만든 한 분 하나님이 존재하고 있음에 틀림없거나, 많은 불완전한 창조주들과 신들이 각각 일련의 질서에 속한 자신의 위치에서 처음과 끝을 지니고 있음에 틀림없다 …… 그러나 이 경우에 우리는 그러한 신들은 그 어느 것도 하나님이 아니라는 것을 인정해야 할 것이다. 왜냐하면, 그 신들은 각각 다른 신들과 비교할 때에 결함을 갖게 될 것이고, 전능자라는 칭호는 그 누구에게도 돌려질 수 없을 것이기 때문이다."[41] 영지주의에서 말하는 데미우르고스(조물주)는 자기 위에 자기보다 우월한 또 다른 존재를 가지고 있기 때문에 하나님이

될 수 없다.[42]

2. 교회의 신앙

아버지이자 창조주인 한 분 하나님에 관한 교리는 교회의 신앙의 배경이자 논란의 여지가 있을 수 없는 확고부동한 전제를 이루고 있었다. 유대교로부터 물려받은 이 교리는 교회가 다신론, 영지주의의 유출설(emanationism), 마르키온주의자들의 이원론(dualism)에 맞서서 지켜낸 보루였다. 이 문제와 관련된 신학의 과제는 이 교리를 기독교 특유의 계시에 속한 새로운 내용들과 지성적으로 통합시키는 것이었다. 아주 단순화해서 말해본다면, 이 새로운 내용들은 하나님이 메시야이신 예수의 인격 속에서 스스로를 알리셨고, 예수를 죽은 자로부터 일으키셨으며, 예수로 말미암아 사람들에게 구원을 제공하셨고, 교회에 그의 성령을 부어주셨다는 확신들이었다. 신약성서의 형성 단계에서 이미 그리스도의 선재와 창조에서의 역할에 관한 사상들이 형성되기 시작하고 있었고, 흔히 모호하긴 했지만 교회 속에서의 성령의 활동에 관한 깊은 인식이 출현하고 있었다.

그러나 이 모든 복합적인 요소들을 하나의 통일적인 전체로 묶어 내고자 하는 조치들은 아직 취해지지 않았다. 교회는 최종적인 종합을 위해서 300년 이상을 더 기다려야만 했다. 왜냐하면, 콘스탄티노플 공의회(381년)에 이르러서야 서로 대등한 세 위격으로 존재하시는 한 분 하나님에 관한 정식(定式)이 공식적으로 인정되었기 때문이다. 하지만 만족스러운 정도에 있어서는 차이가 있었지만 잠정적인 이론들이 그 이전의 세기들에서 제시되었기 때문에, 니케아 공의회(325년)에 이르기까지의 사상의 흐름을 검토하는 것이 이 장과 다음 장에서 우리가 할 일이다.

공식적인 저술가들을 살펴보기 전에, 독자들은 신적 위격들의 복수성에 관한 인식이 사도적 전승과 대중들의 신앙에 얼마나 깊이 각인되어 있었는지를 눈여겨 볼 필요가 있다. 신약성서는 아직 정경으로 인정되지는 않았지만, 이미 강력한 영향력을 행사하고 있었다; 이위 또는 삼위 하나님이라는 양식과 관련된 개요들을 신약성서의 면면들 속에서 분명하게 볼 수 있다는 것은 하나의 상식에 속한다.[43] 그러한 양식들은 교회의 예전과 매일매일의 교리문답 교육의 관행 속에서는 훨씬 더 뚜렷하게 드러난다. 교회의 초창기 시절에는 나중에 정형화된 것과 같은 그런 유의 판에 박힌 신조들이 존재하지 않았지만, 사도 시대에서와 마찬가지로 교회의 전도와 예배의 주된 주제는 하나님이 그 아들 메시야 예수를 보내셨고, 예수는 죽으셨다가 제3일에 부활하여 승천하였으며 영광 중에 돌아오실 것이라는 것이었다. 이그나티우스[44]와 유스티누스[45]의 저작들은 이러한 주제는 매우 일찍부터 거의 정형문구들로 정착되기 시작하였다는 것을 시사해 준다. 흔히 이러한 것들 속에는 구약의 선지자들에게 영감을 주었던 성령과 후대에 신실한 자들에게 주어진 은사에 대한 언급이 포함되어 있었다.

주후 2세기가 되면서, 우리는 "신앙의 표준," 즉 사도들로부터 물려받은 자유롭게 표현된 요약문들 속에 기록되어 있는 가르침에 대한 더 상세한 인용문들을 접하게 된다.[46] 종종 이러한 인용문들은 이위 하나님이라는 형태로 되어 있어서, 아버지와 주 예수 그리스도를 언급하지만, 만유를 창조하신 아버지, 그의 아들 예수 그리스도, 성령에 대한 믿음을 천명하는 삼위 하나님적인 양식이 점차 통상적인 것이 된다. 우리는 이러한 예를 이레나이우스의 한 글[47]로부터 인용해 볼 수 있는데, 이 글은 이 시기에 있어서 지적인 교리문답 교육에 대한 매우 공정한 묘사를 제공해 준다:

그러므로 이것이 우리 신앙의 표준의 질서이다. 지음받지 않고 물질적이지 않으며 눈으로 볼 수 없는 아버지 하나님; 만물의 창조주인 한 분 하나님: 이것이 우리 신앙의 제1의 내용이다. 두 번째 내용은 이것이다: 하나님의 말씀, 하나님의 아들, 선지자들의 예언 및 아버지의 경륜에 따라서 선지자들에게 나타나셨던 우리 주 예수 그리스도; 그(즉, 말씀)를 통해서 만물이 지음을 받았다. 또한 그는 종말에 만물을 완성하고 모으기 위하여, 사망을 폐하고 생명을 드러내며 하나님과 인간의 완전한 화해를 만들어 낼 목적으로, 사람들 가운데에서 눈으로 볼 수 있고 손으로 만질 수 있는 사람이 되셨다. 그리고 세 번째 내용은 이것이다: 선지자들로 하여금 예언을 할 수 있게 하셨고, 교부들로 하여금 하나님에 속한 것들을 알게 하셨으며, 의인들을 의의 길로 인도하셨던 성령; 그는 종말에 인간을 새롭게 하여 하나님께로 나아가게 하기 위하여 온 땅에 있는 인류에게 새로운 방식으로 부어졌다.

세례 의식은 우리가 이 시기에 가장 잘 알고 있는 예전이고, 이 세례 의식이 제공해 주는 증거는 앞에서 우리가 말한 것과 완전히 일치한다. 신약성서의 많은 본문들이 함축하고 있듯이, 사도 시대에 세례가 예수의 이름으로 행해졌든 아니든, 틀림없이 마태복음 28:19에 기록된 주님의 명령의 영향 아래에서 삼위적인 양식이 신속하게 자리를 잡았을 것이다. 따라서 『디다케』에서는 세례를 삼위 하나님의 이름으로 주어야 한다고 규정하였다.[48] 유스티누스는 세례받을 자들은 "우리에 의해서 물이 있는 장소로 이끌려서, 거기에서 우리 자신이 중생된 것과 동일한 방식으로 차례로 중생되는데, 아버지이자 만물의 주되시는 하나님과 우리 구주 예수 그리스도의 이름으로 물로 씻김을 받는다"라고 말하고 있다.[49] 나중에 그는 세례는 "아버지이자 만물의 주되시는 하나님", "본디오 빌라도에 의해서 십자가에 못 박히신 예수 그리스도," "선지자들을 통해서 예수에 관한 모든 이야기를 예언하였던 성령"의 이름으로 주어진다는 말을 덧붙인다.[50]

이레나이우스가 "우리는 아버지 하나님의 이름과 성육신하시고 죽었다가 다시 살아나신 하나님의 아들 예수 그리스도의 이름과 하나님의 성령으로 죄사함을 위한 세례를 받았다"라고 기록하고 있는 데서 알 수 있듯이,[51] 유스티누스는 이미 정형화되어 있었던 예전 문구를 염두에 두고 있었음에 틀림없다. 이와 비슷한 양식은 유스티누스가 성찬식 때의 기도 속에 포함되어 왔다고 생각한 송영("아들과 성령의 이름으로 만물의 아버지에게 영광")[52] 및 폴리카르푸스가 순교 직전에 기도할 때에 마지막으로 말했다고 전해지는 송영("나는 영원하시고 하늘에 계신 대제사장 예수 그리스도, 당신의 사랑하는 아들로 말미암아 당신께 영광을 돌리나니, 그로 말미암아 그와 및 성령과 더불어 당신에게 영광을 돌리나이다")[53]의 토대를 이루고 있었다.

이러한 초기의 교리 교육과 예전에서 사용된 정형 문구들 속에 함축되어 있는 개념들은 신약성서의 기자들이 이와 동일한 이위적이거나 삼위적인 양식들을 사용했던 것과 마찬가지로 기독교 신앙에 대한 성찰 이전 및 신학 이전의 단계를 보여준다. 이 점은 결코 이러한 개념들에 대한 흥미와 중요성을 감소시키지 않는다. 바로 이러한 설교하고 예배하는 교회에 의해서 제공된 원재료로부터 신학자들은 기독교적인 하나님론에 관한 더 정교한 설명들을 구축해 내었음이 틀림없다.

3. 사도 교부들

우리가 고찰하고자 하는 가장 초기의 저술가들, 즉 사도 교부들은 전통적인 신앙을 이해하려고 애쓴 해석자들이라기보다는 그러한 전통적인 신앙에 대한 증인들이다. 그럼에도 불구하고, 통상적으로 단편적이고 흔히 소박한 형태이긴 하지만 그들이 전해준 내용들은 교회의 신학이 무의식적으로 어떤 노선을 따라 발전해 가고 있었는지에 대한 유익한 통찰을 제공해 준다. 그리고 이러한 통찰은 그들이 동질적인 집단이었던 것이 아니라 상당한 정도로 서로 달랐던 여러 흐름들의 대변자였기 때문에 더욱더 가치가 있다.

사도 교부들 중 최초의 인물이었던 로마의 클레멘스로부터는 우리가 얻을 수 있는 것이 별로 없다. 그는 자신의 맹세 속에서[54] "하나님의 사심과 주 예수 그리스도의 사심과 성령으로"라고 말함으로써, 또한 "우리가 한 분 하나님, 한 분 그리스도, 우리에게 부어진 은혜의 한 성령을 가지고 있지 않느냐?"라는 물음 속에서[55] 삼위를 나란히 열거한다. 그리스도와 관련해서 그는 그리스도가 성육신 이전에 선재하였다는 것을 당연한 것으로 받아들인다.[56] 왜냐하면, 시편들 속에서 성령을 통해서 말씀하시고, "위엄의 홀," 즉 하나님이 그의 주권을 행사할 때에 사용하여 왔던 도구가 바로 그리스도였기 때문이다. 또한 그리스도는 "우리로 하여금 구원을 발견하게 해 주는 길이요, 우리가 드리는 제사의 대제사장"이다; 그리스도를 통해서 우리는 "높은 하늘을 응시한다."[57] 클레멘스는 구약성서의 기자들은 물론이고 자기와 같은 모든 시대의 하나님의 선지자들에게 영감을 준 것은 바로 성령이었다고 보았다.[58] 그러나 삼위 하나님의 상호 관계라는 문제에 대해서는 그는 불분명한 태도를 취했던 것으로 보인다.

클레멘스2서와 바나바서는 나름대로의 독특한 특징들을 지니고 있다. 클레멘스2서는 독자들에게 "하나님에 대하여 및 산 자와 죽은 자를 심판하실

자에 대하여서와 마찬가지로 예수에 대하여 생각하라"고 조언하는 말로 시작된다.[59] 예수는 우리의 구주이고, "그를 통해서 우리는 진리의 아버지를 알게 되었다."[60] 후반에 나오는 장(章) 속에서 저자는 "먼저 영이셨던 그리스도, 우리를 구원하신 주님은 육신이 되셨고 우리를 부르셨다"라고 말함으로써[61] 그리스도와 성부의 관계에 대한 그의 근본적인 인식을 드러낸다. 이러한 표현을 사용하고 있는 것으로 보아서, 이 저자는 사람들의 생각과는 달리 성자와 성령을 혼동하고 있지 않았다는 것이 명백한 것 같다. 왜냐하면, 다른 곳에서[62] 그는 성령을 선재하는 그리스도와 명백하게 구별되는 선재한 영적인 교회와 동일시하기 때문이다. 그러므로 그의 사고는 모호하긴 하지만, 그는 삼위를 인정하고 있는 것으로 보인다 — 성부 하나님, 영이셨다가 육신이 되신 그리스도, 성령, 천상의 교회와 믿는 자들의 어머니.

이와 비슷하게 "영"을 두 가지 차원에서 사용하고 있음을 보여 주는 암시들은 바나바서에도 나온다. 종종 바나바서의 저자는 선지자들에게 영감을 주고 하나님이 부르실 자들을 미리 예비한 성령을 전통적인 방식으로 언급한다;[63] 그러나 또한 그는 "영의 그릇"으로서의 그리스도의 몸에 대해서도 말하는데,[64] 아마도 이 말은 주님 안에 있는 신적인 요소의 영적인 본질을 가리키는 것 같다. 그러나 그의 신학의 주된 관심은 그리스도의 선재를 두드러지게 강조하는 것이었다. 그리스도는 창조의 때에 성부 하나님과 협동하였다[65]("우리의 형상을 따라 사람을 만들자"라는 말씀은 성부가 그리스도에게 하신 말씀이었다); 그리스도는 모세와 더불어 대화하였고, 성육신하기 이전에 성부로부터 명령을 받았다.[66] 그리스도는 "온 우주의 주님"이고, "만물이 그의 안에 있고 그에게 있다"라고 한 말은 그리스도를 찬양한 것이다.[67]

이그나티우스와 헤르마스는 접근 방식에 있어서는 서로 상당히 달랐지만 더 많은 것을 보여준다. 이그나티우스의 사상의 중심은 그리스도였다. 그가 성령에 적절한 지위를 부여했다는 것은 사실이다. 성령은 주님의 동정녀 탄생의 원리였다;[68] 그리스도는 성령을 통해서 교회의 직임자들을 세우시고 견인하였다;[69] 성령은 구주가 보낸 선물이었고, 이그나티우스 자신을 통해서 말씀하시는 분이었다.[70] 나아가, 삼위적인 문구가 그의 서신들 속에 적어도 세 번 등장하는데,[71] 그 중 가장 주목할 만한 예는 믿는 자들을 성부 하나님에 의해서 지어진 성전을 구성하는 돌들에 비유하고 있는 그림 같은 직유이다; 예수 그리스도의 십자가는 믿는 자들을 들어 올리는 기중기이고, 성령은 거기에 사용되는 밧줄이다. 그러나 그가 훨씬 더 자주 언급한 것은 성부 하나님과 예수 그리스도였는데, 그는 "침묵으로부터 출현한 그의 말씀인 그의 아들 예수 그리스도를 통하여 스스로를 계시하신 한 분 하나님이 계신다"라고 선언하였다.[72] 그리스도는 성부의 "사고"($\gamma\nu\acute{\omega}\mu\eta$), "성부가 진실을 얘기할 때에 사용한 거짓없는 입"이다.[73] 심지어 이그나티우스는 그리스도는 "성육신한 하나님"($\acute{\epsilon}\nu\ \sigma\alpha\rho\kappa\grave{\iota}\ \gamma\epsilon\nu\acute{o}\mu\epsilon\nu\sigma\varsigma\ \theta\epsilon\acute{o}\varsigma$), "사람으로 나타나신 하나님"($\theta\epsilon\sigma\hat{\upsilon}\ \acute{\alpha}\nu\theta\rho\omega\pi\acute{\iota}\nu\omega\varsigma\ \phi\alpha\nu\epsilon\rho\sigma\upsilon\mu\acute{\epsilon}\nu\sigma\upsilon$)이라고 묘사함으로써[74] 그리스도를 "우리의 하나님"이라고 선언한다.[75] 그리스도는 "영으로($\pi\nu\epsilon\upsilon\mu\alpha\tau\iota\kappa\hat{\omega}\varsigma$) 아버지와 연합되어" 있었다.[76] "발생되지 않은"($\acute{\alpha}\gamma\acute{\epsilon}\nu\nu\eta\tau\sigma\varsigma$: 창조되지 않은 하나님을 피조물들로부터 구분하기 위한 전문적인 용어) 상태에서 선재해 계셨던 그리스도는 무시간적이고 눈으로 볼 수 없으며 손으로 만질 수 없고 고통을 느낄 수 없는 분이었지만, 우리를 위하여 시간 속으로 들어오셔서 눈으로 볼 수 있고 손으로 만질 수 있고 고통을 느낄 수 있는 자가 되었다.[77] 하나님의 아들로서의 그리스도의 지위는 성육신으로부터 시작된다.[78]

이러한 언어 표현에 비추어서, 이그나티우스는 세례시의 정형 문구에 의해서 공식화되어 있던 삼위일체적 도식을 반영하고 있긴 하지만, 사실은 "경세적 삼위일체론자"였다는 것, 즉 하나님을 본질적 존재에 있어서는 무시간적이고 분화(分化)되지 않은 단일자이고, 성자와 성령은 계시의 과정 속에서만 하나님과 구별될 수 있는 성부의 자기 계시의 형태들 또는 양태들일 뿐이라고 생각했다는 결론이 종종 도출되어 왔다.[79] 그러나 더 면밀하게 분석해 보면, 이러한 해석은 이그나티우스의 사상에 대한 설명으로서는 아주 잘못된 것이라는 것이 드러난다. 사실 삼위일체와 관련된 이그나티우스의 사상은 제4복음서에 깊이 뿌리박고 있는데, 그가 그리스도와 성부의 하나됨을 그토록 강조한 것은 1:1 이하; 10:30; 14:9; 17:5 같은 요한복음의 본문들을 반영하고 있는 것이었다. 이그나티우스가 하나님의 아들로서의 그리스도의 시작을 마리아의 모태 속에서의 그리스도의 수태로 소급시키고 있는 것도 오리게네스 이전의 신학에서 하나의 상식이었던 내용을 단순히 재현하고 있는 것일 뿐이다; 이그나티우스의 이러한 사상은 결코 그리스도의 선재를 부정한 것이 아니었고, 또한 그럴 의도도 없었다. 이그나티우스에 관한 한, 그는 그리스도는 "창세 전에 성부와 함께 계셨고," "유일무이하신 성부로부터 와서, 성부와 함께 있다가, 성부에게로 돌아갔다"고 분명하게 말한다.[80] 그가 감독과 집사들의 관계, 또는 감독과 교회의 관계를 성부 하나님에 대한 그리스도의 관계와 비교하고 있는 구절들이 보여주듯이,[81] 이러한 구절들은 진정한 구별을 함축하고 있다.

그 밖에도 (a) 서신들에 첨부되어 있는 문안 인사와 작별 인사 속에 나오는 여러 정형 문구들,[82] (b) 이그나티우스가 그의 서신을 수신한 자들에게 그들이 기도할 때에 예수 그리스도의 이름을 부르며 예수 그리스도에게 기도할 것을 요청한 말들[83] 같은 많은 문맥들은 그가 성부 하나님에 대한 예수 그리스도의 독립성을 예수의 지상적인 생애에 국한시키지 않았다는 것을 암시해 준다. 그러나 신적인 영($\pi\nu\epsilon\hat{\upsilon}\mu\alpha$)의 일체성 내에서의 이러한 구별의 성격에 대하여 그가 언급하고 있는 유일한 암시는 그리스도는 성부의 "사고" ($\gamma\nu\acute{\omega}\mu\eta$)라는 것이다.

헤르마스로 넘어가면, 분위기는 완전히 뒤바뀐다. 회개(repentance)와 한 분 창조의 하나님의 주권(sovereignty)에 몰두해 있던 그는 그 어디에서도 예수라는 이름을 언급하지 않고, 오직 그의 『비유서』(*Similitudes*)에 나오는 두 개의 비유 속에서만 예수의 인격에 대하여 논한다. 복음서에 나오는 비유를 본뜬 것이 분명한 그 첫 번째 비유는 자신의 출타 중에 한 종에게 자신의 포도원을 맡겼다가 돌아와서 그 종이 포도원을 잘 운영한 것을 보고 기뻐하여 "자신의 사랑하는 아들이자 상속자"와 상의한 후에 그 종을 자기 아들과 함께 "공동 상속자"로 삼기로 결심한 주인에 관한 이야기를 말하고 있다.[84] 여기서 포도원 주인은 창조주이고, 포도원은 세상이며, 종은 하나님의 아들이라고 헤르마스는 설명한다;[85] 추측컨대, 포도원 주인의 "사랑하는 아들"은 성령이다. 하나님의 아들에게 너무도 비천한 지위를 할당했다고 느꼈음인지, 나중에 헤르마스는 자신의 해석을 수정한다.[86] 첫 번째 비유가 암시해 주고 있는 것처럼, 종은 분명히 단순한 사람이 아니라, 하나님이 "거룩한 선재하는 영"을 이미 그 안에 내주하게 하신 그런 자였다; 하나님이 그를 "성령의 동역자"로 승격시킨 것은 그의 육체가 이 신적인 영과 아주 기꺼이 그리고 성공적으로 협동하였기 때문이었다. 요동치 않은 반석 위에 세워진 망대라는 비유로 교회를 묘사하고 있는 두 번째 비유 속에서 하나님의 아들은 다시 한 번 성령과 동일시된다[87]("교회의 형상을 닮은 당신과 대화한 거룩한 영은 하나님의 아들이다"); 그리고 헤르마스는 하나님의 아들을 창세 이전에 태어났고, 하나님의 창조 사역에서 성부 하나님의 모사(謀士), 모든 피조물의 기둥, 그리고 이 말일에 나타난 자로 묘사한다.[88]

헤르마스는 분명히 서로 구별되는 세 인격을 상정한다 — 주인(성부 하나님), 그의 "사랑하는 아들"(성령), 종(하나님의 아들 예수 그리스도). 그러나 이러한 삼위의 구분은 성육신으로부터 시작되는 것 같다; 선재하는 자로서의 하나님의 아들은 성령과 동일시되기 때문에,[89] 성육신 이전에는 성부와 성령이라는 오직 두 분의 신적인 인격(위격)들이 존재했던 것으로 보인다. 세 번째 인격(위격)인 구주 또는 주님은 그 안에 내주해 있던 선재하는 성령과 아주 잘 협동한 공로에 대한 보상으로 그들의 동역자로 승격되었다. 따라서 헤르마스의 신학은 비록 교회 속에서 받아들여졌던 삼위일체적인 도식에 합치하고자 시도하긴 했지만 실제로는 이위일체론(二位一體論)과 양자론(adoptionism)의 혼합물이었다. 또한 그의 신학은 이러한 것과는 전적으로 다른 일련의 개념들과 뒤섞임으로써 한층 더 복잡해졌다.

우리는 헤르마스의 글 중의 여러 대목들 속에서[90] 하나님을 가까이에서 모시는 여섯 천사들보다 우월한 한 천사, 보통 "가장 존경받을 만한," "거룩한," "영광스러운"이라는 형용사들로 묘사되는 한 천사에 관한 말들을 듣게 된다. 이 천사에게는 미가엘이라는 이름이 주어져 있다.[91] 따라서 우리는 헤르마스가 이 천사를 하나님의 아들을 보았고, 하나님의 아들을 천사장 미가엘과 동일시했다는 결론을 피하기 어렵다. 예를 들면, 이 둘에게는 하나님의 백성을 다스리는 최고의 권세가 주어진다;[92] 이 둘은 믿는 자들을 심판한다;[93] 그리고 이 둘은 죄인들을 변화시키기 위하여 회개의 천사에게 죄인들을 넘겨준다.[94]

사도 교부들로부터 수집할 수 있는 증거들은 미미하고 어떤 결론을 내리기에는 턱없이 부족하다. 하지만 우리가 유의할 것은 그리스도의 선재는 창조 및 구속에 있어서 그의 역할과 마찬가지로 일반적으로 당연한 것으로 받아들여졌다는 것이다. 바울 서신과 요한의 글들 속에서 그 병행들을 찾아볼 수 있는 이 주제는 후대에 유대교에서 지혜에 부여된 창조의 기능들과 아주 잘 부합하는 것이었다.[95] 그리스도 속에 있는 신적인 요소는 선재하는 영이었다는 이론은 다양한 형태들을 취하면서 널리 통용되었다. 앞 단락에서 살펴 보았듯이, 그리스도를 천사장 중의 하나로 해석하려는 시도들을 보여주는 증거들도 존재한다; 여기서 우리는 유대교의 천사론의 영향을 찾아 볼 수 있다.[96] 물론, 교회의 삼위적인 문구가 모든 곳에서 흔적을 남겨 놓고 있긴 하지만, 여기서 우리는 엄밀한 의미에서의 삼위일체론에 대한 그 어떤 증거도 찾아 볼 수 없다.

4. 변증가들과 말씀(the Word)

변증가들은 그리스도와 성부 하나님의 관계를 지적으로 만족스럽게 설명할 수 있는 틀을 마련하고자 애썼던 최초의 인물들이었다. 앞에서 보았듯이, 그들은 모두 열렬한 유일신론자들이었고, 그 어떤 대가를 치르더라도 이 근본적인 진리를 훼손시키거나 타협하지 않으려는 결연한 의지를 지니고 있었다. 핵심만을 요약하자면, 그들이 제시한 해법은 선재하는 자로서의 그리스도는 성부의 사고 또는 정신이었고, 창조와 계시 속에 나타난 자로서의 그리스도는 성부의 외화(外化, extrapolation) 또는 표현(expression)이었다는 것이다. 이러한 교리를 설명할 때, 그들은 후기 유대교 및 스토아 학파에 아주 잘 알려져 있었을 뿐만 아니라 필로의 영향으로 말미암아 유행되었던 하나님의 로고스 또는 말씀이라는 표상(image)을 사용하였다.[97]

물론, 변증가들보다 앞서서 이 표상을 사용했던 사람들이 있었다. 예를 들면, 제4복음서에서는[98] 말씀은 태초에 하나님과 함께 있다가 그리스도 안에서 육신이 되었다고 선언한다. 또한 이그나티우스에게 있어서[99] 그리스도는 침묵으로부터 나온 성부의 말씀이었다. 변증가들의 독창성(그들의 사고는 요한적이라기보다는 필로적이었다)은 그리스도가 시간 이전에 성부 하나님과 하나였다는 것과 그리스도가 시공간 속에 나타나셨다는 것, 이 두 가지 사실을 해명하기 위하여 로고스라는 개념이 지닌 추가적인 함의들을 도출해

내었다는 데에 있었다. 그렇게 함에 있어서, 그들은 시편 33:6("여호와의 말씀으로 하늘이 지음이 되었으며") 같은 구약성서의 본문들을 사용하기도 했지만, 말씀을 내재적인 말씀(λόγος ἐνδιάθετος)과 발언된 또는 표현된 말씀(λόγος προφορικός)으로 더 전문적으로 구별했던 스토아 학파의 견해[100]를 그러한 본문들과 혼합하여 사용하기를 주저하지 않았다.

변증가들의 가르침은 유스티누스에게서 가장 분명하게 드러난다 – 물론, 그의 신학은 체계적인 것과는 거리가 멀었지만. 그의 출발점은 당시에 통용되고 있던 공리(公理), 즉 이성("로고스의 씨앗" = λόγος σπερματικός)은 인간을 하나님과 연합시켜 주고 인간에게 하나님에 대한 지식을 수여해준다는 공리였다. 그리스도의 오심 이전에 사람들은 로고스의 씨앗을 소유하고 있었기 때문에, 진리를 단편적으로나마 인식할 수 있었다.[101] 그러므로 "이성으로 산" 이교도들은 어떤 의미에서 기독교 이전의 그리스도인들이었다.[102] 하지만 로고스는 이제 예수 그리스도 안에서 "형태를 입어 사람이 되었다"; 로고스는 그리스도 안에서 총체적으로 성육신되었다.[103] 여기서 로고스는 성부의 지성 또는 이성적 사고로 인식된다; 그러나 유스티누스는 빛이 태양과 구별되듯이 로고스는 이름만 성부와 구별되는 것이 아니라, "수적으로도 구별된다"(καὶ ἀριθμῷ ἕτερον)고 주장하였다.[104]

유스티누스는 유대교의 유일신론에 맞서서 특히 세 가지 방향에서 이를 입증하고자 하였다. 말씀의 타자성(otherness)은 다음과 같은 것들에 속에 함축되어 있다: (a) 구약성서에 나오는 소위 하나님의 현현들(예를 들면, 마므리 상수리 나무 옆에서 아브라함에게 나타나신 것)은 "만물의 주이자 아버지이신 분이 천상의 모든 일들을 버리고 세상의 한 쪽 모퉁이에 나타나셨다는 것"은 생각할 수 없는 일이기 때문에 "만물의 창조주 아래에 하나님과 주님이라고 불리는 또 하나의 존재가 있다"는 것을 암시해 준다;[105] (b) 구약성서의 여러 구절들(예를 들면, 창세기 1:26: "우리의 형상을 따라 우리의 모양대로 우리가 사람을 만들고")은 하나님을 하나님 자신과 같이 이성적 존재인 또 다른 존재와 대화하는 모습으로 묘사한다;[106] (c) 잠언 8:22 이하("여호와께서 그 조화의 시작 곧 태초에 일하시기 전에 나를 가지셨으며") 같은 위대한 지혜 본문들. 왜냐하면, 자손은 자기를 낳은 자와는 다른 또 하나의 존재라는 것을 누구나 인정하지 않을 수 없기 때문이다.[107] 따라서 "성부로부터 나온 자손으로 묘사된" 로고스는 "모든 피조물에 앞서서 성부와 함께 있었고, 성부는 로고스와 함께 대화하였다."[108] 그리고 로고스는 신적인 존재이다: "로고스는 하나님의 말씀이자 처음으로 출생한 존재(독생자)이기 때문에, 하나님이기도 하다."[109] "그러므로 로고스는 찬양받을 수 있고, 로고스는 하나님이다";[110] 그리고 "우리는 우리를 위하여 로고스가 사람이 되었다는 것을 알기 때문에, 창조되지 않고 말로 표현할 수 없는 하나님으로부터 나온 로고스를 하나님 다음으로 찬송하고 사랑한다."[111]

유스티누스에 의하면, 성육신 이외에도 로고스의 특별한 기능들이 두 가지 더 있다: 만유를 창조하고 질서를 부여함에 있어서 성부의 대리자라는 기능[112]과 진리를 사람들에게 계시하는 기능.[113] 로고스의 본성과 관련해서는, 그 밖의 다른 존재들은 "지음받은 것들"(ποιήματα[114]) 또는 "피조물들"(κτίσματα[115])인 반면에, 로고스는 하나님의 "자손"(γέννημα[116]), 하나님의 "자녀"(τέκνον[117]), "유일한 아들"(ὁ μονογενής[118])이다: "모든 피조물들 이전에 하나님은 태초에 자기 자신으로부터 이성적 권능을 낳으셨다."[119] 이러한 출생(또는 발생)을 통해서 유스티누스가 말하고자 한 것은 성부의 로고스 또는 이성의 궁극적인 기원(起源)이 아니라(이것에 대해서 그는 논의하지 않는다), 로고스는 창조와 계시의 목적을 위하여 출현하거나 보내심을 받았다는 것이다; 그리고 로고스의 출현은 성부의 의지의 한 행위에 의한 것이었고, 바로 그 행위의 결과였다.[120]

그러나 이러한 출생 또는 출현은, 인간의 이성과 말 속에서의 이성의 표출과의 유비가 분명히 보여주듯이, 성부와 성자 간의 그 어떠한 분리(separation)도 수반하지 않는다. "우리가 말을 할 때, 우리는 우리 속에서 말(또는 이성)을 생성시키지만, 그것을 감소시키지는 않는다. 왜냐하면, 말을 한다는 것은 그 어떠한 삭감도 수반하지 않기 때문이다. 우리는 하나의 불이 또 하나의 불에서 점화될 때에 이와 동일한 현상을 목격한다. 다른 것에게 불을 나누어 준 원래의 불은 감소되지 않고 원래의 것과 동일한 상태로 머문다; 하지만 원래의 불로부터 불을 가져온 또 다른 불은 원래의 불을 감소시킴이 없이 스스로 존재한다."[121] 다른 곳에서[122] 유스티누스는 "이 권능이 성

부로부터 나뉠 수 없고 분리될 수 없으며," 그 권능이 성부로부터 수적으로
구별된다고 해서 성부의 본성이 나뉘는 것이 아니라는 것을 주장하기 위하
여, 빛을 그 원천인 태양으로부터 구별하는 것은 불가능하다는 유비를 사용
한다.

유스티누스의 제자들 중 한 사람이었던 타티아누스(Tatian)도 그의 스승과
마찬가지로 로고스는 성부 안에 성부의 합리성(rationality)으로 존재하다가
성부의 의지의 한 행위로 말미암아 출생되었다고 말한다.[123] 또한 유스티누스
와 마찬가지로, 타티아누스는 하나의 촛불로부터 점화된 또 다른 촛불이라
는 동일한 비유를 사용해서 성부와 말씀 간의 본질상의 일체성을 강조하였
다.[124] "로고스의 출생은 분배(μερισμόν, 나누어주는 것)를 수반하지만 절단
(ἀποκοπήν, 잘려나감)을 수반하지는 않는다. 절단되는 것은 그 원래의 것으
로부터 단절되는 것이지만, 분배되는 것은 그것이 유래된 원천을 감소시킴
이 없이 경륜상으로만 구분된다. 하나의 횃불에서 여러 개의 횃불이 만들어
져도 첫 번째 횃불이 다른 것들로 점화되었다고 해서 그 빛이 줄어들지 않는
것과 마찬가지로, 말씀은 자기를 낳은 자에게서 말씀을 박탈함이 없이 성부
의 권능으로부터 나온다. 예를 들면, 나는 말하고 당신은 나의 말을 듣는다;
그러나 당신과 대화하고 있는 나는 나의 말을 당신에게 전하였다고 해서 나
의 말을 빼앗기고 비워져 버리게 되는 것이 아니다."

이와 동시에, 타티아누스는 로고스의 연속적인 두 가지 상태들 간의 대비
를 유스티누스보다 더 날카롭게 부각시켰다.[125] 창조 이전에 하나님은 홀로
계셨고, 로고스는 만물을 창조하는 잠재력으로서 하나님 안에 내재해 있었
다; 그러나 창조의 순간에 로고스는 성부의 "시초의 사역"(ἔργον πρωτότο-
κον)으로서 성부로부터 나왔다. 일단 출생이 되자, "영으로부터 유래된 영,
이성적 권능으로부터 나온 합리성"이 된 로고스는 만유를 창조하고 다스림
에 있어서, 특히 하나님의 형상대로 인간을 지음에 있어서 성부의 도구로서
의 역할을 하였다.[126]

안디옥의 테오필루스(Theophilus of Antioch)의 가르침도 이와 비슷한 노
선을 따랐는데, 솔직히 그는 자신의 가르침의 밑바탕에 있는 개념들의 체계
에 적합한 스토아 학파의 전문적인 용어들을 사용하였다. 그는 이렇게 썼

다:[127] "하나님은 자신의 말씀을 자기 안에 내재해(ἐνδιάθετον) 가지고 있다가, 자신의 지혜와 더불어 창세 전에 말씀을 유출하여 낳았다. 하나님은 이 말씀을 그의 창조 사역에 있어서의 조력자로 사용하였고, 말씀을 통해서 하나님은 만물을 지으셨다. 이 말씀은 그에 의해서 지어진 만물의 원리이자 주(主)이기 때문에 제1원리라 불린다." 또한 그는 로고스의 아들됨을 다루면서 이렇게 썼다:[128] "로고스는 시인들과 이야기꾼들이 신들이 아들들을 낳았다고 말하는 그런 의미에서의 하나님의 아들이 아니라, 진리가 말씀은 하나님의 품 속에 영원 전부터 내재해(ἐνδιάθετον) 있다고 말하는 그러한 의미에서 하나님의 아들이다. 왜냐하면, 그 어떤 것이 존재하기 이전에 하나님은 말씀을 자신의 모사, 자신의 지성과 사고로 가지고 있었기 때문이다. 그러나 하나님이 자기가 계획했던 것을 창조하고자 했을 때, 하나님은 모든 피조물 중에 가장 먼저 난 자인 이 말씀을 낳았고 유출하였다(ἐγέννησε προφορικόν). 이렇게 함으로써, 하나님은 자신에게서 말씀을 비워버린 것이 아니라, 말씀을 낳은 후에도 언제나 말씀과 교제하신다."

유스티누스와 마찬가지로, 테오필루스는 구약성서에 나타난 하나님의 현현들을 사실상 로고스의 출현들로 여겼다.[129] 하나님 자신은 시간과 공간 속에 담길 수 없지만, 그러한 현현들은 하나님이 자신의 마음과 의지를 피조질서 속에 나타내고자 낳았던 말씀의 기능이었다.

이러한 것들보다 더 자세한 설명은 아테나고라스(Athenagoras)에 의해서 제시되었다. 그는 기원이 없고 영원하며 눈으로 볼 수 없는 하나님이 그의 말씀으로 만유를 창조하시고 장식하시고 실제로 다스리신다고 말한 후에, 저 유명한 한 구절 속에서[130] 계속해서 말씀을 하나님의 아들과 동일시한다. 하나님이 아들을 가지는 것이 우스꽝스럽다는 반론을 반박하면서, 그는 하나님의 아들은 인간의 자녀들과 같은 것이 아니라, "관념 및 실제(實際) 속에서의(ἐν ἰδέᾳ καὶ ἐνεργείᾳ) 성부의 말씀"이라고 주장한다. 말씀에 의해서 및 말씀으로 말미암아 모든 것이 만들어졌고, 성부과 성자는 일체를 이룬다. "신적인 영의 일체성과 권능으로 말미암아 성자는 성부 안에 있고 성부는 성자 안에 있는데, 하나님의 아들은 성부의 지성이자 말씀(νοῦς καὶ λόγος)이다." 그런 후에, 아테나고라스는 자신의 의도를 더 분명하게 하기 위하여,

말씀은 하나님의 자녀이지만 실제로는 결코 출생된 것이 아니었다(οὐχ ὡς γενόμενον)고 지적한다. "왜냐하면, 하나님은 처음부터 영원한 지성이기 때문에 그의 말씀(λόγον)을 자기 자신 속에 지니고 있어서, 영원히 이성적이다 (ἀιδίως λογικός)." 이에 대한 더 정확한 설명은 말씀은 원형적 관념과 창조의 힘으로서 형태가 없는 물질 세계 속으로 "발해졌다"(προελθών: 또한 λόγος προφορικός 라는 개념). 이것을 밑받침하기 위하여, 그는 잠언 8:22("여호와께서 그 조화의 시작 곧 태초에 일하시기 전에 나를 가지셨으며")을 인용하는데, 하지만 "창조하였다"[개역에서는 "가지셨으며"]라는 동사를 강조하지는 않는다. 나중에[131] 그는 성부와 성자 간에 존재하는 일체성과 교제를 끈질기게 주장하면서, "참 하나님과 그로부터 유래된 로고스"에 관하여 말한다; 그리고 다른 곳에서[132] 그는 성자를 성부의 "지성, 말씀, 지혜"라고 설명한다.

변증가들의 가르침 속에는 여기서 특히 강조해 두지 않으면 안 될 아주 중요한 두 가지 요점이 존재한다. (a) 변증가들 모두에게 있어서 "성부 하나님"이라는 말은 거룩한 삼위일체 하나님의 제1위를 의미하는 것이 아니었고, 존재하는 모든 것들의 창조자로 생각되는 한 분 하나님(the one Godhead)을 의미하였다; (b) 아테나고라스를 포함한 변증가들 모두는 로고스의 출생의 시점, 따라서 "아들"이라는 칭호가 사용될 수 있는 시점을 로고스가 하나님 안에 내재해 있던 때가 아니라 창조, 계시, 구속의 목적을 위하여 유출 또는 출생한 때로 보았다. 이러한 요점들을 확실하게 파악하고 그것들이 지닌 의미를 제대로 이해하지 못한다면, 우리는 변증가들의 신학에 대해 철저하게 왜곡된 견해를 가질 수밖에 없게 될 것이다.

예를 들면, 변증가들의 신학에 대한 두 가지 상투적인 비판은 변증가들은 창조 사역을 위해서 로고스가 필요하게 될 때까지는 로고스를 성부로부터 구별하지 않았고, 그 결과로서 성자를 성부에게 종속시키는 어리석음을 범하였다는 것이다. 이러한 비판들은 성자의 영원한 출생에 관한 교리와 위격들에 관한 개념에 대한 충분한 해명을 이루어낸 니케아 이후의 정통 신앙에 비추어 볼 때에 피상적인 타당성만을 지닐 뿐이다; 더구나, 그러한 비판들은 변증가들이 활동했던 사상적 풍토 속에서는 아무런 의미도 지니지 못한다.

변증가들에게는 하나님 내에서의 영원한 구별들을 설명하는 데에 적절한 전문적인 용어들이 결여되어 있었다는 것은 사실이다; 그러나 그들은 그러한 구별들을 인식하고 있었음에 틀림없다. 창조 훨씬 이전에 영원 전부터 하나님은 그의 말씀 또는 로고스를 가지고 계셨다. 왜냐하면, 하나님은 본질적으로 이성적이기 때문이다; 그리고 후대의 신학이 말씀의 인격성으로 인식했던 것이 변증가들이 보기에는 잘못 정의된 것처럼 보인다고 해도, 어쨌든 변증가들이 말씀을 성부가 함께 교제하고 조언을 구할 수 있는 존재로 여겼다는 것은 명백하다.

후대의 정통 신앙은 성부에 대한 말씀의 영원한 관계를 발생(또는 출생)으로 설명하였다; 변증가들이 이 용어를 말씀의 유출에 국한시켰다고 해서 우리는 그들이 그 이전에 말씀이 존재하였다는 사실을 알고 있지 못했다고 결론을 내려서는 안 된다. 마찬가지로 유스티누스가 말씀에 대하여 "두번 째의 등급으로" 예배된 "이등급의 하나님"이라고 말했을 때,[133] 그리고 모든 변증가들이 말씀의 출생 또는 유출이 성부의 의지의 한 행위에 의한 결과였다는 것을 강조했을 때, 그들의 목적은 말씀을 성부에 종속시키고자 한 것이 아니라 그들이 반드시 지켜야 한다고 생각하였던 유일신론을 보호하자는 것이었다. 현시(顯示)된 로고스는 하나님(Godhead) 자신과 비교될 때에는 반드시 제한되지 않으면 안 된다; 그리고 하나님의 존재 속에서 주도권과 관련한 두 개의 원천이 존재하지 않는다는 것을 강조하는 것이 중요하였다. 로고스가 출생 이전이나 이후에나 본성에 있어서 성부와 동일하고, 근본적인 존재에 있어서 성부로부터 분리될 수 없다는 것을 변증가들은 입이 닳도록 계속해서 반복하여 말하였다.

5. 변증가들과 삼위일체

변증가들이 성령에 관하여 말한 내용들은 훨씬 더 빈약해서 학문적인 신학이라고 이름을 붙이기도 어려운 형편이다. 이 점은 우리가 충분히 이해할 수 있다. 왜냐하면, 그들에게 일차적으로 중요했던 문제는 하나님에 대한 그리스도의 관계였기 때문이다. 그럼에도 불구하고, 충직한 교인들이었던 변증가들은 삼위일체적인 양식을 지니고 있는 교회의 신앙을 선포하는 것을 그들의 임무로 여겼다.

몇몇 경우들에 있어서 유스티누스는 때로는 세례 및 성찬식 때에 사용되었던 정형 문구들을 인용해서,[134] 때로는 공식적인 교리문답 교육에서 사용된 내용들을 반영해서 세 위격을 대등하게 병치시킨다. 이런 식으로 해서, 그는 그리스도인들은 성부, 성자, "예언의 영"을 경배한다는 점을 지적함으로써, 그리스도인들을 무신론자들이라고 비난하는 것을 반박한다.[135] 실제로 "거룩한 영" 또는 "예언의 영"이라는 언급들이 그의 글들 속에 자주 나온다; 그리고 그는 흔히 성령의 기능들과 로고스의 기능들의 관계에 관해서는 모호한 태도를 보여주었지만, 그가 플라톤의 저작들로부터 세 번째 신적인 존재로서의 성령에 대한 증언을 도출해 내고자 행하였던 시도들[136]은 그가 성령과 로고스를 실제로 서로 구별되는 존재로 여겼다는 것을 입증해 준다.

타티아누스에 의하면,[137] "하나님의 영은 모든 사람들 속에 임재해 있는 것이 아니라, 의롭게 살아가는 몇몇 사람들에게 임해서, 그들의 영혼과 연합되어, 예언들을 통해서 감춰진 미래를 다른 영혼들에게 선포하였다." 아테나고라스는 성령이 선지자들에게 영감을 주었다고 생각하였고,[138] 삼위적인 정식(formula)에 친숙해 있었다;[139] 심지어 그는 성령을 "태양 광선처럼 하나님으로부터 흘러 나와서 하나님에게로 돌아가는 하나님의 발산물(ἀπόρροιαν)"이라고 정의하기까지 하였다.[140] 테오필루스는 이 점에서 유스티누스와 의견을 달리 해서 성령을 지혜와 동일시하고,[141] 지혜를 시편 33:6에 따라서 하나님이 창조 때에 그의 말씀과 더불어 사용하였던 영과 동일시하였다. 그는 해와 달을 만들기 전 3일은 "삼위, 즉 하나님과 그의 말씀과 그의 지혜에 대한 모형들이었다"고 분명하게 말함으로써,[142] "삼위"라는 용어를 하나님에게 적용한 최초의 인물이 되었다.

그렇지만 로고스에 관한 그들의 사고와 비교해 볼 때, 변증가들은 성령의 정확한 지위와 역할을 도출해내는 데 있어서는 극히 모호한 입장을 취했던 것으로 보인다. 그들은 성령의 본질적인 기능은 선지자들에게 영감을 주는 것이다고 보았다. 유스티누스는 이것을 발전시켜서 이사야 11:2("그의 위에 여호와의 영이 … 강림하시리니")을 그리스도가 오심으로써 예언이 유대인들 가운데에서 끝났다는 것을 보여주는 것이라고 해석한다;[143] 그러므로 이

제 성령은 그리스도의 영이 될 것이고, 자신의 은사들과 은혜들을 그리스도인들에게 수여할 것이다. 그런 까닭에 기독교를 최고의 철학으로 만드는 조명(illumination)의 원천은 성령이다.[144] 하지만 유스티누스가 선지자들에게 영감을 준 것이 로고스였다고 말하였음을 보여주는 구절들이 있다;[145] 또한 테오필루스도 로고스가 하나님의 영으로서 선지자들의 마음을 조명하였다고 주장한다.[146]

변증가들의 사고가 대단히 혼란되어 있었다는 것은 의심의 여지가 없다; 그들은 교회의 신앙 속에 나타나 있던 삼위적인 양식을 결코 통일적인 도식으로 만들어내지 못하였다. 이와 관련해서, 유스티누스가 성육신에서 성령에게 아무런 역할도 돌리지 않았다는 것은 주목할 만하다. 그 밖의 다른 니케아 이전의 교부들과 마찬가지로, 유스티누스는 누가복음 1:35에 언급된 하나님의 영이자 "지극히 높으신 이의 권능"을 성령이 아니라 로고스로 이해하였다.[147] 유스티누스는 로고스가 복된 동정녀의 모태에 들어가서 성육신의 주체로 활동하였다고 생각하였다.

그러나 여러 불일치들에도 불구하고, 삼위일체론과 관련된 개요들은 변증가들 속에서 뚜렷하게 드러난다. 성령은 그들에게 있어서 하나님의 영이었다; 성령은 말씀과 마찬가지로 하나님으로부터 "유출된 것"으로서(아테나고라스의 표현을 빌리면) 신적인 본성을 공유하고 있다. 성령에 관한 유스티누스의 표현 중 다수가 성령을 온전히 인격으로 취급하는 분위기가 적음에도 불구하고, "예언의 영"이라는 그의 말은 그가 성령을 더 인격적인 존재로 생각하였다는 것을 보여준다; 그리고 플라톤이 세 번째 존재(a third One)에 관한 개념을 모세로부터 빌려 왔고, 샘물에 자고새(Kore)의 동상들을 세우는 이교도들의 관습은 물 위를 운행하는 성령에 관한 성경의 묘사에 의해서 영감을 받은 것이라는 그의 주장들[148] 속에는 성령의 인격성에 관한 함의들이 담겨 있다고 말할 수밖에 없다. 삼위의 관계에 관해서는, 그리스도인들은 그리스도와 성령을 각각 제2위와 제3위의 하나님으로 경배한다는 진술 외에는[149] 유스티누스로부터 더 얻을 것이 없다.

아테나고라스는 "성부 하나님, 성자 하나님, 성령을 인정하고, 그들의 권능이 하나이고 질서에 있어서 구별되어 있다고(τὴν ἐν τῇ τάξει διαίρεσιν) 선언하는 사람들"을 무신론자들이라고 공격하는 것은 대단히 잘못된 것이라고 비난함으로써,[150] 유스티누스의 이러한 사상을 반영하고 있다. 그러나 이러한 질서(τάξις)는 하나님 내에서의 종속의 정도를 나타내고자 하는 것이 아니라, 창조와 계시 속에서 드러난 삼위 하나님의 속성이었다.

테오필루스는 하나님의 말씀과 하나님의 지혜에 관한 그의 가르침을 통해서(그는 "영"이라는 용어가 모호하기 때문에 "영"보다 "지혜"라는 용어를 선호하였다) 변증가들의 가르침의 꽤 성숙한 모범을 보여준다. 말씀과 성령 간의 구별을 모호하게 하는 그의 경향성에도 불구하고,[151] 그는 실제로 거룩한 삼위에 관한 개념을 그의 사고 속에 확고하게 지니고 있었다. 그는 하나님이 그의 말씀과 그의 지혜를 자기 자신 속에 영원히 지니고 있고, 창조의 목적을 위해서 그들을 유출시킨 것으로 생각하였다;[152] 그리고 또한 그는 하나님이 그들을 낳았을 때, 하나님은 그들로 인해서 스스로 비워진 것이 아니라, "그의 말씀과 영원히 대화하고 계시다"는 것을 분명히 하였다.[153] 따라서 변증가들이 사용하였던 표상, 즉 사람이 자신의 생각과 영을 외적인 활동 속에서 발현시킨다는 표상을 통해서, 그들은 하나님 안에서의 복수성을 희미하게나마 인식할 수 있었고, 말씀과 영이 시간과 공간의 세계 속에 나타난다고 할지라도 그들은 성부의 존재 안에 거하고 성부와 그들의 본질적인 하나됨은 중단되지 않는다는 것을 보여줄 수 있었다.

6. 이레나이우스

주후 2세기의 사상을 요약하였던 신학자, 오리게네스 이전의 기독교 정통 신앙을 주도하였던 신학자는 다름아닌 이레나이우스(Irenaeus)였다. 이레나이우스는 변증가들에게 지대한 빚을 졌다; 이레나이우스는 변증가들보다 훨씬 더 자각적인 교인이었고, 변증가들보다 교회의 삼위적인 "신앙의 표준"을 과시하는 데에 더 적극적이고 더 공개적이었지만, 그의 사고의 틀은 변증가들의 것과 실질적으로 동일하였다. 따라서 이레나이우스는 하나님을 두 방향에서 접근하여, 내재적인 존재 속에서의 하나님과 "경륜," 즉 자기 자신을 계시하는 일련의 질서정연한 과정 속에서의 하나님, 이렇게 두 가지로 보았다. 전자의 관점에서 볼 때, 하나님은 만물의 아버지, 말로 표현할 수 없는 분, 영원 전부터 자기 자신 속에 말씀과 지혜를 담고 있는 분이다. 그러나 자기 자신을 알게 하거나 창조와 구속을 위해서 활동하실 때에는 하나님은 그의 말씀과 그의 지혜를 외부로 표출하시거나 나타내신다; 그들은 아들과 영으로서 하나님의 "손들," 하나님의 자기 계시의 도구들 또는 형태들이다.

따라서 이레나이우스는 "하나님의 존재의 본질과 본성에 있어서는 오직 한 분 하나님이 계시지만," 이와 동시에 "우리의 구속의 경륜에 따르면, 성부와 성자가 계신다" — 그리고 그는 성령을 여기에 기꺼이 첨가했을 것이다 — 고 주장할 수 있었다.[154] 이레나이우스는 철학적인 전문 용어들을 의도적으로 피하고 있다는 점이 변증가들과 달랐고, 또한 (a) "경륜"(the economy)이라는 개념을 더 확고하게 파악하고 명시적으로 진술하였다는 점과 (b) 삼위적인 도식 속에서 성령이 차지하는 지위를 훨씬 더 자세하게 인식하였다는 점에서 변증가들보다 한발 앞서 있었다.

제1절에서 우리는 이레나이우스가 모든 존재하는 것들의 기원인 성부의 유일무이성과 초월성을 강조하였다는 것을 살펴본 바 있다. 그럼에도 불구하고, 하나님은 "전적으로 정신이고 전적으로 말씀이기 때문에 그가 생각하는 것을 말하고 그가 말하는 것을 생각한다. 그의 생각은 그의 말씀이고, 그의 말씀은 그의 지성이며, 성부는 만물을 포괄하는 그러한 지성이다."[155] 더 간단하게 말한다면, "하나님은 이성적이기 때문에, 그의 말씀에 의해서 만들어진 모든 것을 창조하셨다"[156](원문을 보면, "이성적"[λογικός]이라는 단어와 "말씀"(λόγος)이라는 단어 간에 분명한 언어 유희가 존재한다). 이 말 속에는 하나님이 창조 때에 외적으로 표출하였던 하나님의 내재적인 합리성으로서의 로고스 또는 말씀이라는, 변증가들에게 아주 친숙했던 개념이 들어 있다.

그러나 변증가들과는 달리, 이레나이우스는 하나님은 그의 말씀과 동일하다는 것을 근거로 들면서, 변증가들이 좋아했던 유비, 즉 하나님이 그의 말씀을 발하시는 것과 인간의 사고가 말 속에서 선언되는 것 간의 유비를 거부한다.[157] 이사야 53:8(LXX: "누가 그의 출생을 설명하리요?")을 근거로 삼아서, 이레나이우스는 말씀이 낳아지거나 유출된 과정을 천착하려는 모든 시도들을 거부한다. 또한 그는 말씀이 영원 전부터 성부와 함께 계셨다는 것을 변증가들보다 훨씬 더 두드러지게 부각시킨다.[158] 이것을 근거로, 이레나이우스가 종종 성자가 항상 성부와 함께 있다고 말하고 있는 데서 알 수 있듯이 영원한 출생에 관한 교리를 가르쳤다는 추론이 매우 일반적으로 도출되어 왔다.[159]

그러나 이레나이우스의 그와 같은 말들에 너무 지나친 의미를 부여해서는 안 된다. 왜냐하면, 그의 용례 속에서는 "성자"는 "말씀"의 동의어에 불과한 것이기 때문이다. 영원한 출생이라는 개념은 그가 변증가들로부터 물려받았던 개념 틀과 부합하기가 어려울 뿐더러, 만약 그가 영원한 출생이라는 개념을 나타나고자 한 것이라면, 그의 충실한 제자였던 히폴리투스[160]가 그 개념을 재현하지 않았다는 것은 이상한 일이다. 따라서 여기서 분명해 보이는 것은 그는 어디에서도 이와 같은 가르침들을 언급한 적이 없다는 것이다. 그는 분명히 성부와 말씀의 관계를 영원한 것으로 인식하였지만, 그것을 출생(또는 발생)으로 묘사하는 데까지는 이르지 않았다.

이레나이우스는 하나님이 이성적이기 때문에 그의 로고스를 가지고 계시는 것이라면, 또한 하나님은 영적이기 때문에 그의 영을 가지고 계시는 것이라고 주장하면서,[161] 성령을 성자와 밀접하게 결부시켰다. 여기서 그는 성령을 신적 지혜와 동일시하고 제3위에 관한 그의 가르침을 확고한 성경적 토대로 견고하게 함으로써,[162] 자기가 유스티누스가 아니라 테오필루스의 추종자임을 스스로 보여주었다.[163] 따라서 그는 "하나님의 말씀과 그의 지혜, 하나님의 아들과 그의 영은 항상 하나님과 함께 있고, 하나님이 '우리가 사람을 만들자'라고 말을 했던 상대방은 바로 그들이었다"고 분명하게 말한다.[164]

"하나님의 지혜, 즉 성령이 창세 전에 하나님과 함께 있었다"는 것은 잠언 3:19("여호와께서는 지혜로 땅에 터를 놓으셨으며")과 8:22 이하("여호와께서 그 조화의 시작 곧 태초에 일하시기 전에 나를 가지셨으며 …")에 나오는 솔로몬의 말들에 의해서 입증되었다고 그는 생각한다.[165] 이렇게 말씀과 성령은 둘 다 하나님의 "손들"로서 창조의 사역에서 협동하였다.[166] 욥기 10:8과 시편 119:73("주의 손이 나를 만들고 세우셨사오니")을 생각나게 하는 이러한 표상은 창조하시는 성부와 그의 활동의 기관들 간의 뗄래야 뗄 수 없는 일체성을 드러내기 위한 것이었다. 피조물들을 존재하게 한 것은 말씀의 기능이었고, 피조물들에게 질서를 부여하고 여러 장식들을 덧붙인 것은 성령의 기능이었다.[167] 따라서 그는 이렇게 쓴다:[168] "만물을 견고하게 세우는, 즉 만물에게 몸을 주고 존재의 실재(實在)를 수여하는 이는 말씀이고, 이러한 서로 다른 권능들에게 질서와 형태를 부여하는 이는 성령이다."

물론, 창조만이 말씀과 성령의 기능인 것은 아니다. 성부는 말씀을 통해서, 그리고 오로지 말씀을 통해서만 스스로를 계시하신다: "하나님은 말로 표현할 수 없는 분이지만, 말씀은 우리들에게 하나님을 밝히 선포한다."[169] 이러한 신학이 요한적인 토대를 지니고 있다는 것은 분명하고, 그것은 다음과 같은 진술들 속에 특징적으로 표현되어 있다:[170] "성자는 자신의 나타남을 통해서 성부를 아는 지식을 계시하는데, 이는 성자의 나타남은 성부를 알게 하는 것이기 때문이다"; "성자 안에서 눈으로 볼 수 없는 것이 성부이고, 성부 안에서 눈으로 볼 수 있는 것이 성자이다." 따라서 구약성서에 나오는 하나님의 현현 사건들 속에서 족장들과 말하였던 이는 사실은 말씀이었다(여기에서 그는 유스티누스와 완전히 일치된 견해를 보여준다).[171] 이제까지 인간의 눈으로 볼 수 없었던 말씀은 성육신을 통해서 눈으로 볼 수 있게 되었고, 인간의 원래 모습이었던 하나님을 닮은 모습으로 하나님의 형상을 최초로 드러내었다.[172]

성령과 관련해서는, "선지자들은 성령을 통해서 예언하였고, 교부들은 하나님에 관한 것들을 성령을 통해서 배웠으며, 의인들은 성령을 통해서 의의 길로 인도함을 받았고, 종말에 성령은 새로운 방식으로 부어져서 … 사람들을 새롭게 하여 하나님께 나아가게 하였다."[173] 성령의 역할은 대단히 필수적인 것이었다. 왜냐하면, "성령이 없이는 하나님의 말씀을 보는 것이 불가능한데 … 이는 성부를 아는 지식이 성자이고, 하나님의 아들을 아는 지식은 오로지 성령을 통해서만 얻어질 수 있기 때문이다; 그리고 성부의 기뻐하심에 따라서 성자는 성부가 원하는 사람들과 성자가 원하는 사람들에게 성령을 나누어 주기" 때문이다.[174] 우리의 성화(聖化)는 전적으로 성령의 사역이다. 왜냐하면, "사람을 정화시켜서 하나님의 삶으로 끌어올리는 이는 성부의 영이기 때문이다."

당연히 성자는 완전한 하나님이다: "성부는 하나님이고, 성자도 하나님이다. 왜냐하면, 하나님으로부터 낳아진 것은 그 어느 것이나 하나님이기 때문이다."[175] 이레나이우스는 그 어디에서도 성령을 하나님이라고 지칭하고 있진 않지만, 성령도 분명히 그가 보기에는 하나님의 지위를 가지고 있었다. 왜냐하면, 성령은 하나님의 영으로서 하나님의 존재로부터 항상 유출되기 때문이다.[176] 이렇게 이레나이우스의 하나님관은 테르툴리아누스의 등장 이전에 우리가 만날 수 있는 것들 중에서 가장 완전하고 가장 명시적으로 삼위일체적인 하나님관이었다. 삼위를 동등한 세 인격이라는 표상(이것은 니케아 이후의 교부들이 채택하였던 유비였다)을 통해서가 아니라 정신(합리성)과 지혜를 지닌 하나님(Godhead)이신 성부라는 단일한 인격체라는 표상을 통해서 삼위일체를 나타낸 것은 이레나이우스가 지닌 하나님관이 아주 분명하게 보여주는 주후 2세기적인 특징들이다.

이 시기의 기독교 사상가들 모두에게 공통적이었던 이러한 접근 방식이 당시에 채택되었던 이유는 유일신 사상이라는 근본적인 신조에 대한 그들의 강렬한 관심 때문이었다. 그러나 이로 인해서 피할 수 없었던 부작용은 성자와 성령이 그들의 출생 또는 유출 이전에 지니고 있었던 "위격들"(후대의 신학의 전문 용어를 사용하자면)이 모호해져 버린 것이었다. 이런 유의 사고는 "경세(economy)"에 대한 강조로 인해서 "경세적 삼위일체론"라는 명칭을 부여받게 되었다. 하나님의 내적인 삶의 신비로운 삼위일체를 부정하지 않는 한, "경세" 속에서 계시된 삼위일체에 대한 이레나이우스의 인식은 결코 잘못된 것이 아니라 적절한 것이며 또한 편리한 것이기도 하다. 이레나이우스가 그의 선구자들과 마찬가지로 채택하였던 대단히 예시적인 표상, 즉 지적 및 영적 기능들을 지닌 인간이라는 표상이 보여주는 전체적인 취지는 유일무이하고 나뉠 수 없는 성부의 내재적 존재 안에 실재적인 구별들이 존재한다는 것과 이들은 "경세" 속에서만 온전히 드러나긴 하지만 실제로는 영원 전부터 거기에 존재했다는 사실을 밝히고자 하는 것이었다 ― 표상 자체는 좀 부족했다고 하더라도.

제 5 장

주후 3세기의 삼위일체론

1. 서론

주후 3세기에는 삼위일체 사상과 관련된 서로 상반되는 여러 조류들이 출현하여 이후의 논쟁들을 위한 재료를 제공해 주었다. 이제까지 기독교적 유일신론이 집중적으로 연구해 왔던 것은 하나님의 단일성에 관한 것이었다. 이교 사상과 영지주의에 대항하여 싸우는 과정에서 하나님의 단일성이라는 신앙 조목이 전면에 부각되어 왔던 것이다. 그 결과 신학자들은 한 분 나뉠 수 없는 하나님 안에서의 구별들을 어렴풋이 인식하고 있었고, 심지어 테오필루스는 말씀과 지혜를 소유한 성부를 삼위 하나님(Triad)으로 묘사하기까지 했지만,[1] 그들은 삼위의 영원한 관계를 밝혀내고자 하는 시도는 거의 하지 못했을 뿐만 아니라, 그러한 관계를 표현할 수 있는 개념적이고 언어적인 장치를 구축하는 일은 더더욱 엄두를 낼 수 없었다. 앞 장에서 살펴보았듯이, 그들이 행한 시도들이 거둔 가장 큰 업적은 창조와 구속 속에서 나타난 삼위 하나님을 고찰하면서 "경세" 속에서 성부와는 다른 존재들로 계시된 성자와 성령이 어떻게 동시에 하나님의 영원한 존재 안에서 하나님과 뗄래야 뗄 수 없을 정도로 하나라는 것을 보여주고자 시도했다는 것이다.

주후 2세기 말과 3세기 초에도 이런 유형의 경세적 삼위일체론(economic Trinitarianism)을 주장하는 사람들이 계속해서 나타났다; 우리는 다음 절에서 이러한 인물들 중에서 가장 주목할 만한 사람들을 살펴보게 될 것이다. 하지만 경세적 삼위일체론이 성행하게 되자, 로고스 교리를 싫어했던 진영, 아울러 계시에 의해서 삼위 하나님이 드러난 것에 대한 강조로 인해서 하나님의 단일성이 위협받게 되었다고 생각했던 진영에서 강력한 반발이 일어나게 되었다. 이러한 사상의 흐름은 서방 교회에서 주로 분명하게 드러났다; 테르툴리아누스가 표현한 말에 의하면,[2] 이러한 사상 조류의 지지자들은 "경세 교리에 화들짝 놀라서" "군주신론"(μοναρχία), 즉 만물의 하나의 신적인 원천이자 원리가 존재한다는 공리 속에서 피난처를 찾았기 때문에, 이러한 사상 조류는 군주신론(monarchianism)으로 불렸다. 이와 동시에 정반대의 운동이 동방 교회에서 진행되고 있었다. 그것은 솔직하게 다원론적인 하나님 개념의 형태를 띠고 있었는데, 유일신론의 기본적인 신조를 희생시킴이 없이 하나님의 영원한 존재 안에서의 삼위의 실재(實在)와 구별 — 달리 말하면, "위격들"로서의 삼위의 실존 — 을 정당하게 다루고자 하는 것이었다. 이러한 새로운 접근 방식은 처음에는 알렉산드리아에서 시작되었지만, 결국에는 동방 교회의 삼위일체 사상 전체, 그리고 실제로는 기독교 사상 전반에 지속적인 흔적을 남기게 되었다.

2. 히폴리투스와 테르툴리아누스

우리의 첫 번째 과제는 어느 정도 직접적으로 변증가들 및 이레나이우스의 노선 속에 서 있어서 많은 부분에서 그들의 영향력을 반영하고 있었던 두 신학자들을 고찰하는 것이다. 이 두 신학자는 교황반대론자이자 순교자였던 로마의 히폴리투스(Hippolytus: 235년에 죽음)와 북아프리카 출신의 테르툴리아누스(Tertullian: 160–225년경)였다. 이 두 사람은 그들의 선배들과 마찬가지로 유일신론을 중시하여 영지주의적인 이원론을 반박하는 데에 심혈을 기울였다 — 아이러니컬하게도, 그들은 양태론이 성행하였던 진영들(이들에 대해서는 나중에 살펴보게 될 것이다)에 의해서 다신론자로 낙인찍혔다. 이 두 사람의 사상은 많은 점들에 있어서 비슷했지만, 히폴리투스의 사상은 더 고풍스러웠고 철저하지 못했던 것으로 보인다; 반면에, 테르툴리아누스는 탁월한 지성을 통해서 더 지속적인 가치를 지닌 진술을 만들어 낼 수 있었다.

그들의 가르침의 출발점은 이레나이우스의 경우와 마찬가지로 두 가지 서로 반대되는 방향으로부터 동시에 접근해서 하나님을 (a) 영원한 존재 안에

서 존재하는 하나님으로, (b) 창조와 구속의 과정 속에서 스스로를 계시하시
는 하나님으로 고찰하는 것이었다. 그들이 후자와 관련하여 이레나이우스로
부터 빌려온 포괄적인 용어는 "경세"(οἰκονομία; *dispensatio*)라는 용어였
다. 하나님의 계획 또는 하나님의 은밀한 목적이라는 의미를 지니고 있었던[3]
이 단어는 기독교 신학 속에서 하나님의 목적의 목표 지점인 성육신에 적용
되었다. 그러나 이 단어의 원래의 의미들 가운데에는 분배, 조직이라는 의
미, 즉 여러 요소들을 적정한 질서(τάξις)로 배열한다는 의미가 있었다; 이
렇게 해서, 이 단어의 용법은 하나님의 구속 계획이 전개되면서 드러나게 된
한 분 성부로부터 성자와 성령의 구별을 가리키는 것으로 확장되었다.

그러므로 첫째, 이 두 사람은 모두 하나님이 영원 전부터 유일무이하게 홀
로 계시지만, 인간 속의 정신적인 기능들과 유사하게, 자기 자신 속에 내재
해 있는 하나님의 이성 또는 말씀과 서로 나뉠 수 없을 정도로 하나가 되어
있다는 인식을 가지고 있었다. 이것은 변증가들 이래로 친숙했던 "내재하는
로고스"(*Logos endiathetos*)에 관한 가르침으로서, 히폴리투스도 실제로 이
전문적인 용어를 사용하였다.[4] 그에게 있어서는 타티아누스 및 이레나이우
스와 마찬가지로 하나님의 말씀과 하나님의 지혜는 서로 구별되고, 사실 성
자와 성령은 내재하는 것으로 여겨진다; 그러나 테르툴리아누스는 지혜를
말씀과 동일시하는 전통을 따른다.[5] 따라서 히폴리투스는 하나님 안에는 항
상 복수성이 존재한다고 단언하면서, 이렇게 말한다:[6] "하나님은 홀로 존재
하지만 다중적이다(μόνος ὤν πολὺς ἦν). 왜냐하면, 하나님은 그의 말씀과
그의 지혜, 그의 권능과 그의 모략 없이는 존재하는 것이 아니기 때문이다."

테르툴리아누스는 더 명시적으로 이렇게 지적한다:[7] "만물 이전에 하나님
은 홀로 계셔서, 자기 스스로가 우주, 장소, 모든 것이었다. 그러나 하나님이
홀로 계셨다는 것은 하나님 자신에게 외적으로는 아무것도 없었다는 것을
의미한다. 그러나 그때에조차도 하나님은 사실 홀로 계신 것이 아니었다. 왜
냐하면, 하나님은 자기 자신 안에 소유하고 있던 저 이성, 즉 자신의 이성을
지니고 있었기 때문이다." 게다가 테르툴리아누스는 그의 선배들 중 어느
누구보다도 훨씬 더 분명하게 이 내재적인 이성 또는 말씀의 타자성 또는 개
체성을 드러낸다. 인간이 인식하거나 계획할 때에 사용하는 합리성이 자기

자신 안에 있는 "또 하나의 나"(*alius*) 또는 "두번째의 나"(cf. *secundus quodammodo in te est sermo*)인 것과 마찬가지로, 하나님이 영원으로부터 추론할 때에 사용해 온 신적인 말씀은 "하나님 자신과 아울러 두 번째의 하나님"(*secundum a se*)을 구성한다고 그는 설명한다.[8]

그러나 둘째로, 본질적인 존재 안에서의 하나님의 삼위성은 창조와 구속에서 드러난다. 히폴리투스에 의하면,[9] 하나님이 원하셨을 때, 하나님은 그의 말씀을 낳았고, 그 말씀을 사용해서 우주를 창조하였으며, 그의 지혜를 사용해서 우주에 질서를 부여하고 장식하였다. 그리고 나중에 세상의 구원을 염두에 두고서, 하나님은 이제까지 눈으로 볼 수 없었던 말씀을 성육신을 통해서 눈으로 볼 수 있게 하였다. 이렇게 해서, 성부(즉, 본래의 하나님 자신)와 더불어 "또 하나의 하나님"(αὐτῷ παρίστατο ἕτερος), 두 번째 "위격"(πρόσωπον)이 존재했고, 성령이 삼위 하나님을 완성시켰다.[10] 그러나 경세 속에서 계시되는 삼위가 존재한다고 할지라도, 명령하시는 분은 성부이고, 성자는 순종하고, 성령은 우리로 하여금 이해할 수 있게 하는 역할을 하기 때문에, 사실은 오직 한 분 하나님만이 존재한다.

히폴리투스는 다음과 같이 말함으로써 하나님의 본질적인 단일성을 아주 강력하게 주장한다:[11] 오직 하나의 권능만이 존재하고, "내가 또 하나의 하나님이라고 말할 때에 나는 두 하나님을 의미하는 것이 아닌데, 이것은 마치 빛에서 빛이 나오고 물 근원에서 물이 나오며 태양에서 광선이 나오는 것과 같다. 왜냐하면, 오직 하나의 권능, 전능자로부터 유출되는 권능만이 존재하기 때문이다. 전능자는 성부이고, 전능자로부터 유출된 권능이 말씀이다 … 말씀은 성부의 마음이다. 따라서 만물은 말씀으로 말미암아 존재하지만, 오직 말씀만이 성부로부터 나왔다." 마찬가지로 말씀의 출생은 성부가 원할 때에 일어난다는 점을 강조하는[12] 그의 의도는 말씀을 성부에게 종속시키는 것이 아니라(니케아 이후의 기준에 의해 판단하면, 그의 표현은 종속설적인 분위기를 풍긴다), 실제로는 성부의 의지(意志)가 말씀 자신에 다름아니라는 근거를 들어서 하나님의 절대적인 단일성을 강조하고자 하는 것이었다.

히폴리투스는 성육신 이전에는 말씀을 예정적인 의미 이외의 의미로서는 성자로 지칭하기를 꺼려 하였다.[13] 테르툴리아누스는 변증가들을 따라서 말씀의 "완전한 출생(또는 발생)"의 시기를 말씀이 창조 사역을 위하여 밖으로 표출되어 나온 때(外化)로 잡았다;[14] 그 시점 이전에는 하나님은 엄밀한 의미에서 성자를 가지고 있었다고 말할 수 없고,[15] 그 시점 이후에야 초기 신학자들에게 일반적으로 만유의 창시자로서의 하나님을 가리켰던 "성부"는 성자의 아버지라는 특별한 의미를 획득하기 시작하였다.[16] 이렇게 출생됨으로써, 말씀 또는 성자는 "위격"(*persona*), "성부와 아울러 함께 있는 두 번째 위격"(*secundum a patres*[17])이 되었다. 그러나 세 번째 자리에는 성령, 즉 성자의 "대표자" 또는 "대리인"(*vicaria vis*[18])이 존재한다; 성자로 말미암아 성부로부터(*a patre per filium*[19]) 유출된 성령은 "성부 및 성자으로부터 나온 세 번째 위격"인데, 이것은 "마치 가지로부터 나온 열매가 뿌리와는 구별되는 세 번째의 존재이고, 강에서 끌어온 수로는 샘과 구별되는 세 번째의 것이며, 빛줄기 속의 빛은 태양으로부터 구별되는 세 번째의 것인 것과 마찬가지이다."[20] 따라서 성령도 "위격"이기 때문에,[21] 하나님은 "삼위일체"(*trinitas*: 이 단어를 최초로 사용한 인물은 테르툴리아누스이다[22])이다. 삼위는 실제로 수적으로 구별되고, "계수될 수 있다"(*numerum … patiuntur*[23]).

따라서 테르툴리아누스는 이렇게 말할 수 있었다:[24] 우리는 "오직 한 분이신 하나님이 자기 자신으로부터 유출시킨 성자, 그의 말씀을 가지고 있다는 것, 그런 후에 성자가 자신의 약속에 따라 성부로부터 보혜사 성령을 보내셨다는 것, 바로 이러한 섭리 — 이것은 경륜을 가리키는 우리의 단어이다 — 아래에서 오직 한 분이신 하나님을 믿는다"; 그리고 동일한 문맥 속에서 나중에 그는 하나님의 단일성과 균형을 맞추기 위해서 "이 단일성을 삼위일체로 분배하여, 성부, 성자, 성령을 삼위로서 정립시키는 경륜의 비밀"에 대하여 말한다.

테르툴리아누스는 경륜 속에서 계시된 삼위성이 하나님의 본질적인 단일성과 양립할 수 있다는 것을 입증해 보이기 위하여 애를 썼다(양태론자들이 제기한 비판들은 그로 하여금 이 점에 대하여 민감하게 만들었다). 히폴리투스와 마찬가지로, 그는 제국 정부의 유비를 들어서 하나의 동일한 주권이 여러 대리인들에 의해서 행사될 수 있다는 것을 언급하면서 위격들은 비롯 셋이지만 그 위격들은 단일한 나뉠 수 없는 권능의 여러 표현들이라고 주장하였다.[25] 변증가들과 마찬가지로, 그는 삼위의 구별이 그 어떤 나눔이나 분리를 내포하고 있다는 주장을 거듭거듭 반박하였다;[26] 삼위는 "구별"(distinctio) 또는 "분배"(dispositio)이지 결코 "분리"(separatio)가 아니라고 주장하면서, 이것을 그는 뿌리와 거기에서 나온 가지, 수원지와 강물, 태양과 그 빛이 하나라는 것을 예로 들어 설명하였다. 이것을 표현하는 그의 특징적인 방식은 성부와 성자와 성령은 "본질"(substance)에 있어서 하나라고 말하는 것이었다. 이렇게 성부와 성자는 나뉜 것이 아니라 "확장된" 하나의 동일한 본질이다;[27] "나와 내 아버지는 하나(unum)니라"라는 구주의 주장은 삼위가 "하나의 위격"(unus)이 아니라 "하나의 실재"(unum은 중성)로서, 단순한 수적인 하나가 아니라 본질의 동일성을 가리킨다는 것을 보여준다;[28] 성자는 성부와 "동일본질"(unius substantiae)이고,[29] 성자와 성령은 성부의 본질을 공유한다(consortes substantiae patris).[30]

조악한 물질주의적인 표현을 사용해서(이러한 개념들에 대한 그의 배경은 스토아적인 것이었고,[31] 그는 신적인 영을 고도로 정제된 물질이라고 여겼다), 테르툴리아누스는 "성부는 온전한 본질이고, 성자는 온전한 것으로부터 파생된 한 부분이다"라고 말할 수 있었다[32] — 문맥을 보면, 여기에서 "부분"(portio)은 문자적으로 어떤 나누어진 것이나 잘려진 것을 의미하는 것으로 해석되어서는 안 된다는 것이 분명해진다. 따라서, 이 문제를 요약하면서, 그는 위격들이 "신분"(즉, 기본적인 특질), 본질 또는 권능에 있어서 셋일 수 있다고 생각하는 것을 거부한다;[33] 이러한 것들과 관련해서, 하나님(Godhead)은 나뉠 수 없는 하나이고, 삼위성은 오로지 위격들의 표출과 관련된 "등급"(gradus = 그리스어의 τάξις), 또는 "양상"(forma), 또는 "현시"(species)에만 적용된다.

히폴리투스와 테르툴리아누스는 경세 속에서 계시된 삼위를 하나님의 내재적 삶 속에서 비록 모호하게나마 그들이 인식하였던 복수성의 시현(나타남)들로 보았다는 점에서 이레나이우스와 동일한 견해를 지니고 있었다. 그들이 이레나이우스보다 진일보했던 것은 (a) 하나님의 권능 또는 본질은 하나이고 삼위는 그것의 표현들 또는 형태들이라는 것을 분명히 하고자 시도했다는 점과 (b) 삼위를 위격들(πρόσωπα; personae — 히폴리투스는 이 단어를 성부와 성자에게만 적용하였다)로 인식하였다는 점이었다. 여기서 우리가 유의할 것은 이 후자의 용어는 아직도 계시의 질서 속에서 드러난 삼위에만 적용되었다는 것이다; 오직 나중에 가서야, 이 용어는 하나님의 영원한 존재 속에 내재하는 존재들로서의 말씀과 성령에 적용되었다. 그들이 사용한 용어들의 정확한 의미를 놓고 많은 논란이 있어 왔는데, 몇몇 사람들은 어쨌든 법률 교육을 받았던 테르툴리아누스에게 있어서 '수브스탄티아'(*substantia*)는 여러 사람이 함께 공유할 수 있는 재산의 단위를 의미했다고 주장한다.

그러나 사실 테르툴리아누스의 사고 속에서는 이 용어가 지닌 형이상학적인 의미가 부각되어 있었을 것이기 때문에, 이 단어는 구체적인 실재성에 강조점을 둔 하나님 자신인 신적 본질을 의미하였다. 그가 말하고 있듯이,[34] "하나님은 본질, 즉 신성에 대한 이름이다"; 그리고 말씀은 단순한 개념에 불과하고 실체가 없는 것이 아니라, "실체적인" 존재로서, "영과 지혜와 이성으로 이루어진 실체"이다.[35] 그러므로 그가 성자는 성부와 "한 본질에" 속한다고 말할 때, 그가 의미하는 것은 성부와 성자는 동일한 신적 본성 또는 본질을 공유하고 있고, 또한 하나님은 나뉠 수 없기 때문에, 하나의 동일한 존재라는 것이다.

한편, '프로소폰' (πρόσωπον)과 '페르소나' (*persona*) 같은 용어들은 삼위의 타자성 또는 독립적인 실존을 표현하는 데에 아주 적합하였다. 원래 "얼굴"을 의미했다가 "표현"을 의미하게 되었고 나중에는 "역할"이라는 의미를 지니게 되었던 '프로소폰' 이라는 단어는 결국 "개체"를 의미하는 말이 되었는데, 그 강조점은 통상적으로 외적인 양상(aspect) 또는 객관적인 모습(presentation)에 두어졌다. '페르소나' 의 일차적인 의미는 "가면"이었는데, 이것으로부터 가면을 쓴 배우와 그 배우가 연기한 등장 인물을 뜻하는 것으로 그 의미가 쉽게 전이되었다. 법률적인 용법에 있어서는 이 단어는 어떤 재산에 대한 소유권을 지니고 있는 자를 나타낼 수 있었지만, 테르툴리아누스가 사용한 대로의 이 단어의 용법은 개체에 대한 구체적인 표상 자체를 의미하였다. 우리가 유의할 것은 어느 경우이든 오늘날 우리가 말하는 자의식이라는 개념은 이러한 용어들과 결코 상관이 없었다는 것이다.

3. 역동적 군주신론

주후 2세기 말의 20-30년 동안에, 서로 근본적으로 달랐으면서도 오늘날의 역사가들에 의해서 군주신론이라는 공통의 이름으로 불리어 왔던 두 가지 형태의 가르침이 출현하였다. "역동적" 군주신론 — 좀 더 정확하게 말하면 양자론 — 은 그리스도는 하나님의 영이 그 위에 임하였던 "평범한 인간"(ψιλὸς ἄνθρωπος; 그러니까 "그리스도 범부론")이었다는 이론이다. 이 이론은 본질적으로 이단적인 기독론이었지만, 이 이론이 생겨난 배경들 때문에, 우리는 여기서 이 이론을 살펴보지 않으면 안 된다. 양태론 — 당시 사람들은 이것만을 군주신론이라고 지칭하였다 — 은 성부와 성자와 성령 간의 구별을 모호하게 하는 경향이 있었다. 이 두 가지를 군주신론의 두 형태로 분류한 것은 이 두 이론은 서로 다른 출발점들과 동기들에도 불구하고 하나님의 단일성 또는 '모나르키아'(monarchia)에 대한 관심을 통해서 서로 연합되어 있다는 가정(假定) 때문이었다. 이러한 가정은 아무리 늦게 잡아도 노바티아누스(250년경)에게까지 소급되는데, 그는 양자론과 양태론을 하나님은 한 분이시라는 성경의 교의를 지키고자 한 의도에서 비롯된 잘못된 시도들이라고 해석하였다.[36] 하지만 양자론에 관한 한, 이러한 가정이 어쨌든 그 원래의 지지자들에게 있어서 상당한 비중을 지니고 있었다는 것을 보여주는 것이 아무것도 없다. 이러한 가정이 노바티아누스의 시대 당시에 양자론의 후계자들에게 영향을 끼쳤을 가능성은 많지만, 그들 자신은 당시의 철학적 합리주의에 의해서 영감을 받은 지성인들이었던 것으로 보인다.

역동적 군주신론의 창시자는 비잔티움 출신의 박식한 가죽 상인이었던 테오도투스(Thedotus)였다고 하는데, 그는 이 학설을 주후 190년경에 로마로 가져왔다. 악의적인 비판자들은 그가 주장한 학설을 비잔티움에서의 과거의 배교 행위를 은폐하기 위한 미봉책이라고 설명하였지만("나는 하나님을 부인한 것이 아니라 한 인간을 부인한 것이다")[37], 그의 학설은 사실 세심한 작업을 거쳐서 탄생된 것으로서, 그 어떠한 급조의 흔적도 보여주지 않는다. 세계의 창조, 하나님의 전능성, 동정녀 탄생에 관한 정통적인 견해들에 전적으로 동의하는 가운데, 테오도투스는 예수는 세례를 받기 전까지는 평범한 한 인간으로 삶을 살았고, 다른 점이 있었다면 그가 최고로 미덕을 갖추고 있었다는 것이었다고 주장하였다.[38] 세례를 받은 후에 성령 또는 그리스도가 예수에게 임하였고, 그 순간부터 그는 이적들을 행하였는데, 그럼에도 불구하고 그가 하나님이 된 것은 아니었다 ─ 그와 동일한 학파에 속한 다른 사람들은 예수가 부활 후에 하나님이 되었다는 것을 인정한다.

테오도투스와 그의 추종자들은 성경에 대한 주석과 본문 비평에 많은 시간을 할애하여 몰두하였고,[39] 예수는 평범한 사람이었고 성령은 그의 안에 내주한 것이 아니라 그에게 영감을 주었을 뿐이라고 한 그들의 주장을 밑받침하기 위하여 신명기 18:15과 누가복음 1:35(그들은 후자의 본문을 "주의 영"이라고 수정해서 읽었다) 같은 본문들을 그 근거로 들었다.[40] 또한 그들은 논리학과 기하학에 관심을 가지고, 아리스토텔레스, 유클리드, 그리고 동시대인들 중에서는 철학자이자 내과 의사였던 갈렌(Galen)에게 경의를 표함으로써 신실한 자들에게 걸림돌이 되었다.[41] 테오도투스는 교황 빅토르(186-198년)에 의해서 출교당했지만, 그의 학설들은 테오도투스의 분신들, 곧 이번에는 은행가인 아스클레피오도투스(Asclepiodotus)와 주후 3세기 중엽 이후에 로마에 살았던 아르테마스(Artemas, 또는 Artemon)에 의해서 즉시 계승되었다.[42] 제2의 테오도투스의 가르침은 멜기세덱에 관한 괴상한 사변들과 혼합되었는데, 그는 멜기세덱을 그리스도보다 우월한 "최고의 권능," 하나님과 사람 사이의 중보자, "하나님의 영적인 아들"로 보았고,[43] 예수에게 임했던 성령과 동일시하였다.

이러한 양자론자들은 이방 기독교 내에서 대표성이 전혀 없는 고립적인 운동이었다. 가죽 상인이었던 테오도투스와 그의 패거리들은 갈렌(Galen)의 분파에 속해 있었고, 그가 제시한 우호적이지만 비평적인 신앙에 대한 관심에 의해서 자극을 받아 합리주의적인 신앙을 만들어 내었다는 매력적인 추측이 있다.[44] 그들의 학문적인 공감대들과 방법론들은 분명히 갈렌의 것과 유사했고, 그들의 주된 목적은 그리스의 철학적인 문화에 젖어 있던 사람들에게는 아주 낯설었던 하나님의 성육신이라는 개념을 제거하는 것이었던 것으로 보인다. 제2세대의 양자론자들은 이러한 합리주의에다 정통 신앙은 실제적으로 양신론(兩神論)을 주장하고 있는 것이 아니냐는 의심을 혼합했을 가능성이 많다. 왜냐하면, 노바티아누스는 자신의 입으로 다음과 같이 주장

했기 때문이다:[45] "성부와 성자가 각각 별개이고, 성부가 하나님이며 그리스도도 하나님이라면, 한 분 하나님이 계시는 것이 아니라, 성부와 성자라는 두 하나님이 동시에 존재하는 것이 된다."

아르테몬의 시대에 이르러서는 그들은 자기들이야말로 진정한 사도적 전승을 맡은 자들이라고 주장하면서,[46] 그리스도에 관한 그들의 견해가 기독교의 초기부터 교황 제피리누스(198–217년)의 치세 — 이때에 공식적인 가르침이 만들어졌다 — 에 이르기까지 교회 속에서 받아들여져 왔었다는 것을 입증하고자 노력하였다. 히폴리투스는 이러한 주장을 반박하면서, 주후 1세기까지 거슬러 올라가는 일련의 위대한 교사들은 "그리스도를 하나님으로 인정하였고"(ἐν οἷς ἅπασι θεολογεῖται ὁ Χριστός) 그들의 작품들은 "그리스도를 하나님이자 사람으로 선포하고 있다"는 것을 별 어려움 없이 입증해보였다.[47]

아마도 이런 유형의 사상을 주장했던 가장 흥미로운 인물이라고 할 수 있는 사모사타의 파울루스는 주후 3세기 후반에 가서야 전성기를 맞이했다가, 주후 268년에 열린 안디옥 공의회에서 공식적으로 단죄되었다.[48] 그리스도는 하나님의 지혜에 의해서 영감을 받은 평범한 인간이었다는 그의 학설은 다음 장에서 더 자세하게 언급될 것이다; 여기에서는 하나님에 대한 그의 태도를 잠깐 살펴볼 필요가 있다. 주후 6세기의 한 저술가에 의하면,[49] "파울루스는 그리스도 안에 계셨던 분은 스스로 존재하는 말씀이었다고 말한 것이 아니라, '말씀'이라는 호칭을 하나님의 계명과 규례에 적용하였다. 즉, 하나님은 예수라는 사람을 통하여 자기가 원하는 것을 명령하였고, 또한 그렇게 되었다 … 파울루스는 성부와 성자와 성령이 하나이자 동일하다고 말한 것이 아니라, 만물을 창조하신 성부에게 하나님의 이름을 부여하였고, 평범한 사람에게 성자라는 이름을, 사도들 속에 내주하였던 은혜에 대하여 성령이라는 이름을 부여하였다."

이것이 사실이라면, 이것은 파울루스가 사실상 단일신론이었던 자신의 신학을 은폐하기 위한 가림막으로서 공식적으로 인정된 삼위일체적인 정식(定式)을 사용했다는 것을 보여주는 것이다. 이러한 결론은 주후 4세기의 동일본질에 관한 문서 속에서 보도된 사실,[50] 즉 파울루스의 가르침을 불법이라고 규정하였던 감독들(그들은 영원하고 실존하는 삼위에 대한 신앙을 지니고 있었던 오리게네스주의자들이었다)이 말씀을 '우시아'(οὐσία) 또는 본질이라고 주장하는 것이 필수적이라고 생각하였다는 사실에 의해서 밑받침된다. 이것을 통해서 그들이 의도했던 것은 말씀은 단순히 입으로부터 나온 발언으로서 그 어떤 스스로의 실존을 가지고 있지 않은 것(이것이 파울루스의 견해였다)이 아니라, 성부와 구별되는 진정한 위격이라는 것이었다. 또한 안디옥 공의회는 말씀이 성부와 "동일본질"(ὁμοούσιος)이라는 사상, 즉 '우시아'(ousia) 또는 본질에 있어서 동일하다는 사상을 거부하였다는 보도가 있다.[51] 이 보도가 옳다면, 파울루스는 자신을 재판한 사람들의 표현을 빌미로 삼아서 성부와 성자가 서로 구별되는 본질이라는 그들의 주장이 함축하고 있는 듯이 보였던 성부와 성자 간의 날카로운 구분에 맞서 항의하기 위하여 이 용어를 사용했을 가능성도 없지 않다.[52]

파울루스의 사상은 평가하기가 대단히 어렵지만, 그가 말씀의 실존성 또는 인격성을 부정하고 성자와 성령은 단순히 예수 그리스도라는 영감받은 인간과 하나님이 사도들에게 부어준 은혜에 대하여 교회가 붙인 명칭들에 불과하다고 가르친 엄격한 단일신론자였다는 견해는 대체로 정확한 것 같다. 그러나 파울루스를 이레나이우스와 테르툴리아누스의 학설, 그리고 주후 4세기의 앙키라의 마르켈루스의 학설과 유사한 가르침을 설파한 "경세적 삼위일체론자"[53]로 볼 수 있을 가능성도 없지 않다.[54] 우리가 유의할 것은 교부 전통에서는 파울루스를 사벨리우스 및 마르켈루스와 함께 분류하는 경향을 점점 더 많이 보여준다는 것이다 — 물론, 장문 신조(*Ecthesis macrostichos*)[55](345년)와 아타나시우스[56]에 의해서 대표되는 초기 단계들에서는 이 세 사람을 나란히 한 부류로 보지 않았고 오직 파울루스만을 양자론자로 묘사하긴 했지만.

나아가 몇몇 모호한 구절들에도 불구하고, 모든 증거들[57]은 파울루스는 경륜이 전개되면서 말씀이 실존하는 위격이 되었다는 사상에 반대하였다는 것을 보여준다. 파울루스의 신학과 마르켈루스의 신학 간에는 여러 접촉점들이 존재했었을 것이다; 그러나 후자의 초점은 삼위일체의 전개에 관심이 있었던 반면에, 전자의 관심은 과장된 군주신론을 전제로 한 그리스도 범부론

(psilanthropism)이었다.

4. 양태론적 군주신론

역동적 군주신론이 주로 합리주의를 근거로 한 비교적 고립적인 현상이었다면, 양태론(Modalism)이라고도 불린 고유한 의미에서의 군주신론은 그렇지 않았다. 양태론은 어쨌든 공식적인 진영들 속에서도 일정 정도 공감을 불러일으킬 수 있었던 인기 있는 사상 조류로서 꽤 널리 퍼져 있었다; 그리고 양태론을 배후에서 추진하고 있던 힘은 하나님은 한 분이시라는 것과 그리스도의 완전한 신성이라는 열렬하게 주장된 두 가지 확신이었다. 양태론을 표면으로 부상시킨 것은 이 두 가지 진리 중 첫 번째의 것이 한편으로는 새로운 로고스론, 다른 한편으로는 하나님이 경륜 속에서 삼위로서 스스로를 계시하셨다고 설명하였던 신학자들의 시도에 의해서 위태로워지고 있다는 중대된 의구심이었다. 말씀 또는 성자가 성부와 다른 구별된 위격이라는 그 어떤 주장도 양태론자들에게는 필연적으로 두 하나님이라는 신성모독으로 귀결될 수밖에 없는 것으로 여겨졌다("성부"는 하나님 자신[the Godhead Itself]을 의미한다는 옛 견해가 여전히 우세하였다는 사실을 우리는 기억해야 한다).

일찍이 유스티누스의 시대에 이미 로고스는 "수적으로 다른 그 어떤 존재"(ἀριθμῷ ἕτερόν τι)라는 그의 가르침에 대한 반론들이 제기되었다;[58] 비판자들은 하나님으로부터 나온 권능은 오직 말이나 이름에 있어서만 구별될 뿐이고 실제로는 성부 자신의 투영(projection)이라고 주장하였다. 그러나 군주신론적 견해를 공식적으로 천명한 최초의 신학자는 서머나의 노이투스(Noetus of Smyrna)였는데, 그는 주후 2세기 말에 그 도시의 장로회 앞에 두 번이나 소환당했다; 그와 동시대인이었던 히폴리투스[59]와 주후 4세기에 활동했던 에피파니우스[60]는 그의 가르침을 우리에게 전해준 주된 증인들이다. 노이투스의 주장의 핵심은 오직 한 분 하나님이신 성부만이 존재한다는 확고한 단언이었다; 성부수난설(patripassianism), 곧 그리스도의 인간적인 체험들을 직접 겪고 고통을 당하였던 분은 다름아닌 성부였다는 사상은 그가 아주 기꺼이 받아들였을 법한 결론이었다. 기독교 신앙이 당연한 것으로 받아들이고 있는 것처럼, 그리스도가 하나님이라면, 그리스도는 성부와 동일하지 않으면 안 된다; 그렇지 않다면, 그리스도는 하나님일 수 없다. 따라서 그리스도가 고난을 겪었다면, 성부도 고난을 겪었다. 왜냐하면, 하나님 안에는 그 어떤 나뉨도 있을 수 없기 때문이다. 그는 자기를 고소하는 자들에게 "이 땅에 태어나 고난받고 돌아가신 오직 한 분 하나님 그리스도를 찬송한 내게 무슨 잘못이 있단 말인가?"라고 항변하였다.[61] 그의 추종자들은 출애굽기 3:6(20:3과 함께), 하나님의 유일무이성을 선포한 이사야서 44:6, 이 유일하신 하나님이 예수 그리스도 안에 임재해 계셨다는 것을 암시하고 있는 이사야서 45:14 이하와 바룩서 3:36-38, 성부와 성자의 동일성을 지적하고 있는 듯이 보이는 요한복음 10:30; 14:8-10; 로마서 9:5 등과 같은 본문들을 성경적 근거로 제시하였다.[62] 그들은 제4복음서의 서문은 알레고리적으로 해석되어야 한다고 주장하면서 로고스론을 거부하였다.[63]

장로회는 노이투스에게 교회의 신앙의 표준(rule of faith)을 들이대며[64] 그를 단죄하였다; 그러나 그의 제자들 중 한 사람이었던 에피고누스(Epigonus)는 로마로 갔고, 거기서 제피리누스(198-217년)가 교황으로 있는 동안에 클레오메네스(Cleomenes)라는 한 유능한 인물을 제자로 삼았다. 이 학파의 입장을 요약하면서, 히폴리투스는 그들이 성부 또는 성자 어느 쪽으로 불러도 상관없는 한 분 동일한 하나님을 믿었다고 보도한다;[65] 그들은 성부 또는 성자라는 용어는 실제적인 구별을 나타내는 것이 아니라, 경우에 따라서 이렇게도 저렇게도 사용될 수 있는 단순한 이름들에 불과한 것이라고 주장하였다. 실제로 하나님은 옛 철학자 헤라클레이토스(Heracleitos, 주전 502년경)가 전제하였던 유일자, 즉 자기 자신 속에 상호모순되는 특질들을 포괄하고 있어서 나뉠 수 있기도 하고 나뉠 수 없기도 하며, 피조된 것이기도 하고 피조되지 않은 것이기도 하며, 유한하면서도 무한하기도 한 존재와 같다고 그들은 생각하였다.

테르툴리아누스가 주후 213년에 쓴 자신의 저서인 『프락세아스를 반박함』(*Adversus Praxeam*)을 통해서 싸웠던 대상은 앞에서 말한 성경 본문들을 근거로 제시했던 바로 이러한 학설이었다. 프락세아스(Praxeas)가 누구였는지는 여전히 베일에 싸여 있다; 그는 정체불명의 인물인데, 학자들은 그("프락세아스"는 "참견 잘 하는 사람"을 의미하는 말이기 때문에 별명일 가능성도 있다)를 노이투스 또는 에피고누스, 심지어는 교황 칼리스투스와 동일시하여 왔다(이 점에 대해서는 나중에 살펴 볼 것이다). 프락세아스가 누구였든 지간에, 그는 성부와 성자는 한 분 동일한 위격이며(*duos unum volunt esse, ut idem pater et filius babeatur*), 말씀은 독립적인 실존을 지니지 못한 단순한 "목소리 또는 소리"(*vox et sonus oris*)이기 때문에,[66] 동정녀의 모태에 들어가서 성자가 되어서[67] 고난받고 죽으셨다가 다시 살아나신 분은 다름아닌 성부 자신이었다고[68] 가르쳤던 것으로 보인다.[69] 따라서 이 유일무이한 위격은 자기 자신 속에 서로 모순되는 속성들을 통합하여 갖고 있었기 때문에, 눈으로 볼 수 없기도 하고 볼 수 있기도 하며, 고통을 느낄 수도 있고 느끼지 않을 수도 있다.[70]

그렇지만 프락세아스와 그의 지지자들은 인간 예수는 엄밀하게 말해서 성자인 반면에 그리스도, 즉 신적인 요소(*spiritum, id est deum*)는 성부라는 의미에서 결국 두 하나님을 인정하지 않을 수 없었던 것으로 보인다.[71] 이러한 사고로부터 "고난받은 분은 성자이지만 성부도 함께 고난을 받았다(*compatitur*)"라는 분노와 비웃음을 동시에 불러일으켰던 정식으로 넘어가는 것은 쉬운 일이었다.[72] 이 점에서 양태론이 테오도투스의 양자론과 얼마나 가까워졌는지를 보는 것은 흥미롭다. 이 두 입장은 정반대의 축에서 출발했지만 신에 의해서 영감받은 인간으로서의 구주라는 비슷한 결론에 도달하였다.

이러한 초기 양태론에서는 소박함이 그대로 묻어나지만, 이내 더 체계적이고 철학적인 형태를 띠게 된다. 양태론을 체계화시킨 인물은 사벨리우스(Sabellius)였다.[73] 그는 제피리누스가 교황으로 있던 시기의 말기에 로마에 와서 히폴리투스로부터 맹렬하게 공격을 받았고, 한때 교황 칼리스투스(217-22년)의 신임을 받기도 했지만, 결국 그에 의해서 출교당했다. 창시자의 이름을 따라서 사벨리우스주의로 알려지게 된 이 더 세련된 후기의 양태론은 초기의 양태론에 대하여 제기되었던 몇몇 반론들을 해결하고자 노력하였다. 사벨리우스는 하나님을 세 가지 활동을 통해서 스스로를 표현한 유일자(그는 이것을 υἱοπάτωρ라고 불렀다[74])로 여겼다고 한다.[75] 그는 태양의 유비를 사용하였는데, 태양은 단일한 사물이지만 온기와 빛, 이 두 가지를 방사한다는 것이다; 마찬가지로, 성부는 형상(form) 또는 본질(essence)이고, 성자와 성령은 성부의 자기표현 양태들(modes of self-expression)이다. 또한 그는 신적인 유일자의 확장 또는 "팽창"(πλατυσμός)이라는 개념을 사용해서,[76] 성부는 전개 과정을 통해서 자기 자신을 처음에는 성자로, 다음에는 성령으로 투사하였다고 주장한다. 따라서 창조주이자 율법 수여자로 여겨진 한 분 하나님은 바로 성부였다; 구속을 위해서 이 하나님은 태양 광선처럼 투사되었다가 물러났다; 그런 후에 세 번째로 이 동일한 하나님은 성령으로서 활동하면서 영감을 주고 은혜를 수여하였다.[77]

이와 같은 개념들은 사벨리우스가 그의 선배들이 제시했던 단순소박한 양태론 속에 내재해 있던 난점들을 알고 있었고, 그들을 비판했던 자들이 주장했던 경세적 삼위일체론의 여러 특징들을 빌려와서 기꺼이 사용하기로 결심했다는 것을 보여주는 것이다. 그가 이렇게 한 동기의 일부는 하나님이 성자로서 나타났을 때의 만유에 대한 통치를 설명하고, 또한 성부수난설이라는 비난을 피하기 위한 것이었던 것 같다. 불행히도 우리는 위에서 방금 요약한 입장의 모든 세부적인 내용들이 다 사벨리우스 자신으로부터 나온 것인지는 확실히 알 수 없다.

현존하는 증거들 중 대부분은 그가 죽은 지 한 세기가 지나서 나온 것들인데, 그때에는 이미 그의 신학과 사람들에게 훨씬 친숙했던 앙키라의 마르켈루스의 신학[78]이 서로 구별할 수 없을 정도로 뒤엉켜 있었다. 여기서 우리가 확증할 수 있는 것으로 보이는 한 가지는 그가 성부, 성자, 성령을 가면들 또는 외적인 모습들이라는 의미에서 세 '프로소폰'이라고 말했다고 믿는 전통적인 견해는 잘못되었다는 것이다. 앞에서 이미 살펴 보았듯이,[79] '프로소폰'(πρόσωπον)이라는 용어는 히폴리투스가 경륜 속에서 계시된 성부로부터의 성자의 타자성 또는 별개의 실존을 나타내기 위하여 사용한 용어였다. 따라서 사벨리우스가 이 용어를 히폴리투스가 사용했던 것과는 정반대의 의미로 사용했을 가능성은 희박한 것 같다. 실제로 히폴리투스는 그가 사벨리우스주의자로 여겼던 칼리스투스가 하나님을 단일한 '프로소폰,' 즉 개체 또는 위격으로 보았다는 것을 암시해 주고 있다.[80]

5. 로마 교회의 신학

우리가 이제까지 살펴본 신학적인 활동은 대체로 서방 교회와 로마 교회에 집중되어 있었다. 그렇지만, 우리가 살펴본 인물들 중에는 서방 교회와 로마 교회의 공식적인 대변인의 지위를 가지고 있었던 사람은 한 사람도 없다. 히폴리투스와 테르툴리아누스는 프리랜서라고 하는 것이 옳을 것 같고, 주요한 양태론자들 중 대부분은 이단으로 단죄되었다. 따라서 우리가 지금 논의 중에 있는 문제들에 대하여 로마 교회에 속한 공식적인 진영들의 태도는 무엇이었는지를 물어 보는 것이 좋을 것 같다. 이 질문은 대단히 적절하다. 왜냐하면, 서방 교회의 삼위일체론의 표준적인 형태가 만들어지고 있었던 것은 바로 주후 3세기의 전반기였기 때문이다. 예상할 수 있는 일이지만, 그 출발점은 하나님, 곧 신적인 군주의 단일성에 대한 확고한 믿음이었다. 이러한 확신은 언제나 서방 교회 신학자들의 사고를 지배하였고, 온갖 형태의 양태론은 이러한 확신을 본의 아니게 왜곡하여 표현한 것이었다. 그러나 로마 교회가 이러한 확신을 정형적인 형태로 표현함에 있어서는 그 개념들 및 용어들을 대체로 테르툴리아누스의 고전적인 진술에서 가져 왔다.

초기 단계에서는 위에서 언급한 군주신론적 경향이 분명히 우세한 위치에 있었다. 이것은 제피리누스(198-217년)와 칼리스투스(217-22년)라는 두 교황의 태도 속에 분명하게 드러나는데, 이 두 사람은 히폴리투스와 테르툴리아누스의 이론들은 결국 양신론(兩神論)으로 귀결된다고 하여 대중들이 광범위하게 반발한 것에 공감하였다. 한편 히폴리투스는 나름대로 제피리누스를 철두철미한 양태론자이자 클레오메네스 및 그 주변에 모여든 학파의 후원자라고 생각하였다.[81] 이것을 입증이라도 하듯이, 그는 교황을 "무식하고 교양 없는 사람"으로 묘사하고, "나는 오직 한 분 하나님 그리스도 예수만을 알 뿐이고, 이 땅에 태어나서 고난받은 그 어떤 다른 신을 알지 못한다"라고 선언함과 동시에, "이 땅에서 죽은 분은 성부가 아니라 성자였다"라고 항변한다. 히폴리투스가 말한 앞의 진술은 실제로 노이투스의 신앙고백과 동일하였기 때문에,[82] 많은 사람들[83]은 히폴리투스의 평결에 묵묵히 따랐다. 또 어떤 사람들[84]은 히폴리투스가 어쨌든 교황을 잘못 묘사하였음에 틀림없다는 결론을 이끌어 내었다. 위에서 인용한 두 개의 진술들 중 두 번째에 비추어 볼 때, 이러한 판단들은 부당하게 성급한 것으로 보인다. 제피리누스가 다른 "단순하고 교양 없는" 그리스도인들과 마찬가지로[85] 하나님의 "위격들"에 관한 새로운 말들을 노골적인 의심의 눈초리로 바라보았다는 것은 의심의 여지가 있을 수 없다; 전자의 진술은 성육신한 주님의 완전한 신성에 대한 그의 관심을 보여주는 증거이다. 그러나 두 번째 진술은 그가 양신론으로 들리는 박식한 신학자들의 표현에 대하여 아무리 적대적이었다고 할지라도 성부와 성자 간의 구별의 실재를 인정할 필요성을 인식하였다는 것을 보여준다.

칼리스투스에 대한 히폴리투스의 평가도 비슷하였다. 그는 칼리스투스를 사벨리우스의 앞잡이로 묘사하고, 칼리스투스의 가르침을 이 교황이 실제로 행한 발언들에다 히폴리투스 자신의 편향된 해석들을 결합시킨 듯이 보이는 두 구절을 통해서 요약해 놓았다.[86] 칼리스투스가 사벨리우스를 출교시켰다는 사실을 염두에 둔다면, 우리는 이 두 구절로부터 다음과 같은 점들을 추론해 낼 수 있다.

첫째, 그는 하나님의 단일성을 가능한 한 최고도로 강조하였다. 그가 보기에, 하나님은 온 우주에 편만해 있는 단일하고 나뉠 수 없는 영이었고, 하나의 표현 대상(우리가 하나님에 대하여 이러한 표현을 사용할 수 있다고 한다면), 하나의 존재, 또는 "위격"(πρόσωπον)을 구성하고 있었다.

둘째, 그는 성부와 말씀의 구별을 인정하였고, 말씀을 시간 이전에 이미 존재해 있다가 나중에 성육신한 것으로 보았다; 엄밀하게 말해서, 성자는 역사적인 인물인 "그 사람"이었다. 그러나 그들은 별개의 존재들이 아니며("성부가 한 존재 — ἄλλο — 이고, 성자가 또 다른 존재 — ἄλλο — 인 것이 아니라, 그들은 하나의 동일한 실재이다"), 말씀은 "성부와 나란히 존재하는 또 하나의 존재"(ἕτερος παρὰ τὸν πατέρα)가 아니었다고 그는 주장한다.

셋째, 성부는 유일무이한 신적인 영이기 때문에, 성부는 말씀과 동일하며 성육신한 분이라고까지 그는 말할 수 있었다; 그러나 그는 오직 성부만이 성자와 더불어 "함께 고난을 받았다"라고 말하는 데에는 조심스러워 하였다. 이와 같은 사상들은 비록 테르툴리아누스가 맞서 싸웠던 프락세아스주의 (Praxeanism)와 아주 흡사했고 히폴리투스에게는 저주의 대상이었지만, 칼리스투스를 철저한 양태론자로 낙인찍을 수 있는 그런 것들은 되지 못한다. 오히려 그러한 것들은 칼리스투스는 양태론에 공감하긴 했지만 그 난점들을 인식하고 있었고, 성부와 말씀 간의 진정한 구별을 인정하면서도 성부와 말씀이 한 분 신적인 영의 표현들이라는 진리를 강조하는 식으로 이 문제에 대한 타협적인 접근 방법을 발전시킴으로써 두 위격 또는 세 위격에 관한 교리 속에 내재해 있는 위험성들(그가 인식했던)을 회피하고자 애를 썼다는 것을 보여준다.

따라서 제피리누스와 칼리스투스는 변증가들에 의해서 시작되었던 모든 사상 운동에 선행하였던 군주신론적 전통을 견고하게 붙잡고 있었던 보수주의자들이었다. 또한 로마 교회의 장로였던 노바티아누스(250년경)에 의해서 전개된 군주신론적인 신학도 비록 정교하고 박식한 수준에서이긴 하지만 역시 보수적이었는데, 그의 신학은 히폴리투스와 테르툴리아누스의 영향을 반영하고 있었으면서도, 몇 가지 점에서 그들의 가르침보다 더 고풍스러운 것이었다. 노바티아누스에 의하면,[87] 유일한 한 분 하나님은 모든 실재의 창시자이자 보존자인 성부이다. 그럼에도 불구하고, 성부로부터 "성부가 원했을 때, 성자인 그의 말씀이 태어났다." 양태론에서 주장하는 것과는 달리, 이 말씀은 실재가 아닌 단순한 말에 불과한 것이 아니라(*non in sono percussi aeris …… accipitur*) 자기 자신의 독자적인 실존을 가지고 있는(*in substantia …… agnoscitur*) "성부에 이은 두 번째 위격"이다.

여기서 특히 세 가지 점이 강조될 필요가 있다. 첫째, 노바티아누스는 성자의 출생을 창조와 결부시키지 않는다; 성부는 언제나 성부이기 때문에, 성부는 언제나 성자를 가지고 있어 왔음에 틀림없다. 따라서 비록 영원한 출생이라는 개념을 상정한 것과는 거리가 멀긴 하지만, 그는 그리스도가 "창세 전에 실체적으로(*in substantia*, 즉 하나의 위격으로) 존재하였다"고 주장한다.[88] 둘째, 종종 "하나님의 권능" 또는 성부에 의해서 성자에게 전수된 "신적인 엄위", 그리고 심지어 그들 간의 존재의 공유(*substantiae …… communionem*)라는 말들을 하고 있긴 하지만, 그는 통상적으로 성부와 성자의 관계를 도덕적 일체성이라는 견지에서 정의한다(테르툴리아누스와 두드러진 대조를 보여주는 대목이다). 이것은 그가 "나와 아버지는 하나니라"

또는 "나를 본 자는 아버지를 보았고" 등과 같은 본문들을 설명하면서 본질의 일체성을 암시하는 말들을 피하고 있는 것에서 두드러지게 나타난다. 그러나 셋째로, 히폴리투스와 테르툴리아누스에 반대하여 두 하나님을 가르친다는 비난을 피하는 데에 큰 관심을 가지고 있었던 그는 한편으로는 성부에 의해서 성자에게 수여된 신성은 언제나 성부에게로 되돌아가고, 다른 한편으로는 신적인 속성들은 진정한 의미에서 오로지 성부에게만 귀속된다고 주장하였다.[89]

따라서 위격으로서의 성자의 구별된 실존에 대한 그의 온갖 역설에도 불구하고, 그는 자신이 우려하였던 양신론을 피하기 위하여 성자를 성부에게 강력히 종속시키거나, 성자를 성부의 신적인 삶 속에서 지나가는 한 순간으로 만들지 않을 수 없었다. 그의 시대에 있어서 그의 성령론은 초보적인 것이었다. 이 점에 관한 히폴리투스와 테르툴리아누스의 분명한 가르침이 존재하고 있었음에도 불구하고, 그는 위격으로서의 성부와 성자에 대해서는 끊임없이 말하면서도, 그 어디에서도 위격으로서의 성령에 대해서는 언급하지 않는다. 사실 그는 성령을 오직 성부가 선지자들과 사도적 교회와 수세 때의 그리스도와 신실한 자들에게 그들을 거룩하게 하여 하나님의 성전으로 삼기 위하여 부어준 신적인 선물로만 인식하였다.[90]

하나님은 영이라는 말씀(요 4:24)을 논의하면서, 그는 심지어 "모든 영은 피조물이다"라고 단언함으로써, 우리에게 그가 성령을 피조물로 생각하였다는 인상을 남겨 준다.[91] 그러므로 우리는 히폴리투스 및 테르툴리아누스와는 대조적으로 "삼위일체"라는 용어가 그의 글 속에는 전혀 나오지 않는다는 사실에 놀라서는 안 된다. 또한 이 점에서 그의 신학은 선배들이 이루어 놓았던 곳으로부터의 후퇴였다고 할 수 있다. 왜냐하면, 그는 선배들과는 달리 하나님의 삼위일체적인 성격에 대해서는 전혀 암시조차 하지 않았던 것으로 보이기 때문이다. 우리가 자주 접하게 되는 견해, 즉 그의 신학은 표현에 있어서는 원시적인 것이었을지라도 니케아 이후의 정통 신앙을 예견케 하는 것이었다는 견해는 그의 입장을 철저하게 오해한 것이다.

6. 클레멘스와 오리게네스

그러는 동안에 동방 교회에서는 엄청나게 중요한 발전이 일어나고 있었다. 이러한 발전은 그 최초의 영감을 알렉산드리아에 있던 교리문답 학파로부터 가져왔는데, 이 발전을 이루어낸 주요한 두 사상가는 클레멘스(Clement: 200년경에 활동)와 오리게네스(Origen: 185-254년경)였다. 오리게네스는 플로티노스(Plotinos)의 동시대인이었는데,[92] 이 두 사람은 삼위일체하나님을 이해하고 설명하고자 하는 그들의 시도들에 있어서 이 당시에 알렉산드리아에서 유행하였던 부활한 플라톤주의 또는 "중기" 플라톤 사상[93]에 의해서 크게 영향을 받았다.

그러면 조직신학자라기보다는 도덕주의자였던 클레멘스를 간략하게 살펴보기로 하자. 그에게 있어서[94] 하나님은 절대적으로 초월적이며, 말로 표현할 수 없고, 헤아릴 수 없는 존재였다; 하나님은 "단일성이지만 단일성을 뛰어넘고 유일자를 초월해 있으면서" 모든 실재를 포괄하고 계신다. 이것이 성부이다(우리는 이 용어가 지닌 니케아 이전의 의미를 주목한다); 그리고 성부는 그의 형상(image)이자 그로부터 분리될 수 없는 그의 정신 또는 합리성인 그의 말씀 또는 성자를 통해서만 알려질 수 있다.[95] 중기 플라톤주의와 신플라톤주의에서 말한 '누스'(Nous)와 마찬가지로, 말씀은 단일성이자 복수성이어서, 자기 자신 안에 성부의 이데아들, 성부가 피조물들의 세계에 생기를 불어넣을 때에 사용하는 능동적인 힘들을 포괄하고 있다.[96] 성부로부터의 말씀의 출생은 시작이 없다("성부는 성자 없이는 존재하지 않는다; 왜냐하면, 성부로 존재하는 내내 성부는 성자의 아버지이기 때문이다"[97]); 그리고 성자는 본질적으로 성부와 하나이다.[98] 왜냐하면, 성부는 성자 안에 있고 성자는 성부 안에 있기 때문이다.[99] 셋째로, 성령은 그 어떤 진정한 나뉨 없이 구분되어서 신실한 자들을 조명하는, 말씀으로부터 나오는 빛이다; 또한 성령은 세상에 편만하여 사람들을 하나님께로 이끄는 말씀의 권능이기도 하다.[100]

이렇게 해서, 우리는 비록 그 모든 윤곽들에 있어서는 플라톤적이지만 클레멘스가 아무런 주저함이 없이 기독교적 유일신론과 동일시했던 삼위일체론을 보게 된다. 클레멘스는 이렇게 쓴다:[101] "오, 놀라운 신비여! 한 분은 만유의 아버지시고, 한 분은 만유의 말씀이다; 또한 성령은 한 분이시며 어디에서나 동일하다." 그는 삼위를 분명하게 구분하고 있고, 위격들을 지칭할 만한 그 어떤 전문적인 용어가 그에게 없었다고 해서 그를 양태론자라고 비난하는 것은 아무런 근거도 없다; 그리고 그가 성자를 성부에게, 성령을 성자에게 종속시키고 있는 것처럼 보인다면, 이러한 종속은 존재의 불평등성을 함축하고 있는 것이 아니라, 단지 계층화된 위계질서에 관한 플라톤적인 개념을 그가 빌려 쓴 결과일 뿐이다.

오리게네스의 삼위일체론은 그가 교인으로서 헌신하고 있었던 전통적인 삼위일체적인 신앙의 표준을 앞에서 말한 것과 동일한 중기 플라톤주의라는 견지에서 탁월하게 재해석한 것이었다. 그는 그의 사상 체계의 정점에 사고와 존재 자체를 초월하는, 모든 존재의 원천이자 목표로서 "유일자(Monad)이자 실제로 헤나드(Henad) — 내가 그렇게 표현할 수 있다면 — 인" 성부 하나님을 두었다.[102] 오직 성부만이 엄밀한 의미에서(αὐτόθεος) 하나님이고, 유일하게 "발생되지 않은(ἀγέννητος)" 존재이다; 그리고 그리스도가 성부에 대하여 "유일하신 참 하나님"라고 말한 것은 의미심장하다(요 17:3).[103] 완전한 선(善)과 권능이신 성부는 언제나 그러한 것들을 행사할 대상들을 가지고 있어야 했다; 그런 까닭에, 성부는 자기 자신과 마찬가지로 영원한 영적인 존재들 또는 영혼들의 세계를 탄생시켰다.[104]

그러나 자신의 절대적 단일성과 그들의 다수성을 매개하기 위하여, 성부는 그의 아들, 그의 나타난 형상, 성부와 세상에 대한 성자의 이중적 관계를 설명해 주는 복수(複數)의 "양상들"(ἐπίνοιαι: 이것들은 플라톤주의에 고유한 개념들이다)의 접촉점을 갖는다.[105] 이러한 "양상들"은 말씀이 그의 영원한 존재 속에서(예를 들면, 지혜, 진리, 생명) 또는 성육신한 존재로서(예를 들면, 치유자, 문, 부활) 나타내는 다중적인 신분들(characters)을 나타낸다. 시간 바깥에 있고 변함이 없으신 성부는 한 영원한 행위(ἀεὶ γεννᾷ αὐτόν)에 의해서 성자를 낳았기 때문에, "성자가 존재하지 않았던 때가 있었다"라는 말은 성립될 수 없다;[106] 나아가, 성자의 신성은 유래된 것이고, 따라서 성자는 "이류(二流)의 하나님"(δεύτερος θεός[107])이긴 하지만, 성자는 하나님이다. 최고의 성부가 이류의 하나님(그러나 그는 이 하나님을 세계 영혼[World-Soul]과 동일시하였다)을 통해서 물질을 조직하였다고 믿었던 알비누스(Albinus)[108]와의 병행이 두드러진다; 이 두 사상가는 성자의 출생을 성부에 대한 성자의 관상(contemplation)의 결과라고 생각하였다.[109]

그러나 셋째로(여기서 그는 오직 계시에만 의존하는 기독교가 철학과 결별한다는 것을 깨닫는다[110]), "말씀으로 말미암아 탄생된 모든 존재들 중에서 가장 존귀한 존재, 그리스도로 말미암아 성부에 의해서 만들어진 모든 존재들 가운데에서 최고의 존재"인 성령이 있다.[111]

오리게네스는 성부, 성자, 성령은 "세 위격들"(ὑποστάσεις)이라고 분명하게 단언한다.[112] 삼위는 각각 "경세" 속에서 표출되는 것(테르툴리아누스와 히폴리투스의 경우에서처럼)이 아니라 영원 전부터 구별된 위격이라는 이러한 단언은 그의 가르침의 주된 특징들 중의 하나로서, 영원한 출생이라는 개념으로부터 직접적으로 나온 것이다. '휘포스타시스'(hupostasis)와 '우시아'(ousia)는 원래 동의어로서, 전자는 스토아 학파에서, 후자는 플라톤 학파에서 나온 것인데, 사물 본연의 모습인 실재적인 실존 또는 본질을 의미하였다; 그러나 '휘포스타시스'는 오리게네스의 글 속에서 이러한 의미를 여전히 유지하고 있긴 하지만,[113] 그는 더 자주 이 용어에 개체적 실재, 따라서 개체적 현존이라는 의미를 부여한다. 양태론의 오류는 삼위를 수적으로 구별할 수 없고(μὴ διαφέρειν τῷ ἀριθμῷ), 오직 사고 속에서만 분리될 수 있으며, "본질에 있어서만이 아니라 실재에 있어서도 하나"(ἓν οὐ μόνον οὐσίᾳ ἀλλὰ καὶ ὑποκειμένῳ)라고 말하는 데에 있다고 그는 주장한다.[114] 그가 보기에,[115] 참된 가르침은 성자는 "실재에 있어서 성부와 다르고"(ἕτερος καθ' ὑποκείμενον), 심지어 성부와 성자는 "위격이라는 관점에서는 둘이지만, 의지의 일치, 조화, 동일성에 있어서는 하나"(ὄντα δύο τῇ ὑποστάσει πράγματα, ἓν δὲ τῇ ὁμονοίᾳ καὶ τῇ συμφωνίᾳ τῇ ταὐτότητι τοῦ βουλήματος)라는 것이다. 따라서 삼위는 진정으로 구별되지만 어떤 관점에서는 하나이다; 그의 표현에 의하면,[116] "우리는 어떤 의미에서는 두 하나님, 또 어떤 의미에서는 한 하나님이라고 말하기를 두려워하지 않는다."

오리게네스에게 성부와 성자가 하나라는 것은 중요했지만, 성자의 독립성이 신학적으로 더 우선적인 것이었다. 앞에서 인용한 구절이 보여주듯이, 종

종 그는 성자와 성부의 일체성을 도덕적인 일체성으로 설명한다.[117] 다른 곳
에서[118] 그는 남편과 아내는 비록 구별되는 존재들이지만 하나의 육체가 될
수 있고, 더 높은 차원에서 의인과 그리스도는 한 영이 될 수 있다고 선언하
고 있는 성경의 대목을 그 근거로 제시한다. 따라서 성부와 성자는 비록 구
별되어 있지만 더 높은 차원에서는 한 하나님이다. 더욱이 성자는 성부의 형
상(image)이고, 성부의 영광의 반영(reflection)이다.[119] 그러나 이와 같은 사상
들은 그 자체로는 성자는 성부에 의해서 창조된 것이 아니라 낳아졌다는 것
을 핵심으로 하는 오리게네스의 가르침 전체를 제대로 보여주는 것이 아니
다. 그가 성자를 피조물이라고 말하고 있는 듯이 보이는 곳에서도,[120] 그의 표
현은 잠언 8:22("여호와께서 그 조화의 시작 곧 태초에 일하시기 전에 나를
가지셨으며")과 골로새서 1:15("모든 피조물보다 먼저 나신 이")에 나오는
표현들을 의도적으로 반영한 것이기 때문에, 지나치게 확대해서 해석되어서
는 안 된다. 성부가 낳은 자로서 성자는 성부의 신성에 참여한다; 성자는 본
성상 하나님의 아들이고, 성자의 본성은 성부의 본성과 연합되어 있다.[121] 의
지가 정신으로부터 나오지만, 그 과정에서 어떠한 나뉨도 일어나지 않는 것
과 마찬가지로, 성자는 성부로부터 나온다.[122]

그러나 우리는 성부와 성자 간의 동일본질에 관한 그 어떤 가르침도 오리
게네스에게 돌리지 않도록 주의해야 한다. 흔히 학자들은 오리게네스가 성
자는 "하나님의 권능의 숨, 전능자의 영광의 순수한 유출"이라는 지혜서
7:25을 근거로 "이 두 가지 예시들은 성부와 성자 간의 본질의 공유를 시사
해 주는데, 왜냐하면, 유출이라는 말은 '호모우시오스' (ὁμοούσιος), 즉 유출
이 일어난 바로 그 몸과의 동일본질을 말하고 있는 것으로 보이기 때문이다"
라고 말했다는[123] 저 유명한 구절을 성부와 성자 간의 동일본질에 관한 가르
침의 근거로 제시한다. 그러나 이 본문, 그리고 이것과 동일하거나 유사한
개념들을 표현하고 있는 그 밖의 몇몇 본문들은 오직 루피누스(Rufinus)의
사실을 호도하는 라틴어 번역문으로만 남아 있기 때문에 심각한 의심을 받
고 있다. 앞에서 말했듯이, 그리스어 원문으로 전해진 작품들 속에서는 오리
게네스는 언제나 성부와 성자의 하나됨을 사랑, 의지, 행위의 하나됨으로 설
명한다.

　　성령에 관하여 오리게네스는 이렇게 분명하게 말한다:[124] "성령은 성령으로 말미암아 및 성령에 참여함을 통하여 거룩하다고 일컬음을 받는 자들에게 은혜와 관련된 것을 공급해준다. 이 은혜와 관련된 것은 하나님에 의해서 생겨나고, 그리스도에 의해서 시행되며, 성령으로서의 개별적인 실재($\dot{\upsilon}\phi\epsilon\sigma\tau\omega\sigma\eta\varsigma$)를 획득한다." 따라서 성령의 존재의 궁극적인 토대는 성부이지만, 성령은 성자에 의해서 성부와 연결되고, 또한 성령은 성자로부터 자신의 모든 독특한 속성들을 가져온다.[125]

　　많은 학자들이 지금까지 해 왔던 것과는 달리, 오리게네스가 삼위일체(Trinity)가 아니라 각각 별개의 존재들로 이루어진 삼위(Triad)를 가르쳤다고 결론을 내리는 것은 결코 옳지 않다; 그러나 오리게네스의 삼위일체론에서 삼위가 강력하게 복수적(複數的)인 성향을 띠고 있다는 것은 그 두드러진 특징이다. 그의 분석에 의하면, 삼위는 영원히 그리고 실제적으로 구별되어 있다; 그들은 별개의 위격들, 또는 심지어 그의 거친 표현을 빌면, "사물들"이다. 말할 것도 없이, 그는 어디에서 유래되지 않은 온전한 신성은 오직 유일하게 "신성의 원천"($\pi\eta\gamma\grave{\eta}$ $\tau\hat{\eta}\varsigma$ $\theta\epsilon\acute{o}\tau\eta\tau\sigma\varsigma$[126])인 성부에게 집중되어 있다고 주장함으로써 유일신론의 가장 엄격한 요구들을 충족시키고자 노력한다. "그러나 성자와 성령도 정도의 차이는 있지만 신적이고, 비록 유래된 것이긴 하지만 신성의 모든 특징들을 소유하고 있다; 피조물들의 세계와는 구별되는 그들은 성부와 협동하고 성부로부터 흘러 나오는 신적인 생명을 전달해 준다."

　　이사야서에서 스랍들이 세 번 반복해서 외친 "거룩" 속에서 단서를 얻어서[127] 오리게네스가 제시한 "경배하기에 합당하고 영원하신 삼위"에 관한 견해[128]는 후대의 동방 교회 신학자들에게 여러 세대 동안 영감을 제공해 주었다. 그러나 이러한 삼위일체론은 오리게네스에 의해서 정형화되긴 했지만, 그 밑바닥에 있는 사상 구조는 말할 것도 없이 당시의 플라톤 사상으로부터 빌려온 것이다. 이것을 잘 보여주는 예는 오리게네스가 성자 또는 말씀과 아울러 영적인 존재들의 세계 전체(그가 *logikoi* 또는 *noes*라고 불렀던 것)가 성부와 더불어 영원하다고 인식하였다는 사실이다. 실제로 말씀에 대한 영적 존재들의 관계는 정확히 더 높은 차원에서의 성부에 대한 말씀의 관계와 병행되는 것이었다; 말씀이 성부의 형상(image)인 것과 마찬가지로, 영적 존재들은 성부의 형상들이고, 정도 차이는 있지만 동일하게 신들이라고 불릴 만한 존재들이다. 이렇게 된 이유는 오리게네스가 중기 플라톤주의로부터 가져온 공리(公理), 성부는 언제나 그의 권능을 행사할 대상인 세계를 가지고 있어야 한다는 공리였다; 그러나 그 결과, 조건적인 질서를 초월하는 삼위일체 하나님에 관한 기독교적인 사상이 훼손되었다.

더 제한적인 분야에서 플라톤 사상의 영향은 오리게네스의 삼위일체적인 도식의 일부를 구성하고 있는 철저한 종속설 속에서 드러난다. 앞에서 본 것처럼, 오직 성부만이 '아우토테오스'(αὐτόθεος, "자존하시는 참 하나님")이다; 따라서 사도 요한은 성자를 '호 테오스'(ὁ θεός, "하나님")가 아니라 단순히 '테오스'(θεός, "신")로 정확하게 묘사하고 있다고 그는 지적한다.[129] 성자는 만유의 하나님과 관련해서 두 번째 순위의 존귀를 누릴 만하다;[130] 왜냐하면, 성자는 절대적인 선과 진리가 아니고, 성자의 선과 진리는 성부의 것에 대한 반영이자 형상이기 때문이다.[131] 성자의 활동에 대해서도 동일한 말을 할 수 있다; 성자는 성부의 대리인(ὑπηρέτης)으로서 창조의 경우에서와 마찬가지로 성부의 명령들을 수행한다.[132] 이런 이유를 들어서, 그는 "우리는 그 어떤 출생한 존재, 심지어 그리스도에게조차도 기도해서는 안 되고, 오직 우리의 구주 자신이 기도했던 대상인 만유의 아버지이신 하나님께만 기도해야 한다"라고 결론을 내린다;[133] 만약 기도가 그리스도에게 드려진다면, 그 기도는 그리스도에 의해서 성부에게 전달된다.

실제로 성자와 성령이 열등한 존재들의 영역을 초월하는 것과 마찬가지로, 성부는 성자와 성령을 초월한다;[134] 그리고 종종 이것과 모순되게 오리게네스의 표현이 성자는 처음부터 하나님, 말씀 자체, 절대적인 지혜와 진리라는 것을 시사하고 있다면,[135] 그 이유는 성자가 피조물들에게 그런 존재로 보일 뿐이고, 말로 표현할 수 없는 하나님의 관점에서 볼 때에는 성자는 일련의 유출들 가운데에서 최초의 유출물이라는 것이다. 플라톤 사상을 배경으로 하고 있는 오리게네스의 사상 체계의 산물이기도 한 이러한 하향적 위계질서에 대한 그의 개념은 성부의 행위는 모든 실재에 미치지만, 성자의 행위는 이성적인 존재들에 국한되고, 성령의 행위는 거룩하게 되어가는 자들에게 국한된다는 그의 진술[136] 속에 요약되어 있다.

7. 오리게네스의 영향

주후 3세기 후반에 속한 동방 교회의 삼위일체론을 보여주는 현존하는 증거들은 미미하게 남아 있지만, 그러한 미미한 증거들조차도 오리게네스의 영향력이 어느 정도였는지를 증언해 준다. 몇몇 신학자들은 오리게네스가 성자가 성부와 본성적으로 닮았다고 했다는 점을 부각시켰고, 어떤 신학자들은 그의 종속설을 부각시켰다. 전자에 속한 신학자로는 알렉산드리아의 교리문답 학교의 교장이었던 테오그노스투스(Theognostus, 250-280년에 활동)를 들 수 있다. 그는 성자를 피조물이라고 했고,[137] 성자의 활동을 이성적인 존재들에게로 국한시키긴 했지만, 마치 밝음이 빛으로부터 나오고 수증기가 물로부터 나오듯이, 성자의 본질(οὐσία)은 무(無)로부터가 아니라 성부의 본질로부터 나왔다고 분명하게 선언하였다.[138] 밝음과 수증기가 태양 또는 물과 동일하지도 않고 그것들과 이질적인(ἀλλότριον) 것도 아니듯이, 성자의 본질은 성부와 동일하지도 않고 성부와 이질적이지도 않다; 성자는 성부의 본질의 유출(ἀπόρροια)이었는데, 그 과정에서 그 어떠한 나뉨도 없었다. 그의 후계자였던 피에리우스(Pierius, 280-300년에 활동)는 성부와 성자가 두 본질 또는 본성(οὐσίαι; φύσεις)이라고 말했던 것으로 보이는데,[139] 이러한 용어들을 오리게네스의 "위격들"과 동일한 말들로 사용했음이 분명하다.

본도(Pontus)의 사도였던 그레고리우스 타우마투르구스(Gregory Thaumaturgus, 270년 경에 죽음)는 종종 오리게네스식으로 성자를 "피조물 또는 만들어진 것"(κτίσμα; ποίημα)이라고 거리낌없이 말하였다.[140] 그러나 그의 신조 속에 제시된 그의 공식적인 가르침[141]은 이런 취지의 것이었다: "한 분 하나님, 살아계신 말씀의 아버지가 존재한다 …… 완전한 낳아진 자의 완전한 낳은 자 …… 한 분 주님, 유일무이한 분으로부터 나온 유일무이한 분, 하나님으로부터 나온 하나님, 하나님의 각인이자 형상, 효과적인 말씀이 존재한다 …… 그리고 하나님으로부터 자신의 실재를 가져왔고 성자에 의해서 드러난 성령이 존재한다 …… 성령 안에서 만유보다 뛰어나며 만유 안에 계시는 성부 하나님, 만유로 말미암아 존재하는 성자 하나님이 계시된다. 따라서 완전한 삼위 하나님이 존재한다. …… 삼위 속에는 창조된 것이나 자주성이 없는 것, 또는 마치 전에는 존재하지 않았다가 나중에야 도입된 것 같은 들여와진 것은 아무것도 존재하지 않는다. 따라서 성자는 성부에게 미달하지 않았고, 성령은 성자에게 미달하지 않았다.”

오리게네스의 종속설적 성향을 이어받은 가장 유명한 인물은 알렉산드리아의 주교였던 그의 제자 디오니시우스(Dionysius)였다. 주후 3세기 50년대 후반에 자신의 관할 구역 안에 있었던 리비아의 펜타폴리스에서 사벨리우스주의가 생겨남으로써, 그는 자신이 무엇을 정통적인 입장이라고 생각하는지를 제시하도록 요구받았다.[142] 당연한 말이지만, 양태론을 반박하는 것이 그의 목적이었기 때문에, 그는 성부와 성자가 위격적으로 구별된다는 것을 전면에 부각시켰다; 따라서 사벨리우스주의적인 집단은 어쨌든 암모니우스(Ammonius)와 유프라노르(Euphranor)의 주교들에게 보내진 그의 서신들 중의 하나[143]가 무분별한 말들로 가득 차 있다는 것을 발견할 수 있었다. 그들은 디오니시우스라는 동일한 이름을 가지고 있었던 로마 교황에게 공식적으로 항의하였고, 이 교황은 이 알렉산드리아의 주교를 다음과 같은 이유들을 들어서 고소하였다: (a) 성부와 성자를 거의 분리에 가까울 정도로 날카롭게 구분하였다는 점(διαιρεῖ καὶ μακρύνει καὶ μερίζει τὸν υἱὸν ἀπὸ τοῦ πατρός[144]); (b) 성자의 영원성을 부정하고, 성부가 언제나 아버지인 것은 아니었고 “성자는 탄생하기 이전에는 존재하지 않았다”라고 말하고 있는 점;[145] (c) 마치 성부와 성자가 그들의 존재 자체에 있어서 분리될 수 있는 것인 양, 성부를 성자 없이, 성자를 성부 없이 이름을 부른 것;[146] (d) 성자를 성부와 “동일본질”(ὁμοούσιος)로 묘사하지 않은 것;[147] (e) 포도나무가 포도나무 재배자와 다르고, 배가 배를 만든 사람과 다르듯이, 성자는 본질에 있어서 성부와 다른(ξένον κατ' οὐσίαν) 피조물(ποίημα καὶ γενητόν)이라고 말한 점.[148]

디오니시우스가 표현 자체와 그 함의들에 있어서 부적절한 용어들을 사용하였다는 것은 의심의 여지가 없다; 다음 세기에서 아타나시우스는 디오니시우스를 옹호하고자 애썼지만,[149] 디오니시우스의 반(反)사벨리우스주의적인 열심이 그를 정반대의 극단으로 내몰았다는 바실리우스의 판단이 더 정

확한 것이었다.[150] 로마의 디오니시우스는 한 편의 서신을 통해서[151] 이름을
언급을 하고 있진 않지만 사실상 알렉산드리아의 디오니시우스를 비판하였
고, 그런 후에 계속해서 로마의 노바티아누스의 강력한 영향력을 보여주는
적극적인 신학을 제시하였다. 교황은 그에게 하나님의 군주성을 훼손하는
것처럼 보였던, 오리게네스의 영향을 받은 세 위격에 관한 가르침에 의해서
충격을 받았음이 분명하다. 교황은 이 교리를 가르친 알렉산드리아의 신학
자들은 나뉠 수 없는 한 분 하나님을 "세 권능들, 절대적으로 분리된 세 위격
들, 세 신들"로 쪼갠 실제적인 삼신론자(三神論者)들이라고 생각하였다. 거
룩한 유일자가 나뉠 수 없다는 것은 모든 대가를 치르더라도 유지되어야 한
다; 그러므로 말씀과 성령은 만유의 하나님으로부터 분리될 수 없는 것으로
여겨져야 하고, 그 하나님에게 통합되어야 한다. 이것은 전능하신 성부(유일
무이한 하나님[Godhead]이라는 옛 의미에서)는 결코 그의 말씀과 그의 성령
이 없이는 존재할 수 없는데, 이는 그의 말씀과 그의 성령이 하나님의 존재
자체의 일부이기 때문이라는 옛 개념이다.

이것을 토대로, 교황은 계속해서 이렇게 주장하였다: 그리스도가 성부 안
에 있고(cf. 요 14:11), 그리스도가 성부의 말씀, 지혜, 권능이라면(cf. 고전
1:24), 그리스도는 언제나 존재해 왔음에 틀림없고, 그리스도를 피조물이라
고 말하거나 그리스도가 존재하지 않았던 때가 있었다고 말하는 것은 신성
모독이다. 시편 109:3(LXX: "동이 트기 전에 내가 내 배로부터 너를 낳았
다")과 잠언 8:25("산이 세워지기 전에, 언덕이 생기기 전에 내가 이미 났으
니")에 의하면, 그리스도의 기원은 창조의 행위가 아니었고, "말로 표현할
수 없는 신적인 출생"이었다.

알렉산드리아의 디오니시우스는 정교한 반박문을 발표해서, 자신의 입장
의 본질적인 특징들을 하나도 포기하지 않은 채 분명하면서도 더 조심스러
운 용어들로 자신의 입장을 다시 표명하였다. 그는 자기가 사용한 몇몇 표현
들과 유비들이 부적절했다는 것을 기꺼이 인정하면서도,[152] 자신의 가르침이
전체적으로 평가받지 못했다고 불평하였다; 그리고 그는 교황의 표현을 교
묘하게 이용해서 자신의 가르침을 다시 제시하였다.

첫째, 그는 자기가 성부, 성자, 성령을 분리하였다는 비난을 반박하였다.

삼위는 그 명칭들이 보여주듯이 분명히 분리될 수 없다: 성부는 성자를 함축하고 있고, 성자는 성부를 함축하며, 성령은 자신의 유출의 원천이자 매체인 성부와 성자를 함축하고 있다.[153] 그럴지라도 삼위를 해체하지 않는다는 전제하에서, 삼위는 세 위격이기 때문에 성부, 성자, 성령을 "세 위격"으로 정의하는 것은 유지되어야 한다.[154]

둘째, 그는 성자는 영원하다고 아주 분명하게 못 박아 말했다. 마치 태양이 영원하다면 햇빛도 영원한 것과 마찬가지로, 하나님은 언제나 아버지였기 때문에, 그리스도는 언제나 아들이었다; 어느 한 쪽이 없이는 다른 한 쪽도 생각할 수 없다.[155]

셋째, 자기가 '호모우시오스'(ὁμοούσιος)라는 표현을 사용하지 않았다는 주장에 대해서, 그는 그러한 용어는 비성경적이라고 지적하였다.[156] 그럼에도 불구하고, 그는 자신이 선택한 비유들이 입증해 주듯이 그 용어가 지닌 의미를 받아들였다는 것이다. 예를 들면, 부모와 자녀는 서로 다른 사람들이지만, "동질적"(ὁμογενεῖς)이다; 식물과 그 씨앗 또는 뿌리는 서로 다르지만, 동일한 본성을 지닌다(ὁμοφυῆ). 마찬가지로, 강물과 그 수원지는 형태와 이름에 있어서 서로 다르지만, 동일한 물로 이루어져 있다. 오리게네스 자신이 그랬던 것과 마찬가지로, 그는 분명히 '호모우시오스'를 "동일한 본성을 공유하는"이라는 의미를 지닌 것으로, 즉 종(種)의 동일성이라는 의미로 해석하였다.

그의 전체적인 목적은 세 위격에 관한 그의 가르침은 삼위의 본질적인 일체성을 배제하고 있다는 그릇된 인상을 수정하려는 것이었다. 그는 자신의 입장을 균형잡힌 정식으로 요약하였다:[157] "우리는 유일자를 나눔이 없이 삼위로 확장함과 동시에" ― 따라서 그는 로마 교회의 동료들에게 성자와 성령은 나뉠 수 없는 신적인 본질의 투사들(projections)이라는 것을 시인한다 ― "또한 우리는 삼위를 삭감이 없는 유일자로 요약한다." 즉, 하나됨은 인정되어야 하지만, 그것을 위하여 세 위격을 인정하는 것을 포기해서는 안 된다.

이 사건은 서방 교회 신학자들과 동방 교회 신학자들이 추진하고 있던 매우 다른 노선들을 잘 예시해 준다. 학자들은 흔히 이러한 충돌을 용어에 대한 단순한 오해의 결과로 치부해 버리고자 해 왔다. 이 말도 어느 정도는 일리가 있다. 예를 들면, 교황은 건전한 어원론적 근거들 위에서 '휘포스타시스' (ὑπόστασις)를 그가 테르툴리아누스로부터 하나님의 나뉠 수 없는 구체적인 실재를 의미하는 것으로 배웠던 '수브스탄티아' (*substantia*)라는 라틴어에 해당하는 그리스어라고 추론하였을 가능성이 많다. 따라서 교황은 알렉산드리아의 주교 디오니시우스가 제시한 삼위에 관한 가르침은 삼신론과 마찬가지라는 충격적인 결론에 도달할 수 있었다. 그러나 여기서의 문제는 단순한 용어들의 문제보다 훨씬 더 깊은 것이었다.

우리가 앞에서 살펴보았듯이, 서방 교회의 삼위일체론은 오랫동안 군주신론적 편향에 의해서 채색되어 있었다. 이러한 삼위일체론을 대표하는 신학자들에게 너무도 분명했던 것은 하나님의 단일성이었다; 그들은 그러한 단일성 안에서 구별들을 생각한다는 것이 너무도 불가사의한 일이었기 때문에, 구별들이 실제로 존재한다는 것에 대하여는 전적으로 확신하긴 했지만, 그 구별들을 "위격들"이라고 생각하는 데에는 주저하며 소극적으로 모색하기 시작하는 단계에 있었을 뿐이었다. 지적인 풍토에 있어서 존재의 위계 질서에 관한 신플라톤주의적인 사상으로 물들어 있었던 동방 교회에서는 서방 교회와는 완전히 다른 하나님의 복수성을 토대로 한 접근 방법이 이미 확립되어 있었다. 동방 교회와 서방 교회의 이러한 불일치는 그들의 신학의 밑바탕에 깔려 있었고, 다음 세기에 다시 한 번 표출될 운명에 놓여 있었다.

제 6 장

기독론의 태동

1. 일방적인 해법들

좁은 의미에 있어서 기독론의 문제는 그리스도 안에서의 신성과 인성의 관계를 정의하는 것이다. 이것과 관련된 문제들은 주후 4세기에 가서야 정식으로 다루어지게 된다; 기독론과 관련된 문제들에 관심을 집중시킨 것은 말씀은 성부와 동일한 신적인 본성을 공유한다고 선언했던 니케아 공의회의 결정이었다. 그럼에도 불구하고, 앞선 세기들에 있어서 거의 모든 보편적인 기독교적 확신은 예수 그리스도는 사람인 동시에 하나님이라는 것이었다. 가장 오래된 고백은 "예수는 주시다"라는 것이었고,[1] 이러한 신앙고백의 취지는 사도 시대에 정교하게 다듬어지고 심화되었다. 신약성서의 기자들은 일반적으로 그리스도를 선재하는 분으로 여겼다; 그들은 그리스도에게 존재와 관련된 이중적인 질서를 부여하는 경향을 보여주었는데,[2] "육신에 따르면"(κατὰ σάρκα) 사람이고, "영에 따르면"(κατὰ πνεῦμα) 하나님이라는 것이 바로 그것이다. 이러한 정식은 그들의 사고 속에 아주 깊숙이 뿌리박고 있었기 때문에, 루프스(F. Loofs)는 이러한 정식을 "후대의 모든 기독론적 발전의 토대가 된 논거"라고 올바르게 명명하였다.[3]

이 정식은 기독론적인 문제의 모든 요소들을 담고 있었기 때문에, 사려깊은 그리스도인들은 이 정식을 무시하기 어려웠다. 우리는 실제로 그리스도인들이 이 정식을 무시하지 않았다는 것과 니케아 공의회 이전의 교회에 의해서 제시된 대부분의 해법들이 필연적으로 잠정적인 성격을 지니고 있었지만 후대의 세기들에서 일어난 성숙한 논의를 미리 예고해 준 해법들도 일부 있었다는 것을 발견하게 된다.

　본서에서 우리는 주로 기독교의 주류를 이루고 있었던 전통, 즉 가톨릭 교회 내에서의 교리의 발전을 다루고 있다. 가톨릭 교회에서는 사도적 기독론의 이중적인 전제, 즉 위격으로서의 그리스도는 나뉠 수 없는 한 분이고, 그리스도는 완전한 하나님인 동시에 완전한 사람이라는 것을 출발점으로 삼았고, 신학의 임무는 이 두 가지 측면이 종합을 통해서 어떻게 결합될 수 있는지를 보여주는 것이었다. 그러나 기독교의 첫 3세기 동안에는 정통 신앙의 경계(境界)가 후대에서와는 달리 그렇게 엄격하게 획정되어 있지 않았기 때문에, 중요한 사상의 흐름들이 주된 통로의 바깥에서 진행되었다. 이러한 "이단적인" 조류들 중 일부는 상당한 기독론적인 관심을 가지고 있었기 때문에, 우리는 정통적인 사상 운동을 집중적으로 살펴보기 이전에, 이러한 이단적인 조류들 중 몇몇을 간략하게 어보게 될 것이다.

　첫째, 우리는 주후 2세기에 에비온주의(Ebionism)라고 알려지게 된 기독론의 한 유형에 관하여 듣게 되는데, 에비온주의에서는 기독론의 문제를 그리스도의 신성을 완전히 부인함으로써 해결하고자 하였다. 에비온주의자들은 사도 시대에 유대 율법을 온전히 지켜야 한다는 멍에를 초대 교회에 짊어지우려 했다가 어렵사리 물리쳐진 강력한 세력이었던 유대적인 형태의 기독교에서 파생한 운동이었다. 이방 기독교의 급속한 확산은 유대 기독교가 필연적으로 그 세력이 약화될 수밖에 없었다는 것을 의미했고, 유대 전쟁(66년)이 발발하고, 초대 교회의 주요한 공동체가 예루살렘으로부터 요단 동편으로 흩어지면서, 유대 기독교의 고립은 더욱 심화되었다. 이 시기 이후로 우리는 유대화된 기독교를 스쳐지나가듯이 얼핏 볼 수 있을 뿐이고, 실제로 유대 기독교는 뿔뿔이 흩어진 여러 집단들로 분해되어 버렸던 것으로 보인다. 유대 기독교의 일부로서, 율법을 엄격하게 준수하고 그들 나름대로의 유대화된 복음을 선호했던 나사렛파로 불린 집단은 예수가 하나님의 아들이었다는 믿음에 있어서는 완전히 정통적이었다.[4]

　나사렛파와는 달리, 에비온주의자들은 동정녀 탄생을 부정하였고,[5] 주님을 요셉과 마리아 사이에서 정상적으로 태어난 한 인간으로 취급하였다; 주님은 메시야로 예정된 인물이었고, 말일에는 이러한 자격으로 이 땅에 다시 돌아와서 통치하게 될 것이다. 어쨌든 이것은 그들의 가르침의 핵심을 이루는 것이었고, 에비온파에 속했던 일부 진영들은 영지주의적인 색채를 짙게 띠고 있었던 것으로 보인다. 히폴리투스[6]와 테르툴리아누스[7]는 에비온파라는 이름을 출신 배경이 의심스러운 이 분파의 창시자였던 에비온(Ebion)이라는 인물과 결부시킨다; 그러나 사실 에비온파라는 명칭은 "가난한 자들"을 의미하는 히브리어에서 나온 것으로서, 틀림없이 예루살렘에 있었던 원래의 유대 그리스도인 공동체가 선호하였던 겸손한 명칭과 관련이 있었을 것이다.[8]

둘째, 그리스도에게 평범한 인간(ψιλὸς ἄνθρωπος)의 지위를 부여하는 이런 유형의 기독론들은 유대인들 이외의 분파들 속에서도 드문드문 나타났다. 앞 장에서 군주신론을 고찰할 때, 우리는 테오도티(Theodoti)와 아르테마스(Artemas)의 양자론을 검토한 바 있고,[9] 사모사타의 파울루스는 주후 3세기의 60년 대에 이와 비슷한 가르침을 유포하다가 비난을 받았다는 것을 살펴보았다. 파울루스의 입장에 관한 믿을 만한 정보는 사실 대단히 미미하다. 유세비우스가 인용한,[10] 그를 단죄하는 교회회의의 서신(268년)에 나타나 있는 당시의 증거를 보면, 파울루스는 그의 교리적인 가르침 속에서 "자신의 주님과 하나님을 부인했고, 자신이 이전에 가지고 있었던 신앙을 반박하였으며," "하나님의 아들이 하늘로부터 내려왔다는 것을 인정하기를 거부하였고," "예수 그리스도는 아래로부터 왔다"고 선언하였으며, 마지막으로 그는 "실제로 자신의 지적인 아버지였던 아르테마스라는 혐오스러운 이단을 부활시켰다"는 것이다.[11]

한 세기 후에 유포된 보도들에 따르면,[12] 파울루스는 인간 예수에게 임하여 예수 안에 내주해 있던 신적인 말씀은 구별된 위격이 아니라, 인간의 이성이 인간 속에 존재하는 것과 동일한 방식으로, 하나님 안에 존재한다고 주장하였다. 오늘날의 학자들은 이 이단의 정체를 밝히려는 논쟁을 기록하고자 했던 주후 5세기와 6세기의 단편들에 의지해서[13] 이 이단을 앞에서 말한 것과는 매우 다른 모습으로 제시한다. 이 단편들에 의하면, 파울루스는 "말씀-사람" 기독론(아래의 서술을 보라)의 초기 주창자로서, 성육신을 한 인간 속에 말씀이 내주하게 된 사건으로 이해했던 반면에, 그를 비판했던 사람들은 조숙한 "말씀-육신" 기독론을 지지하였다는 것이다. 그러나 이러한 단편들은 아폴리나리우스에게서 나온 것으로서 그 내용의 사실 여부가 의심 스럽기 때문에, 파울루스가 분명한 양자론자였다는 전통적인 견해가 더 옳은 것 같다.

셋째, 앞에서 말한 것과는 반대로, 주님의 인성을 효율적으로 배제해 버리는 기독론적 경향은 사도 시대 이래로 고려되어야 할 한 요소였다. 그 독특한 주장으로 인해서(δοκεῖν = "-처럼 보이다") 가현설(docetism)이라는 명칭을 부여받게 된 한 이단은 그리스도의 인성, 그러니까 그리스도의 고난들은 전혀 실재한 일들이 아니었고 허상에 불과한 것이었다고 주장하였다. 가현설의 궁극적인 뿌리는 하나님은 고통을 느낄 수 없고(impassible) 물질은 근본적으로 부정하다는 그리스-동방적인 전제들이었다. "가현설주의자들"(δοκηταί)이라는 말을 처음으로 명시적으로 언급한 인물은 안디옥의 세라피온(Serapion of Antioch, 200년에 활동)이다.[14] 그러나 가현설은 그 자체가 이단이었을 뿐만 아니라, 여러 이단들, 특히 마르키온주의[15]와 영지주의[16]에 영향을 미쳤던 하나의 태도였다.

이러한 태도는 유스티누스의 다음과 같은 말 속에 응집되어 있다:[17] "예수 그리스도가 육체로 오지 않았고 단지 영으로 왔을 뿐이며 육체의 겉모습(φαντασίαν)을 나타내 보였을 뿐이라고 주장하는 일부 사람들이 있다." 이와 같은 가르침의 흔적들은 신약성서 자체 속에서 찾아볼 수 있고, 아주 일찍이 주후 2세기에 우리는 그리스도가 오직 겉보기로만 고난을 당하였다고 주장하는 "불경건한" 사람들에 대하여 이그나티우스가 거세게 항변하고 있는 모습을 발견한다.[18]

유스티누스의 이 말은 당시에 널리 퍼져 있었던, 누군가가 그리스도를 대신하여 십자가에 못 박혔다는 이론을 가리킬 가능성도 있다. 그러나 이그나티우스가 그리스도가 겪은 모든 인간적인 경험들은 실재적인 것이었다고 열렬하게 옹호하고 있는 점[19]과 그의 대적자들이 그리스도는 진정으로 "육체를 지녔다"(σαρκοφόρος)는 것을 인정하기를 거부하였다고 암시하고 있는 점[20]은 그들의 이론이 완전한 가현설이었다는 것을 시사해 준다. 그로부터 조금 후에 폴리카르푸스는 "예수 그리스도가 육체로 왔다는 것을 고백하기"를 거부하는 자들을 저주하였다;[21] 그리고 외경(外經)인 『베드로 복음서』는 십자가 위의 구주는 "그 어떠한 고통도 느끼지 못했기 때문에 아무런 말도 하지 않았다"라고 말함으로써,[22] 그리스도가 육체를 덧입은 것은 허상이었다고 넌지시 말한다.

영지주의의 기독론들은 우리를 우주론적 사변의 기괴한 세계로 이끌고 간다. 구속에 관한 신화(神話)의 취지는 타락한 인간 속에 있는 신적인 요소, 즉 영의 파편을 해방시키는 것이고,[23] 이것은 지식의 수여에 의해서 성취된다. 영지주의적인 사상 체계들은 매우 다양하였지만, 하나의 공통된 도식이 이들 모두를 관통하고 있었다. 신적인 그리스도는 플레로마(Pleroma) 또는 아이온들(aeons)의 영적인 세계로부터 내려와서 역사적인 인물인 예수와 잠시 동안 하나가 되었다(프톨레마이오스에 의하면,[24] 수세와 수난 사이의 기간 동안만); 그리고 대부분의 설명들에 의하면, 예수의 몸은 통상적인 육체로부터 만들어진 것이 아니라, "혼적인" 물질로부터 만들어졌다.[25]

따라서 영지주의자들의 기독론은 여러 신들을 인정하는 복수론(複數論)이 되는 경향을 보여준다; 이레나이우스가 지적했듯이,[26] 그들은 그리스도 예수는 두 가지 서로 구별되는 본질들(οὐσίαι)의 복합체로서, 천상의 그리스도와 데미우르고스의 아들인 예수가 느슨한 형태로 결합되어 있었다고 주장한다. 또한 영지주의자들의 기독론은 천상의 그리스도는 눈으로 볼 수 없고 손으로 만질 수 없으며 고통을 느낄 수 없다고 가르치거나, 천상의 그리스도와 결합된 열등한 그리스도 자신도 진정한 살과 피가 아니었다고 가르침으로써 가현설적인 것이었다.

또한 마르키온의 기독론도 어쨌든 주님의 몸과 관련해서는 가현설적이었다; 그럼에도 불구하고, 앞뒤가 맞지 않게 그는 그리스도의 고난과 죽음을 실재적인 것으로서 구속을 가져온 것으로 보았다.[27] 그에게 있어서 그리스도는 선지자들에 의해서 예고된 메시야도 아니었고, 마리아의 아들도 아니었다; 그리스도는 출생이나 성장 과정을 거치지 않고, 성인으로 이 땅에 갑자기 나타났다. 사실상 양태론자였던 마르키온은 예수를, 눈으로 볼 수 없는 선하신 하나님이 인간의 형태를 통해서 나타난 것으로 인식하였다.[28]

2. 영 기독론

기독교의 주변부에는 여러 경향들이 존재했지만, 어쨌든 영지주의는 기독교의 주류 전통을 휩쓴 선봉에 서 있었다. 그럼에도 불구하고, 영지주의가 성공하지 못했던 이유는 대체로 예전, 교리문답 교육, 설교 속에서 표현된 신앙의 표준, 즉 하나님의 아들이 진정으로 사람이 되었다는 가르침을 흔들림 없이 고수하였다는 데에 있었다(교회 지도자들이 목회를 놀랍도록 노력하게 수행한 것과는 별개로). 이 기본적인 표준은 기독론과 관련된 초대 교회의 도식이 신약성서에 규정된 내용을 그대로 재현해낼 수 있도록 보장해 주는 역할을 하였다 ─ 사람이자 하나님이며, 육체이자 영인 한 분 그리스도.

이것의 가장 두드러진 예들은 이그나티우스에 의해서 제시되고 있는데, 이단을 반박하는 변증을 펼치다보니 그는 그리스도의 단일성과 그의 이중적인 존재 양태의 실재성을 강조하지 않을 수 없었다. 그는 다음과 같은 균형잡힌 반제(反題)들을 통해서 이러한 진리들을 선포하기를 좋아하였다:[29] "육체와 영으로 이루어진, 낳음을 입었으면서도 낳음을 입지 않은 한 분 의사, 사람의 모습으로 오신 하나님, 죽음 속의 진정한 생명, 마리아로부터 오신 분이자 하나님으로부터 오신 분, 처음에는 고통을 느낄 수 있는 분이었다가 나중에는 고통을 느낄 수 없는 분이 된 우리 주 예수 그리스도가 존재한다." 그는 이렇게 겉보기에 모순적인 경험들의 주체가 나뉨 없는 한 분이라는 사실을 "하나님의 피," "나의 하나님의 고난," "마리아에 의해서 수태된 하나님" 같은 표현들[30]을 사용해서 역설하곤 했는데, 이러한 표현들은 "속성 간의 교류"(*communicatio idiomatum*, ἀντίδοσις ἰδιωμάτων)라는 후대의 교리, 즉 그리스도의 위격의 단일성이라는 관점에서 볼 때에 그리스도의 인간적·신적 속성들, 경험들 등등은 서로 대체될 수 있다는 교리를 이미 예상케 하는 것이었다.

이것이 공인된 정식이었기 때문에, 원래 형태의 기독론은 소박한 양자론적 성향을 띠고 있었다는 한때 널리 제기되었던 주장, 즉 그리스도는 하나님의 은총에 의해서 신으로 승격되었다는 주장은 거의 들어설 자리가 없었다. 어쨌든 제4장에서 보았듯이, 사도 교부들 가운데서는 그리스도에게 선재(先

在)라는 속성을 부여하는 것이 일반적이었고, 심지어 헤르마스[31]조차도 엄격한 의미에서 양자론자라고 하기 힘들었다. 비두니아의 평범한 신자들이 플리니우스(Pliny)에게 고백하고 있듯이,[32] 주후 2세기 초반에 살았던 대다수의 그리스도인들은 해 뜨기 전에 함께 모여서 "하나님에게 및 그리스도에게" 찬양을 드리는 관습이 있었다고 하는 비두니아의 신자들의 신앙과 실천을 공유했던 것으로 보인다. 당시에 가장 지지를 받았고 주후 2세기 이후에도 여전히 어른거렸던 기독론적인 이론(성찰되기 이전의 생각을 이론이라고 불러도 적절하다면)은 영 기독론(Spirit-Christology)으로 지칭될 수 있다. 영 기독론이란 신적인 영이신 선재하는 하나님의 아들이 역사상의 예수 그리스도 안에서 스스로를 인간의 본성과 결합시켰다는 견해이다. 이 견해는 그 밑바탕에 있는 인식에 따라서 여러 다양한 형태를 취할 수 있었다. 그 인식은 어떤 때는 선재하는 그리스도-영이 인간 예수 속에 내주하였다는 것이기도 했고, 어떤 때는 그리스도-영이 실제로 인간이 되었다는 것이기도 했던 것으로 보인다. 바나바서의 저자는 전자의 예를 보여주는데, 하나님의 아들이 육체로 또는 육체의 모양으로 "왔다"거나 "스스로를 나타내었다"라고 말하기도 했고, 그리스도가 희생제물로 드렸던 몸은 "영을 담는 그릇"이었다고 말하기도 했다.[33] 이것보다 한층 더 인상적인 예는 "하나님은 모든 피조물들을 창조했던 거룩하고 선재한 영으로 하여금 하나님 자신이 원했던 육체 속에, 즉 기특하게도 잘 협력하였던 인간 예수 속에 내주하게 하셨다"라는 헤르마스의 이론이었다.[34]

한편 우리가 위에서 인용했던 이그나티우스의 말 속에 나타나 있는 기독론은 두 번째 유형과 분명하게 합치한다. 먼저 초자연적인 질서에 속하였던 (cf. πνευματικός, ἀγέννητος, ἀπαφής 등) 예수는 완전하게 인간이었다. 예수는 "다윗의 씨에서, 그러나 또한 성령으로부터" 태어났다;[35] 그는 "그의 육체에 관한 한 다윗의 씨이지만, 하나님의 뜻과 권능에 따르면 하나님의 아들"이었다.[36] 이러한 접근 방식에 따라서, 클레멘스2서는 "우리를 구원하신 주님 그리스도는 애초에는 영이었다가 나중에 육체가 되었다"라고 분명하게 말한다;[37] 클레멘스1서에서[38] 우리는 그리스도가 "거룩한 영을 통해서" 시편들 속에서 우리에게 말씀하고 있다는 내용을 읽게 된다. 주후 2세기 이후로가 보면, 복되신 동정녀로부터 성육신한 것은 "거룩한 영"이었다는 칼리스투스의 교리[39] 속에는 위에서 말한 것과 동일한 이론이 깔려 있다는 것은 분명한 사실이다. 앞으로 보게 되겠지만, 히폴리투스와 테르툴리아누스도 둘다 영—기독론의 주창자들이었다; 그리고 성육신을 통해서 "하나님의 아들이 동정녀에게 임했고, 거룩한 영으로서 자기 자신을 육체로 옷 입혔다"라고 한 키프리아누스의 말[40]은 이 기독론이 지속되고 있었음을 잘 보여준다.

누가복음 1:35에 대한 거의 한결같은 주석 전통[41]은 마리아에게 임하기로 되어 있었던 "거룩한 영"과 "지극히 높으신 이의 권능"을 삼위일체의 제3위가 아니라 영 또는 말씀으로 선재해 있다가 마리아의 태 속에서 스스로를 성육신하도록 예정되어 있었던 그리스도와 동일시하였다는 것은 주목할 만한 사실이다. 성령 및 동정녀 마리아로부터 태어나신 분(WHO WAS BORN FROM HOLY SPIRIT AND THE VIRGIN MARY)이라는 옛 로마 교회의 신조의 오래된 구절은 예수 그리스도, 즉 역사상의 하나님의 아들이 복된 동정녀의 모태 속에서 신적인 영과 인간의 본성의 결합의 산물이었다는, 앞에서 말한 것과 동일한 사상을 반영하고 있을 가능성이 대단히 높다.

3. 변증가들과 이레나이우스

유스티누스를 제외하고는 기독론과 관련해서 변증가들로부터 얻어낼 수 있는 것은 거의 없다. 변증가들은 로고스에 몰두한 나머지, 복음서의 중심 인물에 대해서는 놀라울 정도로 거의 관심을 갖지 않았다. 타티아누스는 그리스도를 "인간의 모양을 한 하나님"이라고 말한다;[42] 아리스티데스(Aristides)는 영—기독론에 의해서 채색된 언어를 사용해서, "지극히 높으신 하나님의 아들이 거룩한 영으로서($\epsilon \nu$ $\pi \nu \epsilon \acute{\upsilon} \mu \alpha \tau \iota$ $\acute{\alpha} \gamma \acute{\iota} \omega$) 하늘로부터 임하여 동정녀로부터 육체를 취하였다고 우리는 고백한다"라고 분명하게 말하였다.[43] 멜리토(Melito)에게 있어서[44] 그리스도는 "본성상 하나님이자 사람"이었다; 그리스도는 "사람을 입었고," 그의 신적인 요소는 "영"으로 설명된다. 종종 그것과 비슷하긴 하지만, 멜리토는 양태론을 피해서 말씀을 성부로부터 분명하게 구별한다.[45]

유스티누스 자신은 통상적으로 신앙의 표준에 나오는 친숙한 단언들을 재현하는 것으로 만족하였다. 그는 말씀이 동정녀로부터 탄생함으로써 사람이 되었다고 확신한다. 그가 표현하고 있듯이,[46] "이전에 로고스였고, 한때는 불의 모습으로 나타났으며, 한때는 형체가 없는 형태로 나타났던 그리스도는 마침내 하나님의 뜻에 의해서 인간을 위하여 사람이 되었다." 그리스도는 하나님으로서 선재하였고, 동정녀로부터 육체가 되어서, 사람으로 태어났다.[47] 그리스도의 성육신은 살과 피를 입었다는 것을 내포하는 것이고,[48] 유스티누스는 유대인 비판자들에게 걸림돌이 될 것을 알면서도 메시야의 육체적인 고난들의 실재성을 역설한다.[49] 그렇지만, 그리스도는 사실 "하나님이자 사람"이긴 하지만, 말씀으로 존재하기를 멈추지 않았다.[50]

이와 같은 말들은 두 본성의 실재(實在)를 강조하고 있기는 하지만, 그리스도라는 한 위격 안에서 두 본성이 공존하는 방식에 대해서는 그 어떠한 조명도 해주지 않는다. 유스티누스가 암시해주고 있는 유일한 설명은 로고스의 씨앗(λόγος σπερματικός[51])에 관한 그의 가르침에 의해서 시사되고 있는 설명이다. 로고스가 아브라함, 이삭, 모세에게 다양한 형태로 스스로를 나타내었다는 것을 믿는데(그는 구약성서에 나타난 현현 사건들을 염두에 두고 말하고 있다), 로고스가 동정녀를 통해서 사람으로 태어날 수 있었다는 것을 왜 우리가 믿기를 주저하겠는가라고 그는 주장한다.[52] 게다가 로고스는 모든 인간들 속에서 그들이 소유하고 있는 선함과 지식 등을 나누어 주며 활동을 계속해 왔다.[53]

이런 말들을 종합해 볼 때, 유스티누스의 마음속에 있었던 사고는 예수 그리스도 안에서의 로고스의 현존은 비록 정도에 있어서는 훨씬 더 큰 것이긴 하지만 로고스의 이러한 보편적인 현존과 비슷한 것으로 이해되어야 한다는 것인 것처럼 보인다. 그렇지만 그는 이러한 사상을 더 깊이 천착하거나 발전시키지 않고, 어쨌든 말씀이 모든 시대에 있어서 다른 모든 사람들에게 현존해 있었다는 것만을 아무런 설명도 없이 진술해놓는다. 유스티누스는 로고스가 사람들 속에 내주해 있다고 말하기도 하고, 씨앗처럼 사람들 속에 심겨져 있다고 말하기도 하며,[54] 때로는 사람들이 로고스와 함께 살아간다고 말하고,[55] 때로는 사람들이 로고스의 한 몫 또는 분깃을 가지고 있다고 말하기도 한다.[56]

그러나 흔히 이것에 대한 대답을 제시해 주는 것으로 거론되어 온 하나의 결정적인 구절이 있다. 그것은 기독교는 "이성적 원리 전체가 우리 때문에 몸과 로고스와 영혼으로 나타나신 그리스도가 되었기 때문에"(διὰ τοῦ τὸ λογικὸν τὸ ὅλον τὸν φανέτα δι' ἡμᾶς Χριστὸν γεγονέναι, καὶ σῶμα καὶ λόγον καὶ ψυχήν) 그 밖의 다른 모든 사람들의 가르침들보다 명백히 우월하다는 유스티누스의 말이다.[57] 마지막 구절이 담고 있는 함의는 유스티누스는 로고스가 인간 예수 안에서 인간의 이성적 영혼(νοῦς 또는 πνεῦμα)을 대신하는 것으로 보았다는 것임에 틀림없다고 주장되어 왔다. 이러한 해석이 옳다면, 유스티누스는 우리가 나중에 살펴 보게 될 "말씀-육신" 유형의 기독론의 선구자였음에 틀림없다; 그리고 한두 구절을 제외하면, 그는 그리스도의 인간적 영혼에 대해서는 거의 또는 아무런 관심도 보이지 않다는 것도 사실이다. 자신이 살고 있던 환경 속에서 스토아 학파의 영향력들로 인해서 유스티누스는 로고스를 신인(the God-man) 안에서 활동하는 지배 원리(ἡγεμονικόν)로 여겼음에 틀림없다.

다른 한편으로, 이 구절의 전체적인 취지는 그리스도와 통상적인 인간들 간의 차이는 구성에 있어서의 그 어떤 본질적인 상이성(相異性)에 있는 것이 아니라, 로고스가 사람들 속에서는 단편적으로(κατὰ μέρος) 또는 하나의 씨앗으로 활동하고 있는 반면에, 그리스도 안에서는 전체적으로 활동하고 있었다는 사실에 있다는 것이다. 실제로 이것이 그가 의도한 것이었다면, 유스티누스는 로고스가 통상적인 사람들이 소유하고 있었던 영혼을 대신하였다고 아주 솔직하게 말하고 있는 것이 된다. 이러한 관점에서 보면, 위에서 인용한 구절은 그리스도의 인성은 육체는 물론이고 말씀에 의해서 생기가 불어넣어지고 일깨워진 영혼(ψυχή)을 포함한 완전한 것이었다는 유스티누스의 믿음을 증언해 주는 것으로 볼 수 있을 것이다.

사실 유스티누스의 글 속에는 십자가에 못 박힌 그리스도가 자신의 영(πνεῦμα)을 포기했다거나 그리스도가 수난(passion)에 직면했을 때에 가졌던 감정들을 언급하면서 그리스도가 인간의 영혼을 소유하고 있었음을 보여 주는 여러 구절들이 등장한다.[58] 그러나 우리가 검토할 수 있는 증거들이 매우 적기 때문에 여기서 어떤 확실한 결론을 내리기는 어렵다; 그리고 사변들을 통해서 매혹적인 길들이 열린다고 할지라도, 이 문제에 관한 유스티누스의 최종적인 결론이 무엇이었는지는 여전히 불가사의로 남을 수밖에 없다.

이레나이우스는 변증가들에 의해서 영향을 받긴 했지만, 사도 바울과 사도 요한의 직접적인 영향을 훨씬 더 많이 받았다. 기독론에 있어서 그의 접근 방식은 소극적으로는 영지주의 및 가현설에 대한 반대, 적극적으로는 자기 자신 속에 첫째 아담을 비롯한 인류 전체를 포괄하여 인류 전체를 거룩하게 하고 새로운 구속받은 인류를 새롭게 창출해 낸 둘째 아담으로서의 그리스도에 관한 자신의 엄청난 비전에 의해서 형성되었다. 따라서 그는 지겨울 정도로 신인(神人)의 단일성을 역설하고, 천상의 그리스도를 인간 예수로부터 분리하는 영지주의적인 견해를 반박한다.[59]

이레나이우스는 복음서들과 신앙의 표준을 읽고서, 성육신된 것은 바로 영원한 말씀 자신이었다고 믿었다; 그리고 그는 이와 같은 "동일한" 정식[60]을 주 예수 그리스도에게 끊임없이 적용한다. 여기서 그의 동기는 솔직하게 말해서 구원론적인 것이었다; 오직 신적인 말씀이 인간의 생명 속에 완전히 들어왔을 때에만, 구속은 성취될 수 있기 때문이다. 마찬가지로, 가현설에 대항해서 그는 그리스도의 육체적 본성의 실재성을 주장하였다. 그리스도는 "참 하나님"이었고 "참 사람"이었다;[61] 그리스도의 육체가 어떤 측면에서든지 통상적인 인간의 육체와 달랐다면(죄없으심은 제외하고), 그리스도와 첫째 아담 간의 병행은 성립될 수 없었을 것이고, 인간의 죄악된 본성은 하나님과 화해될 수 없었을 것이다.[62] 말씀은 스스로 동정녀의 모태 속에서 자신의 인성을 형성하였다; 왜 말씀이 뭔가 완전히 새로운 실체를 창조하지 않고 그렇게 했느냐고 묻는다면, 그 대답은[63] 구원의 도구가 되어야 할 인성은 구원받아야 할 인성과 동일하지 않으면 안 되었기 때문이라는 것이다.

이와 같이 이레나이우스는 유스티누스보다 한층 더 강력하게, 성육신을 통해서 세상의 창조와 구약에 나타난 현현 사건들 속에서 스스로를 계시하였던 선재하는 로고스가 실제로 인간이 되었다는 견해를 대표하는 인물이었다. 이 두 사람의 차이는 유스티누스는 로고스와 성부 간의 구별에 강조점을 두고 로고스를 "두 번째 하나님"이라고까지 부르고 있는 반면에, 이레나이우스에게 있어서(여기서 그는 이그나티우스의 견해와 유사하다) 로고스는 하나님이 스스로를 나타내시는 형태였다는 것이다. 이레나이우스는 신성과 인성을 각각 "그 하나님"과 "그 사람"으로 지칭하는 습관으로 인해서[64](예를 들면, "그 하나님을 고백함과 아울러 그 사람을 확고하게 받아들인다"), 마치 인성이 말씀과 대비되는 거의 독립적인 위격이라는 것을 말하는 뭔가 다른 기독론이 그 배후에 있지 않느냐는 의심을 받아 왔다. 그러나 이와 같은 표현들은 네스토리우스주의의 초기적인 형태를 보여주는 것이 아니라, 단순히 "신성"과 "인성"을 가리키는 추상적인 용어들이 그에게 없었기 때문에 이레나이우스가 사용할 수밖에 없었던 생생하고 구체적인 표현의 예들일 뿐이다. 두 가지 흥미있는 점들을 여기서 언급해 둘 필요가 있다. 첫째, 이레나이우스가 성육신한 주님이 인간의 이성적 영혼을 지니고 있었다고 생각했는지는 절대적으로 분명한 것은 아니지만(이러한 질문은 당시에는 제기되지 않았었다), 이 문제와 관련된 그의 생각에 관한 한, 그는 실제로 그렇게 보았을 가능성이 대단히 높다. 어쨌든 그는 완전한 인간의 본성은 그러한 영혼을 포함하고 있고, 말씀은 완전한 인간의 본성이 되었다고 확신하였기 때문이다.[65] 둘째, 그의 글들 속에는 그가 신성과 인성의 연합 속에 내포된 문제점들이 있다는 것을 인식하고 있었음을 보여주는 구절들이 존재한다. 예를 들면, 그는 주님이 시험받고 고난받으며 죽었을 때에 말씀은 여전히 침묵했지만($\dot{\eta}\sigma\upsilon\chi\acute{\alpha}\zeta o\nu\tau o\varsigma$), 그 승리와 인내와 부활에 있어서는 인성과 협동하였다($\sigma\upsilon\gamma\gamma\iota\gamma\nu o\mu\acute{\epsilon}\nu o\upsilon \ \tau\hat{\omega} \ \dot{\alpha}\nu\theta\rho\acute{\omega}\pi\omega$)고 분명하게 말한다.[66]

4. 서방 교회의 기여

니케아 이전 시대에 서방 교회는 동방 교회보다 더 신속하게 성숙한 기독론을 정립하였다. 부분적으로 이러한 성공은 서방 교회가 보유하고 있었던 히폴리투스와 테르툴리아누스의 이론들을 이어받은 신학자들 덕분이었다. 우리가 이 절에서 테르툴리아누스를 집중적으로 다루려고 하는 이유는 그가 형성했던 도식이 지속적인 의미를 지니는 것으로 입증되었기 때문이다. 그렇지만 히폴리투스의 기독론에 나타난 몇몇 특징들도 언급해둘 필요가 있다.

첫째, 자신의 스승이었던 이레나이우스와 마찬가지로, 히폴리투스는 "말씀이 육신이 되었다"라는 요한적인 모형에 주목하였다. 그리스도의 인성을 신랑의 의복에 비유하는 등[67] 그의 발언들 중 일부는 얼핏 보기에 로고스가 단순히 외부의 의복으로 인간의 육체를 입었다는 것을 의미하는 것으로 보인다. 또한 이레나이우스와 마찬가지로, 그는 종종 그리스도의 인성을 마치 그것이 독립적인 인격을 구성하고 있는 것인 양 the man이라고 말한다.[68] 그러나 그의 진정한 의도는 "로고스가 육신이 되었고 사람이 되었다," 로고스가 동정녀 속으로 들어가서 그녀로부터 육체를 취하여 "죄를 제외한 인간의 모든 것이 되었다," (가현설주의자들에 대항하여) "로고스는 겉보기나 말하기의 방식에서가 아니라 진정으로 사람이 되었다"는 말들[69] 속에서 드러난다. 사도 요한과 이레나이우스와 마찬가지로, 그는 이성적 영혼이라는 문제를 제기함이 없이 인간 본성 전체를 가리키기 위하여 "육신"이라는 용어를 사용하였고, 그리스도 안에 있는 신적인 요소를 가리킬 때는 "영"이라는 용어를 사용하였다. 둘째, 그는 활동과 표현의 차이를 통해서 입증되는 그리스도 안의 본성의 이중성을 그의 대부분의 선배들보다 더 확고하게 파악하고 있었다. 여러 차례에 걸쳐서 화려한 반립명제들로 가득 차 있는 구절들[70]을 통해서, 그는 인성(그는 이것을 τὰ ἀνθρώπινα라 부른다)의 연약함을 신적 본성의 고상함과 대비시킨다. 셋째, 흥미롭게도 그는 "육신 없이 로고스는 그 자체로 온전한 의미에서의 성자가 아니다 …… 또한 육신은 로고스와는 별개로 그 자체로 실존할(ὑποστᾶναι) 수 없는데, 이는 육신은 로고스의 지지(支持)를 받고 있기(σύστασιν) 때문이다"라고 말한다.[71]

여기서 히폴리투스는 인간 본성이 말씀으로부터 자신의 실존을 가져 왔다는 훨씬 후대의 가르침을 말하고 있는 것이 아니다. 그는 단순히 자기 자신이 잘 알고 있는 견해,[72] 곧 아들됨은 엄밀하게 말해서 성육신으로부터 시작되었다는 견해를 강조하면서, 말씀이 자기 자신의 육체의 창조자였다는 사실을 덧붙이고 있는 것이다. 그러나 그가 '휘포스타나이'(ὑποστᾶναι; ὑπόστασις와 동일 어원에서 나온 말)라는 결정적으로 중요한 용어를 기독론적인 논의 속에 도입한 것과 말씀의 위격은 신인(神人)의 토대였다는 그의 암시는 우리가 주목해야 할 대목이다.

테르툴리아누스의 기독론이 지닌 핵심적인 특징은 그리스도 안에 있는 두 본성을 파악했다는 것이다; 그가 선호했던 용어를 사용하자면, 구주는 "두 본성"으로 구성되었다. 앞에서 우리가 이미 살펴본 대로,[73] 그가 보기에 말씀은 영원 전부터 성부와 함께 있었고, 어쨌든 자신의 출생의 때로부터 구별되는 위격이 되었지만, 본성적으로는 성부와 하나였다. 그러나 말씀은 인간의 구원을 위하여 사람이 되었다. 왜냐하면, 오직 사람이 됨으로써만, 말씀은 우리를 위한 자신의 사역을 이룰 수 있었기 때문이다. 그래서 말씀은 동정녀로부터 태어났다; 하나님의 아들로서 말씀은 지상적인 아버지를 필요로 하지 않았지만, 인간이 되기 위해서는 지상적인 원천을 사용할 필요가 있었다.[74] 따라서 신적인 영이었던(여기서 다시 한 번 우리는 영 기독론[the Spirit-Christology]의 반영을 본다) 말씀은 천사가 수태고지를 통하여 예고했듯이 동정녀 속으로 들어가서 자신의 육체를 그녀로부터 받았다.[75] 출생은 진정한 것이었다; 말씀은 그녀로부터(from) 태어났고, 영지주의자였던 발렌티누스가 주장했듯이, 동정녀 마리아는 말씀이 통과하는(through) 단순한 통로 역할을 한 것이 아니었다.[76] 테르툴리아누스는 이 과정 속에서 동정녀로서 수태했던 마리아는 자신의 처녀성을 상실하였다고 주장하는 데에 조금도 주저하지 않는다.[77] 그리스도의 인성은 모든 점에서 진정한 것이었고,[78] 또한 완전한 것이었다; 그것은 인간의 구성에 필수불가결한 몸과 영혼을 모두 포함하는 것이었다 – 실제로 인간을 구원하려면, 영혼을 덧입는 것이 필수적이었다.[79] 그 결과, 말씀은 굶주림, 목마름, 눈물, 출생, 죽음 같은 "인간적인 고통들"(*passiones humanas*)을 감내하지 않으면 안 되었다.[80] 그러나 그리스도의 형성에 있어서 지배적인 원리는 언제나 말씀이었다; 테르툴리아누스는 "인간을 자기 자신에게로 취하여서"(*suscepit hominem*) "하나님과 인간을 자기 자신 속에서 혼합한" 분은 말씀, 즉 신적인 영이었다는 점을 우리에게 한 점의 의구심도 없이 명확하게 말한다.[81]

예수 그리스도가 "두 본성"으로 구성되어 있다면(cf. *utramque substantiam Christi et carnis et spiritus non negas*[82]), 우리는 이 두 본성 간의 관계에 대해서는 무엇이라고 말해야 하는가? 테르툴리아누스는 이 문제를 처음으로 솔직하게 내놓고 씨름했던 최초의 신학자였다. 그는 이렇게 썼다:[83] "이렇게 해서, 말씀은 육체로 존재하게 되었다. 그러나 이것은 어떻게 말씀이 육체가 되었느냐는 질문을 불러일으킨다. 말하자면, 말씀은 육체로 형체를 바꾼 것인가(*transfiguratus*), 아니면 말씀은 자기 자신을 육체로 옷 입힌 것인가(*indutus carnem*)?" 그는 두 번째 견해를 선택하는 데에 아무런 주저도 하지 않는다. 형체를 바꾸었다는 견해는 생각할 수 없는 것이다. 왜 냐하면, 하나님과 그의 로고스는 정의상 불변하고, 그러한 형체 변화의 결과 는 신성과 인성 모두의 파괴이자 기괴한 "제3의 것"(*tertium quid*), 모종의 혼합물의 출현이 될 것이기 때문이다. 따라서 논리적인 결론은 두 "본성"은 연합된 후에 아무런 변경이나 손상 없이 그대로 지속된다는 것이다. 후대의 정의들을 예상이라도 한 듯이, 테르툴리아누스는 이 두 본성 각각은 자신의 독특한 특질들(*salva est utriusque proprietas substantiae*)과 활동 (*substantiae ambo in statu suo quaeque distincte agebant*)을 보존하면서, 영은 기적들을 일으키며 인성은 고난들을 인내한다고 말할 수 있었다. 그렇 지만 육체가 여전히 육체로 남고 영이 여전히 영으로 남는 가운데(그는 요한 복음 3:6에서 주님이 니고데모에게 하신 말씀을 이것에 대한 성경적인 확증 으로 인용한다), 이 둘 모두는 단일한 주체에게 귀속되어 있다(*in uno plane esse possunt*); 하나님의 아들이자 사람의 아들이었던 그분은 한 분 동일한 위 격이었다.

그는 이렇게 요약한다.[84] "우리는 예수에게서 하나님이자 사람인 한 인격 속에서 혼합되지 않으면서도 결합되어 있는 이중적 상태를 본다."(*videmus duplicem statum, non confusum sed coniunctum, in una persona deum et hominem Iesum*). 우리는 그러한 나뉠 수 없는 인격 속에서 신성과 인성, 신적인 영과 인간적인 육체, 불멸성과 유한성, 강함과 연약함을 나란히 볼 수 있다.[85] 그리스도가 고난받고 죽임을 당하였다고 한다면, 그것은 인간의 "본성"에 의거한 것이다. 하나님은 고난받지 않는다; 양태론자들이 즐겨 말 하였듯이,[86] 영이신 그리스도는 육체와 "함께 고난받을 수 없다." (*compassus*). 십자가 위에서의 절망의 부르짖음은 그리스도의 인간적인 육 체와 영혼으로부터 나온 것이지, 결코 그의 신적인 본성으로부터 나온 것이 아니었다; 우리는 그리스도의 죽음은 그의 신적인 "본성"과 관련된 것이 아 니라 그의 인간적인 "본성"과 관련된 것이었다고 말해야 한다.[87] 따라서 구 주가 자신의 영혼이 고민하여 죽게 되었다고 말하였을 때, 그는 자신의 인간

적인 영혼을 가리키고 있는 것이었다.[88]

　그렇지만 이렇게 세심하게 구별을 했다고 해서, 테르툴리아누스가 "하나님은 자기 자신이 태어나는 것을 허용하셨다," "하나님의 고난들," "하나님은 진정으로 십자가에 못 박히셨고 진정으로 돌아가셨다"[89] ― 후대에 정통적인 신앙으로 여겨지게 된 "속성 간의 교류"(*communicatio idiomatum*)의 전조(前兆)가 되었던 표현 ― 등과 같은 표현들을 사용하지 않았던 것은 아니었다. 한편으로, 그는 인간 예수는 하늘에서 인간적인 육체의 본성과 형태를 손상되지 않은 채로 그대로 보존하였다는 것을 확신하였다.[90] 어떤 경우들에서는 그는 이러한 역설들이 지닌 순전한 부조리성(*certum est quia impossibile*[91])이야말로 그러한 것들이 옳다는 최고의 논거라고 생각한다. 주님의 인간적인 영혼이 행한 역할에 대한 인식과 아울러, 그의 최종적인 입장은 신적인 말씀이 단일한 주체라는 것을 훼손함이 없이 적극적인 원리로서의 인성에 대하여 완전한 활동을 보장해 주는 그런 입장이라고 할 수 있다.

　우리가 예상할 수 있듯이, 노바티아누스는 테르툴리아누스의 사상을 모델로 삼아서 자신의 개념들을 형성하였다. 그의 스승과 마찬가지로, 그는 그리스도는 하나님이자 사람이며, 자기 자신 속에 "두 본성"(*utramque substantiam*)을 결합하여 가지고 있다고 선언한다.[92] 또한 스승과 마찬가지로, 그는 인간적 본성의 실재성을 강조하면서,[93] 영원한 말씀이 인성을 의복으로 덧입었다거나 마치 신랑이 그의 신부와 하나가 되듯이 인성과 하나가 되었다고 묘사한다.[94] 실제로 그는 테르툴리아누스의 경향을 한층 더 진척시켜서 두 본성을 분리시킴으로써, 네스토리우스 이전의 네스토리우스주의자로 비난받아 왔다. 예를 들면, 그는 사람이 하나님과 결합되었다거나 하나님이 사람과 연결되었다는 표현을 사용한다.[95] 또한 누가복음 1:35을 주해하면서, 그는 마리아로부터 태어나게 될 "거룩한 것", 즉 인간 예수와 마리아 위에 임한 신적인 영을 구별한다.[96] 오직 후자만이 엄밀한 의미에서 하나님의 아들이다; 이 후자는 사람의 아들을 "취하여," 그를 자기 자신에게 덧붙임으로써 그를 하나님의 아들로 만들었다. 그러나 우리는 누가복음 본문에 대한 테르툴리아누스의 주석[97]도 이와 비슷했고, 다른 곳에서[98] 단일성에 대한 노바티아누스의 강력한 강조는 그가 두 아들이 순전히 도덕적인 연합 속에서 멍에를 함께 메었다고 생각했다는 의구심을 불식시킨다는 점을 유의해야 한다.

다른 한편으로, 테르툴리아누스와는 아주 날카로운 대비를 이룰 정도로, 그는 분명히 주님의 인성을 완전한 것으로 여기지 않았다는 것은 여전히 사실이다. 그는 주님의 인성을 오로지 "육체" 또는 "몸"으로만 묘사할 뿐만 아니라(그는 테르툴리아누스와 더불어 영지주의자들이 몸을 비하한 것을 반박하기 위하여 이러한 용어들을 강조하여 사용한 것으로 보인다), 그 어디에서도 그리스도의 인간적 영혼 또는 정신을 명확하게 언급하지 않는다. 결정적으로 중요한 것은 그가 주님의 죽음을 그의 몸을 버린 것에 있다고 여겼다는 점이다;[99] 그리스도의 죽음과 우리의 죽음 간의 병행을 이끌어내면서, 그는 통상적인 사람들은 몸과 영혼으로 구성되어 있는 반면에, 그리스도는 육체와 신적인 말씀으로 구성되어 있었다고 분명하게 주장한다.[100]

5. 알렉산드리아 학파

주후 3세기에 알렉산드리아에서는 거기에서 통용되고 있었던 사변적이고 금욕적인 사상의 영향 아래에서 기독론과 관련된 중요한 사상 운동이 진행되고 있었다. 이 운동은 겉보기에는, 그리고 의도에 있어서도 교회의 신앙의 표준과 교리적 전통에 충실하긴 했지만, 헬레니즘화된 전제들을 당연한 것으로 받아들였고, 테르툴리아누스 같은 신학자들보다는 유스티누스 및 변증가들에게 훨씬 더 많은 공감을 가지고 있었다.

우리는 이러한 운동의 발전을 클레멘스에게서 찾아볼 수 있다. 그의 가르침의 상당 부분은 전통적이고 관습적인 패턴과 일치한다. 로고스는 "하늘로부터 우리에게 왔다"고 그는 분명하게 말한다;[101] 주님은 인간의 육체 "속으로 들어오셨거나," 자기 자신을 인간의 육체에 "부가시켰다." 성육신을 통해서 자기 자신을 눈으로 볼 수 있게 만들므로써, 주님은 자기 자신을 낳았다, 즉 자신의 인성을 창조하였다.[102] 따라서 그리스도는 사람이자 하나님이다 – "하나님이자 사람."[103] 그리스도는 "자기 자신을 인간으로 옷 입혔고," "아무런 오점도 없는, 사람의 모양을 한 하나님"[104]으로서 실제로 고난을 당하였다.[105] 클레멘스는 포티우스(Photius)에 의해서 가현설주의자로 비판받았지만,[106] 실제로 가현설주의자가 아니었고, 성육신의 실재성을 옹호하였다;[107] 그러나 그의 말들 중의 다수, 예를 들면 그리스도는 육신적인 고난들을 지닌 통상적인 사람과는 달랐다고 한 말[108]은 가현설적인 냄새를 풍긴다. 그러나 많은 학자들의 의구심에도 불구하고, 그가 인간의 영혼 또는 정신을 신인(神 人)이 가지고 있었다고 생각했다는 것은 확실한 것 같다.[109] 그리스도에 관한 그의 묘사 중에서 문제가 될 만한 요소는 그의 학설이 '아파테이아' (*apatheia*), 즉 고난으로부터의 해방과 관련된 그리스의 금욕적인 이상에 의 해서 채색되어 있었던 것으로부터 발생한다. 클레멘스는 주님의 구성은 "신 적인 권능"에 의해서 지탱되었기 때문에, 주님은 몸을 유지하기 위해 필수적 이었던 욕구들과 영혼에 특유한 욕구들 같은 모든 욕구들로부터 면제되어 있었음에 틀림없다고 확신하였다.[110] 그는 그리스도의 유기적 통일성의 근거 이자 지도적인 원리(스토아 학파적인 표현을 사용하자면, τò ἡγεμονικόν) 는 로고스였다는 견해를 가지고 있었던 것으로 보인다.[111] 사실 그리스도의 "속사람"이었던 것은 바로 이 로고스였다.[112] 그러나 이러한 전제 위에서, 그 리스도의 인간적 영혼은 신적인 말씀의 단순한 복제물이었기 때문에, 클레 멘스가 인간의 영혼이 어떠한 실제적인 역할을 하는 것으로 보았는지를 알 기는 어렵다. 구원론적으로 생각해 볼 때, 예수의 인성은 그의 도식 속에서 신학적인 중요성을 거의 지니고 있지 않았다.

훨씬 더 흥미로운 것은 오리게네스의 학설이었는데, 그 학설의 중심적이고 매우 독창적인 특징은 여기서 분명하게 제시될 수 있다. 그는 이렇게 규정한 다:[113] "우리는 성부의 로고스 자신, 하나님의 지혜 자신이 유대 땅에 출현한 그 사람의 한계들 내에 갇혔다고 믿는다; 아니 더 정확하게 말해서, 하나님 의 지혜가 여자의 모태에 들어갔고, 한 아이로 태어났으며, 우는 아이들처럼 그렇게 울었다." 어떻게 이런 일이 일어난 것인지에 관한 문제를 그는 아주 단순하게 해결하였다. 오리게네스는 인간의 영혼들을 포함한 영적인 존재들 (τὰ λογικά)의 세계가 영원 전부터 선재했다는 믿음을 가지고 있었다;[114] 그 는 이것을 성육신에 대한 열쇠로 사용하였다. 이러한 영혼들 중의 하나, 모 든 점에서 나머지 영혼들과 똑같은 한 인간적 영혼인 사람 예수의 영혼이 되 기로 예정되어 있었던 한 영혼이 애초부터 신비한 헌신 속에서 로고스와 결합되어 있었다; 그 영혼은 사랑과 정의에 대한 갈망으로 불타 있었다.[115] 그 밖의 다른 모든 영혼들은 그들에게 주어진 자유 의지를 잘못 사용함으로써 원래 그들이 붙어 있어야 했던 로고스로부터 떨어져 나갔다;[116] 그러나 이 유일무이한 영혼은 놀랄 만한 관상의 결과로써 로고스와 떨어질 수 없을 정도로 연합되었다.[117] 이러한 연합은 불에 던져져서 새빨갛게 달구어져 불과 하나가 된 쇳덩이와 같이 완전한 것이었다; 그리고 오리게네스는 이 영혼이 로고스와 "한 영"을 이루었다는 성경적인 증거로 고린도전서 6:17을 인용한다.[118] 그러나 이 영혼은 로고스와 붙어 있지만 원래는 몸에 속한 것이기 때문에, 이 영혼은 무한한 말씀과 유한한 인간의 본성 간의 이상적인 만남의 지점이 되었다. 이렇게 해서, 이 영혼이 성령의 역사에 의해서 창조된 순수한 육체를 가지고 복된 동정녀로부터 태어났을 때, 신성과 인성은 서로 뗄래야 뗄 수 없을 정도로 연합되었다. 나아가, 우리가 그를 사람의 아들이라고 말하고 아이로 태어나서 죽었다고 말하는 것이 자연스러운 것과 마찬가지로, 진정으로 하나님의 아들인 그분에 의해서 침투되어 있고 그분과 결합되어 있는 이 영혼을 육체와 하나된 상태로 하나님의 아들, 권능, 지혜로 지칭하는 것도 자연스러운 일이다.[119]

그리스도의 인간적 영혼의 매개적인 역할에 관한 이러한 이론을 토대로 삼아서, 오리게네스는 성육신에 관한 교리를 설명한다(ἐνανθρώπησις:[120] 동사 ἐνανθρωπεῖν은 자주 등장한다). 한편 그는 본성의 이중성을 역설하면서, 그리스도의 인성(ἀνθρωπότης)과 신성(θεότης), "그의 신적이고 인간적인 본성"(φύσις), 심지어 사람으로서의 그의 "위격"(ὑπόστασις)과 독생자로서의 그의 "위격"을 말한다.[121] 시편 72:1을 해석하면서, 그는 "왕"과 "왕의 아들"을 각각 "말씀의 본성(φύσιν)"과 "말씀이 취한 인간," 말씀의 탁월성으로 인하여 말씀이 지배하고 있는 인간을 가리킨다고 설명한다.[122] 이 두 본성은 각각 자신의 특유한 속성들을 보유하고 있다. 예를 들면, "본질에 있어서 여전히 로고스인 로고스는 몸이나 영혼의 경험들 중 그 어느 것도 겪지 않는다";[123] 반면에, 인간적 본성은 통상적인 인간의 운명을 감내하지 않으면 안 된다.[124] "내 영혼이 극히 서글프다"(마 26:38)라거나 "지금 내 영혼이 죽게 되었으니"(요 12:27) 같은 부르짖음들은 그리스도의 인간적 영혼을 가리킨다.[125] 마찬가지로, 우리는 하나님의 아들이 죽었다고 말할 수 있지만, 그러한 죽음은 "어쨌든 죽음을 경험할 수 있었던 그러한 본성과 관련해서만" 의미가 있다는 점이 분명히 되어야 한다.[126]

다른 한편으로, 성육신한 주님은 통일체이다 — 오리게네스가 힘주어서 묘사하고 있듯이,[127] "복합체"(σύνθετον χρῆμα)이다. 복음서는 둘이 아니라 하나라고 말한다고 그는 지적한다;[128] 그리고 그는 두 본성의 관계를 단순한 결합(κοινωνία)이 아니라 인성의 신격화를 가져온 실제적인 연합(ἕνωσις) 또는 혼합(ἀνάκρασις)으로 정의한다.[129] 로고스와 인성은 실제적으로 하나(ἕν[130])인데, 그 이유는 로고스가 과거에 영감과 은혜를 통해서 선지자들 또는 사도들의 영혼에 영향을 미쳤던 것보다 더 친밀한 연합 속에서 그리스도의 인간적 영혼과 실질적으로 하나가 되었기 때문이다.[131]

전통적인 가르침을 자신의 출발점으로 삼아서, 이렇게 오리게네스는 성육신의 존재 근거를 자신의 철학적 관점에서 설명해 낼 수 있었다. 그의 입장을 제대로 바라보기 위해서, 우리는 두 가지 점을 더 살펴볼 필요가 있다. 첫째, 그는 분명히 로고스와 그리스도의 인간적 영혼 간의 통일성이 실재적인 것이라는 것을 제시하고자 했지만, 위에서 간략하게 살펴본 그의 학설은 그렇게 하는 데에 거의 성공을 거두지 못하고 있다. 영혼이 말씀을 사랑하여 붙어 있음으로 해서 이루어진 관계는 아무리 친밀하다고 할지라도, 결국 그것은 정도 차이는 있겠지만 종류에 있어서는 동일한, 성도들이 말씀과 더불어 도달할 수 있는 사랑과 의지의 연합의 특별한 사례 이상일 수는 없다. 그러나 사실 그의 가장 심층적인 곳에 있었던 생각은 신인(the God-man, 그는 성육신한 자에 관한 묘사를 이런 식으로 한 최초의 인물이었다)의 통일성은 로고스 자신에게 있다는 것이었다. 인간의 본성 전체를 구원하고자 한다면 주님은 몸과 아울러 영혼도 취하지 않을 수 없다고 확신했지만,[132] 그는 영혼이 전적으로 로고스에 종속되어 있다고 생각하였다. 앞에서 보았듯이, 그리스도 안에서 주도적이었던(cf. προηγουμένη) 것은 로고스의 본성이었다; 그리고 그의 생각은 로고스가 내재하여서 인성을 지도한다는 것이었다.[133] 그가 보기에, 인간의 영혼은 신적인 지혜, 선하심, 진리, 생명으로 가득 채워져 있고, 그러한 것들에 의해서 사로잡혀 있다.[134] 그러므로 오리게네스가 이 문제를 보았듯이, 말씀은 사실상 그리스도 안에서의 '헤게모니콘'(ἡγεμονικόν), 즉 지배적인 원리로서의 역할을 담당하고 있었다.

두 번째 내용은 더 큰 쟁점들을 불러일으킨다. 성육신 자체는 실제로 오리게네스의 사상 체계의 논리 바깥에 있었다는 것을 우리는 알아야 한다. 오리게네스는 성육신에 한 자리를 배정하긴 했지만 하나님의 계시된 말씀과 교회의 전통에 대한 충성심으로 인해서 인간 본성에 대한 성자의 참여를 영속적이거나 본질적인 것으로 여기지 않았다. 낮은 수준의 평범한 그리스도인들만이 그리스도의 인성에 집착할 뿐이고, 진정으로 신령한 자들, 즉 진정한 영적 진보와 통찰을 이룬 사람들은 영혼이 원래 떨어져 나왔던 로고스, 즉 영혼의 참 생명을 향하여 위로 올라가려고 애쓴다고 그는 가르쳤다.[135] 유일하게 참되신 하나님, 즉 말로 표현할 수 없는 성부와 인간을 이어준 중보자는 신인(神人)인 예수 그리스도가 아니라 출생되지 않은 하나님과 피조물들 사이의 간격을 메워주는 말씀이다.[136] 따라서 우리는 예수가 자신이 원할 때마다 자신의 몸을 변화시킬 수 있었고, 예수의 몸은 그 밖의 다른 사람들의 몸보다 "더 신적인" 것이었다는 말을 들을 때에 놀랄 필요가 없다.[137] 실제로 예수의 몸은 말씀의 신성을 공유하고 있었고, 절대적으로 실재하는 것이었지만(오리게네스는 가현설주의자가 되기를 원치 않았다[138]), 하나님 같은 천상적인 특질을 지니고 있었다.[139] 부활을 통해서 그리스도의 인간적 본성의 신성화가 실제로 시작되었고, 그리스도의 몸은 자연적인 육체와 몸의 결박으로부터 해방된 영혼 사이의 중간 정도의 것이 되었다;[140] 그리스도인들은 "구주는 사람이었지만, 그는 이제 더 이상 사람이 아니다"라고 말할 수 있다.[141] 사람의 아들의 승귀(exaltation)는 그가 로고스 아닌 다른 것이기를 멈추고, 로고스와 하나가 되었다는 데에 있다.[142]

6. 오리게네스 이후의 동방 교회

우리는 주후 3세기 후반에 있어서의 기독론의 발전에 관하여 거의 아는 게 없긴 하지만, 우리가 갖고 있는 증거들은 오리게네스의 전반적인 개념 틀이 강력한 영향력을 행사하고 있었지만 오리게네스의 사상 체계 중에서 가장 특징적인 명제, 즉 그리스도의 인간적 영혼은 영원한 말씀과 인성이 만나서 결합되는 지점이라는 명제에 대한 광범위한 반발이 퍼져 있었다는 것을 시사해 준다. 우리는 이미 서방 교회에서 노바티아누스는 테르툴리아누스의 충실한 제자였지만 그리스도의 인간적 구성 속에 이성적 영혼을 포함시킴에 있어서는 그의 스승을 따르기를 거부했다는 것을 살펴본 바 있다. 동방 교회에서 이와 비슷한 거부의 움직임이 나타나고 있던 것과 거의 동일한 시기에 일어난 노바티아누스의 이러한 거부는 전체 교회의 두 진영(동방과 서방) 간의 사상 교류로부터 초래되었을 가능성이 대단히 높다. 어쨌든 동방 교회에서 영혼들의 선재에 관한 오리게네스의 가르침에 대한 적대감과는 별개로 이러한 움직임의 주된 동기는 신인 속에 진정한 인간의 정신이 존재했다는 것을 인정하게 되면 논리적으로 그리스도의 통일성이 파괴되는 것이 아닌가 하는 점증하는 의구심 때문이었던 것으로 보인다.

이러한 반발의 한 예로서 학자들은 흔히 주후 268년에 안디옥에서 사모사타의 파울루스를 출교했던 주교들, 특히 그들의 유능한 대변인이었던 주교 말키온(Malchion: 마르키온과 다른 인물)이 제시한 견해들을 든다. 이 견해들은 당시의 교회회의의 기록들의 잔존하는 단편들로부터 재구성될 수 있다고 주장되는데,[143] 이 단편들은 주교들이 그리스도를 구분하는 파울루스의 "구분적인"(divisive) 기독론에 반대하여 말씀과 인간 예수의 절대적인 통일성, 참여 또는 은혜의 통일성이 아니라 실체(또는 본질)의 통일성이라는 개념을 제시한 것으로 묘사하고 있다. 이런 일이 어떻게 일어날 수 있는가라고 우리가 묻는다면, 이 단편들의 대답은 놀랍고도 중요하다. 거기에 참여했던 주교들은 오리게네스주의자들이었지만, 그들에게서는 더 이상 그리스도의 인간적 영혼과 로고스의 친밀한 밀착에 관한 오리게네스의 이론은 그 어디에서도 찾아볼 수 없다.

이와는 반대로, 말키온과 주교들에 의해서 제기된 것으로 보이는 설명은 그리스도의 인성은 인간적 영혼을 전혀 포함하지 않고 있었고, 그리스도의 구성 속에서 인간적 영혼의 모든 기능들은 성육신된 말씀에 의해서 수행되었다는 것을 함축하고 있다. 이 점은 그들이 말했다고 전해지는 진술,[144] 신인(神人)은 통상적인 사람이 복합적인 것과 동일한 방식으로 복합적인 존재(σύνθετον ζῷον)였다는 진술 속에 아주 분명하게 나타나 있다; 통상적인 인간의 통일성이 육체와 육체 속에 내재하는 "그 밖의 다른 무엇"(분명히 더 차원이 높은 영혼 또는 정신)의 합류(σύνοδος)로부터 생겨나는 것과 마찬가지로, 주님의 통일성은 신적인 말씀과 그가 동정녀로부터 취한 육체의 결합으로부터 생겨난다. 따라서 그들은 이렇게 말할 수 있었다:[145] "우리는 그리스도의 구성과 우리의 구성 사이의 오직 한 가지 차이점, 잘 알다시피 매우 중요한 하나의 차이점, 즉 속사람(ὁ ἔσω ἄνθρωπος)이 우리 속에 있는 것처럼 신적인 로고스가 그리스도 안에 있다는 것을 인정한다." 그들이 말한 "속사람"은 분명히 더 차원 높은 영혼 또는 정신을 가리키는 것으로써, 이 설명에 의하면, 그들은 성육신한 자의 구조 속에서 속사람을 말씀으로 대체함으로써 사모사타의 파울루스가 말씀을 "인간"으로부터 분리한 것에 맞서서 그리스도의 통일성을 지키고자 하였다.

불행히도 이러한 단편들의 신뢰성은 심각한 의심을 받고 있다. 예를 들면, 파울루스와 말키온 간의 논쟁은 주후 5세기에 간행된 기독론 선집에 이르러서야 비로소 등장하기 시작한다; 또한 신인의 존재론적 구조가 주후 3세기의 60년대에 있었던 성숙하고 상세한 논의의 주제가 되었다는 것도 거의 믿기 힘들다. 게다가 말키온이 주장하였다고 하는 견해들은 아폴리나리우스의 견해들과 상당히 유사하기 때문에, 전체적으로 보아서, 이 단편들은 그 밖의 다른 유사한 위조품들과 마찬가지로 주후 4세기의 아폴리나리우스 진영에서 유래했을 가능성이 있다.

그리스도의 인간적 영혼에 관한 오리게네스의 가르침이 주후 3세기 말의 수십 년 동안에 공격을 받고 있었다는 더 믿을 만한 증거들은 가이사랴의 팜필루스(Pamphilus of Caesarea)가 주후 308년과 310년 사이에 간행했던 이 위대한 교사를 위한 변증 속에서 찾아볼 수 있다. 이 변증 속에는 오리게네스가 아르테마스(Artemas) 및 사모사타의 파울루스의 견해와 비슷한 양자론적인 견해들을 주장하고 있었고, 심지어 두 그리스도(two Christs)를 전파했다는 비난을 받고 있었다는 것이 드러난다.[146] 오리게네스를 비판한 자들은 분명히 이러한 오류들이 신인이 인간적 영혼을 소유하고 있었다는 오리게네스의 주장의 논리적인 결과물이라고 생각했던 것으로 보인다. 왜냐하면, 팜필루스가 오리게네스를 옹호하면서, 성경의 증거로 보건대 그리스도 자신이 몇몇 경우들에 있어서 자신의 영혼을 간접적으로 언급한 것을 보면 오리게네스의 이러한 주장에는 전혀 잘못된 것이 없다는 논지를 펴고 있기 때문이다.[147]

그러나 오리게네스의 독특한 사상들에 대한 포기가 가장 두드러지게 드러나는 것은 한때 오리게네스를 열렬히 신봉하였던 가이사랴의 유세비우스에게서이다. 전체적인 개요에 있어서 그의 기독론은 그의 스승의 기독론을 반영하고 있고, 그의 스승과 마찬가지로, 그도 성육신을 하나님과 피조물 간의 매개자로서의 말씀의 기능의 절정으로 여겼다. 그러나 말씀과 그리스도의 육체 간의 연합의 지점으로서의 영혼에 관한 사상은 흔적도 없이 사라져 버렸다. 그리고 도리어 말씀의 역할은 신인의 구성 속에서 영혼의 지위를 대신하는 것이라고 그는 말한다. 이렇게 해서, 유세비우스는 아주 명시적으로 말씀이 성육신한 자의 육체 속에 내재해서 "영혼과 같이 그 육체를 움직인다"라고 말하였다;[148] 육체는 그리스도의 "유형적 도구"였다. 그가 그리스도의 인간적 영혼을 가리키는 성경의 표현을 사용한다고 해도, 그는 그것을 실제적인 인간적 영혼이 아니라 그 영혼을 대신하고 있는 것, 즉 영원한 말씀을 의미하는 것으로 해석한다. 따라서 그는 귀신들이 "구주의 영혼에 대하여" 공격을 감행했을 때에 그들이 범한 실수는 그리스도의 몸 속에 내주하는 영혼이 통상적인 인간의 영혼이었다고 생각한 데에 있었다고 설명한다.[149] 또한 그는 그리스도의 죽음을 무덤에 묻힌 그리스도의 육체로부터 말씀이 떠난 것이라고 이해한다.[150] 이와 동시에, 그는 말씀-육신 도식의 기독론을 채택하면서도, 말씀의 초월성을 보존하기 위하여 주의깊게 육체와 말씀의 일체성을 최소한으로 축소시켜서, 육체의 경험들(출생, 고난, 죽음 등등)이 말씀에 영향을 미치지 않았다고 역설한다.

이러한 사상들이 그 밖의 다른 문제들에 있어서는 오리게네스주의에 공감하고 있었던 진영들 속에서 전면에 부각되었다는 것을 생각하면, 오리게네스의 주문(呪文)에 덜 걸려 있었던 신학자들은 기독론적인 문제에 대한 오리게네스의 해법으로부터 탈피하는 데에 아무런 거리낌도 없었다는 것은 결코 이상한 일이 아니다.

올림푸스의 메토디우스(Methodius of Olympus, 311년에 죽음)가 그 좋은 예인데, 실제로 그는 그 저작들이 우리에게 전해져 내려오는 인물들 중에서 이 범주에 드는 유일한 신학자이다. 성육신에 대하여 말하면서, 그는 하나님의 아들은 "진정으로 사람이 되었다," 심지어 "사람을 취했다"라고까지 분명하게 말한다;[151] 그는 성육신한 자를 "혼합되지 않고 완전한 신성으로 가득 찬 사람, 사람 속에 담겨진 하나님"이라고 설명한다.[152] 이러한 구절들은 그가 주님의 인성을 "도구"(ὄργανον)라고 지칭한 것과 마찬가지로[153] 오리게네스적인 냄새를 풍긴다. 그러나 우리는 그가 자신이 한 말들의 의미를 더 정확하게 정의할 때에 그는 사람이 아닌 천상의 그리스도가 사람이 된 것은 육체를 취했기 때문이라고 단언한다는 것을 유의하여야 한다.[154] 사실 그의 주요한 기독론적인 진술들[155]은 신인 속에는 오직 두 가지 요소, 즉 말씀과 육체만이 복합되어 있었다는 뜻을 함축하고 있다. 성육신의 효과는 몸이 기적적인 방식으로 로고스를 담는 그릇이 되었다는 것이라고 그는 분명하게 말한다;[156] 그리고 그리스도의 흠 없는 육체를 아가서에 나오는 신부와 동일시하면서, 그는 말씀을 신부에 대한 지극한 사랑으로 인해서 성부를 포기하고 이 땅에 내려와서 가장 친밀한 연합 속에서 신부와 결합한 것으로 묘사한다.[157] 메토디우스는 인간의 본성이 몸과 영혼으로 구성되어 있고, 인간 속의 불멸의 요소인 영혼은 말씀을 정점으로 한 지성(知性)들의 질서에 속한다고 주장한 이원론자[158]였다는 점을 염두에 둘 때, 우리는 그도 역시 "말씀-육신" 유형의 기독론, 즉 말씀이 신인의 구조 속에서 인간적 정신 또는 영혼의 지위를 대신하였다고 가르치는 기독론의 지지자였다는 결론을 피할 수 없다.

제 7 장

인간과 구속(救贖)

1. 속사도시대

구원과 관련된 성육신의 효과들에 관한 교회의 사상들의 발전은 오랜 세월에 걸쳐 진행된 느린 과정이었다. 실제로 그리스도를 통한 구속에 관한 확신은 언제나 기독교 신앙을 움직인 원동력이었지만, 구속을 얻는 방식에 관한 최종적이고도 보편적으로 받아들여질 수 있는 정의는 오늘날까지 정식화되지 못해 왔다. 따라서 주후 2세기의 기독교 속에서 이 교리에 관한 그 어떤 체계적인 서술을 찾고자 하는 것은 쓸데없는 일이다. 사도 교부들이 그리스도의 사역에 대하여 여러 번 언급하고 있다는 것은 사실이다. 그러나 대부분 그들은 교리문답 교육에서 행해진 상투적인 문구들을 반복하고 있을 뿐이기 때문에, 그들이 말하고 있는 것은 설명이라기보다는 단순한 단정이라는 냄새가 난다. 인간이 죄악되고 무지하며 참 생명을 필요로 한다는 것을 당연한 것으로 받아들였지만, 그들은 결코 인간의 비참한 곤경을 설명하고자 시도하지는 않았다.

"범죄는 뱀으로 말미암아 하와 속에서 자행되었다고 할 때"라는 바나바서의 저자의 말 속에서[1] 오직 한 번 우리는 창세기 3장에 나오는 타락 이야기에 대한 간접적인 인용처럼 보이는 대목을 만나게 된다: 하지만 이 저자는 다른 곳에서[2] 아이들의 영혼은 전혀 죄가 없다고 주장하고 있다는 것을 우리는 유의하여야 한다. 또한 헤르마스는 악의 기원, 즉 인간의 마음속에 악한 생각이나 욕구(랍비들이 "예체르 하라아"라고 불렀던 것)가 존재한다는 랍비들의 이론을 말하고 있는 유일한 증인이다.[3] 마찬가지로, 사도 교부들은 그리스도에 의해서 수여된 온갖 종류의 유익(은택)들을 열거하면서도, 그 어디에서도 구원의 이론적 근거를 개략적으로 설명하고자 하는 시도나 구원과 관련된 주요한 사상들을 서술하지 않는다.

그들의 발언을 분석해 보면, 우리는 그들의 주된 강조점이 그리스도가 우리에게 나누어 준 것 — 새로운 지식, 새 생명, 불멸성 등등 — 에 두어져 있다는 것을 발견하게 된다. 예를 들면, 『디다케』는 하나님이 "그의 종 예수로 말미암아"(흔히 반복되는 이 정형 문구는 그리스도의 인성이 지닌 중보자적 역할에 관한 더 상세한 교리를 암시하고 있다) 나타내신 "생명과 지식에 대하여," 또는 "지식, 신앙, 불멸에 대하여" 하나님께 감사한다는 내용에 국한되어 있다.[4] 클레멘스1서에 의하면,[5] 우리는 그리스도로 말미암아 하늘을 바라보고 "불멸의 지식을 맛본다." 그리스도로 말미암아 하나님은 "우리를 어둠에서 빛으로, 무지에서 그의 이름의 영광에 관한 지식으로 불러내셨다."[6] 그리스도는 우리를 오류의 어둠으로부터 구출하였다;[7] 지금 그리스도인들이 된 사람들은 그리스도로부터 받은 비침(enlightenment)으로 인해서 우상 숭배를 버렸다.[8] 그리스도는 참 하나님을 계시할 뿐만 아니라 하나님의 법을 우리에게 알게 하신다고 헤르마스는 말한다;[9] 실제로, "이 법은 바로 세상의 종말 때까지 전파될 하나님의 아들이다."

이러한 그리스도의 고난과 죽음은 주로 순종과 자기 포기의 사랑의 모범들로 제시된다.[10] 나아가, 그리스도는 "하나님이 우리에게 진리와 천상의 생명을 계시하기 위하여 보내신 구주이자 불멸의 왕"이다.[11] 그리스도께서 인내하신 목적은 사망을 폐하고 죽은 자들로부터의 부활을 보여주기 위한 것이었다고 바나바서는 말한다.[12] 강력한 그리스도 신비주의를 보여주는 이그나티우스에게 있어서, 구원의 핵심은 새 생명과 불멸성이 우리에게 흘러 들어오게 해 주는 그리스도와의 연합에 있었던 것으로 보인다. 그리스도는 우리 안에 내주하기 때문에, 우리는 그의 성전이 된다.[13] 그런 까닭에, 그리스도는 "우리의 참 생명," "우리의 분리될 수 없는 생명"이다;[14] 그리스도의 죽음을 믿음으로써, 우리는 사망을 피하게 된다.[15]

그러나 이와 같은 사상들과 아울러서, 이것들과는 좀 다른 경향이 사도 교부들 속에서 감지된다. 그것은 주님의 수난, 죽음, 부활에 관한 것으로서, 그리스도는 우리를 위하여 고난당하였다고 단언한다. 그리스도의 피는 "우리를 위해서 주어졌다"고 클레멘스는 분명하게 말한다;[16] 또한 "그리스도가 우리를 위하여 자신의 피를 주었고, 우리의 육체를 위하여 자신의 육체를, 우리의 영혼들을 위하여 자신의 영혼을 준" 것은 그의 사랑 때문이었다. 그리스도는 우리를 위하여 죽었다가 다시 살아나셨다고 이그나티우스와 폴리카르푸스는 둘 다 분명하게 선언한다.[17] 또한 이그나티우스는 "우리는 하나님의 피로 말미암아 생명을 되찾게 되었다"고 주장하고,[18] 폴리카르푸스는 "그리스도는 우리로 하여금 그 안에서 살도록 하기 위하여 우리로 말미암아 그의 모든 고난들을 겪으셨다"고 주장한다.[19] 종종 죄사함에 관한 묘사도 등장하는데, 바나바서의 저자는 주님이 자신의 육체를 죽음에 내주신 것은 "우리로 하여금 그의 흘리신 피로 말미암아 죄사함을 받아서 깨끗하게 되도록 하기 위한 것이었다"고 말할 수 있었다.[20]

그러나 더 자주 제시된 주장은 그리스도의 고난은 우리에게 회개하라는 도전이었다는 것이다. 따라서 클레멘스2서의 저자는 그리스도의 고난을 회상한 후에 "그렇다면 우리는 그리스도께 어떤 보답을 해야 하나?"라고 탄식한다.[21] 클레멘스 자신도 독자들에게 그리스도의 피를 바라보고 그 피가 성부에게 얼마나 소중했는지를 살펴보라고 권한 후에, 그 피뿌림이 세상에 회개의 은혜를 가져다 주었다는 말을 덧붙인다.[22] 그렇지만, 그는 신자들이 주님의 피로 말미암아 구속(λύτρωσις)을 얻고, 그리스도의 생명이 우리 때문에 희생되었다는 것을 알고 있었다.[23] 그러나 오직 바나바서의 저자만은 그리스도는 자신의 몸을 우리의 죄를 위한 희생제물로 드렸다고 분명하게 말하면서,[24] 이삭의 희생제사를 그 원형(原型)으로 제시하는 등, 그리스도의 수난을 분명하게 희생제사적인 관점에서 해석하고 있다.

사도 교부들은 전체적으로 신약성서와 비교해 볼 때에 죄 문제에 크게 관심을 쏟지 않았고, 따라서 그들의 글들은 속죄 개념이 현저하게 약화된 모습을 보여준다는 것이 인정되어야 할 것이다. 사도 교부들은 그리스도가 우리를 위하여 죽으셨다는 것을 확신하고 있었지만(흔히 정형 문구의 반복은 관습적인 냄새를 풍긴다), 그리스도의 죽음이 지닌 속죄적 가치에 대해서 별 관심을 갖지 않았다. 그들의 생각 속에서 훨씬 더 크게 자리잡고 있었던 것은 율법 수여자, 지식, 불멸, 하나님과의 교제의 수여자로서의 그리스도상(像)이었다. 예를 들면, 클레멘스2서에 있어서[25] 구원과 관련된 그리스도의 의미는 장래의 의로운 심판자로서의 그리스도의 역할에 있었다; 그리스도가 자신의 지상적인 삶 속에서 수행하였던 것은 단순히 그러한 구원을 전파함으로써 사람들을 부르는 것이었다. 이것에 비추어 볼 때, 우리는 나중에 전통적인 기독교 사상의 특징을 이루게 된 기독론과 구원론의 밀접한 논리적인 연관성이 사도 교부들 속에서는 존재하지 않았다는 것에 대하여 별로 놀랄 필요가 없다.

이그나티우스는 그 예외로서 그리스도는 "유일무이한 의사"이고, 그리스도의 십자가는 생명과 구원을 수여하며, 인간의 형상을 취함으로써 그리스도는 죄와 사망을 폐하였다고 가르친다.[26] 그러나 그 밖의 다른 사도 교부들 속에서는, 심지어 클레멘스와 바나바서의 저자에게서도, 우리는 그리스도가 인간의 본성을 취함으로써 새 생명이 타락한 인류에게 주입되는 일이 가능해졌다는 진리에 대한 진정한 인식을 만날 수 없다.

2. 변증가들

변증가들을 들여다보면, 분위기에 있어서 상당한 변화가 감지되는데, 그들에게서 명확한 인간론 또는 인간에 관한 교리의 개요들이 형성되기 시작한다. 인간의 본성에 관한 그들의 전체적인 견해는 이분법적인 것이었다. 즉, 그들은 인간의 본성이 두 가지 요소, 즉 몸($\sigma\hat{\omega}\mu\alpha$)과 영혼($\psi\nu\chi\acute{\eta}$ 또는 $\pi\nu\epsilon\hat{\upsilon}\mu\alpha$)으로 구성되어 있다고 생각하였다. 그리고 그들은 한결같이 인간은 자유 의지를 수여받았다고 말한다. 우리는 태어남에 있어서는 그 어떤 선택권도 가지고 있지 않지만, 하나님이 우리에게 주신 이성적인 능력들 덕분에 하나님께 열납될 만한 방식으로 살 것이냐, 그렇지 않을 것이냐를 선택할 수 있는 자유 의지를 가지고 있다고 유스티누스는 주장한다.[27] 그 결과, 우리는 이성적인 존재이기 때문에, 우리가 잘못을 저지를 때에 하나님이 보시기에 변명할 수 없다.[28] 아테나고라스, 테오필루스, 타티아누스도 사람이 선을 행할 것인지 또는 악을 행함으로써 그러한 결정에 수반되는 온갖 재앙스러운 결과들을 감내할 것인지를 선택할 수 있는 능력이 인간 속에 있다는 데에 동

의한다.[29)]

유스티누스는 스토아 학파의 운명론[30)]에 맞서서($\kappa \alpha \theta$' $\epsilon i \mu \alpha \rho \mu \acute{\epsilon} \nu \eta \varsigma$ $\dot{\alpha} \nu \acute{\alpha} \gamma \kappa \eta \nu$) 인간의 책임론을 전개한다.[31)] 하나님의 미리 아심을 전제하는 예언에 대한 기독교적인 믿음은 자유 의지와 모순되는 것처럼 보일지도 모르지만, 하나님은 사람들의 행위를 예정해 놓는다기 보다는 사람들이 그들의 자유 의지에 따라 어떻게 행할지를 예지하고, 또한 사전에 그의 예언자들을 통해서 그것을 알리신다고 유스티누스는 반박한다.[32)] 유스티누스가 보기에, 죄는 "무엇이 선(善)인가에 대한 잘못된 신념과 무지"($\psi \epsilon \upsilon \delta o \delta o \xi \acute{\iota} \alpha$ $\kappa \alpha \grave{\iota}$ $\ddot{\alpha} \gamma \nu o \iota \alpha$ $\tau \hat{\omega} \nu$ $\kappa \alpha \lambda \hat{\omega} \nu$), 그리고 그 결과로서 하나님의 계명들에 대한 반역에 있었다.[33)]

그렇다면 악과 죄는 어떻게 생겨나는가? 유스티누스는 신명기 27:26("이 율법의 말씀을 실행하지 아니하는 자는 저주를 받을 것이라")을 인용해서 하나님의 규례들을 범함으로써 인류 전체가 저주 아래 놓이게 되었다고 단언한다.[34)] 유스티누스와 변증가들에게 아주 일관되게 매력적이었던 이론[35)]은 타락한 천사들과 사람의 딸들이 결합한 결과로 생겨난 악의적인 귀신들이 바로 악과 죄의 근원이라는 것이다. 그들은 도처에서 떼를 지어 몰려 다니면서 사람들의 영혼과 육신을 사로잡고, 악덕과 부패로 감염시켜 왔다. 유스티누스는 어떤 대목에서는[36)] 창세기 3장에 기록된 뱀의 행위와 인류의 현재의 죄악된 상태 간의 연관성을 전제하는 것처럼 보이고, 또 다른 대목에서는[37)] "인류는 아담의 때로부터 사망과 뱀의 속임수 아래에서 타락해 왔다"고 말한다. 그러나 후자의 문맥 속에서 그는 "각 사람이 자기 자신의 잘못으로 말미암아 죄를 범하였다"고 명시적으로 말한다.

다른 곳에서[38)] 그는 하와와 복된 동정녀 간의 병행을 들면서, 다음과 같은 이론을 전개한다: 그리스도는 "뱀으로부터 유래한 불순종이 발생했던 동일한 방식으로 불순종이 폐지될 수 있도록 하기 위하여 우리의 동정녀로부터 사람이 되셨다. 하와는 아직 더럽혀지지 않은 동정녀였을 때에 뱀의 말을 잉태하여 불순종과 사망을 낳았다." 그러나 이러한 말의 밑바닥에 놓여 있는 주장은 마귀의 감언이설에 속아 넘어간 아담과 하와의 죄가 바로 우리의 죄의 원형(原型)이라는 것이다. 따라서 그는 시편 82:7("그러나 너희는 사람처럼 죽으며 고관의 하나 같이 넘어지리로다")을 인간은 아담과 하와가 그랬던 것과 동일한 방식으로 죽고 사탄과 동일한 방식으로 넘어진다는 것을 의미하는 것으로 해석한다.[39] 공동체적인 죄의식이라는 개념과 가장 근접한 그의 진술(그리고 여기에서조차도 후대의 의미에서의 원죄는 배제된다)은 우리는 우리 자신의 지식과 동의 없이 태어나서 우리의 환경에 의해서 악한 방식들로 양육받아 왔고 이런 의미에서 "필연의 자녀들"이라고 불릴 수 있다는 그의 단언이다.[40]

타티아누스와 테오필루스가 이 주제에 할당한 서술은 더 상세하고 정확하다. 인간은 선하게 창조된 것이 아니라 선을 행할 수 있도록 창조되었다는 전제로부터 출발해서, 타티아누스는 인간이 "나머지 천사들보다 더 교묘했던" 한 천사에게 빌붙어서 그 천사를 하나님으로 숭배함으로써 죄에 빠져들었다고 분명하게 말한다.[41] 그 결과, 성령의 지도가 거두어졌고, 비록 자기 결정의 능력이 완전히 소멸된 것은 아니었지만(타티아누스는 인간의 자기 책임성에 대한 확고한 신봉자였다), 인간은 그 이후로 귀신들의 공격의 희생물이 되었다.

또한 테오필루스에 의하면,[42] 원래 창조된 대로의 인간은 유한하지도 불멸하지도 않았고, 두 가지 가능성을 모두 지니고 있었다; 인간의 운명은 그가 어떻게 자신의 자유 의지를 행사하느냐에 달려 있었다. 그의 표현에 의하면, 아담은 유아적이었고 덜 발달되어 있었는데, 실제로 이것이 바로 하나님께서 아담에게 지식의 습득을 금하신 이유였다. 만약 계속해서 순종하는 상태로 만족했었더라면, 아담은 불멸의 존재가 되었을 것이지만, 그는 불순종했고, 그 결과로 죽을 수밖에 없는 존재가 되었다. 인류에게 닥친 온갖 육체적인 재앙들은 바로 그러한 불순종의 행위와 그것에 수반된 낙원으로부터의 추방으로까지 거슬러 올라간다.

그러므로 유스티누스와 마찬가지로, 이 두 사람은 죄와 사망이 세상에 들어온 것을 아담의 불순종의 행위와 연결시키고 있는 바울의 가르침을 받아들이는 것처럼 보인다; 그러나 이 두 사람 중 어느 쪽도 유스티누스와 마찬가지로 아담의 불순종의 행위를 인류의 불순종의 한 유형 이상으로 보지 않는다 ― 물론 그 결과들은 아담의 자손들이 노동, 고통, 죽음, 그리고 물론 악한 영들의 힘에 종속되어 있는 상태를 통해서 여전히 지속되고 있지만.

그리스도의 오심이 타락한 인간에게 어떠한 효과를 가져다 주었는가를 변증가들에게 묻는다면, 우리는 오직 유스티누스만이 대답다운 대답을 제시하고 있다는 것과 이 주제에 관한 그의 생각조차도 모호함으로 가득 차 있다는 것을 발견하게 된다. 유스티누스가 철학자로서 성육신을 바라보았을 때, 의심할 여지 없이 성육신의 주된 목적은 교훈적인 것이었다. 인간은 진리를 망각하고 귀신들에 의해서 무지와 적극적인 잘못으로 유인되었기 때문에 그들이 잃어버렸던 빛을 회복할 필요를 절실하게 느끼게 된다. "새로운 율법 수여자"[43] 또는 "영원하고 최종적인 법, 모든 율법들과 계명들을 대체하는 신실한 언약"[44]이신 그리스도는 이러한 구원의 지식을 나누어 준다. 사실 로고스가 사람이 된 것은 그러한 조명(照明), 특히 하나님이 한 분이시라는 깨달음과 도덕법에 대한 믿음을 수여하고, 그것을 통해서 사람들을 회복시키기 위한 것이었다.[45] 우리는 이미 사도 교부들 사이에서 계몽(enlightenment)으로서의 구속 개념이 널리 퍼져 있었다는 것을 살펴본 바 있다. 이 개념은 변증가들에게서 다시 등장하지만, 그들의 로고스론에 확고하고 합리적인 토대가 주어졌다.

그리스도는 단순히 새로운 지식을 나누어 주는 것이 아니라는 점을 우리는 눈여겨 보아야 한다; 이와 동시에, 그는 사람들을 어그러진 길로 이끄는 귀신들의 주문을 깬다. 하나님은 자신의 의지에 따라서 고난받기를 선택한 그리스도로 말미암아서 정사와 권세들을 최종적으로 멸하셨다고 유스티누스는 말한다;[46] 십자가 사건은 "아담의 범죄를 부추겼던 뱀의 권세를 분쇄하였다." 성육신의 목적은 최초의 죄를 자행하였던 뱀과 그의 예를 본받았던 타락한 천사들에 대한 정복이었다고 그는 지적한다.[47] 광야에서 시험을 받을 때,[48] 또는 십자가에 매달려 있을 때,[49] 심지어 태어날 때조차도[50] 그리스도는 악의적인 영들에 대하여 권세를 행사하였고, "권세들의 주님"으로 선포되었다.[51] 따라서 유스티누스는 "사람들을 사로잡았던 마귀들"을 축귀를 통해서 몰아내는 그리스도인들이 소유한 능력 속에서 동일한 승리의 연속성을 인식할 수 있다고 생각하였다.[52]

무지와 오류, 마귀들에 대한 종살이로부터의 해방이 그리스도의 사역의

한 측면이라면, 유스티누스는 또 다른 측면도 인식하고 있었다. 그는 십자가에 관하여 할 말이 아주 많았는데, 자연 및 삶의 모든 형태들 속에서 도처에서 그는 십자가의 현존을 감지한다. 십자가는 "그리스도의 권능과 통치의 주된 상징"이고,[53] 구약성서와 플라톤에 의해서조차도 예언되었다.[54] "하나님의 말씀이 우리를 위하여 사람이 되었기 때문에, 그는 우리의 곤경들에 참여해서 그 곤경들을 치유하실 수 있다"고 그는 분명하게 선언한다.[55] 우리 구주 예수 그리스도는 우리의 구원을 위하여 혈과 육을 입으셨다; 그리스도는 그를 믿는 자들을 그의 피로써 깨끗케 하기 위하여 고난을 당하셨다.[56] 따라서 우리는 그리스도가 사람들을 위하여 겪으신 고난들을 기념하기 위하여 성찬을 거행한다; 그리스도의 죽음은 죄사함과 사망으로부터의 구속을 확보해 준다.[57]

어떻게 이런 일이 이루어졌는지를 유스티누스는 자세하게 설명하지 않는다. 한 중요한 대목 속에서[58] 그는 "그의 피와 십자가의 신비에 의해서" 그리스도는 인류에 대한 소유권을 획득하였다고 주장한다; 따라서 그리스도의 죽음은 그리스도가 겪으신 고난으로 인해서 자기 자신을 바쳐서 사람들을 샀다는 의미에서 사람들을 구속하는 것이라고 할 수 있다. 또 다른 대목에서는[59] 이사야 53:5을 지나가듯이 간접적으로 인용하면서, 유스티누스는 그리스도가 우리를 위하여 고난당하였기 때문에 그의 채찍 맞음으로 인해서 인류가 치유될 수 있었다고 분명하게 말한다. 그리스도가 "온 인류에 대한 저주를 스스로 짊어진 것"은 성부의 뜻이었다. "왜냐하면, 그리스도는 그가 십자가에 못 박히고 죽은 후에 성부가 그를 다시 일으켜 세울 것임을 알고 있었기 때문이다." 어쨌든 자신이 당한 일로 인해서 그리스도는 물과 믿음과 십자가에 의해서 그리스도로 말미암아 중생된 새로운 인류의 창시자가 되었다.

이 마지막 언급[60]은 다음 절에서 논의하게 될 주제이자 이레나이우스가 실제적으로 유스티누스에게 돌리고 있는[61] 총괄갱신설(또는 발생반복설, recapitulation)에 대한 전조(前兆)를 담고 있는 것으로 보인다. 이와 같은 사상들은 유스티누스가 종종 헬레니즘적인 사변(思辨)의 관용적인 표현을 사용하였다고 할지라도 여전히 자신의 발을 교회의 생생한 예전적 및 성경적 전통 속에 확고하게 디딘 채로 변함 없이 한 명의 교인으로 남아 있었다는 것을 보여준다.

3. 총괄갱신설

궁극적으로 바울에게서 파생된,[62] 그리스도 안에서 새로운 회복된 인류가 시작되었다는 인식은 소아시아의 신학적 전통으로부터 유스티누스에게 전해졌던 것으로 보인다. 이 이론은 원죄 및 구속에 관한 포괄적인 이론들을 제시한 최초의 인물이었던 이레나이우스에 의해서 다시 다루어지고 심화되었다. 그러면, 먼저 타티아누스와 테오필루스의 인간론을 연상시킴과 동시에 소아시아로부터 영향을 받았음을 보여주는 이레나이우스의 인간론을 살펴보기로 하자.

원래 상태의 인간은 "하나님의 형상과 모양으로" 창조되었다고 이레나이우스는 가르친다. 그의 용법은 일관된 것은 전혀 아니지만, 그는 종종 "형상"(image)과 "모양"(likeness)을 구별했던 것처럼 보인다.[63] 형상이라는 말을 통해서 그가 의미했던 것은 아담이 이성과 자유 의지를 지닌 존재였다는 것이었고, 모양이라는 말을 통해서 그가 의미했던 것은 아담이 성령의 활동을 통한 초자연적인 은사를 누리고 있었다(*eam quam habui a Spiritu sanctitatis stolam*[64])는 것이었다. 그렇지만 이 은사가 후대의 신학에서 원의(原義)라고 불렸던 것과 같은 것이었다고 주장하는 말은 찾아볼 수 없다. 이와는 반대로, 피조물이었던 아담은 필연적으로 신적인 완전성과 비부패성과는 거리가 멀었다; 무한한 간격이 아담과 하나님을 나누어 놓았다.[65] 그러므로 낙원에서 아담은 도덕적으로나 영적으로나 지적으로 어린아이였다;[66] 그리고 이레나이우스는 하나님이 첫 사람에게 "생기"를 불어넣었지만(창 2:7), 나중에 하나님이 그리스도인들에게 주신 양자의 영을 첫 사람에게는 수여하지 않았다고 지적한다.[67] 자유로운 선택권을 가지고 있었던 아담은 은혜에 대한 응답과 하나님의 의지에 대한 순종이라는 기나긴 과정을 거쳐서 그를 만드신 자를 더 밀접하게 닮아가며 성장하도록 되어 있었다.[68] 불행히도 그의 연약함과 미숙함으로 인해서 이 과정은 거의 시작 부분에서 중단되었다; 아담은 쉽게 사탄의 악의의 희생물이 되어서 하나님에게 불순종하였다.[69] 이렇게 해서, 아담은 하나님의 "형상과 모양"[70]을 상실했고 — 어쨌든 형상은 어느 정도 지속되고 있음에 틀림없기 때문에 적어도 모양은 상실했다 — 마귀의 수중에 떨어지고 말았다.[71]

아담에 대해서는 이 정도로 해두기로 하자; 이레나이우스는 창세기에 기록된 이야기를 진정한 역사로 여겼다. 아담의 죄의 본질은 불순종에 있었다는 것을 우리는 주목하여야 한다. 그러나 그 죄는 온 인류를 위한 결과들을 수반하였다; 이레나이우스는 첫 사람의 불순종이 인류의 일반적인 죄악됨과 죽을 운명, 또한 인류가 마귀에게 종살이하는 것의 근본적인 원인이었다는 것을 결코 의심하지 않는다. 아담이 잃었던 것을 온 인류는 아담 안에서 잃었다: "경작되지 않은 흙으로부터 최초로 만들어진 저 한 사람의 불순종으로 말미암아 많은 사람이 죄인이 되었고 생명을 잃었다."[72] 더 정확하게 말하면, 모든 사람이 아담의 행위에 참여했고, 그 결과로 아담의 죄책을 공유하게 되었다. 그는 이렇게 쓴다:[73] "첫 아담 속에서 …… 우리는 하나님의 계명을 수행하지 않고 하나님께 범죄하였다. 우리는 오직 하나님께만 빚진 자들이 되었는데, 하나님의 규례를 우리는 처음부터 어겼다"; 또한 "아담 속에서 불순종한 인간은 처벌을 받았다."[74] 인류가 "아담 안에서" 범죄하였다는 로마서 5장에 토대를 둔 주제는 아주 빈번하게 반복되어 나오기 때문에, 여기서 인용할 필요조차 없다. 이레나이우스는 그 어디에서도 아담의 범죄 행위와 나머지 인류 간의 연결성을 구체적으로 설명하지 않는다. 그는 분명히 인류의 조상과 그의 모든 후손들 간의 모종의 신비적 연대 또는 동일성을 전제하고 있다. 히브리서 기자가 레위를 아브라함의 허리 속에 이미 존재해 있던 것으로 인식했던 것과 마찬가지로,[75] 타락의 때에 인류는 이미 아담 안에 존재해 있었다. 그 이후에 인류가 번성한 것은 원래의 아담이 무수한 개인들로 분화된 것이라고 할 수 있는데, 이렇게 되면 이 무수한 개개인들은 옛적의 범죄 행위에 대하여 책임이 있는 자들이고 그 치명적인 결과들의 희생자들로 여겨지게 된다.

이제까지 우리가 살펴본 내용은 그리스도의 사역에 대한 이레나이우스 특유의 해석에 대한 실마리를 제공해 준다. "그리스도는 그의 측량할 수 없는 사랑으로 인해서 우리로 하여금 그리스도의 모습이 될 수 있도록 하기 위하여 우리와 같은 모양이 되었다”라고 그는 쓴다.[76] 그리스도가 이것을 이룬 방법을, 이레나이우스는 우리가 아담 안에서 잃었던 것을 우리는 그리스도 안에서 회복하였다라는 자주 반복되는 단언을 통해서 개략적으로 제시한다; 그 전제는 우리가 첫 사람과의 연대로 말미암아 타락한 것과 마찬가지로 우리는 그리스도와의 연대를 통해서 회복될 수 있다는 사상이다. 이것을 설명하기 위하여 이레나이우스가 채택하고 있는 핵심적인 개념은 하나님의 목적을 “그리스도 안에서 만물을 통일되게 하려는 것”이라고 설명하고 있는 사도 바울의 말[77]로부터 빌려온 “총괄갱신”(또는 “발생반복,” $\dot{\alpha}\nu\alpha\kappa\epsilon\text{-}\phi\alpha\lambda\alpha\acute{\iota}\omega\sigma\iota\varsigma$)이라는 개념이다. 그는 바울의 이 본문을 구속주가 자기 자신 속에 인류를 포함한 모든 실재를 통합하여 포함시키고 포괄한다는 의미라고 이해한다.[78] 이것과의 밀접한 연관 속에서 그는 사도 바울에게 아주 친숙했던 아담과 그리스도의 병행관계를 최대한으로 활용한다. 그가 보기에, 그리스도는 실제로 “둘째 아담”(ὁ δεύτερος 'Αδάμ[79])으로서 그리스도의 출생의 방식에서조차도 첫째 아담을 “발생반복적으로” 재현했는데, 첫째 아담이 더럽혀지지 않은(virgin) 흙으로부터 출생한 것과 마찬가지로 둘째 아담도 복된 동정녀로부터 출생하였다.[80] 나아가, 아담이 자기 자신 속에 그의 모든 후손들을 담고 있었던 것과 마찬가지로, 그리스도는 “자기 자신 속에서 아담에게까지 거슬러 올라가는 모든 흩어진 백성들, 모든 방언들, 아담 자신을 비롯한 온 인류를 발생반복적으로 재현하였다”(누가복음의 족보가 입증해 주듯이).[81] 따라서 그리스도는 성육신 되었을 때에 “자기 자신 속에 기나긴 인류의 경과를 발생반복적으로 재현하였고” 인간의 삶의 모든 단계들을 통과하면서 그 각각을 차례차례로 거룩하게 하였다.[82] 그 결과로서(그리고 이것이 이레나이우스가 말하고자 하는 주된 취지이다), 아담이 불순종하여 죽을 운명에 처해졌던 인류의 창시자였던 것과 마찬가지로, 그리스도는 새로운 구속받은 인류를 개시시킨 것이라고 할 수 있다.[83]

지금까지 우리는 이레나이우스 특유의 구속론의 개요를 살펴보았다. 앞서 보았듯이, 그의 논증이 도달한 결론은 아담 속에 배아(胚芽) 상태로 존재해 있었던 인류는 그리스도의 신비한 몸과의 연합을 통해서 둘째 아담인 그리스도 안에서 새로운 출발을 할 수 있는 기회를 부여받게 되었다는 것이다.

첫째 아담은 불순종으로 말미암아 죄와 사망의 원리를 들여왔지만, 그리스도는 순종으로 말미암아 생명과 불멸의 원리를 다시 들여왔다. 그리스도는 자기 자신을 인류와 동일시하여 인류의 실존의 모든 단계를 거쳤기 때문에 하나님에 대한 온 인류의 교제를 회복시키고[84] "하나님의 형상과 모양을 따라 인간을 완전케" 할 수 있었다.[85] 그리고 그리스도는 여자로부터 태어난 진정한 사람이었기 때문에 그동안 인류를 장악해 온 마귀를 물리칠 수 있었다.[86]

이러한 분석(전문적으로는 "육체적" 속죄론으로 알려져 있는)에 비추어 볼 때, 구속의 효과를 가져온 것은 성육신 자체라고 흔히 주장되고 있지만, 그러한 주장은 반쯤만 진리인 위험스러운 주장이다. 앞에 나온 이레나이우스의 설명에 의하면, 성육신은 기껏해야 구속의 전제일 뿐이다. 우선 이레나이우스는 그리스도가 우리를 그의 피로 구속하였다는 점을 아주 분명하게 밝히고, 우리가 마귀에게 종살이하고 있다는 이미지를 사용할 때에 그는 기꺼이 구주의 피가 우리의 속전이라고 말한다.[87] 그러나 인류에 대한 마귀의 권리들에 관한 이론은 그의 사고 속에 존재하기는 하지만 그의 사고와 온전히 통합되어 있지는 않다.

두 번째이자 더 중요한 것은 그가 아담의 죄의 본질은 불순종이었기 때문에 그리스도의 순종이 필수불가결하였다고 강조하고 있다는 점이다;[88] 하나님이 요구하시는 것은 순종이고 여기에 인간의 영광이 있다.[89] 그런 까닭에, 그는 견실한 순종의 모범으로서 마귀에 의해서 그리스도 앞에 펼쳐진 온갖 시험들에 맞서서 그리스도가 저항한 것을 강조한다[90] — 에덴 동산에서의 최초의 시험과 정확하게 짝을 이루는 장면. 나아가 그는 둘째 아담은 그러한 순종을 보여주기 위하여 죽음 자체를 포함한 자신의 삶의 모든 단계를 거쳐야 했다는 점을 지적한다.[91] 이러한 관점에서 살펴보면, 그리스도의 수난과 십자가 사건은 완벽하게 잘 맞아떨어진다. 왜냐하면, "최초에 나무에서 시작되었던 인간의 불순종을 도말하기 위하여 그리스도는 죽기까지, 곧 십자가 위에서 죽기까지 순종함으로써 나무 위에서의 순종을 통해서 나무에서 시작된 불순종을 치유하였기 때문이다."[92]

이레나이우스가 전통적인 언어 표현을 반영해서 그리스도가 우리를 위하여 죽으셨다거나 자신의 수난을 통해서 우리를 하나님과 화해시켰다거나 그리스도가 "우리가 범죄하였던 성부를 우리를 위하여 달래셨다"거나 하나님이 그의 아들을 "우리의 구속을 위한 희생제물"로 주셨다고 말하고 있는 구절들이 있는데,[93] 이러한 구절들은 흔히 그의 주된 이론인 총괄갱신설(또는 발생반복설)과는 거리가 있는 것으로 여겨져 왔다. 그러나 사실은 이러한 구절들은 주님의 수난과 희생제사적 죽음이 그리스도의 순종에 대한 최고이자 필연적인 표현이었다는 것을 암시하는 것으로서 그의 이론과 놀라울 정도로 잘 부합한다.

4. 주후 3세기의 서방 교회

주후 3세기에는 동방 교회와 서방 교회 사이에 인간과 그 구속이라는 주제에 대한 사상을 놓고 두드러진 괴리가 표출되기 시작한다. 서방 교회에 있어서 신학적 활동의 주된 본거지는 북아프리카였는데, 거기에서는 많은 점들에서 아우구스티누스의 이론을 예견하는 듯한 타락에 관한 암울한 묘사가 발전하기 시작하였다.

여기에서 주도적인 영향력을 발휘했던 인물은 스토아 학파의 사상으로부터 영혼을 물질로 보는 개념을 빌려와서 자신의 인간론의 주된 특징으로 삼았던 테르툴리아누스였다.[94] 그의 인간론은 단순하고 더 미묘하긴 했지만, 어쨌든 그는 영혼을 그 영혼이 속해 있는 육신적인 몸과 밀접하게 연합되어 있으면서 동일한 공간을 차지하고 있는 몸으로 여겼다.[95] 이런 이유로, 그는 영혼의 기원에 관하여 생각하면서 당시에 통용되었던 선재(先在)에 관한 이론들(cf. 오리게네스)을 거부할 수 있었다. 또한 그는 영혼이 몸이 창조됨과 동시에 하나님에 의해서 창조되었다는 견해("창조설")도 거부하였다. 이와는 대조적으로, 그는 철저한 "유전설론자"로서 각각의 영혼은 그 영혼이 결합되어 있는 몸과 함께 부모로부터 물려받는다고 가르쳤다;[96] 몸과 영혼으로 이루어진 전인(全人)은 하나의 동일한 출생 행위를 위해서 만들어지고, 아버지의 배아(胚芽)는 단순히 아버지의 몸(body)의 일부일 뿐만 아니라, 아버지의 영혼 조직(soul-stuff)의 일정 부분을 지니고 있다. 그러므로 진정한 의미에서 실제적이든 잠재적이든 모든 영혼들은 아담 속에 담겨져 있었다. 왜냐하면, 모든 영혼들은 궁극적으로 하나님에 의해서 아담에게 불어넣어진 최초의 영혼으로부터 떼어내진 부분들이기 때문이다. 테르툴리아누스의 표현에 의하면,[97] 모든 영혼은 아담의 원 가지로부터 잘려나와서 독립적인 나무로 심겨진 작은 가지이다.

이러한 심리학으로부터 원죄론으로 넘어가는 것은 쉬운 일이었다. 테르툴리아누스는 자유 의지를 철저하게 신봉한 인물이었다; 그는 마르키온 Marcion)과 헤르모게네스(Hermogenes)에 맞서서 자유 의지의 존재를 옹호하였고,[98] 인간은 자신의 행위들에 대하여 책임이 있다는 것을 반복해서 말하기를 결코 멈추지 않았다.[99] 그렇지만 자유 의지는 우리의 잘못된 행위들의 유일한 원천이 아니다; 아담의 범죄로 인하여 인류가 휩쓸리게 된 죄에 대한 편향성도 고려되어야 한다.[100] "우리는 범죄에의 참여, 사망과의 교제, 낙원으로부터의 추방으로 말미암아 땅에 속한 자의 형상을 지니게 되었다"라고 그는 말한다.[101] 이러한 원초적인 죄의 효과로서 인간의 본성은 흠을 지니게 되었기 때문에, "모든 영혼은 다시 그리스도 안에 있는 것으로 여겨질 때까지는 아담 안에 있는 것으로 여겨지고, 다시 그리스도 안에 있는 것으로 여겨질 때 까지는 여전히 부정하다."[102] 그는 마귀들이 해로운 영향력을 행사한다는 것을 인정한다.[103]

그러나 그것 외에도, "영혼 속에 존재하는 악은 …… 선행하는 것으로서, 우리의 잘못된 기원(*ex originis vitio*)으로부터 유래한 것이며, 우리에게 자연스러운 방식이 되어 있다. 내가 앞서 분명하게 말했듯이, 본성의 부패는 두 번째 본성(*alia natura*)이기 때문이다." 우리의 본질 전체는 그 최초의 완전 무결함으로부터 창조주에 대한 반역으로 인해서 변질되었고,[104] 그 원인자는 모든 영혼들과 아담의 준(準)육체적인 동일성에 의해서 제공되었다. 첫 사람은 사탄에게 속아서 "자신의 씨를 통해서 온 인류를 감염시키고 저주의 통로(*traducem*)로 만들어 버렸다."[105] 이런 이유로, 심지어 믿는 자들의 자녀들까지도 그들이 물과 성령으로 거듭나기 전까지는 부정한 존재들로 여겨져야 한다.[106]

이렇게 테르툴리아누스는 아담은 하나님으로부터 총체적으로 참된 인간 본성을 받았지만 그가 그의 후손들에게 전해준 본성은 죄에 대한 소질(素質)

에 의해서 더럽혀졌다는 견해를 취한다; "비이성적인 요소"가 영혼 속에 자리를 잡았다(*irrationale autem …… coadoleverit in anima ad instar iam naturalitatis* [107]). 테르툴리아누스는 부패와 사망을 타락의 주된 유산으로 보았던 앞선 신학자들보다 이러한 죄에 대한 편향성에 관하여 더 명시적이고 직설적으로 말한다; 그러나 이 문제에 관한 많은 견해 차이가 존재해 왔다고 하지만, "[아담의] 범죄에의 우리의 참여," 세례받지 않은 유아들의 "부정함"(cf. *immundi*) 같은 그의 표현들[108]은 우리가 첫 사람의 원래의 죄책과 그의 행위의 결과들에 있어서 첫 사람과 연대했다는 의미를 함축하고 있는 것으로 해석될 수 없다.

테르툴리아누스와 비슷한 견해를 우리는 키프리아누스에게서 발견할 수 있는데, 그는 원죄의 효과들을 후대에 고전이 된 표현인 "상처들"(*vulnera*)로 설명하였다. 구주는 아담이 받은 상처들을 치료하고 뱀의 독을 빼내기 위하여 왔다고 그는 말한다.[109] 또한 그는 세례를 "최초의 오염에 의한 흠으로부터 우리를 깨끗케 하는 것"이라고 말한다.[110] 유아 세례를 옹호하면서, 그는 실제적인 죄를 결코 범하지 않은 갓 태어난 아이일지라도 "아담의 본을 따라 육적으로 태어났고 그의 최초의 출생에 의해서 옛 사망에 의한 감염을 이끌어들였기" 때문에 그 죄들이 "자신의 죄는 아닐지라도 다른 누구의 죄"라고 말한다.[111] 그가 죄성의 전수(傳受)를 출생 과정과 결부시켰다는 것은 시편 51:5을 근거로 들고 있다는 데서 확증된다:[112] "내가 죄악 중에서 출생하였음이여 어머니가 죄 중에서 나를 잉태하였나이다."

라틴계 신학은 원죄와 관련해서 진보를 이루었던 것과는 대조적으로 흥미롭게도 구속에 대한 설명에 있어서는 오히려 후퇴했고 미미한 상태로 머물러 있었다. 뭔가 새로운 접근 방법이 테르툴리아누스로부터 나올 수 있었음직하였지만, 그는 법적인 안목을 지닌 인물이었기 때문에, 행해진 범죄들에 대한 배상의 필요성을 강조하였고, 이러한 개념을 신학에 옮겨서 적용하였다. 따라서 그는 선한 행위들은 하나님에 대하여 공로로 축적되는 반면에 악한 행위들은 "배상"(satisfaction)을 요구한다는 이론을 제시하였다[113] — 여기서 우리는 이 중요한 개념이 기독교 사상 속에 도입되고 있는 것을 본다. 만약 테르툴리아누스가 자신의 원죄론과 결합해서 속죄론을 생각했다면, 속죄 문제를 나름대로의 새로운 방식으로 다룰 수 있었을 것이다.

그러나 실제로는 개개의 죄인과 하나님 간의 관계의 회복을 설명하기 위하여 배상에 관한 개념들을 사용했으면서도, 그는 그 개념들을 그리스도의 중보자적 역할에 적용하기를 완전히 실패하였다. 사실 그는 그리스도의 죽음을 "기독교라는 이름의 모든 무게와 열매이자 …… 복음의 최고의 토대"라고 말하면서,[114] 이레나이우스보다 더 그리스도의 죽음에 강조점을 둔다. 그리스도는 우리를 위해 죽었을 뿐만 아니라, 바로 그러한 목적을 위하여 보내심을 받았다.[115] "주님의 수난에 의해서가 아니라면 우리 자신의 죽음은 결코 무효화될 수 없었을 것이고, 우리의 생명도 주님의 부활이 없었다면 회복될 수 없었을 것이다."[116] 나아가, 그리스도의 죽음은 희생제사적인 것이었다; "그리스도가 모든 민족들을 위한 희생제물이 된 것은 꼭 필요한 일이었고,"[117] "그리스도는 우리의 죄를 위하여 자기 자신을 드렸다."[118] 그러나 이러한 사상들은 초보적인 대속설을 포함하고 있기는 하지만 그 어디에서도 하나의 종합으로 확대되거나 완성되지 않고 있으며, 테르툴리아누스에게는 그리스도의 공로를 "새로운 법과 하늘 나라에 대한 새로운 약속의 선포"로 축소시키고 그리스도를 "인류의 계몽자이자 훈육자"로 묘사하는 독특한 경향이 존재한다.[119]

서방 교회의 그 밖의 다른 신학자들은 더 간략하게 다루어질 수 있다. 히폴리투스(Hippolytus)는 말씀이 자기 자신 속에서 첫째 아담을 회복하고 발생반복적으로 재현하기 위하여 동정녀로부터 태어났다고 가르침으로써[120] 이레나이우스의 총괄갱신설(또는 발생반복설)을 거의 그대로 되풀이하고 있다. 이렇게 하여 "그리스도는 자신의 죽음을 통해서 사망을 정복하였고,"[121] 사람들을 하나님의 자녀들로 만들기 위하여 썩어질 것과 썩어지지 않을 것을 혼합하였다;[122] 인간으로서의 그리스도는 십자가 위에서 인간을 정복했던 자를 정복하였다.[123] 그러나 그의 가장 특징적인 사상은 변증가들로부터 가져온 것, 즉 구속은 주로 자연과 역사, 율법과 선지자, 궁극적으로는 복음서를 통해서 말씀에 의해서 매개된 하나님을 아는 지식에 있다는 사상이었다; "그리스도는 진리로서 세상에 등장하여 진리를 가르쳤다."[124]

한 세대 후 쯤에 우리는 키프리아누스가 그리스도는 우리의 죄를 위하여 고난을 받았고 그의 피로써 우리의 상처들을 치유하고 사망을 멸하였으며, 이로써 우리는 생명으로 회복되고, 우리의 죄들은 그의 피로 말미암아 정결케 되었다고[125] 가르치는 것을 발견하게 된다.[126] 그는 주님의 수난이 희생제사라고 말했고,[127] "그리스도는 우리의 죄를 짊어졌을 때에 우리 모두를 짊어졌다"라는 그의 말 속에는 대속설에 관한 암시가 드러난다.[128] 이와 동시에 그는 그리스도를 "새로운 법"을 수여하고 자신의 모범을 통해서 그 법을 견고케 한 진리의 교사로 묘사한다.[129] 그리스도의 종이 된 자들은 그들의 스승의 계명에 복종하여야 하는데, 이것은 그가 그들 앞에 상과 벌을 제시해 놓고 있기 때문만이 아니라, 그로 하여금 그의 수난에 대한 보상을 받게 하는 것이 그들의 분명한 의무이기 때문이다.[130]

구속 과정에 관한 이와 비슷한 인식은 락탄티우스(Lactantius)에게서 찾아볼 수 있는데,[131] 이것은 서방 교회가 점차 하나님을 최고의 율법 수여자로 생각하고 인류에 대한 하나님의 관계를 거의 사법적(司法的)인 견지에서 인식하게 된 경향의 부산물이었다.

5. 동방 교회의 인간론

알렉산드리아의 신학자들도 인간의 곤경에 관하여 서방 교회와 마찬가지로 사실적인 설명을 제시했지만, 우리가 앞서 살펴보았던 서방 교회에서 출현하고 있었던 원죄에 관한 교리의 주된 전제, 즉 우리가 아담과 육체적으로 연대되어 있다는 개념과 아담의 죄악된 행위에 참여하였다는 개념은 그들의 사고 속에 대체로 존재하지 않았다.

클레멘스에 의하면,[132] 최초의 상태에서 인간은 어린아이와 같고 순수해서 여러 단계들을 거쳐서 완전을 향하여 발전해 나가도록 되어 있었다. 그는 이렇게 말한다;[133] 아담은 "구성에 있어서 완전한 모습으로 창조되지는 않았지만 미덕을 획득하기에 적합하게 창조되었다 …… 하나님은 우리가 우리 자신의 노력에 의해서 구원받기를 원하신다." 그러므로 발전은 자유 의지에 달려있는데, 바로 이 자유 의지를 클레멘스는 대단히 강조한다. 아담과 하와의 잘못은 하나님의 허락이 있기 전에 그들이 의지를 잘못 사용해서 성관계의 쾌락에 빠져들었다는 사실에 있었다.[134] 성 자체는 잘못된 것이 아니라(클레멘스는 성관계 자체가 나쁜 것이라는 영지주의자들의 주장을 강력하게 반박한다[135]), 하나님의 명령을 어긴 것이 잘못이었다. 그 결과 그들은 낙원에서의 불멸의 삶을 잃었고, 그들의 의지와 이성은 약화되어서 죄악된 정욕의 희생물이 되었다.[136] 그러나 클레멘스는 아담이 역사적인 실존 인물이라는 것을 인정하면서도 아담을 인류 전체를 상징하는 것으로 여겼다. 모든 사람은 자기 자신 속에 신성의 불씨를 지니고 있고 자유롭게 하나님의 법을 순종할 수도 있고 안 할 수도 있지만, 성육신한 로고스 외에 모든 사람은 죄인이라고[137] 그는 가르친다.[138] 모든 사람은 병들고 눈멀고 어그러진 길로 간다; 모든 사람은 자연력들과 마귀의 종이 되었다; 그리고 모든 사람의 상태는 죽음이라는 말로 묘사될 수 있다.[139] 그러나 그는 그 어디에서도 모든 사람이 아담의 범죄에 연루되어 있다는 뜻을 암시하는 말을 하지 않았으며, 한 대목에서는[140] 스스로 그 어떤 행위도 행한 적이 없는 갓난아이가 아담의 저주 아래 놓여 있다는 것을 강하게 부인하였다. 또 다른 구절에서[141] 그는 욥기 1:21("내가 모태에서 알몸으로 나왔사온즉")을 어린아이가 죄로부터 면죄된 채 이 세계로 들어온다는 뜻을 함축하고 있는 것이라고 설명한다.

전체적으로 보아서, 클레멘스는 영지주의자들에 대항하여 사람들은 오직 자신이 범한 잘못들에 대해서만 책임을 진다고 역설하였기 때문에, 그의 주장 속에는 완전한 의미에서의 원죄 사상이 들어설 여지가 없었다. 다른 한편으로는 몇몇 문장들을 보면,[142] 인간의 일반적인 죄성과 아담의 범죄 간의 연관성은 단순한 모방에 불과하다고 주장하는 것처럼 보이긴 하지만, 사실 클레멘스는 이 연관성을 훨씬 더 밀접한 것으로 여겼다. 그의 가르침[143]은 아담과 하와의 육신적인 후손인 우리는 그들의 범죄와 저주만이 아니라 우리의 본성 속에서 비이성적인 요소(τὸ ἄλογον)가 지배하게 되는 결과를 초래한 뒤틀린 욕정(sensuality)도 물려받았다는 것인 것 같다.

오리게네스에게로 눈을 돌리면, 분위기는 완전히 바뀐다. 그는 이레나이우스, 테르툴리아누스, 클레멘스가 역사적인 사실로 받아들였던 창세기에 기록된 이 이야기를 우주적인 신화로 바꾸어 놓고, 인간의 죄성이 지상적 차원에서가 아니라 초월적인 차원에서 기원하였다고 주장한다. 각각의 영혼이 그 몸과 더불어 부모로부터 출생된다고 믿었던 테르툴리아누스와는 달리,

오리게네스는 모든 개개인들의 영혼이 선재한다는 학설(이미 앞의 여러 장들에서 언급한 바 있는[144])을 확고하게 지지하였다. 태초에 하나님은 그의 선하심으로부터 몇몇 이성적인 실체들(essences)을 창조하였는데, 그들 모두는 동등하고 똑같았으며(그 어떤 다양성을 주장할 만한 근거는 없었다) 자유 의지를 수여받았다고 그는 설명한다[145] ─ 이런 식으로 그는 영지주의자들에 맞서서 하나님의 공의와 자유의 원리를 옹호하고자 애썼다.

이러한 영혼들은 자유의지를 지니고 있었기 때문에, 하나님을 본받아서 성장해 가느냐 또는 하나님을 무시하고 타락해 가느냐 하는 것과 선을 떠나서 악을 추종하는 것은 그들 자신의 의지에 달려 있었다. 그리스도의 선재하는 영혼이라는 유일한 예외를 제외하고는,[146] 이 모든 이성적인 존재들은 정도 차이는 있지만 후자를 선택하였다; 그 결과는 그들의 타락이었고, 이 타락으로 말미암아 다양한 모습을 지닌 여러 등급의 영적 실존이 생겨났다.

그는 이렇게 쓴다:[147] "만세 전에 그들은 모두 귀신들이든 영혼들이든 천사들이든 순수한 지성들($\nu\acute{o}\epsilon s$)이었다. 그들 중의 하나였던 마귀는 자유 의지를 소유하고 있었기 때문에 하나님에 맞서서 저항하는 쪽을 선택하였고, 하나님은 그를 거부하였다. 그 밖의 다른 모든 권능들도 마귀와 함께 타락하여 그들의 잘못의 흉악성의 정도에 따라서 귀신들, 천사들, 천사장들이 되었다. 그들 각각은 자신의 죄에 비례한 운명에 처해지게 되었다. 거기에서 영혼들은 영혼 그대로 남아 있었다; 영혼들은 귀신들이 될 만큼 심각한 범죄를 저지르지도 않았고 천사가 될 만큼 가볍게 범죄를 저지르지도 않았다. 그러므로 하나님은 현재의 세상을 만들어서 영혼들에 대한 징벌로서 영혼을 몸에 속박시켜 놓았다. 분명히 하나님은 각각의 존재들을 그의 죄에 합당하게 징벌하여서, 어떤 것은 귀신으로, 어떤 것은 영혼으로, 어떤 것은 천사장으로 만들었다."

위에서 말한 것이 오리게네스가 주장한 우주가 생겨나기 이전의 타락에 관한 학설이다. 이 학설은 보편적인 죄성이라는 사실을 설명해준다고 그는 믿었다: "우리 인간들은 모두 분명히 본성적으로 죄에 대한 성향을 지니고 있다."[148] 또한 이 학설은 삶의 다양한 재앙들과 비극들을 설명해준다: "해당 영혼들은 과거의 죄들에 대하여 죄책이 있었다는 것이 분명하다."[149] 시편

51:5("어머니가 죄 중에서 나를 잉태하였나이다"), 시편 58:3("악인은 모태에서부터 멀어졌음이여") 같은 성경 분문들은 교회에서 행해진 유아 세례와 마찬가지로 어린아이가 세상에 들어오면 이미 죄에 오염된다는 의미를 함축하고 있는 것으로서[150] 이 학설과 맥을 같이 한다고 오리게네스는 보았다.[151] 또한 그는 "내가 낮아지기 전에 — 즉, 나의 태아적에 — 내가 그릇 행하였더니"라는 다윗의 부르짖음(cf. 시 119:67 LXX)도 마찬가지라고 주장한다.[152] 그는 에덴 동산에 관한 이야기와 아담이 에덴 동산으로부터 추방된 것에 관한 이야기를 이러한 우주 탄생 이전의 타락에 관한 알레고리로 보면서,[153] 모세가 한 개인에 관하여 말하고 있는 것처럼 보이지만 사실 그는 인류 전체를 염두에 두고 있는 것이라고 지적한다. 물론 이러한 학설은 공동체적인 죄성에 관한 그 어떤 가르침도 폐기되어야 함을 의미한다. 왜냐하면, 이 학설은 인간이 태어나면서부터 죄악되다면 그들의 악성은 초월적인 세계에서 그들 자신이 범한 잘못된 선택의 유산이고 그 어떤 최초의 인간의 불순종과는 아무런 관계가 없다고 주장하는 것이기 때문이다.

오리게네스를 해석하는 사람들은 종종 이것이 그의 진정한 가르침이었다는 것을 인정하기를 꺼려하여 왔다. 오리게네스의 저작들, 특히 그의 『로마서 주석』(*Commentary on Romans*) 속에는 온 인류가 아담의 허리 속에 존재해 있었고 "그 안에서 범죄하였다"는 가르침을 그가 받아들이는 것처럼 보이는 대목들이 존재한다. 그러나 그러한 대목들을 액면 그대로 받아들이기는 어렵다. 왜냐하면, 우리는 루피누스가 오리게네스의 저작들을 번역하면서 그의 가르침을 정통 신앙적인 관점에서 수정하였다는 것을 잘 알고 있기 때문이다. 예를 들면, 루피누스는 오리게네스가 로마서 5:12에 나오는 ἐφ' ᾧ를 "그 안에서"를 의미하는 것으로 설명하였지만, 사실 오리게네스 자신은 그것을 "—이기 때문에"를 의미하는 것으로 이해하였다. 그러나 바로 그 주석서 속에서조차도 로마서 5:12-19을 설명하면서,[154] 오리게네스의 전체적인 강조점은 개개인들이 아담의 범죄와 연대하였다는 것에 두어지지 않고 아담의 예를 따라서 개개인들이 개인적으로 범죄하였다는 것에 두어져 있다; 그리고 우리가 아담의 허리에 있었기 때문에 이 두려움의 골짜기 속에 있었을 수도 있는 가능성을 인정하기는 하지만, 오리게네스는 우리 각자가 자신의 개인적인 범죄로 말미암아 낙원으로부터 추방되었다는 신념을 감추지는 않는다.

따라서 인간은 그들의 이전의 영광으로부터 타락하여 몸들과 결합된 순수한 지성들이다. 오리게네스는 이것이 하나님이 아담과 하와가 범죄한 후에 그들이 벌거벗었기 때문에 입혀준 "가죽옷" 속에 상징되어 있다고 보았다.[155] 그가 보기에는, 육체성(corporeity)은 본래적으로 나쁜 것이 아니다; 몇몇 문맥들 속에 나오는 그의 표현에도 불구하고, 그는 몸이 악의 원리라고 단죄하는 자들에 반대하여,[156] 스스로는 악이 오직 의지에만 존재한다고 가르친다. 도리어 육체성은 그들의 타락에 대한 형벌이라고 할 수도 있지만, 사실 육체성은 영들이 맞게 된 실존의 등급에 속하는 다양성의 한 측면이다.[157] 그럴지라도 인간은 그들의 자유 의지를 여전히 보유하고 있다고 그는 끊임없이 강조한다;[158] 실제로 자유 의지라는 개념은 오리게네스의 사상 체계 전체를 푸는 열쇠를 제공해 준다. 그럼에도 불구하고, 인간은 자신의 본성과 세상의 유혹들에 맞서 싸우는 과정 속에서 끊임없이 악의적인 귀신들의 지속적인 공격에 노출되어 있다;[159] 아담과 하와에 관한 이야기는 모든 남자와 여자의 경험을 반영하고 있다.[160] 오리게네스는 "정사와 권세와 이 세상의 어둠의 주관자들과 하늘에 있는 악한 영적 세력들에 대항하여" 싸워야 한다고 말하고 있는 점에서 사도 바울과 일치하고,[161] 우리에게는 우리가 선을 행하도록 돕는 천사들이 있는가 하면, 범죄하도록 우리를 부추기는 악한 천사들도 있다고 분명하게 말한다.[162]

오리게네스의 대담하고 독창적인 사변들이 신랄한 비판과 반발을 불러일으켰다는 것은 결코 이상한 일이 아닐 것이다. 예를 들면, 올림푸스의 메토디우스(Methodius of Olympus, 311년에 죽음)는 우주 창조 이전의 여러 모양의 타락들에 관한 개념 전체를 일언지하에 거부하고,[163] 그 대신에 창세기에 나오는 이야기는 문자 그대로 받아들여져야 한다고 주장한다. 그의 견해들은 주후 3세기 말에 통용되었던 견해를 대표하는 것으로서 중요하다. 첫 사람은 불멸하도록 창조되었고 하나님에 의해서 생기가 불어넣어졌으며 그가 범죄하기 전에도 우리와 마찬가지로 몸을 소유하고 있었다고 그는 주장한다.[164] 첫 사람은 자유 의지를 지니고 있었지만, 하나님의 금령에 맞닥뜨렸을 때에 욕망에 굴복하고 말았다. 메토디우스는 아담을 인류와 동일시하고, 죄가 아담 속에 자리를 잡은 그날부터 우리 인간은 하나님의 숨을 박탈당하고 고뇌어린 생각들과 육적인 욕망들로 가득 차게 되었다고 분명하게 말한다.[165] 그는 죄가 실제로 우리 속에 거한다는 사도 바울의 말에 동의하고,[166] 죄를 사람들의 육신적인 본성으로부터 생겨나서 마귀에 의해서 부추겨짐으로써 사람들로 하여금 스스로 갈등하게 만드는 욕정들과 동일시한다. 또한 아담의 불순종에 대하여 내려진 징벌이었던 죽음은 죄에 대한 하나님의 치유책이기도 하다. 왜냐하면, 죽음은 몸을 멸함으로써 썩지 않는 것으로의 회복을 가능하게 해 주기 때문이다.[167] 이런 식으로 그의 가르침은 오리게네스 이전의 전통으로 회귀한 것으로서, 이 주제에 관한 그리스적인 사상의 통상적인 특징이었던 낙관적인 색채가 두드러진다. 이 점은 그가 육신의 소욕과 영의 소욕 간의 대립을 강조했던 바울의 경향(cf. 롬 27:9-25)을 완화시키고 있는 것과, 타락의 결과에 의해서 손상되지 않은 인간의 자유 의지에 대한 강력한 강조를 인간 본성이 아담으로부터 욕정을 향한 편향성을 물려받았다는 단언과 결합시키고 있는 방식을 통해서 잘 드러난다.

6. 그리스도의 사역에 관한 동방 교회의 견해들

클레멘스는 그리스도의 구원 사역을 설명하면서, 우리가 이미 변증가들 속에서 살펴보았던 전통을 그대로 유지하고 있다 ─ 물론, 그러한 전통을 클레멘스 자신의 신비주의와 혼합시키고, 어느 정도 강조점을 이동시키고 있긴 하지만. 이렇게 해서 그는 그리스도가 우리를 위한 대속물(λύτρον)로서 자신의 생명을 내어 주었고, 그의 피로 말미암아 우리를 구속하였으며, 희생제물로서 자기 자신을 드렸고, 마귀를 정복하며, 성부에게 우리를 위하여 중보기도도 한다고 말한다.[168] 그러나 이러한 것들은 클레멘스에 의해서 사용된 관습적인 어구들이고, 이것은 그리스도의 이루신 일 가운데에서 클레멘스가 중요하게 보았던 측면은 아니었다.

클레멘스에게 가장 빈번하게 등장하는 특징적인 사고는 그리스도는 사람들에게 참된 지식을 수여하여 사람들을 욕망이 없는 사랑과 관상(contemplation)을 그 주된 열매로 하는 의(義)로 이끄는 교사라는 것이다. 그리스도는 삶의 서로 다른 여러 차원에서 사람들의 인도자로서 "신령한 자들에게는 신비들로써, 신자들에게는 선한 소망들로써, 마음이 완악한 자들에게는 교정을 위한 징계로써 가르친다."[169] 그리스도는 교사로서 "인류의 모든 병을 치유하는 의사"이고,[170] 지식과 아울러 불멸성을 수여한다.[171] "[우리를 향한] 하나님의 뜻은 하나님을 아는 것이고, 그것은 불멸성에의 참여이다"라고 그는 말한다.[172] 이렇게 해서 인간은 신성을 부여받는다: "말씀이 …… 사람이 되신 것은 너희로 하여금 사람으로부터 사람이 어떻게 하나님이 될 수 있는지를 배울 수 있도록 하기 위한 것이다."[173] 하나님으로서의 그리스도는 우리의 죄들을 사하는 반면에, 그리스도의 인성의 기능은 우리로 하여금 더 이상 범죄하지 않도록 하는 모범으로서의 역할을 하는 것이다.[174] 클레멘스의 구원론이 주님의 수난과 죽음이 구속과 관련된 역할을 거의 또는 전혀 하지 못하는 그리스도 신비주의를 가져왔다는 것은 분명하다.

이것과 매우 유사한 신비주의가 구속에 관한 오리게네스의 사고 속에 침투해 있다. 우리가 앞 장에서 보았듯이,[175] 오리게네스는 예수의 인간적 본성을 로고스와의 연합을 통해서 점진적으로 신성을 부여받게 된 것으로 생각한다: 부활 후에는 예수의 인성이 지닌 물질성은 사라지고, 예수의 인간적 영혼은 말로 표현할 수 없게 로고스와 혼합된다. 이것은 오리게네스가 이성적 존재들 전체, 특히 인간의 회복을 가시화시키고 있는 방식을 잘 보여준다. 로고스는 우리의 교사, 율법수여자, 모범이다;[176] 우리는 로고스와 연합함으로써 우리의 죽은 상태와 불합리성을 떨쳐버리고, "하나님에게 붙잡힌 바 되어서 이성적인 존재가" 된다.[177] 로고스는 "완전한 삶의 본(本),"[178] 그리스도인들이 그 형상으로 변화되어,[179] 신적인 본성에 참여할 수 있게 되는 참된 미덕의 모범이다.[180] 그의 표현에 의하면,[181] "로고스가 몸의 형태 속에서 대화하고 육신으로서 스스로를 내어주어서 육체인 자들을 자기 자신에게로 부르신 것은 무엇보다도 로고스가 사람들을 변화시켜 육신이 된 말씀의 형상을 닮게 하고, 그런 후에 사람들을 높이 들어올려서 육신이 되기 이전의 로고스의 모습을 바라보도록 하기 위한 것이었다"; 또한,[182] "예수로 말미암아 인성과 신성이 서로 결합되기 시작했기 때문에, 인성은 신성과의 교제를 통해서 예수 자신에게서만이 아니라, 예수가 가르친 삶, 예수의 계명들을 따라서 살아가는 모든 사람을 하나님과의 친교 및 예수와의 교제로 이끄는 삶을 믿고 받아들이는 모든 자들 속에서도 신적인 것이 된다."

그러나 오리게네스에 의하면, 조명(illumination)과 신비적 고양(mystical exaltation)은 구속주의 사역의 전부가 아니다. 그리스도의 죽음은 "경건을 위하여 죽는 모범으로 제시되었을 뿐만 아니라, 온 땅을 지배하는 악한 자 마귀의 전복에 있어서도 시작과 진보를 가져왔다"고 그는 선언한다.[183] 그리스도의 삶은 탄생의 때부터 이미 어둠의 세력들과의 갈등이었다.[184] 그리스도의 수난과 부활은 어둠의 세력들의 최종적인 패배를 의미했다. 오리게네스는 골로새서 2:15을 근거 본문으로 들면서[185] 구주의 죽음은 이중적 측면을 지니고 있는데, 하나는 모범으로서의 측면이고, 다른 하나는 실제적으로 정사 및 권세들과 더불어 십자가에 못 박힌 마귀에 대한 구주(救主)의 승리의 상패라는 것을 입증한다. 앞에서 보았듯이, 그리스도의 사역이 세상을 장악하고 있는 마귀 세력들에 대한 투쟁 및 궁극적인 승리에 있다는 이러한 인식은 교부들 가운데에서는 적어도 유스티누스에게까지 소급되고,[186] 오리게네스의 구원론 속에서 커다란 역할을 하였음이 분명하다. 이러한 인식의 밑바탕에 있는 사상은, 사망과 동일시되는 마귀가 그리스도에 대하여 승리하였다고 생각하며 스스로 속고 있었지만 겉보기에 그의 승리였던 것이 구주가 무덤으로부터 부활하면서 패배임이 드러났다는 것이다.[187]

다른 곳에서 오리게네스는 자기보다 앞서 활동했던 이레나이우스와 마찬가지로[188] 표상을 바꿔서 복음서에 나오는 대속물(속전)이라는 비유를 사용한다. 그는 마귀가 인간의 죄악으로 인하여 자신의 것으로 주장하고 있었던 사람들의 영혼을 속하기 위하여 예수가 하나님에게가 아니라 마귀에게 자신의 영혼 또는 생명을 내어주었다고 말한다.[189] 마귀는 그 속전을 받았지만 죽음보다 더 강하다는 것이 입증된 예수를 자신의 수중에 붙잡아둘 수 없었고, 결국 자신의 희생물에 의해서 속임을 당했다. 그러나 우리는 오리게네스가 대속물(속전)이라는 개념을 충분히 활용하고 있긴 하지만 마귀와의 어떤 거래라는 관점이 아니라 마귀에 대한 그리스도의 정복이라는 관점에서 훨씬 더 많이 생각하고 있다는 점을 유의하여야 한다.

그러나 셋째로, 오리게네스는 그리스도의 죽음을 대속 또는 희생제사의 행위로 해석할 준비가 되어 있었다. 실제로 그는 교부들 중에서 주님의 사역의 이 측면을 아주 상세하게 다룬 최초의 인물이었고, 주님의 죽음을 단순히 하나님의 뜻에 순종한 행위로서만이 아니라 성부에게 긍정적인 영향을 끼친 제사로 인식하였다. 이렇게 교회의 지도자로서 예수는 그리스도인들을 지체로 하는 몸의 머리라고 그는 주장한다;[190] 예수는 우리의 죄들을 스스로 짊어지셨고, 우리를 위하여 거저 고난을 당하였다. 참 제사장으로서 예수는 성부에게 자신을 희생제물로 삼은 참된 희생제사를 드림으로써 성부에게 속죄하였다.[191] 죄는 속죄 제사를 요구했고, 그리스도는 자기 자신을 "흠 없고 순전한 희생제물"로 봉헌함으로써 성부를 사람들과 화해시켰다.[192] 이러한 기조 속에서 오리게네스는 이사야 53:4 이하를 그리스도의 수난에 적용시켜서[193] "또한 그리스도는 우리의 죄를 짊어지셨고 우리의 범죄함으로 인하여 상하셨으며, 우리로 하여금 징계를 받아 평화를 얻도록 하기 위하여 우리로 말미암아 징벌이 자기 위에 떨어지게 하셨다"고 분명하게 말한다.

학자들은 흔히 구속에 관한 오리게네스의 사상은 서로 모순될 정도로 복잡하기 때문에 그 속에서 일관된 주제를 발견해내기가 무척 어렵다고 생각해 왔다. 그러나 그의 사상 체계를 전체적으로 고려한다면, 우리는 위에서 살펴본 이론들 중 처음 두 개의 관계를 파악하는 것이 불가능하지 않다는 것을 발견하게 된다. 오리게네스가 생각한 완전하고 최종적인 구원이 있기 위해서는, 타락한 영들, 천사들, 귀신들, 인간들이 최초에 지니고 있던 초월적인 신분으로 회복되는 것이 요구된다. 그런 까닭에 사람들의 영혼을 조명해서 변화시키는 접촉을 통해서 사람들을 정화시키고 신성을 부여하는 로고스의 역할이 우선적으로 요구된다. 그러나 앞에서 보았듯이, 오리게네스는 마귀와 그의 졸개들이 사람들을 종으로 삼아서 사람들로 하여금 다시 원래의 상태로 돌아가지 못하게 하려는 악의적인 노력들도 잘 알고 있었다. 그런 까닭에 이러한 세력들의 힘을 파괴하는 것이 로고스에 의해 수행되는 정화 과정에 있어서 필수불가결한 선결요건이라고 그는 생각하였다.

잘 알다시피, 그의 희생제사적 관점은 문자적인 의미로 이해하게 되면 논리적으로 그의 사상 체계의 나머지 부분과 조화될 수가 없는데, 이는 특히 그 관점이 공동체적 감염으로서의 원죄 개념과 인간의 연대성이라는 개념 전체를 배제하기 때문이다. 물론, 그가 이러한 희생제사적 표상을 사용하고 있는 것은 자연스러운 것이었다. 왜냐하면, 오리게네스가 성경을 해설하고 있었을 때에 성경은 그러한 표상들로 가득 차 있었기 때문이다. 그러나 오리게네스는 그러한 표상이 평범한 그리스도인들에게는 가치가 있을지 몰라도 더 진보한 그리스도인들은 그러한 표상을 버려야 할 것이라고 아주 분명하게 말하였다. "병자들을 고치는 의사, 목자, 구속(救贖)으로서의 하나님의 아들을 더 이상 필요로 하지 않고, 지혜, 말씀, 의(義)로서의 하나님의 아들을 필요로 하는 자들은 복되다"라고 그는 썼다.[194] 사도 바울의 말(고후 5:16)과 같이, 성숙한 그리스도인들은 역사적인 예수를 필요로 하지 않는다.[195] 이것이 그의 견해였기 때문에, 그는 복음서들에 나오는 사실적인 이야기, 그 이야기에 수반된 수난에 대한 신학적인 해석을 그대로 받아들일 수 있었다 ― 물론, 언제나 이러한 문제들과 관련된 궁극적인 진리는 역사와 희생제사라는 범주들을 뛰어넘는다고 생각하면서도 말이다.

오리게네스를 신랄하게 비판했던 메토디우스는 총괄갱신(또는 발생반복)에 관한 이레나이우스의 가르침을 약간 약화된 형태로 다시 제기하는데, 우리는 이 장을 그의 개념들을 개략적으로 훑어보는 것으로 마감하고자 한다. 그는 그리스도가 인간의 본성을 입었고 모든 사람이 첫째 아담 속에서 죽었듯이 모든 사람이 둘째 아담 속에서 살아났기 때문에 그리스도는 새 아담이라고 보았다.[196] 마귀가 처음에 속였던 바로 그 사람으로 말미암아 패배를 당하고 마귀가 인류에게 가져다주었던 사망의 심판이 무효화되는 것이 합당한 일이었다. 우리는 이러한 설명 속에서 그리스도가 사실상 아담과 동일시되고 있는 것을 보는데, 메토디우스는 실제로 독생하신 로고스가 사람들 가운데에서 가장 먼저 난 자와 연합하는 것이 얼마나 적절한 것이냐고 말한다.[197]

그렇지만 이레나이우스가 그리스도의 죽음 속에서 그리스도의 순종을 보여주는 최고의 예로서 긍정적이고 역동적인 의미를 보았던 것과는 달리, 메토디우스는 이러한 측면을 거의 완전히 간과해 버린다. 도리어 그는 주님의 인성을 주님이 육신의 부활을 계시하는 수단으로 본다.[198] 그에게 십자가 위에서의 죄와 사망의 정복보다 더 중요하게 보였던 것[199]은 로고스가 "죽어질 것이 죽지 않을 것으로 변화되고 고통을 느끼던 것이 고통을 느끼지 않는 것으로 변화될 수 있도록 하기 위하여 …… 이 고난의 몸을 스스로 취했다"는 사실이었다.[200] 여기서 분명한 것은 메토디우스의 견해는, 구속에 관한 이레나이우스의 육체적 이론의 외적인 형태는 그대로 보존하고 있었지만 속죄적 죽음에 관한 그 원래의 강조를 많은 부분 상실한 채 신비주의로 채워졌다는 것이다.

제 8 장

그리스도인 공동체

1. 교회론의 시작

외부에서 바라보면, 초기 기독교는 자체적으로 조직체와 직분자들을 갖춘 독자적인 삶을 영위하면서 각각 "교회"라 불렸던 지역 회중들이 광범위하게 흩어져 있는 모습을 지니고 있었다. 그러나 이그나티우스가 머리와 연결되어 있는 몸과 같이 그리스도와 연결되어 있다고 말한[1] 것과 같이, 더 깊은 의미에서 이 모든 공동체들은 하나의 보편 교회의 부분들이라는 것을 인식하고 있었다. 이 보편 교회는 땅끝까지 뻗어 있고, 하나님은 땅의 사방으로부터 성도들을 불러모아 보편 교회를 이루게 하신다는 말을 우리는 듣게 된다.[2]

따라서 서머나 교회는 폴리카르푸스의 순교에 관한 소식을 필로멜리움(Philomelium)에 있는 교회만이 아니라 "거룩한 가톨릭[보편] 교회"를 구성하는 모든 공동체들($\pi\alpha\rho o\iota\kappa\acute{\iota}\alpha\iota\varsigma$)에게 보냈다.[3] 폴리카르푸스는 죽음을 앞두고 "온 세계에 걸친 가톨릭 교회 전체를 위하여" 기도하였다.[4] 이그나티우스는 그리스도의 깃발은 도처에서 유대인이든 이방인이든 자신의 추종자들을 "그리스도의 교회라는 한 몸으로" 불러 모은다고 주장하였다.[5] 그는 가톨릭 교회는 그리스도가 임재하는 곳마다 발견될 수 있는 것과는 달리, 지역의 개교회는 감독에 의해서 주관되는 지역에 한정되어 있다는 말을 덧붙인다.[6] 따라서 헤르마스에게 있어서[7] 교회는 자신의 지체들을 온 세계로부터 모아서, 이해력과 정신과 믿음과 사랑에 있어서 하나가 되어 있는 한 몸으로 형성한다. 유스티누스는 그리스도를 믿는 모든 자들은 "그리스도의 이름으로 말미암아 탄생되고 그리스도의 이름을 공유하는 한 영혼 ,한 모임, 한 교회 속에서 연합되어 있는데, 이것은 우리가 모두 그리스도인들이라고 불리기 때문이다"라고 말한다.[8]

교회의 통일성과 보편성으로 인해서, 그리스도인들은 교회를 인류 가운데서 특별한 부류로 생각하기를 좋아하였다. 바나바서의 저자에 의하면,[9] 교회는 하나님이 불러서 존재케 한 "새로운 백성"이다; 아리스티데스는 세상에는 세 가지 부류의 사람들이 존재한다고 설명한다 – 이교도들, 유대인들, 그리스도인들.[10] 따라서 『베드로의 설교』(*The Preaching of Peter*)[11]와 『디오그네투스에게 보내는 서신』(*Ad Diognetum*)[12]에서는 그리스도인들을 "제3의 인류" 또는 "이 새로운 인류"라고 지칭한다. 또한(그리고 이러한 개념은 신약성서로 소급된다) 교회는 하나님이 옛 이스라엘에게 행하셨던 약속들을 물려받은 새로운 참된 이스라엘로 여겨진다. 따라서 로마의 클레멘스는, 교회의 택하심 속에서 야곱이 야훼의 분깃이 되고 이스라엘이 야훼의 유업이 될 것이라는 예언의 성취를 본다.[13] 유스티누스는 유대인 트리포를 향하여 이러한 주장을 강력하게 제시하였는데,[14] 물론 이러한 주장은 그리스도인들이 히브리 성경을 자신의 소유라고 주장하는 것의 근저에 있는 전제였다.[15]

교회라는 말에 흔히 덧붙는 "거룩한"이라는 형용사는 교회가 하나님의 택한 바 된 백성이고 성령이 내주해 있다는 확신을 표현한 것이다. "가톨릭"이라는 형용사의 원래의 의미는 "보편적인" 또는 "일반적인"을 뜻하는 것이었는데, 이러한 의미에서 유스티누스는 "가톨릭적인 부활"이라는 표현을 사용할 수 있었다.[16] "가톨릭"이라는 말이 교회에 적용될 때, 그 일차적인 의미는 개별 회중들이 지닌 지역성과 대비되는 보편성을 강조하는 것이었다. 그러나 아주 신속하게 적어도 주후 2세기 후반에 가서 우리는 "가톨릭"이라는 말이 이단적인 회중들과 구별되는 참된 교회라는 의미를 지니고 있다는 것을 발견하게 된다.[17]

이 모든 것들 속에서 우리는 의도적으로 형성된 것은 전혀 아니지만 독특한 교회론이 함축되어 있다는 것을 보게 된다. 교회가 하나라면, 그것은 교회를 관통하여 흐르는 하나님의 생명 덕분이다. 하나님에 의해서 부름받아서 탄생된 교회는 단순히 인간이 만든 결사체도 아니고 하나님의 옛 백성인

이스라엘과 동일한 집단도 아니었다. 사실 교회는 그리스도의 몸으로서 그리스도가 성부와 하나가 된 것과 유사하게 그리스도와 영적으로 하나가 되어 있기 때문에, 그리스도인들은 "그리스도의 지체들"이라고 불릴 수 있다.[18] 성육신이 보이는 것과 보이지 않는 것의 하나됨, 육체와 영의 하나됨인 것과 마찬가지로, 이그나티우스는 교회는 육신이자 성령이고, 교회의 하나됨은 이 둘의 결합이라고 가르친다.[19] 그리고 교회는 하나님의 성령이 살아계셔서 활동하는 거룩한 공동체이다. 또한 그는 이 공동체를 구성하는 수많은 지역적인 조직체들 가운데에서 로마 교회가 특별한 지위를 차지하고 있다고 주장하는 것으로 보인다;[20] 그는 "로마인들의 지역에 있는 수위권(προκάθηται)을 지닌" 교회라는 표현을 사용한다. 이 말은 단순히 해당 회중의 관할지역을 세련되게 정의한 것에 불과한 것일 수도 있지만, 그가 계속해서 "사랑의 수위권"(προκαθημένη τῆς ἀγάπης) — 몇몇 학자들이 "사랑의 공동체, 보편 교회를 주관하는"이라고 번역해 왔던 표현 — 을 소유하고 있는 로마 교회에게 문안 인사를 하고 있는 것으로 보아, 앞에서 말한 것보다 더한 그 무엇이 함축되어 있는 것으로 보인다.

이러한 초기 교부들이 상정하고 있었던 것은 거의 언제나 경험적이고 가시적인 공동체였다; 그들은 나중에 중요하게 되었던, 유형 교회와 무형 교회라는 구별을 거의 생각하고 있지 않았다. 그렇지만 교회를 선재(先在)하는 영적인 실체로 보았던 인식은 이미 등장하였는데, 그 흔적들을 우리는 클레멘스2서와 헤르마스에서 볼 수 있다. 클레멘스2서는 아마도 사도 바울(엡 1:3-5)에게서 힌트를 얻어서 교회를 해와 달이 생기기 이전에 창조된 그리스도인들의 어머니로 묘사하고 있는 것 같다.[21] 그리스도와 마찬가지로, 그리스도의 신부인 교회도 영적이고(πνευματική), 우리의 구원을 위하여 이 말일에 그리스도의 몸으로 출현하였다. 오직 정결예법을 엄격하게 지켜온 자들만이 교회에 속할 수 있다. 헤르마스는 교회를 늙은 여인이라는 비유를 통해서 묘사한다;[22] 교회는 다른 모든 것 이전에 창조되었고, 실제로 만유가 교회로 인해서 창조되었기 때문에, 교회는 참으로 오래된 실체이다. 그러나 이러한 것들은 스쳐지나가는 암시들일 뿐이다; 어쨌든 헤르마스는 직분자들과 어느 정도 완전한 지체들을 갖춘 그리스도인들의 가시적인 모임에 훨씬 더 많은 관심을 가졌다. 선재하는 교회에 관한 이론의 충분한 발전을 위해서는 발렌티누스(Valentinus)의 영지주의를 기다려야만 했다. 이레나이우스에 의해서 설명된 발렌티누스의 영지주의의 우주론에 의하면,[23] 교회는 — 만물의 근원인 시원의 8계(ogdoad)를 이루고 있는 것 중 하나인 — 신비한 아이온(aeon)이었다.

이레나이우스는 주후 2세기에 유포되어 있었던 교회에 관한 주요한 개념들을 모아서, 영지주의에 의도적으로 대항하기 위하여 그 개념들에 더 뚜렷한 윤곽을 부여한다. 그의 선배들과 마찬가지로, 이레나이우스는 교회를 새로운 이스라엘로 보았다;[24] 교회는 그리스도의 영광스러운 몸이자 그리스도인들의 어머니이다.[25] 교회에게는 값없이 행사할 수 있는 신비한 권능들이 주어져 있고, 교회는 헤아릴 수 없이 많은 은혜들을 수여한다.[26] 그리고 교회는, 특별히 교회에 의탁된 성령의 유일무이한 장이기 때문에, 우리는 교회 속에서만 그리스도와 친교(communion)를 나눌 수 있다. 그는 이렇게 썼다:[27] "교회가 있는 곳에는 하나님의 성령이 존재한다; 그리고 하나님의 성령이 있는 곳에는 교회 및 모든 은혜가 존재한다; 그리고 성령은 진리이다. 그러므로 성령에 참여하지 않는 자들은 그들의 어머니의 젖을 먹지도 못하고 그리스도의 몸으로부터 나오는 맑은 샘물을 마시지도 못한다."

그러나 그의 가장 특색 있는 사상은 교회는 사도적 저작들, 사도적인 구전 전승과 사도적인 신앙을 독점하고 있기 때문에 진리의 유일한 저장소라는 것이다. 교회는 온 세계에 걸쳐 흩어져 있지만 사도들로부터 물려받은 이 하나의 신앙을 선포하기 때문에 하나라고 주장할 수 있다.[28] 그런 까닭에 그는 "진리의 교령(教令)," 즉 교회 속에서 전수되는, 영지주의자들의 다양한 가르침들과는 대조적으로 어디에서나 동일하고 일관된 가르침의 틀을 강조한다.[29] 앞 장에서[30] 우리는 주교단을 통해서 사도들에게까지 소급되는 주교들의 연속성이야말로 교회의 신앙이 사도들이 원래 처음에 선포하였던 메시지와 동일하다는 것을 보장해 주는 역할을 한다는 그의 이론을 살펴본 바 있다.

이레나이우스는 자신의 논증을 예시하기 위하여 저 유명하면서도 논란이 많은 대목 속에서[31] 로마 교회를 거론하였다; 여기서 로마 교회의 위대성, 고대성, 사도 베드로와 바울에 의해서 세워졌다는 점, 로마 교회가 온 세상에 알려져 있다는 사실 등으로 인해서 로마 교회는 적절한 예가 될 수 있었다. 현존하는 라틴어 번역문은 이렇게 되어 있다: *Ad banc enim ecclesiam, propter potentiorem principalitatem necesse est omnem convenire ecclesiam, boc est eos qui sunt undique fideles, in qua semper ab bis qui sunt undique conservata est ea quae est ab apostolis traditio*("모든 교회가 이 교회와 합치하는 것이 마땅한 일인데, 이는 도처에 있는 신실한 자들에 의해서 사도적 전승이 지속적으로 보존되어 왔다는 것과 관련하여, 이 교회가 탁월한 권위를 지니기 때문이다"). 여기서 '콘베니레'(*convenire*)가 "―에 동의하다"를 의미하고, '프린키팔리타스'(*principalitas*)가 로마의 수위권(어떤 의미에서이든)을 가리킨다면, 이 문장의 요지는 진정한 사도적 전통이 도처에 있는 신실한 자들에 의해서 항상 보존되게 하려면 로마 교회의 특별한 지도적 위치에 비추어 보아서 그 밖의 다른 모든 교회의 그리스도인들은 로마 교회를 따라야 한다는 것으로 해석될 수 있다.

이러한 해석 또는 이것과 비슷한 해석은 많은 학자들에 의해서 받아들여져 왔지만, *in qua*(영어의 in which)가 *banc …… ecclesiam*(이 교회)을 받는다고 보는 것도 이상하고, 이레나이우스가 그러한 사고를 했다고 보는 것도 시대착오적이다. 그런 까닭에 *in qua*가 *omnem …… ecclesiam*(모든 교회)을 받는 것으로 보고, 이레나이우스가 주장한 것은 로마 교회는 베드로와 바울에 의해서 세워졌다는 점, 오래되었다는 점 등등을 토대로 한 "그 탁월한 권위에 비추어 볼 때" 사도적 전승을 보존해 온 각각의 교회 — 아니, 온 교회 — 는 당연히 로마 교회와 일치하여야 한다는 것이었다고 보는 것이 더 정확할 것 같다. 그러므로 이레나이우스의 이 말 속에는 후대에 로마 교황청이 주장했던 베드로의 수위권에 대한 암시가 전혀 나타나 있지 않다.

2. 성례전에 관한 초기의 견해들

교회의 성례전들은 그리스도의 약속에 따라서 눈에 보이지 않는 성화(聖化)의 은혜를 전달해준다고 그리스도인들이 믿는 외적인 의식들, 더 정확하게 말하면 외적인 표징들(signs)이다. 성례전의 수는 시대마다 다르게 계수되어 왔다; 이 절에서 우리는 주후 2세기에 여러 상황적인 증거들이 남아 있는 세 가지 성례전 — 세례, 성찬, 고해성사 — 을 간략하게 살펴볼 것이다. 우리는 성례전을 가리키는 전문적인 용어가 그리스어로는 '뮈스테리온'(μυστήριον)이고 라틴어로는 '사크라멘툼'(*sacramentum*)이지만, 알렉산드리아의 교부들과 테르툴리아누스 이전에는 이러한 용어들이 사용되었다는 것을 보여주는 절대적으로 확실한 예들은 존재하지 않는다는 점을 유의하여야 한다.

처음부터 세례는 보편적으로 받아들여졌던 교회의 입교 의식이었다; 오직 "주의 이름으로 세례를 받은 자들"만이 성찬에 참여할 수 있었다.[32] 원래는 오직 그리스도의 이름으로만 거행되었든 아니든, 신약성서의 여러 본문들이 시사해 주고 있는 것처럼, 주후 2세기에 세례는 물을 사용하여 삼위일체의 이름으로 베풀어졌다.[33] 세례의 의미와 관련해서는, 언제나 죄사함을 전달해 주는 것으로 주장되었지만, 그리스도의 속죄적 죽음이 신자에게 적용되는 것이라는 세례에 대한 초기 바울의 인식은 사라졌던 것으로 보인다. 반면에 세례가 성령을 전달해 준다는 이론은 꽤 일반적인 것이었다.

클레멘스는 "우리 위에 부어진 은혜의 한 성령"이라고 말했을 때에 이것을 염두에 두었던 것으로 보이고,[34] 또한 이것은 클레멘스2서[35]와 헤르마스[36]에서 세례받은 자들이 반드시 흠 없이 지켜야 할 "인침"(σφραγίς) 또는 "하나님의 아들의 인침"이라고 세례를 묘사한 것의 배후에 있음이 분명하다. 헤르마스에 의하면, 우리가 물 속으로 들어갈 때에 "죽고" 물 속에서 다시 나올 때에 "살아난다"; 우리는 성령을 상징하는 흰 옷을 받는다. 바나바서[37]에서 강조하는 것은 죄사함이다; 우리는 우리의 범죄들로 인해서 더럽혀지고 무거운 짐을 진 채 물 속으로 들어갔다가 물 속에서 나오면서 "우리의 마음에서 열매를 맺으며 성령 안에서 예수에 대한 경외심과 소망을 지니게 된다." 성령은 신자 속에 내주하는 하나님 자신이고, 그 결과로서 생겨나는 삶은 재창조(re-creation)이다. 세례를 받기 이전에는 우리의 마음은 귀신들의 처소였다고 그는 말한다; 그리고 이그나티우스는 이러한 사상을 발전시켜서, 세례는 우리에게 영적인 싸움을 위한 병기들을 제공해 준다고 주장한다.[38]

유스티누스는 나중에 유명하게 된 세례에 대한 설명을 남겼다.[39] 그는 이사야 1:16-20("너희는 스스로 씻으며 스스로 깨끗하게 하여")과 요한복음 3:5("사람이 거듭나지 아니하면")에서 세례에 대한 근거를 찾았고, 그가 제시한 주요한 요점들은 세례는 삼위일체의 이름으로 물로 씻는 것으로서 중생, 조명, 죄사함을 그 효과로서 지닌다는 것이었다. 다른 곳에서[40] 그는 세례를 "회개 및 하나님을 아는 지식의 목욕"이라고 부르고, 오직 살아 있는 물만이 참회하는 자들을 깨끗케 할 수 있는데, 성령 세례와 유대교의 물 세례를 대비시킨다. 세례는 할례를 대신한 영적인 예식으로서 이사야가 예언했던 죄사함으로 들어가는 유일무이한 문이다.[41] 안디옥의 테오필루스(Theophilus of Antioch)는 세례를 죄사함과 거듭남(παλιγγενεσία)을 나누어주는 것으로 묘사한다;[42] 세례는 창조의 다섯째 날에 물로부터 살아있는 것들을 만들어낸 것 속에 예표되어 있다고 그는 생각한다.

이레나이우스에게 있어서[43] 세례는 "영원한 생명과 하나님 안에서의 우리의 거듭남에 대한 인침이기 때문에, 우리는 더 이상 죽을 사람들의 아들들이 아니고, 죽지 않고 흠 없는 하나님의 자녀들이다." 세례는 몸만이 아니라 영혼까지 깨끗케 하고, 부활에 대한 보증으로서 성령을 수여한다. 그는 이렇게 쓴다;[44] "우리는 성부 하나님의 이름과, 성육신하여서 죽었다가 다시 살아나신 하나님의 아들 예수 그리스도의 이름과, 하나님의 성령으로 죄사함을 위한 세례를 받았다. 따라서 세례는 하나님을 향한 영원한 생명과 새로운 탄생의 인침이다." 세례를 통해서 우리는 씻김을 받고 성령의 수여를 받으며 "천상의 존재의 형상"을 얻는다.

그러므로 세례에 관한 초기의 견해는 바울의 견해와 마찬가지로 세례 자체는 믿는 자들에게 성령을 전달해 주기 위한 수단이었던 것으로 보인다. 이 시기 전체에 걸쳐서 우리는 그 어디에서도 도유(塗油) 또는 안수 같은 이 목적에 합당한 별도의 의식의 존재를 보여주는 분명한 지표들을 만나지 못한다. 한 구절 속에서[45] 이레나이우스는 사도행전 8:17을 모호하게 암시하는 가운데, 성령이 사도들의 안수를 통해서 수여되었었다는 그의 인식을 드러내고 있다는 것은 사실이지만, 거기에서조차도 당시의 교회가 그러한 관행을 잘 알고 있었음을 보여주는 그 어떠한 암시도 존재하지 않는다. 또한 그리스도인들은 "그리스도의 기름부음에 참여함으로써" 구원받을 수 있다는 그의 진술로부터[46] 물리적인 기름부음에 대한 언급을 도출해 내고자 하는 시도는 말도 안 되는 무리한 일이다. 여기에 언급된 그리스도의 기름부음은 그리스도가 세례를 받을 때에 그에게 성령이 임한 것을 가리키는 것으로서, 그리스도인들의 기름부음은 문자적인 것과는 전혀 거리가 멀고 세례를 통해서 그리스도의 경우와 비슷하게 그들이 성령을 받는 것을 지칭한다. 사실 주후 2세기의 교회가 기름부음(도유)을 사용하였든 안 하였든, 이 시기에 도유 의식을 사용했음을 보여주는 가장 분명한 증거[47]는 영지주의의 몇몇 분파들의 입교 의식들 속에서 보여진다.

이상이 세례에 대한 교회의 이해였다면, 성찬은 적어도 주후 1세기 말부터는 기독교 특유의 제사의식으로 여겨졌다. 주께서 유대인들의 희생제사를 거절하고 그 대신에 도처에서 이방인들에 의해서 그에게 "순전한 제사"를 드리게 할 것이라는 말라기의 예언(1:10f.)은 일찍부터 그리스도인들에 의해서 성찬에 관한 예언으로 이해되었다.[48] 실제로 『디다케』에서는 '뒤시아'(θυσία)라는 용어 또는 희생제사를 성찬에 적용하였고,[49] 이러한 개념은 클레멘스가 교회의 사역자들과 구약의 제사장들 및 레위인들 간의 병행관계를 이야기하면서 전제하고 있는 것으로서,[50] 클레멘스는 교회의 사역자들의 기능을 봉헌물들을 드리는 것(cf. τοὺς … προσενεγκόντας τὰ δῶρα)이라고 설명한다.[51] "하나의 주교가 있는 것과 마찬가지로 하나의 제단이 있다"라는 이그나티우스의 언급[52]은 그도 역시 희생제사적 관점에서 생각하였다는 것을 보여준다. 유스티누스는 "예수가 시행하라고 명한 이 이름으로 된 모든 희생제사들, 즉 떡과 잔으로 이루어진 성찬은 도처에서 그리스도인들에 의해서 거행되고 있다"고 말한다.[53] 여기에서만이 아니라 다른 곳에서도[54] 그는 "성찬의 떡과 성찬의 잔"을 말라기에 의해서 예언된 희생제사와 동일시한다. 이레나이우스에게 있어서[55] 성찬은 교회가 사도들로부터 받아서 온 세계에 걸쳐서 하나님에게 드리는 "새 언약의 새 봉헌"이었다.

초기 그리스도인들이 성찬을 희생제사라고 생각했던 것은 자연스러운 일이었다. 예언의 성취는 엄숙한 기독교적인 제사를 요구하였고, 그 예식 자체는 우리 주님이 최후의 만찬에 부여하였던 희생제사적인 분위기에 감싸여 있었다. "이를 행하여"(τοῦτο ποιεῖτε)라는 성찬 제정의 말씀들은 주후 2세기의 그리스도인들의 귀에는 희생제사적인 분위기로 가득 차 있었음에 틀림없다; 어쨌든 유스티누스는 이 말을 "이것을 제사로 드려라"를 의미하는 것으로 이해하였다.[56] 이 희생제사가 무엇으로 구성되었느냐고 우리가 묻는다면, 이와 관련해서 『디다케』는 그 어떤 분명한 대답도 제시해 주지 않는다. 그러나 유스티누스는 떡과 포도주 자체가 말라기에 의해서 예언된 "순전한 제물"이라고 분명하게 밝힌다.[57] 그가 "기도와 감사"(εὐχαριστίαι)만이 하나님이 기뻐하시는 유일한 제사라고 주장한다고 할지라도,[58] 우리는 그가 "감사"라는 용어를 전문적으로 "성찬에 드려진 떡과 포도주"와 동일한 것으로 사용하고 있다는 사실을 기억하지 않으면 안 된다.[59] 게다가, 떡과 포도주는 "수난을 기념하기 위하여(εἰς ἀνάμνησιν)" — 그가 떡과 포도주를 주님의 몸과 피와 동일시했다는 점을 고려할 때에 순전히 영적인 회상의 행위보다 훨씬 더한 그 무엇을 함축하고 있는 어구 — 드려진다. 유스티누스의 표현이 아주 명확한 것은 아니지만, 그는 성찬을 구주의 수난의 제사로 인식하는 길목에 서 있었던 것으로 보인다.

이레나이우스의 사상[60]은 유스티누스와는 다소 다른 노선을 따라 움직여 가는데, 성찬을 그리스도의 속죄적 죽음과 그렇게 밀접하게 연결시키지 않는다. 떡과 포도주가 하나님께 드려질 때, 그것들은 그리스도가 우리에게 드리라고 명한 땅의 첫 열매들인데, 그리스도가 이것을 명한 것은 성부가 그것들을 필요로 하기 때문이 아니라 우리가 열매가 없거나 배은망덕한 자들로 발견되지 않도록 하기 위한 것이었다고 그는 생각한다. 성찬은 "교회의 봉헌제사"이고, 진지하고 신실한 태도의 표현으로서 하나님을 기쁘게 하는 것이다. 그러나 이러한 접근 방식 속에도 수난이라는 개념이 배어 있는데, 이는 이레나이우스가 그 봉헌물들을 그리스도의 몸과 피와 동일시하면서, 그것들을 최후의 만찬에서의 주님의 말씀을 회상시키는 표현인 "새 언약의 봉헌"으로 묘사하고 있기 때문이다.

이것은 우리로 하여금 이 시기에 떡과 포도주에 어떠한 의미가 부여되었는지를 생각하지 않을 수 없게 만든다. 『디다케』에서는[61] 떡과 포도주는 "거룩하며," 불멸의 생명을 전달해 주는 영적인 음식이자 음료라고 말한다. 이그나티우스는 "성찬은 우리의 죄를 위하여 고난받으셨다가 성부가 그의 선하심으로 말미암아 다시 일으키셨던 우리 구주 예수 그리스도의 살이다"라고 단호하게 선언한다.[62] 떡은 예수의 살이요, 잔은 예수의 피다.[63] 분명히 그는 이러한 사실적 표현을 있는 그대로 받아들여야 한다고 생각하였다. 왜냐하면, 그는 이러한 사실적 진술을 가현론자들(Docetists)이 그리스도의 몸의 실재성을 부인하는 것에 맞서서 그가 펼친 논증의 토대로 삼고 있기 때문이다.[64] 성찬은 그리스도인들을 그들의 주님과 하나가 되게 하기 때문에 그들을 하나로 묶는 위대한 끈이다;[65] 그리고 성찬은 그리스도와의 친교를 매개하기 때문에, 불멸성을 확보하게 해 주는 치료약($\phi\acute{a}\rho\mu\alpha\kappa\mathrm{o}\nu$ $\dot{a}\theta\alpha\nu\alpha\sigma\acute{\iota}\alpha\varsigma$)이고, 우리로 하여금 주님 안에서 영원히 살 수 있게 해 주는 죽음을 치료하는 해독제이다.[66]

유스티누스는 실제로 이러한 변화를 언급한다. 그는 이렇게 쓴다;[67] "우리는 이것들을 평범한 떡이나 평범한 음료로 받는 것이 아니다. 그러나 우리 구주 예수 그리스도가 하나님의 말씀으로 말미암아 육신이 되었고 우리의 구원을 위하여 살과 피를 입으셨던 것과 마찬가지로, 그리스도의 기도의 말씀에 의해서 성찬에 드려진 음식(동화의 과정을 통해서 우리의 살과 피에 자양분을 공급하는 그러한 음식)은 성육신한 예수의 살과 피라고 가르침을 받아 왔다."

따라서 이레나이우스는 떡과 포도주는 실제로 주님의 몸과 피라고 가르친다.[68] 사실 그의 이러한 증언이 훨씬 더 감명 깊은 것은 그가 이러한 진술을 주님의 실재하는 인성을 거부한 영지주의 및 가현론자들을 반박하는 가운데 아주 우연히 등장하고 있기 때문이다. 또한 유스티누스와 마찬가지로, 이레나이우스도 변화를 전제하고 있는 것으로 보인다. 왜냐하면, 그는 "땅에서 나온 떡이 하나님께 축사된 후에는 더 이상 평범한 떡이 아니라 지상적인 것과 천상적인 것, 이 두 요소로 이루어진 성찬이 되는 것과 마찬가지로, 우리의 몸도 성찬을 받을 때에 영원한 부활에 대한 소망을 지니기 때문에 더 이상 평범한 몸이 아니다"라고 말하고 있기 때문이다.[69]

세례 및 성찬과는 대조적으로, 이 초기 시대에 있어서 고해에 대한 교회의 신학에 관한 우리의 지식은 당혹스러울 정도로 빈약하다. 기본적으로 이 문제는 세례를 받은 후에 범해진 죄들을 다루는 문제였다. 세례 이전에 범해진 죄들은 물론 세례반 옆에서 세례를 받을 때에 사함을 받았다. 주후 2세기의 교회 속에서 강력한 사상 흐름은 세례 후에 의도적으로 범해진 죄들에 대해서는 죄사함이 불가능하다는 견해였다. 신약성서에서는 이미 요한1서의 저자가 "사망에 이르는 죄"라고 불렀던 것에 대하여 기도하기를 금하였던 것과 마찬가지로,[70] 히브리서 기자[71]도 이러한 관점을 보여 주었었다. 따라서 헤르마스는 그리스도인들이 이용할 수 있는 유일한 고해는 세례 속에서 행해진 고해라는 "몇몇 교사들"(그는 διδασκάλων이라는 전문적인 용어를 사용한다)의 견해를 보도하면서 이를 긍정하고 있고,[72] 유스티누스는 사람이 한 번 세례를 받은 후에는 죄 없이 살아가야 한다는 이상을 제시하고 있다.[73]

반면에 당시의 문헌들 속에는 앞에서 말한 것보다 더 유연한 태도가 실제적으로는 널리 채택되고 있었음을 보여주는 풍부한 증거들이 존재한다. 클레멘스는 하나님의 긍휼하심을 거론하면서 회개하고 죄를 고백하는 것이 바람직하다고 강조한다.[74] 『디다케』에는[75] 공적인, 아마도 공동체적인 죄의 고백이 규정되어 있고, 이그나티우스는 분파주의자들이 적절한 회개를 통해서 교회와 화해할 수 있다는 것을 상정한다.[76] 폴리카르푸스는 타락한 사제인 발렌스(Valens)와 그의 부인에게 회개를 허락하시도록 하나님에게 기도하고 있고,[77] 빌립보 교회가 그들을 다시 교회 속으로 받아들여 줄 것을 기대한다. 무명의 한 설교자는 그의 청중들에게 그들이 죽어서 "더 이상 자백하고 회개할 수 없게 될 때"까지 회개를 미루지 말라고 강권한다.[78]

우리는 고해적인 권징의 이러한 초기적인 형태와 관련된 그 어떤 실제적인 절차들에 대해서는 전혀 아는 것이 없다. 그러나 몬타누스주의자들이 교회의 사역자들에게는 세례 이후에 범한 죄를 사할 권세가 없다고 반박한 것에서 볼 수 있듯이,[79] 고해의 출현은 격렬한 반발을 불러일으켰다. 그렇지만 목회적인 여러 이유들로 인해서 과거의 엄격한 태도가 유지되기 어렵게 되었다는 것은 분명하다. 이것을 보여주는 두드러진 한 예는 헤르마스에 의해서 제공되고 있는데, 그는 전통적인 태도를 인정하면서도(우리가 앞에서 보았듯이) 계시를 근거로 해서 기존 그리스도인들이 다시 한 번 회개할 수 있는 특별한 두 번째 기회를 선포하였다.[80]

하지만 우리가 유의할 것은 이러한 기회는 오직 그들에게만 국한된 것으로서 최근에 세례를 받은 자들이나 장차 회심할 자들에게는 적용되지 않았다는 것이다;[81] 그리고 심지어 그들의 경우에 있어서도 이러한 기회는 다시는 반복될 수 없는 단 한 번의 기회였다.[82] 헤르마스가 말한 이 두 번째 기회의 중요한 특징은 후대에는 죄사함이 불가능한 것으로 취급되었던 중대한 범죄들(배교, 간음, 살인)을 배제하지 않았다는 것이다. 헤르마스는 간음한 아내가 진정으로 자신의 죄에 대하여 회개한다면 남편이 그 아내를 다시 데려와야 하고, 그리스도를 마음으로가 아니라 입으로 부인했던 배교자들은 다시 교회로 받아들여질 수 있다고 명시적으로 말하고 있다.[83]

3. 교회론의 발전

주후 3세기에는 교회론에 있어서 중요한 발전들이 있었지만, 처음에는 진부한 옛 견해들이 여전히 주도권을 쥐고 있었다. 예를 들면, 테르툴리아누스의 교회론은 적어도 그가 가톨릭교도로 있었던 동안에는 이레나이우스와 거의 다르지 않았다. "우리는 경건의 끈, 권징의 통일성, 소망의 언약에 의해서 함께 묶여진 한 몸이다"라고 그는 쓰고 있다.[84] 한 하나님, 한 그리스도, 한 소망, 한 세례가 있는 것과 마찬가지로, 온 세계에 걸쳐 퍼져 있는 오직 하나의 교회가 존재할 뿐이다;[85] 그리고 교회는 솔로몬의 아가서에 언급된 그리스도의 신부,[86] 그리스도인들의 어머니(*domina mater ecclesia*[87])이다. 이 후자의 사고 속에서 우리는 교회를 자신의 어머니로 지니고 있는 자만이 하나님을 자신의 아버지로 지닐 수 있다는 후대의 공리(axiom)에 대한 단초 이상의 것을 감지할 수 있다.

우리가 이미 살펴본 대로,[88] 이레나이우스와 마찬가지로 테르툴리아누스는 교회는 성령의 유일무이한 거처이고 중단 없는 연속적인 주교들에 의해서 보장된 그 가르침을 통한 사도적인 계시의 유일한 저장소라고 주장한다. 그러나 이러한 사상들은 주후 207년경에 그가 몬타누스파에 합류하여 위계적으로 구성된 유형 교회를 떠나 카리스마적인 집단을 선택하면서 급진적인 변화를 겪게 되었다.[89] 이 단계에서 그는 심지어 교회의 본질적인 성격을 성령이라고 정의하기까지 하였다. 교회는 본질이 그러하기 때문에 오로지 신

령한 사람들로 이루어진 순수하고 흠 없는 것이 되어야 한다고 그는 주장한
다. 이렇게 해서 테르툴리아누스 속에 항상 존재해 있었던 이러한 엄격주의
적인 성향은 완벽한 모습을 갖추게 되었고, 그는 권세는 주교들 자체가 아니
라 성령을 소유하고 있는 모든 자들에게 속한 것이기 때문에 성직자와 평신
도 간에는 그 어떤 차이도 있을 수 없다고 주장할 수 있었다.

테르툴리아누스는 엄격주의에 매력을 느꼈던 유일한 신자가 아니었다. 우
리가 이후의 한 절을 통해서 살펴보게 되겠지만, 실제로 이 당시에 통용되었
던 견해는 중대한 범죄들은 사함받을 수 없다는 것이었고, 이것에 걸맞게 교
회의 본질과 기능에 대한 인식도 마찬가지로 엄격했을 것임에 틀림없다. 우
리는 교회를 그리스도의 신부 또는 세상의 격랑들을 헤쳐나가면서 동쪽을
향하여 항해하는 배로 묘사하면서[90] 교회를 "의로 살아가는 자들의 거룩한
모임"이라고 생각했던[91] 히폴리투스(Hippolytus)에게서 이것에 대한 강력한
표현을 발견한다. 구약의 전형(典型)을 따라 수산나가 자신을 더럽히느니 차
라리 죽음을 선택했던 것에서 볼 수 있듯이, 교회 속에는 이단이나 죄인들이
들어설 여지가 전혀 없다. 도리어 교회는 죄에 빠져서 타락한 자들을 배제한
지상의 에덴이다.[92]

그러나 이것보다 더 기독교 특유의 사상들이 통용되기 시작했는데, 그러
한 사상들은 목회적인 필요성과 엄청나게 몰려오는 개종자들에 대처할 필요
성에 의해서 받아들여졌다. 우리가 곧 살펴보게 될 고해의 확대를 계기로,
교회의 역할에 대한 더 광범위한 인식이 퍼지기 시작하였다; 새로운 학파의
신학자들은 교회를 성도들의 공동체로 여기기보다는 죄인들을 훈련시키는
장으로 여겼다. 교황 칼리스투스가 고해를 개혁하면서 교회론에 대한 자신의
더 자유로운 태도가 지니는 함의들을 잘 알고 있었을 것이라고 생각할 만한
근거가 있다. 히폴리투스에 의하면,[93] 그(칼리스투스)는 가라지 비유에 근거
해서 교회 속에는 죄인들도 그대로 머물도록 허용되어야 한다고 주장하였
다. 나아가, 그는 노아의 방주를 교회의 모형으로 보고, 정한 짐승이나 부정
한 짐승이나 모두 다 교회 속에서 머물 곳을 찾았다는 점을 지적하였다.

충분히 예상할 수 있는 일이지만, 이 시기에 알렉산드리아에서는 유형 교
회가 인정을 받긴 했지만, 진정한 관심의 초점은 참된 신령한 자들로 이루어

진 무형 교회에 두어지는 경향를 보여주었다; 이 땅에서의 위계질서에 대한 서술은 일반적으로 피상적인 것이었다. 예를 들면, 클레멘스는 경험적인 범주들을 사용해서 "옛 가톨릭적인 교회"를 이단적인 집회들과 구별하는 데에 앞장섰다.[94] 교회는 사도적 전통이 소중히 간직되어 있고 하나님이 의로 부르신 자들이 속해 있는 곳이다. 하나님 자신과 마찬가지로, 교회는 하나이다;[95] 또한 교회는 그리스도인들에게 거룩한 젖인 로고스를 먹이는 동정녀 어머니이기도 하다.[96] 그러나 클레멘스는 부지불식간에 이러한 개념을 영적으로 해석하였다. 교회는 "택함받은 자들의 모임,"[97] 로고스에 의해서 통치되는 난공불락의 도성이다;[98] 그리고 그는 하나님의 뜻을 가르치고 행하는 경건하고 의로운 신령한 자들은 비록 그들이 이 땅에서는 그러한 직임에 임명된 적이 없다고 할지라도 교회의 참된 사제들이자 부제들이라고 분명하게 말한다.[99] 게다가 이 땅의 교회는 하늘의 교회의 모형이다; 이것이 바로 우리가 하나님의 뜻이 하늘에서와 마찬가지로 땅에서도 이루어지라고 기도하는 이유이다.[100]

그는 이렇게 쓴다:[101] 완전하고 신령한 자들은 "하나님의 모사들, 마음이 순수한 진정한 이스라엘 사람들이 모여서 …… 끝없는 관상의 순수한 직관에 자신을 맡기고 있는 곳인 하나님의 거룩한 산, 높은 곳에 있는 교회(τῆ ἀνωτάτω ἐκκλησία)에서 안식하게 될 것이다." 이러한 "영적인 교회"가 바로 그리스도의 신비적인 몸이다; 이 몸의 지체이면서도 이방인과 같이 살아가는 자들은 이 교회의 육체인 반면에, 진정으로 주님께 붙어 있어서 주님과 한 영이 되어 있는 자들은 진정한 의미에서의 거룩한 교회를 이룬다.[102]

플라톤 사상의 영향들[103]은 클레멘스가 불완전한 유형 교회와 완전한 영적 교회를 구별한 것에서 분명하게 드러나는데, 우리는 오리게네스도 이러한 구별을 하였을 것이라고 말할 수 있을 것이다. 오리게네스는 조직된 공동체로서의 교회에 대해서 클레멘스보다도 더 확고한 파악을 하고 있는데, 교회를 "그리스도의 백성들의 회중" 또는 "신자들의 총회"라고 묘사한다;[104] 그리고 그는 교회의 사역자들의 직임과 책임에 관하여 높은 기준의 견해를 지니고 있었고,[105] 그 사역자들이 너무도 무가치하게 되어 버린 것에 대하여 한탄하였다.[106] 그는 교회를 독자적인 법령과 헌법을 지닌 일종의 전세계적인 공

화국인 것으로 보았다;[107] 사실 교회는 하나님의 도성(ἡ πόλις τοῦ θεοῦ[108])
이다. 또한 교회는 통상적인 몸이 영혼에 의해서 생기를 부여받는 것과 마찬
가지로 그리스도에 의해서 생기를 부여받는 그리스도의 몸이고 (그는 이러
한 사상을 자기보다 앞선 그 어떤 사람들보다도 더 상세하게 전개한다), 교
회에 속한 신실한 자들은 그리스도의 지체들이다.[109] 이러한 신비적인 의미
에서의 그리스도의 몸은 인류 전체, 실제로는 피조물 전체를 포괄한다;[110] 왜
냐하면, 오리게네스의 가르침에 의하면, 모든 피조물은 궁극적으로 구원받
게 될 것이고, 그런 점에서 모든 피조물은 교회에 속할 것임에 틀림없기 때
문이다. 그런 까닭에 그는 사망이 멸해지게 될 마지막 날에는 그리스도의 진
정한 몸의 부활이 있게 될 것이고, 그리스도와 연합한 모든 자들은 여기에서
십자가형과 죽음을 겪은 후에 부활되어서 그리스도의 몸의 충만의 정도에
따라서 완전한 사람을 이루게 될 것이라고 단언할 수 있었다.[111]

그러나 그의 사고 속에는 항상 여기 이 땅에 있는 경험적인 교회와 이상적
인 교회 간의 첨예한 긴장이 존재해 있다. 그는 시온에 많은 여부스족 사람
들이 있었던 것과 마찬가지로 전자의 교회 속에는 겉보기에만 신자들인 많
은 지체들이 존재한다는 것을 인정한다;[112] 그러나 이와는 대조적으로 사도
바울의 설명과 같이, 참된 교회(ἡ κυρίως ἐκκλησία)는 "점이나 주름진 것
이 없으며," 거룩하고 흠이 없다.[113] 여기 이 땅에서 완전에 도달한 모든 자
들, 즉 오리게네스의 신비주의적인 신학에 의하면, 로고스와 연합하게 된
'완전한 자들'(τέλειοι)은 바로 이 교회에 속한다. 지상적 교회 중에서 이러
한 택함 받은 자들의 부분은 오리게네스가 창세 이전부터 존재해 왔다고 보
았던[114] "천상적 교회"(ἡ οὐράνιος ἐκκλησία)와 동일시된다. 이런 의미에
서 교회는 "모든 성도들의 총회"이고, 교회의 몸은 "완전에 도달한 모든 영
혼들"로 구성된다.[115]

많은 학자들은 오리게네스가 이러한 영적인 교회에 몰두한 것으로부터 오
리게네스는 결국 진정으로 로고스에게 헌신된 자들을 위계질서적인 유형 교
회에 속한 것으로 여기지 않았다고 추론해 왔으나, 이러한 추론은 오리게네
스의 가르침에 대한 왜곡일 뿐이다. 오리게네스가 영적인 교회, 즉 그리스도
의 흠 없는 신부와 온갖 결점들을 지닌 지상적 교회를 구별하였음에도, 불구

하고, 이 둘은 어느 정도 중복된다는 것이 그의 분명한 신념이었고,[116] 몇몇 구절들에서는[117] 그가 영적으로 진보한 자들은 유형의 경험적인 몸의 교사들 또는 "눈들(eyes)"이라고 생각했음을 보여준다. 로고스가 그 생명 원리로서 생기를 불어넣어 주고 있는 그리스도의 몸으로서의 후자의 교회는 "다가올 하나님 나라를 본뜬 모형"이고,[118] 진정으로 신령한 자들은 그 영적인 핵심을 형성한다.

알렉산드리아 학파의 신비적이고 종종 파악하기 어려운 이론으로부터 아우구스티누스의 시대에 이르기까지 서방 교회의 교회론을 지배하였던 키프리아누스에게로 눈을 돌리게 되면, 우리는 동방 교회와는 다른 분위기가 숨쉬고 있는 것을 감지하게 된다. 영적인 실체로서의 교회에 대한 그의 모든 심오한 인식과는 대조적으로, 그의 접근 방식은 실제적이고 심지어 율법주의적이기까지 했는데, 이것은 주로 로마의 법률로부터 빌어온 유비(類比)들과 노바티아누스파의 분파적 행동에 의해서 초래된 문제들 때문이었다. 노바티아누스파는 데키우스의 박해 동안에 과오를 범했다가 이제 다시 교회의 지체로서의 자격을 얻기를 희망하였던 자들에 대한 혹독한 처벌을 주장했던 분파를 대표하는 엄격주의적이고 교리적으로 정통적인 운동이었기 때문에, 키프리아누스는 가르침의 엄밀한 정통성보다는 연합을 위한 뭔가 다른 토대를 찾아내지 않으면 안 되었다.

그의 모든 논의들 속에서 그가 아무런 의심 없이 전제하고 있었던 것은 가톨릭 교회는 하나이어야 할 뿐만 아니라 사실 하나라는 것이었다. "사도들을 통해서 주님에 의해서 전해진 통일성"[119]은 구약성서에 이미 예표되어 있고, 그리스도의 깁지 않은 옷에 의해 함축되어 있으며, 사도 바울에 의해서 선포되었고, 구주의 대제사장적인 기도의 제목이었다고 그는 주장한다.[120] 이러한 통일성은 하나님의 본성과 존재 자체에 그 토대를 둔 것이었다.[121] 나무랄 데 없는 신조를 지니고 있었던 분리주의자들과 대면했을 때에 키프리아누스 앞에 놓여진 질문은 이러한 통일성이 어떻게 표현되고 그 보증을 어디에서 찾아볼 수 있느냐 하는 것이었다. 이에 대한 대답을 위해서 그는 주교단을 거론하면서, 전체적으로 및 개별적인 지체들로서 이 주교단은 하나님이 교회에 주신 통일성의 원리라고 주장하였다. 주교들은 사도들을 계승한 자들이라는 의미에서만이 아니라 사도들과 마찬가지로 주님의 특별한 명령에 의해서 선택을 받아 직임을 수여받았다는 의미에서도 사도라는 위치에 있었다.[122] 게다가, 전체 교회의 축소판인 교구(教區)를 주재하는 주교들은 하나의 공동체를 형성한다. 왜냐하면, 주교단은 그 자체로 하나이고 나눌 수 없으며, 주주들이 공동의 자산을 공유하는 것과 마찬가지로, 주교들은 각각 주교단 전체의 자산을 공유하기 때문이다(*episcopatus unus est, cuius a singulis in solidum pars tenetur*[123]). 그런 까닭에 교회는 주교들 위에 세워져 있다;[124] 교회는 "주교들의 상호적인 응집에 의해서 연합되어 있고 결합되어 있다";[125] 그러나 키프리아누스가 분명히 밝히고 있듯이,[126] 이러한 이론은 각각의 주교가 자기 나름대로의 견해를 가지고 그것에 따라서 자신의 교구를 운영할 자격이 있다는 것과 각각의 견해들에 대한 관용적인 존중의 원칙이 유지되어야 한다는 것을 함축하고 있다.

교회의 통일성에 대한 근거로 키프리아누스는 마태복음 16:18 이하에서 그리스도가 사도 베드로에게 위탁한 말씀과 요한복음 20:21 이하에서 사도들에게 일반적으로 하신 말씀을 제시한다.[127] 키프리아누스의 논거는 주님은 동일체적인 주교단을 세웠지만 처음에는 의도적으로 오직 사도 베드로에게만 자신의 대권을 주어서 처음부터 교회 속에 통일성의 원칙을 결정적으로 수립하고자 하였다는 것이다. 이 대목은 아주 중요하기 때문에 여기서 인용할 필요가 있다: " '내가 네게 이르노니 너는 베드로라 ……' 이런 식으로 그리스도는 자신의 교회를 한 사람 위에 세우셨다; 그리고 부활하신 후에 그리스도는 '아버지께서 나를 보내신 것 같이 나도 너희를 보내노라' 고 말씀하시며 모든 사도들에게 동등한 권세를 주셨지만, 그럼에도 불구하고 교회의 통일성을 생생하게 제시하기 위하여, 교회의 통일성의 기원을 한 사람에게서 시작되게 하셨다. 물론 그 밖의 다른 사도들도 모두 베드로와 마찬가지로 동등한 존귀와 권세의 몫을 부여받았다; 그러나 그리스도의 교회의 하나됨이 분명하게 드러날 수 있도록, 그리스도는 교회의 통일성이 한 사람에게서 시작되어 이루어지게 하셨다."

이것이 이 본문의 참된 의미라면, 그것은 키프리아누스가 다른 곳에서 주장하고 있는 주교단의 동일체적 개념을 밑받침하는데, 단지 거기에 사도 베드로가 통일성의 출발점이자 상징이라는 내용만이 덧붙여져 있다고 할 수 있다. 교회의 통일성을 사도 베드로에게까지 소급하고 있는 그 밖의 몇몇 구절들 속에서도[128] 베드로가 다른 사도들보다 우월하다거나 다른 사도들을 주재하였다는 암시는 전혀 없다.

그러나 또 다른 판본(소위 "교황 본문")에는 (a) "하나의 의자"(*unam cathedram*)를 세워서 베드로에게 수위권을 주었다고(*primatus Petro datur*) 말하면서,(b) 그 밖의 다른 사도들에게도 베드로와 동일한 권세를 주었다는 언급을 생략하고 있는 구절이 나온다. 이 구절도 키프리아누스가 쓴 것으로 보이는데, 공인 본문보다 이른 시기의 것으로서 이단자들 및 분파주의자들에게 다시 세례를 주어야 할 필요성을 놓고 교황 스테파누스와 논쟁을 벌이기 이전의 그의 태도를 보여주는 것 같다. 스테파누스의 지지자들이 다른 주교 관구들에 대하여 로마 주교 관구의 권위를 주장하기 위하여 이 구절을 사용하자, 키프리아누스는 이 구절을 수정해서 더 세련된 판본으로 바꾸어 놓았을 가능성이 크다. 그러나 "교황 본문"조차도 키프리아누스의 일반적인 가르침, 즉 교회의 통일성은 동일체적인 주교단의 일치성(consensus)에서 찾아질 수 있다는 가르침과 반드시 충돌하는 것은 아니다. 그는 아주 유명한 구절에서[129] 기꺼이 로마 교회를 "지도적인 교회"라고 말하긴 했지만, 그가 염두에 둔 수위권은 존경의 수위권인 것으로 보인다. 어쨌든 그는 몇 줄 아래에서 "각각의 목자들(즉, 주교들)은 통치하고 다스리라고 그에게 맡겨진 양떼의 한 부분을 가지고 있고, 주님에게 자신의 책임과 관련하여 회계해야 할 것이다"라고 쓰고 있다.

키프리아누스는 자신의 이론으로부터 논리적인 결론들을 도출해 내는 데에 주저하지 않았다. 교회의 지체로서의 자격에 대한 판별 기준은 이레나이우스의 경우와는 달리 더 이상 주교단에 의해서 보증된 가르침을 사도적인 것으로 받아들이는 데에 있는 것이 아니라 주교 자신에 대한 순종에 있다.[130] 주교에게 대항하는 것은 하나님에게 대항하는 것이고,[131] 분파주의자들은 그들의 가르침이 아무리 옳고 그들의 삶이 아무리 덕스럽다고 할지라도 그리스도를 거부하고 그리스도의 교회와 대항하여 싸우며 하나님의 교회에 저항하는 것이다.[132] 따라서 분파주의자들은 사실상 이단자들이다. 따라서 키프리아누스는 노바티아누스에 대하여 이렇게 쓸 수 있었다:[133] "우리는 그가 무엇을 가르치느냐에 관심을 갖지 않는다. 왜냐하면, 그는 교회 밖에서 가르치기 때문이다. 그가 어떤 사람이고 어떤 부류의 사람이든지간에, 그는 그리스도의 교회에 속하지 않은 자로서 그리스도인이 아니다." 그리고 "그런 사람은 하나님을 그의 아버지로, 교회를 그의 어머니로 가질 수 없기" 때문에,[134] 교회 밖에는 구원이 없다(*salus extra ecclesiam non est*[135]). 교회 밖에서는 성례전들이 불가능하고(예를 들면, "성령이 임재해 있지 않은 곳에서 행해진 제사는 성별될 수 없다"[136]), 특히 분파주의자들 또는 이단자들에 의해서 행해진 세례는 유효하지 않다는 것은 말할 필요조차 없다.

이미 잘 알고 있는 것이지만, 이 마지막 사항에 대해서 키프리아누스는 로마 교회의 강력한 반대를 받았는데, 교황 스테파누스는 전승을 근거로 삼아서, 세례받은 이단자들이 교회에 다시 들어올 때에는 오직 안수만 받으면 된다고 주장하였다.[137] 키프리아누스의 가르침은 가혹하고 율법주의적인 것처럼 보이지만, 그것은 단지 교회는 그리스도의 몸으로서 성령의 생명으로 약동하며 그리스도의 은혜와 그의 성령을 교회 밖에서 주장하는 것은 곧 주제넘은 짓이며 불법적인 것이라는 그의 열렬한 확신의 이면에 불과한 것이었다. 게다가, 그가 보기에는 주교단의 위계질서 속에 표현되어 있는 통일성이 사랑에서 나온 사랑의 표출인 것과 마찬가지로, 분열은 교만과 이기심과 당파성의 표출이었다.[138]

4. 주후 3세기에 있어서의 세례

주후 3세기에 있어서 세례에 관한 사상은 그때까지 보편적으로 인정되어 왔던 성령의 수여를 전달해주는 매체로서의 기능을 둘러싸고 전개된다. 유아 세례는 이제 흔한 관행이 되어 있었고, 이러한 사실과 교회의 지체들의 급속한 팽창으로 인해서 점차 주교들은 성례전의 거행을 사제들에게 위임하는 결과가 초래되었다. 앞에서 살펴본 것처럼, 분파주의자들의 존재는 그들이 교회에 다시 가입할 때에 재세례를 받아야 하느냐는 문제를 불러일으켰다. 이에 따라서 세례와 결부된 부수적인 의식(儀式)들의 중요성이 점차 증가하게 되었다 ― 도유(기름부음) 또는 십자가 표시로 기름을 뿌리는 것과 안수하는 것. 이 시기에 우리는 세례의 효과 자체를 죄사함과 중생에 한정시키고, 성령의 수여를 이러한 그 밖의 다른 의식들과 연결시키는 경향을 보게 된다.

먼저 보수적인 개념들이 더 오래 지속되었던 동방 교회를 살펴보도록 하자. 알렉산드리아의 클레멘스는 세례를 중생, 각성(enlightenment), 하나님의 아들됨, 불멸성, 죄사함을 나누어 주는 것이라고 말한다;[139] 하나님의 아들됨은 성령에 의해서 일어난 중생의 결과라고 그는 설명한다.[140] 세례는 인침, 즉 하나님의 형상인 성령 자체인 인침을 각인시킨다;[141] 내주하시는 성령은 그리스도인이 그리스도의 지체라는 것을 보여주는 "빛나는 각인"(χαρακτήρ)이다.[142] 클레멘스가 어디에서도 기름부음 또는 안수 같은 어떤 예전적인 의식을 암시하고 있지 않은 것에서 알 수 있듯이, 우리는 그가 세례 자체를 성령을 전달해 주는 것으로 여겼다고 추론할 수 있다.

오리게네스는 세례의 내적인 의미와 영적인 효력을 훨씬 더 많이 강조했고, 성경적인 가르침에 굳건하게 서 있었다. 예를 들면, 그는 세례의 선결 요건으로서 고해, 진지한 믿음, 겸손을 강조하였고,[143] 또한 세례가 영혼을 점진적으로 변화시킨다는 점을 역설하였다. 세례를 통해서 그리스도인은 그리스도의 죽음과 부활 속에서 그리스도와 연합된다고 그는 믿었다.[144] 세례는 죄사함을 받기 위한 유일무이한 수단이다;[145] 세례는 우리를 마귀의 권세로부터 자유케 하고, 우리를 그리스도의 몸인 교회의 지체들이 되게 한다.[146] 어린아이들조차도 죄로 더럽혀져 있기 때문에 반드시 세례를 받아야 한다고 그는 주장한다.[147] 그의 통상적인 가르침[148]은 성령은 세례 속에서 수여되고, 회심한 자는 "그리스도 안에서 물과 성령으로 세례를 받는다"는 것이다. 그리스도께서 세례를 받을 때에 성령이 임했듯이, 그리스도인이 세례를 받을 때에 성령이 임하고, 그는 "신령한 자"가 된다.[149] 그러나 분명한 것은 그가 사도행전 8:17 같은 구절들을 당혹스럽게 생각하여, 종종 "세례의 은혜와 중생"을 사도들의 손에 의해서 전달된 성령의 은사와 구별하기도 하였다는 것이다.[150] 그러나 이러한 분위기가 감지됨에도 불구하고, 그가 그리스도인의 입교 의식을 두 가지 별개의 의식으로 구분한 것으로 보는 것은 잘못된 것이다. 도리어 그는 세례 의식의 단일성을 강조하면서 내적인 효과들에 모든 강

조점을 두었고, 안수와 기름부음 같은 특징들을 단일한 의식의 종속적인 측
면들로 취급하였다.

　서방 교회로 눈을 돌리면, 우리는 성령의 수여를 후기의 의식(儀式)들에 집
중시키는 경향성이 점점 증가하고 있다는 것을 발견하게 된다. 히폴리투스가
전통적인 신학을 전체적으로 보존하여서 죄사함과 성령의 수여를 세례와 결
부시키고 있다는 것은 사실이다.[151] 그러나 그는 주교가 안수하면서 기도하는
것, 기름을 바르는 것 등과 같은 그 밖의 다른 의식들이 이제 중요성을 지니
게 되었다는 것을 보여주는 귀중한 증거들을 제시하고 있고, 때로는 성령의
수여를 후자의 의식과 결부시키고 있기도 하다.[152]

　테르툴리아누스는 여기에서 한 단계 더 나아가, 세례는 구원에 필수적인 것
이라고 주장한다;[153] 그리스도의 모범을 따라서 우리는 물로 거듭나고, 오직
그럴 때에만이 구원을 받을 수 있다. 세례는 어린아이들에게도 베풀어져야
한다. 물론, 그는 개인적으로는 어린아이들이 분별력이 있는 나이에 이르기
까지는 세례 주는 것이 연기되어야 한다고 생각하였다.[154] 세례는 반복될 수
없다. 이것에 대한 유일한 예외는 이단자들에 대한 세례의 경우인데, 이단자
들은 결코 참된 세례를 받지 않았기 때문이다.[155] 세례의 효과들로는 죄사함,
사망으로부터의 해방, 거듭남, 성령의 수여가 있다.[156] 세례를 통해서 성령이
수여된다는 견해는 성례전에 관한 그의 글의 처음 여러 장들에서 아주 두드
러지게 나타나지만, 나중에 그는 생각을 바꿔서, "우리가 물 속에서 성령을
받는 것이 아니고, 물 속에서 회복된 후에 우리는 천사 아래에서 성령을 받
기 위한 준비가 된다"라고 말한다.[157] 또한 나중에 그는 성령의 수여는 주교
가 축복하면서 "성령을 불러 기원하며" 안수할 때에 일어난다고 말하고,[158]
창세기 48:14에 함축된 모형론(여기에서 야곱은 에브라임과 므낫세의 머리
에 안수하면서 축복한다) 및 사도행전19장에 나오는 에베소 제자들에 관한
이야기를 자신의 이론에 대한 근거로 제시한다. 이와 비슷한 가르침은 그의
저작들의 다른 곳에서도 찾아볼 수 있는데,[159] 그의 신학은 여전히 정립되지
않은 채 계속해서 혼란스러운 상태로 머물러 있었던 것으로 보인다.

　키프리아누스의 시대에 이르러서 이러한 발전은 그 논리적인 단계에 도달
해 있었다. 보수적인 관점은 신학자 노바티아누스 같은 중요한 지지자들을

통해서 로마 교회에서 여전히 유지되고 있었다. 성령은 우리가 세례를 통해서 경험하는 능동적인 힘으로서, 인격적인 임재를 통해 우리를 중생시키며 우리 속에 내주하여 우리로 하여금 영생을 맛보게 하며 불멸성을 준비시킨다고 그는 가르쳤다;[160] 그리고 그는 견신례(confirmation)를 완전히 무시하였다. 그러나 더 일반적인 로마 교회의 가르침은 이제 이것에서 한 걸음 더 나아가 성령의 수여를 물 세례 이후에 이어지는 의식들과 결부시키는 경향을 보여주었다. 교황 코르넬리우스(251-3년)는 노바티아누스가 임종시에 관수식에 의해서 세례를 받았을 뿐 그 세례를 주교의 안수로써 "인침"을 받지 않았다고 비판하였다:[161] "그가 이것[주교의 안수]을 받지 않았는데, 어떻게 그가 성령을 받을 수 있었겠는가?" 교황 스테파누스(254-7년)가 키프리아누스에 맞서서 분파주의자들의 세례가 유효하다고 인정한 것 배후에도 이것과 흡사한 신학이 자리잡고 있는 것으로 보인다; 세례 자체의 의미가 약화되고, 그 결과로 세례 의식의 거행이 사제들에게 위임되면서, 오직 주교만이 할 수 있었던 안수와 기름부음에 의한 인침의 중요성이 증대되었다.

주후 256년경에 북아프리카에서 씌어진 키프리아누스를 반박하는 글인 『재세례에 관하여』(*De rebaptismate*)를 쓴 무명의 저자는 세례(*baptisma aquae*)와 안수(*baptisma Spiritus* 또는 *spiritale*)를 완전히 구분하고, 그것들을 각각 "사소한 것"(the less)과 "중요한 것"(the greater)이라고 지칭한다.[162] 사도행전 8:17; 9:17; 19:6을 근거로 제시하면서, 그는 물 세례를 "불완전하고 절름발이인 신앙의 신비(비의)"라고 묘사하고, 견신례(우리는 안수를 이런 용어로 표현할 수 있을 것이다)야말로 성령을 수여하고 죄사함을 얻게 하는 것으로서 구원은 이 견신례와 결부되어 있다고 주장한다.[163] 이렇게 고유한 의미에서의 세례는 그 값어치가 떨어질 대로 떨어져 있었기 때문에, 우리는 왜 그(무명의 저자)가 분파주의자들이 주교의 안수를 받아들이는 한 다시 세례를 받을 필요가 없다고 생각했는지를 이해할 수 있다.

키프리아누스 자신의 입장은 모호함이 없지 않았다. 회심한 자는 물로 씻음을 통해서 새 생명으로 거듭나는데, 이것은 성령이 임한 결과라고 그는 주장한다.[164] 그는 "세례를 받을 때에 성령이 수여되고, 세례를 받고 성령을 받은 후에 회심한 자들은 주의 잔을 마시도록 이끌림을 받는다"고 명시적으로 단언한다.[165] 유아들일지라도 그들의 역량에 따라서 세례를 통해서 성령을 받는다;[166] 그리고 그는 코르넬리우스에게 맞서서 질병에 걸려서 치유 목적으로 세례를 받은 자들(따라서 주교의 안수와 기름부음이 빠진)은 공적인 완전한 세례 의식을 다 받은 사람들과 마찬가지로 성령을 받은 것이라고 강력하게 주장한다.[167] 이 모든 것은 전래적인 옛 가르침으로서, 그가 이단자들과 분파주의자들이 재세례를 받아야 한다고 역설한 것과 일치한다. 그러나 종종, 새롭게 세례를 받은 자들에게 주교가 안수하는 당시의 관습과 사도행전에 나오는 악명 높은 본문들에 영향을 받아서, 그는 마음이 흔들려서 성령의 수여를 안수 및 십자가 성호를 긋는 것과 결부시키기도 한다.[168] 심지어 그는 요한복음 3:5을 물과 성령에 의해서 거듭나는 것을 가리키는 것으로서 두 가지 성례전을 함축하고 있다는 듯이 해석하기까지 한다.[169] 그러나 그의 동시대인들과 비교해 볼 때, 키프리아누스는 두 개의 전적으로 구별되는 의식들을 인정하는 경향을 보였던 당시의 유행을 거부하고, 도리어 그것들을 그리스도인의 입교 의식이 지닌 두 가지 중요한 측면들로서 결합하고자 애썼던 보수주의자로 간주되어야 한다.

5. 성찬 교리의 발전

주후 3세기에 있어서 접근 방식의 차이점이 동방 교회와 서방 교회에서 감지되기는 하지만 성찬의 떡과 포도주를 주님의 몸과 피와 동일시하였던 초기 기독교적 전통은 변함없이 계속되었다. 또한 성찬의 희생제사에 관한 더 사려 깊은 신학의 개요도 등장하기 시작한다.

서방 교회에서는 비록 주님의 임재가 성례전적이라는 사실을 결코 잊지는 않았지만 축성된 떡과 포도주를 아주 직설적으로 주님의 몸과 피와 동일시하였다. 히폴리투스는 "몸과 피"가 교회를 구원한다고 말하고 있고,[170] 테르툴리아누스는 통상적으로 떡을 "주님의 몸"이라고 묘사한다.[171] 개종한 이교도는 "주님의 몸의 풍성함, 즉 성찬을 먹고 자란다"고 그는 말한다.[172] 그의 실재론적 신학은 몸과 영혼의 밀접한 관계에 토대를 둔 그의 논증,[173] 즉 세례를 통해서 몸이 물로 씻음을 받음으로써 영혼이 깨끗케 되는 것과 마찬가지로 성찬을 통해서 "육체가 그리스도의 몸과 피를 먹음으로써 영혼이 하나님으로 충만하게 된다"는 논증 속에서 뚜렷하게 드러난다. 분명히 그가 전제하고 있는 것은 구주의 몸과 피는 세례의 물과 마찬가지로 실재적이라는 것이다.

키프리아누스의 태도도 이와 비슷하였다. 과오를 범했으면서도 고해성사를 하지 않고 성찬에 참여하는 그리스도인들은 "그리스도의 몸과 피를 범하는 것이고, 그들이 그리스도를 부인했을 때보다도 그들의 손과 입으로 주님에 대해서 더 중대한 범죄를 저지르는 것이다"라고 그는 분명하게 말한다.[174] 나중에 그는 성례전을 더럽힌 것의 무시무시한 결과들을 상세하게 설명하는데,[175] 그가 말하는 이야기들은 그가 임재의 실재성을 문자 그대로 받아들이고 있다는 것을 확증해 준다. 따라서 주기도문을 해설할 때, 그는 "그리스도는, 그리스도의 몸을 접촉하는 우리의 떡이기 때문에" 그리스도는 우리의 떡이라고 분명하게 말한다;[176] 그리고 다른 곳에서 이렇게 말한다:[177] 장래에 순교자가 될 사람들은 "그리스도의 몸과 피의 보호하심을 통해서 견고해져야 한다 …… 만약 그들이 성례전에 참여할 때에 우리가 그들에게 그리스도의 피를 거절한다면, 어떻게 우리가 그들로 하여금 그리스도의 이름을 고백함으로써 그들 자신의 피를 흘리라고 가르치거나 권유할 수 있겠는가?"

종종 이러한 저술가들은 그들이 사용하는 "몸"과 "피"라는 용어들이 극히 실재적인 것으로 들리지만 사실은 그저 상징에 불과한 것이라고 주장하는 듯한 표현들을 한다. 예를 들면, 테르툴리아누스는 떡을 그리스도의 몸에 대한 "은유"(*figura*)라고 말하고,[178] 그리스도는 떡을 통해서 자신의 몸 자체를 표상하고(*repraesentat*) 있다고 말하기도 한다.[179] 그렇지만 우리는 그러한 표현들을 현대적인 방식으로 해석하지 않도록 조심해야 한다. 고대의 사고방식에 의하면, 상징되고 있는 대상과 상징, 은유, 모형 사이에는 신비스러운 관계가 존재하였다; 어떤 의미에서 상징은 상징되고 있는 대상 자체였다. 또한 테르툴리아누스의 용어 속에서 '레프라이센타레'(*repraesentare*)라는 동사는 "현존하게 하다"라는 그 원래의 의미를 보존하고 있었다.[180] 그의 표현이 실제로 시사해 주고 있는 것은 그가 성찬의 성물들을 몸과 피와 동일시하고 있는 것을 받아들이고 있기는 하지만 여전히 성례전에서 이 두 가지를 구별하고 있는 것을 의식하고 있다는 것이다. 사실 그는 '피구라'(*figura*)라는 개념의 도움을 받아서 ⒜ 성찬의 성물들이 이제 그리스도의 몸과 피라는 교의(敎義)와 (b) 우리의 감각에 있어서는 그것들은 여전히 떡과 포도주라는 경험적인 사실 간의 명백한 모순을 스스로에게 합리화시키고자 애쓰고 있는 것이다.

마찬가지로 키프리아누스가 "포도주 속에서 그리스도의 피가 보여진다"(*in vino vero ostendi sanguinem Christi*)라고 말할 때,[181] 우리는 그러한 말이 나오는 문맥을 보면 그가, 악의적으로 성찬 때에 포도주 대신에 물을 사용하는 이단들에 대항하여 논증을 펴고 있다는 점을 상기하여야 한다. 그러므로 "보여진다"라는 용어를 선택함에 있어서 그는 결코 포도주가 단순히 거룩한 피를 상징하고 있다고 암시하고 있는 것이 아니다. 그가 말하고자 하는 요지는 단지, 포도주가 성찬의 필수적인 요소인 것은 구약성서의 여러 본문들이 포도주를 보배로운 피에 대한 모형으로 제시하고 있기 때문이다. 중요한 것은 그가 몇 행 앞에서 "주님의 피를 마신다"라는 표현을 사용하였다는 것이다.[182]

알렉산드리아의 교부들에게로 눈을 돌리면, 우리는 앞에서 말한 것과는 다른 상황을 만나게 된다. 그들은 표현상으로는 관례적인 실재론을 반복하고 있지만, 그들이 지닌 알레고리적인 편향성과 현상 배후에는 영적인 세계가 있다는 플라톤 사상에 대한 심취로 말미암아 그들의 관점은 변경되어 있다. 클레멘스는 자주 성찬의 성물들을 그리스도의 몸과 피와 동일시하는 관점에서 글을 쓰고 있는데, 한 구절 속에서는[183] 그리스도를 묘사하면서 성찬의 성물들을 그리스도 자신과 동일시한다. 예수의 피를 마시는 것은 예수의 썩지 않음에 참여하는 것이라고 그는 분명하게 말한다;[184] 성찬의 포도주는 로고스와 물질적인 실체를 혼합한 것(κρᾶσίς)이기 때문에, 그것을 마시는 자들은 몸과 영혼이 거룩해진다. 그러나 겉보기에 성찬을 확고하게 가리키는 것으로 보이는 내용들은 자주 진정한 신령한 자의 지식에 대한 알레고리로 바뀐다; 로고스의 살과 피를 먹는 것은 신적인 권능과 본성을 이해하는 것을 의미한다.[185]

오리게네스의 가르침은 이것과 일맥상통한데 단지 더 분명할 뿐이다. 그는 그리스도가 그의 몸과 피를 그리스도인들에게 주었다고 말하고 있고,[186] 켈수스(Celsus)에게 "우리는 기도로 말미암아 몸이 된 떡, 그것을 건전한 목적으로 사용하는 자들을 성화시키는 거룩한 것을 먹는다"고 말한다.[187] 그는 축성된 성찬의 성물들을 경외하는 마음으로 대하여야 한다고 권고하고,[188] 그 몸과 피를 형제들에 대한 배신자적인 감정들 또는 불순한 생각을 지니고 접근하는 것은 잘못된 것이라고 강조한다.[189] 그는 성례전에 있어서 두 가지 측면, 성찬에 참여하는 자들에게 전달되는 썩어질 물질과 참여자들을 거룩하게 하는 썩어지지 않는 실재를 구별하는 것 같다.[190] 그러나 그가 보기에 이러한 "모형론적이고 상징적인 몸" ― 그는 축성된 성찬의 떡을 이렇게 지칭한다[191] ― 보다 훨씬 더 중요한 것은 우리의 진정한 음식인 육신이 된 로고스 자신이다. 그가 쓴 수많은 구절들[192]은 그리스도의 몸과 피는 더 깊고 영적인 의미에서 그리스도의 가르침, 그리스도께서 계시하고 우리의 영혼을 붙잡아주며 자양분을 공급해 주는 말로 표현할 수 없는 진리를 의미한다고 주장한다. 성례전적인 몸과 피를 나누어 주는 외적인 의식은 낮은 수준의 그리스도인들을 위한 것이고, 심오한 통찰력을 지닌 더 진보한 그리스도인들은 로고스 자신에게서 자양분을 발견한다고 그는 넌지시 말한다.[193]

물론, 성찬은 그리스도인들의 위대한 예배 행위, 그들의 희생제사였다. 이 시기의 저술가들과 예전들은 한결같이 성찬을 그런 식으로 인식하였다. 클레멘스는 멜기세덱의 제사를 성찬의 모형이라고 말하면서 "희생제사" (προσφορά)라는 용어를 성찬에 적용한다.[194] 테르툴리아누스는 제사장적 기능을 "봉헌"(offerre)의 기능이라고 정의한다;[195] "희생제사의 봉헌"[196]은 그리스도인들이 말씀을 전파할 좋은 계기가 된다고 그는 보았다. 그는 죽은 자를 위하여 성찬을 봉헌하는 것(oblationes pro defunctis)을 전승이 신성시해 왔던 확립된 관습들 중의 하나로 취급한다 ― 물론, 그는 이 말을 언급한 최초의 인물이었긴 하지만.[197] 희생제사가 무엇으로 이루어지는가를 그는 구체적으로 말하지 않는다. 틀림없이 그는 희생제사를 주로 기도와 예배의 봉헌으로 보고 있지만,[198] 이 예배는 구주의 수난 및 희생제물로 드려진 구주의 몸과 피를 "표상하는" 성찬의 성물들이라는 맥락 속에서의 예배이다.

히폴리투스는 더 명확하게 이 희생제사를 말라기에 의해서 예언된 새로운 희생제사, "이제 드려지게 된 희생제사와 봉헌"이라고 말한다.[199] 그가 보기에는 이 희생제사는 최후의 만찬과 수난을 기념하는 것이다; 이 희생제사에 떡과 잔이 드려지지만, 그것들은 성찬 참여자들이 최후의 만찬에서 주님이 하신 말씀과 행위들을 회상한 이후에야 드려진다. 그 전체는 "거룩한 교회의 봉헌"이고, 그 목적은 그리스도인들로 하여금 성육신한 아들을 통해서 하나님을 찬양하고 하나님께 영광을 돌리게 하려는 것이다.[200]

오리게네스는 창조주에게 첫 열매들과 기도를 올리는 희생제사라는 성찬 개념을 전제한다;[201] 그러나 이와 동시에 그는 이 기독교적인 의식은 이스라엘의 속죄적인 희생제사들을 대체하는 것이라고 주장한다.[202] 예를 들면, 이스라엘의 진설병은 그리스도와 성찬의 떡에 대한 모형이었다; 그리고 유일하게 하나님을 사람들과 화해시킬 수 있는 것은 성찬에서 그리스도의 희생제사를 기념하는 것이다.[203] 그러나 우리는 그가 무엇을 말하고 있는지를 분별력을 가지고 읽어내야 한다. 왜냐하면, 그는 교회의 희생제사 체계 배후에 있는 더 깊은 의미는 마음을 하나님에게 굴복시키는 것이라고 인식하고 있기 때문이다.[204]

키프리아누스는 성찬의 희생제사에 관한 이론을 상세하게 설명한 최초의 인물이었다. 그는 "희생제사"(sacrifice)와 "봉헌"(oblation)이라는 용어를 수시로 사용하고, 심지어 한 번은 "희생제물인 주님"(*dominica bostia*)이라는 표현도 사용한다.[205] 그의 견해들은 『서간 제63편』(*Ep.* 63) 속에 가장 상세하게 표현되어 있는데, 거기에서 그는 포도주 대신에 물을 사용하여 성찬을 거행하였던 어떤 이단들(수찬주의자들[Aquarians])을 상세하게 반박한다. 그의 반박하는 글 전체를 관통하는 핵심적인 사상[206]은, 성찬은 최후의 만찬에서의 그리스도의 행위와 의도를 정확하게 재현하여야 한다는 것이다. 그러므로 수찬주의자들은 옛 예언을 범한 것은 그만두고라도 "우리 주님이자 하나님, 이 희생제사의 제정자이자 교사인 예수 그리스도께서 행하고 가르치셨던 것을 행하지 않기" 때문에 잘못되었다는 것이다. 이러한 사상과 맥을 같이 하여 키프리아누스는 사제는 우리의 대제사장인 그리스도의 대표자로서 행하는 것이기 때문에, "사제는 그리스도께서 행하셨던 것을 본받아 그대로 행할 때에만 그리스도의 역할을 수행하는 것이고, 오직 그때에야 그는 그리스도께서 드린 제사의 패턴을 따라 희생제사를 드림으로써 교회 속에서 성부에 대한 참되고 완전한 희생제사를 드릴 수 있게 된다"라고 말하고 있

다.[207]

　그리스도의 제사는 자신의 수난을 통해서 자기 자신을 버린 데 있기 때문에, 분명히 그리스도의 수난은 우리의 희생제사적인 봉헌의 대상이기도 하다. 키프리아누스의 표현에 의하면,[208] "우리가 우리의 모든 희생제사들 속에서 그리스도의 수난을 말하는 것과 관련하여 ─ 왜냐하면, 우리의 희생제사는 주님의 수난으로 이루어지기 때문이다(*passio est enim domini sacrificium quod offerimus*) ─ 우리는 그리스도께서 친히 하셨던 것 이외의 것을 하지 않아야 한다." 사제는 구주가 원래 성부에게 드렸던 자신의 수난의 봉헌을 성례전을 통하여 재현하는 것이다. 나아가, 그가 다른 곳에서 곤경에 처한 사람들,[209] 특히 죽은 자들을 대신하여 희생제사를 봉헌하는 것에 관하여 말하고 있는 것으로부터 분명한 것은, 키프리아누스는 성찬의 희생제사를 객관적인 효력을 지닌 것으로 인식하였다는 것이다.[210]

　키프리아누스가 말하고 있는 또 한 가지의 내용[211]은, 그리스도가 우리를 위하여 고난받고 희생제사를 드렸을 때에 그리스도가 우리의 죄를 짊어지고 있었다는 점에서 우리는 그리스도 안에 있었다는 것이다. 이렇게 그리스도의 육체적인 몸과 피를 통해서 하나님의 백성은 성부에게 드려지고 있었다. 성찬 속에는 그리스도와 그의 백성 간의 병행적인 연합이 존재하기 때문에, 이 의식(儀式)은 실제적으로 온 교회, 즉 교회의 머리와 그 속에서 그리스도와 하나가 된 믿는 자들을 봉헌하는 것이다.

6. 고해

　주후 3세기가 동터오면서 고해의 개략적인 윤곽이 형성되기 시작하였다. 몇몇 학자들의 독창적인 논증들에도 불구하고,[212] 당시에는 오늘날 가톨릭 교회가 알고 있는 것과 같은 개인적인 고해(즉, 사제에 대한 죄의 고백, 사제의 사면, 보속의 부과)가 행해졌음을 보여주는 그 어떤 징후도 존재하지 않았다. 이 당시와 그 이후의 수 세기에 걸쳐서 교회 속에 존재했던 것으로 보이는 제도는 전적으로 공적인 것으로서, 죄의 고백, 보속과 성찬 참여의 배제 기간, 공식적인 사면과 회복으로 이루어진 것이었다 ─ 이 모든 과정은 '엑소몰로게시스(*exomologesis*)로 불렸다.

주교의 축성(祝聖)에 관한 히폴리투스의 기도[213]가 시사해 주고 있듯이, 이러한 과정들 중 마지막 단계는 통상적으로 주교에 의해서 시행되었지만, 주교가 없는 경우에는 사제에게 위임될 수 있었다. 죄인들에게 그들의 마음을 사적으로 사제에게 열어 보이라고 권면했다는 증거는 많이 존재하지만,[214] 이것이 영적인 상담 이상으로 발전했다는 것을 보여주는 증거는 전혀 존재하지 않는다. 실제로 선한 그리스도인들조차도 날마다 범하고 거의 피할 수 없는 사소한 죄들에 대해서는 교회적인 책망이 꼭 필요한 것으로 생각되었던 것으로 보이지 않는다; 개개인들은 기도, 구제, 서로에 대한 용서를 통해서 스스로 그러한 죄들을 처리하도록 기대되었다.[215]

공적인 고해는 중대한 죄들에 대한 것이었다; 우리가 알고 있는 한, 이러한 고해는 보편적이고 극히 엄숙한 일로서 일생에 오직 한 번만 할 수 있었다. 따라서 테르툴리아누스는 아직 가톨릭 신자였을 때에, 두 번째 고해(세례 때에 하게 되는 최초의 고해 이후의 두 번째의 것)를 모든 사람이 한 번은 이용할 수 있지만(*iam semel …… sed amplius nusquam*)[216] 두 번째 고해를 이용하는 것은 위험스러운 일이라고 말한다; 그리고 클레멘스는 세례 후에 가능한 단 한 번의 유일한 고해에 관하여 헤르마스가 말했던 것[217]을 인용한 후에, 이것으로 충분하고 그러한 고해를 한 번 이상 허용하는 것은 재앙을 불러올 것이라는 것을 보여주기 위하여 최선을 다한다.[218] 오리게네스는 이 공적인 고해를 "죄인이 부끄러워하지 않고 주님의 사제에게 자신의 죄를 밝히고 치유해 줄 것을 요청할 때에 이루어지는 고해를 통한 힘겹고 어려운 죄 사함"이라고 규정한다.[219]

주후 3세기에 고해에 관한 신학과 관련하여 가장 주목할 만한 발전은 특히 중대하다고 생각되었던 몇몇 죄들에 대한 교회의 태도와 관련된 것이었다. 주후 2세기의 마지막 수십 년 동안에 간음, 자살, 우상숭배(또는 배교)는 이론상으로는 아니지만 실제상으로는 위에서 설명한 단 한 번의 '엑소몰로게시스'(*exomologesis*)를 통해서도 사함받을 수 없는 것으로 취급되었던 것으로 보인다. 일부 사람들은 이것이 과연 그러한가에 대하여 의심을 품고 있었지만, 지역 간의 상당한 차이를 인정한다고 할지라도, 어쨌든 많은 중요한 신앙 중심지들에서는 그렇게 취급되었다는 인상을 떨쳐버리기 어렵다. 분명히 히폴리투스는 칼리스투스의 혁신에 항의하면서,[220] 그리고 테르툴리아누스[221]는 그가 몬타누스주의자로 활동하던 후기 단계에서 그러한 죄들을 이제까지와 마찬가지로 취급하는 것이 교회의 관습이었다는 것을 당연한 것으로 받아들였다.

오리게네스는 성령의 지도 아래 선한 주교는 "하나님이 사하시는 죄들은 다 사하고 치유받을 수 없는(ἀνίατα) 죄들은 그대로 둔다"고 설명하면서, 동방 교회의 관행을 뒷받침하는 증거를 제시하고 있다.[222] 그는 고해와 관련된 논의들 속에서 고전적인 본문이었던 사무엘상 2:25("만일 사람이 여호와께 범죄하면 누가 그를 위하여 간구하겠느냐")을 인용하면서, 우상숭배, 간음, 음행은 결코 치료책이 없는 이러한 죄들에 속한다는 말을 덧붙인다. 키프리아누스는 이것에 대한 중요한 증인이다. 왜냐하면, 그는 (a) 성적인 죄들은 당시에 카르타고에서 사함 받을 수 없었지만 이전에는 이 문제에 관하여 논란들이 있었다는 것, (b) 우상숭배는 과거에는 사함 받을 수 없었지만 데키우스의 박해의 결과로서 죄 사함 받을 수 있는 죄들 속에 포함되게 되었다는 것을 보여주기 때문이다.[223]

우리는 이러한 엄격성이 여러 단계를 거쳐서 느슨하게 된 모습을 잠깐 잠깐씩 엿볼 수 있을 뿐이다. 교황 칼리스투스는 이것과 관련하여 중요한 조치를 취했던 것으로 보인다. 히폴리투스가 남겨 놓은 상당히 편견에 찬 보도 속에서,[224] 우리는 교황 칼리스투스가 교회 정책의 문제로서 육체의 죄들에 대한 더 관용적인 태도를 취한 최초의 인물이었다는 정보를 얻게 된다. 교황 칼리스투스는 이러한 태도에 대한 근거로서 가라지의 비유(마 13:24-30), "남의 하인을 비판하는 너는 누구냐"라는 사도 바울의 날카로운 반문(롬 14:4), 노아의 방주 속에 부정한 짐승과 정한 짐승을 모두 섞어서 집어넣었다는 것 등을 들었다; 이 모든 것들은 교회 속에 죄인들이 있을 여지를 남겨두는 것이라고 그는 주장하였다.

이 일이 있은 얼마 후에 우리는 테르툴리아누스가 간음 또는 음행을 범한 사람들에게 사면과 적절한 보속을 허용할 용의가 있다는 취지의 "무조건적 칙령"을 내렸던 주교를 크게 진노하여 신랄하게 비판하는 것을 보게 된다.[225] 이러한 비난은 카르타고 지방의 주교였던 아그리피누스(Agrippinus)를 겨냥한 것이긴 했지만, 테르툴리아누스가 칼리스투스를 반박한 것이라고 보는 것이 옳을 것이다. 이러한 더 관대한 관행은 곧 자리를 잡게 된 것 같다. 왜냐하면, 앞에서 본 것처럼, 키프리아누스는 "우리는 간음한 자들에게 고해의 기회를 허용하고 그들에게 사면을 허락한다"고 솔직하게 인정하고 있기 때문이다.[226]

우상숭배와 관련해서는, 데키우스의 박해가 일어나기 이전에 씌어진 그의 『유대인을 반박하는 증언』(*Testimonia*)이라는 글은 당시에 우상숭배는 여전히 사함 받을 수 없는 죄로 여겨졌다는 것을 분명하게 보여준다.[227] 그러나 주후 251년에 박해가 끝나고 나서 열렸던 한 공의회에서 공인된 방침은 더 관대한 것이어서,[228] '증명서를 받은 자들'(*libellatici*) 즉 자신들이 국가의 요구사항들을 실제로 이행하지는 않고 단지 이행했다는 증명서만을 제출함으로써 국가를 만족시켰던 자들은 곧 다시 받아들여져야 하지만, '제사를 드린 자들'(*sacrificati*), 즉 제국의 칙령에 의해서 규정된 희생제사들을 실제로 드렸던 자들은 일생 동안 보속을 행해야 하고 임종시에 다시 받아들여져야 한다는 것이었다.

그러나 엄격주의의 시대는 결코 지나간 것이 아니었다. 옛 방식의 엄격함이 그대로 지속되었다는 것을 보여주는 한 적절한 예는 스페인의 엘비라 공의회(303년)가 많은 참사회원들에게 일생 동안 출교를 명하고 임종시에조차도 교회로 다시 들어올 수 없다고 공표하였다는 것이다.[229] 그럼에도 불구하고, 더 동정적인 태도, 인간의 연약성을 더 인정하고 복음서들의 정신에 더 부합하는 태도가 점차로 힘을 얻어가고 있었다.

그러한 태도는 주후 3세기 중엽에 나온 시리아의 한 문서인 『사도들의 가르침』(*Didascalia Apostolorum*) 속에 정교하게 표현되어 있다. 그 문서에서는 세례는 단 한 번의 유일한 고해이어야 한다는 기독교적인 이상(理想)을 충분히 인정한다:[230] "세례 후에 악을 행하는 자는 그 누구든지 단죄되어 불의 게헨나에 들어가게 된다는 것을 모두가 알고 있다." 이와 동시에 이 문서에서는 주교에게 모든 회개하는 죄인들 — 우상숭배자들, 살인자들, 간음한 자들을 포함해서 — 을 교회에 받아들이도록 권면한다.[231] 주교는 교회 속에서 하나님에 의해서 임명되고, 하나님에 의해서 묶고 푸는 권능을 수여받은 재판관으로 앉아 있는 것으로 묘사된다.[232] 주교의 권세는 하늘로부터 온 것이기 때문에, 사람들은 주교를 아버지처럼 사랑하고, 왕처럼 두려워하며, 하나님처럼 공경하여야 한다.

제 3 부

니케아에서 칼케돈까지

제 9 장

니케아의 위기

1. 갈등의 전야

주후 3세기 말에 이르러서는 교리 발전에 있어서 최초의 위대한 단계가 마감되었다. 두 번째 단계가 시작되면서, 중심적인 교의인 하나님론에 관한 고찰이 재개되고, 되돌아보면 기독교 신앙에 있어서 특히 결정적이었다고 할 수 있는 치열한 논쟁이 전개된다. 이것은 아리우스주의의 출현으로 인해서 시작되어서 다음 장에서 보게 될 삼위일체에 관한 정통 교리의 형성을 통해서 절정에 달하게 된 격렬한 논쟁이었다. 이 논쟁의 초기에는 삼위일체에 관한 문제 자체는 직접적으로 관련되어 있지 않았던 것으로 보인다.

처음에 신학적인 쟁점이 되었던 것은 훨씬 더 좁은 문제, 즉 말씀의 지위 및 말씀과 하나님의 관계라는 문제였다. 말씀은 엄밀한 의미에서 완전히 신적이고, 성부와 진정으로 유사한 것인가? 말씀은 모든 피조물이 창조된 이후에 나왔기 때문에, 나머지 피조물보다 더 우월하긴 하지만, 신적이라고 지칭된다고 할지라도 하나님과는 메울 수 없는 간격에 의해서 분리되어 있는 것은 아닌가? 그러나 일단 이러한 질문들이 제기되자, 논쟁 과정 속에서 자연스럽게 드러났듯이, 그리스도인들은 삼위 하나님(the divine Triad)이라는 말이 무엇을 의미하는가라는 추가적인 문제 제기를 피할 수 없었다.

이 문제와 관련해서 악역을 담당한 사람(정통파의 표현을 사용하자면)은 이단 중의 이단이었던 아리우스(Arius)였는데, 우리는 그의 신학을 살펴보기 전에 먼저 주후 4세기의 첫 수십 년 동안에 이 분야를 휩쓸었던 하나님(Godhead) 안에서의 말씀의 지위에 관한 이론들을 짤막하게 살펴보지 않으면 안 된다. 여기서 우리는 대체로 교회 가운데에서 그리스어를 사용했던 지역에 국한시켜 이 논의를 진행시켜야 한다. 몇 세대 이전의 교황 디오니시우스(Dionysius)와 마찬가지로,[1] 서방 교회의 신학자들은 주로 하나님의 일체성(unity)에 관심을 가지고 있었고, 하나님 안에서의 구별들을 신비하다고 생각하였다고 보는 것이 안전한 추정이긴 하지만, 어쨌든 서방 교회의 신학자들이 무엇을 생각하고 있었는지를 보여주는 증거들은 거의 또는 전혀 남아 있지 않다. 오리게네스의 영향력이 여전히 지배적이었던 동방 교회와 관련해서는 서방 교회보다는 더 많은 정보가 남아 있다. 말씀에 관한 한, 오리게네스주의에 속한 두 가지 유형이 유행되고 있었던 것으로 보이는데, 한 유형은 조심스러운 중도파적 입장을 견지하고 있었고, 다른 하나는 더 급진적인 것이었다. 전자에 대한 지지자로서 우리는 주후 313-28년에 알렉산드리아의 주교였던 알렉산더를 들 수 있는데, 그는 아리우스를 성직으로 부른 책임이 있었던 인물이었다. 더 급진적인 접근 방식의 전형적인 지지자는 교회사가였던 가이샤랴의 유세비우스(Eusebius of Caesarea)인데, 그의 견해들은 어쨌든 더 온건한 형태의 것으로서 동방 교회의 성직자들의 상당수의 태도를 반영하는 것이었다.

알렉산더의 입장에 대한 개요는 그가 아리우스를 비판하여 쓴 몇몇 서신들로부터 복원될 수 있다.[2] 이 서신들은 아리우스가 이단으로 정죄된 이후에 씌어진 것이기 때문에 아마도 알렉산더의 신학을, 논쟁되는 부분들에 있어서 그 이전보다는 더 명확하게 드러내주는 것 같다. 사정이 어떻든지간에, 그가 삼위(三位) 하나님의 일체성(ἐν τριάδι μονάδα εἶναι[3])을 역설했다고 하여 아리우스에 의해서 사벨리우스주의(Sabellianism)로 비난받긴 했지만, 그가 말씀을 성부와는 구별되는 "위격"(ὑπόστασις) 또는 "본성"(φύσις: 우리는 그가 이 단어를 실제로 ὑπόστασις, 즉 "개별적인 존재"라는 의미와 사실상 동일한 의미로 사용했다는 점에 유의해야 한다)으로 인식했다는 것은 분명하다. 진정한 오리게네스주의적인 방식으로 그는 말씀을 하나님과 피조물을 매개하는 유일무이한 본성(μεσιτεύουσα φύσις μονογενής)으로 설명한다;[4] 그러나 말씀은 피조물이 아니고, 성부의 존재로부터 나온 것이다. 오직 성부만이 "발생되지 않은"(ἀγέννητος), 즉 기원이 없고 스스로 존재하는 존재이다; 이 점에 있어서 그는 대적자들에 의해서 성자도 기원이 없다는 가르침이라고 비난받긴 했지만, 그의 태도는 확고하였다. 그가 실제로 가르친 것[5]은 하나님은 그의 말씀, 그의 지혜, 그의 능력, 그의 형상 없이 존재해온 것이 아니기 때문에 아들로서의 성자는 성부와 더불어 영원하고, 성부는 언제나 성부였다는 것이다. 나아가, 아들로서의 말씀의 지위는 실재적이고 형이상학적인 것으로서, 양자적인 것과 반대되는 자연적인 것이다(cf. 시 110:3의 LXX 본문: "동이 트기 전에 내가 너를 나의 배에서 낳았고"[6]): 명시적으로 말하고 있지는 않지만, 알렉산더는 이 본문이 말씀이 성부의 본성을 공유하고 있다는 뜻이라고 시사한다.

말씀이 성부와 더불어 영원하다는 것을 설명하기 위하여, 그는 오리게네스가 제시했던 영원한 발생(generation)이라는 개념[7]을 충분히 활용해서, 성부로부터의 성자의 "시작이 없는 발생"(ἄναρχος γέννησις)에 관하여 말한다.[8] 요한복음 1:18이 보여 주듯이, 성부와 성자는 실제로 "서로로부터 분리될 수 없는 두 실재"(ἀλλήων ἀχώριστα πράγματα δύο[9])인데, 성자는 성부의 표현된 형상(image)이자 모양(likeness)이다. 그러나 그가 우리에게 경고하고 있듯이,[10] 우리는 요한복음 10:30이 성자가 성부와 동일하다거나 "위격상으로 둘인 이 본성들이 사실상으로는 하나라는 것"을 함축하고 있는 것으로 해석해서는 안 된다. 이 본문이 전달하고자 하는 모든 것은 성부와 성자 간에는 완전한 닮음(κατὰ πάντα ὁμοιότης)이 존재한다는 것이다.

이런 식으로 알렉산더는 성자의 신적인 지위를 암시하고 있는 오리게네스의 가르침 속에 있는 요소들(예를 들면, 영원한 발생이라는 개념)을 재현한다; 또한 그는 교황 디오니시우스가 그의 전임자에게 보낸 서신으로부터도 몇몇 암시들(cf. 위격들의 비분리성에 대한 그의 역설)을 뽑아내었다. 반면에 유세비우스는 오리게네스의 종속설적인 입장을 반영하고 있는데, 그의 지대한 관심은 구원론적이라기보다는 우주론적인 것이었다. 아리우스주의가 출현하기 이전에 이미 확립되어 있었던 그의 사상 체계의 토대는 유일무이하고 초월적인 성부, "실재 위에 및 너머에"(ὁ ἐπέκεινα τῶν ὅλων)에 계시고 만물의 원인이며 홀로 자존하시고 시작이 없는(ἄναρχος καί ἀγέννητος[11]) 나뉠 수 없는 단자(單子: Monad)에 관한 사상이었다. 만세 전에 성부로부터 출생한 구별된 위격인 말씀은 만유를 창조하고 다스림에 있어서 성부를 대신하는 중보자이다. 왜냐하면, 조건적인 질서는 절대적인 존재와의 직접적인 접촉을 감당할 수 없기 때문이다.[12] 성자는 "완전하고 유일한 독생자 …… 영원한 빛의 반사"이다;[13] 성자는 성부의 자손이기 때문에, 모든 피조물들과 다르고,[14] 성자는 말로 표현할 수 없는(ineffable) 하나님의 형상을 자기 자신 속에 지니고 있기 때문에 하나님이라 불릴 자격이 있다.[15]

그러나 이 점에서 우리는 유세비우스의 급진적인 편향성을 드러내주는 몇몇 특징들을 만나게 된다.

첫째, 그는 성자가 "만세 전에," "영원 전에" 존재한다는 것을 기꺼이 인정하고 있지만,[16] 성자가 성부와 더불어 영원하다는 것을 인정하기를 일관되게 거부한다. 이와는 반대로,[17] 성부만이 홀로 "발생되지 않은"(ἀγέννητος) 분이기 때문에, "성부가 성자보다 선행하며 먼저 존재한다는 것을 누구나 인정하지 않으면 안 된다." 따라서 그는 오랫동안 존중되어 왔던 빛과 그 밝음에 관한 유비를 수정하여, 밝음은 빛과 동시에 존재하는 반면에, 성부는 성자에 선행한다는 점을 지적한다.[18]

둘째, 적어도 그의 초기 단계에 있어서는(니케아 신조에 서명한 이후에는 그는 더 신중해졌다), 그는 성자의 존재는 성부의 특별한 의지 행위에 의한 것이라고 가르쳤다.[19] 나아가 우리가 언급해 둘 것은 유세비우스는 오리게네스의 종속설(subordinationism)을 그 모든 세부적인 내용에 있어서까지(예를 들면, 성자는 하나님이지만 "참 하나님"은 아니라는 사상; 성자는 한 분 참 하나님의 형상이라는 의미로만 하나님이라는 사상[20]) 자신의 것으로 삼는 데에 만족하지 않고, 유일하게 기원이 없는 자인 성부와 기원을 지닌 자로서의 성자 간의 메울 수 없는 간격을 강조한다는 것이다.[21] 또한 성자는 성부의 존재로부터 온 것이 아니었다.[22] 만약 성자가 성부의 존재로부터 온 것이라면, 그러한 이론은 나뉠 수 없는 단자(單子)가 거의 물질과 다름없이 나뉘게 된다는 것을 말하게 되고, 결국 기원이 없는 두 존재라는 불합리한 가르침으로 귀결된다. 요한복음 10:30에 대한 주석[23]에서, 그는 성자와 성부의 일체성은 단지 성자가 성부와 동일한 영광을 공유한다는 점에 있을 따름이라고 말한다; 그리고 그는 성도들도 성자가 누렸던 것과 동일한 종류의 교제를 성부와 누릴 수 있다는 말을 거리낌 없이 덧붙인다.

2. 아리우스의 가르침

이러한 신학적 풍토 속에서 주후 324년 이전의 10년 동안에 말씀에 관한 아리우스의 논란 많은 결론들(그는 알렉산드리아에서 바오칼리스의 교구의 장로였다)이 뜨거운 논쟁거리가 되었다. 그에게는 소수의 결연한 지지자들이 있었는데, 그 중에서 니코메디아의 유세비우스(Eusebius of Nicomedia)는 이 집단의 정치적인 전략가였다. 아리우스의 사상들에 관한 우리의 주된 정보원은 아타나시우스가 자신의 변증적인 저작들 속에서 보존한 아리우스 자신 및 그의 지지자들과 그의 비판자들이 쓴 몇몇 서신들, 그(아리우스)의 『연회』(Thalia)의 단편들, 일련의 몇몇 통속적인 산문과 시문 등이다.

아리우스의 사상 체계의 기본적인 전제는 모든 실재의 원천인 기원이 없는 하나님(ἀγέννητος ἀρχή)의 절대적인 유일무이성과 초월성에 대한 단언이다. 따라서 그가 그의 친한 동역자들과 함께 주교 알렉산더에게 보낸 공식적인 신앙고백서[24] — 비록 외교적인 표현으로 되어 있지만 — 는 "우리는 홀로 발생되지 않으셨으며(ἀγέννητον, 즉 자존하시는), 홀로 영원하고, 홀로 시작이 없으시며(ἄναρχον), 홀로 참되시고, 홀로 불멸하시며, 홀로 지혜로우시고, 홀로 선하시며, 홀로 주권적이고, 홀로 만물에 대한 심판자이신 한 분 하나님을 인정한다"라는 단호한 진술로 시작된다. 하나님의 존재 또는 본질(οὐσία)은 유일무이하고 초월적이며 나뉠 수 없기 때문에 공유되거나 교류될 수 없다. 하나님이 자신의 본질을 다른 존재에게 나눠준다는 것은 그것이 아무리 고상한 것이라 하더라도 하나님이 나뉠 수 있고(διαίρετος) 변화에 종속된다는(τρεπτός) 것을 함축하는 것인데, 이것은 상상도 할 수 없는 일이다. 게다가 그 어떤 다른 존재가 진정한 의미에서 하나님의 본성에 참여한다면, 신적인 존재가 둘이 되는 결과를 가져오게 되는데, 하나님은 정의상 한 분이어야 하기 때문에 이것을 불합리하다. 그러므로 하나님 이외에 존재하는 모든 것은 하나님의 존재의 그 어떤 교류(communication)에 의해서가 아니라 하나님 편에서의 창조행위를 통해서 존재하게 되었음에 틀림없다. 즉, 모든 존재하는 것들은 하나님에 의해서 무(無)로부터 존재케 되었음에 틀림없다는 말이다.

물론, 여기서 아리우스가 하나님이라고 말할 때에 그 하나님은 성부 하나님을 가리킨다. 그렇다면, 아리우스주의자들이 이 조건적인 세상이 그의 직접적인 접촉을 감당할 수 없기 때문에 성부가 창조 및 우주적 활동의 기관으로 사용하였다고 인정했던[25] 성자 또는 "말씀"(아리우스는 이것을 부정확한 명칭으로 보았다)은 도대체 무엇인가? 아리우스와 그의 동료들의 태도는 앞에서 말한 전제로부터 논리적으로 도출되는 네 가지 명제들로 요약될 수 있다.

첫째, 성자는 성부가 자신의 솜씨를 통해서 무로부터 만들어 낸 피조물, 즉 '크티스마'(κτίσμα) 또는 '포이에마'(ποίημα)임에 틀림없다. 그러므로 성자의 발생을 가리키는 "낳다"(γεννᾶν)라는 용어는 "만들다"(ποιεῖν[26])를 뜻하는 순전히 비유적인 의미를 지니고 있음에 틀림없다. 성자를 성부로부터의 유출(προβολή) 또는 성부와 동일본질을 지닌 성부의 한 부분(μέρος ὁμοούσιον)이라고 주장하는 것은 하나님을 물리적인 범주들로 환원시키는 것이다.[27] 사실 성자는 완전한 피조물로서 나머지 피조물들과는 비교될 수 없다;[28] 그러나 성자가 전적으로 성부의 뜻에 의해서 존재케 된 피조물이라는 것은 성자가 스스로 존재하지 않는다는 일차적인 사실로부터 자연스럽게 도출된다. 우리는 아리우스주의자들이 "발생되지 않은"(ἀγέννητος)이라는 용어가 지닌 사상 체계상의 모호성을 이용해서 성자가 발생되지 않은 존재가 아니라는 자명한 진리로부터 성자는 조건적인 질서에 속한다는 의심스러운 결론을 연역해 내고 있다는 것을 주목해야 한다.

둘째, 피조물로서의 성자는 시작을 가지고 있었음에 틀림없다. "우리가 핍박받는 것은 성자는 시작이 있고 성부 하나님은 시작이 없다고 말하기 때문이다"라고 아리우스는 항변한다.[29] 이 동일한 서신에서 그는 "성자는 시간들 및 만세 전에 존재하게 되었다"고 쓰고 있다 ― 성자는 조건적인 세계에 속한 그 밖의 다른 모든 것들 및 시간 자체의 창조자이기 때문에, 이 말은 당연한 것이다. 그럼에도 불구하고, "성자는 시간 이전에 출생하였지만(ἀχρόνως γεννηθείς) …… 그가 출생되기 이전에는 성자는 존재하지 않았다."[30] 이렇게 해서 우리 귀에 친숙한 단조롭게 반복되는 아리우스파의 슬로건인 "성자가 존재하지 않았던 때가 있었다"(ἦν ποτε ὅτε οὐκ ἦν)라는 말이 생겨나게 되었다. 성자가 엄밀한 의미에서 영원하다는 것, 즉 성부와 더불어 영원하다는 정통 신앙의 주장은 아리우스에게는 유일신 사상을 파괴하는 "두 개의 스스로 존재하는 원리들"(δύο ἀγεννήτους ἀρχάς[31])을 전제하는 것으로 보였다.

셋째, 성자는 성부와 그 어떤 친교(교통)도 가질 수 없고, 실제로 성부에 대한 직접적인 지식도 가질 수 없다. 성자는 하나님의 말씀이자 지혜이지만, 하나님의 본질 자체에 속하는 그러한 말씀과 지혜와는 구별된다; 성자는 순수한 피조물일 뿐이고, 하나님의 본질에 속한 말씀과 지혜에 참여하기 때문에 이러한 명칭들을 지닐 수 있을 뿐이다.[32] 성자는 그 자체로는 그 밖의 다른 모든 피조물들과 마찬가지로 "성부의 본질과 개체적 존재로부터 이질적이고 절대적으로 상이하다"(ἀλλότριος καὶ ἀνόμοιος κατὰ πάντα τῆς τοῦ πατρὸς οὐσίας καὶ ἰδιότητος[33]). 그러므로 유한할 뿐만 아니라 하나님과는 다른 존재 질서에 속하는 성자는 무한하신 하나님을 이해할 수 없다. 아리우스는 이렇게 말한다:[34] "성부는 성자에게 여전히 말로 표현할 수 없는 존재이고, 말씀은 성부를 완전하고 정확하게 보거나 알 수 없다 …… 그러나 우리의 지식이 우리의 능력에 따라 달라지는 것과 마찬가지로, 성자는 자신의 능력에 비례해서 알고 본다."

넷째, 성자는 변화될 수 있을 뿐만 아니라 심지어 범죄할 수도 있다(τρεπτός ; ἀλλοιωτός). 어느 한 회의석상에서 아리우스주의자들 중의 한 사람은 돌연한 질문에 엉겁결에 마귀가 타락한 것과 마찬가지로 성자도 타락했었을 수도 있다고 인정하였고,[35] 이것이 바로 그들이 마음 깊은 곳에서 믿고 있는 것이었다. 그러나 그들의 공식적인 가르침[36]은 이것을 전략적으로 수정해서 성자의 본성은 원칙적으로 범죄할 수 있는 것이지만 하나님은 자신의 섭리에 따라 성자가 견고한 결단에 의해서 범죄치 않을 것을 미리 내다보았고, 그래서 이러한 은혜를 성자에게 미리 수여하였다는 것이다.

아리우스주의자들은 어떤 의미에서 성자를 하나님이라 부를 수 있었는지 또는 어떤 의미에서 실제로 성자가 하나님의 아들이었는지를 우리는 물을 수 있을 것이다. 그들의 대답은 그러한 호칭들은 사실 예의상 주어진 호칭들이라는 것이다. 아리우스는 이렇게 썼다:[37] "성자가 하나님이라 불린다고 할지라도, 성자는 진실로 하나님인 것이 아니라, 은혜에 참여한다는(μετοχῇ χάριτος) 의미에서만 하나님이다 …… 성자는 오직 명목상으로만 하나님으로 불린다." 마찬가지로 성자가 아들로 지칭되는 것도 은혜에 의한 것이다.[38] 아리우스는 특유의 오리게네스주의적인 표현을 사용해서 거룩한 삼위 하나님이 세 위격(τρεῖς ὑποστάσεις)으로 이루어져 있다고 말할 수 있었다. 그러나 그가 생각하는 삼위는 동일한 본성 또는 본질을 공유하고 있지 않은 완전히 서로 다른 존재들이었다.[39] 이것이 그가 자신의 거칠은 변증법을 사용해서 '아겐네토스'(agennetos)라는 개념에 대한 그의 분석으로부터 연역해 낸 결론이었다. 문자적으로는 "발생되지 않은"을 의미했지만(성자는 발생되었기 때문에 이러한 의미에서는 잘 알다시피 '아겐네토스'[agennetos] 가 아니었다) 당시의 철학적인 용어상으로는 초월적인 신의 속성이었던 '아게네토스'(agenetos), 즉 "기원이 없는" 또는 "스스로 존재하는"과 동일한 의미를 지니게 되었다.

그러나 아울러 아리우스주의자들은 그들의 명제들을 밑받침하기 위하여 엄청난 양의 성경 본문들을 그 근거로 끌어모았다.[40] 이러한 분문들 중에서 주요한 것들은 잠언 8:22(LXX: "여호와께서…… 나를 창조하셨으며"), 사도행전 2:36("이 예수를 하나님이 주와 그리스도가 되게 하셨느니라"), 로마서 8:29("많은 형제들 중에서 맏아들"), 골로새서 1:15("모든 피조물보다 먼저 나신 이"), 히브리서 3:2("그는 자기를 만드신 이에게 신실하셨다") 등과 같이 성자가 피조물이라는 것을 암시하고 있는 구절들이었다. 그 밖의 본문들은 성부 하나님을 유일한 참 하나님으로 묘사하고 있는 본문들이었는데, 그 고전적인 예는 요한복음 17:3("영생은 곧 유일하신 참 하나님과 그가 보내신 자 예수 그리스도를 아는 것이니이다")이다. 세 번째 범주의 본문들은 그리스도가 성부에 비하여 열등하다는 의미를 함축하고 있는 것으로 보였던 본문들이었는데, 그 가운데서 특히 중요했던 것은 요한복음 14:28("아버지는 나보다 크심이라")이었다. 마지막으로, 하나님의 아들이 무지했고, 연약했으며, 고통을 느꼈고, 성장했다고 말하고 있는 수많은 구절들이 있었다.

아리우스주의자들은 이러한 가르침의 총체적인 결과로서 성자를 반신반인(半身半人: demigod)으로 격하시켰다; 성자는 그 밖의 다른 모든 피조물들을 무한하게 초월하는 존재였지만, 성부와 관련해서는 피조물에 불과한 존재였다. 아리우스는 자신의 견해들이 독창적이라고 주장하지 않았다; 그는 자신과 니코메디아의 유세비우스는 "루키아누스주의자들"(Lucianists)이라고 말하였고,[41] 유세비우스는 다른 곳에서[42] 안디옥의 루키아누스의 제자로 묘사된다. 이 사람은 사모사타의 파울루스의 제자로서 안디옥에 교리문답 학교를 세웠다고 하는 순교자 루키아누스(Lucian, 312년에 죽음)이다. 이 때문에 몇몇 학자들은 문자적인 주석과 지나친 군주신론을 주장하였던 안디옥 학파를 아리우스의 사상의 원천으로 지목한다. 그러나 주후 3세기에 안디옥에 일관된 신학이 존재했고, 아리우스가 루키아누스를 통해서 파울루스의 영향을 받았다는 주장들은 심각한 반론에 부딪쳐 있다. 루키아누스 자신도 여전히 완벽한 수수께끼로 남아 있다; 아리우스의 주석이 특히 문자주의적이었다는 증거는 하나도 없다; 그리고 구별된 위격으로서의 성자에 대한 아리우스의 인식과 성부 안에 내재한 '뒤나미스'(*dunamis*)로서의 말씀에 대한 파울루스의 견해 사이에는 엄청난 차이가 존재한다.

아리우스주의자들도 스스로 자신들은 주교 디오니시우스와 알렉산더에 의해서 예시된 것과 같은 알렉산드리아 전통을 단순히 계승하고 있는 것이라고 주장하였다. 이것으로 보아 그들은 오리게네스주의적인 환경 속에 확고하게 자리잡고 있었던 것으로 보이고, 사실 그들의 사상 체계 속에 나타나는 모든 특징들은 그러한 관점에서 만족스럽게 설명될 수 있다. 물론, 아리우스는 오리게네스의 몇몇 사상들, 특히 영원한 발생에 관한 가르침을 버렸고, 오리게네스가 주장한 종속설을 아주 상세하게 확장하였으며, 성자를 피조물의 지위로 격하시켰다. 그렇게 함에 있어서 그는 성경적인 출발점을 따랐다고 말하고 있음에도 불구하고, 사실은 그가 물려받았던 중기 플라톤주의적인 선입견들에 의해서 그에게 마련된 길을 좇았던 것이다.

3. 니케아의 신학

아타나시우스가 신속하게 지적했듯이,[43] 알렉산드리아의 디오니시우스가 제시하였던 매우 경솔한 진술들을 훨씬 뛰어넘어서 다신론에 근접했던 이와 같은 가르침은 서방 교회에서는 물론이고 동방 교회에서도 발붙일 기회를 얻을 수 없었다. 그럼에도 불구하고, 아리우스는 수 년 동안은 자신의 입장을 견지할 수 있었다. 우리가 예상할 수 있듯이, 그의 주교였던 알렉산더는 즉시 아리우스에 대하여 강력한 태도로 나왔고, 공적인 심문 후에 그의 직임을 정지시켰다. 그러나 아리우스는 강력한 친구들을 가지고 있었고, 또한 선전의 명수였다. 아리우스는 심지어 알렉산더의 가르침을 혹평하고 유세비우스의 가르침을 극찬하는 방법을 통해서[44] 실제로는 아리우스주의자가 아니었던 가이사랴의 유세비우스를 자기편으로 끌어들이기까지 하였다. 그러나 콘스탄티누스 대제는 주후 324년에 정적 리키니우스가 항복한 후에 이 문제로 관심을 돌려서 교회 안에서의 교리적인 통일성을 재정립하기로 결심하였다. 이때쯤 해서 동방 교회의 주교단 전체가 불안해하고 있다는 것이 명백해지기 시작했고, 황제의 절친한 교우였던 오시우스(Ossius)도 철저히 서방 교회적인 관점을 지니고 있었기 때문에 아리우스에게 호의적이지 않았다. 아리우스의 주장들은 주후 325년 초에 안디옥에서 오시우스를 의장으로 하여 개최된 교회 회의에서 단죄되었고, 가이사랴의 유세비우스는 동일한 시기에 잠정적인 출교 조치를 당하였다(이 교회 회의의 현존하는 서신이 보여주듯이[45]). 그로부터 몇 달 후인 6월에 콘스탄티누스 황제가 계획하였던 에큐메니컬 공의회가 니케아에서 열렸고, 아리우스주의는 곧 공식적으로 단죄되었다. 다음에 실린 내용은 이 공의회가 기초하고 그 회의에 참석했던 모든 주교들이 서명하였던 신조를 번역한 것이다:[46]

　　우리는 한 분 하나님, 전능하신 아버지, 보이는 것과 보이지 않는 모든 것을 만드신 이를 믿사옵나이다;
　　또한 한 분 주 예수 그리스도를 믿사오니, 그는 성부에게서 나신 하나님의 아들, 곧 성부의 본질로부터 나신 독생자, 하나님으로부터 나신 하나님, 빛으로부터 나신 빛, 참 하나님으로부터 나신 참 하나님이시고, 지음을 받지 않으시고 성부와 하나의 본질에서 낳음을 입으셨으니, 그로 말미암아 만물, 곧 하늘에 있는 것들과 땅에 있는 것들이 지음을 받았으며, 우리 인간들을 위해 및 우리의 구원을 위해 강생하시어 육신이 되시고 인간이 되셔서 고난받으셨다가 사흘만에 다시 살아나셔서 하늘에 오르셨고, 거기로부터 산 자와 죽은 자를 심판하러 오시리라;

또한 성령을 믿사옵나이다.

그러나 그분이 존재하지 않은 때가 있었다거나, 나시기 전에는 계시지 않았다거나, 무로부터 지음을 받았다고 말하는 자들, 혹은 하나님의 아들이 다른 개체나 실체로부터 왔다거나 지음을 받았다거나 변경되거나 변화될 수 있다고 단정하는 자들 — 이런 자들을 가톨릭 교회는 저주하고 파문하나이다.

지금 우리가 해야 할 일은 주로 이 신조 속에 표현되어 있는 이 공의회의 신학적인 태도를 살펴보는 것이다. 소극적인 관점에서 그러한 태도가 무엇이었느냐 하는 것은 의심의 여지가 있을 수 없다. 앞 절에서 개략적으로 살펴본 원래 형태의 아리우스주의에 대해서는 결정적으로 파문 처분이 내려졌다. 이 신조가 강조해서 명확히 언급하고 있듯이, 성자는 지음받은 것이 아니라 낳음을 입었다($\gamma \epsilon \nu \nu \eta \theta \acute{\epsilon} \nu \tau \alpha$, $o\dot{\upsilon}$ $\pi o\iota\eta\theta\acute{\epsilon}\nu\tau\alpha$); 또한 성자는 두 번째 등급의 하나님이 아니라 "참 하나님"이다. 성부가 성자 이전에 존재하였다거나, 성자는 무로부터 만들어진 피조물이고 도덕적인 변화나 발전에 종속된다고 단언하는 사람은 누구든지 공식적으로 이단으로 단죄된다. 아리우스주의를 이런 식으로 반박함으로써 니케아의 교부들은 성경과 전승은 둘 다 똑같이 말씀의 신성과 불변성(immutability)을 증언하고 있다는 알렉산더의 확신을 공유하였다고 보는 것이 합리적이다.[47]

나중에 아리우스를 반박하는 자신의 글들 속에서 아타나시우스는 교회의 살아 있는 신앙과 경험을 토대로 해서 아리우스가 자행한 삼중적인 살육행위을 규탄하였다. 첫째, 그는 아리우스주의는 삼위 하나님이 영원하지 않다고 전제하고 사실상 다신론을 재도입함으로써 하나님에 관한 기독교의 가르침을 훼손시켰다고 주장하였다.[48] 둘째로,[49] 아리우스주의는 성부의 이름과 아울러 성자의 이름으로 세례를 주는 교회의 확고한 예전적인 관습들과 성자에게 기도를 올리는 관습을 무너뜨렸다. 셋째로,[50] 그리고 가장 중요한 것은 아리우스주의는 그리스도 안에서의 구속이라는 기독교적인 사상을 훼손

시켰다는 것인데, 이것은 중보자 자신이 하나님일 때에만 인간은 하나님과
의 교제를 다시 정립할 수 있는 소망을 지닐 수 있기 때문이었다. 이러한 고
찰들은 이 공의회에서 상당한 무게를 지니고 있었음에 틀림없다.

소극적인 가르침보다 결정하기가 훨씬 더 어려운 것은 니케아 공의회가
제시한 적극적인 가르침이 무엇이었느냐 하는 것이다. 니케아 신조는 성자
는 "성부의 본질로부터"(ἐκ τῆς οὐσίας τοῦ πατρός) 낳음을 입었다고
말하고, 성자는 "성부와 동일본질"(ὁμοούσιον τῷ πατρί)이라고 분명하게
언급함으로써 이에 대한 약간의 암시들을 제공해준다. 우리는 이러한 어구
들(후자의 어구가 삽입된 것은 콘스탄티누스의 명시적인 요청에 의한 것이
었다)은 니케아 공의회에서 유세비우스에 의해서 대표된 오리게네스주의적
인 다수파에게 당혹감을 불러일으켰다는 것을 알고 있는데, 유세비우스는
가이사랴 교회에 보낸 자신의 서신 속에서 그가 이 어구들을 어떻게 해석하
고자 했는지를 기록해 두었다. 전자는 단순히 성자가 "성부로부터" 나왔다
는 것을 의미할 뿐이고(모든 만물이 하나님으로부터 나왔기 때문에, 이 어구
자체는 무의미한 것이 된다는 점을 우리는 유의하여야 한다), 성자가 "성부
의 본질의 일부"(이러한 표현은 하나님의 본질이 나뉠 수 있다는 함의를 지
니기 때문에 정통 신앙이 멀리하지 않을 수 없었던 의심스러운 견해였다)라
는 것을 의미하지는 않는다고 그는 설명한다.[51] 후자는 어떤 실체적인 의미
로 해석되어서도 안 되고(황제 자신이 이 점을 다시 재차 확인하였었다), 또
한 성부의 본질이 어떤 변화나 나눔을 겪었다는 것을 말하는 것도 아니라고
그는 주장한다; 도리어 이 어구는 성자가 피조물들과는 그 어떠한 유사점도
지니고 있지 않았고, 모든 면에서 성부를 닮았다는 것과 성자가 성부로부터
왔고 "그 밖의 다른 어떤 개체 또는 '우시아'(ousia)로부터 온 것이 아니었
다"는 것을 보여주는 것이다.

문제는 이러한 해석이 이 신조의 의도를 적절하게 대변해주고 있느냐 하
는 것이다. "성부의 본질로부터"라는 표현과 관련해서 우리가 상당히 확실
하게 말할 수 있는 것은 그렇지 않다는 것이다. 아리우스주의자들(예를 들
면, 파울리누스에게 서신을 쓴 니코메디아의 유세비우스)은 이 표현이 하나
님 안에서의 준(準)물리적인 나눔을 암시하고 있다는 이유로 이 표현에 반대

하였던 반면에, 정통 신앙에 있어서 이 표현은 성자의 아들됨은 실재적인 것이고, 말씀은 그 자신이 나온 곳인 성부와 동일한 신적 본성을 공유한다는 것을 의미하는 것이었다. 그들은 이것을 밑받침하기 위하여 니케아 공의회가 열리기 오래 전인 주후 319년에 알렉산더가 인용하였던 몇몇 본문들,[52] 예를 들면 시편 45:1("내 마음이 좋은 말로 …… 말하리니"), 시편 110:3의 칠십인역 본문("새벽별이 뜨기 전에 내가 나의 배로부터 너를 낳았노라") 등과 같은 본문들을 그 근거로 제시하기를 선호하였다. 유세비우스의 말과는 반대로, 이 신조에서는 이와 비슷한 의미, 즉 "동일본질"이라는 의미로 이 표현을 사용하였다고 보는 것이 옳을 것이다.

그러나 이것이 옳다면, 즉시 또 하나의 질문이 생겨난다: "동일본질"이라는 어구를 우리는 오리게네스가 '호모우시오스'(ὁμοούσιος)라는 표현에 대하여 채택하였다고 주장되고 있는 "하나의 속(屬)에 속한 것"(generic)이라는 의미로 이해해야 하는가,[53] 아니면 이 어구가 후대의 가톨릭 신학에서 받아들여진 의미를 지니는 것으로, 즉 본질의 수적인 동일성을 의미하는 것으로 받아들여야 하는가? 여기서 근간이 되고 있는 단어인 '우시아'(οὐσία)는 한 부류에 속한 여러 개체들의 공통적인 본질 또는 질료를 의미할 수도 있고,[54] 개체 자체를 가리킬 수도 있다.

'호모우시오스'(homoousios)가 하나님에게 적용될 때에 이 단어는 후자의 의미를 지닐 가능성이 많은데, 어쨌든 결국 후자의 의미가 요구된다는 것은 의심의 여지가 있을 수 없다. 후대의 신학자들이 인식했듯이, 신적인 본성은 비물질적이고 나뉠 수 없기 때문에, 신적인 본성을 공유하는 하나님의 위격들은 하나의 동일한 본질을 지니고 있음에 틀림없고, 또한 하나의 본질이어야만 한다는 결론이 나온다. 그러나 문제는 이러한 개념이 니케아의 교부들, 아니 이 신조의 배후에서 영향을 미쳤던 집단의 사고 속에 확고하게 자리잡고 있었느냐 하는 것이다. 대다수의 학자들은 주저 없이 이에 대하여 긍정으로 대답하여 왔다. 실제로 본질의 수적인 동일성이라는 견해가 니케아 공의회의 구체적인 가르침이었다고 널리 전제되어 왔다.

그럼에도 불구하고, 이것을 의심해 볼 만한 매우 강력한 이유들이 존재한다. 그러한 이유들 중에서 가장 중요한 것은 '호모우시오스'(ὁμοούσιος)라는 용어 자체의 역사이다. 왜냐하면, 니케아 공의회 이전에 이 용어의 세속적 및 신학적 용법들에 있어서 이 용어는 언제나 어쨌든 일차적으로는 "하나의 속(屬)에 속한 것"(generic)이라는 의미를 지니고 있었기 때문이다.[55] 기독교 저술가들은 이 용어를 영지주의자들로부터 빌려 왔던 것으로 보이는데, 영지주의자들에게 있어서 이 용어는 유사한 본질로 이루어진 존재들 간의 관계를 의미하였다(예를 들면, 영적인 존재인 아카모스[Achamoth]와 세상의 영적인 부분; "혼적인" 데미우르고스와 "혼적인" 것들; 아이온들과 그것들을 방출한 고등의 아이온들 등등). 이것은 피조물들에 관한 한 충분히 이해된다. 왜냐하면, 유한한 존재들은 동일한 종류의 본질로 이루어질 수는 있지만, 그들이 실제로 동일한 본질일 수는 없기 때문이다; 따라서 우리는 오리게네스,[56] 메토디우스,[57] 유세비우스,[58] 그리고 그 밖의 다른 그리스도인들이 이 용어를 세속적인 문맥들 속에서는 위에서 말한 것과 비슷한 의미로 사용하였다는 것을 발견하게 된다.

그러나 이 단어는 기독교 신학에서도 최초에는 성부에 관한 성자의 관계를 표현하기 위하여 이러한 "하나의 속(屬)에 속한 것"이라는 의미로 사용되었다. 루피누스의 번역문을 신뢰할 수 있다고 한다면, 오리게네스는 증기와 그 증기를 만들어 내는 물을 하나의 유비로 사용해서 "성부와 성자 간의 본질의 공유"라고 말하면서[59] 이 용어를 하나의 속(屬)에 속한 것이라는 의미로 사용하였다. 마찬가지로 알렉산드리아의 디오니시우스도 '호모우시오스'를 '호모게네스'(ὁμογενής) 또는 '호모퓌에스'(ὁμοφυής)의 동의어로, 즉 "동질적인," "동일한 본성에 속하는"으로 이해하였다;[60] 그리고 로마의 디오니시우스는 그의 해석에 만족했던 것으로 보인다. 안디옥 공의회(268년)에서 이 용어를 어떻게 사용했는지는 여전히 풀리지 않는 문제로 남아 있긴 하지만,[61] 여러 가지를 고려해 볼 때에 이 용어는 주후 3세기에 일반적으로 받아들여졌던 의미로 사용되었을 가능성이 높은 것으로 보인다.

이 모든 것을 종합해 볼 때, 니케아의 교부들이 그때까지 친숙했던 단어를 느닷없이 전혀 새롭고 예기치 않은 의미로 사용하였다고 생각하는 것은 모순이다. 여기에서 유일하게 합리적인 추론은, 니케아의 교부들이 이 단어를 그들의 신조 속에 삽입하기로 선택한 것은 성자는 성부와 동일한 신적 본성을 공유한다는 의미에서 완전한 하나님이라는 그들의 확신을 공식적으로 및 명시적으로 강조하기 위한 것이었다는 것이다. 그 밖의 다른 몇 가지 고려들도 이 점을 밑받침해 준다. 첫째, 우리는 아리우스 자신이 공의회가 열리기 전날에 '호모우시오스'(ὁμοούσιος) 또는 이것과 동등한 표현들을 성자가 성부와 동일한 본성에 속한다는 것을 부인하는 대목들 속에서 두 번 이상 사용하였다는 것을 알고 있다;[62] 그러나 아리우스가 반박하고 있었던 것은 성자의 신성이었지 성자와 성부의 본질상의 일체성이 아니었다는 것은 너무도 명백하다. 둘째, 우리가 보유하고 있는 모든 자료들이 한결같이 보여주듯이, 니케아 공의회 이전의 커다란 쟁점은 하나님의 일체성 자체가 아니었고, 아리우스주의자들이 부정했던 명제, 즉 성자가 성부와 더불어 영원하다는 것, 아리우스주의자들이 성자의 완전한 신성을 부정하고 성자에게 피조물적인 지위를 부여한 것이었다. 셋째, 우리는 유세비우스와 그의 지지자들이 본질의 수적인 동일성이 '호모우시오스'(ὁμοούσιος)라는 표현 속에 슬그머니 들어가 있다고 조금이라도 의심했다고 한다면, 그들은 그것을 사벨리우스주의라고 큰 소리로 반대했을 것임에 틀림없다고 확신한다. 사실 우리가 가이사랴 교회에 보낸 유세비우스의 변명으로부터 알고 있듯이, 그가 이 신조에서 이상하다고 생각했던 것은 그 물질주의적인 냄새였다. 마지막으로, 우리는 세 위격의 본질의 동일성이 완전하게 인정되자, 그 후에 대부분의 정통적인 신학자들은 '호모우시오스'(ὁμοούσιος)를 적절한 문맥들 속에서 하나의 속에 속한다는 의미에서의 일체성이라는 의미로 계속해서 사용하였다는 것을 알고 있다.

그러므로 이러한 논증이 옳다면, 니케아 공의회의 신학은 종종 학자들이 생각하는 것보다 더 제한적인 목적을 지니고 있었다고 할 수 있다. 니케아 공의회는 소극적으로는 한 목소리로 아리우스주의를 이단으로 규정함과 동시에, 적극적으로는 성자가 성부와 더불어 완전한 신성과 동등성을 지니고 있다는 것을 단언하고, 성자가 성부의 존재로부터 나왔기 때문에 성부의 본성을 공유하고 있다는 것을 천명하는 것으로 만족하였다. 니케아 공의회는 이것과 밀접하게 연관된 문제였던 하나님의 일체성을 본격적으로 건드리고자 시도하지 않았다 — 물론, 이것에 관한 논의는 필연적으로 조속히 이루어질 수밖에 없게 되었지만.

유일무이하고 나뉠 수 없는 하나님에게 적용되었을 때에 '호모우시오스' (ὁμοούσιος)가 지닌 더 깊은 함의들은 이미 몇몇 사람들에게는 분명해져 있었을 것이다. 왜냐하면, 공의회가 끝난 직후에 우리는 가이사랴의 유세비우스가 안디옥의 유스타티우스(이 신조의 열렬한 신봉자들 중의 한 사람)가 사벨리우스적인 의미를 이 단어 속에 집어넣어서 읽고 있다고 비난하고 있는 모습을 발견하기 때문이다.[63] 어쨌든 코르도바의 오시우스(Ossius of Cordoba)의 주도하에서 서방 교회의 몇몇 주교들은 본질의 일체성이 이 단어 속에 포함되어 있다는 것을 당연한 것으로 여겼을 가능성이 아주 높다. 실제로 몇 년 후에 아타나시우스는 이 용어를 신조 속에 삽입한 진정한 목적은 성자가 단순히 성부를 닮은 것이 아니라 성자의 유일무이한 독특한 출생으로 인하여 "성부의 모양과 동일하고 …… 성부의 본질로부터 분리될 수 없다"는 것을 강조하기 위한 것이었다고 주장하였다.[64] 그러나 이것은 정치적 편향을 가지고 사건을 재구성한 것이었다.

'호모우시오스' (ὁμοούσιος)라는 용어를 콘스탄티누스에게 제안하였던 인물은 오시우스였다는 옛 전승이 사실일 가능성이 높지만, 만약 그가 그렇게 했다면, 그는 황제가 이 용어에 관한 그의 해석을 받아들이도록 설득하는 데에는 성공하지 못한 것이 된다. 니케아 공의회의 신학이 무엇이었든지간에, 공의회를 개최한 콘스탄티누스 자신의 가장 큰 동기는 가능한 한 가장 광범위한 합의를 이끌어 내는 것이었다. 이런 이유 때문에, 그는 이 신조에 서명을 덧붙이고자 하는 사람에게는 그 누구에게라도 문호를 기꺼이 개방하였다. 이런 의미에서는 니케아 공의회의 신학이라고 말하는 것이 비현실적일 수 있다. 서로 다른 집단들이 그들 자신의 신학들을 이 신조 및 그 핵심 단어 속에 집어넣어서 해석할 수 있는 여지를 남겨두면서, 콘스탄티누스 자신은 그들이 자신이 주도한 신조에 묵묵히 따르고 서로를 용납한다는 조건 위에서 그들 모두를 포용하고자 했던 것이다.

4. 니케아 공의회의 여파

니케아 위기는 공의회가 끝남으로써 종결된 것이 아니었다. 본래의 아리우스주의는 한동안 지하로 숨어 들어갔지만, 이러한 갈등은 단지 아리우스주의를 반대했던 성직자들 속에 뿌리깊이 박혀있던 신학적인 분열상을 부각시키는 역할만을 했을 뿐이다. 어떤 한 교리의 성공 또는 실패가 당시의 황제의 호의 여부에 따라 좌지우지될 수 있다는 것을 의미하였던 국가에 대한 교회의 새로운 관계는 이러한 분열을 첨예화시키는 경향이 있었다. 사실 니케아 공의회의 산회(散會)는 주후 361년에 콘스탄티우스(콘스탄티누스의 아들) 황제가 죽을 때까지 지속되었던 기나긴 논쟁 기간의 시작점이었다. 콘스탄티우스 황제가 죽은 후에도 20여년이 흐른 뒤에야 니케아 공의회의 신학은 확고하고도 최종적으로 정립될 수 있었다.

이에 관한 상세한 내용은 교회사 분야에 속하는 것이긴 하지만, 교리를 연구하는 사람들도 적어도 이 격렬한 논쟁의 주요한 단계들을 조감해 볼 필요는 있다. 주후 337년에 콘스탄티누스 황제가 죽을 때까지 지속되었던 논쟁의 첫 번째 단계는 니케아 공의회의 신학에 대한 광범위한 반발을 보인 시기였다. 유배를 떠났다가 다시 돌아온 아리우스주의의 지도자들과 니코메디아의 유세비우스는 반(反)니케아 연합의 선봉장이 되었다. 황제는 살아 있었고, 그가 주도한 신조는 신성불가침의 것이긴 했지만, 유세비우스주의자들(편의상 그들의 지도자의 이름을 따라서 그들을 부른다면)은 그들의 주된 대적자들이었던 아타나시우스(328년 이래로 알렉산드리아의 총대주교), 안디옥의 유스타티우스, 앙키라의 마르켈루스의 직위를 박탈하고 유배를 보내는 데에 성공하였다.

주후 337년부터 350년까지 "아리우스주의화 된" 콘스탄티우스(Constantius)는 동방을 다스렸지만, 서방의 황제 콘스탄스(Constance)는 니케아 공의회의 신조를 후원하고 그 지도자들을 보호하였다. 따라서 유세비우스주의자들은 이제 니케아 신조를 공략하기 위하여 공개적으로 활동을 펴고 있었지만, 그들이 안디옥(341년), 필리포폴리스(342년), 안디옥(344년: *Ecthesis macrostichos*)에서 만들어 낸 신조들[65]은 전체적으로 온건한 것으로서, '호모우시온'을 생략하긴 했지만, 본래의 아리우스주의를 통상적으로 비판하였으며, 심지어는 종종 니케아주의자들을 회유하기까지 하였다.

주후 350년에서 361년까지 콘스탄티우스는 동서방을 망라한 유일한 황제로 다스리면서, 니케아의 교리를 무효화하기 위한 결정적인 시도를 하였다.
이제 반니케아파 속에 있었던 진정으로 아리우스적인 세력들이 주도권을 쥐
고서, 제3차 시르미움 공의회(357년)에서 아리우스주의에 대한 파문을 빼버
린 철저하게 종속설적인 신조, 니케(Nicé) 교회회의(359년)와 콘스탄티노플
교회회의(360년)에서 유사본질론을 채택한 신조를 얻어내는 데에 성공하였
다.[66] (니케아 공의회(325)와 콘스탄티노플 공의회(381)와는 다른 것임. 359년
에는 서방에서 아리미눔, 동방에서 셀레우키아에서 회의가 열려 트라키아
의 니케에서 작성된 아리우스파적인 신조에 서명할 것을 황제로부터 종용받
았다: 역자주) 이러한 상황은 제롬으로 하여금 "온 세계가 신음하며 아리우
스주의의 독무대가 된 것을 이상히 여겼다"라고 쓰게 만들었다.[67]

그러나 이와 동시에 극단주의의 승리의 결과로, 조직적으로 결성되지 않
았던 광범위한 온건파들이 "유사본질에 속한"(ὁμοιούσιος)이라는 타협적인
문구를 중심으로 앙키라의 바실리우스 아래에 집결하기 시작하였다. 주후
361년부터 381년에 걸친 최종적인 단계에서는 아리우스주의가 무너지고, 당
시 지배적이었던 "유사본질론자들"이 점차로 동일본질론을 받아들이게 되
었다. 콘스탄티노플 공의회(381년)에서 니케아의 신앙은 재확인되었고, 아리
우스주의적이거나 아리우스주의화된 분파들은 파문되었다.

당시의 변증적인 문헌들을 얼핏 보기만 해도, 우리는 사벨리우스주의자들
과 아리우스주의자들 간의 사활을 건 한판 승부라는 인상을 받는다. 이 두
분파는 서로에 대하여 이러한 별칭들을 붙이며 비난을 퍼부었지만, 이러한
별칭들을 액면 그대로 받아들이는 것은 잘못된 일일 것이다. 수적으로는 적
었지만 서방 교회가 그들의 배후를 확고하게 떠받쳐 주고 있다는 강력한 인
식을 지니고 있었던 아타나시우스에 의해서 주도된 집단이 한쪽 편에 서 있
었다. 그들은 동일본질론을 열렬하게 지지하는 자들이었고, 성부와 성자가
동일한 신성을 공유하고 있다는 교리로부터 본질의 동일성이라는 결론이 도
출될 수밖에 없다고 인식하고 있었다. 한두 가지 예외를 제외하고는, 그들은
사벨리우스주의자들과는 아주 거리가 멀었다; 그들은 "세 위격"이라는 문구
가 하나님의 일체성에 해(害)가 되는 방식으로 사용되고 있다고 생각해서 이
문구를 받아들이기를 꺼려하였기 때문에, 하나님 안에서의 위격적 구분을

무시한다는 의심을 사게 되었다.

한편 그리스어를 사용하는 교인들의 상당 부분을 포괄하는 훨씬 더 크고 다양한 집단이 그들을 반대하고 있었다. 니케아 공의회에 대한 불만으로 인해서 결집되었던 이 집단은 서로 두드러지게 다른 관점들을 대표하는 인물들을 포괄하고 있었다. 적고 결연했던 소수파는 명확하게 아리우스주의자들이었는데, 그들은 처음에 그들의 의도를 숨기는 것이 전략상으로 좋다고 생각하였다. 그러나 이 집단의 대부분은 그들의 대적자들이 사벨리우스주의와 거리를 두었던 것과 마찬가지로 아리우스주의와 거리를 두고 있었다; 사실 전형적인 아리우스파의 명제들은 그들에게 끔찍한 저주였다. 그들은 오리게네스주의적인 견해를 지니고 있었기 때문에 자연스럽게 세 위격이라는 관점에서 생각하였고, 동일본질론은 그들이 지닌 견해를 위태롭게 한다고 쉽게 믿을 수 있었다.

이 집단의 더 극단적인 지지자들, 특히 마르켈루스의 가르침은 그들에게 동일본질론이 사벨리우스주의를 위한 포장에 불과하다는 것을 확신시켰다. 그들 대부분은 결코 신학자들이 아니었지만, 그들은 명확한 정의가 결여된 전통적인 것을 선호하고 니케아 신조의 핵심 단어가 순수한 성경의 기준에서 벗어난 것으로 보고 반대하였던 보수주의자들이었다.

역사가 소크라테스(380~450년경)는 몇 세대 후에 글을 쓰면서 이 두 진영이 서로를 이해하는 데에 놀라울 정도로 실패하였다는 점을 생생하게 묘사하였다. 그는 이렇게 말하였다:[68] "상황은 야간전투와 정확히 비슷한 것이었다. 왜냐하면, 두 진영은 그들이 어떤 토대들 위에서 서로를 비난하고 헐뜯는지에 대하여 깜깜한 상태에 있었던 것으로 보이기 때문이다. 동일본질(*homoousios*)이라는 단어에 반대하였던 사람들은 동일본질론을 지지하는 자들이 사벨리우스와 몬타누스의 가르침을 들여오고 있다고 생각하였다. 그래서 그들은 그런 사람들을 하나님의 아들의 위격적인 실존을 훼손시키고 있다는 근거 위에서 신성모독자들이라 불렀다. 반면에 동일본질을 주장하는 자들은 그들의 대적자들이 다신론을 도입하고 있다고 결론을 내리고, 이교 신앙을 수입하는 자들이라고 하여 그들을 회피하였다 …… 이렇게 해서 두 진영은 하나님의 아들의 위격성과 실존성을 긍정하고 세 위격으로 이루어진

한 분 하나님이 계시다고 고백했음에도 불구하고, 그들은 합의에 도달할 수 없었고, 이런 이유 때문에 무기를 내려놓을 수가 없었다."

5. 니케아파와 아타나시우스

이제 이러한 경쟁적인 신학들을 더 자세하게 살펴볼 때가 되었다. 이 두 진영은 모두 극단적인 대변인과 더 온건한 대변인, 이 둘을 모두 가지고 있었는데, 니케아파에 속한 전자의 주된 예는 앙키라의 주교였던 마르켈루스(374년경에 죽음)였다. 동일본질론을 열렬하게 지지했던 인물인 그는 유세비우스주의자들이 사벨리우스주의적인 해석이라고 규정했던 것을 옹호하는 글(335년경)을 썼다. 이 글을 쓴 결과로, 그는 비록 자신의 주교 관구를 잃었지만, 그의 활발했던 생애의 나머지 기간 동안에 그들을 집요하게 괴롭히는 물귀신이 되었다.

마르켈루스는 자신의 신학을 성경 및 사도적 전승에 토대를 두고자 애를 썼고,[69] 단순한 인간적인 견해들 또는 교부들의 권위와는 상관 없는 것이 되게 하고자 하였다. 그는 성경으로부터 하나님은 영이시고, "나뉠 수 없는 유일자," "단일한 '프로소폰' (prosopon)"이라고 추론하였다.[70] 만세 전에 로고스는 하나님 안에 하나님의 내재적인 이성으로 존재하였고,[71] 인간의 이성이 인간 자신과 동일한 것과 마찬가지로, 로고스는 하나님과 동일하다(ἕν καὶ ταὐτὸν ... τῷ θεῷ).[72] 따라서 그는 로고스가 구별된 위격 또는 '우시아' (ousia)라는 오리게네스주의적인 개념은 이러한 일체성을 파괴하고 다신론으로 귀결되는 위험한 인식이라고 단죄한다.[73] 선재하는 로고스에 관하여 그가 말할 수 있었던 모든 것은 그는 로고스였다는 것이다;[74] 로고스의 발생에 관해서는 그 어떠한 말도 할 수 없다. 마르켈루스는 "성자"라는 명칭을 성육신한 자에게 국한시킨다.[75]

그러나 이런 식으로 로고스가 "잠재력"(δυνάμει)으로서 하나님 안에 내재해 있었다면, 로고스는 하나님의 "능동적인 에너지"(ἐνέργεια δραστική)로서 창조와 계시를 위하여 외화(外化)되었다. 왜냐하면, 성부가 말하거나 행하는 모든 것은 그의 말씀을 통해서 이루어지기 때문이다.[76] 실제로 로고스와 로고스를 소유한 자를 구별시키는 것은 하나님의 자기 활동과 자기 계시로서의 하나님의 기능이라고 마르켈루스는 주장한다.[77] 그리고 자신의 견해와 사벨리우스주의가 다른 것은 바로 이러한 인식이라고 그는 주장한다.[78] 물론, 로고스의 이러한 외화는 로고스가 두 번째 위격이 되는 결과를 가져오지 않는다; 로고스의 출현 또는 발출(그는 $\dot{\epsilon}\xi\tilde{\eta}\lambda\theta\epsilon\nu$, $\dot{\epsilon}\kappa\pi o\rho\epsilon\acute{v}\epsilon\tau\alpha\iota$ 등과 같은 용어들을 사용한다[79])은 단자(Monad)의 연장 또는 확장 (cf. 동사 $\pi\lambda\alpha\tau\acute{v}\nu\epsilon\sigma\theta\alpha\iota$)으로 설명되는데,[80] 단자(일위 하나님)는 창조와 성육신을 통해서 그 어떠한 나뉨도 없이 두 위격으로 이루어진 하나님(이위 하나님, dyad)이 되고, 성령의 부으심을 통해서 세 위격으로 이루어진 하나님(삼위 하나님, triad)이 된다. 결국 최후의 심판이 있은 후에는 이러한 과정은 되돌이켜질 것이다;[81] 로고스는 단자 속에 재흡수될 것이고, 그리스도의 통치 또는 나라 — 로고스 자체가 아니라 — 는 끝나게 될 것이다.

마르켈루스가 엄밀하게 말해서 사벨리우스주의자가 아니었다는 것은 분명하다. 그의 사상들 중 몇몇은 이레나이우스, 히폴리투스, 테르툴리아누스, 그리고 그들과 결부된 "경세적 삼위일체론"을 연상시킨다. 예를 들면, 단자의 확장에 관한 그의 개념은 성자의 출생을 신적 본질을 나눔이 없이 확장시킨 것이라는 테르툴리아누스의 설명[82]과 "우리는 나뉠 수 없는 단자를 삼위 하나님으로 확장한다($\pi\lambda\alpha\tau\acute{v}\nu o\mu\epsilon\nu$)"라고 말한 로마의 디오니시우스의 말[83]을 연상시킨다. 나아가, 그는 이러한 구별을 표현할 만한 표현과 개념들을 가지고 있지 않았지만, 나뉠 수 없는 영 — 그럼에도 불구하고, 로고스와 "하나이자 동일한" — 과는 좀 다른 존재로서의 선재하는 로고스를 상정하였다. 그의 입장은 당시에 유행하였던 세 위격에 관한 오리게네스주의적이고 기본적으로 중기 플라톤주의적인 개념을 거부하고 삼위일체가 하나님 안에 내재하는 것으로 보았다는 점에서 독특한 것이었다.

우리는 이러한 그의 입장이 유세비우스주의자들에게 걸림돌이 되었다는 것에 놀랄 필요가 없다. 그들이 만들어낸 신조들 속에 "그의 통치는 끝이 없을 것"이라는 구절이 빈번하게 등장한다는 것은 그들이 마르켈루스의 입장을 두려워하였다는 것을 증언해 준다. 그의 제자였던 시르미움의 주교 포티누스(Photinus)는 마르켈루스의 가르침에 양자론적 기독론을 결합하여 더 도발적인 교리를 가르쳤기 때문에, 유세비우스주의자들은 포티누스를 더욱 의심스러운 눈초리로 바라보았다. 니케아파는 처음에는 그의 주장에 동조하였고, 주후 341년에 교황 율리우스 1세 아래에서 열렸던 로마 공의회는 그에게서 이단이라는 멍에를 풀어주었다. 그러나 그들이, 그가 그들을 곤경에 빠뜨리고 있다는 것을 깨닫게 되자, 그들의 태도는 냉정해졌고, 그를 공식적으로는 결코 단죄하지 않았지만, 점차로 그와 그의 관점으로부터 결별하였다.

마르켈루스는 극단주의자였다; 니케아 신학을 옹호했던 평균적이고 특히 서방교회적인 지지자들은 이른바 세르디카(Serdica) 신조에 의해서 더 잘 대변되고 있는데,[84] 이 신조는 세르디카에서 열렸던 공의회(343년)에 참석했던 서방 교회의 사람들이 동방 교회 사람들이 물러간 후에 작성한 것이었다. 소극적으로는 이 신조는 "성부, 성자, 성령이라는 서로 다른 분리된 위격들"이 존재한다는 "아리우스주의적인" 이론을 반박한다. 이와는 반대로 가톨릭적이고 사도적인 전통은 삼위(三位)는 하나의 동일한 위격 또는 본질(*hupostasis* 와 *ousia*는 니케아 신조에 나오는 저주문들에서와 마찬가지로 동의어들로 취급되고 있다는 것을 유의하여야 한다), 즉 성부의 위격을 갖는다는 것이라고 이 신조는 확인한다. 여기서 분명한 것은 (a) 여기에서 말하는 위격은 하나님의 존재를 의미한다는 것, (b) 본질의 실제적인 동일성이 역설되고 있다는 것이다. 반면에 마르켈루스의 주장에 반대하여, 이 신조는 말씀이 창조의 목적을 위하여 출생되었다는 것을 인정하고, 말씀이 시작이 있다거나(아리우스주의적인 명제) 끝이 있다고(마르켈루스의 주장과 반대되는) 생각하는 것은 잘못된 것이라는 말을 덧붙인다. 나아가, 성부와 성자의 본질의 동일성은 성자가 실제로 성부라는 것을 의미하지 않는다.

이 신조는 다음과 같이 분명하게 말한다; 그와는 반대로 성부는 아버지이고, 성자는 성부의 아들, 성부의 말씀, 지혜, 권능이다. 성자의 본질(*hupostasis*)은 성부의 본질과 동일하기 때문에, 성자는 양자(養子)가 아니라 진정한 아들이다. 성부와 성자가 지닌 신성은 하나이자 동일하고(μίαν πατρὸς καὶ υἱοῦ θεότητα), 성부가 성자보다 더 크다면, 그것은 "성부의 이름 자체가 성자의 이름보다 더 크기 때문이다." 이렇게 해서 오리게네스주의자들이 주장했던 것과는 달리, 성부와 성자의 일체성은 상호적인 조화와 일치(συμφωνία; ὁμόνοια)가 아니라[85] "위격의 동일성"(ἡ τῆς ὑποστάσεως ἑνότης)에 토대를 두고 있다. 성자의 통치는 결코 끝나지 않을 것이다. 주목할 만한 것은 이 신조에서는 '호모우시오스' (ὁμοούσιος)라는 용어가 그 어디에도 등장하지 않고, 이 신조가 애호하는 문구는 "위격의 동일성" 이라는 것이다.

이로부터 거의 20년 후인 주후 362년에 글을 쓰면서,[86] 아타나시우스는 세르디카 선언이 없었으면 편리했겠다고 생각했을지도 모른다; 사실 세르디카 선언의 주된 명제들은 비록 구식의 용어들로 표현되어 있긴 했지만 우연히도 아타나시우스의 견해와 대단히 일치했기 때문이다. 물론, 아타나시우스의 신학은 니케아 신조의 관점에 대한 고전적인 해설을 대표한다. 기독교 사상가로서 아타나시우스는 아리우스 및 가이사랴의 유세비우스와는 완전히 대비되는 입장에 서 있었다. 실제로는 합리주의자들이었던 그들은 하나님의 초월성과 창조에 관한 선험적인 개념들로부터 출발하였다. 말씀은 성부로부터 기원하였기 때문에 신적일 수가 없다고 그들은 주장하였다; 신적인 본성은 교류될 수 없는 것이기 때문에, 말씀은 피조물임에 틀림없고, 말씀이 누렸던 특별한 지위는 창조에 있어서의 성부의 대리인으로서의 그의 역할에서 기인하는 것임에 틀림없다. 아타나시우스의 접근 방식 속에서 철학적이고 우주론적인 고찰들은 아주 미미한 역할을 하였고, 그의 지도적인 사고는 구속에 관한 확신이었다. 잘 알다시피, 성부는 말씀을 자신의 창조의 기관으로 사용하였지만, 성부가 어떤 매개자를 필요로 했다고 생각하는 것은 불합리한 것이었다.[87] 한편으로 그리스도와의 교제를 통해서 인간은 신적이 되었고 하나님의 자녀가 되었다. 그런 까닭에 말씀 자신은 본질적으로 신적임에 틀림없다. 왜냐하면, 말씀이 신적인 존재가 아니라면, 말씀은 결코 사람들에게 신적인 생명을 나누어 줄 수 없었을 것이기 때문이다. 이 문제에 관한 그의 표현을 빌리면,[88] "만약 말씀이 단순히 참여(participation)에 의해서 신적이 되었고 스스로 본질적인 하나님, 성부의 참된 형상이 아니었다면, 말씀은 결코 우리를 신적으로 만들지 못했을 것이다."

그러면 먼저 하나님의 아들됨에 관한 그의 인식을 살펴보기로 하자. 하나님이 그의 말씀 없이 존재할 수 있다고 말하는 것은 빛이 비추기를 그친다거나 강의 근원이 흐르기를 멈춘다고 말하는 것과 같다고 그는 주장한다.[89] 그런 까닭에 성자는 성부와 더불어 외부적으로 존재할 수밖에 없다. 이것에 대한 설명은 성자의 출생은 영원한 과정이라는 것이다; "성부가 언제나 본성상 선한 것과 마찬가지로, 성자는 본성상 언제나 발생적이다"(ἀεὶ γεννητικός[90]). 그는 이렇게 쓴다:[91] "성자를 성부의 영원한 자녀라고 부르는 것은 절대적으로 옳다. 성부의 존재는 결코 불완전하지 않기 때문에 거기에 어떤 본질상의 특징을 덧붙일 필요가 없다; 또한 성자의 출생은 한 인간이 그의 부모로부터 출생하는 경우와는 달리 아버지가 먼저 존재한 다음에 그 이후에 출생하여 존재하는 것이 아니다. 도리어 성자는 하나님의 자녀이고, 하나님은 영원하고 성자는 아들로서 하나님께 속해 있기 때문에, 성자는 영원 전부터 존재한다. 인간은 본성의 불완전성 때문에 시간 속에서 출생하는 것이 특징이지만, 하나님의 자녀는 영원하며, 그 본성이 언제나 완전하다."

이레나이우스와 마찬가지로, 아타나시우스는 성자의 출생을 신비한 것으로 여긴다;[92] 그러나 그는 성자의 출생은 성자가 피조물이라는 것을 함축하는 것이 아니라, 인간의 자녀와 마찬가지로 아버지의 본성으로부터 유래하고 그 본성을 공유하고 있다는 것을 함축하는 것이라고 해석한다.[93] 우리는 인간의 출생이라는 유비를 사용해서 성자는 성부로부터 분리된 신적인 본질의 한 부분이라고 결론을 내려서는 안 된다; 신적인 본성은 비물질적이고 여러 부분들로 나누어질 수 있는 것이 아니기 때문에 이런 일들은 불가능하다.[94] 또한 아리우스주의자들이 주장했던 것처럼, 성자의 출생은 성부의 의지의 한 결정적인 행위의 결과도 아니다 — 이런 주장은 성자의 지위를 피조물로 축소시키는 것이 되고 말 것이다. 성자의 출생은 분명히 성부의 의지에 따라 일어나지만, 하나님의 본성 자체 속에 내재해 있는 영원한 과정을 하나의 특정한 의지 행위라고 말하는 것은 잘못된 것이다.[95] 또한 우리는 성자는 성부와는 달리 '아겐네토스'(agennetos) — 이 모호한 용어의 의미가 "영원히 존재하는" 또는 "창조되지 않은"이라는 의미로 사용되는 경우에 — 가 아니라는 주장도 거부해야 한다. 물론, 우리는 '아겐네토스'가 "출생되지 않은"이라는 어원론적인 의미를 여전히 지니고 있는 경우에도, '아겐네토스'를 성자에게 적용해서는 안 된다.[96]

아타나시우스는 성부의 자녀(γέννημα)로서 성자는 진정으로 성부와 구별된다(ἕτερον)고 확신한다;[97] 그리고 성자의 출생은 영원하기 때문에, 이 구별도 영원하며, 단순히 "경륜"에 속하는 것이 아니라는 결론이 도출된다. 또한 여기에서 도출되는 또 하나의 결론은 성부의 존재로부터 나온 성자이기 때문에 성자는 동일한 본성을 공유해야 한다는 것이다. 그의 표현에 의하면,[98] "성자는 종류와 본성(ἑτερογενὴς καὶ ἑτεροφυής)에 있어서 피조물들과는 다르고, 성부의 본질에 속하며(τῆς τοῦ πατρὸς οὐσίας ἴδιος), 성부와 동일한 본성을 지닌다."

그러므로 두 위격으로 생각되는 성부와 성자는 "닮았다"(ὅμοιοι). 성자는 성부의 형상이다;[99] 성자는 물줄기이고 성부는 물근원이며, 성자는 밝음이고 성부는 빛이다.[100] 그런 까닭에 그리스도를 보는 자는 누구든지 성부를 보는 것이다. "왜냐하면, 성자는 성부의 본질에 속하고 성부와 완전히 닮은(κατὰ πάντα ὁμοιότητα) 자이기 때문이다."[101] 그러나 이러한 닮음은 사람과 사람 사이에 존재하는 그러한 외적인 닮음이 아니라,[102] 성자의 본질 또는 본성 자체에까지 미친다. "성자는 성부의 본질에서 나온 자녀이기 때문에, 자신의 변치 않는 성부를 닮았다는 것에 기인하여 말씀도 변치 않는다는 것을 그 누구도 의심할 수 없다"고 아타나시우스는 말한다.[103] 따라서 그는 이러한 닮음은 어떤 사람이 자기가 존경하는 선생님을 자발적으로 닮는 것과 비교될 수 있는 그러한 의지적인 닮음이라는 아리우스의 주장을 반박한다:[104] "이러한 닮음과 일체성은 성자의 본질(οὐσία)이라는 측면에서 존재하고 있음에 틀림없다."

이러한 사고로부터 존재의 하나됨(ἑνότης), 심지어 동일성(ταὐτότης)으로 넘어가는 것은 쉬운 일이었는데, 아타나시우스는 그러한 전환을 하는 데에 주저함이 없었다. 아마도 일부 학자들이 주장해 왔던 것처럼, 아타나시우스와 그의 동료들은 서방 교회에서 주장했던 동일본질론이 지닌 온갖 함의들에 눈을 떴었던 것일지도 모른다; 그러나 아타나시우스 자신의 신학적인 본능이 그러한 함의들을 밝혀주었을 가능성이 더 많다. 이렇게 해서 그는 "성부의 신성은 성자의 신성과 동일하며,"[105] 심지어 "성자의 신성은 성부의 신성이다"[106]라고 선언한다. 또한 "성부의 신성의 충만이 성자의 존재(τὸ εἶναι)이다"라고 그는 말한다.[107] 이것에 대한 예시로서 그는 둘로 구별될 수

있지만 하나의 동일한 본질인 빛과 그 밝음이라는 그가 좋아하는 유비를 계속해서 활용한다.[108]

그는 이렇게 주장한다:[109] "물론, 성자는 아들이기 때문에 성부와는 다르지만, 하나님으로서의 성자는 성부와 하나이고 동일하다; 성자와 성부는 그들의 본성의 친밀한 연합과 그들의 신성의 동일성에 있어서 하나이다 …… 이렇게 그들은 하나이고, 그들의 신성도 하나이기 때문에, 성자에 관한 모든 서술은 그대로 성부에 대한 서술이 된다." 물론, 인간 존재들도 '호모우시오이'(ὁμοούσιοι, 동일본질에 속한)로 묘사될 수 있다.[110] 그러나 그들이 공유하는 인간 본성은 필연적으로 개체들에게 나누어져 분배되기 때문에, 그들은 하나의 동일한 본질을 소유할 수 없는 반면에, 신적인 본성은 나뉠 수 없다.[111]

그의 초기 저작들 속에서 아타나시우스는 이러한 수적인 동일성을 표현하기 위하여 '호모우시오스'(*homoousios*)라는 표현을 많이 사용하지 않고, "성부의 본질에 고유한"(ἴδος τῆς τοῦ πατρὸς οὐσίας), "본질에 있어서 닮은(유사한)"(ὅμολος κατ' οὐσίαν) 등과 같은 표현들로 만족한다. 그러나 나중에 유세비우스주의자들이 성자를 "성부와 닮았다(유사하다)"라고 말하면서 "닮은"이라는 단어를 왜곡된 의미로 사용하고, 유사본질론자들이 성자를 "본질에 있어서 유사한"이라고 자기와 비슷한 표현들을 써서 정의하게 되자, 아타나시우스는 '호모우시오스'라는 용어가 이 문제의 진리를 가장 잘 나타내주는 유일하게 적합한 용어라고 생각해서 니케아의 핵심 용어였던 이 단어를 점차 많이 사용하게 되었다.[112]

이렇게 아타나시우스의 사상은 긴장관계 속에서 결합되어 있는 두 가지 측면을 지니고 있다. 아리우스와 마찬가지로, 그는 하나님이 유일무이하고 나뉠 수 없는 단자(유일자)라는 것을 믿는다; 오직 하나의 군주신, 하나의 최고의 원리(μίαν ἀρχὴν οἴδαμεν[113])가 존재한다. 이러한 진리, 그리고 이것과 병행되는 진리, 즉 무한한 것은 순수하게 영적인 성질을 지니고 있기 때문에 유한한 것과 무한한 것 간의 유비를 찾는 것은 실패하고 만다는 진리에 대한 그의 확고한 이해를 토대로, 그는 성부와 성자는 하나의 동일한 본질, 현시(顯示, presentation)의 두 가지 형태로 존재하는 하나의 동일한 나뉠 수 없는 실재임에 틀림없다는 추론을 도출해 낼 수 있었다.

이와 동시에 그는 성부와 성자 간의 구별에 관한 진리를 확고하게 확신하고 있었다. 사벨리우스주의에 반대하여 그는 "성부는 아버지이고 아들이 아니며, 성자는 아들이고 아버지가 아니기 때문에, 성부와 성자는 둘이다"라고 단언한다.[114] 원형(原型)과 그 형상이라는 성경의 계시는 자녀와 부모의 관계의 경우에서와 마찬가지로 진정한 이원성(duality)을 요구한다. 그는 성부와 성자는 진정으로 둘이기 때문에, 성부와 성자가 "유사하다"(ὅμοιοι)고 말하면서도, 그 직후에 본질의 동일성을 단언할 수 있었다. 그는 이 문제를 다음과 같은 문장으로 간단하게 요약한다:[115] "성자는 아들이기 때문에 성부와 다르고, 하나님으로서는 성부와 동일하다."

우리가 유의할 것은 그는 성부와 성자의 실존을 위격으로 표현할 수 있는 자기 자신의 용어를 갖고 있지 않았고, '우시아'(οὐσία)와 '휘포스타시스'(ὑπόστασις)의 차이를 거의 구별하지 않았던 것으로 보인다. 주후 369년에 씌어진 자신의 후기 저작 속에서[116] 그는 여전히 "'휘포스타시스' 는 '우시아' 와 동일한 말로서 존재 자체(αὐτὸ τὸ ὄν) 이외의 다른 것을 가리키는 것이 아니다"라고 말할 수 있었다. 그의 기본적인 입장은 단순하고 나뉠 수 없는 신적인 '우시아' 는 성부와 성자에 의해서 동시에 공유된다는 것이다. 성부와 성자 간의 구별은 실재적인 것이고, 영원히 활동하고 표현하고 낳는 자인 하나님과 영원히 활동되고 표현되고 낳음을 입는 자인 동일한 하나님 간의 구별이다. 성자는 성부와 동일한 하나님이지만, 내재적인 하나님이 아니라 현시된 하나님이다. 따라서 성자는 "성부 자신의 자기 계시적이고 창조적인 활동으로서, 성자 없이는 성부는 그 어떤 것도 창조하지 못하고 스스로를 알리지 못한다."[117] 또한 "성자가 이루는 일들은 무엇이든지 성부의 일인데, 이는 성자가 성부의 신성의 현시(εἶδος)로서 이 일들을 이룬 것이기 때문이다."[118] 실제로 성부는 성자로 말미암지 않고는 그 어떤 것도 이루지 않는데,[119] 성자는 신성 부여와 계시의 사역에 있어서 활동하는 것으로 여겨지는 하나님이다.[120]

6. 반(反)니케아파

　　이상이 아타나시우스와 그의 지지자들의 가르침이었다면, 반(反)니케아 진영에서는 각각 서로 다른 시기에 적어도 세 가지 유형의 신학이 둥지를 틀고 있었다. 첫 번째 유형의 신학은 명확하지 않을 뿐더러 중요한 문제들에 있어서 종종 모호하지만 전체적으로 타협적인 성격을 지닌 것으로서 아주 보수적인 "중도파"의 입장을 반영하고 있다. 이 시기에 나온 초기 신조들은 이러한 신학의 예들을 보여준다. 주후 341년의 봉헌 공의회(the Dedication Council)의 신조("제2차 안디옥 신조")[121]는 좌익 및 우익의 양 진영의 긴장관계를 잘 보여준다. 강력한 반(反)사벨리우스주의적인 기조를 지닌 이 신조는 아리우스의 신앙 조목들을 더 교묘한 형태의 이단들이 빠져나갈 여지를 남겨두는 용어들로 표현해 놓고 있다. 예를 들면, 성자는 "변경될 수 없고 변화될 수 없다"라거나 성자는 "피조물들과 같은 피조물이 아니다" 등과 같은 진술들이 바로 그러한 것들이다. 이 신조가 적극적으로 제시한 교리는 등급과 영광에 있어서는 구분되어 있지만 의지의 조화에 있어서는 연합되어 있는 세 위격이 존재한다는 것이다. 이 신조는 서방 교회와의 일치에 대한 소망이 한층 높아졌을 때인 주후 343년에 필리포폴리스에서 작성되었기 때문에 더 타협적인 성격을 지니고 있다.[122] 물론, 동일본질에 관한 언급은 없고, 마찬가지로 "세 위격"에 대한 언급도 없다; "세 하나님"에 관한 주장에 대하여 파문을 선고함으로써 이 신조는 많은 반오리게네스주의자들이 염려하는 길로부터 벗어나 있다.

　　이것보다 훨씬 더 중요한 것은 동방 교회의 관점을 서방 교회에 설명하려는 시도로서 주후 345년에 밀라노로 보내졌던 "장문 신조"(*Ecthesis macrostichos*)[123]이다. 이 신조에서는 '우시아'와 '휘포스타시스' 같은 논란이 있는 용어들을 아주 주의깊게 피하고 있고, 성자가 무(無)로부터 출생했다는 개념도 거부하고 있으며, "성자가 존재하지 않았던 때가 있었다"라는 문구도 거부한다. 성자는 "오직 하나님으로부터" 나왔다고 이 신조는 선언한다. 오직 성부만이 "발생되지 않고" "기원되지 않았으며" "시간 바깥에서" 성자를 낳았다. 성자는 "본성에 있어서 완전하고 참된 하나님"이다; 성자가 존재하게 된 것(ὕπαρξις)은 "만세 전"이다. 삼위는 "세 객체와 세 위격"(πράγματα ... πρόσωπα: 후자의 단어는 서방 교회의 '페르소나'

[persona]에 대한 역어로 채택되었음이 분명하다)이지만, 삼위가 서로 분리될 수 없다는 것이 아주 강력하게 강조된다. "삼위는 매개(mediation) 또는 간격 없이 서로 연합되어 있고," "하나님의 한 위엄"을 소유한다. 이 문서는 동일본질론을 빼버리고 있지만 유사본질론 쪽으로 어느 정도 기울어져 있어서, 서방 교회의 관점을 충족시키는 쪽으로 어느 정도 나아가고 있다.

둘째로는 항상 수면 아래에 잠복해 있다가 50년대에 수면 밖으로 출현했던 특히 아리우스적인 신학이 있다. 이 신학의 부산물은 정치성이 강한 고위 성직자들이었던 우르사키우스(Ursacius)와 발렌스(Valens)가 주로 주도했던 저 악명 높은 제2차 시르미움 신조 또는 "신성모독" 신조(357년)였다.[124] 이 신조는 아리우스주의를 명시적으로 역설하고 있지는 않지만 명확한 아리우스주의적인 편향을 지니고 있다. 왜냐하면, 이 신조에서는 그 어떤 아리우스주의적인 신조에 대해서도 비판하기를 신중하게 삼가하고 있는 반면에, "동일본질"과 "유사본질" 같은 표현들을 둘 다 금하고 있기 때문이다. 이 신조는 다음과 같이 분명하게 선언한다: "가톨릭의 교리는 성부와 성자라는 두 위격이 존재하고, 성부는 더 크고 성자는 성부에게 종속되어 있으며 (*subiectum*) …… 성부는 시작이 없고 …… 성자는 낳아졌다는 것이다." 그러나 지적으로나 역사적으로나 이것보다 더 중요했던 것은 주후 350년대에 출현했던 상이본질론(또는 아노모이오스파; ἀνόμοιος = "상이한")으로 알려진 새로운 급진적인 아리우스주의였다. 상이본질론을 주장했던 사람들은 아이티우스(Aetius)와 유노미우스(Eunomius)였는데,[125] 이들은 비판자들이 "기술" 또는 논리 사냥이라고 조롱하였던 가차없이 냉혹한 변증법을 통해서 논증을 전개하였다.[126] 사실 그들은 기독교의 기본적인 교의를 계층적으로 이루어진 상호배타적인 세 '우시아들' (οὐσίαι)에 관한 신플라톤학파주의적인 형이상학이라는 관점에서 재진술한 것이었다. 그들은 이름이란 그 이름이 가리키는 사물들의 본질을 표현하는 것이라는 언어 이론을 사용하였다. 따라서 최고의 '우시아' (οὐσία)인 하나님은 "발생되지 않은" 존재(ἀγέννητος)였고, "발생되지 않은 것"이라는 말은 하나님이라는 존재를 온전히 정의한 것이었다. "성부"는 두 번째 '우시아' (οὐσία) 또는 성자를 창조해 낸 활동 (ἐνέργεια)을 지칭하는 것이었고, 성자는 본성상 "출생된" (γεννητός) 존재이기 때문에, 발생되지 않은 하나님과는 전적으로 달랐다. 이번에는 성자는 세 번째 본질 또는 성령을 존재케 했고, 온 피조물을 자기에게 종속시켰다. 이러한 창조적 활동으로 인해서 사도 바울은 성자를 "성부의 형상"이라고 묘사했다.[127] 아리우스와는 달리 상이본질파들은 성자는 그의 창조적 역할로 인해서 상대적인 신성을 소유하고 있다고 인정하였다. 아리우스 및 당시의 정통 신앙과는 달리, 그들은 하나님의 본질은 '아겐네시아'(ἀγεννησία)에 다름아니기 때문에 사람들에 의해서 완전히 이해될 수 있다고 추론하였다.[128]

세 번째 유형의 신학은 유사본질론이었는데(에피파니우스는 이것을 부당하게도 반(半)아리우스주의라고 불렀다[129]), 반(反)니케아 진영 속에서 철저한 아리우스주의자들이 그들의 가면을 벗어 던진 후에 점차 중도파에 속했던 많은 온건파들이 이러한 유형의 신학으로 몰리게 되었다. 안디옥의 멜레티우스(Meletius of Antioch)와 예루살렘의 키릴루스 같은 이 신학의 지지자들 중 일부는 성자에 관한 높은 교리를 주장하였지만, 비성경적인 동일본질론을 반대하였고, 동일본질론을 주장하는 자들 중 일부를 의심하였으며, 성자의 출생의 방식에 관해서는 조심스럽게 말을 아끼는 쪽을 택하였다. 이렇게 키릴루스는 성자는 "모든 것에 있어서 성부와 같았고" 성부의 신성을 공유하였으나[130] 영원 전부터 구별된 위격으로 존재하였다고 가르쳤다.[131]

또 어떤 사람들은 말씀의 신성과 성부와 성자 간의 본질의 유사성, 심지어 완전한 닮음을 인정하면서도 종속설적인 경향을 여전히 지니고 있었고, 성자의 출생이 성부의 의지의 구애받지 않은 한 행위에 달려있다고 생각하지 않을 수 없는 것으로 여겼다. 앙키라의 바실리우스의 영도 아래에서 하나의 파가 형성되었고, 이들은 앙키라 회의(358년)에서 최초로 유사본질론적인 선언서를 공표하였다.[132] 이 선언서는 "창조주와 피조물, 성부와 성자는 전혀 별개의 문제이기" 때문에 그리스도는 피조물이 아니라 성부의 아들이라고 선언하였다; 그리고 이 선언서는 그 밖의 다른 전형적인 아리우스주의적인 명제들을 단죄하였다.

다른 한편으로 마르켈루스가 가르쳤다고 생각되는 것과는 달리, 성자는 단순히 성부의 "동력"이 아니라 "성부와 유사한 본질(οὐσία)"이다 ― 우리는 그들의 용어 속에서 '우시아'가 "위격"이라는 의미와 거의 같게 사용되고 있는 것을 본다. 모든 피조물들과는 구별되게 성자는 진정으로 아들이다. 그러나 성부와 성자 간의 유사성은 동일성(ταὐτότης)으로 인식되어서는 안 된다; 성자는 또 하나의 '우시아' 이기 때문에 성부와 유사할 수 있지만, 성부와 동일하지는 않다. 따라서 이 선언서에서는 "'우시아' 와 '우시아' 의 유사성" 이라고 말하면서, 성자를 성부와 '동일본질' (ὁμοούσιος 또는 ταὐτούσιος)이라고 정의하는 자를 단죄한다. 이렇게 해서 주후 357년에 시르미움 공의회에서 금지되었던 '호모이우시오스' (ὁμοιούσιος)라는 문구는 의도적으로 다시 채택되었다.

그로부터 1년 후인 주후 359년에는 새로운 분파와 니케아파 간의 간격이 얼마나 급속하게 좁혀져가고 있었는지를 보여주는 유사본질론적인 각서가 작성되었다.[133] 첫째, 이 각서에서는 동방 교회의 신학자들이 "위격들의 실존적인 특성들"을 표현하기 위하여 단순히 '휘포스타시스' (ὑπόστασις)라는 용어를 사용했다는 것을 설명한 후에, 성부와 성자는 두 위격이고, 이러한 관점으로부터 "본질에 있어서의 유사성"(κατ' οὐσίαν ὁμοιότης)이 성부와 성자 간에 존재한다고 규정한다. 그러나 둘째로, 이 각서에서는 성자는 성부로부터 낳아졌기 때문에 성부와 마찬가지로 영이고, 이러한 관점으로부터 성부와 "하나이자 동일한"(τὸ αὐτὸ) 존재라는 말을 덧붙인다. 여기에서 전제된 동일성은 수적인 것이라기보다는 질적인 것이긴 하지만, 이 각서는 분명히 아타나시우스적인 관점에 근접하고 있다.

니케(Nicé) 신조(359년)와 콘스탄티노플 신조(360년) 속에 "성부와 유사한 (ὅμοιος)"이라는 문구를 집어넣었던 아카키우스(Acacius)에 의해서 지도된 타협적인 분파였던 유사본질론자들[134]은 별개의 신학적인 입장을 주장했다고 볼 수는 없다. 그들의 의도는 논쟁이 되는 쟁점들을 회피함으로써 통합을 촉진시키는 것이긴 했지만, 그들은 불가피하게 아리우스주의가 들어설 여지를 남겨주는 결과를 초래하였다;[135] 그들의 지지 기반은 니케아적인 사고를 지녔던 그라티아누스 황제와 테오도시우스 1세 황제가 등장함으로써 무너졌다.

제 10 장

삼위일체론

1. 동일본질론으로의 회귀

우리가 이미 살펴본 것처럼, 아리우스주의와의 싸움 속에서 사람들의 사고를 괴롭혔던 문제는 성자의 완전한 신성이었고, 이것은 삼위일체론을 구성하는 본질적인 요소였지만, 삼위일체론은 처음에는 뒷전에 밀려나 있었다. 실제로 니케아 신조에서는 단순히 "성령에 대한" 믿음을 천명했을 뿐이고, 성령이 하나님(Godhead) 안에서 차지하는 지위에 관한 공식적인 논쟁이 있기까지는 상당한 시간이 흘러야 했다. 그럼에도 불구하고, 이와 같은 더 깊은 문제들에 관한 논의를 무한정 미룰 수는 없기 때문에, 우리는 이 장에서 정통적인 삼위일체론의 형성과정을 추적해 보고자 한다.

삼위일체론의 형성과 주로 관련이 있는 신학자들은 동방 교회에서는 카파도키아의 교부들, 바실리우스 1세(379년에 죽음), 나지안주스의 그레고리우스(390년경에 죽음), 바실리우스의 동생, 니사의 그레고리우스(394년에 죽음), 서방 교회에서는 히포의 아우구스티누스(430년에 죽음) 등이었다. 그러나 이러한 신학자들이 수행했던 종합들을 살펴보기 전에, 우리는 먼저 그들의 종합의 배경이 되고 있는 두 가지 중요한 발전노선들을 살펴볼 필요가 있다. 첫 번째는 유사본질론을 주장했던 수많은 교인들이 태도를 바꿔서 동일본질론을 받아들였다는 것이다. 두 번째는 성령의 지위에 관한 관심이 일어나서 성령을 성부 및 성자와 더불어 완전한 위격이자 동일한 본질을 지니는 것으로 인식했다는 것이다.

이러한 발전들 중 첫 번째 발전 속에서 상당히 중요한 역할을 했던 인물은 아타나시우스와 푸아티에의 힐라리우스(Hilary of Poitiers)였다; 힐라리우스는 주후 356-9년에 소아시아에서 유배 생활을 하였는데, 거기에서 처음으로 동방 교회의 신학적 논쟁과 직접적으로 접촉하게 되었다. 이 두 사람은 근본적인 문제들과 관련해서 유사본질론자들과 니케아파 간의 간격이 극히 좁다는 것과 이들이 서로의 마음을 진정으로 이해함을 통해서 니케아파의 최종적인 성공이 확보될 수 있다는 것을 깨달았다. 그래서 자신의 저서인 『교회회의들에 관하여』(*De synodis*, 359년)에서 아타나시우스는 유사본질론자들을 본질적인 문제들에 있어서 자기 자신과 의견을 같이 하는 형제들(ὡς ἀδελφοὶ πρὸς ἀδελφοὺς διαλεγόμεθα)이라고 문안 인사를 하면서 유화적인 제스처를 취했다.[1] 그들은 성자가 "또 다른 위격으로부터가 아니라 성부의 '우시아' 로부터" 나왔고 성부의 참된 아들이자 성부와 마찬가지로 영원하다는 것을 인정했기 때문에, 그들이 명백히 받아들이고 있었던 진리를 정확하게 표현할 수 있는 것은 동일본질론이라는 것을 인정하기가 쉬웠다.

힐라리우스는 같은 해에 출간된 비슷한 제목의 저작 속에서 한 걸음 더 진척을 이루었다. 그는 동일본질론이, 발생되지 않은 성부의 위격과 출생된 성자의 위격 간의 구별에 대한 적절한 강조를 통해서 보호되지 않는다면 사벨리우스주의적인 해석들에 빠질 수밖에 없다는 것을 인정하였다.[2] 심지어 그는 유사본질론이 완전한 동등성의 의미로 이해되어야 하고, 그것은 엄밀하게 본성의 일체성을 수반하는 것이기 때문에, 특히 유사본질론이 사벨리우스주의에 반대하여 세 위격을 강조하고 있다는 점에서 '호모이우시오스'(ὁμοιούσιος), 즉 유사본질론의 적절성을 인정하기도 하였다.[3] 그의 결론[4]은 유사본질론자들은 위격들의 구별을 인정하고 있기 때문에, 가톨릭파들, 즉 니케아파들은 유사본질론을 부정할 필요가 없고, 유사본질론자들은 본질의 완전한 유사성을 진지하게 믿는다면 본질의 일체성을 인정하여야 한다는 것이었다.

아주 중요한 더 실제적인 조치는 콘스탄티우스(361년)의 죽음과 배교자 율리아누스의 즉위에 의해서 야기된 긴장 완화의 기간 동안에 아타나시우스를 의장으로 하여 주후 362년에 소집된 알렉산드리아 공의회에서 취해졌다. 주의 깊은 독자들이라면 누구나 이 시기의 신학적 분열들은 상호 이해하기 힘든 서로 다른 신학적 용어들을 사용함으로써 생겨났고 유지되었다는 것을 알아차렸을 것이고, 그러한 사정에 의해서 놀랐을 것임에 틀림없다. 이 공의회에서는, 신학 논쟁에 있어서 중요한 것은 사용된 언어 표현이 아니라 그 근저에 있는 의미라는 것이 공식적으로 인정되었다. 이렇게 해서, 이제까지 니케아파들에게 "세 본성," 즉 세 신적인 존재들이라는 의미로 들려서 고통스럽게 생각되었던 "세 위격"이라는 문구는 그것이 "서로 본질에 있어서 다르고 철저하게 구별되며 이질적인 위격들," 즉 다른 말로 하면 "세 원리들 또는 세 하나님들"이라는 아리우스주의적인 의미를 지니지 않고 단순히 본질을 공유하는 삼위일체 속에서의 삼위 하나님 안에서 분리된의 실존을 표현하는 경우에는 정당하다는 것이 선언되었다.[5] 또한 반(反)니케아파에 속했던 모든 사람들을 그토록 괴롭혔던 "하나의 위격"이라는 정반대의 문구도 마찬가지로 인정되었는데,[6] 이는 그 지지자들이 그들은 사벨리우스주의적인 의도를 가지고 있지 않고 단지 위격(*hupostasis*)을 본질(*ousia*)과 동일시해서 성부와 성자 간의 본성의 일체성을 드러내고자 한 것뿐이라고 설명했기 때문이었다. "세 위격"을 말하는 것은 삼신론(tritheism)에 대한 신앙고백이라고 보았던 서방 교회의 많은 사람들에게 부수적으로 충격을 주었던 이와 같은 정치적인 결정으로 인해서,[7] 두 파 간의 연합은 실질적으로 마무리되었고, 우리는 이 사건 속에서 나중에 정통 교리의 상징이 되었던 문구인 "하나의 본질(*ousia*), 세 위격(*hupostaseis*)"의 출현을 기대할 수 있게 되었다.

이러한 서곡을 진행시킴에 있어서 아타나시우스와 힐라리우스는 의식적이든 무의식적이든 동일본질을 유사본질적인 의미로 사용하는 것, 즉 동일본질이 본질의 수적인 동일성이 아니라 종(種)의 동일성을 의미하는 것으로 사용한다는 것을 인정함으로써 전략적으로 "신니케아" 신학을 도입하였다는 학설이 제기되어 왔다(예를 들면, F. Loofs, R. Seeberg, J. Gummerus). 그러나 이러한 학설이 의거하고 있는 전제는 잘못된 인식에서 나온 것이다. 왜냐하면, 우리는 '호모우시오스' (ὁμοούσιος)의 더 깊은 함의들이 무엇이든지 간에 원래의 니케아적인 가르침은 성부와 성자가 본질에 있어서 수적으로 하나라는 것이 아니라 성부와 성자가 동일한 신적 본성을 공유하고 있다는 것이었음을 살펴보았기 때문이다. 또한 성자의 본질적인 신성이 인정되는 한, 속적(屬的)인 하나됨과 수적인 하나됨 사이에는 그 어떤 진정한 대립도 존재하지 않는다. 왜냐하면, 하나님은 전제상(*ex hypothesi*) 단일하고 구분될 수 없기 때문이다(이 점을 이 교부들은 끊임없이 지적하였다). 이 두 교부는 유사본질론자들을 인정하면서, 그들이 성자가 자신의 본질을 성부의 본질로부터 가져온 진정한 아들이라는 것을 인정하고 있다는 것을 당연시했다는 점을 우리는 유의하여야 한다.[8] 실제로 아타나시우스는 유사본질론자들에 대한 그의 온갖 호의에도 불구하고 여전히 하나님의 본질과 관련해서 "동일성"(identity)이 "유사성"(likeness)보다 더 적절한 용어이고, 성부와 성자는 "본질에 있어서 하나(ἕν)"임에 틀림없다고 역설한다.[9]

잘 알다시피, 힐라리우스는 유사본질론자들로부터 유사성이라는 개념이 동일본질론을 사벨리우스주의적인 의미로 악용되는 것을 막아주는 가치를 지니고 있다는 것을 배웠다; 그의 『교회회의들에 관하여』(*De synodis*)에서 그는 동일본질론이, 성자는 성부의 본질로부터의 출생으로 인해서 성부와 완전히 유사하거나 동등하다는 것을 의미하는 것으로 설명한다.[10] 그러나 다른 곳에서[11] 그는 주후 359년 이전이나 이후에나 본질의 동일성에 대한 자신의 믿음을 한 점의 의심도 없이 분명하게 천명한다. 성부와 성자라는 위격들은 둘이고, "유사하다"로 지칭하는 것이 적절할 수 있으며, 성부와 성자가 소유하는 본질은 하나이고 나눌 수 없다.

이와 같은 아타나시우스와 힐라리우스의 정치가 같은 태도는 효과가 없지 않았다. 이러한 태도는 수많은 유사본질론자들이 거센 아리우스주의의 위협을 점차 더 많이 인식하고 있을 때에 등장해서, 정통파 신앙인들은 뿌리깊은 사벨리우스주의자들이라는 그들의 의구심을 잠재웠고, 동일본질론적 신학을 그들에게 더 구미에 맞는 것으로 만들어 주었다.

2. 성령의 동일본질: 아타나시우스

두 번째의 발전노선, 즉 성령의 완전한 신성에 대한 인식은 아타나시우스의 선구적인 공로에 대한 설명을 포함해서 더 긴 논의를 필요로 한다.

오리게네스의 시대 이래로 성령에 관한 신학적인 성찰은 경건적 실천에 밀려서 눈에 띄게 늦어졌었다. 알렉산더는 성령은 선지자들과 사도들에게 영감을 주었다는 옛 단언만을 단순히 반복했을 뿐이다.[12] 아리우스는 성령을 위격으로 생각하였지만,[13] 성자의 본질이 성부의 본질과 완전히 다른 것과 마찬가지로 성령의 본질도 성자의 본질과 완전히 다른 것으로 여겼다.[14] 성령에 관한 문제는 니케아 공의회에서 제기되지 않았지만, 이제부터는 눈에 띨 정도로 관심이 고조된다. 한편 가이사랴의 유세비우스 같은 급진론자는 성령이 위격이라는 것은 분명하지만, 성령은 "세 번째 등급에 속한," "세 번째 권능," "최고의 원인으로부터 나온 세 번째 존재"로 여겼고,[15] 요한복음 1:3에 대한 오리게네스의 주석을 사용해서[16] 성령은 "성자로 말미암아 존재하게 된 것들 중의 하나"라고 주장하였다. 성령이 그 밖의 다른 피조된 이성적이고 영적인 존재들과는 달리 "거룩하고 복된 세 번째의 삼위 하나님 속에 포함되는 것인가"라는 질문을 받는다면, 그는 당혹스러워 하면서[17] 성령은 존귀와 영광에 있어서 다른 피조물들을 초월한다는 것이다.

후대의 아리우스주의자들이었던 아이티우스(Aetius)와 유노미우스(Eunomius)는 그들의 입장의 논리에 충실하여, 성령을 단순히 성부의 지시로 성자에 의해서 만들어진 피조물들 중에서 가장 고상한 존재이자 조명(illumination)과 성화(sanctification)의 원천으로 여긴다.[18]

한편, 예루살렘의 키릴루스 같은 보수적인 인물은 성령의 위격과 기원에 관한 탐구를 탐탁지 않게 생각했지만, 후대의 정통신앙을 보여주는 가르침을 지니고 있었다. 성령은 삼위일체에 속하고, "우리는 일부 사람들과는 달리 거룩한 삼위 하나님을 나누지 않고, 사벨리우스가 했던 것과는 달리 거룩한 삼위 하나님 안에서의 혼합(confusion)을 말하지 않는다"라고 그는 주장한다.[19] 성자는 성령과 연합하여 성부의 신성에 참여하고,[20] 성령은 "보편적으로 거룩케 하고 신성을 부여하는 존재," "신적이고 말로 표현할 수 없는 존재"이다.[21] 그런 까닭에 성령은 피조물들, 심지어 가장 고상한 피조물과도 거리가 멀고,[22] 성부에 관한 완전한 지식을 향유한다.[23] 성부 및 성자에 대한 성령의 관계는 다음과 같은 정식들로 정의된다:[24] "성부는 성자에게 주고, 성자는 성령에게 전달한다"; "성부는 성자로 말미암아 성령을 통해서 모든 은혜를 수여한다." 여기에는 본질의 공유에 관한 암시는 전혀 없지만, 성령은 "실존하며"(ὑφεστώς) "성부 및 성자와 함께 항상 현존하고,"[25] 성부 및 성자

와 함께 불가분리적으로 영광을 받는다.[26]

키릴루스는 주후 348년경에 자신의 교리문답 강의들(*Catechetical Lectures*)을 행하였다. 사람들이 아타나시우스에게 성령에 관한 신학을 설명해 달라고 부추긴 것은 주후 359년 또는 360년이었다. 트무이스(Thmuis)의 주교였던 세라피온(Serapion)이 아타나시우스에게 성자의 신성을 인정하면서도 성령에 관해서는 폄하하는 견해들을 지니고 있었던 한 무리의 애굽 그리스도인들에게 관심을 가져달라고 요구했던 것이다. 성경에 대한 비유적인 해석(τρόπος = "비유")으로 인해서 아타나시우스에 의해서 "비유파"(Tropici)라고 불렸던[27] 그들은 성령은 무로부터 창조된 피조물이라고 주장하였다.[28] 더 정확하게 말하자면, 성령은 다른 천사들보다 직위가 높았던 천사로서, 히브리서 1:14에 언급된 "수종드는 영들"로 분류되기 때문에,[29] 성부 및 성자와는 "본질에 있어서 다른"(ἑτεροούσιον) 존재라는 것이었다.[30] 그들은 아모스 4:13("보라 천둥을 일으키며 영을 창조하는 나는……"), 스가랴 1:9("천사가 내게 이르되 이들이 무엇인지 내가 네게 보이리라 하니"), 디모데전서 5:21("하나님과 그리스도 예수와 택하심을 받은 천사들 앞에서 내가 엄히 명하노니") 같은 세 개의 증거본문들을 특히 그 근거로 제시하였다.[31] 비유파들은 후대의 성령이단론자들(Pneumatomachians)과 마케도니우스파(Macedonians)를 예견케 하는 것이었지만, 그들과 결부되어 있지는 않았고, 순전히 지역적인 분파였을 가능성이 높아 보인다.

이러한 주장들에 대한 답변 속에서 제시된 아타나시우스의 가르침은 성령은 완전한 하나님이고 성부 및 성자와 더불어 본질을 공유하고 있다는 것이다. 첫째, 비유파들의 잘못된 성경 해석을 들추어 낸 후에, 그는 성경 전체는 한 목소리를 내고 있다는 것, 성령은 피조물들과는 아무런 공통점을 갖고 있지 않고 "삼위 하나님에 속하며 그 하나님과 하나"라는 것을 입증한다.[32] 따라서 피조물들은 무로부터 창조되었고, 성화와 생명의 수령자들이고, 변할 수 있으며, 특정한 지역에 한정되어 있고 다수성을 지니는 반면에, 성령은 하나님으로부터 오고, 성화와 생명을 수여하며, 불변하고, 편재하며, 유일무이하다.[33] 둘째, 아타나시우스는 삼위 하나님은 영원하고 동질적이며 나뉠 수 없고, 또한 성령은 그 삼위 하나님의 한 지체이기 때문에 성부 및 성자와 본질을 공유하고 있음에 틀림없다는 강력한 논증을 전개한다.[34] 셋째, 그는 성령과 성자 간의 밀접한 관계를 자세히 설명하면서, 그것으로부터 성자는 본질에 있어서 성부에게 속하는 것과 마찬가지로 성령은 본질에 있어서 성자에 속한다고 추론한다.[35] 예를 들면, 성령은 성자의 영, "성자가 거룩케 하고 조명할 때에 사용하는 생명의 활동이자 은사"로서, 성자에 의해 수여된다;[36] 성령이 소유하는 것은 무엇이나 다 성자의 것이다.[37] 시편 104:29 이하와 33:6절이 보여주듯이, 성령은 창조 사역에 있어서 성자와 협동한다;[38] 그리고 성자와 성령이 나뉠 수 없다는 것은 그들이 선지자들에 대한 영감 및 성육신에서 함께 활동했다는 사실에 의해서 예시된다.[39] 마지막으로, 그는 성령이 우리 모두를 "하나님에 참여하는 자들(cf. 고전 3:16f.)"로 만든다는 사실로부터 성령의 신성을 추론한다.[40] "만약 성령이 피조물이라면, 우리는 성령을 통해서 하나님에 참여하지 못한다; 우리는 하나의 피조물과 연합되는 것이기 때문에 신적인 본성으로부터 이질적일 수밖에 없다 …… 성령이 사람들을 신적으로 만든다면, 성령의 본성은 의심할 여지 없이 하나님의 본성임에 틀림없다." 아타나시우스는 당시의 관습을 존중해서 성령을 직접적으로 하나님이라고 부르는 것을 삼간다. 그러나 그의 가르침은, 성령은 말씀 및 성부에게 속해 있고, 말씀 및 성부와 동일한 본질(ὁμοούσιος)을 공유한다는 것이다.[41]

우리가 유의해야 할 것은 아타나시우스는 성령에 관한 내용으로 삼위일체에 관한 그의 가르침을 끝마친다는 것이다. 이러한 인식에 의하면, 하나님은 외적으로 하나의 동일하고 나뉠 수 없는 본질을 공유하는 세 위격(a Triad of Persons, 우리는 그가 이것을 표현하기 위한 자기 나름대로의 용어를 가지고 있지 않았다는 것을 유의해야 한다)으로 존재한다. 또한 세 위격은 모두 하나의 동일한 활동(ἐνέργεια)을 소유하기 때문에, "성부는 모든 일들을 성령 안에서 말씀을 통해서 수행한다."[42] 성부는 창조, 만유에 대한 통치, 구속과 관련하여 이루시는 모든 것을 그의 말씀을 통해서 이루신다; 그리고 말씀이 수행하는 모든 것을 성부는 성령을 통해서 수행한다. 그런 까닭에 그는 이렇게 쓸 수 있었다:[43] "거룩하고 복된 삼위 하나님은 나뉠 수 없고 그 자체로 하나이다. 성부가 언급될 때, 거기엔 말씀도 포함되고, 또한 성자 안에 있는 성령도 포함된다. 성자의 이름이 불러진다면, 성부는 성자 안에 있고, 또한 성령은 말씀 밖에 있는 것이 아니다. 왜냐하면, 성령 안에서 성자를 통해서 성부로부터 이루어지는 단일한 은혜가 존재하기 때문이다."

3. 성령의 동일본질: 카파도키아 교부들

아타나시우스가 성령의 동일본질을 옹호하는 데에 선구적인 역할을 하였다고 한다면, 이 일은 카파도키아 교부들에 의해서 세심하고도 용의주도하게 완성되었다. 우리는 이미 예루살렘의 키릴루스를 전형적인 대표자로 하는 카파도키아 학파의 온건파가 성령의 신적인 지위를 사실상 인정하면서도 그것을 표현하는 데에 동일본질이라는 용어를 사용하기를 거부한 그러한 교리를 소유하고 있었다는 것을 살펴본 바 있다. 그러나 예전의 유세비우스주의적인 종속설이 여전히 좌파에 의해서 끈질기게 유지되고 있었다. 그 결과 주후 358년의 교회회의가 끝난 후에 앙키라의 바실리우스와 그의 동료들에 의해서 유포된 선언서[44]는 성령은 "성자를 통해서 성부로부터 믿는 자들에게 주어지고, 성령의 존재($\upsilon\phi\epsilon\sigma\tau\acute{\omega}s$)는 성자를 통해서 성부로부터 온다"라고 말하는 모호한 문구들로 만족하였다.[45]

그러나 주후 362년에 알렉산드리아 공의회에서 아타나시우스는 성령은 피조물이 아니고 성부 및 성자의 본질로부터 분리될 수 없으며 성부 및 성자의 본질에 속한다는 명제를 관철시켰다.[46] 그때로부터 성령의 지위에 관한 문제는 절실한 쟁점이 되었고, 그 근저에 있는 견해의 편차들은 백일하에 드러나게 되었다.

주후 380년에 행해진 설교 속에서[47] 나지안주스의 그레고리우스는 여전히 이 분야를 휩쓸고 있는 매우 광범위하고 다양한 견해들을 의미심장하게 묘사하고 있다. 어떤 이들은 성령을 힘($\acute{\epsilon}\nu\acute{\epsilon}\rho\gamma\epsilon\iota\alpha$)으로 생각하고, 어떤 이들은 피조물로, 어떤 이들은 하나님으로 여긴다고 그는 말한다. 또한 어떤 이들은 성경의 모호성을 핑곗거리로 삼아서 분명한 언급을 회피한다. 성령의 신성을 인정하는 자들 가운데에서 어떤 이들은 그것을 자신의 마음속에 경건한 견해로 묻어 두고 있고, 어떤 이들은 그것을 공개적으로 선포하며, 어떤 이들은 세 위격이 서로 다른 정도로 신성을 소유하고 있다고 생각하는 것으로 보인다.

여기서 우리는 두 가지 주된 견해를 더 세밀하게 살펴볼 필요가 있다. 성령의 완전한 신성을 반대한 자들은 마케도니우스파 또는 성령이단론자들("성령과 싸우는 자들")로 알려져 있었다. 주후 380년 이후에야 사용되게 된 마케도니우스파라는 명칭은 주후 360년에 아리우스파에 의해서 그 직위가 박탈된 유사본질론자였던 콘스탄티노플의 주교 마케도니우스를 연상시키지만, 그는 실제로 "마케도니우스주의"와는 아무런 상관도 없었던 것으로 보인다. 이것보다 더 적절한 명칭이었던 성령이단론자들은 아타나시우스가 알렉산드리아에서 성령의 동일본질을 역설할 때에 염두에 두고 있었음에 틀림없는 좌파 유사본질론자들에게로 소급된다. 그들 가운데에서 온건파는 성자의 본질의 공유를 받아들였지만,[48] 더 급진적인 분파(373년에 바실리우스와 결별한 후에 세바스테의 유스타티우스에 의해서 이끌어진 분파 — "성령과 싸우는 자들이라는 분파의 지도자"[49])는 "본질에 있어서 유사한" 또는 "모든 것들에게 있어서 유사한"이라는 표현을 더 선호하였다.[50] 이 두 집단의 입장은 "성령을 하나님이라고 부르는 쪽을 택하지도 않았고 성령을 피조물이라고 부르지도 않았다"라는 유스타티우스에게 돌려진 진술[51] 속에 잘 요약되어 있다; 다른 사람들의 표현을 빌리면,[52] "성령은 하나님도 아니고 다른 것들(즉, 피조물들) 중의 하나도 아닌 중간적인 지위를 차지한다."

그들의 입장은 부분적으로는 성경적인 것이었다; 그들은 성령의 열등성을 암시하는 다수의 본문들을 인용하였고,[53] 특히 성경이 성령의 신성에 대하여 침묵하고 있다는 점을 지적하였다.[54] 또한 그들은 하나님 안에서는 성부와 성자의 관계 이외에는 그 어떠한 관계도 인식될 수 없기 때문에, 성령이 하나님이라면 성부와 동등한, 기원되지 않은 원리 또는 성자의 형제이어야 한다고 주장하였다;[55] 그러나 이 둘 중의 어느 것도 받아들여질 수 없기 때문에, 성령은 하나님일 수도 없고 그 밖의 다른 영들일 수도 없다.

반대쪽 진영에서는 감싸고 달래야 할 견해들이 아주 다양하고 많았기 때문에 완전히 아타나시우스적인 입장으로의 진전은 필연적으로 점진적일 수밖에 없었다. 나지안주스의 그레고리우스는 바실리우스가 주후 372년의 한 설교에서 성령의 신성에 대하여 공개적으로 말하는 것을 어떻게 신중하게 삼갔는지를 묘사하고 있다.[56] 이 단계에서 그는 성령의 피조성을 부인하느냐 인정하느냐라는 소극적인 기준으로 만족하는 전략적인 "유보"(οἰκονομία)를 통해서 이러지도 저러지도 못하는 요동하는 자들의 마음을 얻는 데에 주력하였다.[57] 유스타티우스와의 관계를 끊고, 성령이단론자들의 활동이 점점 증가하는 가운데, 바실리우스는 점점 더 명확한 태도를 보이기 시작하였다. 따라서 이듬해에 유스타티우스에게 돌려진 신앙고백 속에서 그는 새로운 시금석을 제시한다:[58] 성령은 근본적으로 거룩하고, "신적이고 복된 본성"과 하나이며, 성부 및 성자와 분리될 수 없는(세례시의 문구가 함축하고 있듯이) 존재로 인정되어야 한다. 그는 자신의 『성령에 관하여』(*De Spiritu sancto*, 375년)에서 한 걸음 더 나아가, 성령에게는 성부 및 성자와 동일한 영광, 존귀, 경배가 드려져야 하며, 성령은 "성부 및 성자 밑에 있는"(ὑπαριθμεῖσθαι) 존재가 아니라 "동등한"(συναριθμεῖσθαι) 존재로 여겨져야 한다고 역설하였다. 이것은 그가 나갈 수 있는 데까지 나간 것이었다. 그는 "우리는 성령이 신적 본성에 대하여 이질적이지 않다고 믿기 때문에 성부 및 성자와 아울러 성령에게도 영광을 돌린다"는 점을 명백히 하고 있지만,[59] 그 어디에서도 성령을 하나님이라고 부르지도 않고, 성령이 성부 및 성자와 본성을 공유한다는 것을 많은 말들로 단언하지도 않는다. 그의 논거의 핵심은 (a) 성령의 위대성과 위엄, 성령의 역사의 능력과 광대함에 대한 성경의 증언, (b) 성부 및 성자가 이루는 모든 일, 특히 성화와 신성 부여의 사역 속에서 성령의 협동, (c) 성부 및 성자에 대한 성령의 인격적 관계였다.

그 밖의 다른 카파도키아 교부들은 바실리우스의 가르침을 되풀이하고 확대한다. 예를 들면, 니사의 그레고리우스는 세 위격에 의해서 공유되는 "본성의 단일성"을 강조하고,[60] 말씀과 성령이 동등한 실재들이라는 것을 입증하기 위하여 시편 33:6("여호와의 말씀으로 하늘이 지음이 되었으며 그 만상을 그의 입 기운으로 이루었도다")을 인용한다. 주기도문의 일부인 누가복음 11:2에 대한 그의 번역에 의하면, 본문은 "주의 성령이 우리에게 임하여 우리를 깨끗케 하옵시고"로 되어 있다. 이것으로부터 그는 성령의 활동은 성부의 활동과 동일하고, 또한 성자도 구별될 수 없기 때문에, 위격들 간의 본성의 차이는 있을 수 없다고 결론을 내렸다.[61]

나지안주스의 그레고리우스는 모든 금기들을 벗어던져 버린다. 그는 "성령은 하나님인가?"라고 물은 뒤에,[62] "그렇다. 그렇다면, 성령은 성부 및 성자와 본질을 공유하는가? 물론이다. 성령은 하나님이기 때문이다"라고 답한다.[63] 또한 그는 성경의 증언(예를 들면, 요 4:24; 롬 8:26; 고전 14:15), 하나님과 그리스도의 영으로서의 성령의 성격, 구속에 있어서 그리스도와 성령의 협동, 교회의 경건적 실천 속에서 자신의 가르침에 대한 근거를 찾는다. 그는 교회에서 성령을 하나님으로 인정하는 것이 시기적으로 늦어진 이유를 설명하기 위하여 교리의 발전에 관한 상당히 독창적인 이론을 제시한다.[64] 성부를 하나님으로 인정하는 것이 성자를 하나님으로 인정하는 것보다 선행되어야 했던 것처럼, 성령의 신성이 인정되기 전에 먼저 성자의 신성이 확립되어야 했다는 것이다. 구약성서는 성부를, 신약성서는 성자를 계시하였다; 신약성서는 성령에 대해서는 단지 암시만 했을 뿐이지만, 성령은 우리 안에 내주하여서 그의 본성을 더 분명하게 드러낸다.

성령의 동일본질을 인정한다면 성부가 두 아들을 둔 것으로 보아야 할 것이라는 아리우스파의 조롱을 반박하기 위해서 카파도키아 교부들이 해결해야 했던 문제는 성자와 성령의 기원의 방식을 차별화하는 것이었다. 이 주제에 관하여 바실리우스가 말할 수 있었던 모든 것[65]은 성령은 발생(또는 출생)의 방식이 아니라 "하나님의 입의 숨으로서" 하나님으로부터 나오기 때문에, 성령의 "존재하게 된 방식"(τρόπος τῆς ὑπάρξεως)은 여전히 "말로 표현할 수 없다"는 것이다. 나아가 그는 한 성령은 "한 성자를 통해서 한 성부와 연결되어 있고," "독생자를 통해서" 신적인 속성들이 성부로부터 성령에게 도달된다고 가르친다.[66] 나지안주스의 그레고리우스는 성령이 성부로부터 "발출된다"(ἐκπορεύεται)는 요한복음의 말씀(요 15:26)로 만족하는데,[67] 그의 대적자들이 성부의 '아겐네시아'(agennesia, 발생되지 않음) 또는 성자의 발생(또는 출생, generation)이 무엇을 의미하는지를 더 이상 설명할 수 없었던 것과 마찬가지로, 그는 "발출"(procession)이 무엇을 의미하는지를 더 이상 설명할 수 없었다.

그러나 이러한 명확한 진술을 입증해 줄 근거를 제시한 인물은 니사의 그레고리우스였다. 그는 이렇게 가르쳤다:[68] 성령은 하나님과 그리스도로로부터 나왔다; 성령은 성부로부터 발출되고 성자로부터 받는다; 성령은 말씀과 분리될 수 없다. 이러한 가르침으로부터 성령의 이중적 발출이라는 개념으로 넘어가는 것은 아주 쉬운 일이었다. 그의 말에 의하면,[69] 세 위격은 그들에 기원에 의해서 구별되어야 하는데, 성부는 원인자($\tau\grave{o}$ $\alpha\check{\iota}\tau\iota o\nu$)이고, 성자와 성령은 그 원인에 의해서 생겨난 자(cf. $\tau\grave{o}$ $\alpha\dot{\iota}\tau\iota\alpha\tau\acute{o}\nu$)이다. 원인에 의해서 생겨난 두 위격은 더 자세하게 구별될 수 있는데, 성자는 성부에 의해서 직접적으로($\pi\rho o\sigma\epsilon\chi\hat{\omega}\varsigma$) 발생된 반면에, 성령은 중보자를 통해서 성부로부터 발출되었다. 이러한 관점에서 보면, 오직 성자만이 독생자라는 칭호를 주장할 수 있고, 성부에 대한 성령의 관계는 성령이 그의 존재를 성자를 통해서 성부로부터 가져온다는 사실에 의해서 결코 영향을 받지 않는다. 다른 곳에서 그레고리우스는 성자와 성령의 관계는 원인과 결과의 관계라고 말하고,[70] 세 위격의 관계를 예시하기 위하여 횃불이 그 불을 다른 횃불에게 나눠주고 두 번째 횃불을 통해서 다시 세 번째 횃불에게 그 불을 나눠준다는 유비를 사용한다.[71]

성자는 성령의 발출에 있어서 삼위일체의 원천인 성부에 대한 종속 속에서 대리자로서의 역할을 한다는 것이 그레고리우스의 가르침이다. 그레고리우스 이후에 동방 교회의 통상적인 가르침은 성령의 발출은 "성자를 통해서(through) 성부로부터(out of)" 일어난다는 것이다. 에피파니우스는 성령을 "성부로부터 발출되어서 성자로부터 받는" 것으로 묘사한 후에, 한 걸음 더 나아가서 — 아마도 서방 교회와의 접촉에 의해서 영향을 받아서 — "통해서"(through)라는 아주 중요한 전치사를 빼버린다. 그가 보기에는[72] 성령은 "낳아지지 않았고, 창조되지 않았으며, 성부의 형제도 아니고, 조상이나 자손도 아니지만, 성부 및 성자와 동일한 본질로부터" 나왔다. 성령은 인간이 몸과 영혼으로 구성되어 있는 것과 비슷한 구성 속에서 성부의 영이자 성자의 영인 것이 아니라, "성부와 성자로부터 나와서 성부와 성자의 중심이 되는" "성부의 영"이자 "성자의 영"이다. 성령은 "성부 및 성자로부터" 나왔고, "하나님은 영이기 때문에 영으로부터 나온 영"이다.[73]

돌아보면, 한 세기 이전에 오리게네스는 요한복음 1:3을 토대로 성령은 말씀을 통해서 존재하게 된 것들에 포함되어야 한다고 가르쳤었다.[74] 종속설적인 성향을 강하게 지닌 이와 동일한 이론이 가이사랴의 유세비우스 같은 그의 급진적인 후계자들에게서 다시 등장한다.[75] 그러나 카파도키아 교부들이 명확히 밝히고 있는, 성자를 통한 성부로부터의 이중적 발출이라는 개념은 종속설적인 흔적이 전혀 없다. 이것은 이 개념이 성령의 동일본질을 전적으로 인정하는 배경 속에서 나왔기 때문이다.

4. 카파도키아 교부들과 삼위일체

우리가 지금까지 살펴본 발전들의 절정은 주후 381년에 콘스탄티노플 공의회에서 니케아 신조를 재확인한 것이다. 여기에서는 성령과 성자가 본질을 공유한다는 것을 공식적으로 인준하였다. 유명한 카파도키아 교부들 및 맹인 디디무스(398년경에 죽음)와 에바그리우스 폰티쿠스(399년에 죽음) 같은 교사들이 예증해 주듯이, 당시에 통용되었던 신학은 실질적으로 아타나시우스의 신학이었다고 하는 것이 옳을 것이다. 그들의 접근 방식이 아타나시우스와는 좀 달랐던 것은 사실이다. 유사본질론 전통으로부터 생겨난 그들의 신학이 하나의 신적 본질이 아닌 세 위격을 출발점으로 삼았다는 것은 당연한 일이었다. 그런 까닭에 그들의 입장을 표현하는 문구는 "세 위격(*bupostaseis*) 안에서의 하나의 본질(*ousia*)" 이었지만, 흔히 그들의 강조점은 성부, 성자, 성령에게 공통적인 하나의 나뉠 수 없는 신성을 나타냈던 후자의 어구보다는 성부, 성자, 성령의 분리된 실재(실존)를 의미하는 전자의 어구에 두어졌던 것으로 보인다.

그러나 아타나시우스와 마찬가지로, 그들은 성자와 성령, 이 두 위격의 동일본질을 지지하는 자들이었다(우리가 방금 살펴본 것처럼). 우리는 이미 그들이 성령의 동일본질을 입증하기 위하여 어떤 종류의 논거들을 사용하였는지를 잠깐 살펴본 바 있다. 성자와 관련해서 그들은 성자가 성부의 존재로부터 출생했다는 것, 창조주 및 구속주로서의 성자의 기능, 특히 교회에서 성자에게 드리는 예배 등과 같은 전통적인 고려들을 역설하였다.

그들의 가르침의 핵심은 한 하나님이 세 존재 양식(three modes of being) 또는 위격으로 동시적으로 존재한다는 것이다. 따라서 바실리우스는 이렇게 말한다:[76] "성부의 모든 것은 성자 안에서 보여지고, 성자의 모든 것은 성부에게 속한다. 성자는 자신의 총체성 안에서 성부 안에 거하고, 아울러 성부를 총체적으로 자기 자신 안에 소유한다. 따라서 성자의 위격은, 말하자면 성부를 알기 위한 형상이자 표현이고, 성부의 위격은 성자의 형상 속에서 인식된다." 여기에서 우리는 나중에 "페리코레시스"(perichoresis)라 불리게 된 신적인 위격들의 상호내재에 관한 가르침을 본다. 하나님은 "나누어진 위격들 안에서 나누어지지 않은 채"(ἀμέριστος ἐν μεμερισμένοις ... ἡ θεότης[77]) 존재한다고 할 수 있고, 세 위격 속에는 "본성의 동일성" (ταὐτότης φύσεως)이 존재한다.[78]

에바그리우스 폰티쿠스는 이렇게 쓰고 있다.[79] "우리는 본성의 동일성을 고백하기 때문에 동일본질론을 받아들인다 …… 왜냐하면, 본질이라는 측면에서 하나님인 분이 본질이라는 측면에서 하나님인 분과 본질을 공유하고 있기 때문이다." 나지안주스의 그레고리우스는 이 입장을 이렇게 설명한다:[80] "삼위는 하나님이라는 하나의 본성을 지니고 있다. 즉, 일체성의 근거는 성부이고, 후속적인 위격들은 성부로부터 및 성부를 향하여 실존한다." 모든 종속설이 배제되어 있기는 하지만, 카파도키아 교부들이 보기에는 성부는 여전히 신성의 근원, 원천, 원리였다. 그들의 사고는 성부는 자신의 존재를 나머지 두 위격에게 나누어 주기 때문에 두 위격의 원인이라고 할 수 있다는 것이다(성령을 논할 때에 이미 살펴본 대로). 따라서 니사의 그레고리우스는 "성부의 하나이자 동일한 위격(πρόσωπον)으로부터 성자가 낳음을 입고 성령이 발출된다"고 말하면서[81] "엄밀한 의미에서(κυρίως) 우리는 성부를 원인으로 해서 생겨난 위격들의 유일무이한 원인이신 분, 곧 성부를 한 하나님으로 말한다"는 말을 덧붙인다.

하나의 본질이 어떻게 세 위격 안에 동시적으로 현존할 수 있는지를 설명하기 위해서, 그들은 하나의 보편자와 그 특수자들이라는 유비를 근거로 제시한다. 바실리우스는 이렇게 쓴다:[82] "예를 들면, 동물과 그 특수자인 인간의 경우에서 보듯이 보편자(κοινόν)와 특수자(τὸ καθ' ἕκαστον)가 차별화되는 것처럼, 본질(ousia)과 위격(hupostasis)도 차별화된다." 이러한 관점에서 보면, 각 개별 인간이 그를 다른 사람들로부터 구별짓는 몇몇 특성들에 의해서 한정된 보편적인 "인간"을 나타내듯이, 각각의 신적 위격은 자신의 고유한 개별화된 특성(ἰδιότης; ἰδίωμα) 또는 자신의 정체성과 관련된 특이성(cf. γνωριστικαὶ ἰδιότητες[83])에 의해서 한정된 신성의 본질(ousia)이다.[84] 바실리우스에게 있어서[85] 이러한 개별화된 특성들은 각각 "부성"(πατρότης), "아들로서의 특성"(υἱότης), "성화의 능력" 또는 "성화"(ἁγιαστικὴ δύναμις; ἁγιασμός)이다. 그 밖의 다른 카파도키아 교부들은 이 특성들을 더 정확하게 "발생되지 않은"(ἀγεννησία), "출생된"(γέννησις), "발출"(ἔκπεμψις; ἐκπόρευσις)로 정의한다[86] — 하지만 나지안주스의 그레고리우스는 성령의 발출이 성자의 출생과 어떤 점에서 다른지를 말할 수 없다고 고백하지 않을 수 없었다.[87] 이런 식으로 위격들의 구별은 그들의 기원 및 상호관계에 토대를 두고 있다.

우리가 유의할 것은 세 위격은 하나의 나눌 수 없는 신적 본질이 분배되고 현시(顯示)되는 아주 많은 방식들이기 때문에, "존재하게 되는 양태들"(τρόποι ὑπάρξεως)이라는 용어로 불린다. 따라서 바실리우스의 친구였던 이코니움의 암필로키우스(Amphilochius of Iconium)는 "세 가지 현시 형태들(προσώποις)로 알려져 있는 한 하나님"에 대한 자신의 믿음를 분명하게 언급한 후에, 성부, 성자, 성령은 본질 또는 존재를 나타내는 것(이것은 "하나님"이라는 명칭이 담당한다)이 아니라, "실존 또는 관계의 양식"(τρόπος ὑπάρξεως ἤτουν σχέσεως)을 나타낸다고 주장한다;[88] 그리고 위(僞)바실리우스는 '아겐네토스'(ἀγέννητος)라는 용어는 하나님의 본질을 나타내는 것이 아니라, 단지 성부의 "실존 양식"을 나타내는 것이라고 주장한다.[89] 현대의 한 신학자[90]는 그들의 사상을 다음과 같은 문장으로 적절하게 요약하였다: "합성되지 않은 불변의 전체의 본질은 …… 각 위격의 불변의 전체의 존재와 동일하다. 개체성은 단지 동일한 본질이 각각의 여러 위격 속에서 객관적으로 현시되는 방식에 불과하다."

이런 식으로 카파도키아 교부들은 위격 개념을 아타나시우스보다 훨씬 더 철저하게 분석해 놓았다. 앞에서 보았듯이, 그들은 세 위격이 하나의 동일한 본성을 공유한다는 점을 강조하였다. 삼위 안에서 유일자가 경배받고, 유일자 안에서 삼위가 경배받는다;[91] 그리고 위격들의 구별은 어떤 식으로든 본성의 일체성을 찢거나 갈라놓지 않는다.[92] 그들의 이론은, 본질(ousia) 또는 신성의 일체성은 계시 속에서 드러나는 신적인 행위(ἐνέργεια)의 일체성으로부터 도출된다는 것이다.

니사의 그레고리우스는 이렇게 쓰고 있다:[93] "성부, 성자, 성령의 단일한 활동이 그 어느 경우에도 어떤 점에서도 서로 다르지 않기 때문에, 우리는 활동의 동일성으로부터 본성의 일체성(τὸ ἡνωμένον τῆς φύσεως)을 추론하지 않을 수 없다; 성부, 성자, 성령은 거룩하게 하고, 일깨우고, 위로하는 등등의 행위 속에서 서로 협동한다." 마찬가지로 바실리우스는 성령의 동력이 성부 및 성자의 동력과 동등하다는 사실 속에서 성령의 신성에 대한 증거를 발견한다.[94] 위(僞)바실리우스(아마도 디디무스일 것이다)는 이렇게 말한다:[95] "활동들이 동일한 자들은 단일한 본질을 갖는다. 그런데 '우리의 형상을 따라 사람을 만들자' 또는 '아버지께서 하시는 일들을 아들도 한다' 같은 말씀들이 보여주듯이, 성부와 성자의 단일한 활동이 존재한다; 그러므로 성부와 성자의 단일한 본질이 존재한다." 이와 비슷한 노선을 따라서, 니사의 그레고리우스는 사람들은 각 사람이 독립적으로 행동하기 때문에 다수로 여겨져야 하는 반면에 성부는 결코 성자와 독립적으로 행하지 않고 성령과 독립적으로 행하지 않기 때문에 하나님은 하나라고 주장한다.[96] 신적인 행위는 성부로부터 시작되어서 성자를 통해서 진행되고 성령 안에서 완성된다; 위격들 중 그 누구도 자신의 독자적이고 분리된 활동을 갖고 있지 않고, 하나의 동일한 동력이 세 위격 전체를 관통한다.

카파도키아 교부들은 흔히 동일본질론을 받아들이면서도, 동일본질을 단순히 종(種) 또는 속(屬)의 동일성이라는 의미로 해석하고 있다는 비난을 받아 왔고, 그 결과 "신니케아파"라는 명칭으로 불리어 왔다. 그러나 이러한 비난은 잘못된 인식에 근거한 것이다. 왜냐하면, 니케아 교부들 자신이 성자가 성부와 동일한 신적 본성을 공유한다는 진리 이상의 것을 나타내기 위하여 '호모우시오스'(ὁμοούσιος)라는 용어를 사용했는지는 대단히 의심스럽다는 것을 우리가 이미 살펴보았기 때문이다.[97] 이것보다 훨씬 더 사실에 가까운 것은 오늘날에서와 마찬가지로 당시에도 제시되었던 주장, 즉 그들의 가르침은 하나님의 일체성을 유지하고자 하는 진지한 의도로 행해졌음에도 불구하고 불가피하게 삼신론적이 될 수밖에 없었다는 것이다. 잘 알다시피,

그들의 사상이 지닌 몇몇 특징들, 특히 불행히도 하나님의 '우시아' (*ousia*) 를 특수자들 안에서 스스로를 현시하는 보편자에 비유한 것은 그러한 비판을 받을 만한 빌미를 제공해 주었던 것으로 보인다.

삼위를 동일한 인성의 본질을 공유한 세 사람에 비유한 것이 지니는 삼신론적인 함의들을 피하고자 하는 마음에서, 니사의 그레고리우스는 엄밀하게 말해서 우리는 다수 사람들의 다중성이 아니라 한 사람의 다중성을 말해야 한다고 결론을 내리지 않을 수 없었다.[98] 그렇지만 교부들 스스로가 이러한 유비의 결점들을 아주 잘 알고 있었다. 앞에서 지적했듯이, 니사의 그레고리우스는 성부, 성자, 성령 간의 활동의 일체성을 특별히 환기시킨다; 나지안주스의 그레고리우스는 신적 위격들의 일체성은 여러 사람들 사이에 존재하는 순수하게 "개념적인"(μόνον ἐπινοία θεωρητόν) 일체성과는 반대되는 실재적 일체성이라는 것을 강조한다.[99] 따라서 성부, 성자, 성령은 위격들로서 수적으로 구별될 수 있지만, 본질에 있어서는 구별될 수 없다.[100] 성부와 비교하여 성자는 본질에 있어서 동일하다(ταὐτὸν κατ' οὐσίαν[101]); 그리고 신적 본질은 구분될 수 없기 때문에, 삼위일체와 아담, 하와(아담의 갈비뼈로 만들어진), 셋(아담과 하와에게서 난) 간의 유비는 성립되지 않는다.[102] 보편-특수라는 유비를 아주 상세하게 설명하고 있는 바로 그 서신 속에서[103] 바실리우스(또는 그 서신의 저자)는 위격들이 분리될 수 없다는 것과 위격들의 존재는 말로 표현할 수 없는 일체성을 지니고 있다는 것을 웅변적으로 논증한다. 여기서 우리가 기억해야 할 근본적인 것은 이러한 저술가들에게 있어서 하나님의 본질(*ousia*)은 추상적인 본질이 아니라 구체적인 실재였다는 것이다.

이것은 우리에게 카파도키아 교부들의 사상 속에서 그들의 비판자들이 흔히 간과했던 요소, 즉 신적 본질은 단일하고 나뉠 수 없다는 것에 대한 그들의 믿음을 보여준다. 몇몇 경우들에 그들은 오직 물질적인 것만이 양적으로 나뉠 수 있다는 옛 아리스토텔레스의 가르침[104]을 들어서 수(數)라는 범주를 하나님에게 적용하는 것 자체를 주저하는 듯이 보인다. 우리가 신의 영적 본성으로부터 수 개념을 전적으로 배제하고 있는데, 어떻게 우리를 삼신론이라고 비난할 수 있느냐고 에바그리우스는 탄식한다.[105] 니사의 그레고리우스에 의하면,[106] 수는 단지 사물들의 양을 지시해 줄 뿐이고 사물들의 실재적 본성에 대해서는 아무런 단서도 제공해 주지 않는다; 그리고 바실리우스는 각각의 위격은 따로따로 지칭되고 있지만 함께 더해질 수는 없다고 지적하면서, 만약 우리가 하나님의 숫자라는 개념을 어쨌든 사용하고자 한다면 "두려움을 가지고"(εὐσεβῶς) 사용하여야 할 것이라고 역설한다.[107] 그 이유는 세 위격이 공유하는 신적 본성이 단일하고 나뉠 수 없기 때문이라는 것이다.

나지안주스의 그레고리우스가 말하고 있듯이,[108] 신적 본성은 "절대적으로 단일하고 나뉠 수 없는 본질"이고 "나뉠 수 없으며 일정하고 부분들로 이루어지지 않는다"(ἀδιαίρετός ἐστι καὶ μονοειδὴς καὶ ἀμερής). 달리 말하면, 그들은 강조점을 단순한 수적인 일체성에서 본성의 일체성으로 옮겼다는 말이다. 에바그리우스가 한 다음과 같은 말도 이것과 동일한 것을 보여준다:[109] "우리를 삼신론이라고 심하게 비난하는 자들에 대하여, 우리는 한 하나님, 수적으로가 아니라 본성에 있어서 하나인 하나님을 예배한다고 대답한다. 단순히 수적인 의미에서 하나라는 것은 진정한 하나가 아니고, 본성에 있어서도 단일하지 않은 것이다; 그러나 하나님이 단일하고 합성되지 않은 존재라는 것은 누구나 다 인정한다." 그러나 이러한 단일성의 필연적 결론은 여기서 삼신론은 상상할 수도 없다는 것이다.

5. 서방 교회의 삼위일체론

그러는 동안에 노바티아누스 시대 이래로 실질적으로 침묵하고 있었던 서방 교회는 삼위일체에 관한 신학적 성찰을 놓고 분발하기 시작하였다. 우리는 이미 힐라리우스가 동방 교회에 머물면서 아타나시우스와 협력하여 유사본질론자들의 마음을 얻을 수 있었고, 스스로는 사벨리우스주의에 반대하여 위격들의 구별을 절대적으로 명확히 하면서도 위격들의 동일본질을 역설하는 교리를 가르쳤다는 것을 살펴본 바 있다. 그의 교리를 특징적으로 드러내 준 것은 "하나이지만 위격의 하나가 아니라 본질의 하나이다"(*Unum sunt, non unione personae sed substantiae unitate*)라는 문구였고,[110] 이사야 45:14 이하(고라틴역)를 "성부와 성자의 신성은 나뉠 수 없고 분리될 수 없다"는 것을 입증하는 본문으로 제시하였다.[111]

그로부터 조금 후에 암브로시우스(Ambrose)는 세 위격은 하나의 본질, 하나의 신성, 하나의 의지, 하나의 활동을 가지고 있기 때문에 하나이고(*unum sunt*),[112] 보편자와 그 특수자들이라는 개념만으로는 세 위격의 일체성을 설명하기에 충분하지 않다고 생각하였다. 여전히 테르툴리아누스의 강력한 영향력을 반영한 더 보수적인 접근 방법이 아겐의 포이바디우스(Phoebadius of Agen, 392년 이후에 죽음) 같은 저술가들에게서 나타났다. 그는 이렇게 썼다:[113] "우리는 성부가 성자 안에 있고 성자가 성부 안에 있다는 [신앙의] 표준을 굳게 붙들어야 한다. 두 위격 안에서의 본질의 일체성을 내포하고 있는 이 표준은 하나님의 경륜(*dispositionem*)을 인정한다." 또한 그는 성령은 하나님으로부터 오기 때문에 하나님이 성자를 두 번째 위격으로 소유하는 것 같이 성령을 세 번째 위격으로 갖는다는 말을 덧붙인다. "그렇지만 가장 중요한 것은 세 위격은 한 하나님이고, 삼위는 일체(*unum*)라는 것이다."

그러나 주후 4세기 중엽에서 가장 독창적이고 흥미로운 인물은 신플라톤 철학자로서 주후 355년경에 회심한 후에 아리우스파의 비판에 맞서서 동일본질론을 옹호하는 데에 앞장섰던 빅토리누스(Victorinus)였다. 빅토리누스의 사상은 그 자체로도 중요하지만 아우구스티누스에게 미친 영향 때문에 특히 주목할 만하다.

빅토리누스는 성경 및 기독교 계시에 대한 열심으로 인해서 신플라톤주의적인 도식을 근본적으로 수정하지 않을 수 없었지만 어쨌든 자신의 영감을 플로티노스(Plotinos)로부터 가져왔다. 그는 살아계신 하나님에 관한 성경의 사상에 맞춰서 신을 본질적으로 구체적이고 능동적인 존재로 생각한다; 하나님은 영원히 운동 중에 있기 때문에, 사실 하나님의 존재(*esse*)는 곧 하나님의 운동(*moveri*)이다.[114] 조건적인 질서와 관련해서 이 운동은 창조(creation)라는 형태를 띠지만, 말씀과 관련해서 이 운동은 발생(또는 출생, generation)이다.[115] 이렇게 해서 그는 발생은 변화를 함축한다는 아리우스파의 반론을 피해갈 수 있는 영원한 발생 교리를 전개할 수 있었다.

이와 동시에 그는 하나님 안에서의 내재적인 변증법적 과정은 근본적으로 삼중적인 것으로서, 하나님은 삼중적 권능을 지닌(τριδύναμος) 분, 즉 "세 가지 권능 — 존재하고, 살아있고, 이해하는(*esse, vivere, intelligere*) — 을

소유하고" 있다고 주장한다.[116] 이러한 관점에서 성부는 절대적이고 무조건
적인 것으로 여겨지는 신적 본질이다; 성부는 속성이나 한정이 전혀 없고 눈
으로 볼 수 없으며 알 수 없다; 엄밀하게 말해서, 성부는 "존재 이전에"
(προόν[117]) 존재하신다. 성자는 하나님이 스스로를 한정하거나 제한해서 유
한자들과 관련을 맺고 스스로를 알게 하기 위한 "형상"(form)이다.[118] 성자는
성부의 의지의 영원한 대상, 또는 성부의 지식의 대상, 성부가 스스로를 알
리는 수단으로서의 형상이다.[119] 성부에 대한 성자의 관계는 잠재력에 대한
행위의 관계,[120] 또는 영원한 침묵에 대한 말씀의 관계[121]이다. 빅토리누스는
성령에 관해서는 별로 말하고 있지 않지만, 성령이 성자와 구별될 수 있는
것은 지성(知性)이 생명으로부터, 음성이 그것을 발하는 입으로부터 구별될
수 있는 것과 같다고 말한다. 그래서 빅토리누스는 이렇게 쓸 수 있었다:[122]
"성부는 웅변적인 침묵이고, 그리스도는 성부의 음성이며, 보혜사는 음성의
음성이다"; "그리스도가 생명이라면, 성령은 오성(悟性)이다."[123]

자신의 찬송들 중 하나에서[124] 그는 위격들의 특성을 "실존, 생명, 지식 —
오, 복된 삼위일체여!"라는 말로 요약하고, "하나님은 본체(또는 본질), 성자
는 형상, 성령은 개념"이라고 단언한다. 그렇지만 이 세 가지 역동적인 특성
들은 세 위격 모두에 의해서 동일하게 공유된다; 각각의 위격은 다른 위격들
과 더불어 오직 하나의 본질, 하나의 의지와 생명, 하나의 지식이다.[125] 그는
위격들의 상호내주(circuminsession)를 반복해서 역설한다(예를 들면, *omnes
in alternis existentes*[126]). 삼위는 수를 초월하는 일체성을 지닌 하나이다;[127]
그렇지만 삼위 간에는 구별이 존재하는데, 이것을 빅토리누스는 "세 위격"
(*tres personae*)이 아니라 "세 실존(실재)"(*tres subsistentiae*)이라는 말로 표현
하거나, 절대적인 하나님은 "삼중적으로"(*tripliciter*) 실존한다는 말로 표현
하기를 즐겨하였다.[128]

그는 하나님의 존재가 전개와 재전개의 지속적인 과정(cf. *status,
progressio, regressus*) 속에 있는 것으로 상정하는 듯이 보인다.[129] 하나님의
형상(form and image)으로서 성자가 알 수 없는 존재(그러니까 절대적인 하
나님)를 계시한다면, 이 동일한 하나님은 성령 안에서 스스로를 알리고, 자
기 자신에게로 되돌아온다. 이렇게 성령은 신적인 존재의 완전한 순환을 완

성하는, 성부와 성자 간의 연결고리(*copula*)이다.[130] 빅토리누스는 하나님의 일부로서 인간 속에 존재한다고 본 영혼 속에서 삼위일체 하나님에 대한 최선의 유비 또는 표현을 발견한다.[131] 우리는 영혼 속에서 삼위일체의 위격들 — 영혼은 이 삼위일체의 형상이고 삼위일체와 동일본질에 속한다 — 이라는 자격으로 서로와 관련되어 있는 삼중적인 한정들 또는 구별들인 존재, 생명, 지식(*esse, vivere, intelligere*)을 볼 수 있다.

6. 아우구스티누스의 기여

그러나 서방 교회 전통에 성숙하고 최종적인 표현을 부여해 준 인물은 아우구스티누스였다. 그리스도인으로서 그가 평생토록 했던 일은 삼위일체 문제를 숙고하는 가운데, 교회의 교리를 질문자들에게 설명해 주고 공격에 대항해서 옹호하는 것이었는데, 아마도 그의 가장 위대한 저작은 그가 주후 399년과 419년 사이에 걸쳐서 여러 시기에 썼던 글들을 모아놓은 『삼위일체론』(*De trinitate*)이라고 알려진 오랜 세월에 걸친 정교한 논의일 것이다. 그는 삼위일체인 한 하나님이 존재하고, 성부, 성자, 성령은 구별됨과 동시에 본질을 공유하며, 본질에 있어서 수적으로 하나라는 진리를 아무런 의심 없이 받아들인다;[132] 그리고 그의 저작들 속에는 이것에 관한 상세한 진술들이 풍부하게 나온다. 특징적인 것은 그는 그 어디에서도 이것을 증명하려고 시도하지 않는다는 것이다; 그가 보기에는 이 진리는 성경이 거의 모든 면면에서 선포하고 있고[133] "가톨릭(보편) 신앙"(*fides catholica*[134])이 신자들에게 전수하고 있는 계시의 사실이다. 그의 엄청난 신학적인 노력은, 신앙은 이해보다 선행되어야 한다(예를 들면, *praecedit fides, sequitur intellectus*)는 그의 원칙[135]을 이해시키고자 하는 시도이자 그 원칙을 보여주는 최고의 예이다. 여기에서는 지면 관계상 그의 설명 중에서 두드러진 특징들만을 살펴보고자 한다.

(1) 정통적인 삼위일체에 관한 아우구스티누스의 설명은 철저하게 성경적이지만, 단일하고 나눌 수 없으며 범주들을 초월한 절대적인 존재로서의 하나님이라는 그의 인식이 그 배후에서 항상 작용하고 있다. 따라서 성부를 그 출발점으로 삼은 전통과는 대조적으로, 그는 신적 본성 자체로부터 시작한

다. 신적 본성은 삼위일체 자체인 이러한 단일하고 불변하는 본성 또는 본질이다(그는 "실체"[substance]라는 말이 속성들을 지닌 주체라는 뜻을 시사하고 있는데 하나님은 자신의 속성들과 동일하다고 생각했기 때문에 "실체"라는 말보다는 "본질"[essence]이라는 말을 더 선호하였다;[136] cf. *et haec trinitas unus est deus*와 *trinitatem quae deus est*).[137] 이렇게 해서, 삼위일체의 일체성이 정면으로 전면에 부각되고, 온갖 종류의 종속설은 철저하게 배제되었다. 하나님과 관련하여 긍정인 모든 것들은 마찬가지로 세 위격의 각각에 대하여서도 그대로 긍정이 된다.[138] 세 위격의 각각을 구성하는 것은 하나의 동일한 본질이기 때문에, "신성이라는 측면에서 성부는 성자보다 더 크지 않을 뿐만 아니라, 성부와 성자 둘 모두를 합쳐도 성령보다 더 크지 않고, 삼위의 그 어떤 위격도 삼위일체 자신보다 덜하지 않다."[139]

신적 본성의 단일성에 대한 이러한 강조로부터 몇 가지 결론들이 도출된다. 첫째, 성부, 성자, 성령은 하나의 종(genus)에 속하는 세 사람의 경우와 동일한 방식으로 세 개의 별개의 개체들이 아니다.[140] 오히려 본질이라는 관점에서 보면, 신적 위격들의 각각은 다른 위격들 또는 신적 본질 자체와 동일하다.[141] 이런 식으로 하나님은 빅토리누스가 설명했던 것과 같이 "삼중적"(*triplex*: 이 단어는 아우구스티누스에게 세 개체의 결합을 연상시키는 말이었다) 존재가 아니라 삼위일체로 묘사될 때에 정확한 것이었고,[142] 위격들은 각각 서로에 대하여 상호내주한다고 말할 수 있다.[143] 둘째, 신적 본성 자체에 속하는 것들은 무엇이든지 엄밀한 의미에서 단수로 표현되어야 한다. 왜냐하면, 신적 본성은 유일무이하기 때문이다.[144] 철두철미하게 아우구스티누스적이었던 후대의 아타나시우스의 신조가 표현하고 있는 것처럼, 각각의 위격은 창조되지 않고 무한하며 전능하고 영원하지만, 세 분의 창조되지 않은 자들, 무한자들, 전능자들, 영원한 자들이 존재하는 것이 아니라 오직 한 분으로만 존재한다. 셋째, 삼위일체는 단일하고 나뉠 수 없는 행위와 단일한 의지를 소유한다; 삼위일체의 활동은 "분리될 수 없다."[145] 조건적인 질서와 관련해서 세 위격은 "하나의 원리"(*unum principium*[146])로서 활동하고, "삼위는 분리될 수 없는 것과 마찬가지로, 삼위는 불가분리적으로 활동한다."[147] 아우구스티누스 자신의 말에 의하면,[148] "본성들의 차이가 존재하지 않는 곳에 의지들의 차이도 존재하지 않는다." 이것에 대한 예시로서 아우구스티누스는 구약성서에 기록된 현현 사건들은 오로지 성자(the Son)의 현현들로 여겨져서는 안 된다고 주장한다 — 초기 교부 전승은 성자가 현현한 것으로 여겼었다.[149] 이러한 현현 사건들은 어떤 경우에는 성자 또는 성령, 어떤 경우에는 성부, 어떤 경우에는 삼위 전체에게 돌려질 수 있다; 그리고 어떤 경우에는 삼위 중 어느 위격에게 현현 사건을 돌려야 할지를 결정하는 것이 불가능한 경우도 있다. 마지막으로, 아우구스티누스는 그의 이론이 불러일으키는 명백한 난점, 즉 세 위격의 각각의 역할을 희석시키는 듯이 보인다는 난점에 직면한다. 이에 대한 그의 대답[150]은, 성자는 성부와는 구별되게 출생해서 고난받고 부활하였다는 것은 사실이지만, 성부가 성육신, 수난, 부활 사건들과 관련해서 성자와 협동하였다는 것도 마찬가지로 사실이라는 것이다; 그러나 성부에 대한 성자의 관계 때문에 성자가 이러한 사건들 속에서 나타나고 가시적으로 활동하는 것이 마땅하였다. 달리 말하면, 각각의 위격은 신적인 본성을 특정한 방식으로 소유하기 때문에, 하나님의 외적인 활동에 있어서 각각의 위격의 기원으로 말미암아 그 위격에 적절한 역할을 각 위격에게 돌리는 것이 합당하다는 말이다. 이것이 후대의 서방 교회 신학자들이 전유(專有, appropriation)라고 설명하였던 바로 그것이다.

(2) 이러한 논증은 아우구스티누스가 하나님 안에서의 삼위 간의 상호관계에 토대를 두고 있다고 본 위격들의 구별로 이어진다. 삼위는 신적인 본질로서는 동일한 것으로 여겨지지만, 성부는 성자를 낳기 때문에 아버지라는 자격으로 구별되고, 성자는 낳음을 입었기 때문에 아들이라는 자격으로 구별된다.[151] 마찬가지로 성령은 성부와 성자에 의해서 "수여된다"는 점에서 성부 및 성자와 구별된다; 성령은 성부 및 성자의 "공동의 은사"(*donum*), 성부와 성자의 일종의 교류(*quaedam patris et filii communio*), 또는 성부와 성자가 함께 우리의 마음속에 부어 주는 사랑이다.[152] 그렇기 때문에 실제로 삼위는 무엇인가라는 질문이 생겨난다. 아우구스티누스는 삼위는 전통적으로 위격(Persons)이라고 지칭되었지만 이 용어는 분명히 유감스러운 것이라는 점을 인정한다; 아마도 이 용어가 아우구스티누스에게는 별개의 개체들을 연상시켰기 때문일 것이다. 결국 아우구스티누스가 이러한 당시의 용어

를 그대로 채택하여 사용하는 데에 동의하게 된 것은 양태론(Modalism)에 맞서서 삼위의 구별을 단언할 필요성("세 위격이라는 문구를 채택한 것은 그것을 통해서 무언가를 말하기 위한 것이 아니라 아무것도 말하지 않게 되는 것을 피하기 위한 것이다")과 인간 언어의 부적절성에 대한 깊은 인식 때문이었다.[153)

삼위는 실재적이고 실존하는 관계들이라는 아우구스티누스의 적극적인 이론은 서방 교회의 삼위일체론의 역사 속에서 독창적이고 매우 중요한 이론이었다. 아우구스티누스가 삼위일체론을 이런 식으로 정형화한 동기[154)는 아리우스파에 속한 비판자들에 의해서 제기된 교활한 딜레마(*callidissimum machinamentum*)를 피하기 위한 것이었다. 그들은 아리스토텔레스적인 범주들의 도식을 토대로 해서[155) 만약 하나님 안에 구별들이 존재한다면 그것은 본질(substance) 또는 우연(accident) 중 어느 하나의 범주 아래 분류되어야 한다고 주장하였다. 하나님에게는 그 어떤 우연도 존재하지 않기 때문에, 우연이라는 범주는 당연히 여기에 맞지 않는 것이었다; 따라서 하나님 안에서의 구별들을 본질이라는 범주로 분류하게 되면, 결국 삼위는 독립적인 본질들이라는 결론으로 이어지게 된다. 아우구스티누스는 이 두 범주 외에도 관계 개념(*ad aliquid relatio*)이 여전히 남아 있다는 점을 지적함으로써 이 두 범주 모두를 거부한다. 삼위는 존재케 한 하나님 안에서의 낳음, 낳음을 입음, 발출됨(또는 수여됨)의 요소들과 마찬가지로 실재하고 영원한 관계들이라고 아우구스티누스는 계속해서 주장한다. 이렇게 성부, 성자, 성령은 그들의 각각이 무엇이든지간에 한 위격은 다른 위격들 모두 또는 하나와 관련되어 있다는 의미에서 관계들이다.[156)

전문적인 철학 교육을 받지 않은 현대인들에게는 관계들(예를 들면, "위에," "무엇의 오른쪽에," "무엇보다 더 큰")이 실재적인 실존을 가지고 있다는 개념이 이상하게 들릴 것이다 — 물론, 현대인들도 통상적으로는 이러한 관계들의 객관성, 즉 그 관계들이 관찰자와는 독립적으로 그 자체로 독자적으로 존재한다는 것을 인정하기는 하겠지만. 하지만 아우구스티누스에게는 이러한 개념이 훨씬 더 친숙한 것이었다. 왜냐하면, 플로티노스와 포르피리오스(Porphyry)는 둘 다 이러한 개념을 가르쳤기 때문이다.[157) 그의 관점에서 볼 때, 이 이론이 지닌 장점은 그로 하여금 새로운 언어 수준에서 하나님에 관하여 유의미하게 말할 수 있게 해 줌으로써 모순에 빠지지 않고 하나님의 일체성과 복수성을 동시에 단언할 수 있도록 해 준다는 것이었다.

(3) 아우구스티누스는 성령의 발출이 무엇인지, 또는 성령의 발출이 성자의 발생(또는 출생)과 어떤 점에서 다른지를 설명하는 데에 항상 곤혹스러워 하였다.[158] 그러나 그는, 성령은 성부와 성자의 상호적인 사랑이고 (*communem qua invicem se diligunt pater et filius caritatem*), 성부 및 성자와 동일본질을 지니고 있으면서 성부와 성자를 하나로 묶는 끈이라고 확신하였다.[159] 그러므로 그의 일관된 가르침은, 성령은 성부와 성자 둘 모두의 영이라는 것이었다; 그의 표현에 의하면,[160] "성령은 그들 중의 한 위격의 영이 아니라 그들 모두의 영이다." 그는 이것이 성경이 우리에게 분명하게 전해 주는 것이라고 믿었다. 이렇게 성령과 관련해서 성부와 성자는 단일한 원리를 형성한다: 그럴 수밖에 없는 것이 성령에 대한 성부 및 성자의 관계는 동일하고, 관계의 차이가 존재하지 않는 곳에서는 성부와 성자의 활동은 분리될 수 없기 때문이다.[161] 그런 까닭에 아우구스티누스는 이전의 서방 교회의 그 어떤 교부들보다 더 명확하게 성부 및 성자로부터의(*filioque*) 성령의 이중적 발출이라는 교리를 가르쳤다.[162] 성자와 성령이 성부로부터 나오기 때문에 결국 두 아들이 존재하는 것이 아니냐라는 반론에 대답하여, 아우구스티누스는 이렇게 말하였다:[163] "성자는 성부로부터 나오고, 성령도 성부로부터 나온다. 그러나 성자는 낳아지고 성령은 발출된다. 따라서 성자는 그를 낳은 성부의 아들이지만, 성령은 그를 발출한 성부 및 성자의 영이다 …… 성부는 성자를 낳음으로써 성자를 성령이 발출되는 원천으로 삼았기 때문에 성령의 발출의 장본인이다."

여기서 요지는 성부는 그가 가진 모든 것을 성자에게 주었기 때문에 성자에게 성령을 수여할 권능도 주었다는 것이다.[164] 그렇다고 해서 성령은 두 원천 또는 두 원리를 가지고 있다고 추론해서는 안 된다고 그는 우리에게 경고한다;[165] 이와는 반대로 창조에 있어서 세 위격 모두의 행위가 공동적인 것과 마찬가지로, 성령을 수여함에 있어서도 성부와 성자의 행위는 공동적이다. 나아가, 이중적인 발출에도 불구하고, 성자는 성령을 수여하는 자신의 능력을 성부로부터 가져온다는 점에서, 성부는 여전히 근원적인 원천이다(cf. *de patre principaliter ⋯⋯ communiter de utroque procedit*).[166]

(4) 이제 마지막으로, 삼위일체 신학에 대한 아우구스티누스의 가장 독창적인 기여라고 할 수 있는 것, 즉 그가 인간 영혼의 구조로부터 도출해 낸 유비들을 사용한 것을 살펴보자. 우리가 유의할 것은 이러한 유비들의 기능은 하나님이 삼위일체라는 것(그가 보기에는 계시는 이것에 대한 풍부한 확증을 제시해 준다)을 나타내 보이는 것이 아니라 삼위의 절대적인 일체성과 실재적인 구별이라는 신비에 대한 우리의 이해를 깊게 하는 것이라는 점이다. 아우구스티누스에 의하면,[167] 엄밀하게 말해서 삼위일체에 관한 "흔적들"은 도처에 널려 있다. 왜냐하면, 피조물들이 존재하는 한, 그것들은 하나님 개념들에 참여함으로써 존재하기 때문이다; 그런 까닭에 모든 것은 자신을 창조한 삼위일체를 최소한 희미하게라도 반영하지 않을 수 없다.

그러나 하나님의 참된 형상과 관련해서는 우리는 일차적으로 사람인 우리 자신을 들여다보아야 한다. 왜냐하면, 성경은 하나님이 "우리[즉, 삼위]가 우리의 형상을 따라 우리 모양대로 사람을 만들자"라고 말씀했다고 기록하고 있기 때문이다.[168] 심지어 겉사람, 즉 인식 가능한 본성이라는 관점에서 보아진 인간도 "삼위일체에 대한 일종의 닮은꼴"(*quandam trinitatis effigiem*[169])을 제공해 준다. 예를 들면, 인식 과정은 서로 구별되어 있는 동시에 밀접하게 연합되어 있는 세 요소, 즉 외부의 대상(*res quant videmus*), 정신이 대상을 인식 가능하게 표상한 것(*visio*), 정신의 의도 또는 집중시키는 행위(*intentio; voluntas; intentio voluntatis*)를 낳는데,[170] 여기에서 첫 번째 요소는 감각 속에 두 번째 요소를 낳고, 세 번째 요소는 나머지 두 요소를 결합시킨다.

또한,[171] 외부의 대상이 제거될 때, 우리는 전적으로 정신 속에 위치해 있어서 훨씬 더 우월한, "하나의 동일한 본질로 이루어지는" 두 번째 삼위일체, 즉 기억에 의한 대상의 인상(*memoria*), 내부의 기억 속에 자리잡고 있는 상(*visio interna*), 의도 또는 의지의 설정이라는 삼위일체를 갖게 된다. 그러나 삼위일체 하나님에 대한 실제적인 형상과 관련해서는 우리는 속사람, 또는 영혼, 그리고 속사람 중에서도 가장 고상하고 하나님을 가장 닮은 부분인 인

간의 이성적 본성(*mens*)을 바라보아야 한다.[172]

『삼위일체론』(*De trinitate*) 속에 나오는 아우구스티누스의 삼위일체에 관한 주된 유비는 사랑이라는 개념(그의 출발점은 하나님은 사랑이시라는 요한의 말이다)을 사랑하는 자(*amans*), 사랑의 대상(*quod amatur*), 이 둘을 하나로 묶거나 하나로 묶고자 하는 사랑(*amor*)으로 분석한 것이라고 흔히 생각되어 왔다.[173] 그렇지만 이 유비를 설명하는 가운데 아우구스티누스 스스로가 이 유비는 단지 삼위일체에 대한 우리의 이해를 향한 최초의 단계(*coepit utcumque …… apparere*)만을 제공해 줄뿐이고, 기껏해야 삼위일체를 잠시 얼핏보게 해 주는 것(*eluxit paullulum*)이라고 생각하였다.[174] 이 유비에 관한 그의 논의는 아주 짧고, 그가 속사람을 토대로 한 극히 중요한 유비라고 생각한 것, 즉 자기 자신 또는 하나님을 지향한 정신의 활동과 관련된 유비로 넘어가기 위한 다리를 놓아주는 역할만을 할 뿐이다. 이 유비는 아우구스티누스를 일생 동안 매료시켰기 때문에, 『고백록』[175](397-8년) 같은 초기 저작 속에서 우리는 그가 존재, 앎, 의지(*esse, nosse, velle*)라는 삼각축을 고찰하고 있는 것을 발견하게 된다.

『삼위일체론』에서 그는 이 유비를 세 개의 연속적인 단계 속에서 아주 자세하게 전개하고 있는데, 그 결과로 나온 삼각축들은 (a)[176] 정신, 자기 자신에 대한 정신의 지식, 자기 자신에 대한 정신의 사랑; (b)[177] 기억 또는 더 적절하게 말해서 자기 자신에 대한 정신의 잠재적인 지식, 이해, 즉 영원한 이성들에 비추어서 자기 자신에 대하여 인식하는 것, 의지 또는 자기 지식의 이러한 과정을 개시시키는 자기 자신에 대한 사랑; (c)[178] 하나님 자신을 기억하고 알고 사랑하는 것으로서의 정신이다. 이것들의 각각은 정도 차이는 있지만 아우구스티누스의 인격의 형이상학에 의하면 등위적이고 동등하며, 동시에 본질적으로 하나인 세 개의 실재하는 요소들을 계시한다; 이 요소들의 각각은 신적 위격들의 상호관계들에 빛을 던져준다. 그러나 아우구스티누스가 가장 만족스럽게 생각했던 것은 이 세 가지 유비들 중에서 마지막 유비였다. 두 번째 유비에서 드러난 세 가지 요소는 "세 가지 삶이 아니라 하나의 삶이고, 세 가지 정신이 아니라 한 정신이며, 결과적으로 세 본질이 아니라 한 본질이다";[179] 그러나 그는 정신이 창조주에 관하여 지니고 있는 형상이 죄악으로 인해서 부패되긴 했지만 온전히 회복될 수 있는 것은 오직 정신이 자신의 창조주를 기억하고 이해하고 사랑하는 그 모든 능력들에 집중할 때라고 추론한다.

　이러한 유비들을 자세하게 설명하면서 이 유비들이 우리에게 주는 예시적인 의미를 도출해 내고 있긴 하지만, 아우구스티누스는 이 유비들이 지닌 엄청난 한계들에 관하여 그 어떤 환상도 가지고 있지 않았다. 첫째, 인간의 정신 속에 있는 하나님의 형상은 그 어떤 경우에도 아주 희미하고 불완전한 것이다: "사실 닮은 것이긴 하지만 아주 희미한 형상이다 …… 성자 안에 있는 형상과 거울 속에 있는 형상이 전혀 별개의 것인 것과 같다."[180] 둘째, 인간의 이성적 본성은 위에서 언급한 삼위일체들을 드러내 보여주기는 하지만, 그것들은 결코 신적인 삼위일체가 하나님의 본질을 구성하고 있는 방식과 결코 동일하지 않다;[181] 그것들은 인간이 소유하는 기능들 또는 속성들을 나타내는 반면에, 신적인 본성은 완전하게 단일하다. 셋째, 이것으로부터 도출되는 결론으로서 기억, 이해력, 의지는 따로따로 활동하는 반면에, 세 위격은 상호내재하고, 그들의 행위는 하나이며 나뉠 수 없다.[182] 마지막으로, 하나님 안에서 삼위일체의 세 지체들은 위격들인 반면에, 인간의 정신 속에서 그 지체들은 위격들이 아니다. "삼위일체의 형상은 한 인격이지만, 최고의 삼위일체 자체는 세 위격이다"; 그럼에도 불구하고, 삼위는 정신 속에 있는 삼위일체보다 훨씬 더 불가분리적으로 하나라는 것을 우리가 생각하면, 이 말은 대단한 역설이 된다.[183] 삼위일체의 형상과 삼위일체 자체 간의 이러한 격차는 단지 우리에게 사도 바울이 우리에게 말해 주었던 것, 즉 여기 이 땅에서 우리는 "거울을 보는 것 같이 희미하게" 볼 뿐이지만 나중에 우리는 "얼굴을 맞대고" 보게 될 것이라는 사실을 상기시켜 줄 뿐이다.

제 11 장

주후 4세기의 기독론

1. 서론

대충만 살펴보아도 삼위일체 논쟁이 벌어졌던 대부분의 기간 동안에 특별히 기독론적인 문제는 한켠으로 밀쳐져 있었다는 것이 드러난다. 니케아 공의회는 성자는 육신이 되어 사람이 되었다는 강조적인 진술로 수식된 신조를 만들어 내긴 했지만 기독론적인 문제를 분명히 무시하였다. 니케아 신조에 포함된 이러한 진술들은 아리우스파가 구속주에게 결함이 있는 인성을 돌리려고 한 것을 수정하기 위한 것이었다고 나중에 해석되었지만,[1] 이러한 단어들의 배후에 있는 의도는 영지주의 및 가현설에 맞서서 성자의 성육신의 실재성을 강조하는 것이었을 가능성이 훨씬 더 많다.

그러나 말씀이 그리스도 안에 있었다는 것에 대해서 모두가 동의하였기 때문에, 하나님과 관련한 그리스도의 신분에 관한 결론들은 모두 성육신한 자의 구조(우리가 이렇게 부를 수 있다면)에 관한 견해를 표명하는 것이 되지 않을 수 없었다. 예를 들면, 아리우스파가 성자의 신성을 부정한 것은 그리스도 안에서 말씀과 인간적 요소가 결합되었다는 그들의 전제와 밀접하게 연관되어 있었는데, 아마도 그러한 전제의 결과였을 것이다. 또한 니케아파도 동일본질을 단언함에 있어서 구주 안에서의 신성과 인성의 결합이라는 문제에 직면하지 않을 수 없었다. 그런 까닭에 이러한 문제들은 주후 4세기 중엽 직후에 아폴리나리우스주의가 출현하면서 비로소 부각되었지만, 니케아 논쟁이 지닌 기독론적인 함의들은 애초부터 수면 바로 아래에 숨어 있었다고 보아야 할 것이다.

이 장에서 우리가 관심을 갖는 것은 동방 교회의 경우이다. 동방 교회에서는 기독론적인 문제들을 놓고 건설적인 싸움이 진행되었다; 힐라리우스 같은 신학자들은 흥미로운 사상들을 지니고 있었긴 하지만, 서방 교회는 일반적으로 기독론에 있어서 독창성이 결여되어 있었는데, 기독론과 관련하여 서방 교회가 기여한 것에 대해서는 다음 장에서 다루기로 한다. 따라서 우리는 이 장에서는 아폴리나리우스주의를 무대의 중심에 놓고 살펴볼 필요가 있다. 그러나 이와 아울러서 주후 4세기의 전반부에 이 분야를 장악하였던 기독론적인 이론들과 후반부에 이와는 다소 다른 반(反)아폴리나리우스주의적인 경향들이 출현한 것에 대해서도 살펴보지 않으면 안 된다.

이 시기의 대부분에 걸쳐서 통용되고 있던 편향은 이른바 "말씀-육신" 유형의 기독론이라고 불려 왔던 것인데, 주후 3세기에 오리게네스의 특별한 가르침에 반발하였던 신학자들이 이 기독론의 지지자들이었다.[2] 이러한 유형의 기독론은 그리스도 안에 인간 영혼이 존재하였다는 것을 인정하지 않고 성육신을 말씀과 인간의 육체의 결합으로 보았고, 육체와는 본질적으로 이질적인 영혼 또는 영에 의해서 생기가 불어넣어진 몸이라는 플라톤적인 인간 개념을 그 전제로 삼았다.

그러나 이러한 기독론에 맞서서 말씀 자신이 몸과 영혼을 포함한 완전한 인성과 결합되었다는 사상에 토대를 둔 "말씀-사람" 유형의 기독론이 점차적으로 영향력을 더해 갔다는 것도 우리는 감지할 수 있다. 이런 유형의 기독론의 배후에는 인간을 영혼과 육체의 결합으로 본 아리스토텔레스적인 이론과 복음서들 속에 묘사된 예수라는 인물이 지닌 진정으로 인간적인 성격을 제대로 다루고자 하는 결단이 자리잡고 있었다.

이러한 두 가지 유형의 기독론은 각각 "알렉산드리아 학파의" 기독론과 "안디옥 학파의" 기독론으로 지칭되어 왔고, 이러한 명칭들은 엄밀하게 말해서 언제나 정확한 것은 아니었지만, 몇몇 실제적인 편의성을 지니고 있다.

2. 아리우스파와 유스타티우스

아폴리나리우스주의가 무대에 등장하기 전의 수십 년 동안에 기독론에 대한 이러한 두 가지 접근 방법의 충돌의 모습과 관련하여 우리는 아리우스파에 의해서 대변된 좌파적인 알렉산드리아 학파의 사상과 니케아 신조의 가장 열렬한 신봉자들 중의 하나였던 안디옥의 유스타티우스(336년에 죽음)가 알렉산드리아 학파의 기독론에 반대하여 제시하였던 가르침을 비교함으로써 유익한 연구 성과를 얻어낼 수 있다.

우리가 가지고 있는 모든 권위 있는 자료들[3]은 한결같이 아리우스파가, 그리스도 안에서 말씀이 이성적 영혼이 결여된 인간의 몸과 스스로 결합하여서 그 영혼을 대신하여 그 자리를 차지하였다고 가르쳤다는 것을 보여준다. 그 결과 안디옥과 콘스탄티노플의 주교를 역임하였던 유독시우스(Eudoxius)가 기초하였다고 전해지는 신조[4]가 잘 보여주듯이, 아리우스파는 그리스도 안에서의 결합에 관한 직설적이고 자연주의적인 개념을 지니게 되었다: "우리는 한 분 주님을 …… 믿는다. 그는 사람이 아니라 육신이 되었다. 왜냐하면, 그는 인간 영혼을 취하지 않고, 육신이 되심으로써, 하나님이 육체를 가리개(veil)로 삼아서 우리를 만나주시고자 하였기 때문이다. [그는] 두 본성이 아니었다(οὐ δύο φύσεις). 왜냐하면, 그는 완전한 사람이 아니었고, 하나님이 육신 속에 있는 영혼을 대신한 것이었기 때문이다. 그 전체가 합성의 결과로서 생겨난 한 본성이다(μία … κατὰ σύνθεσιν φύσις)."

이상의 내용은 주후 268년에 안디옥에서 말키온(Malchion)에 의해서 제시된 것,[5] 특히 말씀과 육체에 의해서 형성된 형이상학적인 결합에 대한 주장을 거의 그대로 재현해 놓은 것으로서 아리우스파의 주장에는 특별한 것이 없었다. 아리우스파에 대한 초기의 비판자들에게 충격을 주었던 것은 그들이 제시한 "말씀-육신" 기독론 자체가 아니라 그들이 그러한 기독론을 그들의 신학 전반과 관련하여 활용하였다는 사실이었다.

따라서 우리는 아타나시우스의 글로부터,[6] 그들이 요한복음 12:27("지금 내 마음이 괴로우니"), 요한복음 13:21("예수께서……심령이 괴로워") 같은 난해한 본문들과 주님의 무지, 지혜의 성장, 시험받을 때에 도움을 받을 필요성이 있었다는 것을 말해 주고 있는 복음서의 구절들을 로고스에 관한 진술들로 분류하였다는 것을 알게 된다. 그들이 어떤 모순이나 당혹감이 없이 이렇게 할 수 있었던 것은, 그들의 이론에 의하면 그리스도는 피조물이라는 지위, 다른 모든 피조물보다는 우월하지만 어쨌든 감정에 영향을 받고 변화될 수 있는 피조물 — 하나님이라는 존재는 본성상 분명히 그렇게 될 수 없었다 — 의 지위를 지니고 있었기 때문이다. 나아가 그들이 정통 교리에 맞서서 역설했던 내용들 중의 하나[7]는 주님이 하나님이라는 전제 아래에서는 육체에 대한 주님의 관계를 설명하기가 어렵다는 것이었다. 주님이 하나님이라는 것이 사실이 되기 위해 요구되는 그러한 구체적인 형이상학적인 결합은 진정으로 초월적인 로고스와 인간의 육체 사이에서는 결코 정립될 수 없었을 것이라고 그들은 비꼬았다.

말씀-육신 기독론의 전제들 위에서는 이러한 고찰들은 결코 힘이 없는 것이 아니었다; 유스타티우스를 필두로 하여 반발을 촉발시켰던 것은 바로 이러한 것에 대한 깨달음이었다. 전승에 의하면, 유스타티우스는 철두철미한 안디옥 학파 사람이었다고 하지만, 니케아 투쟁 이전의 그의 사고는 몇몇 두드러진 비안디옥학파적인 특징들을 보여준다. 그러니까 그는 신인(the God-man) 안에 있는 인간 영혼을 언제나 인정하였지만, 그 영혼은 신적인 로고스와의 연합을 통해서 어느 정도 신성이 부여되었다고 보았다.[8] 또한 그리스도의 몸은 "거룩했기" 때문에, 그리스도의 신성은 그의 외모에도 반영되어 있었다.[9] 이 단계에서 그는 심지어 알렉산드리아 학파의 전형적인 사상인 속성 간의 교류(*communicatio idiomatum*)라는 개념을 기꺼이 받아들여서, 세례 요한이 말씀을 받아들였고 유대인들이 말씀을 못 박았으며 복된 동정녀가 "하나님을 낳았다"(θεοτόκος[10])고 말하기도 하였다.[11] 그러나 그는 아리우스파의 기독론의 진정한 정체를 감지해 낸 최초의 인물들 중 한 사람이었다. 그는 이렇게 반문하였다:[12] "왜 그들은 그토록 그리스도가 영혼 없는 몸을 취하였다는 것을 입증함으로써 그들의 추종자들을 속이고자 열심을 내는 것인가? 이것은 그들이 이러한 거짓된 이론을 몇몇 사람들을 유혹하여 믿게 한 후에 고난들에 기인한 변화들을 신적인 영의 행위로 돌림으로써 그렇게 변화될 수 있는 것이 불변하는 본성(즉, 성부)으로부터 낳아질 수 없다는 것을 쉽게 그들에게 설득하기 위한 것이다." 그런 까닭에 유스타티우스는 그리스도가 육체만이 아니라 이성적 영혼 또는 정신을 가지고 있었을 뿐만 아니라, 바로 그 영혼 또는 정신이 그리스도의 고난의 주체였다고 역설하였다.[13] 이러한 기조 위에서 그는 속성 간의 교류(*communicatio idiomatum*)를 거부하고, 하나님이 어린양 같이 도살장으로 끌려갔다거나 말씀이 십자가 위에서 죽었다고 말하는 것은 진실을 오도하는 것이라고 분명하게 선언하였다.[14]

그의 발전된 가르침 속에 내포된 기독론은 분명히 말씀-사람(Word-man) 유형의 기독론이었다. 이 기독론을 설명함에 있어서 유스타티우스는 신인(神人) 안에서의 본성의 이중성을 구별하게 되었고, 이것은 흔히 네스토리우스주의에 대한 전조(前兆)로 지적되어 왔다. 그렇기 때문에, 그는 "그 사람"(the man)과 "그 하나님"(the God)이라는 표현을 사용하였고, 안디옥 학파의 맥락 속에서 다음과 같이 썼다:[15] " '나는 아직 내 아버지에게 올라가지 않았다'라는 말은 로고스, 즉 하늘에서 내려와서 아버지의 품속에 거하는 그 하나님에 의해서 말해진 것도 아니고, 모든 피조된 것들을 감싸고 있는 지혜에 의해서 말해진 것도 아니었다. 그 말은 죽은 자로부터 부활하였지만 그의 죽음 후에 아직 아버지에게로 올라가지 않았던 사지(四肢)로 이루어진 그 사람에 의해서 말해진 것이었다."

이런 유형의 이론들은 언제나 어떻게 말씀과 "그 사람"이 실재적인 결합을 형성하게 되었는지를 설명해야 하는 문제에 부딪치게 되는데, 유스타티우스의 경우도 결코 예외가 아니었다. 그가 가장 빈번하게 제시한 주장[16]은 말씀이 인성 "안에 거하였다," 즉 인성이 말씀의 성전, 말씀의 집, 장막 역할을 하였다는 것이다. 우리가 추론하건대, 이러한 내주는 말씀이 선지자들과 영감 받은 사람들 속에 내주한 것과 비슷한 것이었지만, 다른 점이 있다면 그것은 그리스도의 경우에는 그 내주가 지속적이었다는 것이다.[17] 유스타티우스에 의하면,[18] 그 접촉점은 "말씀 하나님과 함께 거하는 (συνδιαιτωμένη)" 주님의 인간적 영혼이었기 때문에, 성육신한 자는 "하나님을 지닌 사람"(ἄνθρωπος θεοφόρος)으로 설명될 수 있다.[19] 이와 같은 표현은 잘못 해석될 여지가 충분히 있지만, 유스타티우스는 그리스도 안에서의 결합에 관한 만족스러운 설명을 제시하지는 못했다고 할지라도 그러한 결합에 깊은 관심을 가지고 있었다는 것은 분명하다.

3. 아타나시우스의 기독론

말씀은 피조물로서의 지위를 가지고 있다고 전제한 아리우스파의 기독론이 알렉산드리아 학파의 접근 방법 중에서 극단적인 좌파에 서 있었다고 한다면, 아타나시우스는 알렉산드리아 학파의 고전적인 대표자였다. 그의 출발점은 요한복음 1:14이었는데, 그는 이 구절을 "로고스가 사람 속으로 들어간 것이 아니라 사람이 되었다"는 것을 의미하는 것으로 해석한다.[20] 구원론에 지대한 관심을 지니고 있었던 그는 오직 하나님만이 타락한 인류를 구원할 수 있다고 주장했고, 그에게 있어서 말씀은 물론 완전한 하나님이었다. 그는 이렇게 말한다:[21] "우리 자신이 로고스의 성육신의 동기였다; 로고스가 사람의 몸으로 태어나서 나타나기까지 사람을 사랑한 것은 우리의 구원을 위한 것이었다." 아타나시우스는 성육신을 통해서 로고스의 초월적 신분이 어떤 식으로든 변화된 것이 아니라고 보았다는 점을 우리는 유의하여야 한다. 왜냐하면, "육신을 취함으로써 로고스는 다른 존재가 된 것이 아니라 여전히 동일한 존재로 남아있기 때문이다."[22] 실제로 인간의 몸으로 둘러싸인 채 로고스는 계속해서 만유에 대한 주권을 행사하였다(καί ἔξω τῶν ὅλων ἦν[23]).

로고스가 사람이 되었을 때에 무슨 일이 일어났는가를 설명하기 위하여, 아타나시우스는 로고스가 육신 또는 몸을 취하였다거나[24] 로고스가 동정녀의 태 속에서 자기 자신을 위한 몸을 형성하였다고 말한다.[25] 로고스는 이 몸을 성전으로 삼아서 그 속에 거하고[26](요한복음 2:19 이하에 암시되어 있는 이러한 이미지의 사용은 안디옥 학파에 국한된 것은 아니었다), 그 몸을 자신의 도구(ὄργανον[27])로 사용한다. 그러나 몸에 대한 로고스의 관계는 통상적이거나 우연적인 관계가 아니다. 왜냐하면, 로고스는 그 몸을 자신의 것으로 "전유하기"(ἰδιοποιεῖται) 때문이다;[28] 그 몸은 또 다른 하나의 평범한 몸이 아니라, 로고스 자신의 몸이다[29] — 만약 그 몸이 또 다른 하나의 평범한 몸이었다면, 로고스의 구속 목적은 성취될 수 없었을 것이다. 그런 까닭에 그것은 진정한 성육신, 또는 로고스가 "사람이 된 것"(ἐνανθρώπησις)이었고,[30] "로고스는 육체로 변화된 것이 아니라 육체가 되었고, 우리를 위하여 살아 있는 육체를 취하여서 사람이 되었다"라고 말할 수 있다.[31]

그러므로 아타나시우스는 말씀–사람 유형의 기독론들을 전혀 사용하지 않는다. 그는 이렇게 반문한다:[32] 말씀이 선지자들에게 들어갔던 것과 마찬

가지로 한 거룩한 인간 속으로 들어갔다고 말하고, 말씀이 마리아로부터 자
신의 몸을 취하여서 사람이 된 것이 아니라고 말하며, 그리스도와 신적인 로
고스는 전혀 별개의 존재라고 감히 단정하는 그러한 사람들을 어떻게 우리
가 그리스도인들이라고 부를 수 있겠는가? 스토아 학파에서는 로고스를 만
유의 영혼이라고 인식하였고,[33] 아타나시우스는 이러한 개념을 빌려와서 사
용하였지만, 그에게 있어서 로고스는 당연히 인격적인 존재라는 것이 스토
아 학파의 사상과는 다른 점이었다. 그가 보기에는[34] 로고스는 우주에 생기
를 불어넣고 우주를 지배하는 원리였으며, 인간의 몸과 관련해서 동일한 역
할을 수행하는 인간의 이성적 영혼은 로고스를 거의 그대로 빼닮은 것으로서 사
실 로고스의 축소판이었다. 그리스도의 인간적 본성은 광대한 우주의 일부였
고, 우주 전체에 생기를 불어넣고 그 우주의 특별한 한 부분인 인간에 생기
를 불어넣는 로고스 안에는 그 어떠한 불일치도 존재하지 않았다. 따라서 다
소 역설적이게 들리지만, 로고스는 성육신한 자의 몸 안에 현존하면서 그 몸
에 생기를 불어넣고 움직이면서, 그와 동시에 만유의 다른 곳에서 도처에 현
존하는 가운데 자신의 생명을 수여하는 능력으로써 만유에 생기를 불어넣으
며 인도하고 있는 것이다.[35]

　이러한 설명으로부터 아타나시우스에게 있어서 말씀은 예수 그리스도 안
에 있는 지배적 원리(ἡγεμονικόν), 복음서에 나오는 예수라는 인물에게 돌
려지고 있는 모든 말씀들, 경험들, 행위들의 주체였다는 결론이 도출된다.[36]
예를 들면, 기적들을 행하고 울며 굶주리고 겟세마네 동산에서 기도하며 십
자가에서 부르짖고 종말이 언제 올지 그 시를 알지 못하겠다고 인정했던 것
은 바로 한 분 동일한 말씀이었다.[37] 이러한 경험들은 말씀이 지닌 신성 및
고통을 느끼지 않는 성질(impassibility)과 조화되기가 어려운 것처럼 생각될
수도 있고, 실제로 아리우스파는 이것들이 서로 조화되지 않는다고 주장하
였다.

　그러나 아타나시우스는 영원한 존재로서의 말씀에 속한 것과 성육신한 자
로서의 말씀에 속한 것을 세심하게 구별한다. 사도 바울 자신도(cf. 벧전 4:1)
그리스도가 "우리를 위해서 육체로 고난을 당하셨다"라고 지적하였는데, 이
말의 취지는 우리가 이러한 인간적인 연약성과 고통들을 그리스도의 육체적

본성에 돌려야 한다는 것이라고 아타나시우스는 우리에게 상기시킨다.[38] 그는 이렇게 설명한다:[39] "이러한 것들은 말씀으로서의 말씀의 본성에 고유한 것이 아니었지만, 말씀은 …… 그러한 고난들을 겪은 육체의 주체였다." 주님이 겪은 감정적인 경험들과 분명한 정신적인 한계들(예를 들면, 주님이 괴로워하신 것, 잔을 옮겨달라고 기도한 것, 왜 나를 버리느냐고 부르짖은 것, 종말의 때를 알 수 없다고 고백한 것)을 다루는 아타나시우스의 방식은 이러한 원칙과 맥을 같이 한다. 예를 들면, 가능한 한 아타나시우스는 주님의 고뇌, 두려움 등등에 대하여 순전히 물리적인 설명을 제시한다;[40] 이러한 특징들은 "육신의 고난들"($\pi\alpha\theta\acute{\eta}\mu\alpha\tau\alpha$ $\tau\hat{\eta}s$ $\sigma\alpha\rho\kappa\acute{o}s$)이었다. 성경은 예수가 지혜와 은혜에 있어서 자라갔다고 말하고 있는데, 그 진정한 의미[41]는 그리스도의 몸이 점진적으로 성장해감에 따라 그의 신성도 아울러 점점 더 드러나게 되었다는 것이다. 예수가 종말의 때를 알지 못한다고 공언했다는 기록이 성경에 나오지만, 그것은 진정으로 알지 못하고 있었던 것이 아니라 짐짓 알고 있지 않은 것처럼 했을 뿐이라는 것이다. 말씀인 예수는 모든 것들을 알고 있었다; 그러나 말씀이 육신이 되었고, 육신은 그러한 것을 모르는 것이 당연한 것이기 때문에, 예수는 모르는 체하는 것이 합당했다.[42]

아타나시우스는 우리는 그리스도가 하나님으로서 및 성육신한 사람으로서 행한 두 가지 종류의 행위를 구별하면서도 이 두 가지가 모두 하나의 동일한 위격으로부터 나왔다는 것($\dot{\alpha}\mu\phi\acute{o}\tau\epsilon\rho\alpha$ $\dot{\epsilon}\xi$ $\dot{\epsilon}\nu\grave{o}s$ $\pi\rho\alpha\tau\tau\acute{o}\mu\epsilon\nu\alpha$)도 인정한다면 우리의 신학은 옳은 것이라고 말함으로써 자신의 입장을 요약한다.[43] 아타나시우스의 이 말 속에는 그의 기독론의 중심적인 문제, 즉 그가 그리스도의 인성이 인간의 이성적 영혼을 포함하고 있는 것으로 보았는지, 아니면 로고스가 그 이성적 영혼을 대신한 것으로 보았는지가 뚜렷하게 드러나 있다. 여기서 우리가 지적해 두어야 할 것은 철저하게 플라톤적인 기조 위에서 영혼이 몸과 필연적인 연관성을 가지고 있지 않다고 보았던 아타나시우스의 인간론은 후자의 가설과 완벽하게 일치하였다는 것이다.

그리고 실제로 『아폴리나리우스를 반박함』이라는 두 위작(僞作)이 그의 펜으로부터 나왔을 것이라고 생각하는 것이 아주 자연스럽긴 하지만, 그가 전자의 가설을 취하였을 것이라고 보는 견해는 어쨌든 주후 362년까지의 그의 태도에 비추어 볼 때에 심각한 반론들에 부딪치게 된다. 먼저 그리스도의 인간적 본성을 아타나시우스는 통상적으로 "육체" 또는 "몸"이라고 지칭하고 있다는 것은 그가 영혼을 아주 명확하게 언급하고 있지 않다는 사실과 아울러서 이러한 방향을 보여주는 것으로 보인다. 이러한 주장에 대하여, 그러한 표현들은 신약성서의 용례를 반영한 전통적인 것으로서,[44] 아타나시우스 자신도 성경이 "사람"과 "육체"를 동일시하고 있는 용례에 주목하여 그러한 용어들을 사용하였을 뿐이라는 반론이 제기되어 왔다.[45]

그러나 언어 사용에 토대를 둔 논증이 결정적인 것이 아니라고 할지라도, 아타나시우스의 사상은 어쨌든 인간의 정신이 끼어들 여지를 전혀 허용하지 않았다는 사실을 우리는 인정하지 않으면 안 된다. 이미 살펴보았듯이, 아타나시우스는 인간적인 것이든 신적인 것이든 그리스도의 모든 경험들의 유일무이한 주체는 말씀이라고 단언하였다. 또한 그가 그리스도의 죽음을 그의 몸으로부터 말씀이 분리된 것이라고 보았고,[46] 말씀이 지옥으로 내려가는 것에 관하여 말하였다는[47] 것도 사실이다. 아타나시우스의 태도는, 구주의 무지, 고난 등등은 피조물인 말씀에 돌리는 것이 합당하다는 아리우스파의 주장을 반박할 때에 가장 두드러지게 드러난다.

만약 아타나시우스가 그리스도 안에 인간의 영혼이 존재하였다는 것을 인정하였다면, 여기에서 그는 분명히 이러한 경험들의 진정한 주체로서 고통을 느끼지 않는 신적인 말씀이 아니라 인간의 영혼을 말할 황금의 기회를 맞게 된 것이다. 그러나 앞에서 보았듯이, 그는 그러한 분명한 해법을 결코 사용하지 않았다; 그 대신에 그는 그러한 경험들을 육체에 돌리는 데에 모든 신경을 다 썼다. 그러므로 아타나시우스의 기독론은 아리우스파의 기독론과 마찬가지로 말씀–육신 도식에 들어맞는 것이었다; 아타나시우스가 아리우스파와 달랐던 유일한 것은 말씀의 신분에 관한 평가였다. 일부 학자들은 아타나시우스가 그리스도의 인간적 정신에 명백한 관심을 갖지 않았다는 것을 인정하면서도, 그가 그 어디에서도 인간적 정신의 존재를 명시적으로 부정하고 있지 않다는 사실을 지적하면서, 그는 아마도 암묵적으로 그것을 전제하였을 가능성이 많다고 결론을 내려 왔다. 우리가 알고 있는 알렉산드리아 학파의 전통에 비추어 볼 때, 이것은 가능성이 희박한 이론으로 보인다.

그러나 주후 362년경에 아타나시우스의 태도가 변화를 겪었는지의 여부에 관한 문제는 여전히 남는다. 그 해에 열린 알렉산드리아 공의회에서는 다음과 같은 취지의 합의에 도달하였다:[48] "구주는 영혼, 감성, 지성이 결여된 몸을 갖고 있지 않았다(οὐ σῶμα ἄψυχον οὐδ' ἀναίσθητον οὐδ' ἀνόητον εἶχεν). 왜냐하면, 주님이 우리를 위하여 사람이 되었기 때문에 주님의 몸은 지성(ἀνόητον)이 없이는 될 수 없었을 것이고, 몸의 구원만이 아니라 영혼의 구원도 말씀 자신을 통해서 이루어졌기 때문이다." 아타나시우스는 이 회의의 의장이었고, 그는 이 문구를 인준하였기 때문에, 어쨌든 주후 362년 이후로 아타나시우스는 그리스도 안에 통상적인 인간의 심리 체계가 존재한다는 것을 인정하였다고 추론되어 온 것이 보통이었다.

이 회의에 참석했던 사람들 중에는 그리스도의 인간적 영혼에 대한 유스타티우스의 학설을 그대로 이어받고 있었던 안디옥의 파울리누스(Paulinus of Antioch)를 대표한 자들도 있었다; 구주가 사람들의 몸과 아울러서 영혼들도 구원하고자 했다면, 구주는 피조된 영혼을 스스로 취했을 것임에 틀림없다는 그들의 논증이 아타나시우스에게 감명을 주었을지도 모른다. 아닌게 아니라, 그 직후에 우리는 아타나시우스가 이것과 동일한 구원론적인 발언,[49] 즉 "구주는 진정으로 사람이 되었다"는 점에서 우리의 구원은 "몸과 영혼을 포함한 사람 전체"를 포괄한다는 말을 하고 있는 것을 발견하게 된다.

따라서 다음과 같은 **결론**이 정당할 것이다: 그것을 받아들이는 사람들이, 아타나시우스는 그리스도의 인성이 인간의 이성적 영혼을 포함하고 있는 것으로 보았다는 것도 인정하지 않을 수는 없지만, 후기 저작들의 증거들을 고려할 때, 인간의 영혼을 아타나시우스가 인정한 것은 순전히 형식적인 것이었음에 틀림없다. 왜냐하면, 아타나시우스는 인간의 영혼에 그 어떤 신학적인 중요성을 부여하는 데에 결코 성공하지 못했기 때문이다. 그러나 이것에 비추어 볼 때, 그가 사실상 앞에서 말한 것과 같은 변화를 겪은 것이 아니냐 하는 심각한 의구심이 제기되어 왔다. 아타나시우스는 결정적인 문구인 "영혼, 감성, 지성이 결여된 몸을 가지고 있지 않았다"(οὐ σῶμα ἄψυχον οὐδ' ἀναίσθητον οὐδ 'ἀνόητον)를 주님이 피조된 정신을 소유하고 있었다는 것이 아니라 로고스 자신이 주님의 몸에 생기를 불어넣는 원리였고 신인(神人)

의 지성 또는 영혼으로서의 역할을 하였다는 것을 의미하는 것으로 이해했
을 가능성도 있다. 이 문구는 분명히 알렉산드리아에서 말씀-육신 기독론에
대한 반론들을 반격하기 위하여, 아마도 그러한 반론들은 불구가 된 인성을
전제하고 있다는 식으로 반론을 펴기 위하여, 말씀-육신 기독론의 지지자들
에 의해서 제기되었을 것이다. 당연한 말이지만, 그들이 제시한 대답은 정신
또는 영혼의 원형인 말씀이 스스로 그리스도의 육체와 연합하였기 때문에
그리스도의 인성을 그들이 보기에 불완전하다고 설명하는 것은 잘못된 것이
라는 대답이었다. 분명히 바로 이것이 그 다음에 나오는 문장인 "주님이 우
리를 위하여 사람이 되었다는 것을 생각할 때, 주님의 몸이 지성이 없이 이
루어졌을 리가 없다" — 여기서 강조점은 "사람"이 아니라 "주님"에 두어
져야 한다 — 라는 문장의 참된 취지였다. 우리가 주목할 것은 아폴리나리
우스는 이러한 문구를 이와 같은 의미로 이해하였다는 것이다;[50] 그리고 이
난해한 문구 전체에 대한 이러한 해석은 전통적인 해석보다 알렉산드리아
학파의 기독론 전체와 신적인 말씀의 형상으로서의 정신($\nu o \hat{u} s$)이라는 알렉
산드리아 학파의 개념에 훨씬 더 잘 부합한다. 따라서 전체적으로 볼 때, 아
타나시우스가 주후 362년의 공의회가 열릴 즈음해서 자신의 기독론을 수정
하지 않았다는 견해가 옳을 가능성이 훨씬 더 많은 무게를 지니고 있는 것으
로 보인다.

4. 아폴리나리우스주의

우리는 이제 아타나시우스의 친구이자 조력자였던 라오디게아의 아폴리
나리우스(Apollinarius of Laodicea, 310-390년경)라는 이름과 결부되어 있는
이단을 살펴보게 되었다. 이 이단은 사실 주후 4세기에 그리스도의 위격에
관한 이론을 가장 섬세하면서도 철저하게 해명하고자 하는 시도였고, 알렉
산드리아 학파에서 오랫동안 받아들여져 왔던 경향들을 그 논리적인 한계까
지 끌고 간 것이었다. 예수 안에 인간적 정신이 있었다는 것을 거부하는 것
이 이 이단의 두드러진 특징이었기 때문에, 학자들은 종종 이 이단의 원조를
아리우스주의에서 찾고자 하는 유혹을 받아 왔다. 아폴리나리우스는 아리우
스파에 속한 라오디게아 주교였던 테오도투스(Theodotus) 아래에서 성경 봉

독자로서 봉직하였기 때문에, 그가 젊은이로서 숨쉬었던 지적인 풍토는 아리우스주의적인 사상들로 가득 차 있었을 가능성이 크다고 그들은 지적한다. 그러나 하나님론에 있어서 아리우스파의 이론을 그토록 철저하게 거부하였던 아폴리나리우스가 기독론과 관련해서는 그들의 영향력에 굴복하였다고 생각하는 것은 모순이기 때문에, 이러한 가설은 사실상 불필요하다. 우리는 이미 신인(the God-man) 안에서의 인간적 정신 또는 영혼을 인정하거나 또는 어쨌든 실제적으로 고려하기를 거부한 것이 알렉산드리아 학파의 전통과 말씀-육신 기독론 일반에서의 지속적인 특징이었다는 것을 살펴본바 있다. 니사의 그레고리우스의 보도에 의하면,[51] 아폴리나리우스는 자신의 가르침을 주후 268년에 사모사타의 파울루스를 단죄하였던 교부들의 입장을 재진술한 것으로 여겼고, 우리는 이러한 자가진단이 크게 과녁을 빗나가지 않았다는 것을 발견하게 될 것이다.

나지안주스의 그레고리우스에 의하면,[52] 아폴리나리우스 이단의 태동 시기는 주후 352년경이라고 할 수 있다. 하지만 이 이단의 가르침이 공론화된 것은 알렉산드리아 공의회(362년) 때였고, 이 이단을 둘러싼 진지한 논쟁이 불 붙었던 것은 그로부터 십여 년 후였다. 성자의 동일본질을 열렬하게 지지했던 아폴리나리우스는 기독론에 대한 안디옥 학파의 접근 방식의 특징이었던 이원론, 나중에 "양성론"(dyophysite)이라고 불렸던 이론을 평생 동안 반대하였다. 그는 양성론은, 유스타티우스와 파울리누스의 추종자들, 그리고 플라비아누스와 다소의 디오도루스(Diodore of Tarsus)에 의해서 부활된 사모사타의 파울루스의 가르침의 나쁜 영향력을 반영하는 것이라고 생각하였다.

그는 이렇게 썼다:[53] "나는 주님을 성육신한 하나님으로 고백하면서도 사모사타의 파울루스의 추종자들에 의해서 도입된 사악한 분리(τῇ διαιρέσει; 즉, 이원론) 속으로 사람들이 빠져드는 것을 발견하고 경악한다. 왜냐하면, 그들은 사모사타의 파울루스를 맹목적으로 추종하여, 그들이 하나님이라고 선포하는 하늘로부터의 주님과 땅으로부터 온 인간을 구별하기 때문이다." 아폴리나리우스는 "성육신한 하나님이 아니라 하나님과 결합된 인간(ἄνθρωπον θεῷ συναφθέντα)이라고 고백하는," 즉 단순히 외적인 연

합을 고백하는 자들[54] 및 하나님의 아들과 마리아의 아들이라는 "두 아들"을 그릇되게 구별하는 것에 대하여 이의를 제기한다.[55] 그러한 구별들은 그리스도가 "둘"이라는 것을 함축하는데,[56] 반면에 성경은 그리스도가 하나($\check{\epsilon}\nu$; $\mu\acute{\iota}\alpha$ $\phi\acute{\upsilon}\sigma\iota\varsigma$[57])라고 강조한다; 그리고 어쨌든 성경은 차치하고라도, 그러한 이원성 (duality)은 생각할 수 없는 것이다.[58] 아폴리나리우스가 구원론적인 동기들에 의해서 깊이 영향을 받았다는 것은 분명하다. 그는 구주 안에서 신성이 인성으로부터 분리된다면 우리의 구속이 위태로워진다고 확신하였다. 그리스도를 단순히 사람으로 생각한다면, 그리스도는 우리에게 수여할 구원의 생명을 갖고 있지 않게 된다;[59] 만약 그렇다면, 그리스도는 우리를 우리의 죄로부터 구속할 수도 없고, 우리를 다시 살릴 수도 없으며, 우리를 죽은 자로부터 일으킬 수도 없다.[60] 만약 그리스도가 단지 하나님이 내주한 평범한 사람이라면, 우리가 어떻게 그리스도를 예배하거나 그리스도의 죽음과 합하여 세례를 받을 수 있겠는가?[61] 만약 그렇다면, 그리스도는 오류가 있을 수밖에 없고, 나머지 인류와 마찬가지로 부패한 사고의 희생물이 되어서, 결과적으로 우리를 구원할 수 없을 것임에 틀림없다.[62]

극히 재앙스럽다고 생각했던 이원론을 제거하기 위하여 아폴리나리우스는 말씀-육신 기독론의 극단적인 형태를 제시한다. 그는 그리스도를 "성육신한 하나님"($\theta\epsilon\grave{o}\varsigma$ $\check{\epsilon}\nu\sigma\alpha\rho\kappa o\varsigma$), "육신을 입은 하나님"($\theta\epsilon\grave{o}\varsigma$ $\sigma\alpha\rho\kappa o\phi\acute{o}\rho o\varsigma$), 또는 "여인으로부터 태어난 하나님"이라고 말하기를 즐겨하였다.[63] 그러한 표현들을 통해서 그가 의도했던 것은 육신은 단순히 말씀이 입었던 외적인 의복이었던 것이 아니라, 수태의 순간으로부터 육체는 하나님과 결합되어 절대적인 단일한 존재가 되었다($\pi\rho\grave{o}\varsigma$ $\dot{\epsilon}\nu\acute{o}\tau\eta\tau\alpha$ $\theta\epsilon\hat{\wp}$ $\sigma\upsilon\nu\hat{\eta}\pi\tau\alpha\iota$)는 것이었다.[64] "육체는 선행을 위하여 하나님에게 덧붙여진 그 무엇이 아니라, 하나님과 더불어 하나의 실재 또는 본성($\sigma\upsilon\nu o\upsilon\sigma\iota\omega\mu\acute{\epsilon}\nu\eta$ $\kappa\alpha\acute{\iota}$ $\sigma\acute{\upsilon}\mu\phi\upsilon\tau o\varsigma$)을 구성한다"라고 그는 분명하게 말한다.[65] 성육신한 자는 실제로 "사람의 형태를 한 복합적인 일체"($\sigma\acute{\upsilon}\nu\theta\epsilon\sigma\iota\varsigma$ $\dot{\alpha}\nu\theta\rho\omega\pi o\epsilon\iota\delta\acute{\eta}\varsigma$[66])이고, "감정에 영향을 받지 않는 신성과 감수성이 있는 육체로 이루어진 하나의 본성($\mu\acute{\iota}\alpha\nu$ $\cdots$ $\phi\acute{\upsilon}\sigma\iota\nu$)"이 존재한다.[67]

아폴리나리우스는 "나는 스스로 거룩하니라"(요 17:19)라는 본문을 바로 이것을 의미하는 것으로 해석한다.[68] 이 본문은 "단일한 살아있는 실체의 나눌 수 없는 성질," 즉 말씀과 그의 육체(= "나 자신")의 본체상의 단일성을 보여준다. 그 이유는, 그가 이 문제를 보았던 대로, 그리스도의 몸은 그 자체로 독립적인 "본성"으로 존재할 수 없고, 그렇게 존재하기 위해서는 반드시 영과 결합되어 영에 의해서 생기가 불어넣어져야 한다는 것이었다.[69] 그는 다음과 같은 진술을 통해서 그의 가르침의 완전한 의미를 밝힌다.[70] "육체는 그 움직임들을 위해서 뭔가 다른 운동 및 행위의 원리(그 원리가 무엇이든지 간에)에 의존하기 때문에 그 자체로는 완전한 살아 있는 실체가 아니지만, 그러한 실체가 되기 위해서는 다른 무엇 속으로 들어가서 융합된다. 따라서 육체는 천상적인 지배 원리(즉, 로고스)와 연합되어서 로고스와 융합되었다. 이렇게 해서 움직여지는 자와 움직이는 자로부터 단일한 살아 있는 실체 — 둘도 아니고, 완전한 스스로 움직이는 두 원리들로 이루어진 하나도 아닌 — 가 합성되었다."

이러한 논증이 솔직하게 인정하는 전제는, 그리스도 안에서 신적인 말씀(로고스)이 통상적인 인간의 심리 체계를 대체하였다는 것이다. 아폴리나리우스의 인간론에 의하면,[71] 사람은 "육체와 연합된 영"이다. 따라서 그의 표현에 의하면,[72] 신인 안에서 "신적 에너지는 생기를 불어넣는 영(ψυχῆς)과 인간적 정신(νοός)의 역할을 수행한다." 이것과 연결되어 있는 문제는 아폴리나리우스가 이분설론자였는지(즉, 인간의 본성이 몸과 영혼으로 이루어져 있다고 믿었는지), 아니면 삼분설론자였는지(즉, 인간의 본성이 몸, 생기를 불어넣는 영혼[ψυχή], 이성적인 영혼[νοῦς]으로 이루어져 있다고 믿었는지) 하는 것이다. 그러나 중요한 것은, 그의 해석에 의하면 말씀(로고스)은 예수 그리스도 안에서 지도적이고 지성적인 원리이자 그리스도의 육체에 생기를 불어넣는 원리였다는 것이다.

그의 기독론에 대한 통상적인 설명, 즉 그의 기독론에서는 말씀(로고스)이 통상적으로 의지와 지성에 의해서 행사되는 기능들을 수행한 것으로 설명하였다는 주장은 사실 그의 기독론의 가장 독특한 특징을 제대로 파악하지 못한 것이다. 그의 이론[73]은, 말씀(로고스)은 신인의 유일한 생명으로서 순전히 육체적이고 생물학적인 차원들에 있어서조차도 그에게 생명 에너지와 운동을 불어넣어 주는 존재였다는 것이다. 이 점 때문에 그리스도는 보통 사람들과 달랐다는 것이냐라는 반론이 제기된다면, 아폴리나리우스는 아무런 주저함이 없이 그 말에 동의했을 것이다. 그는 "사람으로 발견된," "사람들과 같은 모양으로" 같은 본문들의 표현 속에서 이러한 차이에 대한 확증을 발견하였다;[74] 그리고 그는 동정녀 탄생의 신학적 의미는 신적인 영이, 통상적인 사람들에게 생명을 부여해 주는 생식과 관련된 기제(機制)를 대체하였다는 사실에 있다고 주장하였다.[75]

그의 관점에서 보면, 인간적인 심리 체계의 제거는 그리스도 안에 두 개의 상반된 의지와 지성이 존재할 가능성을 배제해 주는 장점을 지니고 있었다.[76] 또한 그것은 구주의 무죄성(sinlessness)을 보장해 주는 것이기도 했다. 인간의 정신은 "오류에 빠지기 쉽고 더러운 생각들에 얽매여 있는" 반면에, 말씀은 불변하다고 그는 설명하였다.[77] 그러나 그리스도 안에서는 신적인 생명이 약동하고 있었기 때문에, 성육신한 자는 혼적이고 육적인 욕정들로부터 면제되었고, 사망으로부터 아무런 해도 입지 않을 수 있었을 뿐만 아니라, 사망을 멸할 수도 있었다.[78] 그리스도가 죽은 자들을 일으켜 살리고 생명을 수여할 수 있었던 것은 그리스도 안에서 말씀이 생물학적으로 및 물리학적으로 생명력이자 생명의 에너지였기 때문이었다.[79]

따라서 그의 이론에 의하면, 인간이 영혼과 몸으로 이루어진 통일체인 것과 마찬가지로, 그리스도는 유기적이고 생명적인 통일체였다; 말씀과 그리스도의 몸 사이에는 "본성의 일체성"(ἕνωσις φυσική)이 존재한다.[80] 이것을 아폴리나리우스는 다음과 같이 표현한다:[81] "그는 단일하고 나뉘어지지 않은 인격(πρόσωπον)이기 때문에 한 본성(μία φύσις)이다; 왜냐하면, 그의 몸은 그 자체로 하나의 본성이 아니고, 또한 성육신으로 인한 신성도 그 자체로 하나의 본성이 아니기 때문이다, 한 인간이 하나의 본성인 것과 마찬가지로, 사람의 모양으로 오신 그리스도도 한 본성이다." 여기서 그는 하나의 인격으로 고찰된 신인을 가리키는 용어로 '프로소폰'(prosopon)이라는 단어를 사용한다. 또한 그는 종종 '휘포스타시스'(hupostasis)라는 용어도 사용하였는데,[82] 이 용어를 기독론의 어휘 속에 도입한 최초의 인물이기도 하였다; 그에게 있어서 이 용어는 자결권을 지닌 실재(self-determining reality)를 의미한다.

성육신한 자를 서술할 때에 그가 통상적으로 사용하였던 용어는 "한 본성"(μία φύσις)이었고, 안디옥 학파가 가르친 "두 본성"에 관한 교리에 대해서는 끊임없이 이의를 제기하였다. 나중에 유명해진 한 구절 속에서 그는 "신적인 말씀의 하나의 성육신한 본성"(μίαν φύσιν τοῦ θεοῦ λόγου σεσαρκωμένην)이 존재한다고 선언하였다.[83] 특히 그가 "본성"과 "위격"이라는 두 용어를 동일한 문맥 속에서 사용하고 있는 것을 보면,[84] 우리는 이 두 용어가 그의 어휘 속에서 동의어로 사용되고 있다고 생각하기 쉽다. 그러나 우리가 이 두 용어를 동의어로 보게 되면, 우리는 그의 신학의 특별한 의미를 놓치게 되고, 그의 신학에 그와는 별 상관없는 개념들을 덧붙이게 될 위험에 빠지게 된다. 성육신한 자의 인격이 말씀에 의해서 이루어진 것이라면, 성육신한 자를 "하나의 성육신한 본성"이라고 설명하는 것은 그리스도 안에서의 신성과 인성의 결합에 의해서 이루어진 생물학적, 육체적, 영적 차원들에서의 유기적인 통일체를 의미한다.

그는 한 중요한 구절 속에서 자신의 입장을 분명하게 설명한다:[85] "몸은 그 자체로 하나의 본성이 아닌데, 이는 몸이 결코 그 자체로 생명을 지니고 있지도 않고, 또한 몸에 생명을 부여하는 그 어떤 것으로부터 추출될 수 있는 것도 아니기 때문이다. 또한 다른 한편으로, 말씀은 육체 속에 있기 때문에 그의 성육신한 상태와는 별개로 분리된 본성으로 구별되지도 않고, 주님이 이 땅에 거하기 때문에 육체로부터 분리된 별개의 본성으로 구별되지도 않는다."

이와 같이 육체와 신성의 밀접한 연관성, 이 둘이 연합되어 "단일한 생명과 위격으로 된 것"(그의 제자들 중의 한 사람의 말을 인용하자면[86])은 아폴리나리우스의 사상의 독특한 핵심을 잘 말해준다. 그의 기독론의 몇몇 중요한 특징들은 이것으로부터 논리적으로 흘러나오고, 이것에 비추어서만 이해될 수 있다.

첫째, 육체와 말씀의 융합의 결과로 그리스도의 육체는 영화되었다 (glorified)고 그는 생각하였다. 그리스도의 육체는 "신적인 육체" 또는 "하나님의 육체"가 되었다.[87] 그리스도 자신은 "천상의 사람"이라고 묘사되는 것이 합당한데, 이것은 그리스도 안에서 육체와 천상의 영이 결합되었기 때문이다.[88] 이와 같은 가르침들 때문에 아폴리나리우스는 주님의 육체가 천상에서 기원되었고 선재하는 것이었다고 가르친 것으로 비난을 받게 되었다.[89] 그러나 그의 진정한 가르침은 몸은 복된 동정녀로부터 나왔다는 것이다; 그리스도의 몸이 신적인 몸인 것은 그 몸이 결코 말씀과 떨어져서 존재한 적이 없었기 때문이다. 따라서 그는 이렇게 말한다:[90] "우리가 지금까지 쓴 모든 내용으로부터 분명한 것은 우리는 구주의 육체가 하늘로부터 내려왔다고 말하지도 않았고, 구주의 육체는 하나님이 아니고 육체이기 때문에 하나님과 동일한 본질을 지니고 있다고 말하지도 않았다는 것이다; 그러나 구주의 육체는 신성과 결합해서 하나의 인격을 형성하고 있다는 점에서는 하나님이다."

둘째, 이것의 필연적인 결론으로서 그는 그리스도의 육체는 예배의 합당한 대상이라고 단언한다.[91] 물론, 그가 이렇게 말하는 이유는 그리스도의 육체는 경배받기에 합당한 말씀으로부터 분리될 수 없고, 따라서 결과적으로 그 육체가 속한 말씀이 지닌 신적인 속성들을 공유하기 때문이다.[92]

셋째, 모든 알렉산드리아 학파의 사상가들과 마찬가지로, 그는 속성 간의 교류(*communicatio idiomatum*)라는 개념을 받아들이고 사용해서 다음과 같이 말한다:[93] "주님의 육체는 비록 연합의 상태에 있어서조차도 여전히 육체로 남아 있지만(그 본성은 변하거나 상실되지 않는다), 말씀의 이름들과 속성들을 공유한다; 그리고 말씀은 여전히 말씀이자 하나님이지만, 성육신 속에서 육체의 이름들과 속성들을 공유한다." 그러나 아폴리나리우스에 의해서 사용된 이 개념은 단순히 오직 하나의 인격이 주체이기 때문에 말들과 호칭들이 상호대체적으로 서로에게 적용될 수 있다는 의미가 아니었다. 예배가 육체에게 드려질 수 있다는 사실이 보여주듯이, 그것은 속성들의 진정한 교류를 포함한다. 왜냐하면, 육체와 말씀은 여전히 구별되지만 서로 융합되어서 "한 본성"으로 인식되기 때문이다.

마지막으로, 육체가 실제적으로 말씀의 속성들에 참여한다는 점에서, 아폴리나리우스는 신자들이 성찬식에서 주님의 몸을 먹을 때에 신적인 본성이 신자들에게 나누어진다는 결론을 도출해낸다. 그는 이렇게 말한다:[94] "거룩한 육체는 신성과 한 본성(συμφυής)이고, 거기에 참여하는 자들에게 신성을 주입한다"; 그리고 그 결과로서 "우리는 음식으로서의 거룩한 육체에 참여함으로써 구원을 받는다."[95] 달리 말하면, 신자는 구속주의 신성화된 육체를 먹어 흡수함으로써 신성화된다. 따라서 아폴리나리우스의 기독론은 논리적으로 그의 구원론과 연결된다.

5. 정통 신앙의 반발

아폴리나리우스의 종합이 탁월하고 철저한 논리성을 갖추고 있다는 것은 부인할 수 없다. 그럼에도 불구하고, 그의 신학이 지닌 몇몇 특징들은 반발을 불러일으킬 수밖에 없었다. 반발은 그의 제자인 비탈리스(Vitalis)가 이단 종파를 세웠던 안디옥에서 처음으로 표출되었다. 에피파니우스는 비탈리스와의 논쟁 후에 인간이 구원을 받기 위해서는 독생자가 완전한 인성을 취하여야 한다고 주장하였다.[96] 그러나 폭풍은 주후 377년에 불어닥쳤다. 교황 다마수스(Damasus)는 아폴리나리우스의 입장이 지닌 함의들에 촉각을 곤두세웠고, 로마에서 공의회를 열어서 곧장 그를 단죄하였다. 아폴리나리우스에 대한 이러한 단죄는 주후 378년에 열린 알렉산드리아 공의회 및 주후 379년에 열린 안디옥 공의회에서 재차 확인되었고, 주후 381년에 열린 콘스탄티노플 공의회에서 다시 한 번 확인되었다. 바실리우스가 이끈 카파도키아 교부들은 아폴리나리우스주의에 대하여 반대론을 펼쳤고, 테오도시우스는 주후 383년, 384년, 388년에 내린 일련의 칙령들을 통해서 아폴리나리우스주의를 국가의 감시 아래 두고 그 신봉자들을 불법자들로 규정하였다.

아폴리나리우스주의에 대하여 제기된 주요한 반론들은 다음과 같이 짤막하게 요약될 수 있다. 아폴리나리우스가 가르쳤던 그리스도의 육체의 신성화(divinization) 이론을 겨냥한 가장 치명적이고 지속적인 반론들 중 첫째는 아폴리나리우스주의는 구주가 진정한 사람이 아니라 단지 "사람의 모양으로 나타났다"고 가르친다는 점에서 사실상 가현설적이라는 것이었다.[97] 아폴리나리우스는 구주가 자신의 육체를 천상으로부터 가져왔다고 가르쳤다는, 중상모략에 가까운 것이었지만 그럼에도 불구하고 효과적이었던 이 주장은, 우리가 앞서 살펴본 대로, 이것과 비슷한 그의 가르침에 대한 잘못된 오해에서 비롯된 것이었다. 둘째, 아폴리나리우스주의의 이론 전체의 밑바닥에 있는 전제들이 무엇이냐 하는 질문이 제기되었다. 신성과 인성이라는 두 개의 완전한 실체들이 융합되어서 하나의 진정한 일체(unity)를 이룰 수 있는 것인가라는 물음이 제기되었다.[98] 또한, 하나의 개체 속에서 두 개의 구별되는 의지적 원리들이 공존하는 것이 과연 생각할 수 있는 일인가?[99] 신인 안에 인간적 자유의지가 존재한다는 것은 그리스도가 죄악되다는 결론으로 귀결될 수밖에 없지 않은가?[100] 셋째, 그리스도에게 인간의 구성에 있어서 가장 특징적인 요소인 이성적 정신과 의지가 결여되어 있었다고 전제한다면, 소위 그리스도의 인성은 엄밀한 의미에서 인간적인 것이 아니라 뭔가 기괴한 것이었음에 틀림없다;[101] 그리스도는 일반적인 정의에 따른 사람이 아니었기 때문에, 그리스도를 사람이라고 부르는 것은 불합리하다.[102] 넷째, 통상적인 인간의 심리 체계를 부정하는 것은 구주가 키와 지혜에 있어서 자라갔고, 무지의 여러 징표들을 나타내었으며, 온갖 종류의 인간적 경험들을 겪은 것으로 묘사하고 있는 복음서와 상충된다.[103] 마지막으로(이것은 가장 중요하면서도 가장 빈번하게 제시된 논거였다), 비판자들의 입장에서 볼 때, 아폴리나리우스적인 기독론은 구원론에 대한 전폭적인 관심에도 불구하고 구속의 필수적인 조건들을 충족시키는 데에 실패하였다. 죄가 자리잡고 있는 곳은 선택권을 지닌 인간의 이성적 영혼이다; 그런데 말씀이 그러한 영혼을 자기 자신과 결합시키지 않았다면, 인류의 구원은 달성될 수 없었을 것이다. 나지안주스의 그레고리우스의 유명한 어구를 빌리면,[104] "그리스도께서 취하시지 않은 것은 회복될 수 없다; 구원받는 것은 하나님과 연합된 것뿐이다." 원래 하나님의 계명을 범했던 것은 아담의 "정신"(νοῦς)이었기 때문에, 구속주가 마찬가지로 그러한 인간적 정신을 소유한다는 것은 절대적인 것이라고 그는 상기시켰다.[105] 니사의 그레고리우스에 의하면,[106] "그리스도는 정확히 우리와 같은 모습이 됨으로써 인류를 자기 자신을 통하여 하나님과 연합시켰다"; 무명의 한 비판자에 의하면,[107] 그리스도는 사람들의 부패한 몸들을 구원하기 위하여 자신의 부패하지 않은 몸을 사용하였고, 영혼들을 구원하기 위하여 자신의 불멸의 영혼을 죽음에 내어주었다. 그리스도가 이 둘 모두를 갖는 것은 필수적인 것이었다. 왜냐하면, "그리스도가 사람들의 몸을 구원하기 위하여 자신의 영혼을 내어주는 것은 불가능했으므로, 그리스도는 사람들의 몸을 위하여 자신의 몸을 주었고, 사람들의 영혼을 위하여 자신의 영혼을 주었기 때문이다." 새로운 아담으로서 우리로 하여금 자신의 신성에 참여할 수 있도록 하기 위하여, 그리스도는 필연적으로 인간의 본성을 완전한 형태로 소유하였다.[108]

아폴리나리우스주의에 대한 반론을 펼치기 위해서 정통 신앙인들은 기독론적인 문제를 숙고하지 않을 수 없었다. 우리는 그 좋은 예로 두 명의 그레고리우스를 선택해서 살펴볼 수 있을 것이다. 나지안주스의 그레고리우스는 로고스가 "자신의 형상에게 임하여서, 동일한 것으로 동일한 것을 깨끗케 하기 위하여 내 육체를 위해서 육체를 입고, 내 영혼을 위해서 지성적인 영혼을 자기 자신과 결합시킴으로써, 죄를 제외하고는 모든 점에서 사람이 되었다"라고 가르친다.[109] 따라서 신인 안에는 "일체성 속에서 협동하는 두 본성(δύο φύσεις)"이 존재하고, 신인은 "이중적"(διπλοῦς)인데, "둘이 아니라 둘로부터 온 하나"이다; 그리고 물론 "두 아들"이 존재하는 것이 아니다.[110] 신인의 두 본성은 사고 속에서는 구별될 수 있고,[111] "이것"(ἄλλο)과 "저것"(ἄλλο)으로 지칭될 수도 있지만, 두 위격(ἄλλος καί ἄλλος)이 존재하는 것은 아니다; 도리어 "이 둘은 서로 융합되어 일체(ἕν)를 이룸으로써 하나님이 사람이 되었고, 사람이 하나님이 되었다."[112] 따라서 그레고리우스는 이러한 결합을 도덕적인 결합이나 하나님과 그의 선지자들 간의 결합과 같은 "은혜"의 결합으로 인식한 것이 아니라, 두 본성은 "본질상으로(또는 본체상으로. κατ᾽ οὐσίαν) 연합되고 결합되었다"고 분명하게 말한다.[113] 이러한 연합을 설명하기 위하여, 그는 오리게네스의 견해를 연상시키는 이론,[114] 즉 주님의 이성적 영혼이 이 둘을 위한 만남의 장소를 제공해 준다는 이론을 자세히 설명한다;[115] 말씀은 본성적으로 영혼과 유사성을 지니기 때문에 영혼과 "융합"될 수 있다. 우리는 그가 후대의 세대들이 유티케스주의(Eutychianism), 곧 단성론(單性論)의 냄새가 난다고 하여 의도적으로 피하였던 "융합," "혼합" 같은 용어들을 선호하고 있다는 것을 보게 된다. 그러나 연합(union)이라는 개념을 통해서 그레고리우스는 "속성 간의 교류"(*communicatio idiomatum*)라는 개념을 충분히 활용해서 동정녀로부터의 하나님의 출생, "십자가에 못 박힌 하나님"에 관하여 말하고,[116] 또한 마리아를 "하나님의 어머니"
(θεοτόκος)라고 부르는 것이 합당하다는 것을 역설할 수 있었다.[117]

그러나 그의 이론이 지닌 두드러진 약점은 그리스도 안에서의 인간적 정신
의 존재를 인정하고 있음에도 불구하고, 그것을 적절히 활용하여 그리스도
가 지식에 있어서 자라간 것, 마지막 날에 관하여 모르고 있었다는 것, 겟세
마네 동산에서의 고뇌, 왜 나를 버리셨느냐고 부르짖은 것 같은 경험들을 이
해하는 데에 실패했다는 것이다. 그는 앞에서 말한 첫 번째 경험을 로고스의
전지성(omniscience)이 점진적으로 드러난 것이라고 해석하였고,[118] 두 번째
경험을 해석할 때는 사람으로서의 그리스도가 마지막 날에 관하여 무지한
것처럼 태도를 취하였다거나, 엄밀하게 말해서 성자는 자신의 지식을 성부
로부터 가져왔기 때문에 무지할 수 있었다고 주장하였다.[119] 그 밖의 다른 경
험들에 대해서는 그는 분명히 인간적 정신이 아니라 로고스를 그 경험들의
주체로 간주하여 설명을 해나갔다.[120]

니사의 그레고리우스는 구주의 인간적 경험들을 훨씬 더 사실주의적인 관점
에서 바라보았는데, 그의 기독론은 많은 부분이 오리게네스와 안디옥 학파
의 영향을 받았다. 신성과 인성이 신인 안에서 본질상으로(또는 본체상으로)
결합되어 있었다고 생각했던 나지안주스의 그레고리우스와는 대조적으로,
그는 신성이 인성 안으로 들어와서 인성을 주관한 것으로 인식하였기 때문
에, 예수를 "하나님을 받아들인 사람"(θεοδόχος ἄνθρωπος), "하나님이 그
안에 장막을 친 사람"이라고 할 수 있었다.[121] 그의 설명에 의하면,[122] 성육신
과 관련해서, 성령은 먼저 신성을 받아들일 특별한 그릇(οἰκεῖον σκεῦος)으
로서 인간의 몸과 영혼을 준비하였고, 그런 다음에 천상의 성자가 그것들과
"스스로를 융합하여서," 신적인 본성이 "이 둘 속에 현존하게"되었다. 이렇
게 해서 "하나님이 인간적 본성 속에서 존재하게 되었지만," 연합의 방식은
인간 안에서의 몸과 영혼의 연합과 마찬가지로 신비하고 말로 설명할 수 없
다.[123] 이러한 "융합"(ἀνάκρασις는 그가 좋아하는 용어였다)에서 육체는 수
동적인 요소였고, 로고스는 능동적인 요소였으며,[124] 인간의 본성이 신적인
본성으로 변화하는 과정(cf. μεταστοιχειοῦν; μεταπεποιῆσθαι)이 시작되
었다.

그러나 역사적 예수 안에서 두 본성의 특징들은 여전히 구별될 수 있었다.[125] 그 결과로, 그리스도가 고난 또는 그 밖의 다른 인간적 경험들을 겪었을 때, 그러한 경험들을 겪었던 주체는 그리스도의 신성이 아니라 "연합에 의해서 신성과 결합된 인성"이었다; 그 경험들은 "그리스도의 인성적 측면에" 속했다.[126] 신성은 인성과의 구체적인 하나됨을 통해서 간접적으로 그 한계들과 약점들에 참여하긴 했지만 본질적으로 감수성이 없기(being impassible) 때문에 여전히 아무런 영향도 받지 않았다. 마찬가지 방식으로 그레고리우스는 그리스도 안에 신적인 의지와는 구별될 뿐만 아니라 종종 반대되기까지 하는 실재적인 인간적 의지가 존재한다는 것을 인정하였다[127] ― 물론, 신적인 의지가 항상 우세하였지만. 또한 그는 누가복음 2:52의 의미를 그리스도의 몸이 날마다 섭취한 자양분의 결과로서 자라간 것과 동일한 방식으로 그리스도의 인간적 영혼이 신적인 지혜와의 연합을 통해서 점차적으로 지혜와 지식에 있어서 자라갔다는 것을 말하는 것으로 해석하였다.[128]

이렇게 니사의 그레고리우스는 두 본성을 각각 분리해서 로고스를 능동적인 원리로 보고 인성을 수동적인 원리로 보는 경향을 보여주었고, 후자의 독립적인 성격을 대단히 강조하였다. 그렇지만 그의 견해에 의하면,[129] 그리스도의 수태에 의해서 이루어진 이 둘 간의 연합은 깰 수 없는 것으로서 영원히 존속하도록 의도된 것이었다. 신인은 "하나의 인격"(ἕν πρόσωπον[130])이었다; 그리고 주님과 "주님을 모시고 있는 종" 간의 밀접한 결합과 융합으로 인해서(διά τὴν συνάφειάν τε καὶ συμφυίαν) 어느 한 쪽에 속한 속성들과 경험들은 다른 한 쪽에도 그대로 속할 수 있었다.[131] 그럴지라도, 그레고리우스가 동정녀를 '테오토코스' ("하나님을 낳은 자")라고 불렀을 때,[132] 그는 통속적인 용례를 용인하였던 것으로 보이고, 하나님의 고난, 죽음 등등에 관한 "속성 간의 교류"(communicatio idiomatum)라는 관습적인 용어는 분명히 그의 입술에 자연스럽지 않았던 것으로 보인다.

한편 그는 그리스도의 지상적 삶 속에서 인간적 본성이 완전한 활동을 했다는 것을 인정하고 있지만, 그리스도의 부활 및 영화(glorification)와 관련해서는 상황은 달라진다. 그때에 "저급한 것이 고상한 것으로 되는 변화"가 시작된다.[133] 로고스의 비물질적인 본질이 동정녀에게서 태어난 물질적인 몸의 "요소들을 변화시켜서" 신적이고 불변하는 본성으로 바꾸어 놓는다;[134] 고통을 겪은 육체는 그때가 되면 연합의 결과로서 그 육체를 입은 본성과 동일하게 된다.[135] 식초 한 방울이 바다 속으로 떨어져서 완전히 흡수되는 것과 마찬가지로, 인성은 자신의 모든 본래의 특질들을 잃어버리고 신성으로 변화된다.[136]

그러면 이제 당시의 지도적인 교사들의 기독론들에 나타난 몇몇 특징들을 짤막하게 살펴보기로 하자. 에피파니우스는 이렇게 가르쳤다:[137] 말씀은 "사람이 되었다. 즉, 생명적 영혼, 몸, 이성적 정신을 포괄한 완전한 인간을 취했다. 그는 완전히 인간이 되었다." 그리스도의 신성은 그의 고난들에 의해서 영향을 받지 않았다 ― 그럼에도 불구하고, 그러한 고난들을 그의 신성과 결부하여 말하는 것은 옳다.[138]

다른 카파도키아 교부들과는 달리, 바실리우스는 특별히 새롭게 기여한 바가 없었다. 그러나 그는 그리스도의 인간적 영혼의 실재를 강조함으로써, 인간적 영혼이 살아 있는 존재에게 필수적인 감성들(지치고 피곤한 것, 슬픔 등등)의 주체였다는 것을 그대로 인정하였지만,[139] "우리 삶의 순수성을 훼손하는 감정들"을 인간적 영혼에 귀속시키기를 거부하였다. 또한 그는 마가복음 13:32을 성자가 진정으로 "그 날 또는 그 시"를 몰랐었던 것이 아니라 그가 이러한 지식을 지니고 있긴 했지만 그것을 성부로부터 받았다는 것을 의미하는 것으로 해석함으로써, 예수가 마지막 날의 시기에 관하여 알지 못하였다는 것을 인정하기를 거부하였다.[140]

그의 친구였던 이코니움의 암필로키우스(Amphilochius)는 "한 위격"(one hypostasis) 또는 "한 인격"(one prosopon)이라는 문구의 창시자로서 칭송을 받아 왔지만, 이것을 시사해주는 본문들은 그의 것이 아님이 입증되었다. 사실 그의 기독론은 비교적 복잡하지 않고 유동적인 것으로서 위대한 카파도키아 교부들로부터의 영향력을 전혀 보여주지 않는다. 그는 종종 "신성"(the Godhead)과 "인성"(the man)을 날카롭게 구별하였지만,[141] 마찬가지로 "속성 간의 교류"(*communicatio idiomatum*)를 강조하여 만유의 창조자가 동정녀에게서 태어났다는 것과 "주님의 수난"에 관하여 말할 수 있었다.[142] 아마도 아폴리나리우스파를 겨냥한 것으로 보이는 그의 가장 흥미로운 말들 중의 하나[143] 는 그리스도는 완전한 의지의 자유($\alpha\dot{\upsilon}\tau\epsilon\xi o\dot{\upsilon}\sigma\iota o\varsigma$)를 지니고 있었기 때문에, "그리스도의 본성을 구성하고 있던 두 요소와 관련해서 그 어떤 강제도 없이 행동하였다"는 것이다.

맹인 디디무스는 과거에 그의 저서로 알려져 왔던 『삼위일체론』(*De trinitate*)를 제외한다면 비교적 발전되지 않은 기독론적 견해들을 지니고 있었다. 그는 성육신한 자가 완전한 인성을 소유하고 있었다는 점을 반복해서 강조하면서도,[144] 그의 인간적 영혼은 "죄를 범하지도 않았고 알지도 못했다"라는 말을 덧붙인다.[145] 그러나 1941년에 타우라(Toura)에서 발견된 시편 주석 속에서는 그리스도의 인간적 영혼이 지니는 신학적 중요성에 대한 더 발전된 인식이 드러난다. 이 무명의 저자(그가 디디무스라는 주장은 터무니없는 것이 아니다)는 그리스도의 인간적 영혼은 다른 사람들의 영혼과 동일한 본성($\dot{o}\mu oo\dot{\upsilon}\sigma\iota o\varsigma$)에 속하는 것이었기 때문에 적어도 수난($\pi\rho o\pi\dot{\alpha}\theta\epsilon\iota\alpha$)의 최초의 전율들은 느낄 수 있었을 것이라고 단언하였다.[146] 이러한 전율들은 그리스도의 인간적 영혼을 죄 속에 연루시키지는 못했지만, 악에 대항한 구주의 싸움의 실재성과 공로의 필수적인 전제였다.[147] 그리스도는 하나님인 동시에 사람으로서, "두 가지 현시 양식들"($\delta\dot{\upsilon}o\ \pi\rho\dot{o}\sigma\omega\pi\alpha$)을 지니고 있었는데, 그의 인격의 통일성은 그가 "사람이 된 하나님"($\theta\epsilon\dot{o}\varsigma\ \dot{\epsilon}\nu\alpha\nu\theta\rho\omega\pi\dot{\eta}\sigma\alpha\varsigma$)이었다는 인식에 의해서 보장된다.[148]

6. 안디옥 학파의 기독론

앞 절에서 논의한 신학자들은 아폴리나리우스주의의 위험성들에 대하여 경각심을 가지고 있으면서도 대부분 동일한 "말씀–육신" 구도의 개념들 아래에서 연구를 행하였기 때문에, 기독론적인 문제에 대한 해법을 제시하는 데에 긍정적인 기여를 거의 하지 못했다(타우라의 주석서를 제외하고는). 교의(dogma)가 복음서의 계시와의 접촉을 새롭게 하기 위해서 요구되었던 것은 성육신한 자의 인간적 삶과 경험들, 그리고 그의 인간적 영혼의 신학적 의미에 대한 철저하게 현실적인 인식이었다. 바로 이것을 이루어낸 것이 주후 4세기의 마지막 수십 년간과 5세기의 전반부에 안디옥 학파가 만들어낸 업적이었다. 종종 설명되듯이, 그 자체의 교리의 결점들이 무엇이든지간에, 안디옥 학파는 역사적 예수를 복권시킨 공로를 인정받을 만하다.

안디옥의 유스타티우스의 "말씀-사람" 기독론은 우리가 이미 잠깐 살펴본 바 있다. 그가 주후 330년경에 직위를 박탈당한 후에, 그의 지지자들은 사제였던 파울리누스를 중심으로 뭉쳐서 유스타티우스의 가르침을 충실하게 따르다가, 주후 362년에 알렉산드리아에서 비록 모호한 문구를 통해서였기는 하였지만 주님의 인성은 생명을 불어넣는 원리와 통상적인 인간의 정신을 포함하고 있었다는 요지를 관철시키는 데에 성공하였다.

그러나 관례적으로 안디옥 학파의 기독론이라고 불린 것을 향한 결정적인 추동력은 안디옥의 주교였던 멜레티우스(Meletius)를 중심으로 한 반파울리누스파와 연결되어 있었던 사상가들로부터 나왔던 것으로 보인다. 이제 우리는 이들 중에서 가장 유명했던 두 명의 인물, 주교이자 위대한 주석가였던 다소의 디오도루스(Diodore of Tarsus, 394년경에 죽음)와 몹수에스티아의 테오도루스(Theodore of Mopsuestia, 428년에 죽음)를 짤막하게 살펴보지 않으면 안 된다.

디오도루스는 주후 499년에 콘스탄티노플에서 열렸던 회의에서 네스토리우스파로 낙인찍히기는 했지만 그가 활동하던 시절에는 정통 신앙의 기둥으로 여겨졌다. 배교자 율리아누스가 주후 362-3년에 안디옥에서 열렸던 공의회를 주재하였을 때, 그는 이 황제의 회의적인 조롱들에 맞서서 "갈릴리 사람 예수"의 완전한 신성을 강력하게 옹호하였고, 테오도시우스는 주후 381년의 콘스탄티노플 공의회의 결정들을 재가하는 칙령 속에서 그를 신앙의 선봉장이라고 칭송하였다. 그가 쓴 글들 중에서 현재까지 남아 있는 단편들이 드물고,[149] 현존하는 단편들 중 일부는 그 출처가 불확실하기 때문에, 그의 기독론을 정확하게 재구성하는 일은 어렵다. 그가 남긴 글들이 보여주는 놀라운 사실은 그의 기독론은 "안디옥 학파적인" 패턴과 경향을 지니고 있음에도 불구하고 "말씀-사람" 유형의 기독론과 합치하지 않았고, 사실 "말씀-육신" 유형의 기독론의 전제들에서 출발해서 일관되게 거기에 머물렀다는 것이다.

이러한 "알렉산드리아 학파적인" 특징은 다음과 같은 사실들에 의해서 드러난다:[150] (a) 그리스도 안에 인간적 영혼이 존재한다는 것을 인정하면서도, 그리스도가 지혜에 있어서 자라간 것(눅 2:52) 또는 그리스도가 지옥으로 내려간 것 속에서 그 인간적 영혼이 실제적인 역할을 하였다고는 보지 않았다; (b) 그는 반복적으로 신인 안에 있는 "말씀"과 "육신"("인성"이 아니라)을 대비시켰다.

이것과 맥을 같이 하여, 아폴리나리우스주의에 맞선 그의 변증은 아폴리나리우스주의가 주님의 인성을 훼손시켰다는 사실보다는 그것이 지닌 단성론적인 경향을 겨냥했던 것으로 보인다. 특히 성육신한 자가 단일한 인격이었다는 명제가 그의 비판의 표적이 되었다.[151] 말씀과 육신이 인간 안에서의 몸과 영혼에 의해서 형성된 것과 유사한 본질상의 일체성을 형성한다면, 신성은 타협되지 않을 수 없다고 그는 주장하였다. 이것에 반발하여, 그 자신의 이론은 이 둘을 따로 떼어놓으려고 했고, 그 결과 하나님의 아들과 다윗의 아들을 구별하기에 이르렀다.[152] 성경은 "두 아들"의 활동들을 날카롭게 구분하고 있다고 그는 주장하였다.[153] 연합은 말씀과 육신의 그 어떠한 융합("혼합")의 결과가 아니었다; 만약 연합이 그러한 융합의 결과였다면, 왜 인자에 대하여 신성모독을 범하는 자들은 죄사함을 받고, 성령에 대하여 신성모독을 범하는 자들은 죄사함을 받지 못하겠는가?[154] 도리어 연합은 말씀이 육신을 성전으로 삼아서 내주함을 통해서 일어났다.[155]

이 둘의 관계는 하나님과 그의 선지자들의 관계와는 달랐다 — 비록 종류에 있어서는 비슷했지만. 왜냐하면, 선지자들은 성령의 감동을 단편적이고 매우 간헐적으로 누렸던 반면에, 다윗의 아들은 영속적이고 완벽하게 말씀의 영광과 지혜로 충만하였기 때문이다.[156] 그렇지만 이 둘은 예배에 있어서는 연합되어 있었다. 왜냐하면, 군주가 입은 자주색 옷이 군주라는 인격에게 드려지는 공경을 공유한다고 말할 수 있는 것과 마찬가지로, 다윗의 아들은 하나님의 아들에게 드려진 경배를 공유하였기 때문이다.

우리는 디오도루스를 알기 위해서 단편들에 의존해야 했지만, 그의 제자였던 테오도루스(Theodore)의 사상을 이해하는 데에는 훨씬 더 풍부하고 자세한 자료들이 존재한다. 이러한 자료들 중 일부(예를 들면, 그의 저작인 『성육신론』[De incarnatione]의 단편들)는 제5차 총공의회(553년)에서 그를 불신임하기 위하여 의도적으로 그의 저작들로부터 초록하여 편집한 모음집이기 때문에, 일부 진영들에서 유행이 되어 왔던 극단적으로 회의적인 태도를 지닐 필요는 없지만 어쨌든 조심해서 다루어져야 한다. 디오도루스와는 달리, 테오도루스는 알렉산드리아 학파가 그리스도의 인성을 훼손한 것에 대하여 반대하는 입장을 자신의 출발점으로 삼았는데, 특히 이것과 관련된 아리우스와 아폴리나리우스의 견해를 집중적으로 다루었다. 따라서 그는 죄는 의지의 행위들에서 유래하는 것이기 때문에 그리스도는 필연적으로 인간적 영혼을 덧입었음에 틀림없다는 친숙한 주장을 반복해서 제시한다.

그러나 그는 말씀-육신 기독론에 대한 비판을 이제까지 우리가 살펴보았던 그 어떤 신학자들보다도 훨씬 더 깊이 있게 제기한다. 발전된 형태의 말씀-육신 기독론의 전제는, 말씀은 그리스도 안에서의 유일무이한 지시적 원리로서 그리스도의 이성임과 동시에 그리스도의 육체적 구조 전체에 생명을 불어넣는 생명력이었다는 것이다. 테오도루스는 만약 그러한 전제가 옳다면 인간의 본성의 모든 약점들과 결점들(예를 들면, 굶주림, 목마름, 피곤하고 지침)은 인성에 내재하는 것들이 아니라 인성을 주관하는 영혼의 불완전성들로부터 나오는 것이기 때문에 주님의 인성은 그러한 것들로부터 면제되었어야 한다고 지적함으로써 그러한 주장을 반박한다.[157] 그는 "그리스도는 단지 몸만이 아니라 몸과 불멸의 영혼으로 이루어진 완전한 사람을 취하였다"고 결론을 내리고 있고,[158] 또 다른 곳에서는 그가 영혼과 몸을 구별된 본성들로 여겼다는 것을 보여준다.[159] 따라서 그가 보기에는, 주님의 피조된 영혼은 실재적인 의미를 지니고 있었다; 주님의 영혼은 주님 안에서 삶과 활동의 원리이자 우리의 구속을 보장해 주는 구원 사역들의 원리이기도 했다. 물론, 그는 영혼은 선천적으로 죄악되다는 아폴리나리우스의 주장을 잘 알고 있었지만, 디모데전서 3:16과 히브리서 9:14을 인용해서[160] 하나님의 은혜가 그리스도의 마음과 의지를 죄로부터 면제되도록 지키셨다는 것을 보여준다.[161]

적극적으로 고찰하면, 테오도루스의 기독론은 "말씀-사람" 도식의 기독론과 일치한다. 그는 인간적 본성은 완전하고 독립적이며 지식과 선악의 분별, 신체적 발달에 있어서 실재적인 성장을 겪으며,[162] 유혹과 싸워야 한다는 것을 전제한다.[163] 그는 주님의 지상에서의 이력에 관한 자세한 내용들을 길게 다룬다.[164] 그리스도의 인성을 "덧입은 인성"(the man assumed)으로 묘사하는 것이 그의 특징인데,[165] 종종 그의 표현[166]은 말씀이 이미 존재해 있는 한 인간을 빌려서 사용하였다고 말하는 것처럼 들리기까지 한다. 다음은 그의 전형적인 문장이다:[167] "우리의 정신들을 본성들의 구별에 적용해 보자; 사람을 덧입은 그는 하나님이자 독생자이지만, 덧입혀진 종의 형태는 사람이다." 이런 식으로 그는 실재적인 이원성을 전제하고 있는 듯한 인상을 준다. 그렇지만 그는 디오도루스의 두 아들론을 "순진한" 것으로 거부하고,[168] "본성들의 구별은 두 아들이 하나라는 것을 방해하지 못한다"고 주장한다.

그렇다면, 그는 "덧입혀진 사람"(*homo assumptus*)과 사람을 덧입은 말씀 간의 연합을 어떻게 인식하였던 것인가? 내주(ἐνοίκησις)라는 은유는 그에게 가장 만족스러운 설명을 제공해 주었다. 그는 시편 45:8에 대하여 이렇게 말한다:[169] "그리스도는 자신을 감싸고 있는 자신의 육체에 의복이라는 용어를 적용하고 있고, 그리스도의 내주로 말미암아 신성이 그 안에 거하게 된다." 또한 그는 인간적 본성은 신성이 거하는 성전 또는 성소라고 가르치고,[170] 이러한 노선의 사상에 대한 근거를 요한복음 2:19에서 주님이 자신의 몸을 성전과 동일시한 것에서 찾는다. 그의 비판자들에 의해서 보존된 아주 잘 알려진 구절[171] 속에서, 그는 신성은 도처에 다음과 같은 두 가지 방식으로 현존하기 때문에, 본질상으로나(또는 본체상으로나, κατ' οὐσίαν) 직접적인 활동을 통해서나(κατ' ἐνέργειαν) 인성에 침투할 수 없었을 것이지만, "덧입혀진 사람"(*homo assumptus*) 안에서의 말씀의 현존은 아마도 특별했을 것이라고 주장하였다. 그의 결론은 말씀과 인성의 결합은 은혜에 의한(κατ' εὐδοκίαν) 것이라는 것이었다. 이 말을 통해서 그는 하나님은 단순히 자신이 그 속에 거하고 있는 사람들을 긍정하는 것이 아니라, 자신의 사랑의 성품을 통해서 적극적으로 그들을 돕고 협력한다고 주장한다. 그러나 사도들 및 의인들과는 대조적으로, 하나님은 "마치 아들 속에" 거하는 것처럼 "덧입혀진 사람" 속에 거하였다. 이것은 "그리스도가 덧입은 전인(全人)을 스스로와 연합시켜서 그 전인으로 하여금 전인 안에 본성상으로 내주하는 성자가 누리는 온갖 존귀를 자기와 함께 공유하게 하였다"는 것을 의미한다.[172] 이렇게 하나님은 그리스도 안에서 모든 것들을 성취한다.

이렇게 신인은 일체이고, 테오도루스는 비록 사도 바울(롬 9:5)은 "그리스도 안에서 하나님이 만물을 주재하신다"(Who is God over all)고 적절하게 말했지만, 자기는 "두 본성의 완전한 결합으로 말미암아" 그리스도에게 "만물을 주관하는 하나님이신 분"이라는 문구를 사용하기를 선호하였다고 지적한다.[173] 그는 성경은 두 본성을 구별하고 있지만 이와 동시에 "어떤 것에 관하여" 그것이 인성이나 신성 어느 것에도 적절하게 속한다고 말함으로써 이 두 본성 간의 일체성을 강조하고 있다는 사실을 환기시킨다.[174] "성자는 하나님의 의지에 의해서 이루어진 본성들의 완전한 결합으로 말미암아 유일무이하다"라고 그는 단언한다.[175] 또한[176] "우리는 본성들의 차이를 지적하지만, 인격의 일체성도 지적한다"; 그리고 "두 본성은 그것들의 결합으로 인해서 하나의 실재로 인식된다"(*unum ······ quiddam connexione intelliguntur*).[177]

그러므로 테오도루스의 가르침은 단일한 인격(πρόσωπον)은 말씀과 인성의 결합으로부터 나온 결과라는 것, 더 정확하게 말해서 "본성들은 연합으로 인해서 하나의 인격(*prosopon*)을 생겨나게 하였다(ἀπετέλεσαν)"는 것이다.[178] 헤르미아네의 파쿤두스(Facundus of Hermiane)에 의해서 보존된 일부 단편들[179]에 나오는 표현을 빌리면, "하나의 인격은 연합에 의해서 발생된 것이다." 우리가 주목해야 할 것은 한 중요한 단편에 대한 시리아어 번역문[180]은 그가 두 본성은 따로따로 생각될 때에는 위격에 있어서 서로 구별되지만 결합의 결과로서는 "하나의 인격(*prosopon*)이자 위격(hypostasis)"이라고 말한 것으로 묘사하고 있다는 것이다; 그러나 (a) 레온티우스(Leontius)에 의해서 인용된 동일한 단편[181]은 단순히 "우리가 그러한 결합을 볼 때, 우리는 한 인격(*prosopon*)이 존재한다고 말한다"로 되어 있다는 사실, (b) "하나의 인격이자 하나의 위격"이라는 표현이 테오도루스의 글들 중에서 그 어디에도 나오지 않고, 그의 일반적인 가르침과 용법 속에서도 근거가 없다는 사실에 비추어 볼 때, 우리는 앞에서 말한 시리아어 역본을 상당한 의구심을 가지고 바라보지 않을 수 없다.

그의 진정한 가르침은 성육신한 자는 "하나의 인격"이라는 것이었던 것으로 보이는데, 이 말은 성육신한 자는 어떤 때는 하나님, 어떤 때는 사람으로 불리어질 수 있는 "하나의 주체"라는 것을 의미했을 것이다. 이것은 그가 끊임없이 자신의 주석 속에서 두 본성을 구별하는 데에 주의를 기울였지만, 또한 그는 성경이 두 본성을 함께 뭉뚱그려서 말하고 있다는 것을 잘 알고 있었다는 사실에서 드러난다. 그가 지적한 대로, 성경은 신성과 인성 둘 다에 속한 것을 "오직 하나에 속한 것으로" 묘사한다;[182] 성경은 "단일한 인격(*prosopon*)으로서의" 그리스도에게 여러 가지 서로 다른 칭호들을 적용한다.[183] '프로소폰'(*prosopon*)이라는 용어를 통해서 그가 의도했던 것은 완전한 칼케돈적인 의미에 있어서의 위격이 아니라 이중적일 수 있는(예를 들면, 영혼과 몸) 어떤 한 실재의 외적인 발현이었다.[184] 그의 가르침은 그리스도가 말씀이라는 '프로소폰'과 사람이라는 '프로소폰'의 연합에 의해서 이루어진 제3의 '프로소폰'이었다는 것이 아니라, 내주하는 말씀이 자신의 '프로소폰'을 인성에게, 해소(解消)될 수 없고 말로 표현할 수 없는 연합을 통해서 나누어 주었다는 것이었다.

이렇게 해서 우리는 테오도루스의 기독론의 핵심적인 문제에 도달하였다. 알렉산드리아의 키릴루스(Cyril of Alexandria)는 그를 공격대상으로 삼았고, 주후 553년의 제5차 총공의회(콘스탄티노플) 이래로 테오도루스는 네스토리우스 이전에 출현한 네스토리우스파로, 즉 인격의 일체성을 상실해 버릴 정도로 "인성"(the man)과 말씀의 완결성과 독립성을 주장한 이단의 죄를 범한 것으로 낙인찍혔다. 오늘날에는 특히 비교적 네스토리우스적인 냄새가 거의 없는 『교리문답 강론들』(*Catechetical Homilies*)이라는 그의 저작이 재발견된 이후로 이러한 평결에 대한 결정적인 반발이 있어 왔다. 예를 들면, 그는 그의 사고범주들이 허용하는 한에 있어서 신인 안에서의 주체의 일체성을 확립하는 데에 깊은 관심을 가졌다는 점이 강조되어 왔다. 이것을 보여주는 몇몇 증거들은 우리가 앞에서 이미 살펴본 바 있다. 나아가 그가 채택했던 몇몇 문구들은 나중에 칼케돈 회의에서 공식적으로 채택된 것들을 미리 보여주는 것들이었다는 사실이 주목받기도 했다. 예를 들면, 그는 다음과 같은 말들을 했다:[185] "이렇게 해서 그 어떤 본성들의 혼합이나, 인격(또는 위격)의 유지될 수 없는 나눔이 발생하지 않는다; 왜냐하면, 본성들에 대한 우리의 서술은 여전히 혼합되지 않아야 하고, 위격은 나눌 수 없는 것으로 인식되어야 하기 때문이다”; 또한 “우리는 본성들의 구별을 제시하지만, 인격의 일체성도 제시한다.”

이러한 이유들 및 이와 비슷한 이유들 때문에 테오도루스에 대한 전통적인 평가는 일차적으로 아폴리나리우스주의에 대항하여 주님의 인성의 실재성을 주창하면서 주님의 인간적 경험들을 제대로 다루고자 애썼던 신학자로 보는 더 긍정적인 평가로 대체되어 왔다. 가장 나쁘게 평가한다고 해도, 테오도루스는 자신의 기독론적 사상 속에는 그 자체로 및 문맥 속에서는 전혀 해가 되지 않았지만 그의 부주의한 제자들의 손에 의해서 위험스럽게 활용될 소지가 있었던 몇몇 성향들이 들어 있었다는 의미에서만 네스토리우스파라고 할 수 있었다.

이러한 반발은 전체적으로 건전한 것이었다; 테오도루스는 네스토리우스파였기 때문이 아니라, “두 아들”론으로 말미암아 거부당하였다. 그럼에도 불구하고, 테오도루스를 공정하게 평가하고 그의 탁월한 점들을 정당하게 인정해주고자 하는 마음 때문에, 우리가 그의 입장이 지닌 약점들에 대해서까지 눈감아 주어서는 안 된다. 첫째, 가장 마음이 너그러운 비판자조차도 그가 말씀과 “사람”(the man), 하나님과 그의 성소, “덧입는 자”와 “덧입혀지는 것,” 내주하고 덧입는 주체와 그 대상을 습관적으로 대비시키고 있는 것에는 위험들이 도사리고 있다는 점을 인정하지 않을 수 없었다. 이러한 위험성들은 그가 마치 사람 예수와 말씀이 별개의 인격들인 양 예수가 자기가 말씀과 대화를 나누거나 말씀에게 사용될 가치가 있는 존재로 여겨지는 것에 대하여 성부에게 감사하는 것으로 묘사한 장면[186]에서 아주 뚜렷하게 드러난다. 둘째, 그가 본성들의 일체성을 역설했다고 할지라도, 이러한 일체성을 “연합”(ἕνωσις)이 아니라 “결합”(συνάφεια)으로 인식하였다는 것은 궁극적으로 불만족스러운 점이었다. 그가 종종 성령을 이러한 결합의 매개체로 생각함으로써[187] 위험스럽게도 양자론에 가깝게 기울어져 있는 것을 발견하는 것은 사실 놀라운 일이 아니다. 셋째, 그가 신인 안에서의 유일무이한 주체의 필요성에 대하여 주의를 기울여서 “한 ‘프로소폰’”이라는 표현을 자주 사용했음에도 불구하고, 이 말이 지닌 모든 함의들을 분명하게 설명해내지 못했다는 것은 사실이다. 그의 이론에 의하면, 신성과 인성은 병렬적으로 존재하면서, 그들의 일체성을 "공동의" 인격 속에서 발견한다. 따라서 그는 "우리 주님이 그의 인성과 신성에 관하여 말하였을 때, 그는 대명사 나를 공동의 인격에 적용하였다"라고 말할 수 있었다.[188] 그러나 이 "공동의 인격"은 엄밀하게 말해서 말씀의 인격인 것으로 보이지 않고, 오히려 말씀이 인간 속에 "내주함"으로부터 생긴 결과인 외적인 발현의 일체성인 것처럼 보인다. 테오도루스의 사상, 그리고 일반적으로 당시의 안디옥 학파의 신학에는 인격의 형이상학에 대한 분명한 설명이 결여되어 있었다; 특히, "본성"과 "인격"의 차이가 제대로 인식되지 못하였다.

그러나 모든 것을 살펴본 지금에 있어서, 테오도루스를 이러한 근거들을 들어서 이단자로 분류하는 것은 시대착오적인 발상이 될 것이다. 왜냐하면, 이 시기의 기독론은 이러한 구별을 인식하기 위한 길을 찾기 위하여 더듬어 가고 있었고, 알렉산드리아의 학파 자신도 여전히 제시할 수 없었던 명확한 해법들을 테오도루스가 제시할 것으로 기대한다는 것 자체가 무리한 요구이기 때문이다.

제 12 장

기독론의 정립

1. 네스토리우스주의

우리는 이제 기독론과 관련해서 결정적인 시기, 즉 네스토리우스 논쟁이 촉발된 주후 428년과 칼케돈 공의회가 열린 주후 451년 사이의 짧은 시기에 도달하게 되었다. 지금까지 우리는 주후 4세기에 두 가지 주요한 유형의 기독론이 출현해서 발전한 과정을 살펴보았다: 신인(神人) 안에서의 주체로서 말씀을 강조하고 인간적 영혼에 대해서는 소홀히 하였던 이른바 "말씀—육신" 기독론과, 인성의 실재성과 완전성에 대해서는 각별한 관심을 가졌지만 형이상학적 주체로서의 말씀의 지위에 관해서는 미온적인 태도를 보였던 "말씀—사람" 유형의 기독론.

이 두 유형의 기독론은 각각 장점들을 지니고 있긴 했지만, 동시에 그러한 장점들을 상쇄시킬 만큼의 결점들도 가지고 있었기 때문에, 모종의 해법이 제시될 수 있다면, 그것은 이 두 유형의 기독론의 장점들을 살린 그러한 기독론이 될 것임이 분명하였다. 나중에 밝혀지게 되겠지만, 이렇게 요구된 종합을 촉진시켰던 것은 이 중요한 수십 년의 기간 동안에 일어났던 이 두 유형의 기독론들 간의 충돌이었다.

이 책에서는 지면 관계상 이 격렬한 논쟁 속에서 드러났던 두드러진 특징들만을 살펴보게 될 것이다. 그러나 독자들은 교회의 신학의 발전과정에 있어서 그 어느 단계에 있어서도 이 시기만큼 근본적인 문제들이 정치 및 개성들의 충돌과 밀접하게 뒤엉켜 있던 적이 없었다는 사실을 유의하여야 한다. 이런 이유로, 기독론의 발전을 제대로 이해하고자 한다면, 우리는 적어도 그 역사적 배경에 대한 개괄적인 지식은 갖추고 있어야 한다.

무엇보다도 먼저 주후 428년 4월 10일에 콘스탄티노플의 총대주교로 서임되었던 네스토리우스의 가르침을 반드시 살펴볼 필요가 있다. 네스토리우스는 기독론에 있어서 안디옥 학파에 속해 있었고, 몹수에스티아의 테오도루스의 사상에 의해서 깊은 영향을 받았는데, 네스토리우스 논쟁을 촉발시킨 것은 안디옥 학파의 입장이 지닌 함의(含意)들에 대한 그의 서투르고 조잡하게 표현된 해설 때문이었다. 총대주교로 서임된 아주 초기에 그는 복된 동정녀의 호칭으로서 '테오토코스'(θεοτόκος, "하나님을 낳은 자")가 적합한지에 대하여 평결을 내려달라는 요청을 받았고,[1] 이에 대하여 그 표현과 균형을 맞추기 위하여 '안트로포토코스'(άνθρωποτόκος, "사람을 낳은 자")가 첨가되지 않는다면 그 표현은 의심스러운 표현이 될 것이라고 결정을 내렸다.[2] 어쨌든 그는 '크리스토토코스'(χριστοτόκος, "그리스도를 낳은 자")라는 표현이 의문의 여지가 전혀 없는 더 나은 표현이라고 주장하였다.

그런데 우리가 알고 있듯이, 이 논란이 된 호칭인 '테오토코스'는 알렉산드리아 학파에서 널리 받아들여지고 있었다; 이 호칭은 "속성 간의 교류"(*communicatio idiomatum*)라는 개념으로부터 도출된 것으로서, 그리스도의 위격이 말씀(로고스)에 의해서 조성되었기 때문에 성육신한 자는 하나님으로 지칭되는 것이 마땅하다는 진리를 표현하고 있었다. 테오도루스 같은 안디옥 학파에 속한 신학자들[3]조차도 네스토리우스가 규정한 것과 동일한 제한조건들 아래에서 이 호칭을 인정한 바 있었다.

그러나 이 주제에 관한 견해를 피력하면서, 네스토리우스는 자기와는 접근 방식이 다른 사람들을 격동시킬 목적으로 절제되지 않은 표현을 사용하였다. 하나님은 어머니를 가질 수 없고, 그 어떤 피조물도 하나님을 낳을 수 없다고 그는 주장하였다;[4] 마리아는 사람, 즉 하나님이 아니라 신성을 담을 그릇을 낳았다. 하나님은 여인의 모태 속에서 아홉 달 동안 머물러 있을 수도 없고, 강보에 싸여 있을 수도 없으며, 고난을 받고 죽어서 묻힐 수도 없다.[5] 그는 마리아를 '테오토코스'라고 지칭하는 것의 배후에서 성자는 피조물이었다는 아리우스적인 주장 또는 그리스도의 인성이 불완전했다는 아폴리나리우스적인 사상을 감지할 수 있다고 공언하였다.[6]

네스토리우스가 던진 이러한 극단적인 말들이 도발적인 분위기를 지니고 있었다는 것은 아주 분명하다. 이러한 말들이 네스토리우스의 치열한 경쟁자였던 알렉산드리아의 키릴루스에게 들어갔을 때, 그는 네스토리우스의 말들 속에서 주후 4세기에 거부되었던 이론, 즉 두 아들이 순전히 도덕적인 연합에 의해서 결합되어 있다는 이론의 부활을 볼 수 있다고 주장하였다.[7] 앞으로 보게 되겠지만, 키릴루스는 이러한 해석을 활용해서 이러한 말을 한 장본인이 단죄받고 몰락하는 것을 확실하게 보장받을 수 있었다. 마리아가 단순한 사람을 낳았다는 네스토리우스의 단언에 깜짝 놀란 다른 사람들(예를 들면, 나중에 도릴라이움[Dorylaeum]의 주교가 된 유세비우스)은 네스토리우스가 사모사타의 파울루스가 주장하였던 양자론을 다시 제기하고 있다는 비약적인 결론을 내리기도 하였다.[8] 네스토리우스주의는 신인(神人)을 두 개의 구별된 위격으로 나누는 이단이라고 설명하는 전통적인 견해가 급속하게 형성되었다. 하지만 정작 네스토리우스는 자신의 가르침에 대한 이러한 설명에 대하여 분통을 터뜨리며 반박하였고,[9] 최근에는 이와 관련된 문제 전체가 다시 새롭게 조명되어 왔다.

20세기 초에, 네스토리우스가 주요한 논쟁이 벌어진 후 20여년 뒤에 쓴 장황한 변명을 기록해 놓은 『헤라클레이데스서』(*Book of Heracleides*)라는 저작이 발견되었고, 거기에서 그가 자신은 칼케돈 공의회에서 공식적으로 채택된 레오(Leo)의 기독론을 확신한다고 공언하고 있기 때문에,[10] 네스토리우스에 대한 재평가가 반드시 다시 이루어져야 할 것으로 보여졌다. 현대의 연구자들은 날카롭게 양분되어 있어서, 일부는 네스토리우스를 기본적으로 정통 신앙을 지닌 인물이었지만 교회 정치의 희생양이 된 사람으로 여기고 있고, 일부는 정도 차이는 있지만 전통적인 평가에 동의하고 있다. 네스토리우스의 견해들을 재구성함에 있어서는 『헤라클레이데스서』를 사용하는 것이 좋을 것이다. 왜냐하면, 그는 그 책에서 자신의 견해들을 더 절제있고 성숙된 형태로 표현하고 있고, 또한 그가 자신의 기본적인 입장을 변경하였다고 의심할 만한 이유는 전혀 없기 때문이다.

어쨌든 네스토리우스의 지도적인 원칙들은 분명하다. 철저한 안디옥 학파 사람이었던 그는 성육신한 그리스도의 두 본성은 연합 속에서도 여전히 변경되지 않고 구별되어 존재한다고 주장하였다. "나는 본성들을 분리하지만 (χωρίζω τάς φύσεις), 예배는 통합한다"라는 것이 그의 모토였다;[11] 그리고 그는 신성은 "인성"(the man) 속에, "인성"(the man)은 신성 속에 혼합이나 뒤섞임 없이 존재한다고 생각하였다.[12] 그가 이렇게 말한 이유들은 찾아내기가 어렵지 않다. 첫째, 그는 고통을 느낄 수 없는 말씀(Word)이 성육신으로 말미암아 그 어떤 변화나 고통 속에 연루되는 일이 일어날 수 없었을 것이라고 주장하는 데에 많은 관심을 갖고 있었다.[13] "위격적 연합"에 관한 키릴루스의 이론대로라면, 말씀은 필연적으로 신인(神人)의 고통들의 주체가 될 수밖에 없다고 네스토리우스는 생각하였다. 따라서 그는 하나님이 태어나서 죽었고 마리아는 신적인 말씀을 낳았다 — 그가 성경 및 신조의 내용과 상충한다고 생각하였던 표현들[14] — 고 말하는 알렉산드리아 학파의 관행에 반대하였다. 둘째, 그는 그리스도가 성장, 유혹, 고통이라는 진정으로 인간적인 삶을 살아야 했다는 것이 결정적으로 중요하다고 생각하였다;[15] 구속이 이루어지기 위해서는, 둘째 아담은 진정한 사람이 되어야 했다. 그런데 주님의 인성이 그의 신성과 혼합되거나 그의 신성에 의해서 지배당했다면, 진정으로 인간적인 경험은 불가능했을 것이다. 그런 까닭에 신성과 인성이라는 두 본성은 각각 자신의 독특한 속성들과 활동을 손상되지 않은 채로 보유하고서 나란히 병존하였음에 틀림없다. 신성과 인성은 각각 하나의 "본성"(φύσις) — 그의 어휘 속에서 이 용어는 단순히 추상적인 특질들의 집합이 아니라 한 사물의 구체적인 특성을 의미하였다 — 이었다. 그가 설명한 대로,[16] 그는 두 본성이 각각 자신의 '프로소폰' (즉, 개체로서의 외적인 양상 또는 형태)과 자신의 '휘포스타시스' (즉, 구체적인 실존)를 지니고 있다는 것 이외의 것을 생각할 수 없었다. 이것을 통해서 그는 각각의 본성이 실제적으로 실존하는 실체였다는 것이 아니라 각각의 본성이 객관적으로 실재하였다는 것을 전달하고자 하였다.

네스토리우스의 숙적이었던 키릴루스로 대표되는 알렉산드리아 학파는 신성과 인성의 구별을 기꺼이 인정할 준비가 되어 있었다는 점을 우리는 유의하여야 한다. 예를 들면, 키릴루스는 이렇게 썼다:[17] "서로 결합해서 이러한 참된 연합을 이루게 된 본성들은 서로 다르지만, 이 두 본성으로부터 한 그리스도, 한 성자가 존재하였고, 연합의 결과로 본성들의 차이는 파괴되지 않는다." 그러나 키릴루스가 이 연합을 영혼과 몸의 연합과 유사한 "위격적인 연합"으로 인식한 것[18](안디옥 학파에 속한 사람들에게는 영혼과 몸은 말씀 및 인성과는 대조적으로 자발적으로가 아니라 필연적으로 연합될 수밖에 없는 불완전한 본성들이었다[19])과 신인(神人)을 "한 본성"이라고 설명한 것은 네스토리우스에게는 그가 혐오스럽게 여겼던 본성들의 혼합(confusion)을 의미하였다. 그렇지만, 네스토리우스가 처음에 제시하였던 가르침은 키릴루스에게는 두 위격이 인위적으로 연결된 것이라는 정반대의 인상을 남겨 주었다. 사실 네스토리우스의 가르침과 관련하여 이것보다 더한 잘못된 희화화는 있을 수 없었다.

네스토리우스는 요한복음의 서문과 양립할 수 없다고 생각하였던[20] 사모사타의 파울루스의 두 아들론에 관한 이단을 노골적으로 비판하였다. 네스토리우스 스스로는 성육신한 자는 하나의 단일체, 단일한 '프로소폰' 이었다는 것을 절대적으로 확신하고 있었다. 그는 이렇게 말했다[21] "말씀이신 하나님과 그가 내재하게 된 사람은 수적으로 둘이 아니다; 왜냐하면, 이 둘의 위격(πρόσωπον)은 존엄과 존귀에 있어서, 모든 피조물에 의해서 예배를 받거나 어느 때나 어떤 식으로든 목적 또는 의지의 차이에 의해서 나누어지지 않는 하나였기 때문이다." 또한,[22] "그리스도는 그가 그리스도라는 점에 있어서는 나누어질 수 없지만, 그가 하나님인 동시에 사람이라는 점에서는 이중적이다 …… 우리는 두 그리스도 또는 두 아들 또는 두 독생자 또는 두 주님, 한 아들과 또 다른 아들, 첫 번째 그리스도와 두 번째 그리스도를 알지 못하고, 그의 피조된 본성과 피조되지 않은 본성으로 나타난 하나의 동일한 분을 알고 있다."

이와 같은 진술들은 그의 글들 속에서 일관되고 끈질기게 주기적으로 등장한다. 이러한 진술들은 그가 전달하고자 애썼던 것은 느슨한 연결 속에서 병존해 있는 두 위격이라는 개념이 아니라, 자기 자신 속에 말씀과 사람의 고유한 모든 특성들을 지닌 두 개의 구별되는 요소들 또는 본성들(*ousiai*), 즉 신성과 인성을 완전하고 아무런 손상도 없이 결합해 가지고 있는 한 위격 또는 '프로소폰' 이었다는 것을 분명하게 말해준다.

이러한 결합을 더 자세하게 살펴볼 필요가 있다. 우리가 이미 앞에서 보았듯이, 먼저 네스토리우스는 키릴루스에 의해서 제시된 "본성적"(φυσική; κατὰ φύσιν) 또는 "위격적" 연합이라는 말을 사용하지 않았는데, 이것은 그러한 말들이 그에게는 본성들이 분리되어 있다는 것을 부정하는 말들로 들렸기 때문이었다. 네스토리우스가 극히 중요하다고 생각했던 것은 "신성"(the God)은 고통을 느낄 수 없다는 사실과 "인성"(the man)도 자신의 자발성과 행위의 자율성을 보유하고 있다는 사실이 분명하게 단언되어야 한다는 것이었다. 그런 까닭에, 그는 "연합"(union, ἕνωσις)이라는 용어를 종종 사용하기도 했지만, 본성들의 혼합(confusion)을 말하는 게 아닌가 하는 온갖 의구심을 피할 수 있는 것으로 보였던 "결합"(conjunction, συνάφεια)이라는 용어를 더 선호하였다. 키릴루스는 결합이라는 용어가 실재적인 연합이라는 의미를 거의 함축하고 있지 않다는 이유를 들어서 이 용어의 사용을 반대하였지만,[23] 네스토리우스는 "완전한"(ἄκρα[24]), "정확한"(ἀκριβής[25]), "지속적인"(διηνεκής[26]) 같은 보충술어들을 보호장치로서 첨가하는 세심함을 보여주었다. 그는 요한복음 2:19을 전거(典據)로 삼아서, "인성"(the man)은 "신성"(the God)이 거하는 성전이었다고 말하기를 좋아하였다.[27]

테오도루스와 마찬가지로, 그는 이러한 내주의 방식이 하나님의 "기뻐하심에 의해서"(κατ' εὐδοκίαν) 이루어진 것이라고 설명하면서도,[28] 그것은 하나님이 선지자들, 사도들, 천사들 속에 내주한 방식을 철저하게 초월한 것이었다고 역설한다.[29] "말씀이신 하나님과 그것들(즉, 몸과 인간적 영혼)의 연합은 '위격적인' 것도 '본성적인' 것도 아니고 자발적인 것이었다"고 그는 썼다.[30] 이것을 통해서 그가 의미했던 것은 두 본성이 사랑에 의해서 결합되었다는 것(그의 비판자들이 주장했던 것처럼)이 아니라, 삼위일체의 위격들의 경우에서와 마찬가지로 두 본성이 상호적으로 서로 침투하였다는 것이었다.[31] 그 결과, 그리스도는 분리될 수 없고 나뉠 수 없는 단일한 의지와 지성을 지닌 단일한 존재가 되었다.[32]

두 번째 내용은 우리를 네스토리우스의 기독론이 보여준 가장 독창적인 특징으로 안내해 준다. 그가 이러한 연합을 설명한 방식은, 통상적으로 외적인 양상 또는 형태라는 관점에서 고찰된 개인을 의미하는 '프로소폰' 이라는 단어를 사용해서, 신인(神人) 안에는 오직 하나의($\breve{\epsilon}\nu$ 또는 $\mu o \nu a \delta \iota \kappa \acute{o}\nu$) '프로소폰' (prosopon)이 존재하였다고 말하는 것이었다. "연합의 '프로소폰' 은 그리스도이다"라고 그는 분명하게 말하였다;[33] 그리고 그는 키릴루스가 "연합의 '프로소폰'," 즉 복음서들에 나오는 역사적인 인물이 아니라 "본성들의 창조주," 즉 영원한 말씀을 분석의 출발점으로 삼고 있다고 비판하였다.[34] "연합의 '프로소폰'"은 네스토리우스가 주요하게 사용했던 문구였다; 그리스도는 "신성과 인성의 공동의 '프로소폰'"이었다.[35]

그는 각각의 본성이 "연합의 '프로소폰'"으로만이 아니라 각자의 '프로소폰' 으로도 계속해서 실존하였다고 전제하였기 때문에,[36] 전자와 후자의 관계라는 문제가 생겨난다. 이에 대하여 그가 제시하고자 했던 대답은 "연합의 '프로소폰'" 또는 "공동의 '프로소폰'"은 말씀의 '프로소폰' 이나 인성의 '프로소폰' 과 동일하지 않지만, 두 본성(ousiai)의 융합, 결합 또는 연합으로부터 유래한다는 것이었다.[37] 그는 이렇게 썼다:[38] "우리는 '프로소폰' 들의 연합에 관하여 말하는 것이 아니라 본성들의 연합에 관하여 말하고 있는 것이다"; 또한, "두 본성은 그들의 연합을 통해서 단일한 '프로소폰' 안에서 연합되어 있다." 본성들은 그들의 '프로소폰' 들을 상호적으로 사용했기 때문에, "성육신은 '프로소폰' 들이 서로 주고받으며 상호적 사용한 것으로 인식된다"라고 그는 설명하였다.[39] 또한 그는 "연합은 '프로소폰' 안에서 전자가 후자가 되고 후자가 전자가 되는 방식으로 일어났다"고 분명하게 말하였다.[40]

이런 식으로 그가 밝히고자 애썼던 개념은, 말씀이 종의 형체를 입어서 스스로 사람으로 나타난 것과 마찬가지로,[41] 인성은 자기 위에 수여된 신성의 형태를 입었고, 이러한 교류의 결과는 예수 그리스도의 유일무이한 '프로소폰' 이었다는 것인 것처럼 보인다. 신성은 인간적 본성으로 변화되지도 않았고, 인성이 신성화된 것도 아니었다. 단지 각각의 본성이 다른 본성의 형태를 취하였을 뿐이다. 그런 까닭에, 성육신한 주님은 '프로소폰' 에 있어서는 나눌 수 없는 하나이지만, 본성에 있어서는 여전히 둘이다.[42]

이러한 가르침의 필연적인 결과로서, 네스토리우스는 "속성 간의 교류" (communicatio idiomatum)를 특별하게 취급하였다. 엄밀하게 말해서, 본성들은 여전히 분리되어 있고 "연합의 '프로소폰'"과 동일한 것이 아니었기 때문에, 예수 그리스도에게 돌려진 인간적인 속성들, 행위들, 경험들은 인간적 본성에 관한 서술로 취급되어야 하고, 반대로 신적인 속성들, 행위들, 경험들은 신성에 관한 서술로 취급되어야 한다고 그는 주장하였다;[43] 그러나 연합으로 인해서, 이 둘은 무차별적으로 "경륜의 프로소폰," 즉 자신의 단일한 '프로소폰' 안에서 두 본성을 결합시킨 신인(神人)을 서술하는 것으로 볼 수도 있다. 심지어 성경의 용례와 맥을 같이 하여 보충술어들의 상호교환을 허용하는 것도 가능하기 때문에, 다음과 같은 표현이 단순한 말들의 문제로(ὁμωνύμως) 분명하게 이해되기만 한다면, "인성"(the man)을 하나님으로, 말씀이신 하나님을 사람으로 묘사하는 것도 가능하다고 그는 생각하였다.[44]

우리는 이미 그가 복된 동정녀를 '테오토코스'(Theotokos)라고 지칭하는 것과 관련하여 제시하였던 여러 제한 조건들을 살펴본 바 있다. 그는 일반 백성들이 동정녀를 인격적으로 하나님이라고 여기지 않는 한 이 호칭을 사용하는 것을 허용할 준비가 되어 있었다;[45] 하지만 그가 선호하였던 용어는 '크리스토토코스'(χριστοτόκος, "그리스도를 낳은 자") 또는 "하나님을 받은 자"(θεοδόχος[46])라는 용어였다. 마찬가지로, 수난과 관련해서 그는 "성육신한 하나님이 죽은 것이 아니라, 하나님이 자신이 성육신하였던 그를 일으켜 세웠다"라고 말하였다.[47] 그러나 그는 어떤 군주의 동상이 모욕을 당했을 때에 그 군주가 고통을 겪는다는 의미에서 말씀은 고난을 겪었다고 말하는 것도 일리가 있다고 생각하였다.[48]

우리가 네스토리우스의 가르침의 성격을 평가하고자 할 때, 한 가지 절대적으로 분명한 것은 그는 고전적인 의미에서의 네스토리우스파가 아니었다는 것이다. 앞에서 살펴본 것처럼, "두 아들"에 관한 가르침은 그에게 혐오스러운 것이었고, 그는 지금까지 아무도 자신의 '프로소폰' 속에서 하나님의 '프로소폰'을 사용한 영감받은 사람을 본 적이 없었다는 점을 지적함으로써,[49] 양자론이라는 비난을 벗어던졌다. 그가 그리스도의 인성은 위격 또는 '프로소폰'이었다고 반복해서 단언한 것은 그리스도의 인성이 구별된 위격이었다는 것을 말하고자 한 것이 아니라, 단지 그리스도의 인성이 객관적으로 실재하였다는 것을 말하고자 한 것이었다; 그리고 그가 이 후자를 역설한 것은 그의 장점으로 여겨질 수 있는데, 이는 그의 동기가 주님의 인간적 경험들을 정당하게 다루고자 한 것이었기 때문이다. 실제로 성육신한 자는 단일체였다는 그의 주장들의 진지성을 의심할 만한 그 어떤 근거도 존재하지 않는다.

그러나 이 모든 것들이 인정되고 난 상태에서는, 그가 제시했던 특별한 해법, 즉 그리스도의 단일성은 "공동의 프로소폰" 속에서 발견될 수 있다는 사상이 실제로 적절한가라는 문제는 여전히 중대한 의구심으로 남을 수밖에 없다. 사실 그가 이렇게 말한 것의 취지는 역사적 인물이었던 예수 그리스도는 단일한 발현 대상, 구체적인 심리학적 단일체였다는 자명한 이치를 드러내고자 한 것이었다. 그러나 특히 본성들의 독립성과 완전성을 두드러지게 전면에 내세웠던 주장이 지닌 진정한 문제점은 무엇이 그리스도의 위격, 그의 존재의 형이상학적인 주체를 구성하고 있었느냐를 설명하는 것이었지만, 네스토리우스의 이론은 이 문제를 거의 건드리지 못했다. 그는 말씀이 고통을 느낄 수 없다는 것(impassibility) 또는 인간적 본성의 실재성이 손상될 것을 염려하여 말씀을 주체로 인정하기를 꺼려하였지만, "공동의 프로소폰"이라는 대체로 외적인 개념을 제외하고는 그 밖의 다른 대안을 제시할 수도 없었다.

따라서 본성들의 구별이 아니라 위격의 일체성으로부터 기독론을 접근했던 당시의 사람들이 네스토리우스의 가르침은 평범한 인간이었던 예수가 의지의 조화 및 하나님의 은총에 의해서 말씀과 결합되었다는 가르침이었다고 비약적인 결론을 내린 것은 별로 이상한 일이 아니었다. 이것은 네스토리우스가 가르치고자 했던 것에 대한 희화화(戱畵化)였지만, 그 잘못은 자신이 확신했던 주님의 위격의 본질상의 단일성에 대한 더 깊은 분석을 네스토리우스가 제공할 수 없었다는 데에 있었다. 그 결과 그의 좋은 의도들에도 불구하고, 그의 이론이 정립하였던 주님의 신성과 인성 간의 연관관계는 부당하게도 인위적인 방안으로 해석되지 않을 수 없게 되었던 것이다.

2. 알렉산드리아의 키릴루스

네스토리우스에 대한 반론은 알렉산드리아의 총대주교였던 키릴루스에게서 양심적이지는 않지만 탁월한 대변자를 발견하였다. 갑자기 출세한 콘스탄티노플의 총대주교 네스토리우스에 대한 질투심으로 인해서 종종 무자비한 어투를 사용하기도 했지만, 기본적으로 그는 신학적 진리에 대한 관심에 의해서 영감을 받고 있었다. 그가 이해한 바에 의하면, '테오토코스'에 대한 공격 속에 집약되어 있는 네스토리우스의 가르침은 말씀과 평범한 인간 간의 단순한 외적인 결합(association)을 전제하는 것이었다. 이러한 관점에서 볼 때, 성육신은 일종의 허구, "겉모습"과 "빈 말들"의 문제가 되었다.[50] 구속은 손상되었다. 왜냐하면, 그리스도의 고난들과 구원 사역들이 성육신한 하나님이 아니라 단순한 인간에 불과했던 한 사람이 행한 것들이 되어버리고 말았기 때문이다.[51] 마찬가지로, 새로운 중생된 인류를 개시한 둘째 아담으로서의 그리스도라는 개념은 네스토리우스가 전제했던 것보다 훨씬 더 밀접한 말씀과 육신 간의 연합을 요구한다고 그는 생각하였다.[52] 무엇보다도 그가 생각하기에는[53] 네스토리우스는 성찬으로부터 생명을 수여하는 힘을 박탈하였고 성찬을 식인 축제로 변질시켜 버렸다. 왜냐하면, 네스토리우스의 전제들 위에서는 오직 한 인간의 몸이 제단 위에 놓여진 것이고, 신자들이 먹는 살은 로고스에 의해서 생명을 부여받지 않은 것이기 때문이다. 이러한 비판들 배후에는 기독론과 관련된 서로 간의 깊은 간격이 놓여 있었지만, 그러한 간격은 용어 사용의 차이에 의해서 더욱 강화되었다.

안디옥 학파에 속한 진영들에서는 "본성"(φύσις)이라는 핵심적인 단어는 특성들 또는 속성들의 구체적인 집합으로 인식된 인성 또는 신성을 의미하였다. 키릴루스는 특히 그의 대적자들이 사용한 언어에 맞추어서 대응하고자 했을 때에는 이 단어가 지닌 그러한 의미를 받아들였다. 그러나, 자신의 통상적인 용법에 있어서는 그는 '퓌시스'에 적어도 주교 알렉산더의 시대에 알렉산드리아에서 그 단어가 지녔던 의미,[54] 즉 구체적인 개별적 또는 독립적인 존재자라는 의미를 부여하기를 선호하였다. 이러한 의미에서의 '퓌시스'("본성")는 '휘포스타시스'("위격")와 실제로 동의어는 아니었지만 거의 비슷한 의미였다. 안디옥 학파 사람들이 본성들이라고 불렀던 것에 대하여, 그는 "본성적인 속성"(ἡ ἰδιότης ἡ κατὰ φύσιν), "존재의 방식"(ὁ τοῦ πῶς εἶναι λόγος), "본성적인 특질"(ἡ ποιότης φυσική) 같은 완곡어법

들을 선호하였다.[55]

키릴루스 자신의 가르침을 이해하는 실마리는 그가 아타나시우스와 맹인 디디무스의 학파에서 훈육된 알렉산드리아인이었다는 것을 깨닫는 것이다. 이러한 배경을 지닌 그에게 기독론적인 문제는 두·개의 별개의 본성들의 연합을 설명하는 문제가 아니었다. "말씀-육신" 도식의 기독론을 지지하였던 그는 로고스의 실존에 있어서의 두 국면 또는 단계, 즉 성육신 이전 단계와 이후 단계라는 관점에서 기독론적인 문제를 생각하였다. 로고스는 "여전히 원래의 모습대로 남아 있다"라고 말하기를 그는 좋아하였다; 성육신에서 일어난 사건은 로고스가 계속해서 외적으로는 하나님의 형상(form)으로 존재하면서, 거기에 덧붙여 종의 형체를 취한 것이었다.[56] 성육신 이전이나 이후에나 로고스는 변함 없이 본질적인 신성을 지닌 동일한 위격이었다. 유일한 차이는 "육신 밖에"(ἄσαρκος) 존재하였던 로고스가 이제는 "몸을 입게"(ἐνσώματος[57]) 되었다는 것이다. 말씀이었던 본성 또는 '휘포스타시스' 가 "육신을 입게"(σεσαρκωμένη) 되었다; 이렇게 해서, 말씀은 "성육신되었다." 따라서 키릴루스의 가르침을 가장 분명하고 간결하게 집약하고 있는 것은 아폴리나리우스에게서 기원한 몇몇 글들로부터 가져온 저 유명한 문구,[58] 곧 "신적인 말씀이 성육신된 한 본성"(μία φύσις τοῦ θεοῦ λόγου σεσαρκωμένη)이라는 문구이다 — 그는 이 말의 배후에는 위대한 아타나시우스의 권위가 있다고 진지하지만 잘못 믿고 있었다. 여기서 "본성"이라는 말은 "구체적인 개체"라는 의미를 지닌다; 이 문제에 대한 키릴루스 자신의 표현을 빌리면,[59] "연합 이후에 한 본성은 육신이 된 말씀의 본성으로 이해된다."

이것이 키릴루스의 지도적인 원리였기 때문에, 그는 성육신한 자 안에서 그 어떤 나뉨도 인정할 수 없었다. "육신"이라는 말을 통해서 그가 의미했던 것은 이성적인 영혼을 포함한 온전한 상태의 인간적 본성이었다;[60] 그는 아폴리나리우스주의가 거부된 것을 당연한 것으로 여겼다. 그리스도의 인성은 실재하고 구체적인 것이었다. 그는 그리스도의 존재의 두 가지 양상을 두 "본성" 또는 "위격" 또는 "사물들"(πράγματα)이라고 말하였다.[61] 인성은 신성과 마찬가지로 실재적인 것이라고 그가 말했기 때문에, 오늘날의 학자들이 그를 순전히 추상적인 특질들의 집합으로 인성을 생각했다는 주장은 그의 명시적인 진술과 상충한다. 따라서 그리스도가 하나였다면, “둘로부터 나온 하나”(εἶς ἐκ δύο)였다; “두 개의 서로 다른 본성들로부터 나온 단일하고 유일무이한 그리스도.”[62] “사물들과 위격들의 결합(σύνοδος)”이 있었고, “그리스도는 둘로부터 나온 하나”[63]라고 그는 말하였다.[64] 그러나 성육신한 자는 다름아닌 새로운 상태 속에서의 영원한 말씀이었기 때문에, 그의 단일성은 처음부터 전제되었다.

그런 까닭에, 키릴루스는 의지들의 조화 또는 “선한 기뻐하심”에 토대를 둔 “결합”(συνάφεια)이라는 안디옥 학파적인 개념과는 아무런 상관이 없었다;[65] 안디옥 학파가 말한 그러한 결합은 그에게는 인위적이고 외적인 것으로 보였다. 그가 논쟁 이전에 사용하였던(아타나시우스와 마찬가지로) 내주(內住)라는 유비조차도 그가 보기에는 주의깊게 제한조건들을 덧붙이지 않는다면 의심스러운 것이었다.[66] 그가 보기에는 연합은 절대적으로 실재적인 것이었고, 그는 그 연합을 “본성적인”(φυσική; κατὰ φύσιν) 또는 “위격적인”(καθ’ ὑπόστασιν) 것으로 설명하기를 좋아하였다. 이 문구는 “단지 말씀의 본성 또는 위격, 즉 말씀의 구체적인 존재가 그 어떤 변화나 혼합 없이 인간적 본성과 진정으로 연합되어서 한 그리스도가 되었다는 것을 전달할 뿐”이라고 그는 설명하였다.[67]

달리 말하면, 주님의 인성은 말씀의 본성 또는 위격 속에서 “본성” 또는 “위격,” 즉 구체적으로 실존하는 실재(이것이 “본성”이 여기에서 사용되고 있는 의미였다)가 되었다는 말이다. 안디옥 학파의 주장과는 달리, 주님의 인성은 독자적으로(ἰδικῶς) 존재한 적이 없었고, 그 실존의 어느 단계에서도 “그 사람”(the man)으로 묘사될 수 없으며, 마리아의 모태 속에 수태된 순간부터 주님의 인성은 그 인성을 자신의 것으로 삼은 말씀에 귀속되었다. 주님의 몸은 어떤 한 사람의 몸이 아니라 말씀의 몸이었고,[68] 연합을 통해서 이 둘은 단일한 구체적인 존재를 이루었다.

따라서 임마누엘은 “두 인격적인”(διπρόσωπος[69]) 것이 아니라 하나였다. 그러나 이것은 주님 안에서 융합된 두 본성, 위격 또는 “사물들”의 그 어떤 혼합이 존재하였다는 것을 뜻하지 않았다. 키릴루스는 네스토리우스의 주장을 반박하기 위하여 일체성에 초점을 맞추기는 했지만, 말씀과 인성의 그 어떤 변경이나 상호적인 뒤섞임이 존재하지 않았다는 것을 역설하였다. 그는 이렇게 썼다:[70] "네스토리우스는 그 어떤 혼합이나 뒤섞임($\phi\upsilon\rho\mu\grave{o}\nu$ $\kappa\alpha\grave{\iota}$ $\sigma\acute{\upsilon}\gamma\kappa\rho\alpha\sigma\iota\nu$)이 존재하였다고 말하는 수다쟁이이다; 연합은 해체할 수 없는 것이었지만, 그 어떠한 혼합이나 변화($\mathring{\alpha}\sigma\upsilon\gamma\chi\acute{\upsilon}\tau\omega\varsigma$ $\kappa\alpha\grave{\iota}$ $\mathring{\alpha}\tau\rho\acute{\epsilon}\pi\tau\omega\varsigma$)도 포함하고 있지 않았다."

신성과 인성은 본질에 있어서 완전히 달랐고, 연합은 그 어떠한 나뉨도 배제하였지만, 신성과 인성의 본질적인 차이를 제거할 수 없었다고 그는 지적하였다.[71] 이와는 반대로, 신인은 "한 본성"이라는 사실에도 불구하고, 그의 존재 속에 있는 각각의 요소들은 "여전히 자신의 본성적인 속성 속에 있고 그러한 속성 속에서 인식된다."[72] "본성들의 차이가 연합에 의해서 폐지되었다"라는 그 어떤 주장도 거부되어야 했다.[73] 도리어 두 본성은 각각 자신의 "본성적인 특질"($\pi\omega\iota\acute{o}\tau\eta\varsigma$ $\phi\upsilon\sigma\iota\kappa\acute{\eta}$[74]) 속에서 계속해서 실존하였다. 이에 대한 예시를 위해서, 그는 이사야가 본 환상 중에 나오는 활활 타는 숯불을 그 근거로 제시하였다.[75] 불붙는 숯은 불에 의해서 침투되었을 때, 각각은 자신의 구별된 정체성을 여전히 보유한다; 그리고 마찬가지 방식으로, 말씀은 인간적인 것을 자신의 것으로 취하면서도 여전히 말씀으로 남아 있고, 인성은 자기 위에 수여된 말씀의 본성의 활동을 지니면서도 여전히 계속해서 변하지 않은 채로 남는다. 그가 좋아했던 유비[76]는 영혼과 몸의 연합에 관한 유비였다; 플라톤적인 사고방식에 의하면, 영혼과 몸은 두 개의 완전히 별개인 본질들이지만, 그럼에도 불구하고 이 둘은 인간의 인격 속에서 나눌 수 없을 정도로 결합되어 있다. 따라서 결합은 절대적이지만, 본성들의 구별은 언제나 거기에서 인식될 수 있다. 그러나 그것은 그 어떠한 분리도 포함하지 않은 구별, 오직 "마음의 눈을 통해서," 즉 지적인 통찰이나 분석의 행위를 통해서만 이해될 수 있는 구별이다.[77]

이렇게 키릴루스는 성육신한 자를 이 땅에서 진정한 인간으로 살아간 신적인 말씀으로 생각하였다. 이와 같이, 종교적이고 구원론적인 관점에서 볼 때에 그의 입장의 강점이 있었다; 역사의 예수는 인간의 육신을 입고 살다가 죽었고 사람들을 위해서 다시 부활한 하나님이었다. 이러한 관점에서 이해하면, 네스토리우스가 '테오토코스' 개념을 거부한 것에 대하여 키릴루스가 경악하였다는 사실이 잘 이해가 된다. 그가 이 문제를 본 바에 의하면, 말씀은 본성상 하나님의 아들이었지만, 또한 마리아의 모태 속에서 수태된 인성은 배타적으로 및 양도할 수 없게 말씀의 소유였기 때문에 당연히 마리아의 아들이기도 했다. 또한 동일한 이유를 들어서, 그는 "인성"은 신적인 말씀과 더불어 "함께 경배받는" 것이 마땅하다는 안디옥 학파의 주장을 일축하였다; 임마누엘, 즉 육신이 되신 주님은 나뉠 수 없는 단일한 경배를 통해서 예배되어야 마땅하다고 그는 주장하였다.[78]

그가 완전한 의미에서의 "속성 간의 교류"라는 개념을 사용해서 "하나님의 말씀은 육신을 입고 고난을 당하였고, 죽은 자로부터 일어난 첫 열매가 되었다"고 분명하게 말했다는 것은 두말할 필요도 없다.[79] 이 연합은 아주 밀접하고 실재적인 것이었기 때문에, 키릴루스는 각각의 본성이 상대방의 속성들에 참여하는 것으로 인식하였다.[80] "그러므로 우리는 말씀이 신적인 활동의 영광을 자신의 육신에 나누어주었고, 이와 동시에 육신에 속한 것들을 자기 자신에게로 취하였다고 고백하여야 한다."[81] 이렇게 해서 인성은 말씀이 지닌 생명을 수여하는 에너지를 주입받았고, 자기 자신이 생명을 주는 것이 되었다. 그렇지만 이러한 원리에는 한계들이 존재하였다. 그의 설명에 의하면,[82] 말씀은 자신의 본성 속에서는 실제로 고난을 겪지 않았다; 말씀은 성육신한 자로서는(cf. $\mathring{\eta}\nu\ \gamma\grave{\alpha}\rho\ \grave{o}\ \grave{\alpha}\pi\alpha\theta\mathring{\eta}s\ \grave{\epsilon}\nu\ \tau\hat{\omega}\ \pi\acute{\alpha}\sigma\chi o\nu\tau\iota\ \sigma\acute{\omega}\mu\alpha\tau\iota$), 즉 진정으로 자신의 것이 된 인간적 본성이라는 관점에서는 고난을 당했지만, 마치 뜨겁게 달구어진 쇠막대가 망치로 두드려진 후에 불에 담궈졌을 때의 불과 같이 그 자신으로는 여전히 고난에서 면제되어 있었다.

얼핏 보면, 키릴루스의 기독론은 안디옥 학파의 기독론과는 정반대인 것처럼 보일 수 있다. 키릴루스는 말씀–육신 도식과 "한 본성"이라는 정식을 채택하였기 때문에 분명히 아폴리나리우스와 훨씬 더 가까운 것이었고, "위격적 연합"에 관한 그의 가르침과 본성들은 따로 떨어져 존재한다는 안디옥 학파의 공리(公理) 사이에는 넓은 간격이 벌어져 있었다. 게다가 네스토리우스가 자신의 가르침을 전파하기 전인 자신의 초기 단계에서는 키릴루스는 공식적으로는 신인(神人) 안에서의 인간적 영혼의 존재를 인정하였지만 그 영혼에 그 어떤 실제적인 기능들을 부여하지는 않았다. 자신의 스승이었던 아타나시우스와 마찬가지로,[83] 그는 주님의 시련들과 고난들을 주님의 육신에 돌렸다;[84] 그리고 그가 유일하게 인정하였던, 지식에 있어서의 성장[85]은 말씀의 전지성(全知性)의 점진적인 드러남이었다.

그러나 그의 입장을 발전이라는 관점에서 평가하는 것은 중요하다. 논쟁에 의해서 촉발된 연구와 성찰의 결과로서, 그는 이성적 영혼이 구속주에 있어서의 고난의 원리였다는 것을 깨닫게 되었다.[86] 특히 이 영혼은 그리스도의 순종의 행위 및 스스로를 희생제물로 드린 행위 속에서 결정적인 역할을 하였다.[87] 따라서 연합 후의 인간적 본성의 실재성은 구원론적으로 그리스도에게 결정적인 것이었다; 그가 즐겨 말한 대로,[88] 연합 이후의 "한 본성," 즉 말씀의 본성이 존재했다면, 그 본성은 "육신을 입은" 것이었다(μία φύσις μετὰ τὴν ἔνωσιν, ἡ αὐτοῦ τοῦ λόγου σεσαρκωμένη). 이 정도까지 왔을 때에, 우리는 그가 잘못된 인식하에서 아폴리나리우스로부터 빌려 왔었고 또한 반대 진영으로부터 많은 오해를 불러일으켰던 "한 본성"이라는 사고 범주들을 포기할 것이라고 예상할 수 있을 것이다. 그리스도의 인간적 영혼을 능동적인 원리라고 인정하는 것은 인성을 두 번째 본성으로 고백하는 것과 마찬가지라는 것을 그가 알게 되었다는 것을 보여주는 증거들이 있다.[89] 어쨌든 우리는 이러한 발전에 비추어 볼 때에 그가 왜 안디옥 학파 중에서 온건파의 사상과는 타협이 가능하다고 생각하였는지를 이해할 수 있게 된다. 그가 "두 본성"이라는 표현을 거부했다면, 그것은 그러한 표현 자체를 거부했다기보다는 그러한 표현이 논리적으로 본성들의 "분리"로 이어질 가능성이 있었기 때문이었다는 것은 분명하다. 일단 그가 그러한 위험성이 없다는 것을 확인했을 때, 타협은 현실 정치의 문제가 되었다.

3. 에베소로부터 하나됨을 향하여

앞의 여러 절들에서 개략적으로 살펴본 관점들 간의 충돌은 처음에는 격렬하였다. 키릴루스는 '테오토코스'(*Theotokos*)에 관한 네스토리우스의 견해를 듣자마자 이 문제에 개입해서 이집트의 수도사들에게 보낸 특별 서신[90]과 주후 429년 부활절에 공표한 목회 서신을 통해서[91] 그가 중대한 이단이라고 생각했던 것을 반박하였다. 이 두 총대주교 사이에서 날카로운 서신들이 오고갔지만,[92] 별 성과는 거두지 못했다. 키릴루스는 황제 테오도시우스 2세 (408–50년)와 황후 및 황녀들을 네스토리우스의 주장으로부터 떼어놓아야 한다는 것을 알게 되었고, 이에 따라서 그들을 위해서 『바른 신앙론』(De recta fide)이라는 글들을 썼다. 주후 430년의 중반경에 그는 교황 켈레스티 누스(Celestine)를 접촉하였고,[93] 그에게 네스토리우스의 설교들과 성육신에 관하여 지난 세대들의 존경할 만한 교부들이 말했던 내용들로부터 발췌한 문건을 전해 주었다. 또한 네스토리우스는 콘스탄티노플에서 피난처를 구하 였던 몇몇 펠라기우스주의자들에 관해 서투르게 질문하여 자기 편지의 효과 를 망쳐버리고 말았다.[94]

켈레스티누스가 마음을 정하기까지는 그리 오랜 시간이 걸리지 않았고, 그는 로마에서 교회회의를 열어서(430년 10월), ‘테오토코스’ 라는 호칭을 인 정하고, 네스토리우스에 대해서는 “하나님의 출생을 부인하는 자”로 규정하 였다. 이러한 결정들은 10월 11일에 모든 관련 당사자들에게 보내진 서신들 속에 구체화되었고, 네스토리우스는 이 고지서를 받고 10일 내에 자신의 가 르침을 포기하고 “로마, 알렉산드리아, 모든 가톨릭 교회”의 가르침을 채택 하지 않는다면 출교 처분을 당할 것이라는 경고를 받았다.[95] 키릴루스는 이 러한 결정의 집행 책임을 맡았는데, 그가 이러한 임무를 수행한 방식은 독특 한 것이었다. 알렉산드리아에서 교회회의를 개최한 후에, 그는 네스토리우 스에게 12가지 ‘아나테마’(anathemas: 단죄문)를 덧붙인 세 번째의 더 긴 서 신을 보내서,[96] 그로 하여금 거기에 서명하도록 요구하였다.

이러한 ‘아나테마’ 들은 의도적으로 도발적인 것으로서 키릴루스의 기독 론을 단호한 어조로 요약하고 있는 것이었다. 제1조는 마리아는 ‘테오토코 스’ 라는 것을 단언한다. “왜냐하면, 마리아는 육신의 방식을 따라서 하나님, 곧 육신이 된 로고스를 낳았기 때문이다.” 제2조에 의하면, 말씀은 “위격적 으로”($\kappa\alpha\theta$’ $\dot{\upsilon}\pi\acute{o}\sigma\tau\alpha\sigma\iota\nu$) 육신과 연합되었다. 제3조는 연합 이후에 어떤 식으 로든 위격들을 분리하고자 하는 시도 또는 위엄, 권위, 능력에 토대를 두고 위격들을 단순한 결합($\mu\acute{o}\nu\eta$ … $\sigma\upsilon\nu\alpha\phi\epsilon\acute{\iota}\alpha$)을 통해서 연결시키고자 하는 시 도를 거부하는 것이었다; 위격들은 “본성적인 연합”($\ddot{\epsilon}\nu\omega\sigma\iota\nu$ $\phi\upsilon\sigma\iota\kappa\acute{\eta}\nu$) 속에서 결합되어 있다. 제4조는 그리스도에 관한 진술들을 구별해서 어떤 것들은 말씀에 합당한 것이고 어떤 것들은 인성에 합당한 것이라고 말하는 것이 적절하다는 것을 부정한다. 제5조에서는 그리스도는 참 하나님이고 말씀은 육신이 되었으며 우리의 살과 피를 공유하고 있다는 토대 위에서 "하나님의 영감을 받은 사람"(θεόφορος ἄνθρωπος)이라는 표현을 부적절한 것으로 기각하고 있다. 제6조는 신적인 말씀은 그리스도의 하나님 또는 주님이라고 말하고, 성육신 이후에 그리스도는 하나님인 동시에 사람이라고 말하지 않는 것은 잘못된 것이라고 분명하게 밝힌다. 제7조는 마치 예수와 말씀 간에 어떤 구별이 존재하기라도 하는 것처럼 예수가 말씀에 의해서 움직인다거나 말씀의 영광을 옷입었다고 주장하는 것을 부정한다. 제8조는 "덧입혀진 인성"이 말씀과 더불어 예배를 받을 만하다고 말하며(이것은 네스토리우스가 좋아하였던 표현이었다) 말씀과 더불어 하나님이라고 지칭하는 자들을 단죄하고 있는데, 이것은 그렇게 말하는 것은 분리를 시사하는 것이기 때문이었다; 임마누엘은 성육신한 말씀이고, 하나의 나뉠 수 없는 예배가 성육신한 말씀에게 드려진다. 제9조는 성령은 예수로 하여금 이적들을 행할 수 있게 해준, 예수와 이질적인 능력인 것이 아니라 예수 자신의 영이라고 규정한다. 제10조에 의하면, 우리의 대제사장은 말씀과 구별되는 사람이 아니라, 성육신한 말씀 자체이다. 제11조는 주님의 육신은 말씀이 지닌 바로 그(ἰδίαν) 육신이기 때문에, 그 결과로서 생명을 일깨우는 능력을 지니고 있다고 선언한다. 제12조는 말씀은 자신의 육신 안에서 실제로 고난받고 십자가에 못 박혔으며 죽었다는 사실을 역설한다.

이러한 '아나테마' 들을 공표한 키릴루스의 행위는 대단히 잘못된 판단에서 나온 것이었다. 교황은 새로운 정의(定義)를 수립하고 기초할 것을 요구한 적이 없었고, 키릴루스가 기초한 정의들은 온건한 안디옥 학파에 속한 사람들에게 충격을 주고 이질감을 느끼게 하는 데에 충분한 것이었다. 이러한 온건파 안디옥 학파에 속한 인물들로는 안디옥의 요한, 사모사타의 안드레, 키루스의 테오도레투스 등과 같은 인물들이 포함되어 있었다. 마지막으로 언급된 테오도레투스는 전통적인 안디옥 학파의 노선을 따르면서 네스토리우스의 더 극단적인 단언들을 피한 그들의 기독론적인 태도를 잘 예시해주는 것으로 생각될 수 있다.

우리가 유의해야 할 것은 그의 지도적 원리들은 본성들의 완전성과 구별 (cf. ἡ λαβοῦσα, ἡ ληφθεῖσα φύσις[97]), 한 위격(πρόσωπον) 안에서의 본성들의 연합이었다. 비록 그는 자신의 초창기 시절에는 다른 안디옥 학파의 인물들과 마찬가지로 "말씀"과 "그 사람"(the man)이라는 표현을 사용해서[98] "덧입은 자"와 "덧입혀진 자"를 기꺼이 대비시켰지만, 일단 논쟁을 통해서 이 문제들이 분명하게 된 이후에는 그러한 표현을 사용하는 것을 피하였다; 특히 그는 "두 아들"론을 가르친다는 비난에 대하여 항변하였다.[99] 그는 인간적 본성의 실재를 역설하였기 때문에 그리스도의 인간적 무지, 지식의 성장, 두려움의 감정들 등등을 그대로 인정할 수 있었다.[100] 말씀과 그 말씀이 덧입은 인성 간의 연합은 말씀의 자유로운 결정과 사람들을 향한 사랑의 호의의 결과였고, 이런 이유로 인해서 다른 사람들보다도 특히 테오도레투스는 키릴루스가 연합을 "본성적" 또는 "위격적"이라고 설명하는 것에 반대하였다;[101] 이러한 용어들은 모종의 필연성을 함축하고 있는 것처럼 보였기 때문이다. 이러한 연합 또는 '헤노시스'(ἕνωσις)는 절대적으로 실재적인 것이었다고 그는 주장하였고, 따라서 그는 두 본성적인 '프로소폰'들이라는 네스토리우스의 개념을 거부하였다; 올바른 가르침[102]은 하나님의 '프로소폰,' 하나의 그리스도이자 성자가 존재한다는 것이었다.

그가 어쨌든 거의 일생 동안 '프로소폰'의 정확한 의미를 설명하지 않은 채로 모호하게 남겨두었고, 말씀의 '휘포스타시스'가 그리스도 안에서의 유일무이한 형이상학적 주체였다는 것을 밝히는 데에 실패하였다는 것은 사실이다. 또한 그가 알렉산드리아 학파에서 주장되었던 '속성 간의 교류' (*communicatio idiomatum*)의 철저한 사용을 거부하였다는 것도 사실이다;[103] 그의 견해에 의하면, 이 용어는 본성들의 혼합 또는 뒤섞임을 시사해주는 것이었다. 그러나 테오도레투스를 극렬하게 반대했던 사람들조차도 그의 가르침을 전통적으로 "네스토리우스주의"라고 지칭되어 온 것에 해당한다고 말할 수는 없었다. 테오도레투스는 활동 후기에(449년) 신인(神人)의 '프로소폰'은 다름 아닌 독생자 자신이었다고 분명하고도 명료하게 단언하였다는 것을 보여주는 증거도 존재한다.[104]

안디옥 학파에 속한 사람들에게는 분명하게 아폴리나리우스주의적인 것으로 들렸을 키릴루스의 '아나테마' 들이 이런 식으로 사고해 왔던 사람들을 무척 당혹스럽게 만들었다는 것은 당연한 일이었다. 그 이후에 키릴루스가 보여준 행동도 마찬가지로 안디옥 학파 사람들을 분통터지게 만드는 것이었다. 주후 430년 11월 19일에 테오도시우스는 네스토리우스의 설득에 굴복해서 이듬해 오순절(7월 7일)에 에베소에서 총공의회를 소집한다는 내용을 담은 서신을 각지에 보냈다. 이에 대항하기 위한 회의들이 연속적으로 쉴새없이 열렸다는 것을 여기에서 다 설명하기에는 지면이 부족하다. 동방 교회(즉, 안디옥)의 주교들이 회의장에 늦게 도착한 것을 이용해서, 키릴루스는 황제의 판무관으로 참석하였던 칸디디아누스 백작의 항의에도 불구하고, 7월 22일에 자신의 주재하에 뜻을 같이하는 60여명의 주교들로 회의를 열었다. 이미 에베소에 와 있었던 네스토리우스는 당연히 이 회의에 참석하기를 거부하였다. 네스토리우스가 불참한 가운데 이 회의에서는 네스토리우스와 키릴루스 사이에 오고간 서신들과 교부적 권위를 지닌 인물들의 문건을 낭독한 후에 네스토리우스를 파문하고("새로운 유다") 그 직위를 박탈하였다. 안디옥의 요한과 동방 교회의 주교들은 마침내 7월 26일에 에베소에 도착해서, 그들만으로 독자적인 회의를 열어서, 키릴루스와 대수도원장이었던 멤논의 직위를 박탈하고, 12 '아나테마' 를 기각시켰다.

그러나 교황의 특사들이 7월 10일에 에베소에 도착해서 인준한 회의는 키릴루스가 주재했던 회의였고, 이 회의는 역사에서 제3차 총공의회로 기록되게 되었다. 어쨌든 키릴루스가 주재한 회의는 효력을 발휘하였고, 네스토리우스는 다시는 결코 복권되지 못했다. 네스토리우스는 안디옥에서 수 년 동안 괴로운 생활을 하다가 마침내 대오아시스(Great Oasis)로 유배를 떠났고, 주후 451년경에 죽었다. 네스토리우스가 남긴 긍정적인 업적은 니케아 신조가 기독론과 관련된 정통 신앙의 핵심을 보존하고 있다는 것을 공식화하였다는 것과 키릴루스가 네스토리우스에게 보낸 두 번째 서신이 니케아 신조에 대한 권위 있는 해석을 담고 있었다는 것이었다.

이제 알렉산드리아 학파와 안디옥 학파 사이에는 건널 수 없는 간격이 벌어진 것으로 보였다. 그렇지만 이미 화해의 가능성을 보여주는 여러 지표들이 존재해 있었다. 이미 말했듯이 키릴루스의 12 '아나테마' 는 6월 22일에 열린 회의에서 공식적으로 낭독되었지만, 키릴루스의 두 번째 서신과 더불어 12 '아나테마' 를 법령화하려는 조치는 없었다. 마찬가지로 안디옥의 요한의 주도하에 동방 교회의 주교들은 키릴루스와 멤논을 단죄하였지만, 네스토리우스의 이름에 대해서는 사려깊은 침묵 속에서 아무런 언급 없이 넘어갔다. 또한 더 깊은 신학적 차원에서도 이 두 분파는 일정 정도의 이해를 향하여 움직여 가고 있었다. 주후 430년 12월 30일에 '아나테마' 에 대한 서명을 요구하는 키릴루스의 서신을 받고서, 네스토리우스는 12 '아나테마' 를 안디옥의 요한에게 보냈었다. 안디옥의 요한이 보기에는 12 '아나테마' 는 아폴리나리우스주의의 냄새를 풍기고 있었고, 그래서 그는 키루스의 테오도레투스와 사모사타의 안드레에게 12 '아나테마' 를 반박하는 책임을 맡겼다. 그후에 이어진 논쟁[105]은 격렬했지만, 그 과정에서 키릴루스가 자신의 비판자들의 관점을 이해하기 시작하였다고 생각할 만한 근거가 있다.

다른 한편으로, 처음에는 키릴루스가 "위격적 연합"이라는 표현을 사용하는 것에 대하여 적대감을 지니고 있었던[106] 테오도레투스는 자기 스스로 '프로소폰' 과 동의어인 '휘포스타시스' 라는 표현을 사용하게 되었다.[107] 마찬가지로 사모사타의 안드레도 키릴루스에 대한 답변 속에서 "한 위격"이라는 문구를 거의 인정하게 되었던 것으로 보인다.[108]

에베소 공의회가 있은 후 2년에 걸쳐서 교회의 분열을 치유하기 위한 각고의 노력이 이루어졌다. 그 방식은 주후 432년 7월 16일에 교황 켈레스티누스가 죽음으로써 분명해졌다. 왜냐하면, 새롭게 교황이 된 식스투스 3세는 에베소 공의회의 결정을 인정하기만 한다면 얼마든지 화해를 할 수 있다고 생각하고 있었기 때문이었다. 다른 한편으로, 주된 장애요인들은 안디옥 학파가 강한 의구심을 가지고 바라보았던 키릴루스의 '아나테마' 들과, 키릴루스가 강력히 주장해서 이루어졌지만 안디옥 학파의 사람들이 받아들이기 싫어했던 네스토리우스에 대한 단죄였다.

마침내 존경받는 인물이었던 베뢰아의 아카키우스(Acacius of Beroea)가 주도적인 역할을 해서 이루어진 여러 차례의 타협 끝에 합의가 이루어졌다. 여전히 아폴리나리우스주의에 기울어진 것으로 의심받고 있었던 키릴루스는 자신의 가르침에 대한 해명들, 특히 두 본성의 변화 또는 혼합을 자신이 부정한다는 것을 실증적으로 보여주는 해명을 제시하였다.[109] 키릴루스가 제시한 이러한 해명들은 받아들일 수 있는 것으로 여겨졌고, 안디옥 학파의 지도적인 인물들은 상당히 주저하기는 했지만 네스토리우스를 버리는 쪽으로 마음을 먹게 되었다. 합의서(연합 신조[Symbol of Union]로 알려지게 된)는 안디옥의 요한이 키릴루스에게 보낸 서신[110] 속에 포함되어 있었다; 사실 이 합의서는 테오도레투스에 의해서 기초되고 동방 교회의 주교들이 주후 431년 10월에 에베소에서 승인해서 테오도시우스에게 보내었던 문구 — 마지막 문장을 제외한 — 로 이루어져 있었다. 합의서의 내용은 다음과 같이 전개된다:[111]

우리는 다음과 같이 고백한다. 하나님의 독생자인 우리 주 예수 그리스도는 이성적 영혼과 육체로 이루어진 완전한 하나님이고 완전한 사람이다. 그는 신성으로는 만세전에 성부로부터 낳음을 입었지만, 마찬가지로(τὸν αὐτόν) 인성으로는 말세에 우리 및 우리의 구원을 위하여 동정녀 마리아에게서 나셨다. 신성으로는 성부와 동일본질을 지니고 계시고, 이와 동시에(τὸν αὐτόν) 인성으로는 우리와 동일한 본질을 지니고 계시다. 이는 두 본성의 연합(ἕνωσις)이 이루어졌기 때문이다. 그러므로 우리는 한 분 그리스도, 한 분 주님, 한 분 성자를 고백한다. 혼합이 없는 연합이라는 이러한 인식을 근거로, 우리는 거룩한 동정녀를 하나님의 어머니(*Theotokos*)라고 고백한다. 왜냐하면, 신적인 말씀이 육체가 되고 사람이 되었으며 잉태 순간부터 동정녀로부터 취한 전(the temple)을 자신과 결합시켰기 때문이다. 복음서와 서신서들이 그리스도에 관하여 기록한 말씀들에 관해서, 우리는 신학자들이 위격의 단일성에 비추어서(ὡς ἐφ᾽ ἑνὸς προσώπου) 어떤 말씀들을 무차별적으로 적용하고, 본성의 이원성에 비추어서(ὡς ἐπὶ δύο φύσεων) 어떤 말씀들을 서로 구별하여 적용하되, 하나님에게 적합한 말씀들을 그리스도의 신성에 적용하고, 비하(卑下)된 자에게 적합한 말씀들을 그의 인성에 적용하는 것을 인정한다.

키릴루스는 『하늘이여, 기뻐하소서』(*Laetentur coeli*)라는 자신의 서신 속에서 이 합의서의 내용을 열렬하게 반겼다.[112] 그렇지만, 이 합의서는 얼핏 보면 안디옥 학파의 관점에 상당히 많은 양보들을 하고 있는 것처럼 보였다. 키릴루스가 그토록 강조하였던 '아나테마' 들은 분명히 뒷전으로 밀려나 있었고, 심지어 그가 좋아했던 표현들인 "한 본성," "위격적 연합" 등과 같은 용어들도 온데간데없이 사라져 버렸다. 그 대신에 키릴루스는 "한 '프로소폰'"과 "두 본성의 연합"이라는 안디옥 학파의 용어들을 받아들였고, 한 문구(ὡς ἐπὶ δύο φύσεων)는 연합 이후의 본성들의 이원성을 강조하였다. '테오토코스' 라는 개념은 받아들여졌지만, 안디옥 학파의 사람들을 만족시킨 몇 가지 안전장치들이 첨가된 뒤에 받아들여졌고, 그것과 균형을 맞추기 위하여 인성을 말씀의 "전"이라고 말하는 안디옥 학파의 전통적인 설명이 인정되었다. 일종의 교류(*communicatio*) 개념이 인정되었지만, 키릴루스가 주장했던 것보다는 훨씬 더 완화된 형태였다.

한편 키릴루스는 손실들과 아울러 중요한 이득들도 얻게 되었다. 네스토리우스에 대한 단죄가 안디옥 학파에 의해서 받아들여졌고, 비록 안전장치들이 덧붙여지긴 했지만 '테오토코스' 개념도 정통적인 것으로 선언되었다; 그리고 "네스토리우스주의"와 거기에서 가르쳐진 "두 아들"에 관한 교리라는 망령도 더 이상 존재하지 않게 되었다. 게다가 신인(神人) 안에서의 주체가 영원한 말씀이라는 것이 '톤 아우톤'(τὸν αὐτόν)의 반복적이고 강조적인 사용을 통해서 분명하게 인정되었다. "결합"에 관한 온갖 말들은 사라졌고, 이제 연합은 '헤노시스'(ἕνωσις)로 표현되었다. 키릴루스가 자신의 기독론에서 진정으로 중요하였던 것을 말하기 위하여 겉옷으로 사용하였던 용어들을 찬찬히 뜯어보고, 그가 정치 분야에서 얻어낸 승리를 회상해 보면, 우리는 키릴루스가 이 합의서를 상당한 정도의 만족감을 가지고 살펴볼 수 있었다는 것을 잘 이해하게 된다.

4. 유티케스 논쟁

주후 433년에 네스토리우스 논쟁을 무마하였던 합의서가 도출된 때로부터 주후 448년에 재차 위기가 터져나올 때까지 15년 동안의 사정은 짤막하게 살펴보는 것으로 충분할 것이다. 안디옥 학파와 알렉산드리아 학파는 어느 쪽도 전체적으로 연합 신조의 용어들에 만족하지 못했다. 한편으로 키릴루스의 우파에 속했던 사람들은 키릴루스가 양성론(the Two Natures doctrine)을 받아들인 것에 대하여 노골적인 실망감을 나타내었다. 그러자 키릴루스는 자기 방어 차원에서 이 합의서에 표현된 내용들은 얼핏 보기에는 자신의 주장과 반대되는 것처럼 보이지만 기본적으로 자신이 항상 지지해 왔던 가르침을 그대로 채택한 것임을 보여주기 위하여 논거들을 제시하지 않을 수 없었다.[113]

안디옥 학파 진영에는 키릴루스를 여전히 이단자로 몰아부쳤던 극단적인 길리기아파가 존재하였다. 그러나 이러한 것들보다 더 중요했던 것은 키릴루스의 정통 학설을 인정하게 되었던 안디옥 학파의 온건파들조차도 네스토리우스에게 내려진 단죄에 대하여는 양심의 가책을 심하게 느꼈다는 것이었다. 예를 들면, 키루스의 테오도레투스는 네스토리우스에 대한 단죄를 인정하기를 절대적으로 거부하였다. 콘스탄티노플의 새로운 총대주교가 된 프로클루스(Proclus)가 주후 435년에 간행했던 『공한』(Tome)은 테오도루스의 글들 중에서 이단적인 것으로 여겨지는 일련의 초록들을 담고 있는데, 이 저작은 긴장이 점점 고조되어 가고 있었음을 잘 보여주는 예이다.

그러나 키릴루스 자신은 절제하는 태도를 취했고, 살아 있는 동안에는 자기를 따르는 맹렬 분자들의 성급한 행동을 제지하는 데에 힘을 쏟았다. 주후 444년에 키릴루스가 죽으면서, 양성론에 대한 반발이 힘을 얻게 되었는데, 이것은 이제 안디옥 학파의 지도적인 신학자가 되어 있었던 테오도레투스의 가르침을 겨냥한 공격들 속에 반영되어 있다.[114] 키릴루스의 후계자이자 정력적이고 무자비한 대수도원장이었던 디오스코루스(Dioscorus)가 공격의 선봉에 섰다. 그는 희생을 무릅쓰고 교부들의 권위를 업고 있다고 진지하게 믿었던 단성론(單性論), 키릴루스가 연약해졌을 때에 양보할 수밖에 없었던 단성론을 제기하고 나섰다. 이러한 문제들은 나이 지긋하고 우둔했던 대수도원장인 유티케스의 재판에 의해서 전면에 부각되었는데, 유티케스는 그가 법정에서 누렸던 인기와 영향력으로 인해서 주후 433년의 합의서를 싫어하였던 자들의 구심점이 되었다. 주후 448년 11월 8일에 콘스탄티노플 지역 상설 교회회의에서 그는 도릴라이움의 유세비우스에 의해서 이단으로 고소되었다. 공식적인 논의는 11월 12일에 시작되었고, 이 회의의 의장은 콘스탄티노플 지역의 총대주교였던 플라비아누스(Flavian)였다.

우리는 플라비아누스가 이 기회를 활용해서 다음과 같은 중요한 표현을 담고 있었던 신앙고백을 공식적으로 공표하였다는 점을 주목하여야 한다;[115] "그리스도께서 성육신 이후에 두 본성으로부터($\acute{\epsilon}\kappa$ $\delta\acute{v}o$ $\phi\acute{v}\sigma\epsilon\omega\nu$) 이루어진 것을 고백하고, 하나의 '휘포스타시스'(위격)와 하나의 '프로소폰' (*prosopon*) 속에서의 한 분 그리스도, 한 분 아들, 한 분 주님임을 고백한다." "두 본성으로부터"라는 표현은 나중에 단성론자들의 슬로건이 되었지만, 플라비아누스는 성육신한 자가 두 본성을 지니고 있었다는 것을 나타내기 위하여 이 표현을 사용하였음이 분명하다. 플라비아누스가 '휘포스타시스'와 '프로소폰'을 동일시한 것은 칼케돈 공의회를 향한 중요한 일보 전진이었다. 유티케스는 이 회의에 나오기를 거부하였고, 그가 11월22일에 나왔을 때에는 자신에게 내려진 선고를 듣기 위해서였다. 거기에 참석했던 사람들은 모두 연합 신조(the Union Symbol)를 지지하는 자들로서, 그들이 내린 평결은, 유티케스는 발렌티누스와 아폴리나리우스의 추종자이기 때문에 그 직위를 박탈해야 한다는 것이었다. 역사적으로 유티케스는 주님의 인성은 신성에 의해서 완전히 흡수되었다고 가르친 극단적이고 사실상 가현설에 가까운 형태의 단성론의 창시자로 여겨진다. 그러한 사상들이 당시에 통용되고 있었다는 것은 분명하다. 그리스도의 인성과 신성은 "한 본성"을 형성하고 있었다고 주장하면서 인성은 실제로 동정녀로부터 나온 것이 아니었으며 고난을 겪은 것은 신성이었다고 가르친 사람들을 반박하기 위하여 테오도레투스는 일 년 전에 『에라니스테스』(*Eranistes*)를 썼다.[116] 분명히 그들의 이론은 "인성은 신성에 의해서 삼켜진($\kappa\alpha\tau\alpha\pi o\theta\tilde{\eta}\nu\alpha\iota$) 반면에 신적 본성은 그대로 남는다"는 것이었다.[117] 덧입혀진 본성은 없어진 것이 아니라, 신성의 본질로 변화되었다. 테오도레투스는 실명(實名)을 거론하지는 않았지만, 그가 유티케스를 염두에 두었다는 것은 상당히 확실한 것으로 보인다.

유티케스의 실제적인 가르침이 무엇이었는지를 결정하기는 결코 쉬운 일이 아니었다. 예비적인 청문회에서 교회회의의 대표자들 앞에서 유티케스는

"우리 주 예수 그리스도의 출생 후에 나는 한 본성, 즉 육신이 되고 사람이
된 하나님의 본성을 예배한다"고 선언하였다.[118] 그는 성육신한 자 안에 두
본성이 있다는 주장을 비성경적이고 교부들의 가르침과도 역행하는 것으로
격렬하게 반박하였다.[119] 그렇지만 그는 그리스도가 동정녀로부터 태어났고,
완전한 하나님인 동시에 완전한 사람이라는 것을 명시적으로 인정하였다.[120]
그는 자기가 그리스도의 육체가 하늘부터 왔다고 말한 적이 있었다는 것을
부인했지만,[121] 그리스도의 육체가 우리와 동일본질이라는 것을 인정하기를
거부하였다.[122] 교회회의 앞에서 심문을 받을 때, 그는 그리스도가 "두 본성
으로부터"($\epsilon\kappa$ $\delta\upsilon o$ $\phi\upsilon\sigma\epsilon\omega\nu$) 왔다는 점을 인정하였지만,[123] 그것은 오직 연합
이전의 상태였을 뿐이라고 주장하였다; "연합 이후에는 한 본성이라고 나는
고백한다." 그는 그리스도는 동정녀의 육체를 취하였다는 점을 반복해서 말
했고,[124] 그것은 완전한 성육신($\epsilon\nu\alpha\nu\theta\rho\omega\pi\hat{\eta}\sigma\alpha\iota$ … $\tau\epsilon\lambda\epsilon\iota\omega s$)이었고, 동정녀
는 우리와 동일한 본질이었다는 말을 덧붙였다.[125]

그러자 플라비아누스는 유티케스에게 주님이 우리와 동일본질이었다는
것을 인정하도록 압박하였다.[126] 유티케스는 교회회의가 강요한다면 그렇게
할 수도 있다고 동의하였다.[127] 이제까지 그가 그 점을 인정하기를 꺼려한 것
은 그가 그리스도의 몸을 하나님의 몸으로 여겼다는 사실 때문이었다고 그
는 설명하였다;[128] 그는 하나님의 몸을 "한 인간의 몸"이라고 부르기를 주저
하였지만(분명히 그는 "우리와 동일본질"이라는 표현을 한 개인을 의미하는
것으로 받아들였다), 하나님의 몸을 "인간적 몸"이라고 말하며 주님이 동정
녀로부터 성육신되었다고 말하는 것을 선호하였다. 그러나 이것은 그냥 지
나가는 말로 한 것에 불과한 것이었다; 그는 곧 성육신 이전에는 두 본성이
었고 성육신 이후에는 한 본성이었다는 자신의 일관된 소신으로 되돌아갔
다.

유티케스에 대한 전통적인 묘사는 그가 한 말들 중에서 일부를 뽑아내어
그 말들을 논리적인 결론으로 밀어붙임으로써 형성된 것이었음에 분명하다.
그리스도가 "우리와 동일본질이라는 것"을 유티케스가 거부한 것으로부터,
그는 그리스도의 인성을 단순한 겉모습이라고 보았기 때문에, 가현설주의자
임에 틀림없다는 추론이 생겨났다. 연합 이전에는 두 본성이었고 연합 이후

에는 한 본성이었다는 유티케스의 단언으로부터, 두 본성이 융합되어서 제3의 것(*tertium quid*)이 되었다거나 인성이 신성에 의해서 삼켜진 바 되었다고 그가 주장한 것임에 틀림없다는 결론이 도출되었다. 사실 유티케스는 그리스도를 여러 본성으로 나누고자 하는 온갖 시도들에 맞서서 그리스도의 일체성을 옹호하고자 맹목적으로 돌진했던 당혹스럽고 미숙한 사상가(*multum imprudens et nimis imperitus*, 레오의 말[129])였던 것으로 보인다.

유티케스는 가현설주의자 또는 아폴리나리우스주의자가 아니었다; 그가 그리스도의 인성의 실재성과 완전성에 대하여 단언한 말이 다른 무엇보다도 이 점을 가장 극명하게 보여준다. 그가 그리스도의 인성이 "우리와 동일본질이라는 것"을 말하기를 주저했던 이유는 그러한 표현이 왜곡되어서 인성을 신성이 덧입은 한 개인으로 파악했던 네스토리우스적인 개념을 의미하게 될 것을 지나치게 의식했기 때문이었다. 그가 "두 본성"이라는 표현에 대하여 혐오감을 지니고 있었던 것은 다른 수많은 알렉산드리아 학파에 속한 사람들의 사고 방식과 마찬가지로 그도 '퓌시스'(*phusis*) 또는 "본성"을 구체적인 실존을 의미하는 것으로 받아들였다는 사실로부터 나온 것이었다.

유티케스는 키릴루스가 갖추고 있었던 깊은 통찰력과 본질을 파악하는 능력이 결여되었지만, 키릴루스보다도 한층 더 병적으로 아폴리나리우스의 견해를 완전히 정통적인 신앙으로 믿었고, 아폴리나리우스적인 기원의 문헌들을 기반으로 양육되었기 때문에, 키릴루스의 문구인 "한 본성"이라는 표현에 지나치게 몰두하게 된 것이었다 ― 그러면서도, 그는 키릴루스를 구해준 수식어인 "육신이 된"이라는 말을 덧붙이는 것을 빠뜨렸다. 유티케스에 대한 단죄들이 올바른 것이 될 수 있기 위해서는 더 폭넓은 고찰이 필요하다. 당시의 교회는 균형 잡힌 기독론을 향하여 나아가고 있는 길이라고 느끼고 있었다. 유티케스가 제시한 유형의 사상은 일정 정도 한 쪽으로 치우친 것이었다. 유티케스의 사상은 정통적인 해석으로 보고자 한다면 못 볼 것도 없는 그러한 성질의 것이었지만, 당시 교회에서 요구한 균형을 뒤엎는 것이었다; 두 본성론이 제공해주었던 다른 쪽 방향에 대한 강조 없이는 기독론은 그의 반대자들이 그에게 돌렸던 오류들 속으로 빠져 들어가서 표류할 가능성이 대단히 높았다.

유티케스는 파문당하고 그 직위를 박탈당하였지만, 그의 불명예는 그리 오래 가지 않았다. 그는 교황에게 편지를 썼지만,[130] 그의 편지는 소기의 성과를 거두지 못했다. 플라비아누스는 이미 교황 레오에게 유티케스가 단죄당한 사실을 알린 상태였고, 이제 그의 이단성을 아주 상세하게 규명한 편지를 써보냈다.[131] 그 결과, 주후 449년 6월 13일에 레오는 자신의 유명한 공한(*Tome*)을 플라비아누스에게 보내었고,[132] 단성론에 대한 자신의 적대감을 분명히 했다. 유티케스는 자신의 파문을 인정하기를 애초부터 거부하였던 디오스코루스(Dioscorus)를 설득하는 데에 성공하였고, 그의 도움으로 테오도시우스 2세로 하여금 총공의회을 소집하게 하였다. 공의회는 주후 449년 10월에 에베소에서 열렸다. 이 공의회는 디오스코루스에 의해서 강압적으로 주재되었고, 교황은 세 명의 특사를 파견했지만, 그들은 교황의 공한(*Tome*)를 공식적으로 낭독할 기회조차 갖지 못했다. 유티케스는 즉시 복권되었고, 그의 신앙은 정통으로 인정되었다. 연합 신조라는 합의서는 주후 431년의 에베소 공의회의 결정들을 벗어난 것이라는 이유로 공식적으로 폐기되었고, 연합 이후에 두 본성이었다는 고백은 파문되었다. 플라비아누스와 도릴라이움의 유세비우스, 또한 그들을 추종한 테오도레투스, 양성론을 지지한 모든 지도자들은 단죄되고 그 직위가 박탈되었다. 이렇게 해서, 나중에 에베소의 "강도들"(*Latrocinium*[133])의 공의회로 알려지게 된 교회회의는 막을 내렸다.

5. 서방 교회와 레오

이때까지 테르툴리아누스를 제외하고는 서방 교회는 기록론과 관련된 이론에서 거의 또는 전혀 기여를 하지 못해 왔지만, 레오의 공한(*Tome*)이 지닌 중요성 때문에, 라틴 교부들을 잠깐 훑어볼 필요가 있다. 일반적으로 라틴 교부들은 테르툴리아누스로부터 물려받은 개념 틀과 문구들을 그대로 사용하였다. 그들은 동방 교회가 보여 준 사변적인 관심을 결여하고 있는 것처럼 보이는데, 이것은 어느 정도는 테르툴리아누스의 이론이 건전한 기독론이 되기 위하여 필수적이었던 두 측면을 균형있게 제시하는 데에 주목할 만한 정도로 성공을 거두었다는 사실에 의해서 설명될 수 있다.

예를 들면, 힐라리우스에게 있어서 그리스도의 두 본성(그는 통상적으로

*natura*라는 용어를 사용한다)은 하나의 위격 안에 연합되어 있다.[134] 그리스도는 참 사람임과 동시에 참 하나님이고, 한 분이지만 자신의 일체성 안에 두 본성을 포괄하고 있다.[135] 각각의 본성은 완전한데, 인성은 이성적 영혼을 소유하고 있고[136] — 그는 주님이 겪은 감정과 고난의 경험들을 로고스에게 돌리는 아리우스주의에 대항하여 이 점을 강조하였다[137] — 연합은 그 어떠한 변화나 혼합을 수반하지 않는다.[138] 또한 힐라리우스는 인성을 "덧입은 인성"이라고 말하는 것을 주저하지 않으면서도,[139] 성육신한 자의 위격을 말씀의 위격과 동일한 것으로 여긴다:[140] "종의 형태를 지닌 그는 다름 아닌 하나님의 형상(form)을 지닌 그이다." 이러한 바울적인 표상은 그에게 성육신에 수반되었음에 틀림없는 자신을 비움(*evacuatio* 또는 *exinanitio*)을 시사해 주는 것이었다. 이것은 말씀이 자신의 능력들 중 어느 것을 포기한 것도 아니고, 말씀이 지닌 본래의 모습이기를 그친 것도 아니며(*evacuatio formae non est abolitio naturae*), 도리어 말씀이 자신을 인간적 조건들에 맞춰서 제한하거나 축소시킨 것이라고 그는 보았다.[141]

달리 말하면, 주님은 지상의 사역 기간 동안에 "하나님의 형상"에 합당한 영광을 포기한 것이다. 그러나 이것과 아울러서, 힐라리우스가 고통, 연약함, 인간적 감정 등등 같은 주님이 겪은 경험들을 어떤 식으로 다루고 있는지도 살펴 보지 않으면 안 된다. 이러한 경험들은 완전히 진정한 것이었지만, 엄밀하게 말해서 주님에게 부자연스러운 것이었다고 그는 가르친다:[142] "그리스도는 고난을 느낄 수 있는 몸을 가지고 있었고, 따라서 고난을 당했지만, 원래 그리스도의 본성은 고통을 느낄 수 없는 것이었다."

이 말의 요지는 그리스도의 몸은 성령에 의해서 수태되었기 때문에 사실은 지상적인 것이 아니라 천상적인 것으로서(*corpus coeleste*[143]) 인간적인 약점들을 초월해 있었다는 것이다; 그런 까닭에, 그리스도가 인간적인 약점들에 종속될 것을 동의하였다면, 그리스도는 자신의 자유로운 의지의 행위에 의해서 그에게 예상되었던 것을 순순히 받아들인 것이었다.[144] 마찬가지로, 변화산의 영광과 바다 위를 걸으신 것은 엄밀하게 말해서 이적이 아니라 그리스도의 몸과 같은 그러한 몸에게는 자연스러운 것이었다.[145] 이렇게 인간적 본성의 실재성에 대한 그의 확신과 나란히, 힐라리우스의 사상 속에는 가현설에 아주 가까운 경향이 존재해 있었다.

암브로시우스는 힐라리우스보다도 서방 교회의 기독론적 전통에 한층 더 가까이에 서 있었다. 그는 "두 본성 안에서 말씀하시는 분은 하나님의 한 아들인데, 이는 두 본성이 하나의 동일한 주체 안에(*in eodem*) 있기 때문이다"라고 분명하게 말하였다.[146] 그는 "신성과 육체의 … 쌍둥이 본질들"이라는 표현을 사용한다.[147] 물론 인간적 본성은 이성적 영혼을 포함하고,[148] 두 본성 간의 구별은 날카롭게 유지된다.[149] 그는 그리스도의 위격은 나뉠 수 없는 하나로서, "속성 간의 교류"라는 개념을 활용해서, 이를테면 "엄위하신 주님이 십자가에 못 박혔다고 말할 수 있는 것은 주님이 인성과 신성이라는 두 본성에 참여하는 가운데 인간적 본성 안에서 자신의 수난을 견디어냈기 때문이다"라고 말한다.[150]

이와 비슷한 노선을 따라서, 아우구스티누스는 "그리스도는 이중적 본질로 된 하나의 위격으로서(*una persona geminae substantiae*) 하나님인 동시에 사람이다"라고 가르쳤다.[151] 하나님과 사람 간의 중보자인 그리스도는 "위격의 단일성 안에서 두 본성을 결합시키고 있다";[152] "그리스도 안에는 두 본질, 하나의 위격이 존재한다."[153] 인성은 절대적으로 실재적이었고,[154] 물론 완전하였다; "그리스도 안에는 인간적 영혼, 즉 영혼의 비이성적 부분만이 아니라 우리가 정신이라고 부르는 이성적 부분도 존재하였다."[155] 실제로 말씀과 육체 간의 연합의 지점을 제공해 주었던 것은 바로 이 이성적 영혼이었다.[156] 그렇지만 인간적 본성은 실재적이었음에도 불구하고, 그 인간적 본성이 순수한 동정녀로부터 태어났기 때문에 원죄로부터 면제되었다;[157] 또한 복음서의 진술들이 이와 반대되는 내용을 암시해 주고 있는 것처럼 보임에도 불구하고, 그리스도의 인성은 인간적 무지에 종속되어 있지 않았다.[158] 그리스도의 인성을 "그 사람"(the man) 즉 하나님의 아들이 덧입은 "그 사람"이라고 말하는 것이 아우구스티누스의 특징이었다.[159] 이러한 용법은 그가 인성에 비교적 독립성을 부여하였다는 것을 보여주긴 하지만, 그는 그리스도의 인성은 말씀과는 별개로 존재한 적이 없었다는 점을 분명히 밝힌다.[160] 따라서 두 본성은 하나의 위격, 즉 말씀의 위격 안에서 연합되어 있다.

"그리스도는 눈에 보이지 않는 하나님의 형상을 그대로 둔 채로 가시적인 사람의 형상을 취하여서 자신의 위격 안에서 하나가 되었다"라고 그는 썼고,[161] 그렇게 함에 있어서 그리스도 안에서 "하나님의 형상은 상실되거나 감소되지 않았다."[162] 이러한 연합으로 인해서 두 본성의 각각을 수식하는 술어들은 모두 자유롭게 그리스도에게 적용될 수 있기 때문에, 하나님의 아들이 십자가에 못 박힌 후에 장사되었으며, 사람의 아들이 하늘로부터 내려왔다고 말하는 것은 올바르다고 그는 단언하였다.[163] 이러한 연합에 대한 예시로서, 그는 흔히 영혼과 몸이 결합되어 단일한 사람을 이룬다는 유비를 들었다.[164]

레오의 공한(*Tome*) 속에 나타난 기독론은 특별히 독창적인 내용은 없었고, 그의 선배들의 사상을 능숙하고 정확하게 반영하여 규정해 놓은 것이었다. 그가 밝히고자 하였던 주된 요지들은 다음과 같은 것들이다. 첫째, 신인(神人)의 위격은 신적인 말씀의 위격과 동일하다. 그의 표현을 빌리면,[165] "종의 형상으로 사람이 된 그는 하나님의 형상으로 사람을 창조한 그이다." 성육신을 "자기를 비운 것"(*exinanitio*)이라고 설명했지만, 그는 성육신은 말씀의 전능성의 그 어떤 감소도 수반하지 않았다고 주장하였다;[166] 그리스도는 하늘에 있는 자신의 보좌로부터 내려왔지만, 성부의 영광을 포기하지 않았다. 둘째, 신적 본성과 인간적 본성은 혼합됨이 없이 한 위격 안에 공존한다. 각각의 본성은 서로 연합하여 하나의 위격을 형성하면서도 자신의 본성적인 속성들을 손상되지 않은 채로 보존하고 있기 때문에(*salva ······ proprietate utriusque naturae et substantiae*), 하나님의 형상이 종의 형상을 없애 버리지 않는 것과 마찬가지로, 종의 형상도 하나님의 형상을 감소시키지 않는다.[167] 실제로 구속은 "하나님과 인간 사이의 한 분 동일한 중보자, 사람 예수 그리스도는 인간과 관련해서는 죽음과 동시에 하나님과 관련해서는 죽지 않을 수 있어야 한다는 것"을 요구하였다. 셋째, 두 본성은 항상 서로 협력하여 활동하면서도 별개의 활동 원리들이다. 따라서 우리는 "각각의 형태는 자신에게 고유한 것을 상대방과의 협력하에서 성취하는데, 말씀은 말씀에게 속한 것을 수행하고, 육체는 육체에게 속한 것을 수행한다"라는 유명한 말을 듣게 된다.[168] 마지막으로, 위격의 단일성은 "속성 간의 교류"의 정당성을 전제하는 것이다. 예를 들면, 우리는 하나님의 아들이 십자가에 못 박혔고 장

사되었다고 단언할 수 있는 것과 동시에 사람의 아들이 하늘부터 내려왔다고 단언할 수도 있다.

이러한 네 가지 명제들은 기독론적인 문제를 아주 깊이 있게 천착한 것이 아니라고 할 수도 있다; 왜냐하면, 이 명제들이 동방 교회 신학자들을 당혹스럽게 했던 문제들을 대체로 건드리지 않은 채로 남겨두었다는 것이 분명하기 때문이다. 하지만 이 명제들은 기독론과 관련해서 지적되어야 할 요소들을 단도직입적이고 공정하게 규정하였다는 장점을 지니고 있었다. 게다가 이 명제들은 동방 교회에서 패권을 놓고 싸워 왔던 두 사상 학파들의 관점들을 만족시키는 데에 상당한 진척을 보여주었다.

안디옥 학파는 그리스도 안에서의 이원성 및 두 본성의 실재성과 독립성에 대한 레오의 열렬한 단언 속에서 그들 자신의 신학을 감지해 낼 수 있었다. 실제로 그의 문장들 중 일부, 특히 위에 인용된 문장은 알렉산드리아 학파에 속한 기독론자들에게는 걸림돌임이 입증되었다. 그럼에도 불구하고, 알렉산드리아 학파도 교황이 성육신한 자의 위격을 영원한 말씀의 위격과 동일하다고 제대로 파악한 것 속에서 그들의 입장의 핵심들이 인정받고 있다는 것을 볼 수 있었다. 교황은 이것을 성탄절 설교에서 다음과 같이 표현하였다:[169] "두 본성 안에 존재하면서 자기 자신의 것을 잃음이 없이 우리의 것을 자기 자신에게로 취한 분은 한 분 동일한 하나님의 아들이다."

6. 칼케돈 공의회에서의 기독론의 정립

강도들의 공의회는 황제의 후견 아래에서 열렸었고, 테오도시우스 황제는 교리적인 문제를 다시 재론하고자 한 레오의 온갖 방책들에도 불구하고 이 공의회의 결정들을 유지하기로 결심하였다.[170] 그러나 모든 예상과는 반대로 (정통 신앙은 이것을 당연히 섭리라고 해석하였다), 황제가 말에서 떨어져 죽음으로써(450년 7월 28일) 이 단단한 빗장은 깨졌고, 극히 이상한 상황이 전개되는 것처럼 보였다. 직업 군인이었던 마르키아누스(Marcian)가 황제로 등극하는 데에 성공하였고, 죽은 황제의 누이였던 풀케리아(Pulcheria)와 결혼함으로써 자신의 입지를 공고히 하였다. 이 두 사람은 양성론에 공감하고 있었고, 게다가 제국 안에서 교회의 통일성을 확보하고자 하는 강력한 욕구를 지니고 있었기 때문에, 총공의회를 소집하는 데에 쉽게 합의하게 되었다.

교황은 알렉산드리아 학파의 입장에 대항하여 자신의 입장을 재천명하고 강도들의 공의회의 신학적인 작업을 무효화하고자 할 목적으로 이탈리아에서 공의회를 소집하자고 테오도시우스를 설득하는 데에 애를 썼다;[171] 그리고 유배 생활로부터 돌아와 있었던 테오도레투스는 그러한 요구를 부추기고 있었다.[172] 원래 니케아에서 열리기로 되어 있었던(교황이 원한 대로 이탈리아가 아니라[173]) 공의회의 장소는 수도와 더 가까워서 마르키아누스에게 더 편리하였던 칼케돈으로 변경되었다. 500명이 넘는 주교들이 이 공의회에 참석하였고, 교황은 관례대로 특사들을 파견하였다; 공의회는 주후 451년 10월 8일에 개회되었다.

황제의 관점에서 볼 때, 이 공의회의 목적은 제국 전체에 걸쳐서 단일한 신앙을 확립하는 것이 그 전부였다. 사실 거기에 참석했던 주교들의 대다수도 새로운 신조를 제정하는 것에 반대하였다; 그들은 니케아 신앙을 견고하게 유지시키고 키릴루스의 교의 서신들과 레오의 공한(*Tome*)의 구속력을 인정하는 것으로 충분하다고 생각하였다.[174] 그러나 공의회가 성공하려면, 거기에 참석한 모든 사람들이 서명하는 공식 문서를 만들어 내어야 한다는 것을 황제의 특사들은 알고 있었고, 따라서 그들은 자신들의 의도를 분명히 하였다.[175] 이렇게 해서 합의된 결의서(Definition)는 다음과 같은 형태를 띠게 되었다.[176] 첫째, 결의서는 서문 다음에 니케아 신조를 정통 신앙의 표준으로 엄숙하게 재천명하고, 니케아 이후에 생겨난 이단들을 반박하기 위하여 콘스탄티노플 공의회의 신조(지금도 성찬식 때에 봉독되는 신조)를 나란히 재확인하였다. 둘째, 결의서는 키릴루스의 두 서신과 레오의 공한(*Tome*)을 교회법화하였는데, 전자는 네스토리우스주의를 단죄하고 신조에 대한 건전한 해석을 담고 있는 것으로 규정하였고, 후자는 유티케스주의를 타파하고 참된 신앙을 확증하는 것으로 규정하였다. 셋째, 결의서는 다음과 같은 내용으로 공식적인 신앙고백을 규정하고 있다:

그러므로 거룩한 교부들의 뜻을 받들어 우리 모두는 우리 주님 예수 그리스도가 한 분 동일한 성자로서, 신성과 인성에서 동일하게 완전하시고

참 하나님이자 참 사람이며 이성적 영혼과 몸을 가지셨고 신성에 있어서
는 성부와 동일본질이고 인성에 있어서는 우리와 동일본질이며 죄를 제
외하고는 모든 점에서 우리와 같으시고, 신성으로는 만세 전에 성부로부
터 나셨고 또한 인성으로는 우리 및 우리의 구원을 위하여 이 말일에 하
나님의 어머니(*Theotokos*)이신 동정녀 마리아에게서 나셨으니, 한 분 동
일한 그리스도, 성자, 주님은 독생자로서 혼합이나 변화나 나뉨이나 분리
없이 두 본성으로 나타나셨고, 본성들의 차이는 연합으로 인해서 결코
제거되지 않으면서도, 각각의 본성의 속성은 한 '프로소폰' 과 한 '휘포
스타시스' 안에서 보존되고 융합되어 있어서, 두 '프로소폰' 으로 쪼개
어지거나 나누어지지 않고, 옛적의 선지자들과 예수 그리스도 자신이 그
에 관하여 우리에게 가르치셨고 우리 교부들의 신조가 전해준 바와 같
이, 한 분 동일한 독생자, 하나님의 말씀, 주 예수 그리스도이시라고 한결
같이 가르친다.

우리는 황제의 특사들이 분열을 피하고자 하는 의도에서 이러한 합의가
이루어지기 전에 상당한 압력을 행사하지 않을 수 없었다는 점을 유의하여
야 한다. 첫째, 새로운 신조를 제정하고자 하는 것에 대한 광범위한 반대와
는 별개로, 레오의 공한 속에 들어 있는 세 구절들(c. 3: *ut······ et mori posset
ex uno et mori non posset ex altero; c.* 4: *agit enim utraque forma······ ; c.*
4: *quamvis······ una persona sit, aliud tamen est unde······ contumelia,
aliud unde······ gloria······*)이 일리리안(Illyrian)과 팔레스타인의 총대들 사
이에서 심각한 반발을 불러일으켰다.[177] 교황은 네스토리우스가 과거에 행했
던 것과 같이 그리스도를 나누고 있는 것이 아니라 단지 본성들의 구별이 지
닌 실제적인 함의들을 인정하고 도출해 내고 있는 것 뿐이라는 것을 그들에
게 설득하기 위해서 로마 교황의 사절들의 특별한 설명들과 키릴루스의 글
들로부터 인용한 인용문들로 이루어진 문건이 필요하였다.

둘째, 10월 22일에 열린 제5차 회의에서 만들어진 공식적인 신앙고백의 첫
번째 초안은 최종적인 판본 속에는 들어 있는 레오의 공한으로부터 발췌한
문구들이 빠져 있었고, 또한 "두 본성 안에서"(ἐν δύο φύσεσιν)라는 표현

대신에 "두 본성으로부터"($\dot{\epsilon}\kappa$ $\delta\acute{\upsilon}o$ $\phi\acute{\upsilon}\sigma\epsilon\omega\nu$[178])라는 문구로 되어 있었던 것으로 보인다. 이것은 콘스탄티노플 상설 교회회의에서 있었던 플라비아누스의 신앙 선언문[179]을 반영하고 있는 것이었지만, 연합 이후의 두 본성의 실존을 분명하게 천명한 것은 아니었고, 사실 유티케스의 입장에서 볼 때는 그것을 부정하는 것과 마찬가지였다. 오직 노련한 솜씨와 외교력에 의지해서 이 공의회는 가까스로 꼭 필요한 수정들을 승인할 수 있었다.[180]

최종적인 형태의 결의서는 키릴루스의 두 서신, 레오의 공한, 연합 신조, 콘스탄티노플 상설 교회회의에서 채택된 플라비아누스의 신앙 선언문으로부터 발췌한 내용들을 짜깁기한 것이었다. 이 결의서의 독특한 신학은 신인(神人) 안에서의 단일성과 이원성을 동시에 인정한 것이었다. 이 결의서에서는 플라비아누스의 신앙 선언문으로부터 직접 가져온 "한 '프로소폰' 과 한 '휘포스타시스' "라는 문구와 아울러서 "동일한" 이라는 단어들의 단조로운 반복, 두 본성에도 불구하고 그리스도는 여전히 "나뉨이 없고 분리가 없는" 채로 남아 있다는 것에 대한 역설 등이 눈에 띈다. 그 밖에도 있을 수 있는 그 어떤 의심의 가능성도 배제하기 위하여 그리스도는 "두 '프로소폰' 으로 쪼개지거나 나누어지지 않는다"라는 문구가 들어 있다. 비록 키릴루스가 좋아했던 슬로건인 "위격적 연합"이라는 표현은 채택되지 않았지만, 분명히 신적인 말씀은 성육신한 자의 유일한 주체로 여겨지고 있고, 이것은 "테오토코스"(하나님의 어머니)라는 논란이 심했던 호칭을 인준한 것에 의해서 다시 강화되었다. 이것은 알렉산드리아 학파의 신학이 파악했고, 키릴루스가 이를 위해서 싸웠으며, 에베소 공의회가 법제화하였던 핵심적인 진리였다.

그러나 한편으로 오랜 기간의 논쟁을 통해서 이 진리는 단독으로 규정될 수는 없다는 것이 입증되었다. 그리스도의 인간적 삶의 실재성에 대한 명시적인 인정이 없다면, 안디옥 학파가 지닌 아주 건전한 신학적 전통은 여전히 불만족스러운 형태로 남게 될 뿐만 아니라, 유티케스주의의 출현이 보여주듯이, 위험스러운 형태의 단성론이 다시 출현할 길을 열어주게 된다. 그래서 이 결의서는 그리스도의 단일성과 나란히 성육신한 자로서 말씀은 "두 본성 안에" 실존하고, 각각의 본성은 완전하며 자신의 독특한 속성들과 사역을 연합 속에서 손상되지 않은 채로 보존하고 있다고 분명하게 말한다. 이 결의서는 단성론적인 함의들을 지닌 "본성적 연합"이라는 표현을 거부하고 위격의 단일성을 표현하기 위하여 '프로소폰'과 아울러 '휘포스타시스'라는 용어를 선택함으로써, 이제까지 본성들을 표현하기 위하여 사용되었던 '퓌시스'와 단번에 차별화하였다.

칼케돈 공의회는 흔히 서방 교회, 또한 안디옥 학파의 기독론의 승리로 묘사된다. 물론 서방 교회에서 오랫동안 이루어져 왔고 레오의 공한 속에 표현된 균형 잡힌 입장이 이 공의회에 참석했던 교부들에게 하나의 모형을 제공하였다는 것은 사실이다. 또한 로마의 강력한 지원이 없었다면 안디옥 학파의 문구였던 "두 본성"은 결코 그렇게 부각되지 못했을 것이라는 것도 사실이다. 또한 공의회가 그러한 문구와 레오의 공한(*Tome*)을 인준함과 동시에 "위격적 연합"이라는 문구를 거부한 것을 키릴루스와 알렉산드리아 학파의 전통 전체에 대한 배신으로 여겼던 동방 교회에 속한 상당수의 지역들은 단성론자들로서 분열하여 떨어져나갈 조짐을 보여주었다. 이러한 것들은 이 평결의 실질적인 진상을 부각시켜주는 몇몇 내용들이다.

그러나 이것은 앞에서 보았듯이 이 공의회의 신앙고백, 특히 안디옥 학파 진영들 속에서 이전까지는 들어볼 수 없었던 명료한 언어로 그리스도의 단일성, 신인(神人)의 위격과 로고스의 위격의 동일성을 인정하고 있는 것 속에 감추어진 키릴루스의 가르침의 핵심적인 특징들을 제대로 평가하고 있지 못한 것이다. 또한 이것은 키릴루스의 두 서신에 레오의 공한과 동일한 존경할 만한 지위가 부여되었다는 사실을 간과하고 있고, 이 둘 간의 신학적인 차이를 크게 과장하고 있는 것이다. 한 가지 예만 든다면, 키릴루스 자신도 연합 신조가 공표된 이후에 쓴 자신의 서신 속에서[181] 한 분 그리스도를 나눔이 없이 두 본성을 말하는 것이 가능하다는 것을 인정하였다. 키릴루스가 "한 본성"을 선호한 것은 제대로 해석된 양성론을 반대했기 때문이 아니라 단성론이야말로 아타나시우스의 권위의 흔적을 지니고 있고 네스토리우스주의를 막아주는 유일한 보호장치라는 자신의 신념 때문이었다. 이 결의서(Definition) 속에서 이러한 이단이 명확하게 단죄되고 있는 상황에서, 연합 신조에 대한 그의 태도에 비추어 볼 때, 그도 역시 칼케돈 공의회의 결정을 순순히 받아들였을 것이고, 지나치게 열광주의적인 자신의 동지들의 비타협적인 태도를 당혹스럽게 여겼을 것이라고 우리가 생각하는 것은 자연스러운 일이다. 이렇게 안디옥 학파의 기독론은 알렉산드리아 학파의 입장 속에 담겨진 기본적인 진리들을 흡수하고 거기에 맞춰서 스스로를 수정한 후에야 칼케돈 공의회에서 승리를 거둘 수 있었다.

그러나 이 모든 것에도 불구하고, 칼케돈 공의회는 영속적인 평화를 정착시키는 데에는 실패하였다. 이것에 관한 이야기는 본서의 범위를 넘어서는 일이지만, 우리는 서방 교회는 이 공의회의 결정에 충실하였지만, 동방 교회에서는 즉각적으로 적대적인 반발이 일어나서 수 세기 동안 지속되었다는 점을 알아둘 필요가 있을 것이다. 본래의 네스토리우스주의는 제국의 변방 너머로 쫓겨났지만, 여러 가지 형태의 단성론은 칼케돈 공의회의 신조에 맞서서 끊임없이 전쟁을 수행하였다. 이러한 대적자들은 주로 엄밀하게 말해서는 양성론을 지지하는 자들이었지만, 비판자들에 의해서 네스토리우스파로 낙인 찍힌 자들, "두 본성"이라고 말하기를 거부한 것을 제외하고는 실질적으로 정통 신앙을 지니고 있었던 사람이 많았던 단성론자들(cf. Severus of Antioch: 538년에 죽음)이었다. 오랫동안 정치와 밀접하게 얽혀서 치열하게 수행되었던 이 싸움은 동방 교회에서 주후 6세기(제2차 콘스탄티노플 공의회, 553년)에 칼케돈 공의회의 편향들을 교묘하고 변경시켜서 그 가르침을 키릴루스적인 의미로 해석한 "신칼케돈주의"의 출현을 가져왔다. 제3차 콘스탄티노플 공의회(680년)에서 그리스도 안에 두 의지가 존재한다는 것을 천명함으로써 단의론 논쟁은 끝이 났는데, 이 공의회는 칼케돈 공의회에서 이루어낸 균형을 다시 회복하고자 하는 시도였다.

제 13 장

타락한 인간과 하나님의 은혜

1. 영혼의 기원

인간 본성에 관한 교리가 교회에서 가장 중요한 문제로 대두된 것은 주후 4세기와 5세기였다. 교부들은 그들 나름대로의 성경적 전제들 위에서 이 문제를 분석이 아니라 역사의 문제로 보았다. 교부들은 인간의 창조와 타락에 관한 이야기(문자적으로 이해하든 알레고리적으로 이해하든)를 설명함으로써, 인간의 현재적 상황을 해명함과 동시에 구속에 관한 인간의 소망을 조명하고자 하였다. 우리가 살펴보고 있는 시기의 상당 기간 동안에 활동하였던 그리스(동방 교회)의 저술가들을 한 번 쭉 훑어 보면, 우리는 인간의 곤경에 대한 평가가 비교적 낙관적이라는 것을 발견하게 된다. 이것은 부분적으로 그리스인들의 기질 탓이기도 했지만, 또한 아울러 당시의 철학적 풍조였던 마니교[1]가 지니고 있었던 운명론, 그리고 몸을 포함한 물질은 근본적으로 악하다는 그 교리 때문이기도 하였다.

한편 서방 교회로 눈을 돌려서 펠라기우스 논쟁에 다가가보면, 그 그림자들은 깊고, 아우구스티누스에 의해서 중세 시대에 전해진 인간상은 암울하다 못해서 염세적이기까지 하다. 그러나 우리의 연구를 시작하기 전에, 어떤 것이 이 시기의 사상에 커다란 영향력을 행사하였는가라는 질문에 대한 짤막한 설명을 해 두는 것이 유익할 것이다.

동방 교회와 서방 교회에서는 둘 다 인간은 몸과 영혼으로 이루어진 복합체라는 것을 당연시하였다. 인간은 저급하고 감각적인 세계와 아울러 높고 지성적인 세계에 발을 딛고 있는 "이성적 동물"(λογικὸν ζῷον)이다. 우리는 두 가지 별개의 본질들인 몸과 영혼의 연합이 얼마나 자주 그리스도 안에서의 신성과 인성의 연합에 대한 예시(例示)로서 알렉산드리아 학파에 속한 교사들에 의해서 인용되었는지를 보아 왔다.[2] 그러나 영혼은 어디로부터 왔는가? 일부 사상가들은 오리게네스의 이론을 따라서 영혼은 하나님에 의해서 창조되었고 몸보다 선재하였는데 영혼이 죄를 범함으로써 그 형벌로서 몸이 덧입혀졌다고 주장하였다. 예를 들면, 맹인 디디무스[3]는 스페인의 이단자 프리스킬리아누스(Priscillian, 385년에 죽음)의 추종자들이 했던 것처럼[4] 이러한 노선을 따라서 가르쳤다. 빅토리누스는 이와 동일한 가르침의 한 변형을 주장하였던 것으로 보인다.[5] 그러나 대부분의 그리스 교부들[6]은 이러한 견해를 거부하였는데, 사실 이 견해는 주후 6세기에 가서 공식적으로 단죄되었다. 아우구스티누스도 물질적 질서에 대한 비관적인 평가와 몸이 영혼에 대한 감옥 역할을 한다는 주장에 대하여 반박하였다.[7]

그리스 교부들 사이에서 우세하였던 이론[8]은 창조설(creationism), 즉 각각의 영혼은 그 영혼이 몸 속으로 주입되는 순간에 하나님에 의해서 독립적으로 창조된다는 것이었다. 힐라리우스, 암브로시우스, 제롬 같은 서방 교회의 저술가들은 이와 같은 견해를 공유하고서, 영혼은 영적이고 불멸한 것으로서 몸의 특정한 일부에 존재하긴 하지만 온 몸 전체에 확대되어 있다고 가르쳤다. 이 말을 굳이 할 필요는 없겠지만, 펠라기우스와 그의 제자들은 그들의 전체적인 입장과 잘 조화가 되는 창조설을 받아들였다.[9]

아우구스티누스가 많은 망설임 속에서도 대체적으로 기울어져 있었던 견해는 테르툴리아누스와 결부되어 있던 영혼 유전설(또는 전이설), 즉 각각의 영혼은 부모의 영혼으로부터 발생된다는 것이었다. 그리스 교부들 사이에서는 니사의 그레고리우스에게서 유전설에 대한 암시들이 엿보인다. 니사의 그레고리우스는 오리게네스주의자들에 맞서서 영혼은 몸과 동시에 존재하게 되고 몸으로부터 분리할 수 없으며, 하나님의 능력이 사람의 정자 위에 기적적으로 역사하여서 그 정자를 소중한 살아 있는 존재로 변화시키는 것이라고 주장하였다.[10] 아우구스티누스 자신은 테르툴리아누스가 제시한 유전설 속에는 물질주의적인 성향이 엿보인다고 비판하였지만,[11] 그러한 유전설을 영적으로 적용하게 되면 원죄에 관한 자신의 가르침과 아주 잘 맞아떨어진다는 것을 알았다.[12] 그가 유전설 속에서 본 위험성은 이러한 가설 위에서 인격의 통합성이 어떻게 보장될 수 있느냐 하는 것이었다.[13] 이와 동시에, 각각의 학설이 지닌 단점들을 인식하고 있었음에도 불구하고, 아우구스티누스는 다양한 형태의 창조설이 지닌 매력들에도 여전히 관심을 가졌다.[14] 사실 아우구스티누스는 유전설에 기울어져 있었음에도 불구하고, 이 문제에 대해서 마음을 결코 정할 수 없었고, 그의 후기의 글들 속에서는 자기가 이 문제에 대해서 어느 것이 옳는지 잘 모르겠다고 솔직하게 고백하였다.[15]

2. 아타나시우스와 타락

아타나시우스의 가르침을 개괄적으로 살펴보는 것이야말로 인간의 상태라는 더 폭넓은 문제에 대한 그리스 교부들의 견해를 논의하기 위한 최고의 서론이 될 것이다.

우리가 예상할 수 있듯이, 아타나시우스가 제시한 설명은 플라톤적인 형이상학과 창세기 이야기를 뒤섞어 놓은 것이었다. 그의 설명 중에서 가장 흥미로운 특징은 피조물로서의 인간, 즉 자연 상태에서의 인간과 하나님의 넘치는 은혜를 받은 자로서의 인간을 일관되게 대비시키고 있다는 점이다. 피조물로서 인간은 그 밖의 다른 모든 유한한 존재들과 마찬가지로 말씀에 의해서 무에서 창조를 받았다. 인간은 다른 존재들과 마찬가지로 변화되고 썩어지며 점차 소멸되어 무가 되는 성향을 지니고 있고 조건적이기 때문에 초월적인 하나님을 알 수가 없다.[16] 그러나 이것이 인간의 자연 상태라면, 그것은 어떤 의미에서 이론적인 것이다. 당연한 일이지만, 하나님은 다른 피조물들보다 인간에게 더 관대함을 보이셨다. 하나님은 인간으로 하여금 자신의 말씀에 참여함으로써 자신의 형상(image)이 되게 하였다. 말씀과의 이러한 친교는 인간에게 초자연적인 지식을 수여하고 인간을 이성적인 존재로 만들었으며, 썩지 않음과 불멸성을 획득할 수 있게 해주었다. 그러나 이렇게 하나님을 닮은 것 또는 하나님의 형상을 보존하기 위해서는 인간은 끊임없이 말씀(로고스)을 관상하여야(contemplate) 했기 때문에, 하나님은 인간을 낙원에 두었고, 인간에게 자신의 의지를 확고하게 보여주는 특별한 법을 주었다.[17] 아타나시우스는 이 모든 은사들은 인간의 구성 자체에 속한 것이 아니

라 외부로부터 인간에게 온 것이라고 보았다.[18]

　이렇게 인간의 시원적인 상태는 초자연적인 복된 상태였다; 여기에서 우리는 원래의 의(義)와 완전이라는 개념의 초보적인 형태를 발견하게 된다. 아타나시우스의 신비주의는, 성경이 여러 가지 표상들을 통해서 에덴 동산에서의 하나님과 인간의 자유로운 교제로 묘사하고 있는 것을 영혼 속에서 일어나는, 하나님의 형상을 항상 새롭게 하고자 하는 욕구와 이를 위한 관상으로 쉽게 알레고리화하고 있다. 그러나 최초의 인간 존재들이었던 아담과 하와는 하나님만을 바라본 것이 아니라, 그들에게 더 가까웠던 물질 세계, 특히 그들의 몸들로 말미암아 다른 곳에 정신이 팔리게 되었다.[19] 달리 말하면, 그들은 진정한 의미에서 유일한 존재인 하나님에게서 등을 돌리고 독자적인 진정한 존재성을 지니고 있지 않은 사물들에게로 향하였다. 이렇게 그들은 타락하였다. 하나님의 형상이라는 은혜를 박탈당한 그들은 결국 그들의 본성이었던 썩어짐으로 환원되어서[20] 무지와 우상 숭배에 빠져들게 되었다. "이렇게 해서, 사망은 자신의 힘을 점점 더 난폭하게 휘둘렀고, 썩어짐은 사람들에 대한 지배력을 강화하였다; 인류는 점점 파멸해 갔고, 말씀의 형상대로 지음받은 이성적 인간은 멸망해 가기 시작했다."[21]

　그러므로 아타나시우스는 인류의 비참한 상태는 직접적으로 우리의 첫 조상의 잘못으로 소급될 수 있다고 가르친다. 그들의 자유의지에 의해서 범해진 잘못으로 인해서, 우리 본성 속에 잠재해 있었던 해체하는 힘들이 방출되었다는 것이다. 아타나시우스 논증은 앞에서 우리가 본 것처럼[22] 이레나이우스를 거쳐서 사도 바울에게까지 거슬러 올라가는 긴 역사를 지닌 사상, 즉 첫 사람과 인류의 연합 또는 연대성을 전제한다. 우리가 유의할 것은 이러한 붕괴는 총체적인 것은 아니었다는 것이다. 인간은 자신의 몸의 불멸성을 상실하였지만, 여전히 영혼의 불멸성을 보존하고 있고, 인간의 의지도 여전히 자유롭다.[23] 또한 형상의 소멸도 점진적으로 이루어졌던 것으로 보인다; 인간은 언제나 자유의지를 사용해서 감각의 얽매임들을 벗어던져 버리고 말씀에 관한 그들의 비전을 회복할 수 있는 길이 열려 있다고 아타나시우스는 생각한 것으로 보인다.[24] 그림에 먼지가 덮여 있는 것과 마찬가지로, 인간 속에 있는 하나님의 형상은 완전히 없어진 것이 아니라 단지 볼 수 없게 된 것뿐이다.[25] 그러나 아담의 범죄의 결과들 중의 하나로서, 죄가 모든 사람들에게 전해졌다;[26] 실제로 이것은 아담이 초래하였던 인간 본성의 붕괴 속에 함축되어 있다. 그러나 아타나시우스는 우리가 아담의 실제적인 죄책, 즉 그의 도덕적인 과실에 참여한다는 것을 결코 암시하지 않고 있고, 사람들이 완전히 죄 없이 살아갈 가능성도 배제하지 않는다. 예를 들면, 한 대목 속에서[27] 그는 예레미야와 세례 요한은 실제로 죄없이 살았다고 주장한다.

3. 그리스 교부들

시원 상태에서의 인간의 완전성과 복된 상태에 관한 아타나시우스의 사상은 주후 4세기의 동방 교회에 광범위한 영향을 미쳤다. 예를 들면, 카파도키아 교부들은 아담을 에덴 동산에서 목가적이고 하나님 같은 삶을 영위한 것으로 묘사한다. 하나님의 형상을 지니고 있었던 아담은 오늘날 인간이 통상적으로 겪고 있는 장애들, 즉 사망 같은 장애들로부터 자유로웠고, 자유 의지를 수여받았으며, 자신의 창조주에 대한 사랑으로 충만하였으며, 창조주와 아주 친밀한 교제를 누리는 축복을 받았다.[28] 아타나시우스와 마찬가지로, 카파도키아 교부들은 성경에 나오는 이야기를 해석함에 있어서 철학적인 알레고리를 보조 도구로 사용하였다. 나지안주스의 그레고리우스는[29] 에덴 동산을 플라톤이 말한 이데아들의 세계로 보았고,[30] 거기에 있는 나무들을 "신적인 개념들"이라고 보았다. 니사의 그레고리우스는 창세기 1:26 이하를 토대로 이중적 창조를 주장할 정도까지 자신의 사변을 진행시켰다.[31] 첫 번째 창조는 플라톤적인 의미에서의 이상적인 또는 원형적인 인간, 즉 완전하고 성별의 구별이 없으며 자기 자신 속에 장래의 모든 남자들과 여자들을 포괄하고 있는 인간을 만드는 것으로 이루어졌다. 하나님이 두 번째 창조 행위를 통해서 원형적 인간을 남자와 여자로 나누어서 실제적인 인류를 개시시킨 것은 인간이 피조물이고 따라서 변할 수 있기 때문에 범죄할 것이라는 것을 예견하였기 때문이었다.

성경의 문자적 의미에 집착하였던 안디옥 학파의 전통에 속했던 신학자들에게서는 철학의 침투가 그리 뚜렷하지 않았다. 인간 속에 있는 하나님의 형상이라는 말을 크리소스토무스는 여자를 비롯한 나머지 피조물에 대한 아담의 주권으로 이해하였다;[32] 그리고 그는 창세기의 구절 속에 중첩적으로 나오는 "우리의 모양대로"라는 표현을 인간은 자신의 정욕들을 다스림으로써 스스로의 노력으로 하나님의 모양(닮은 모습)에 도달할 수 있다는 것을 의미하는 것으로 해석한다.[33] 창조된 대로의 인간은 썩어 없어지거나 죽는 존재가 아니었고,[34] 아담과 하와는 아무런 걱정도 없이 천사와 같은 삶을 살았다.[35] 아담의 지혜와 지식은 완전하였다; 그는 하나님의 명령과 그 명령을 어겼을 때에 내려지게 될 형벌들의 의미를 알고 있었고, 또한 완전한 자유를 누렸다.[36]

이러한 지극히 복된 상태로부터 우리의 최초의 조상은 타락하였는데, 이것은 그 어떤 필연성에 의한 것도 아니었고, 하나님의 어떤 행위로 말미암아 된 것은 더더욱 아니었으며, 오직 그들 자신의 자유 의지를 잘못 사용해서 된 것이었다(이 저술가들은 모두 이 점을 강조한다);[37] 그리고 최초의 조상이 저지른 이 치명적인 잘못으로부터 인류가 상속한 모든 악들이 기원하였다. "기만을 당해서 우리는 멸망받았고, 우리는 타락했으며, 우리는 눈이 멀었다"라고 예루살렘의 키릴루스는 쓰고 있다.[38] 이렇게 해서, 인간의 죽을 수밖에 없는 운명, 고통과 질병에 종속된 것, 인간의 무지, 의지의 연약함, 욕망의 노예가 되는 것 등등이 생겨났다; 또한 이렇게 해서, 종교에 있어서의 우상 숭배, 사회 분야에 있어서의 폭력과 빈곤과 노예제도가 생겨났다.[39] 하나님의 형상은 훼손되었다.

이러한 사상가들은 이런 식의 논증을 폄으로써, 악이 하나님으로부터 왔다는 마니교의 주장을 반박하고자 하였다. 그러나 그들은 아담이 자신의 범죄의 비극적인 부산물들과 아울러서 자신의 실제적인 죄악성, 즉 자신의 죄책을 후손에게 물려주었다고 주장하고 있는 것인가? 이에 대한 통상적인 대답은 아니라는 것이고, 많은 증거들은 얼핏 보기에는 이러한 대답을 밑받침하고 있는 것으로 보인다. 인간의 자유 의지는 여전히 손상을 입지 않은 채로 남아 있어서 실제적인 범죄의 뿌리가 되고 있다고 역설하고 있는 그리스 교부들은[40] 서방 교회의 교부들보다 훨씬 더 낙관적인 전망을 갖고 있다. 그리스 교부들의 저작으로부터, 어쨌든 후대의 정통 신앙의 관점에서 볼 때에 원죄에 관한 그 어떤 교리도 배제하는 듯이 보이는 구절들을 수집하는 일은 쉽다. 예를 들면, 나지안주스의 그레고리우스와 니사의 그레고리우스, 크리소스토무스는 갓 태어난 어린아이들은 죄로부터 면제되어 있다고 가르친다.[41] 또한 크리소스토무스는 한 사람의 불순종으로 인해서 많은 사람들이 죄인이 되었다는 사도 바울의 말(롬 5:19)을 단지 많은 사람들이 형벌과 사망을 받기 쉬운 소질(素質)로 만들어졌다는 것을 의미할 뿐이라고 해석한다.[42] 후대에 펠라기우스주의자였던 에클라눔의 율리아누스(Julian of Eclanum)가 그들의 가르침이 자기 자신의 입장을 초보적으로 대변한 것이라고 주장한 것은 그리 이상한 일이 아니다.[43]

그러나 이러한 관례적인 평가는 그리스 교부들을 정당하게 다루고 있는 것 같지 않다. 왜냐하면, 이러한 평가는 라틴 교부에게서 만개한 완전한 형태의 원죄론 이외에는 그 어떠한 원죄론도 타당하지 않다는 전제에 의거하고 있기 때문이다. 이러한 편견은 반드시 제거되어야 한다. 잘 알다시피, 그리스 교부들에게서는 인류 전체가 아담의 죄책, 즉 아담의 과실을 공유하고 있다고 암시하는 말을 거의 찾아보기가 힘들다. 이것은 부분적으로 그들이 우리에게 아담이 전해준 유산을 죄라고 말하는 것을 꺼려한 이유를 설명해 주고, 또한 그들이 세례를 받지 않고 죽은 아이들에 대하여 관대한 태도를 지니고 있었다는 것을 이해할 수 있게 해 준다. 그러나 그들은 인류와 그 첫 조상 간의 신비적 연합에 대한 아주 강력한 인식을 가지고 있었다. 그것은 바로 오래된 교리인 총괄갱신설(또는 발생반복설, the doctrine of recapitulation)이었는데, 이 이론 덕분에 그들은 우리의 타락이 아담의 타락 속에 연루되어 있었다는 것을 아무런 의심 없이 받아들일 수 있었다.

또한 그들의 성향은 원죄를 우리의 본성에 가해진 상처로 보는 것이었다. 이러한 점들을 염두에 두고, 또한 그들이 이 주제를 거의 언제나 부수적으로 다루었다는 사실을 염두에 둔다면, 우리는 아마도 그들의 입장을 제대로 정의할 수 있을 것이다.

첫째, 그들은 모든 사람이 아담의 반역 행위에 연루되어 있었다는 것을 당연한 것으로 받아들였다. 예를 들면, 바실리우스는 에덴 동산에 있었던 선악을 알게 하는 나무의 목적은 "우리의 순종을 시험하기 위한 것"이라고 말하였다;[44] 나지안주스의 그레고리우스는 인류 전체가 아담의 범죄와 타락에 참여한 것으로 보았고,[45] 최초의 인간이 에덴 동산에서 보여주었던 연약함은 바로 자기 자신의 연약함이라고 주장한다;[46] 그리고 니사의 그레고리우스는 "아담이 우리 안에 살고 있는 것처럼" 우리는 가죽옷들을 입고 있다고 말한 후에, 사람들은 아담의 범죄를 공유하기 때문에 날마다 죄사함을 간구하여야 한다는 말을 덧붙인다.[47]

둘째, 그들은 자유 의지를 전제한 것과 아울러서 분명히 타락이 우리의 도덕적 본성에 영향을 미쳤다는 것을 주장한다. 그들이 열거하고 있는 타락으로부터 흘러나온 악덕들의 목록은 욕정과 탐욕의 분출의 탓으로 돌릴 수 있는 무질서를 포함하고 있다.[48] 나지안주스의 그레고리우스는 자신의 타고난 의지의 박약성은 타락에서 기인하는 것이라 말하고,[49] 니사의 그레고리우스는 "인간의 본성은 선을 행하는 데에 있어서 연약하고, 연약성으로 말미암아 단번에 절름발이가 되어버렸다"고 말한다.[50] 크리소스토무스에 의하면,[51] 인류에게 형벌로서 부과된 사망은 정욕을 수반한다.

그러나 셋째로, 몇몇 교부들은 죄의 전이(轉移) 자체도 생각하였다는 것을 보여주는 구절들이 없지 않다. 바실리우스는 실제로 이 어구를 사용해서, 부자들에게 아담이 금지된 과실을 먹음으로써 우리에게 "물려준" (παρέπεμψεν) 죄를 씻기 위하여 가난한 자들에게 음식을 주라고 명령한다.[52] 크리소스토무스는 "우리의 이후의 죄들에 의해서 우리가 증식시켜온 채무의 첫 번째 몫"에 해당하는 아담이 진 "옛적의 빚"에 관하여 말한다.[53] 그러나 니사의 그레고리우스는 훨씬 더 직설적이다. 그는 그리스도가 덧입은 인성을 "죄의 소질을 지닌"(ἁμαρτητικήν) 것이라고 말하고, 죄를 "우리 본성에 친숙한" 것이라고 묘사할 뿐만 아니라,[54] 다음과 같이 썼다:[55] "불순종으로 말미암아 질병을 들여왔던 자들 때문에, 악은 처음부터 우리 본성에 혼합되어 있었다 …… 종(種)들의 자연적인 생식에서 각각의 동물이 자신을 닮은 것을 낳는 것과 마찬가지로, 사람도 사람으로부터 태어나는데, 정욕에 종속되어 있는 존재로부터 정욕에 종속적인 존재가 태어나고, 죄인으로부터 죄인이 태어난다. 이렇게 죄는 우리가 태어날 때에 우리 속에서 생겨나서, 우리와 함께 자라고, 일생을 마칠 때까지 우리와 동거한다." 이러한 사상들은 위(僞)디디무스에게서 더 자주 나타나는데, 그는 아담이 범한 "옛적의 범죄"[56] 때문에 모든 사람들이 죄 아래 갇혀 있다(ὑπὸ ἁμαρτίαν[57])고 말한다. 사람들은 "유전(전이)에 의해서"(κατὰ διαδοχήν) 죄 아래 갇히게 되는데, 부모의 성적인 결합이 바로 그 수단이 된다.[58] 그러나 우리가 아담으로부터 물려받았고, 따라서 자발적이지 않은 이 죄는 형벌이 아니라 정화(淨化)를 요구하는 것이라고 그는 생각했던 것 같다.[59]

비록 아우구스티누스의 사상에는 미달되지만, 여기에는 분명히 원죄론의 개략이 존재하였다. 만약 그들의 시대에 이 주제가 직접적으로 논쟁의 대상이 되었더라면, 그리스 교부들은 이러한 개략을 더 날카로운 정의로 채웠을 가능성이 크다. 그들 모두가 동의했던 것은 인간의 의지는 여전히 자유롭고 우리는 각자의 행위들에 대하여 책임이 있다는 것이었다.[60] 이것은 마니교에 반대하여 그들이 행한 설교 속에서 아주 중요한 항목이었지만, 인간에게 하나님의 은혜가 필요한가라는 문제를 제기하였다. 이 문제는 나중에 아우구스티누스의 논의로 인해서 친숙하게 된 용어들로 제기되었고, 그들의 입장은 은혜와 자유 의지가 함께 작용한다는 것이었다. 우리의 구원은 우리 자신 및 하나님으로부터 온다고 나지안주스의 그레고리우스는 분명하게 말하였다.[61] 선을 행하는 데에 하나님의 도움이 필수적이고, 선한 의지 자체가 하나님으로부터 온다면, 마찬가지로 주도권은 인간의 자유 의지에 있다는 것은 옳다.

이와 비슷하게, 크리소스토무스도 하나님의 도움이 없다면 우리는 선을 행할 수 없을 것이라고 가르친다;[62] 그럼에도 불구하고, 은혜가 주도권을 잡고 있긴 하지만, 은혜는 자유 의지와 협동한다(συμπράττει). 먼저 우리가 선을 원하고 선을 향하여 끌리기 시작한 후에, 하나님이 개입하여서 그 소원을 강화시키고 이루어지게 만든다. 그러나 이러한 것들은 피상적인 대답들이었다; 아우구스티누스의 출발점은 그들의 출발점들과는 달랐는데, 그들에게 이 문제를 철저하게 숙고하도록 기대하는 것은 불가능하였다. 그들이 사고했던 범주는 판이하게 달라서, 신적인 본성에의 참여, 성령의 능력에 의한 중생, 양자됨, 그리스도로 말미암은 새로운 창조 같은 개념들 — 이 모든 개념들은 신성화(θεοποίησις)라는 개념으로 귀결된다 — 에 의해서 주도되었다.

그들의 태도는 아타나시우스가 말하였다고 하는 다음과 같은 진술 속에 잘 나타나 있다:[63] "하나님의 아들은 사람의 아들들, 즉 아담의 아들들이 하나님의 아들들 …… 하나님의 생명에 참여하는 자들이 되게 하기 위하여 사람의 아들이 되었다. 따라서 그리스도는 본성상 하나님의 아들이고, 우리는 은혜로 말미암아 하나님의 아들들이 된 것이다." 알렉산드리아의 키릴루스도 동일한 말을 하였다:[64] "우리는 신적인 본성에 참여하는 자들이 되었고 하나님의 아들들이라고 불리고 있지만, 우리가 실제로 하나님의 아들들이라고 불리는 것은 단지 우리가 은혜로 말미암아 초자연적인 영광으로 높여졌기 때문만이 아니라 우리 안에 하나님이 거하시기 때문이기도 하다." 이렇게 인식된 은혜는 하나님과의 친교의 상태이고, 사람이 그것을 얻기 위하여 자신의 자유 의지를 사용해야 한다면, 그렇게 해서 이루어지는 복된 상태는 전적으로 하나님의 은사라는 것은 의심의 여지가 없다.

4. 아우구스티누스 이전의 서방 교회

주후 4세기의 라틴 교부들의 인간 본성에 관한 이론들을 알아보기 위해서, 우리는 주로 ― 유일하게는 아니지만 ― 암브로시우스와 그의 익명의 동시대인, 즉 에라스무스가 암브로시아스터(Ambrosiaster)라고 지칭하였던 로마의 주석가를 살펴보게 될 것이다. 이 두 사람은 아우구스티누스에게 영향을 미쳤을 것임에 틀림없고, 암브로시아스터는 몇 가지 점에서 아우구스티누스의 가르침을 미리 보여준 인물이었다.

첫째, 서방 교회의 일반적인 견해는 인간의 시원 상태는 초자연적인 복됨의 상태였다는 것이다. 힐라리우스에 의하면,[65] 인간은 불멸하도록 창조되었고, 하나님 자신의 복된 상태를 공유하도록 되어 있었다. 암브로시아스터는 아담의 몸은 원래 불멸하는 것이 아니었지만, 아담은 생명나무의 열매를 먹음으로써 그 몸이 지니고 있었던 죽음의 성향을 중단시켰다고 주장하였다.[66] 하지만 카파도키아 교부들을 잘 알고 있었고 그들로부터 영감을 받았던 암브로시우스는 이러한 인간의 시원 상태를 가장 휘황찬란한 색채들로 채색한 인물이었다. 아담은 "천상적인 존재"로서 천상의 공기를 숨쉬었고 인생의 염려들과 지루함들로부터 면제되어 있었다.[67] 하나님과 얼굴을 대면하고 대화하는 데에 익숙해져 있었던[68] 아담은 자신의 육체적인 욕구들을 주권적으로 통제할 수 있었다.[69] 아담은 하와와 더불어서 완전한 순수와 미덕의 빛을 발하였고,[70] 심지어 음식의 필요성으로부터도 면제되어 있었다.[71] 그러나 아담은 이러한 행복한 상태로부터 타락하여 단죄를 받고 정욕과 사망 속으로 떨어지게 되었다. 암브로시우스에 의하면,[72] 아담의 범죄의 근원적인 원인은 교만이었다: "아담은 자기 자신에게 부여되어 있지 않았던 그 무엇, 창조주와 동등하게 되는 것을 갖고 싶어했다." 암브로시아스터의 견해에 의하면,[73] 아담의 범죄는 우상 숭배와 유사했는데, 이는 아담이 어리석게도 자기가 하나님이 될 수 있다고 상상했기 때문이다. 아담은 마귀를 하나님으로 대우함으로써 스스로를 마귀의 권능 아래에 두었다.[74] 물론, 범죄한 것은 그의 영혼이었으나, 이 행위는 그의 육체를 타락시켰고, 죄는 육체 속에도 자리를 굳건히 잡았다. 이렇게 해서, 마귀는 인간의 육체를 장악하게 되었기 때문에, 그 이후로는 육체는 "죄의 육체"라고 지칭될 수 있었다.[75]

둘째, 인류와 아담의 연대성 및 그 개념이 수반하는 모든 것은 동방 교회에서보다는 서방 교회에서 훨씬 더 자세하게 인식되었다. 한 익명의 저자는 이렇게 썼다:[76] "확신컨대, 우리 모두는 첫 사람 안에서 범죄하였고, 그의 본성을 물려받음으로써 죄책(*culpae*)도 한 사람으로부터 모든 사람에게 유전되었다 …… 그러므로 아담은 우리 각자에게 있다. 왜냐하면, 아담 안에서 인간 본성 자체가 범죄하였기 때문이다." 암브로시우스는 "아담이 존재하였고, 그 안에서 우리 모두가 존재하였다; 아담이 망하였으며, 그 안에서 모든 사람이 망하였다"고 말한다;[77] 또한 암브로시우스는 한층 더 강력하게 이렇게 말하였다;[78] "아담 안에서 나는 타락하였고, 아담 안에서 나는 낙원으로부터 내쫓겼으며, 아담 안에서 나는 죽었다. 첫 사람 안에서 내가 죄책(*culpae obnoxium*)에 종속되었고 죽기로 작정되었던 것과 마찬가지로, 하나님이 내 안에서 아담을 발견하지 못한다면, 어떻게 하나님이 나를 회복시키시고 그리스도 안에서 의롭다고 하시겠는가?"

암브로시아스터의 가르침은 나중에 원죄론의 주축이 된 구절인 로마서 5:12에 대한 주석 — 비록 잘못된 읽기를 토대로 잘못 해석된 것이긴 하지만 — 에 의거하고 있는 것이기 때문에 특히 주목할 만하다. 사도 바울의 이 본문은 그리스어로 다음과 같이 되어 있다: "모든 사람이 범죄했다는 점에서 (ἐφ᾽ ᾧ) 사망이 모든 사람들에게 임했다"; 그러나 암브로시아스터가 사용하였던 고대 라틴어 역본은 "그 안에서(in quo) 모든 사람이 범죄하였다"라고 잘못 번역되어 있었다. 그런 까닭에, 우리는 암브로시아스터가 "그 안에서," 즉 아담 안에서 "모든 사람이 범죄하였다"라고 설명하고 있는 것을 발견하게 된다.[79] 그는 이렇게 설명하였다: "'그 안에서'가 가리키는 것은 성별(性別)이 아니라 인류이기 때문에 비록 남성으로 되어 있지만 여자를 포함해서 모든 사람이 아담 안에서 한 덩어리로(quasi in massa) 범죄하였다는 것을 말하고 있음이 명백하다. 왜냐하면, 아담 자신이 죄에 의해서 부패되었고, 그가 낳은 모든 자들은 죄 아래에서 태어났기 때문이다. 따라서 우리 모두는 아담으로부터 나왔기 때문에 아담으로부터 나온 죄인들이다."

　이러한 연대성의 실제적인 함의들은 과연 무엇인가? 위에서 인용한 암브로시우스의 글들 중에서 두 번째 본문은 인류가 아담의 실제적인 죄책으로 감염되어 있다는 것을 보여준다. 그러나 암브로시우스가 제시했던 더 일반적인 가르침은 죄가 지닌 부패력은 유전되지만, 죄책은 아담 자신에게만 해당될 뿐이고 우리에게는 전가되지 않는다는 것이다. 분명히 그 누구도, 심지어 태어난 지 하루 된 갓난아이조차도 죄(즉, 죄의 성향)가 없을 수는 없다;[80] 개인에 있어서는 나이가 들수록,[81] 인류에 있어서는 세대가 거듭될수록[82] 부패는 실제적으로 증가된다. 그러나 우리의 개인적인(propria) 죄들은 우리가 물려받은(haereditaria) 죄들과는 대비된다; 세례는 우리 자신이 지은 죄들을 제거해 주고, 세족식은 우리가 물려받은 죄들을 제거해 준다.[83] 『성례전에 관하여』(De sacramentis)에서(그가 이 저작의 저자라고 한다면) 그는 이와 동일한 흥미로운 구별을 하면서, "뱀의 독"은 발을 씻음으로써 없어진다고 말한다.[84] 그는 다른 곳에서[85] 이 유전적인 죄는 우리로 하여금 넘어지게 하는 상처이지만 심판의 날에 우리에게 아무런 염려도 불러일으키지 않는 상처라고 주장한다; 심판의 날에는 우리는 오직 우리가 개인적으로 지은 죄들에 대해서만 벌을 받게 될 것이다. 물론, 세례가 유아들에게도 필수적이다. 왜냐하면, 세례는 유아들에게 하나님 나라를 열어주기 때문이다.[86] 분명한 것은 그가 유전된 부패성을 적극적인 죄책이 아니라 죄에 대한 선천적인 소질(그가 사용한 표현은 *lubricum delinquendi* 이다)로 보았다는 것이다. 그는 시편 51:5("내가 죄악 중에서 출생하였음이여 어머니가 죄 중에서 나를 잉태하였나이다")에 의거해서 전이(轉移)의 순간을 물리적인 출생의 때로 규정한다.[87] 이렇게 해서, 그는 그리스도는 동정녀 수태로 말미암아서 유전적인 죄에 의한 감염을 피하였다고 주장할 수 있었다.

암브로시아스터의 견해에 의하면, 인간의 몸은 이러한 치명적인 유산(遺産)의 결과로서 죄의 먹잇감이 되었다; 사탄은 인간의 몸을 사로잡아서 자신의 뜻을 행하도록 강제할 수 있다.[88] 우리가 앞에서 보았듯이, 그 이유는 아담의 죄가 육체를 부패시켰고, 그 부패는 물리적 출생을 통해서 전이되었기 때문이다(*per traducem fit omnis caro peccati*[89]). 이렇게 해서 생겨난 죄들에 대해서 인간은 자기가 책임이 없다고 변명할 수 없다; 인간이 그러한 죄들을 어떤 의미에서는 원하지 않는 상태에서 범한다고 할지라도, 원래 아담 안에서 자기 자신을 마귀에게 종으로 내어준 장본인은 바로 인간이었기 때문이다.[90] 이와 동시에, 암브로시아스터는 죄에 대한 사람들의 종속성의 정도를 여러 등급으로 구별한다. 의심할 여지 없이, 대다수의 사람들은 아담의 본을 따라서 하나님을 멸시하는 죄를 범한다; 그러나 도덕법을 인정하고, 범죄할 때에도 하나님의 위엄에 대한 경외심을 유지한 채로 범죄하는 선한 사람들이 일부 있다.[91] 오직 전자에 속한 사람들만이 둘째 사망과 하층 지옥 또는 진정한 지옥에 가기로 되어 있고, 후자에 속한 사람들은 상층 지옥에 여전히 머물게 되는데 상층 지옥은 의인들에게는 사실 휴식의 장소(*refrigerium*[92])이다.

그러니까 암브로시우스에게 있어서나 암브로시아스터에게 있어서나 그들이 말하고 있는 요지는, 우리는 아담의 죄로 인해서 벌을 받는 것이 아니라 오직 우리 자신의 죄들로 인해서만 벌을 받는다는 것이다. 그의 말에 의하면,[93] "알다시피, 사람들은 출생의 사실에 의해서 죄책을 짊어지게 되는 것이 아니라, 자신의 악한 행동에 의해서 죄책을 지게 된다." 그러므로 세례가 필수적인 것은 유전된 죄책을 없애기 위해서가 아니라 우리를 사망으로부터 구원하고 하늘 나라의 문을 열어 주기 위해서이다.[94]

우리는 단지 이 두 사람의 견해만을 인용하였지만, 그들의 견해가 대표성을 띠고 있다는 것은 거의 의심의 여지가 없다. 이것과 관련된 은혜의 문제에 대해서는 인간의 자유 의지와 인간에게 하나님의 도움이 필요하다는 두 가지 진리가 주장되었고, 특히 후자가 점점 더 강조되고 있는 것을 우리는 보게 된다. 힐라리우스는 "우리는 하나님의 은혜에 의해서 도움을 받고 지도를 받아야 한다"라고 썼다;[95] 그러나 그는 하나님께로 나아가려는 최초의 조치는 우리 자신의 몫이라는 점을 분명히 한다. 하나님의 긍휼은 인간의 공로를 배제하지 않으며, 인간의 의지가 자신을 죄로부터 벗어나게 하는 데에 앞장을 서야 한다고 그는 다른 곳에서 지적한다.[96]

제롬은 "하나님은 부르시고, 우리는 믿는다"고 말한다.[97] 인간의 의지가 자유롭게 결정한 것을 완전하게 해 주는 것이 은혜의 역할이라고 말하는 것처럼 보인다; 그렇지만 우리의 의지는 하나님의 긍휼에 의해서만 우리 자신의 것이 된다.[98] 따라서 암브로시우스는 "모든 것 속에서 주님의 권능이 인간의 노력들과 함께 협동한다"고 분명하게 말한다;[99] 그러나 그는 또한 "우리의 자유 의지는 우리에게 미덕을 향한 성향 또는 죄에 이끌리는 소질 중 어느 하나를 준다"라고 말할 수도 있었다.[100] 많은 대목들에서[101] 그는 구원의 은혜는 오직 스스로 분발하여 노력하는 자들에게만 올 것이라고 적고 있다.

그렇지만 다른 분위기들 속에서는 — 비록 일관성이 결여되어 있기는 하지만 — 이러한 저술가들은 하나님에 대한 인간의 의존성에 대한 더 깊은 인식을 드러낸다. 예를 들면, 암브로시우스는 은혜는 공로에 대한 상급으로 수여되는 것이 아니라, "단지 주시는 자의 의지에 따라서" 수여되는 것이라고 말한다.[102] 그리스도인이 되고자 하는 어떤 사람의 결단은 실제로 하나님에 의해서 미리 준비되어진 것이라고 그는 설명한다;[103] 그리고 실제로 우리가 지니고 있는 모든 거룩한 생각은 하나님이 우리에게 주신 선물이다.[104] 암브로시아스터는 암브로시우스의 말에 동의하여[105] 은혜는 우리의 공로에 대한 상급으로서가 아니라 거저 허용되는 것이라고 말한다; 그리고 빅토리누스는 선을 행하고자 하는 의지 자체가 하나님의 역사(役事)이고, 그러한 의지가 생겨난 것은 하나님의 은혜의 역사에 기인한다는 것을 아주 분명하게 주장한다.[106]

5. 펠라기우스의 가르침

앞 장에서는 주후 4세기의 그리스도인들이 인간의 타락한 상태 및 그 결과로 하나님의 도움을 필요로 하게 되었다는 진리를 견고하게 붙잡게 있었을 뿐만 아니라, 그것과 아울러서 자유 의지 및 책임에 대한 끈질긴 믿음도 지니고 있었다는 것을 살펴보았다. 이 두 가지 개념 집합들은 반드시 서로 화해될 수 없는 것은 아니었지만, 그것들의 관계가 아주 정교하게 규정되지 않는다면 갈등은 불가피한 것이었다. 바로 이것이 주후 5세기 초에 등장한 상황이었다. 주후 396년에 씌어진 아우구스티누스의 저서인 『심플리키아누스에게』(*Ad Simplicianum*)가 입증해 주듯이, 아우구스티누스는 이미 당시의 그리스도인들 앞에 스스로를 구원하기 위해서 아무런 일도 할 수 없고 전적으로 하나의 은혜에 의존할 수밖에 없는 "죗덩어리"로서의 인류라는 개념을 제시해 놓고 있었다. 이것과 거의 동일한 시기인 주후 384년과 409년 사이에 엄격한 영국의 수도사(그는 어떤 수도회에도 속하지 않았지만, *monachus*는 헌신된 "하나님의 종"을 의미하였다)였던 펠라기우스는 이제 로마에서 유명한 교사가 되어 인간 본성에 관한 정반대의 가르침을 유포하고 있었다. 충돌은 불가피했고, 펠라기우스와 그의 제자 켈레스티우스(Celestius)가 주후 409년에 고트족 왕 알라릭(Alaric)이 침공하자 이탈리아를 떠나서 아프리카로 건너가 켈레스티우스가 카르타고에 정착하면서 이 충돌은 발생하였다.

펠라기우스는 일차적으로 도덕주의자로서 올바른 행실에 관심을 가지고 있었고, 인간 본성과 관련하여 도덕을 해체할 정도로 비관적인 관점들이라고 그가 여겼던 것에 의해서 충격을 받았다. 인간은 범죄할 수밖에 없다는 전제는 그에게 창조주를 모독하는 것으로 들렸다.[107] "주께서 명하시는 것을 주시고, 주께서 원하시는 것을 명하소서"(*da quod iubes et iube quod vis*)라는 아우구스티누스의 기도[108]는 특히 펠라기우스에게 괴로움을 주었다.[109] 왜냐하면, 이 기도문은 인간은 하나님의 은혜의 움직임들에 의해서 전적으로 결정되는 꼭두각시들이라는 것을 의미하는 것으로 그에게 보였기 때문이다. 이것에 반발하여 그가 세운 사상 체계 전체의 주춧돌은 무조건적인 자유 의지와 책임이라는 개념이었다. 인간을 창조하면서 하나님은 그 밖의 다른 피조물들과는 달리 인간을 자연법에 종속시키지 않았고, 인간에게 자신의 선택에 의해서 하나님의 뜻을 성취할 수 있는 유일무이한 특권을 주었다. 하나님은 인간 앞에 생명과 사망을 두고, 생명을 선택하도록 명하였지만(신 30:19), 최종적인 결정은 인간의 자유 의지에 맡겼다. 따라서 인간이 올바르게 행동하느냐, 아니면 잘못 행동하느냐 하는 것은 인간 자신에게 달려 있다; 선을 자유롭게 선택할 수 있는 가능성은 곧 악도 선택할 수 있는 가능성을 수반한다.[110] 행동 속에는 세 가지 특징이 존재한다고 그는 주장한다[111] — 능력(*posse*), 의지(*velle*), 실현(*esse*). 이러한 특징들 중 첫 번째인 능력은 오로지 하나님으로부터 오지만, 나머지 둘은 우리에게 속해 있다; 그런 까닭에, 우리가 어떻게 행동하느냐에 따라서 우리는 칭찬을 받을 수도 있고 책망을 받을 수도 있다.

그러나 펠라기우스가 이러한 자율성을 인간이 하나님의 주권의 영역으로부터 어느 정도 벗어나 있는 것으로 보았다고 생각하는 것은 잘못된 것이다. 그의 추종자들이 무슨 말을 했든지간에, 펠라기우스 자신은 그러한 주장을 전혀 하지 않았다. 이와는 반대로, 자유 의지에 대한 자신의 믿음과 아울러서, 펠라기우스는 사람들에게 어떻게 행하여야 하는지를 선포하면서 사람들 앞에 초자연적인 상급과 고통이라는 전망을 제시하는 하나님의 법이라는 개념을 가지고 있었다.[112] 인간이 선택의 자유를 향유하고 있다면, 그것은 창조주의 명백한 관대함 때문이므로, 인간은 그 자유를 하나님이 정하신 목적을 위해서 사용하여야 한다.

펠라기우스가 제시한 사상 체계의 나머지는 이러한 중심적인 사고와 논리적으로 잘 들어맞는다. 첫째, 그는 인간 의지가 타락의 결과로서 범죄하는 쪽으로 선천적인 편향성을 지니고 있다는 개념을 거부한다. 각각의 영혼은 하나님에 의해서 직접적으로 창조되기 때문에, 아담으로부터 전이된 원죄에 의해서 더럽혀진 세상 속으로 들어올 수가 없다고 그는 믿었다. 펠라기우스의 사상이 영혼은 몸과 마찬가지로 부모로부터 출생된다는 영혼 유전설(전이설)의 냄새를 풍기고 있는 것은 마니교의 사상과 마찬가지이다.[113] 그러나 그것이 참이라고 해도, 세례받은 부모들의 자녀들은 아담의 범죄로부터 자유로울 뿐만 아니라 그 부모의 성화(聖化)를 물려받는다는 의미를 이 이론은 수반하고 있는 것이 아닌가?[114] 어쨌든 인간 개개인의 죄들을 사하여 주시는 하나님은 분명히 다른 사람의 죄로 인해서 어떤 사람을 책망할 수는 없는 일이다.[115] 아담의 범죄는 분명히 재앙스러운 결과들을 가져왔다; 아담의 범죄로 인해서 육체적 사망과 영적인 사망이 들어왔고 불순종의 습관이 자리를 잡게 되었다. 그러나 불순종의 습관은 육체적인 유전에 의해서가 아니라 관습과 모범에 의해서 전파된다.[116] 그런 까닭에, 인간 속에는 나면서부터 존재하는 고유한 잘못이란 존재하지 않는다: "인간이 자신의 의지를 행사하기 시작하기 전에는 인간 속에는 오직 하나님이 창조하신 것만이 존재한다."[117] 세례와 관련된 펠라기우스의 가르침도 당연히 이것과 맥을 같이 하는 것이었다. 세례는 성인들에게는 치료적이고 중생적인 것이었지만, 유아들에 대한 세례의 효과는 순전히 축복적인 것이었다; 유아들이 세례를 주는 강물에서 받는 것은 영원한 생명이 아니라(암브로시우스 및 암브로시아스터와 마찬가지로, 그는 유아들은 이미 영생에 적합한 상태에 있다고 믿었다), "영적인 조명, 하나님의 자녀로서 양자되는 것, 하늘의 예루살렘의 시민권을 얻는 것, 그리스도에 의해서 거룩케 되고 그 지체가 되는 것, 하나님 나라를 물려받는 것"이었다.[118]

둘째, 펠라기우스는 선을 선택하도록 인간의 의지에 가해지는 그 어떤 특별한 압력이 존재한다는 주장도 거부한다. 사실 펠라기우스의 이러한 태도는 은혜를 하나님이 공급해주시는 순전히 외적인 도움들로 제한하는 것을 의미한다; 거룩함으로 이끄는 그 어떤 예정은 말할 것도 없고, 영혼에 작용하는 하나님의 그 어떤 특별하고 내적인 역사가 들어설 여지가 남아 있지 않게 된다. 펠라기우스가 은혜는 "매 시간과 매 순간만이 아니라 모든 행위 속에 반드시 필요하다"고 분명하게 말하였다는 것은 사실이다.[119] 또한 그는 은혜는 "하나님의 명령들을 수행하는 것을 더 수월하게 하기 위하여" 주어진다는 점을 인정하였다.[120] 그러나 여기에서 은혜라는 말을 통해서 그가 진정으로 의미했던 것은 ⒜ 자유 의지 자체, 또는 하나님이 우리를 창조하실 때에 우리에게 부여하셨던 범죄하지 않을 가능성;[121] ⒝ 우리에게 무엇을 행해야 할지를 가르치고, 영원한 상벌을 제시하는 이성을 통한 하나님의 법에 대한 계시;[122] ⒞ 이것이 악한 관습으로 말미암아 모호해진 후에는, 모세의 율법과 그리스도의 가르침 및 모범이었다.[123]

따라서 펠라기우스가 보기에는, 은혜는 주로 외부로부터(*ab extra*) 온다; 그것은 "지식의 은혜"이고,[124] 또는 아우구스티누스의 표현에 의하면,[125] "율법과 가르침"으로 이루어진 은혜이다. 그가 인정하는 유일한 예외는 세례와 고해 속에서 이루어지는 죄사함의 수여(물론, 성인들에게 주어지는)이다.[126] 또한 은혜는 모든 사람에게 동일하게 주어지기 때문에, 펠라기우스는 하나님이 일부 사람들에게 특별한 은혜를 베푸신다는 개념을 거부하였다; 하나님은 결코 "사람들을 수용(受容)하는 분"(acceptor of persons)이 아니다.[127] 오직 공로를 통해서만 사람들은 거룩함의 진보를 이룰 수 있고, 하나님의 예정은 하나님이 미리 내다보시는 사람들의 삶의 질에 따라서 엄격하게 적용된다.[128]

이러한 것들을 자신의 전제로 삼은 펠라기우스는 그러한 전제들 속에 논리적으로 함축되어 있는 결론, 즉 "사람은 원하기만 한다면 범죄하지 않고 하나님의 계명들을 준행할 수 있다"고 말하기를 꺼려하지 않았다.[129] 성경에도 "너희는 거룩하라 이는 나 여호와 너희 하나님이 거룩함이니라"(레 19:2), "하늘에 계신 너희 아버지의 온전하심과 같이 너희도 온전하라"(마 5:48[130]) 고 씌어 있지 않는가? 모든 공의의 아버지이신 하나님이 불가능한 것을 명령하였다고 생각하는 것은 불경한 짓이 될 것이다.[131] 당연한 말이지만, 그는 성경이 흠 없이 살아가는 삶들의 많은 모범들을 보여주고 있다고 주장하였다.[132] 이렇게 해서, 범죄하지 않고 살아갈 수 있다는(*impeccantia*) 펠라기우스의 엄격한 교리가 형성되었다.

그리스도인은 모든 법을 준행하여야 한다. 왜냐하면, "그리스도인은 말로가 아니라 행위로 보여주고, 모든 것 속에서 그리스도를 본받고 따르며, 거룩하고 무죄하며 더럽혀지지 않고 흠이 없으며, 마음속에는 악의가 없고 오직 경건과 선함만이 있으며, 그 누구도 해하거나 상처주기를 거부하고, 모든 사람에게 도움을 주는 사람이기 때문이다. '나는 그 누구에게도 상처를 주거나 해롭게 하지 않았고, 나는 모든 사람과 더불어 의롭게 살아왔다' 라고 말할 수 있는 사람이 바로 그리스도인이다."[133] 물론, 펠라기우스는 누구나 어린 시절부터 죽을 때까지 그러한 삶을 살 것이라고 생각하지는 않았다. 그가 상정한 것은 단번에 얻어지는 완전의 상태가 아니라, 의지의 끈질긴 노력들

에 의해서 얻어지고, 오직 점진적으로 점점 더 확장되고 유지될 수 있는 완전의 상태였다.[134]

흔히 펠라기우스의 가르침은 일종의 자연주의로 설명되지만, 이러한 명칭은 그 심오한 종교적 정신을 제대로 다루고 있지 않은 것이다. 펠라기우스의 가르침은 인간의 연약성에 대한 인식에 있어서 결함을 지니고 있긴 하지만, 하나님의 엄위하심, 하나님이 사람들에게 부여한 기이한 특권들과 놀라운 운명, 도덕법과 그리스도의 모범에 관한 주장들에 대한 강렬한 인식을 보여준다. 그렇지만 그 가르침이 지닌 일방성으로 인해서, 펠라기우스의 사상은 기독교에 대한 해석으로서는 심각하게 부적합한 것이 되었고, 이러한 부적합성은 펠라기우스의 제자들에 의해서 더욱 강화되었다. 예를 들면, 이 운동의 실제적인 지도자가 되었던 켈레스티우스는 더 유화적이었던 펠라기우스가 부드럽게 말하고자 하였던 자극적인 주장들을 더 부각시켜 강조하는 것을 자신의 방침으로 삼았다. 따라서 그는 원죄에 대한 부정을 전면에 내세워서, 아담은 원래부터 죽을 자로 창조되었기 때문에 그가 범죄하였든 안 하였든 그는 죽었을 것이라고 가르쳤다. 그는 어린아이들은 세례 없이도 영원한 생명에 적합한 자격을 갖추고 있다고 선언하였고(나중에 그는 더 조심스러운 문구들을 채택하였다), 은혜와 자유 의지는 서로 양립할 수 없다는 점을 강조하였다.[135]

이러한 합리화를 추구하는 성향은 펠라기우스적인 집단 속에서 가장 유능한 사상가였던 에클라눔의 율리아누스에 의해서 한층 더 강화되었다. 그에 의하면, 인간의 자유 의지는 인간으로 하여금 하나님에 대하여 완전히 독립적인 지위를 지닐 수 있게 해 주었다(*a deo emancipatus homo est*[136]). 하나님의 선하심을 자신의 주된 전제로 삼았던 율리아누스는 아우구스티누스의 가르침을 순수한 마니교 사상으로 간주하여 거부하였고,[137] 성적 본능에 대한 아우구스티누스의 부정적인 평가에 맞서서 성적 본능을 적당하게 누리는 것은 자연스럽고 무죄한 일이라고 주장하였다.[138]

그러한 도발적인 돌출 발언들 외에도, 펠라기우스주의는 인간 본성에 관한 지극히 환상적인 견해와 하나님에 대한 인간의 의존성에 관한 불충분한 인식으로 말미암아 비판을 초래하였다. 켈레스티우스는 주후 412년 초에 카르타고에서 단죄되었다. 그 밖의 단죄들이 주후 416년에 카르타고와 밀레움에서, 그리고 주후 418년에 카르타고에서 열린 아프리카 공의회에서 뒤를 이었다. 펠라기우스의 가르침은 주후 431년 7월 21일에 열린 에베소 공의회에서 최종적으로 파문되었다.

6. 아우구스티누스와 원죄

아우구스티누스는 펠라기우스 논쟁이 발생하기 오래 전에 인간 및 인간의 상태에 관한 자신의 이론을 자세하게 제시해 놓았었다. 그의 출발점은 창조주의 손에 의해서 만들어진 인간 본성에 관한 화려한 묘사였다; 그는 첫 사람 아담은 원래 의와 완전을 지니고 있었다고 본 당시의 증대되는 성향을 최고조로 끌어올린 인물이었다. 아담은 육체적인 질병으로부터 면제되어 있었고, 놀라운 지적인 은사들을 지니고 있었다고 그는 주장한다;[139] 아담은 칭의(稱義), 조명(illumination), 지복(至福)의 상태에 있었다. 아담이 계속해서 생명나무를 먹고 살았다면, 불멸은 그의 수중에 있는 것이었다.[140] 아담은 범죄할 수 없는 성향(아우구스티누스가 하늘에서 복된 자들이 누리는 참된 자유라고 여겼던 *non posse peccare*)이라는 의미에서가 아니라 범죄하지 않을 수 있는 성향(*posse non peccare*[141])이라는 의미에서 자유를 소유하고 있었다. 그리고 아담의 의지는 하나님의 명령들을 수행하는 데에 헌신되어 있는 선한 것이었다. 왜냐하면, 하나님은 아담의 의지에 미덕을 향한 확고한 소질을 부여하였기 때문이다.[142] 따라서 아담의 몸은 그의 영혼에 복종하였고, 그의 육적인 욕구들은 그의 의지에 복종하였고, 그의 의지는 하나님에게 복종하였다.[143] 이미 아담은 하나님의 은혜(*indumentum gratiae*[144])로 둘러싸여 있었고, 견인(perseverance), 즉 자신의 의지를 계속해서 올바르게 행사할 가능성이라는 특별한 은사를 허락받았다.[145]

그럼에도 불구하고, 성경이 기록한 대로 아담은 타락했다. 아우구스티누스의 설명으로부터 분명한 것은 잘못은 전적으로 아담 자신에게 있었다는 것이다. 하나님은 아담에게 모든 이점(利點)을 주었기 때문에 아담의 타락에 대해서 책임이 있을 수 없었다; 하나님이 아담에게 부과하였던 한 가지 금령, 즉 금지된 과실을 먹지 말라는 명령은 전혀 부담스러운 것이 아니었고,

아담의 욕구는 그 금령과 갈등을 일으키지 않았다.[146] 아담이 지닌 유일한 약점은 그의 피조성이었는데, 이것은 아담이 본성상 변할 수 있고 초월적인 선(善)으로부터 등을 돌릴 수 있는 소질을 지니고 있었다는 것을 의미하였다.[147] 모든 책임은 비록 선을 향한 소질을 지니고 있긴 했지만 자유하였기 때문에 악을 행할 가능성도 지니고 있었던 아담 자신의 의지에 있었음에 틀림없다. 아담의 자유 의지가 악을 행하기로 선택했을 때, 그 행위의 근저에 잠복해 있었던 동기는 교만, 자신의 주인인 하나님과 관계를 단절하고 스스로 자기 자신의 주인이 되고자 하는 욕망이었다. 자신의 영혼 속에 자아에 대한 이러한 교만한 만족, 자신의 존재의 목표를 하나님으로부터 자아로 대체하고자 하는 이러한 욕망이 없었다면, 아담은 결코 유혹하는 자의 말에 귀를 기울이지 않았을 것이다.[148]

첫 번째 범죄의 이러한 성격으로부터 그 죄가 지닌 흉악성이 도출된다. 이 범죄는 겉보기에는 사소해 보이지만, 잘 살펴보면, 신성모독(하나님의 말씀에 대한 불순종을 통해서), 살인, 영적인 음행, 절도, 탐욕을 내포하고 있었음을 우리는 알 수 있다.[149] 아담이 그 어떤 사람보다도 더 고결했고 이 범죄를 자행했던 의지는 유일무이하게 자유하였다는 점에 비추어 보면, 이 범죄는 우리가 생각할 수 있는 그 어떤 범죄보다도 더 악독한 것이었다.[150] 사실 아담의 범죄가 이토록 중대한 것이었기 때문에, 그 범죄는 온 인류의 파멸을 가져왔고, 그 자체로 죄악될 뿐만 아니라 죄인들을 양산해 내는 "파멸의 덩어리"(*massa damnata*)가 되었다.[151]

이렇게 아우구스티누스는 원죄의 실재성에 대하여 그 어떤 의심도 갖고 있지 않았다. 그는 원죄에 관한 성경적 증거를 창세기 외에도 시편 51편, 욥기, 에베소서 2:3,[152] 특히 로마서 5:12(이 구절을 그는 암브로시아스터와 마찬가지로 "그 안에서"라고 읽는다[153]), 요한복음 3:3-5[154]에서 발견한다. 또한 교회의 전통도 한결같이 원죄론을 지지하고 있다고 그는 확신하였고, 이것과 관련하여 에클라눔의 율리아누스를 설득시키기 위하여 교부 저작들 속에 나오는 일련의 증거들을 수집하여 열거하였다.[155] 유아들에게 세례를 줄 때에 축귀를 행하면서 엄한 어조로 마귀를 쫓아내는 관습도 그가 보기에는 유아들조차도 죄에 감염되어 있다는 긍정적인 증거였다.[156] 끝으로, 전체적으로 참담한 인간의 운명과 인간이 자신의 욕구들에 매여서 종노릇하고 있는 것도 원죄를 확실하게 말해주고 있는 것으로 보였다.[157] 자기보다 먼저 살았던 사람들과 마찬가지로, 아우구스티누스는 원죄의 감염은 육체적인 출생 행위에 의해서, 또는 그것에 수반된 성적인 관계에 따르는 육적인 흥분의 결과로서 — 세례받은 사람들의 경우에도 예외가 아닌 — 부모로부터 아이에게로 대물림된다고 믿었다.[158] 앞에서 이미 보았듯이,[159] 아우구스티누스는 영혼의 기원에 관한 이론에 있어서 영혼 유전설(전이설)과 여러 가지 형태의 창조설 사이에서 마음을 정하지 못했다. 전자가 옳다면, 원죄는 우리의 부모로부터 직접적으로 우리에게 전해진다; 후자가 옳다면, 새롭게 창조된 영혼은 몸 속으로 들어가는 순간에 더럽혀진다.[160]

아우구스티누스는 "옛적의 범죄"의 성격보다 이해하기가 더 어려운 것은 아무것도 없다고 말한 적이 있었다.[161] 그의 설명 속에는 따로따로 다루는 것이 좋을 두 가지 측면이 들어 있다. 첫째, 그가 보았듯이, 원죄의 본질은 아담의 왜곡된 선택에 대한 우리의 참여, 그리고 공동 책임에 있다. 아담이 범죄했을 때에 우리는 아담과 하나였고, 그렇기 때문에 아담 안에서 및 아담과 함께 범죄에 대한 의지를 가지고 있었던 것이 된다. 아우구스티누스의 표현에 의하면,[162] "그 한 사람의 잘못된 선택 속에서 모든 사람이 그 안에서 범죄했는데, 이는 모든 사람이 — 그 일로 인하여 각자 원죄를 물려받게 된 바 —그 한 사람이었기 때문이다." 죄는 의지의 문제이고(*nusquam nisi in voluntate esse peccatum*[163]), "모든 사람이 그때에 아담 안에서 범죄했는데, 이는 모두가 이미 그들을 출생할 수 있는 능력을 수여받고 있었던 그[아담]의 그 본성 안에서 그와 동일했기 때문이다."[164]

아우구스티누스 이전의 사람들도 우리와 아담의 연대성을 강조했지만, 우리가 아담의 악한 의지 안에서 아담과 공모한 것을 이토록 생생하게 묘사한 사람은 없었다. 아우구스티누스의 태도는, 죄가 의지에 있는 것이라면 유아들은 자유롭게 의지할 수 없기 때문에 원죄로부터 면제되어야 한다는 반론을 처리할 때에 가장 분명하게 드러난다. 아우구스티누스의 답변[165]은, 유아들의 원죄를 자발적이라고 말하는 것은 전혀 불합리하지 않는데, 이는 그 원죄가 그들의 최초의 부모의 자유로운 행위로부터 나왔기 때문이라는 것이다. 그 결과로서, 아우구스티누스는 원죄의 죄책(*reatus*)과 원죄가 우리의 본성에 가하는 악을 구별하긴 하지만, 우리에게 이 둘 모두를 전가시키는 것에 그 어떠한 모순도 발견하지 못한다. 실제로 세례를 통해서 제거하고자 하는 것은 바로 이 죄책이라고 그는 주장한다.[166]

둘째, 앞에서 본 것처럼 우리의 반역이기도 했던 아담의 반역의 결과로서, 인간 본성은 지독하게 상처를 입었고 훼손되었다. 아우구스티누스는 하나님의 형상이 우리 속에서 완전히 말살되었다는 "전적 타락"에 관한 교리를 역설하지 않는다. 타락한 인간은 비록 심각하게 변형되긴 했지만 여전히 고상하다:[167] "하나님의 형상을 간직하고 있는 이성의 불꽃이 완전히 소멸된 것은 아니었다."[168] 그럼에도 불구하고, 부패는 심각했다. 부패가 심각했다는 것을 보여주는 가장 분명한 징후는 인간 실존의 일반적인 비참한 상태 외에도 인간이 무지와 정욕과 사망의 종이 되었다는 것이다.[169] 아우구스티누스의 어휘 속에서 정욕이라는 말은 일반적으로 사람을 하나님으로부터 등을 돌리고 본질적으로 덧없는 물질적인 것들에서 만족을 구하게 만드는 모든 성향을 의미한다. 그러나 이러한 성향들 중에서 가장 폭력적이고 끈질기며 광범위한 것이 성적인 욕망이라고 그는 보았기 때문에, 실제적인 목적을 위해서 그는 정욕을 그러한 성향을 대표하는 말로 사용한다. 지금까지 많은 사람들이 그래 왔던 것처럼, 아우구스티누스가 사실상 원죄를 성적인 욕정과 동일시했다고 해석하는 것은 잘못된 것이다. 그가 죄의 열매이자 죄악된 것이라고 말한 우리의 육체적 본성 속에서의 이러한 무질서는 그 자체가 우리의 시원적인 고의적 반역의 산물이었다. 예를 들면, 이러한 무질서가 원죄와 동일하지 않다는 것은 세례는 원죄에 붙어있는 죄책(*reatus*)을 제거해 주지만 우리의 지체들 속에 있는 원죄의 실체(*actus*)를 없애 주지는 않는다는 사실에서 드러난다.[170] 그렇지만 이러한 동일시를 하기가 쉽다. 왜냐하면, 아우구스티누스는 고삐 풀린 성적 욕망이 인간 존재들 속에서 만들어 내는 파괴적인 행위들에 탐닉하였던 것으로 보이기 때문이다. 아무리 순결한 사람들일지라도 결혼을 하였든 하지 않았든 낙원에는 존재하지 않았던 비극적인 전쟁이 자신의 내부에서 벌어지고 있다는 것을 알고 있다고 그는 말한다.[171] 하나님에 의해서 제정된 결혼은 그 자체가 죄악된 것은 아니다; 그러나 인류가 지금 알고 있는 결혼은 인간이 순수했을 때에는 알지 못했던 성적 쾌락과 분리될 수 없는 것으로 보인다.[172] 이 점에 비추어 볼 때, 구주가 순수한 동정녀에서 태어나기로 선택한 것은 이러한 정욕의 오염을 피하기 위한 것이었다.[173]

또한 아담 안에서의 우리의 타락의 부산물로서 우리는 아담이 누렸던 자유(*libertas*), 즉 죄를 피하고 선을 행할 수 있는 자유를 상실하였다. 그렇기 때문에, 그 이후로는 우리는 하나님의 은혜 없이는 죄를 피할 수 없고, 한층 더한 특별한 은혜 없이는 우리는 선을 이룰 수 없다. 이러한 말을 통해서 아우구스티누스가 전달하고자 의도했던 것은 우리가 자유 의지(*liberum arbitrium*)를 박탈당했다는 것이 아니다. 그의 언어[174]는 종종 이것을 주장하는 것처럼 보이지만, 그의 통상적인 가르침[175]은 우리는 우리의 자유 의지를 손상되지 않은 채로 보유하고 있지만 중생되지 않은 상태에서는 자유 의지를 잘못을 행하는 데에만 사용할 수밖에 없다는 것이다. 이런 의미에서, 그는 "범죄할 수밖에 없는 잔혹한 필연성"이 인류 위에 드리워져 있다고 말하였다.[176] 이 말을 통해서 그가 의도한 것은 우리의 의지가 어떤 물리적이거나 형이상학적인 숙명에 잡혀 있다는 것이 아니라, 우리의 선택권은 여전히 자유롭지만, 우리는 심리적인 사실의 문제로서 자발적으로 그릇된 길들만을 선택한다는 것이다. 따라서 아우구스티누스는 생애 말기에 구약 및 신약성서에 나오는 몇몇 성인들은 죄를 범함이 없이 살아갈 수 있었다는 펠라기우스의 주장을 강하게 반박하였다; 펠라기우스의 주장이 틀렸다는 것은 모든 사람이 주기도문 속에서 "우리의 죄를 사하여 주옵시고"라고 기도할 수밖에 없다는 사실에 의해서 입증된다고 그는 주장한다.[177] 아우구스티누스가 인류 전체가 "일종의 죗덩어리(*massa*)" 또는 "전체적으로 파멸의 덩어리"를 이루고 있어서 그리스도의 은혜가 없다면 영원한 저주를 받을 운명에 처해 있다고 본 것은 전혀 이상한 일이 아니다.[178] 세례의 유익을 받지 않고 죽은 아무 힘 없는 어린이들조차도 마귀에게 이끌려 영원한 불 속으로 던져진다[179] — 물론, 그들이 받는 고통은, 자기가 물려받은 죄책에다 그들 자신의 죄까지 더한 어른들의 고통에 비해서는 비교적 가벼울 것이지만.[180]

7. 은혜와 예정

인간의 곤경에 관한 이러한 암울하고 비관적인 묘사에 비추어 보면, 우리
는 아우구스티누스가 펠라기우스주의를 반대한 것을 쉽사리 이해할 수 있
다. 아우구스티누스에게 은혜는 절대적으로 필요한 것이었다: "하나님의 도
움이 없이는 우리는 자유 의지로 이생의 유혹(시험)들을 이겨낼 수 없다."[181]
우리로 하여금 율법의 계명들을 준행할 수 있게 해 주는 생명을 주는 성령이
우리에게 없다면, 율법의 문자는 오직 죽이는 것이 될 뿐이다.[182] 그리고 은혜
는 펠라기우스주의자들이 인정했던 순전히 외적인 도움들에 국한될 수 없
다. 하나님의 은혜가 우리 안에서 역사하지 않는다면, 우리는 심지어 선한
것에 대한 열망조차 가지기 시작할 수 없다. 그러므로 하나님은 사람들의 마
음속에서 "기이하고 말로 표현할 수 없는 내적이고 은밀한 권능"을 행하신
다.[183] 아우구스티누스에게 있어서 이러한 은혜의 권능은 사실상 그가 "은사"
(*donum*[184])라고 말하기를 즐겨하였던 성령의 임재였다.

성령이 우리의 연약함을 돕는다고 그는 분명하게 말한다.[185] 그는 은혜를
몇 가지 측면에서 바라보았다. 첫째, "선행적 은혜"(시 59:10에서 가져온 말:
"주의 인자하심이 내 앞서 가시리니 ― 라틴어로 *praeveniet*")가 있는데, 이
것을 통해서 하나님은 우리의 영혼 속에서 우리로 하여금 선한 것을 생각하
거나 열망하거나 의지하도록 주도하신다.[186] 또한, "협력적 은혜"가 있는데,
이것을 통해서 하나님은 분발된 우리의 의지를 돕고 협력하신다.[187] 또한,
"충분한 은혜"(또는 *adiutorium sine quo*)와 "효과적 은혜"(*adiutorium
quo*)가 있다. 전자는 아담이 낙원에서 소유하였던 것으로서 아담으로 하여
금 자유 의지를 사용하여 미덕을 실천하고 보존할 수 있게 해준 은혜이다.
후자는 하나님 나라가 허락된 성도들이 하나님이 그들에게 기대한 것을 의
지하고 행할 수 있도록 주어진다.[188]

그러나 어떤 종류의 은혜이든, 은혜는 모두 하나님의 자유로운 선물이다
(*gratia dei gratuita*).[189] 선한 행위들은 그 자체가 은혜의 결과이기 때문에,
사람들은 자신이 행하는 선행으로 말미암아 하나님의 은혜를 얻을 수 있는
것이 아니다: "은혜는 공로들을 수여하지만, 공로들에 대한 상급으로 수여되
는 것이 아니다."[190] 하나님의 도움 없이는 그 어떤 가치 있는 행위도 행해질
수 없고,[191] 심지어 믿음의 최초의 행위들조차도 하나님에 의해서 우리의 마

음속에서 촉발된다.[192]

하나님의 구원 사역을 이러한 빛 아래에서 바라본 아우구스티누스는 자유 의지와 예정이라는 더 폭넓은 문제들에 부딪치게 된다. 전자의 문제가 일어나게 되는 것은 은혜가 (a) 인간의 의지 속에서 일어나는 선을 향한 모든 분발을 미리 내다보고 실제로 개시시키며 (b) 하나님의 전능하신 의지의 표현인 은혜가 인간의 의지에 앞서 모든 것을 행해야 하기 때문이다. 이러한 이론에 의하면, 우리는 통상적인 의미에서의 자유 의지가 들어설 여지가 과연 남아있는가라는 의문을 피할 수 없게 된다. 아우구스티누스의 해법은 여러 단계로 나누어서 설명될 수 있다.

첫째, 자유로운 선택(*liberum arbitrium*)이라는 의미에서 인간은 언제나 자유롭다, 즉 인간은 자기가 추구하고자 하는 경로를 자유롭게 선택할 수 있다고 그는 주장한다; 그러나 인간의 의지는 어떤 동기들 위에서 활동하고 몇몇 동기들이 인간의 의지에 저항할 수 없을 정도의 압력을 가할 수 있기 때문에, 인간에게 "실제적으로 주어지는 선택"의 범위는 인간이 어떤 부류의 인간인가에 의해서 제한된다. 예를 들면, 정욕의 분위기 속에서 숨쉬고 살아가는 타락한 인간은 이론상으로는 자유 의지를 지니고 있지만 당연히 오직 죄악된 행위들만을 선택한다. 이러한 관점에서 볼 때, 은혜는 인간의 자유 의지를 치유하고 회복함으로써, 인간의 선택 범위를 확장시켜주고 악한 선택의 체계를 선한 선택의 체계로 대체시켜 준다.[193]

둘째, 아우구스티누스는 하나님의 전능한 의지가 은혜로 말미암아 우리의 의지에 작용할 때에 그것은 저항할 수 없는 것이라는 점을 인정한다. 그러나 그는 하나님은 우리의 의지를 통해서 역사하기 때문에, 그 결과는 우리의 의지들이 자유롭고 자발적으로 선한 것을 원하게 된다는 것을 지적한다.[194] 더 분명하게 말하면,[195] 하나님은 어떠한 동기들의 영향 아래에서 이 의지 또는 저 의지가 하나님이 그것과 관련하여 의도하는 것에 자유롭게 동의할 것인지를 미리 알기 때문에, 이러한 지식에 따라서 일들을 처리해 나가신다. 따라서 은혜는 각 사람의 상황과 성품에 맞춰서 이루어지고, 아우구스티누스는 은혜의 모든 권능에도 불구하고 은혜를 받아들이느냐 또는 거부하느냐는 받는 자의 의지에 달려 있다고 주장할 수 있었다.[196]

그러나 셋째로, 우리는 아우구스티누스가 자유 의지(*liberum arbitrium*)와 자유(*libertas*)를 구별하였다는 것을 상기하여야 한다. 자유는 선하게 사용된 자유 의지로서, 죄와 유혹으로부터 해방되어 있는 사람은 온전한 의미에서 자유롭다; 그는 하나님이 그에게 살기를 원하는 삶을 사는 데에 자유롭다.[197] 아담이 누렸던 자유의 첫 번째 단계는 범죄하지 않을 수 있는 그런 자유였다; 성도들이 하늘에서 누리게 될 자유의 마지막 단계는 범죄할 수 없는 그런 자유이다.[198] 이러한 의미에서 은혜와 자유 간에는 서로 아무런 모순도 존재할 수 없을 뿐만 아니라, 자유를 수여하는 것은 바로 은혜라는 말이 성립된다. 인간의 자유 의지는 하나님에게 가장 완전하게 순종할 때에 가장 완전하게 존재하게 된다. 왜냐하면, 참된 자유는 그리스도를 섬기는 데에 있기 때문이다.[199]

이제까지 우리는 예정론이라는 문제에 대해서는 단지 암시만 했을 뿐이다. 은혜가 주도권을 쥐고 있고, 그것과 별개로 모든 사람들이 하나의 파멸의 덩어리(*massa damnata*)를 형성하고 있기 때문에, 하나님은 누가 은혜를 받고 누가 받게 되지 않을지를 결정한다. 아우구스티누스는 성경을 토대로 하나님이 이것을 영원 전부터 결정하셨다고 믿는다.[200] 택함 받은 자의 수는 엄격하게 제한되어 있는데, 그 수는 타락한 천사들을 대체하는 데에 필요한 수 이상도 이하도 아니다.[201] 그래서 아우구스티누스는 "하나님은 모든 사람이 구원받기를 원하신다"(딤전 2:4)는 본문을 왜곡해서[202] 하나님이 모든 종족과 유형의 사람들을 대표하는 모든 택함 받은 자들의 구원을 원하신다는 것을 의미하도록 만들지 않을 수 없었다. 은혜가 주어질 자들을 하나님이 선택하시는 것은 결코 그들의 미래의 공로들에 대한 하나님의 예지(미리 아심)에 의거한 것이 아니다. 왜냐하면, 그들이 행하고자 하는 모든 선행들이 그 자체로 은혜의 열매일 것이기 때문이다. 하나님의 예지와 관련하여 하나님이 미리 아시는 것은 하나님 자신이 무엇을 행할 것인지에 관한 것이다.[203]

그렇다면, 어떻게 하나님은 저 사람이 아니라 이 사람을 의롭다고 하시기로 결심하게 되는 것인가? 결국 이와 같은 고민스러운 질문에 대한 대답은 있을 수 없다. 하나님은 구원하고자 하시는 자들에게 긍휼을 베푸시고 그들을 의롭다고 하신다; 하나님은 긍휼을 베풀고자 하지 않는 사람들을 완악하게 하시고, 그들이 긍휼을 받을 만한 조건들 속에서 그들에게 은혜를 주시지 않는다. 이것이 편애처럼 보인다면, 우리는 모든 사람이 정죄받는 것이 어쨌든 마땅하고, 하나님이 그 중 일부를 구원하고자 결심한다면, 그것은 말로 표현할 수 없는 긍휼하심의 행위라는 것을 기억하여야 한다. 여기에는 분명히 깊은 신비가 담겨 있지만, 우리는 하나님이 "인간의 계산으로는 도저히 셈할 수 없는 비밀스러운 공의"에 비추어서 결정을 내리신다는 것을 믿어야 한다.[204]

그러므로 아우구스티누스는 어떤 사람들은 영원한 사망과 정죄로 예정되어 있다고 거리낌 없이 말할 수 있었다;[205] 분명히 그들 중에는 부르심을 받고 세례를 받았지만 견인의 은혜가 주어지지 않았던 고상한 그리스도인들이 포함될 것이다.[206] 그러나 아우구스티누스가 자주 말하는 것은 —"장차 구원받을 자들을 가장 확실하게 구원해 줄 특전들에 대한 하나님의 준비와 예지" 속에 있는 — 성도들의 예정이다.[207] 이러한 사람들만이 견인의 은혜를 받고, 심지어 그들이 태어나기 전에도 그들은 하나님의 아들들로서 결코 망할 수 없다.[208]

8. 서방 교회에서의 해결

교황 조시무스(Zosimus)가 서신(*Epistula tractoria*[209])을 통해서 재가한 카르타고 공의회(418년)는 펠라기우스주의를 단호하게 불법으로 단죄하였다. 거기에서 역설한 주된 요지들은 다음과 같은 것들이었다: (a) 죽음은 인간 본성에 필수적으로 붙어 있는 악이 아니라 아담의 죄로 인해서 인간 본성에 부과된 형벌이었다; (b) 아담으로부터 대물림 된 원죄는 모든 사람 속에 현존하고, 이러한 죄의 감염으로부터 깨끗하게 되려면, 갓 태어난 어린아이들도 세례를 받아야 한다; (c) 은혜는 단순히 우리가 어쨌든 자유 의지에 의해서 행할 수 있는 것을 더 쉽게 할 수 있도록 하기 위하여 우리에게 주어지는 것이 아니라, 절대적으로 필수불가결한 것인데, 이는 주님이 "나 없이는 너희가 아무것도 할 수 없다"고 말씀하셨기 때문이다.

에클라눔의 율리아누스 같은 사람들은 이 논쟁을 더 길게 끌어가고자 애썼지만, 이러한 명제들이 널리 받아들여짐으로써, 그들의 노력은 수포로 돌아갔다. 한편 아우구스티누스는 교회가 자신의 독특한 가르침을 온전하게 비준하였다고 주장할 수 없었다. 앞으로 보게 되겠지만, 동방 교회에 관한 한, 아우구스티누스의 사상은 주목할 만한 영향력을 끼치지 못하였다. 서방 교회, 특히 남부 갈리아 지방에서는 카르타고 공의회를 열렬하게 지지했던 사람들을 포함해서, 아우구스티누스가 제시한 명제들 중 일부가 전혀 구미 에 맞지 않는다고 생각했던 많은 사람들이 있었다. 그들에게 구미가 맞지 않 는 것으로 생각했던 명제들 중에서 주요한 것으로는, 인간의 의지는 자유하 긴 하지만 타락한 상태에서는 선을 선택할 수 없다는 주장과, 아우구스티누 스의 예정론 속에 내재해 있는 것으로 보였던 운명론이었다.

주후 17세기 이래로 반(半)펠라기우스주의자들이라고 다소 고약하게 불렸 던 사람들의 관점을 우리는 아우구스티누스의 서신 속에서 얼핏 엿볼 수 있 다. 하드루메툼(Susa)에서 은혜는 자유 의지를 대체하는 것이라기보다는 돕 는 것으로 여겨져야 한다는 주장이 제기되었다.[210] 남부 갈리아 지방에서는, 다른 점들에서는 아우구스티누스의 추종자들이었던 아키텐의 프로스페르 (Prosper of Aquitaine)와 동료 평신도였던 힐라리우스 같은 사람들로부터 아 우구스티누스의 예정론은 도덕적인 노력을 마비시키고 마니교와 같은 운명 론에 접근하고 있다는 취지의 불만들이 쏟아졌다.[211] 펠라기우스는 더 이상 논쟁이 없이도 분명하게 반박될 수 있었다.[212] 잘 알다시피, 모든 사람은 아담 안에서 범죄하였고, 그 누구도 자기 자신을 구원할 수 없지만,[213] 믿음 (*credulitas*)의 최초의 움직임은 죄인 자신의 것이다.[214] 은혜는 구원을 원하기 시작한 사람들을 돕는 것은 분명하지만, 그 의지를 심어 주지는 않는다.[215] 아 우구스티누스의 이론은 하나님은 모든 사람이 구원받기를 원하신다(분명히, *omnes omnino, ut nullus habeatur exceptus*)는 성경의 말씀을 거의 제대로 다루고 있지 못하다.[216]

이 사상 학파의 가장 유능한 대표자는 저 유명한 마르세유의 수도사였던 요한 카시아누스(John Cassian)였다. 그는 펠라기우스주의를 반대하는 일에 는 단호했지만, 아우구스티누스에 대해서도 다음과 같은 점들을 공격하였 다. 첫째, 어떤 경우에는(예를 들면, 사도 마태와 사도 바울의 경우) 선한 의 지의 최초의 단초들은 분명히 하나님으로부터 오지만, 어떤 경우에는(예를 들면, 삭개오의 경우) 선한 의지의 단초들이 사람 자신의 의지에서 시작되고, 하나님은 그 단초들을 견고케 하고 강화시키신다.[217] 둘째, 타락의 재앙스러운 효과들에도 불구하고, 아담은 선에 관한 지식을 여전히 보유하고 있었다.[218] 셋째, 그러므로 인간의 의지는 죽은 것이라기보다는 병든 것이다;[219] 은혜의 기능은 인간의 의지를 회복시키고 돕는 것이기 때문에, "협동"(cooperation)으로 정의될 수 있다.[220] 하나님의 도움 없이는 인간의 의지는 덕스러운 행위들을 완성할 수 없지만,[221] 종종 하나님은 인간이 느슨해지는 것을 막기 위하여 자신의 은혜를 보류하신다.[222] 넷째, 하나님은 모든 사람이 구원받기를 원하시기 때문에, 망하는 자들은 하나님의 뜻에 반하여 망하는 것임에 틀림없고, 그러므로 하나님의 예정은, 우리의 행위의 성질이 장래 어떻게 될지를 하나님이 미리 아신다는(즉, *post praevisa merita*[223]) 관점에서 이해되어야 한다.

반(半)펠라기우스주의는 그것이 지닌 명백한 매력들과 레이랭스의 빈켄티우스(Vincent of Lerins) 같은 사람들의 지지에도 불구하고 결국 파국을 맞게 되어 있었다. 반펠라기우스주의는 그것이 지닌 펠라기우스주의에 대한 의심스러운 편향성으로 말미암아 불가피하게(그러나 부당하게) 고통을 겪을 수밖에 없었지만, 그 운명을 결정적으로 규정한 것은 서방 교회에서 점점 증대된 아우구스티누스의 강력한 영향력이었다. 아우구스티누스가 제시한 명제들 중 일부, 특히 은혜에 대하여 저항할 수 없다는 믿음과, 예정에 관한 엄격한 해석은 암암리에 탈락되었지만, 대체로 서방 교회를 지배하였던 것은 그의 가르침이었다. 아우구스티누스의 교리가 여러 단계를 거쳐서 승리를 거두게 된 과정들을 추적하는 일은 본서의 범위를 벗어나는 일이다.

여기서는 (프랑스 남부) 오랑주(Orange: 529년) 공의회에서 다음과 같은 명제들이 정립되었다는 것만을 말해 두는 것으로 충분할 것이다:[224] (a) 아담의 범죄의 결과로서 사망과 죄는 둘 다 아담의 모든 후손들에게로 전이되었다; (b) 이에 따라서 인간의 자유 의지는 은혜에 의해서 촉발되고 도움을 받지 않는 한 하나님을 믿거나 사랑할 수 없을 정도로 왜곡되고 약화되었다; (c) 구약성서에 나오는 성인(聖人)들의 공로는 그들이 어떤 자연적인 선을 소유하고 있었기 때문이 아니라 오로지 은혜에 기인하는 것이었다; (d) 적절한 노력만 한다면, 세례의 은혜는 모든 그리스도인들로 하여금 그리스도의 도움과 협력하에서 구원에 필요한 의무들을 수행할 수 있게 해 준다; (e) 악에 대한 예정은 혐오스러운 가르침으로서 파문되어 마땅하다; (f) 모든 선한 행위에서 첫 번째 충동은 하나님으로부터 오고, 우리로 하여금 세례를 구하고, 여전히 하나님의 도움을 받아서 우리의 의무들을 수행할 수 있도록 부추기는 것은 바로 이 충동이다.

9. 주후 5세기의 동방 교회

그동안에 동방 교회에서의 사상들의 발전은 서방 교회에서 일어났던 것에 의해서 거의 영향을 받지 않은 채 전통적인 노선들을 따랐다. 알렉산드리아의 키릴루스는 당시에 동방 교회를 지배하였던 더 낙관적인 전망에 대한 좋은 예를 제공해 준다. 그에 의하면, 아담은 자신의 범죄함으로 인해서 자신의 이성적 본성과 아울러서 자기 속에 있는 하나님의 형상을 이루고 있었던 비부패성(썩지 않음)을 상실하고,[225] 정욕의 먹잇감이 되어버렸다.[226] 이렇게 해서, 사망과 부패가 세상에 들어 왔고, 아담의 후손들은 그들 자신들도 아담과 마찬가지로 육적인 정욕들의 희생물들이 되어 범죄하고 있다는 것을 스스로 깨닫게 되었다.[227] 그러나 먼저, 키릴루스는 "아담의 범죄"를 "우리를 지배하는 죄," 즉 아담의 범죄의 결과인 정욕(concupiscence)과 구별하는 것으로 보인다.[228] 그는 우리가 죄악된 이유, 즉 죄에 대한 소질을 지니고 있는 이유는 우리가 아담 안에서 실제로 범죄했기 때문이 아니라(우리는 그때 태어나지조차 않았기 때문에 이것은 당연한 말이다) 아담의 죄로 인해서 우리가 물려받은 본성이 부패되었기 때문이라고 조심스럽게 설명한다.[229] 둘째, 그는 우리 속에 있는 하나님의 형상이 완전히 파괴된 것이 전혀 아니라고 전제한다.[230] 특히 정욕들의 힘은 말할 것도 없고 우리의 자유 의지도 억제되지 않았다.[231] 그럼에도 불구하고, 우리는 말씀 자신의 구원하시는 도움 없이는 하나님의 형상(즉, 비부패성)을 온전히 회복할 수 없다.[232]

주요한 대표자들인 테오도루스와 테오도레투스를 놓고 판단해 보건대, 이러한 가르침의 변형들이 안디옥 학파에서도 통용되고 있었다 — 물론, 개인주의에 대한 강조가 병행되고 있었지만. 전승은 테오도루스(Theodore)를 동방의 펠라기우스, 즉 원죄의 실재성을 부정하는 글을 쓴 저자로 낙인찍어 왔다;[233] 그러나 동방 교회의 태도 전체를 펠라기우스주의적이라고 치부해 버리지 않는 한, 테오도루스의 진정한 저작들 속에는 소위 펠라기우스적인 특징을 보여주는 흔적들이 있다고 해도 극히 적다. 테오도루스를 헐뜯는 자들에 의한 비난을 밑받침하기 위하여 열거된 증거들은 변조된 것이 아닌가 의심된다. 실제로 그는 아담의 반역의 결과로서 사망과 죄가 온 인류에게 전이되었다는 널리 퍼진 견해를 공유하였던 것으로 보인다.[234]

또한 테오도레투스(Theodoret)도 아담은 자신의 범죄로 말미암아 죽을 수밖에 없는 존재가 되었고 자기 자신과 마찬가지로 자손들까지도 사망과 정욕과 죄에 종속되는 위험에 빠뜨렸다고 분명하게 말한다.[235] 이 두 사람은 거의 동일한 단어들을 사용해서 인간 본성의 훼손은 죄를 향한 강력한 편향(ῥοπή)에 있다는 점을 말하고 있는데,[236] 이 말이 담고 있는 함의는 사람들의 실제적인 죄들은 불가피한 것이 아니기 때문에 비난받아 마땅하다는 것이다. 테오도루스는 인간의 첫 조상들의 죄의 결과들을 물려받긴 했지만 우리는 그들의 죄책에 참여하고 있는 것은 아니라고 확신하였다;[237] 테오도레투스는 로마서 5:12에 나오는 ἐφ’ ῷ를 “그 안에서”가 아니라 “때문에”를 의미하는 것으로 올바르게 해석해서, “우리 각자는 우리의 첫 부모의 죄 때문이 아니라 자기 자신의 죄 때문에 사망의 선고를 받는다”라고 주장한다.[238] 유아들이 세례를 받는 이유는 그들이 실제로 “죄를 맛보았기” 때문이 아니라 세례가 보증해 주는 미래의 축복들을 확보하기 위한 것이다.[239] 또한 그는 많은 사람들이 이 은혜의 시대에서 죄악된 삶을 영위하고 있는 것과 마찬가지로, “큰 죄들을 이긴” 아벨, 에녹, 노아 같은 구약성서의 영웅들이 있었다고 주장한다.[240]

테오도루스는 사람들 속에 이성적 존재들에게 존재하는 하나의 속성인 자유 의지가 존재하고 있다는 점을 매우 강조한다.[241] 따라서 우리는 죄에 대한 분명한 성향을 지니고 있지만, 영혼은 선에 대한 분명한 지식을 항상 지니고 있고, 선을 선택할 수 있는 능력을 지니고 있다. 그러나 우리의 현재의 상태로부터 하나님이 우리를 위하여 예비해 두신 복된 삶으로 건너가고자 한다면, 우리는 그 복된 삶을 하나님으로부터 선물로 받아야 한다.[242]

테오도레투스의 견해[243]는 모든 사람은 은혜를 필요로 하고 은혜 없이는 미덕을 향한 길로 발걸음을 내디디는 것이 불가능하지만, 인간의 의지는 은혜와 협력하여야 한다는 것이다. 그는 이렇게 쓴다:[244] "우리의 노력과 하나님의 도움, 이 두 가지가 모두 필요하다. 아무런 노력도 하지 않는 자들에게 성령의 은혜가 주어지지 않고, 그러한 은혜 없이는 우리의 노력은 미덕이라는 상(賞)을 움켜쥘 수 없다." 그러나 동일한 문맥 속에서, 그는 우리의 애씀은 우리의 믿음과 마찬가지로 하나님의 선물이고, 이러한 인식은 자유 의지를 무효화시키는 것이 아니라 단지 은혜가 결여된 의지는 그 어떤 선도 이룰 수 없다는 것을 강조할 뿐이라고 말한다.

제 14 장

그리스도의 구원 사역

1. 구원론의 단초

주후 4세기와 5세기 초의 구원론을 이해하고자 하는 연구자들은 삼위일체와 성육신에 관한 오늘날의 신학이 보여주는 정교하게 짜여진 종합들과 같은 그 무엇을 발견하기를 기대한다면 크게 실망하게 될 것이다. 삼위일체와 성육신이라는 두 분야에 있어서는 교회는 논쟁을 통해서 꽤 정확한 정의를 이끌어낼 수 있었던 반면에, 구속(救贖)과 관련된 분야는 안셀무스(Anselm)가 『왜 하나님이 사람이 되었는가?』(*Cur deus homo*; 1097년경)라는 저서를 통해서 이 주제를 집중적으로 조명하였던 주후 12세기가 되기까지는 여러 경쟁적인 학파들을 위한 전투장이 되지 못했다. 안셀무스는 겉보기에 서로 관련이 없고 심지어 상호 양립할 수 없는 것처럼 보이며 종종 동일한 신학자들에 의해서 나란히 주장되거나 공존한 다양한 이론들을 헤쳐 나가면서 자신의 길을 개척하지 않으면 안 되었다.

구원론과 관련된 다양한 이론들 중에서 특히 세 가지가 중요한데, 우리가 논의의 첫머리에서 이 세 가지 이론을 살펴본다면, 논의의 초점을 분명히 하는 데에 도움이 될 것이다. 첫째, 구속을 성육신과 결부시킨 이른바 "성육설" 또는 "신비설"(우리는 이미 이것을 이레나이우스에게서 만난 적이 있다[1]) 이 있었다. 이 이론에 의하면, 인간의 본성은 그리스도가 사람이 된 바로 그 행위에 의해서 거룩하게 되고 변화되고 고양되었다고 한다. 아주 올바른 것은 아니지만 흔히 그리스 특유의 이론이라고 말해지는 이 이론은 부패와 사망을 타락의 주된 효과들로 여겼던 그리스의 경향과 잘 부합하였다. 엄격한 형태의 이 이론은 실재하는 보편자들에 관한 플라톤의 가르침[2]을 흡수하여 거기에 비추어서 인간의 본성을 하나의 종(種)으로서의 전체로 다루는 경향을 보여주었다. 둘째, 구속을 마귀에게 주어진 속전(贖錢) 또는 마귀에게 부과된 벌금이라는 관점에서 설명하는 이론이 있었다. 전자에 속한 이론은 이레나이우스와 오리게네스에게로 소급되고,[3] 후자는 이 문제에 있어서 마귀에게 어떤 권리를 인정하는 것이 모순이라는 것을 점차 깨닫기 시작하면서 우리가 살펴보고 있는 시기에 출현하기 시작하였다. 셋째, 구주의 고난에 주목한 흔히 "실재설"이라고 지칭된 이론이 있었다. 죄의 비극적인 유산이 아니라 죄와 형벌에 더 중점을 둔 이 이론은 십자가를 전면에 내세워서, 그리스도께서 죄악된 사람들을 대속하기 위하여 공의가 사람들에게 지불하라고 요구한 형벌을 몸소 짊어지고 자신의 희생적인 죽음을 통해서 죄악된 사람들을 하나님과 화해시킨 것으로 묘사하였다.

이러한 다양성에 직면해서, 학자들은 흔히 구속에 관한 교부들의 가르침 속에서 어떤 단일하고 통일적인 사상을 발견해 내지 못해 왔다. 그러나 이러한 다양한 이론들은 겉모습과는 달리 사실 서로 양립할 수 없는 것들로 여겨져서는 안 된다. 이 이론들은 모두 동일한 위대한 진리를 서로 다른 시각에서 밝히고자 한 시도들이었다; 이 이론들이 겉보기에 서로 차이가 나는 것은 흔히 그 이론들이 출발점으로 삼았던 성경의 표상들이 서로 달랐기 때문이다. 따라서, 조심스럽게 말해 보자면, 이 이론들이 상호보완적으로 여겨지지 못할 논리적인 이유가 전혀 없다. 예를 들면, 성육설의 대부분의 형태들에서 나타나는 성육신에 대한 강조는 구원과 관련된 그리스도의 죽음이 지닌 가치를 배제하고자 하는 의도가 없었다. 이 이론이 지닌 이러한 강조점은 단지 해당 신학자들이 구속이 가져다주는 회복에 특별한 관심을 가졌던 것의 산물이었다. 마찬가지로, 사탄과의 거래라는 통속적이면서 흔히 조악하게 표현된 이미지 배후에 숨어 있는 본질적인 진리는 타락한 인간은 마귀의 권능 안에 있고, 구원은 반드시 마귀의 권능으로부터의 구조(救助)를 포함한다는 전적으로 성경적인 진리였다(cf. 행 26:18).

그러나 마땅히 주목을 받았어야 함에도 불구하고 언제나 주목을 받지는 않은 추가적인 사항이 하나 존재한다. 구속을 설명하기 위한 거의 모든 교부들의 시도들을 관통하고 있으면서, 그리스도의 사역에 관한 교부들의 이해에 대하여 실마리를 제공해 준 하나의 커다란 주제가 있었다. 그것은 다름 아닌 이레나이우스가 사도 바울로부터 도출해 낸, 그리스도를 온 인류의 대표자로 상정한 유서깊은 발생반복설[4]이다. 모든 사람이 어쨌든 아담 안에서 현존하였던 것과 마찬가지로, 모든 사람은 둘째 아담, 하늘로부터 온 분 속에 현존하고 있고 또한 현존할 수 있다. 모든 사람이 아담의 죄와 그로 인한 모든 끔찍한 결과들에 연류되어 있었던 것과 마찬가지로, 모든 사람은 둘째 아담의 죽음, 그리고 죄, 악의 세력들, 사망 자체에 대한 궁극적인 승리에 참여할 수 있다. 그리스도는 하나님으로서 자기 자신을 인류와 동일시하였기 때문에 인류를 위해서 및 인류를 대신하여 행할 수 있었다; 그리고 그리스도가 이루어 낸 승리는 그리스도에게 속한 모든 자들의 승리이다. 모든 교부들은 어느 학파에 속했든지 이러한 모티프(motif)를 그대로 재현해 낸다. 분명한 것은 성육설은 오직 플라톤의 실재론의 영향하에서 인간 본성을 성육신에 의해서 자동적으로 신성화되었다고 본 것을 제외한다면 이러한 모티프에 대한 정교한 설명이라는 것이다. 다양한 형태의 희생제사설은 솔직하게 이것을 전제하면서, 그리스도가 대속과 화해의 방식을 통해서 우리를 위해 어떻게 무엇을 할 수 있었느냐를 설명하기 위하여 이 모티프를 사용한다. 마귀의 권리들에 관한 이론은 다소 다른 차원에서 전개되는 것처럼 보일 수 있지만, 이 이론도 인간의 대표자로서 그리스도는 마귀의 수중에 들어가 있는 인류를 구하기 위한 적절한 교환물이라는 것을 전제하고 있다.

2. 아타나시우스

아타나시우스의 구원론에 있어서 지배적인 특징은 그리스도가 사람이 됨으로써 우리 안에 있는 하나님의 형상을 회복하였다는 성육설(the physical theory)이다; 그러나 그리스도의 죽음이 우리를 죄의 저주로부터 풀려나게 하기 위하여 필수적이었다는 것과 그리스도는 우리를 위하여 자기 자신을 희생제물로 드렸다는 확신이 이것과 혼합되어 있다. 이 두 가지 측면은 다음의 글에서 보는 것 같이 동일한 문맥 속에서 종종 결합되어 나온다.[5] "하나님의 말씀이 자신의 몸을 우리를 위한 속전으로 드림으로써 자신의 죽음을 통해서 우리의 채무를 갚은 것은 …… 의로운 일이다. 따라서 사람들의 몸과 같은 몸을 통해서 온 인류와 연합되어 있는 썩지 않는 하나님의 아들은 모든 사람을 썩지 않음으로 옷 입힐 수 있다.” 또한,[6] “말씀이 육신이 된 것은 이러한 희생제사를 드리고, 우리로 하여금 그의 성령에 참여함으로써 신성을 덧입도록 하기 위한 것이었다.”

전자의 측면을 좀 더 자세하게 살펴보기로 하자. 타락의 효과는 인간이 하나님의 형상을 상실하고 부패 속에서 신음하게 되었다는 것이다. 그런 까닭에, 성육신의 일차적인 목적은 인간의 회복이었다. 아타나시우스는 이렇게 말한다:[7] “태초에 만물을 무로부터 만든 구주 외에는 그 어떤 존재도 썩을 것을 썩지 않을 것으로 회복시킬 수 없다. 성부의 형상인 구주 외에는 그 어떤 존재도 인간을 그 형상을 따라 재창조할 수 없다. 그 자체로 생명이신 우리 주 예수 그리스도 외에는 그 어떤 존재도 죽을 자를 죽지 않을 자로 만들 수 없다.” 형상의 회복은 무엇보다도 사람들이 영원한 생명 자체인 하나님을 아는 참된 지식을 회복하는 것을 의미한다. 아담은 낙원에서 이것을 향유하였지만, 그가 죄로 말미암아 이 형상을 상실하였을 때, 그의 후손들은 무지와 우상 숭배로 전락하였다.[8]

둘째, 아담의 후손들은 신적인 본성에 참여하는 자들이 된다(cf. 벧후 1:4). 왜냐하면, 그리스도와의 교제는 곧 하나님과의 교제이기 때문이다.[9] 우리는 “말씀이 사람이 된 것은 우리로 하여금 신성을 덧입도록 하기 위한 것이다,”[10] 또는 “하나님의 아들이 사람이 된 것은 우리가 그 안에서 신성을 덧입도록 하기 위한 것이다”[11] 같은 문구들을 자주 접하게 된다. 아타나시우스는 신성화($\theta\epsilon o\pi o i \eta\sigma\iota\varsigma$)라는 개념에 대한 대안으로 흔히 양자 삼음($\upsilon\iota o\pi o i \eta\sigma\iota\varsigma$)이라는 개념을 사용하여서, “그리스도는 사람이 됨으로써 우리를 성부에 대하여 아들들이 되게 하였고, 스스로 사람이 됨으로써 사람들에게 신성을 덧입혔다” 또는 “우리 안에 있는 말씀으로 말미암아 우리는 아들들과 신들이 되었다”라고 말한다.[12]

셋째, 말씀은 생명의 원리이기 때문에, 사망의 원리는 우리 안에서 파기되고 타락 때에 상실한 비부패성($\dot{\alpha}\phi\theta\alpha\rho\sigma i\alpha$)의 소중한 은사는 회복된다.[13] 그러므로 구속은 태초에 창조를 행하였던 말씀에 의해 수행된 재창조라고 할 수

있다.[14]

아타나시우스의 언어는 흔히 그가 인간 본성을 플라톤적인 실재론의 방식을 따라서 모든 개별적인 사람들이 참여하는 구체적인 이데아 또는 보편자로 인식하였다는 것을 보여준다. 이러한 관점에서 보면, 말씀이 인간 본성을 취해서 그것을 자신의 신성으로 뒤덮었을 때, 신성을 부여하는 그 힘은 온 인류에게 전달되었을 것이고, 따라서 사실상 성육신은 구속이 된다. "말씀이 사람이 되어서 육신에 속한 것을 자신의 것으로 삼았으므로, 그러한 질병들은 더 이상 몸을 취한 말씀으로 인해서 몸에 붙어 있지 못하고 말씀에 의해서 멸해진 것이다"[15] 또는 "모든 사람이 아담의 범죄의 결과로서 멸망하여 가고 있었다고 할 때, 말씀의 육신은 그것이 말씀 자체의 몸이 되었기 때문에 다른 모든 것들보다 앞서서 구원받고 구해졌으며, 그러므로 우리는 말씀으로 인해서 말씀과 한 몸이 되어 구원을 받는다"[16]

같은 많은 대목들이 분명하게 그러한 것을 함축하고 있다. 그리스도의 몸과 우리의 몸의 유사성, 모든 사람들 간에 존재하는 동일본질성(consubstantiality)[17]에 강조점이 두어지고 있는 것도 이와 동일한 것을 보여준다. 아타나시우스가 지닌 플라톤 사상이 종종 그의 기독교 사상과 접촉점을 잃어버리는 경향을 보여준다는 것은 별로 의심의 여지가 없다. 그러나 그의 좀 더 숙고된 가르침[18]은 말씀을 통한 신성의 부여는 모든 사람들에게 당연하게 이루어지는 것이 아니라, 오직 말씀과 특별한 관계 속에 있는 자들에게만 이루어진다는 것이다. 좀 더 정확하게 말하면, 우리는 우리를 하나님의 아들과 연합시키고 하나님의 아들을 통해서 성부와 연합시키는 성령과의 친밀한 연합을 통해서 신성을 부여받는다.

그의 말에 의하면,[19] "이미 사람들의 창조주이신 하나님이 은혜로 말미암아 사람들의 아버지가 되는 것은 사람들에 대한 하나님의 진실한 사랑 때문이다. 사도가 말한 것처럼, 이런 일은 피조된 사람들이 하나님의 아들의 영을 받아서 그들의 마음속에서 아바, 아버지라고 부르짖을 때에 일어난다. 성령을 받아서 성령으로부터 권능을 얻고 하나님의 자녀가 되는 자들은 바로 이런 사람들이다. 만약 그들이 본성상 참된 아들이신 분으로부터 성령을 받지 않았더라면, 본성상 피조물인 그들은 결코 아들이 되지 못했을 것이다."

이제까지 아타나시우스가 한 그 어떤 말도 그가 그리스도의 인간적 삶, 특히 그의 수난이 구속에서 행한 역할을 인식하였다는 것을 보여주지 않는다. 실제로 그는 다음과 같은 견해를 지니고 있었다:[20] "십자가 위에서의 우리를 위한 그리스도의 죽음은 합당하고 이치에 맞는 일이었다. 그 이유는 전적으로 적절한 것이었다. 여러 가지 것들이 오직 십자가를 통해서만 모든 사람의 구원이 적절하게 성취될 수 있었음을 보여준다." 이것은 우리를 다음과 같은 대목 속에 요약되어 있는 그의 가르침의 두 번째 측면으로 데려다준다:[21] "내가 앞서 설명한 대로, 모든 사람이 죽을 운명에 처해 있었기 때문에, 여전히 모든 사람이 지고 있었던 채무를 지불해야 하는 일이 남아 있었고, 이것이 바로 그리스도가 우리 가운데 오신 주된 이유였다. 이것이 자신의 사역을 통해서 자신의 신성을 계시한 후에, 그리스도가 모든 사람을 위한 희생제사 (ὑπὲρ πάντων τὴν θυσίαν)를 드리려고, 자신의 몸이라는 성전을 모든 사람을 위한 죽음에 내어줌으로써, 모든 사람을 옛 범죄의 소질로부터 구조하고 구원해 내며, 그리스도 자신이 사망보다 우월하다는 것을 보여주고, 자기 자신의 몸이 모든 사람의 썩지 않음을 미리 맛봄과 동시에 불멸하다는 것을 계시한 이유이다 …… 모든 사람의 죽음이 주님의 몸 안에서 이루어졌고, 사망과 부패가 주님의 몸 안에 내주한 로고스로 말미암아 멸해졌다. 따라서 죽음은 꼭 필요한 일이었고, 모든 사람의 채무를 탕감받기 위해서는 모든 사람을 위한 죽음이 이루어져야 했다."

아타나시우스의 근저에 있는 사상은 죄의 저주, 즉 사망이 온 인류를 무겁게 짓누르고 있다는 것이었다; 그것은 회복이 시작되기 전에 반드시 지불되어야 할 채무였다. 인간의 대표자였던 그리스도는 십자가 위에서 자신의 몸으로 그 형벌을 받아들여서 죽었다. 이렇게 해서, 그리스도는 우리를 저주로부터 해방하였고, 구원을 확보하였으며, 우리의 주와 왕이 되었다.[22] 이것을 묘사하기 위한 전통적인 언어는 아타나시우스의 펜에 손쉽게 다가왔다. 그리스도의 죽음은 그가 우리를 대신하여 성부에게 드렸던 희생제사였다고 그는 썼다.[23] 그것은 "사람들의 죄를 위한 속전(λύτρον)"이었다;[24] 그리고 그리스도는 우리를 치유했을 뿐만 아니라, 우리의 연약함과 죄라는 무거운 짐을 스스로 짊어졌다.[25] 겉보기에 이러한 가르침은 대속에 관한 가르침인 것처럼 보이지만, 아타나시우스가 밝히고자 했던 것은 한 사람의 희생이 다른 사람의 희생을 대속하였다는 것이 아니라 "모든 사람의 죽음이 주님의 몸 안에서 성취되었다"는 것이었다.[26] 달리 말하면, 그리스도의 육신과 우리의 육신들 간의 연합으로 말미암아, 그리스도의 죽음과 승리는 실제로 우리의 죽음과 승리였다는 말이다. 첫째 아담과의 친족 관계로 말미암아 우리가 사망을 물려받은 것처럼, "하늘에서 온 분"과의 친족 관계로 말미암아 우리는 사망을 정복하고 생명을 물려받았다.[27]

3. 주후 4세기의 그리스 교부들

아타나시우스 다음으로 성육설을 주후 4세기에 주장하였던 중요한 인물은 니사의 그레고리우스였다. 잘 알다시피, 그 밖의 다른 교부들의 저작들 속에서도 여기저기에서 이 이론에 관한 암시들이 엿보인다. 예를 들면, 바실리우스는 만약 주님이 우리와는 다른 본성을 입고 있었다면, "아담 안에서 죽은 우리는 결코 그리스도 안에서 회복되지 못했을 것이고, 깨어진 것은 결코 수리되지 못했을 것이며, 뱀의 교활한 술수에 의해서 하나님으로부터 멀어졌던 것은 결코 하나님에게 되돌려지지 못했을 것이다"라는 점을 강조한다.[28]

나지안주스의 그레고리우스는 성육신을 통해서 "그리스도는 나를 나의 모든 연약함들을 포함한 전체로서 자기 자신에게로 취했기 때문에, 마치 불이 밀랍을 녹이고 태양 광선이 이 땅의 수증기를 없애듯이, 사람으로서 그리스도는 악한 것을 멸할 수 있고, 이러한 결합의 결과로서 나는 그리스도의 축복들 속에 참여할 수 있다"고 쓰고 있다.[29]

요한 크리소스토무스는 사람들이 하나님의 아들들이 된 것은 바로 말씀이 육신이 되었고 주님이 종의 형체를 입었기 때문이라고 설명한다.[30] 그러나 앞으로 보게 되겠지만, 그들의 가장 특징적인 개념들은 다른 궤도 속에서 움직인다.

그러나 니사의 그레고리우스에게 있어서 부활에서 절정에 달하는 성육신은 인간을 시원적인 상태로 회복시키기 위한 최고의 수단이었다. 그가 가르친 이론[31]은 타락의 효과는 인간 본성의 파편화, 곧 죽음에 의해서 분리되는 몸과 영혼이 분리되는 것이라는 것이다. 그리스도는 사람이 됨으로써, 그리고 자신이 덧입었던 인간 본성 안에서 죽고 부활함으로써 이렇게 분리된 파편들을 영원히 재결합시켜 놓았다. 따라서 사망이 한 사람으로 말미암아 세상에 들어 왔듯이, 한 사람의 부활로 말미암아 생명의 원리가 우리에게 되돌려졌다.[32] 그의 논증은 첫째 아담과 둘째 아담 간의 고전적인 대비에 의거하고 있다. 또한 아타나시우스와 마찬가지로, 니사의 그레고리우스도 성경적인 연대(solidarity) 개념을 플라톤적인 실재론의 언어로 바꾸어 놓는다. 인간 본성 전체는 단일한 살아있는 존재를 구성하기 때문에(καθάπερ τινὸς ὄντος ζῴου πάσης τῆς φύσεως), 한 부분의 경험은 전체의 경험이 된다고 그는 주장한다.[33] 이런 식으로 온 인류는 그리스도가 자신의 부활을 통해서 이루어 놓은 일을 공유하게 되는 것이라고 그는 생각하였다.[34]

이렇게 주님은 "우리의 본성과 신성의 결합에 의해서 우리의 본성이 신적인 것이 되고 사망으로부터 면제되며 우리를 거스르는 독재자로부터 구원받게 하기 위하여 자기 자신을 우리의 본성과 결합시켰다. 그리스도가 이룬 사망으로부터의 승리의 귀환은 불멸의 삶을 향한 인류의 승리의 귀환을 개시시켰다."[35] 우리가 알 수 있듯이, 그리스도의 죽음은 이러한 도식의 필수적인 일부를 이루고 있었기 때문에, 그레고리우스는 희생제사라는 성경적 언어를 그리스도의 죽음에 적용하는 데에 아무런 어려움도 느끼지 않았다. 그리스도는 양떼를 위하여 자신의 생명을 준 선한 목자로서 제사장인 동시에 희생제물이었다.[36] 그리스도는 우리를 대신하여 자기 자신을 드린 유월절 어린양이었고,[37] 세상의 죄를 위하여 자신의 몸을 희생제물로 드린 위대한 대제사장이었다.[38] 이러한 말의 근저에 있었던 개념이 화목제물이었다면, 이사야 53:4은 대속이라는 개념을 시사해 주었고, 그레고리우스는 그리스도가 우리의 고난을 자신의 것으로 삼고 우리 때문에 채찍에 맞았다고 말할 수 있었다.[39]

이와 동시에, 타락으로 말미암아 인간은 마귀의 권세 아래 들어갔기 때문에, 그는 구속을 우리가 마귀로부터 해방된 것이라고 생각하기를 좋아하였다. 그레고리우스가 이러한 측면을 전개했을 때, 그의 주된 관심은 하나님의 공의에 대한 것이었다; 그런 까닭에, 그는 인간이 마귀의 수중에 떨어진 것은 인간 자신의 자유로운 선택으로 말미암은 것이었다고 반복해서 말한다.

그러므로 마귀는 인간을 놓아주는 조건으로 적절한 배상을 요구할 권리를 지니고 있었고, 만약 하나님이 강압적인 수단을 행사하였다면, 그것은 부당한 횡포가 되었을 것이다. 그래서 하나님은 마귀에게 사람 예수를 속전으로 내주었다. 동정녀에게서 탄생해서 이적들을 일으키는 자로 유명했던 예수를 보고, 사탄은 이러한 맞교환이 자신에게 유리하다고 생각하였다. 사탄이 깨닫지 못했던 것은 인간적 육신의 외적인 덮개가 불멸의 신성을 감추고 있었다는 것이었다. 그런 까닭에, 사탄이 예수를 인류와 맞바꿔서 받아들였을 때, 사탄은 예수를 붙잡아둘 수 없었다; 마치 물고기가 갈고리를 숨기고 있는 미끼에 의해서 낚이듯이, 사탄은 자기 꾀에 넘어가서 사로잡히게 되었다.[40] 여기에는 그 어떤 불의도 존재하지 않았다는 것을 그레고리우스는 나타내 보이고자 하였다.[41] 왜냐하면, 마귀는 자기에게 당연한 응보를 받고 있는 것이었고, 어쨌든 하나님의 행위는 마귀의 궁극적인 유익에 기여하는 것이었기 때문이다(그레고리우스는 최종적인 회복 속에서 사탄을 포함한 저주받은 자들의 고통은 끝이 나게 될 것이라는 자신의 스승인 오리게네스의 가르침을 공유하고 있었다[42]).

　마귀가 적절한 배상을 받을 때까지 인류를 속박 가운데 억류하여 둘 권리에 관한 이와 동일한 이론은 그의 형이었던 바실리우스에게서 지지를 받았다. 모든 사람은 이 세상의 임금의 권세에 종속되어 있고, 오직 그리스도만이 "그는 내 안에서 주장할 것이 아무것도 없다"고 말할 수 있었다고(cf. 요 14:30) 그는 가르쳤다.[43] 그런 까닭에, 인류의 구원이 효력이 있으려면 속전이 꼭 필요했고, 그 속전은 그 어떤 통상적인 사람으로서는 불가능한 것이었다. 마귀는 평범한 사람을 받고서 자신의 포로들을 내어 주려고 하지는 않을 것이었다; 어쨌든 그러한 평범한 사람은 그 스스로가 구속이 필요하게 될 것이다. 따라서 속전으로 요구되는 것은 인간의 본성을 초월하는 어떤 인물 — 실제로는 신인이었던 예수 그리스도 — 이다.[44] 미끼와 갈고리에 관한 그레고리우스의 기괴한 이미지는 여기에 나오지 않고, 바실리우스는 이 이론을 강력하게 주장했던 것으로 보이지는 않는다. 동일한 문맥 속에서, 그는 그리스도의 죽음을 마귀에게 지불된 속전으로 해석하는 것과 하나님에게 드려진 희생제물로 해석하는 것 사이에서 왔다갔다한다.

한편 마귀에게 속한 권리들과 하나님의 아들이 마귀에게 넘겨져야 한다는 개념 전체는 나지안주스의 그레고리우스에 의해서 제기된 중요하고도 극히 심각한 타격을 준 비판에 직면하였다. 그는 이렇게 말하였다:[45] "우리는 많은 사람들에 의해서 간과되고 있지만 내게는 검토해 볼 가치가 있는 것으로 보이는 한 가지 내용을 살펴볼 필요가 있다. 우리를 위해 흘려진 피, 우리의 대제사장이자 희생제물이 되셨던 하나님의 저 위대하고 고명한 피는 누구를 위해서, 그리고 무슨 목적으로 쏟아졌는가? 잘 알다시피, 우리는 죄 아래 팔려서 우리의 행복을 폐기당하고 그 대신 사악함을 얻었으며 마귀에게 종살이 하게 되었다. 그러나 속전이 죄인을 사로잡고 있는 자에게만 귀속되는 것이라면, 나는 그 속전이 누구에게 그리고 왜 지불되었는지를 묻고자 한다. 만약 그 속전이 마귀에게 지불된 것이라면, 그 강도가 하나님으로부터 속전을 받을 뿐만 아니라 하나님 자신으로 이루어진 속전을 받는다는 것, 그리고 우리가 살아남기 위해서 우리를 압제하였던 자에게 그토록 엄청난 대가를 치러야 한다는 것은 얼마나 부끄러운 일인가!"

그레고리우스는 계속해서 그리스도의 피는 엄밀하게 말해서 성부 하나님에게 지불된 속전도 아니었다는 것을 보여주었다. 왜냐하면, 성부 하나님이 그의 독생자의 피 안에서 즐거움을 발견하였을 것이라고 생각하는 것은 도저히 있을 수 없는 일이기 때문이다. 도리어 진실은 이것이다. 성부가 독생자의 피를 받은 것은 성부가 그것을 요구하였거나 필요로 하였기 때문이 아니라, 구속의 경륜 속에서 하나님이 덧입었던 인성을 통해서 거룩함이 인간 본성에게 회복되는 것이 합당하였기 때문이다. 그리고 마귀와 관련해서는, 마귀는 무력으로 정복당했을 뿐이라고 그는 말한다.

이러한 반론들은 설득력이 있는 것으로 느껴졌을 것임에 틀림없고, 요한 크리소스토무스가 제시한 거래에 관한 설명은 공격에 덜 취약하였다는 것은 놀라운 일이 아니다. 크리소스토무스의 설명에 의하면,[46] 엄밀하게 말해서 마귀는 사람들을 악의적으로 다룰 권리를 지니고 있었다; 사람들은 범죄했고, 따라서 마귀의 관할하에 놓여지게 되었다. 그러나 마귀가 유다의 마음속에 음모의 씨앗을 뿌리고 손을 들어서 죄 없으신 그리스도를 친 것은 자신의 권리를 뛰어넘는 것이었다. 사실 마귀는 자신의 머릿속에서는 그럴 듯한 근거들을 가지고 있었지만, 결국 자신의 제국으로부터 내쳐져서 자기가 종으로 억류하고 있었던 자들에 대한 지배권을 상실하였다. 이렇게 해서, 하나님 자신에 의해서 실행된 명백한 계략에 의해서만 극복될 수 있었던 마귀의 정당한 권리들이라는 괴상한 인식은 뒷전으로 사라지게 되었고, 마귀의 잘못된 권력 남용에 관심이 집중되었다.

그러나 주후 4세기에 그리스 교부들의 구원론의 주류는 성육설(또는 신비설)도 아니었고, 마귀로부터 인간을 구출해낸다는 신화적인 교설도 아니었다. 이것을 위해서, 우리는 그리스도의 사역을 성부에게 드려진 희생 제사라는 관점에서 해석한 가르침들을 살펴보지 않으면 안 된다. 앞서 본 대로, 아타나시우스와 니사의 그레고리우스는 둘 다 인간의 회복을 기본적으로는 성육신의 효과로 보면서도, 주님의 죽음을 희생 제사로 인식할 수 있는 논리적인 여지를 발견할 수 있었다.

이러한 측면은 아타나시우스의 동시대인이었던 가이사랴의 유세비우스에 의해서 강력하게 제시되었다. 그리스도는 우리의 죄를 자신의 것으로 삼아서, 우리가 마땅히 받아야 할 형벌을 스스로 받았다고 그는 주장한다;[47] 그리스도의 죽음은 대속적 희생 제사이다. 그리고 그리스도는 사람으로서 우리의 본성을 공유하였기 때문에 자기 자신을 우리의 죄들과 그 죄들에 부가되어 있는 형벌들과 동일시할 수 있었다. 그러나 이와 같은 가르침은 말씀의 기능은 구원의 행위들을 수행하는 것이 아니라 영원한 진리들을 계시하는 것이라는 유세비우스의 사상 체계와 잘 들어맞지 않는다.

이 시기의 구원론을 훨씬 더 대표적으로 증언해 주고 있는 인물은 예루살렘의 키릴루스였다. 대중들을 위한 글을 쓰면서, 그는 그리스도의 수난이 지닌 독특한 중요성을 강조한다. 무지한 자들에게 빛을 던져 주고 죄에 의해 묶여 있는 자들에게 구원을 주며 모든 사람에게 구속을 가져다 주는 것은 십자가이다.[48] 자기 자신을 속전으로 드림으로써, 그리스도는 죄악된 사람들을 향한 하나님의 진노를 누그러뜨렸다.[49] 스스로는 무죄하셨던 그리스도는 우리의 죄를 위하여 자신의 생명을 주었다.[50] 또한 이러한 사상은 구주와 우리의 친족 관계에 토대를 준 대속의 사상이었다; 새 아담으로서 그리스도는 우리의 잘못들에 대하여 책임을 질 수 있었다. 키릴루스의 가장 새로운 기여는 그리스도의 희생 제사가 지닌 보편적인 효력은 그리스도의 인격이 지닌 측량할 수 없는 가치에 의해서 설명된다는 주장이다. 그는 이렇게 말한다:[51] "우리를 위해 죽으신 분은 하찮은 분이 아니었다. 그분은 이성이 없는 짐승도 아니었고, 평범한 사람도 아니었으며, 심지어 천사도 아니었다. 그분은 바로 성육신하신 하나님이었다. 우리의 죄들의 죄성은 우리를 위해서 죽으신 그리스도의 의(義)만큼 그렇게 크지는 않았다. 우리의 범죄들은 우리를 대신하여 자신의 생명을 버리신 그리스도의 선하심에 비할 바가 못 되었다."

이와 비슷한 가르침은 바실리우스, 나지안주스의 그레고리우스, 요한 크리소스토무스에게서 나타난다. 이러한 인물들 중 첫 번째 인물인 바실리우스는 하나님의 아들이 "우리의 죄로 인해서 자기 자신을 하나님에게 희생 제물과 전제로 드렸을 때에" 세상에 대하여 자신의 생명을 주신 것이라고 말한다.[52] 평범한 사람은 스스로 죄에 대하여 죄책이 있기 때문에 죄인들을 위한 화목 제물(ἐξιλάσθαι)을 드릴 수 없다고 그는 설명한다.[53] 우리 모두를 위해서 하나님에게 합당한 화목 제물을 드릴 수 있는 분은 오직 신인(神人) 뿐이다.

그레고리우스에 의하면,[54] "그리스도는 우리를 죄의 권세로부터 해방시키고, 온 세상을 깨끗케 하기 위하여, 우리 대신에 자기 자신을 속전으로 드리셨기 때문에" 우리의 구속이 된다. 그가 제시한 설명은 둘째 아담으로서 그리스도는 몸의 머리이고, 따라서 우리의 반역을 자신의 것으로 삼아서 자신의 것이 되게 할 수 있었다는 것이다. 우리의 대표로서 그리스도는 자기 자신을 우리와 동일시한다(ἐν ἑαυτῷ … τυποῖ τὸ ἡμέτερον[55]). 그 결과, 그리스도는 단순히 종의 형체를 입을 수 있었을 뿐만 아니라, 우리의 죄들이 십자가 위에서 멸해지도록 하기 위하여 스스로 우리의 죄들을 짊어지고 십자가를 오르실 수 있었다.[56] 그리스도가 십자가에 못 박혔을 때, 그리스도는 우리의 죄들을 동시에 십자가에 못 박았다.[57]

크리소스토무스는 인류는 하나님에 의해서 사형 선고를 받았고, 실제로 사실상 죽었다고 가르친다;[58] 그러나 그리스도는 자기 자신을 사망에 내어줌으로써 우리를 구원하였다. 옛 율법의 희생 제사들은 이런 일을 이루어낼 수 없었던 반면에, 그리스도는 자신의 유일무이한 희생 제사를 통해서 우리를 구원하였다.[59] 크리소스토무스는 그리스도가 행한 이 일은 우리를 대신한 대속이었다는 점을 분명히 한다. 그리스도는 의 자체였지만, 하나님은 그리스도가 죄인으로 단죄받고 저주 아래 있는 자로서 죽으며 우리가 마땅히 받아야 할 죽음만이 아니라 우리의 죄책까지도 그리스도에게 전가시키는 것을 허락하셨다.[60] 그리고 그러한 희생제물로 드려진 희생 제사는 이루 말할 수 없는 효력을 지니고 있었기 때문에, 온 인류를 구원하기에 충분하였다.[61] "그리스도는 모든 사람을 구원하기 위하여 모든 사람을 위해서 죽었다; 그 죽음은 모든 사람의 멸망과 맞바꿀 만한 등가물(等價物, $\alpha\nu\tau\iota\rho\rho o\pi o\varsigma$)이었다."[62] 그리스도가 죽은 목적은 모든 사람을 구원하는 것이었다; 그리고 실제로 모든 사람이 구원을 얻지 못했다면, 그 이유는 그들이 그리스도를 받아들이기를 거부한 데에 있다.

4. 주후 4세기의 서방 교회

구속에 관한 서방 교회의 사상은 대체로 우리가 동방 교회와 관련하여 지금까지 살펴본 패턴과 일치하지만, 희생 제사로서의 주님의 죽음에 한층 더 강조점을 두었다. 성육설(또는 신비설)은 그리스 교부들의 영향을 받았던 사상가들 사이에서 주로 지지를 받았다. 예를 들면, 힐라리우스는 "하나님이 육신이 되어서 우리 안에 거하는 것, 즉 한 육신을 스스로 취하여서 육신 속에 전체적으로 거하는 것을 필요로 하였던 자들은 바로 우리였다"라고 쓸 수 있었다.[63] 여기에는 인간 본성을 하나의 보편자로 인식하는 플라톤적인 개념이 그 배경 속에 분명하게 자리잡고 있다. 우리는 그의 다음과 같은 말 속에서도 다시 한 번 이것을 볼 수 있다:[64] "인류를 위하여 하나님의 아들은 동정녀와 성령으로부터 태어났다 …… 이는 하나님의 아들이 사람이 되어 육체의 본성을 동정녀로부터 자기 자신에게로 취함으로써, 인류라는 몸 전체가 이러한 혼합체와 결합되어서 자기 자신 안에서 성화될 수 있도록 하기 위한 것이었다."

다음과 같은 빅토리누스의 글 속에도 앞에서 말한 것과 동일한 플라톤적인 실재론이 살아 숨쉬고 있다:[65] "그리스도가 육신을 취하였을 때, 그리스도는 육신의 보편적 이데아(*universalem* $\lambda o\gamma o\nu$ *carnis*)를 취한 것이다; 그 결과,

육신의 모든 권능은 그리스도의 육체 속에서 승리를 거두었다 …… 마찬가지로 그리스도는 영혼의 보편적인 이데아를 취하였다. 그러므로 사람 전체가 취해졌고, 취해졌기 때문에 해방되었다. 인간 본성 전체, 즉 육신 전체와 영혼 전체가 그리스도 안에 있었고, 그것들은 십자가로 들어올려져서, 모든 보편자들 중의 보편자인 말씀 하나님(God the Word)으로 말미암아 정화되었다.” 다른 곳에서[66] 그는 그리스도의 몸은 “보편자,” 즉 특수자와 반대되는 보편자이기 때문에, 모든 개별적인 인간의 몸들은 그리스도의 몸 안에서 십자가에 못 박혔고, 그리스도의 고난은 보편적인 특질을 지니고 있다고 주장한다.

사탄과의 거래설도 상당한 인기를 누렸다. 암브로시우스의 손에서 강조점은 일반적으로 마귀의 권리들과 인류를 놓아주는 것에 대한 보답으로 마땅히 치러져야 할 배상에 두어져 있었다. 마귀는 우리를 소유하여 자신의 수중에 억류하여 두었고, 마귀는 우리의 죄들을 구입 자금으로 삼아서 우리를 산 것이기 때문에, 마귀가 우리를 놓아주기 위해서는 그 대가를 요구한다고 그는 설명한다;[67] 그 대가는 그리스도의 피였고, 우리의 이전 주인인 마귀에게 지불되어야 했다. 종종 그는 그리스도가 마귀에게 속전을 지불하였을 때, 우리에 대한 채권자가 바뀐 결과로, 그리스도는 채무를 자기 자신에게로 이전받았지만, 그 채무를 아주 너그럽게 사해 주었다고 주장한다.[68] 암브로시우스는 그리스도가 진정으로 누구였는지를 마귀가 알았더라면, 그리스도의 피를 결코 받지 않았을 것이라고 하면서, 마귀에게 실행된 기만술책의 자세한 내용을 상세하고 장황하게 이야기하는 것을 꺼려하지 않았다.[69]

한편 우리는 이 학설의 변형으로서, 그러한 거래가 소위 마귀의 권리들을 만족시키는 것에 있었던 것이 아니라 마귀가 그 권리들을 남용한 것에 대한 합당한 징벌에 있었다는 좀 더 온건한 주장들도 발견한다. 예를 들면, 힐라리우스는 사탄이 생명의 원천이신 죄 없으신 분에게 죄에 대한 형벌인 죽음을 가함으로써 스스로를 단죄하였다는 점을 지적한다.[70] 마귀가 인류에게 악의 권세들을 주권적으로 행사한 것은 공의와는 거리가 먼 것이고 또한 공의에 의거한 것도 아니었으며, 오직 악한 권세들의 사악한 권력 남용일 뿐이었다.[71] 암브로시아스터는 이와 동일한 주제를 전개하면서, 죄를 알지도 못한 무죄한 분을 죽임으로써 마귀는 범죄하였다고 가르친다.[72] 그리스도가 십자가에 못 박혔을 때, 마귀는 자기 꾀에 넘어가서 무리하게 권력을 행사함으로써, 아담의 죄로 인하여 사람들을 포로로 사로잡고 있을 수 있게 해 주었던 바로 그 권세를 상실하고 말았다.[73] 첫 사람을 유혹하였던 정사(Principalities: 천사들의 조직화된 우주적 세력–역주)와 권세들이 구주에게 손을 대었을 때, 그들은 잘못 처신한 것이었고, 따라서 그들이 포로로 잡고 있었던 영혼들을 빼앗기게 된 것은 그들에 대한 마땅한 형벌이었다.[74]

그러나 이러한 저술가들의 특별한 관심을 끈 것은 그리스도의 수난과 죽음이었다. 예를 들면, 힐라리우스는 "주님은 우리의 죄를 스스로 짊어지고 우리 대신에 고통을 받으며 매맞음으로써 …… 십자가와 죽음이라는 연약함에 이르기까지 매맞은 주님 안에서, 그리고 죽은 자로부터의 주님의 부활을 통해서 우리로 하여금 치유받고 회복될 수 있게 하셨다"고 말한다.[75] "하늘로부터 온 둘째 아담"이셨던 그리스도는 첫째 아담의 본성을 덧입었기 때문에, 자기 자신을 우리와 동일시하여 우리를 구원할 수 있었다. 이것이 총괄갱신설적 언어라면, 힐라리우스는 그리스도가 이루신 일의 자발적인 성격을 강조하는 희생제사설적 언어로 쉽게 넘어갈 수 있었다. "그리스도는 자신의 자유 의지로써 성부 하나님에게 자기 자신을 희생 제물로 드림으로써 율법의 저주를 폐하기 위하여 자신을 저주받은 자의 죽음에 내어 주었다 …… 율법의 희생 제사들을 거절하셨던 성부 하나님에게 그리스도는 자신이 덧입고 있던 몸으로 행한 받으실 만한 희생 제사를 드렸고, 자신의 거룩하고 완전한 희생 제사의 봉헌을 통해서 인류의 완전한 구원을 이루었다."[76] 그리스도가 우리를 구속하신 것은 그의 피, 수난, 죽음, 부활을 통해서였다고 그는 강조한다.[77] 그리스도의 죽음의 효과는 우리에게 내려진 사망 선고를 폐기하고,[78] 우리의 죄들을 속하며,[79] 우리를 하나님과 화목케 하는 것이었다.[80] 이러한 것들은 보수적인 말들이지만, 이 말들은 힐라리우스를 만족설(the theology of satisfaction)의 선구자들 중의 한 사람으로 여겨야 한다는 주장에 무게를 더해 준다. 우리는 그와 동시대인이었던 빅토리누스에게서 희생 제사가 아니라 구속과 대속의 관점에서 표현된 이와 비슷한 개념들을 만나게 된다. 그는 그리스도가 자신의 수난과 죽음을 통해서 인간을 구속하였다(*mercaretur*)고 말하면서,[81] 이러한 것들이 죄사함을 이룰 수 있었던 것은 오로지 그 희생 제물이 하나님의 아들이었기 때문이라고 지적한다.[82] 그리스도는 우리를 대신하여 죽음과 십자가에 자기 자신을 내어줌으로써 우리를 우리의 죄로부터 구원하였다고 그는 말한다.[83]

암브로시우스는 하나님의 공의에 대한 권리 주장들을 만족시키기 위하여 드려진 희생 제사로서의 그리스도의 죽음이라는 이론을 상세하게 전개한다. 그는 이것이 아벨의 죽음,[84] 또한 유대 율법에 의해서 규정된 제사들 속에 미리 예표되어 있다고 생각한다.[85] 그리스도의 죽음은 단번에 이루어진 희생 제사로서,[86] 그 효과는 그리스도의 피로 말미암아 우리의 죄가 씻겨진다는 것이다.[87] 그리스도는 우리에게 내려진 사망 선고와 사망 자체를 멸하였다.[88] 암브로시우스는 이 일이 어떻게 이루어졌는지를 설명한다:[89] "예수는 죄악된 육신의 저주를 폐하기 위하여 육신을 입었고, 그 저주가 축복에 의해서 삼켜질 수 있도록 하기 위하여 우리를 대신하여 저주를 받으셨다 …… 또한 예수는 사망 선고가 실행될 수 있도록 하기 위하여 스스로 죽음을 짊어졌고, 그렇게 해서 예수는 죄악된 육신이 저주를 받아 죽어야 한다는 심판을 만족시켰다. 따라서 하나님의 선고를 거슬러서 이루어진 것은 하나도 없었다. 왜냐하면, 하나님의 선고 속에 들어 있는 내용들이 실행되었기 때문이다." 암브로시우스는 둘째 아담이 죽은 것은 "하나님의 작정들은 깨어질 수 없기 때문에, 형벌의 선고를 변경하는 것이 아니라 형벌을 받을 대상을 변경하기"(*persona magis quam sententia mutaretur*) 위한 것이었다는 말을 덧붙인다.[90] 여기에 총괄갱신설적 사상이 대속 개념과 결합되어 있다; 그리스도는 인간 본성을 공유하였기 때문에, 죄악된 사람들을 대신하며, 사람들을 대신하여 형벌을 받을 수 있었다. "범죄한 육체가 육체 자체를 통해서 구속되는 것, 이것 이외에 성육신의 목적이 무엇이란 말인가?"라고 그는 외친다.[91] 암브시우스는 그리스도의 희생 제사를 화목 제사로 설명하지만,[92] 자신을 주신 성자의 사랑과 성자를 주신 성부의 사랑, 이 둘을 모두 인정한다.[93] 또한 그는 그리스도의 죄 없으심과 그리스도의 인격의 고상함으로 인하여 그리스도만이 우리의 구속자가 되기에 합당하다는 것을 밝힌다.[94]

주님의 죽음을 희생 제사로 해석한 것은 이 시기의 그 밖의 다른 라틴계 저술가들 속에서도 통상적으로 발견된다. 암브로시아스터는 흔히 그리스도가 우리 및 우리의 죄를 위하여 죽으셨고, 이를 통해서 하나님이 흠향할 만한 희생 제사를 드리셨다는 것을 상기시킨다.[95] 이러한 제사의 가치는 전적으로 그러한 제사 속에서 드러난 사랑과 순종에 있었다고 그는 말한다. 펠라기우스에 의하면,[96] 예수 그리스도는 "죄 안에서 죽은 모든 사람을 대신하여 흠 없는 희생 제물로 드려지기에 유일하게 합당한 자로 발견되었다." 하나님은 죄인들에게 죽음을 명하셨지만, 그리스도는 자신의 죽음을 통해서 그런 하나님의 명령을 보존함과 동시에 인류를 그 명령의 효력들로부터도 면제시킬 수 있었다.[97] 펠라기우스가 밝히고자 애썼던 것[98]은 그리스도는 죄가 없으셔서 자신으로 말미암아서는 죽을 필요가 없었기 때문에 그리스도의 생명은 우리를 대신하여 합당하게 드려질 수 있었다는 것이다. 또한 제롬도 비록 그의 개념들이 체계적이지는 않았지만 그리스도께서는 "우리가 우리의 범죄로 인하여 겪어야 했던 형벌을 우리 대신에 감내하셨다"는 것을 인정하였다.[99] 그는 아무도 그리스도의 피가 없이는 하나님에게로 나아갈 수 없다고 주장하였다.[100]

5. 아우구스티누스

아우구스티누스는 이러한 모든 사상들을 자신의 몇몇 새로운 개념들을 덧붙여서 하나의 느슨하지만 효과적인 통일체로 엮어 짰다. 신앙의 다른 측면들에서와 마찬가지로, 이 측면에서도 그의 특별한 역할은 서방 교회의 신학적인 통찰들을 집약해서 자신의 천재성과 권위를 각인하여 중세 시대에 물려 준 것이었다. 이런 이유 때문에, 그의 가르침을 그의 선배들의 경우에서보다는 더 자세하게 살펴보는 것이 좋을 것이다.

첫째, 아우구스티누스는 하나님과 인간 사이의 중보자로서의 그리스도의 기능을 많이 강조한다. 그는 이렇게 쓴다:[101] "그리스도는 그가 제사를 드린 분과 여전히 하나인 채로, 그가 제사를 드린 목적이 되는 사람들을 자기 자신 안에서 하나로 만들면서, 제사를 드리는 자이자 드려진 희생 제물로서 드린 화목제사를 통해서 우리를 하나님과 화목시킨 한 분 참된 중보자이다." 이것은 진정으로 그리스도의 특별한 사역이었고, 아우구스티누스는 디모데전서

2:5("하나님과 사람 사이에 중보자도 한 분이시니 곧 사람이신 그리스도 예
수라")의 권위를 근거로 삼아서, 그리스도는 오로지 사람의 자격으로 그러한
사역을 수행하였다고 주장한다. "그리스도가 사람인 한에 있어서 그리스도
는 중보자이지만, 그리스도가 말씀인 한에 있어서는 중보자가 아닌데, 이는
말씀으로서의 그리스도는 하나님과 동등하기 때문이다"라고 그는 분명하게
말한다.[102] 말씀의 성육신의 목적은 말씀이 교회의 머리가 되고[103] 중보자로서
의 역할을 하기 위한 것이었다.[104] 그리스도는 자신의 인성으로 말미암아 우
리를 높여서 하나님을 만나게 했고 하나님을 내려 오시게 해서 우리와 만나
게 하였다.[105] 아우구스티누스가 이런 식으로 말한 것은 신인(神人)의 위격의
주체인 말씀의 역할을 제거하려는 것이 아니었고, 그리스도의 신적 본성과
대비되는 그리스도의 인성이 우리의 회복의 매개체였다는 것을 역설하기 위
한 것이었다. 아우구스티누스는 "그리스도는 하나님으로서가 아니라 사람으
로서 하나님과 사람 간의 중보자이다"라고 말하면서도,[106] "또한 그리스도가
하나님이지 않았다면 …… 우리는 결코 한 분 중보자에 의해서 구원받지 못
했을 것"이라는 점을 인정하였다.[107] 아우구스티누스가 이러한 가르침을 통
해서 정립하고자 했던 것은 그리스도의 인성 안에서 타락한 인간과 그의 창
조주가 화해와 회복의 역사가 일어날 수 있는 공통의 만남의 장을 가지게 되
었다는 것이다.

둘째, 중보자가 실제로 무엇을 성취하였는지를 설명하면서, 아우구스티누스는
몇 가지 접근 방식을 채택한다. 그는 종종 다음과 같이 말함으로써 성육설을
암시한다: "우리는 우리의 머리를 통해서 하나님과 화목되는데, 이는 그리스
도 안에서 독생자의 신성이 우리의 죽을 운명에 참여함으로써 우리로 하여
금 그의 불멸성에 참여하도록 하기 때문이다";[108] 그리스도는 "일시적인 것
들로부터 우리의 본성을 구원하여서, 우리의 본성을 성부의 오른편에 올려
놓았다"; "하나님인 그리스도가 사람이 된 것은 사람인 자들을 신들이 되게
하기 위한 것이었다."[109] 그러나 이러한 것은 기껏해야 이차적인 모티프에 불
과한 것이었다. 왜냐하면, 여기서 말하고 있는 신성화(deification)는 성육신
의 직접적인 효과가 아니라 구원 사역의 결과물이기 때문이다.

아우구스티누스의 글들 속에서 훨씬 더 자주 나오고 특징적인 것은 구속

을 사탄의 종살이로부터 해방된 것으로 설명하고 있는 것이다. 아우구스티누스는 그의 참된 사상에 대해 잘못된 인상을 줄 정도로 화려한 언어를 사용해서 이러한 거래를 극화시키는 성향을 보여준다. 예를 들면, 그는 그리스도의 피를 우리를 위하여 지불되었고 마귀가 받은 대가라고 말하면서, 그리스도가 자기 자신을 쇠사슬에 묶고[110] 자신의 몸을 미끼로 드린 것은 사탄을 덫에 걸린 쥐처럼 사로잡기 위한 것이었다고(cf. *tanquam in muscipula escam accepit*[111]) 말한다. 그러나 아우구스티누스의 진정한 가르침은 크리소스토무스, 힐라리우스, 암브로시아스터의 가르침과 맥을 같이 하는 것으로서, 다음과 같이 요약될 수 있다.[112]

(a) 엄밀한 의미에서, 마귀는 인류에 대한 그 어떤 권리도 소유하고 있지 않았다; 일어난 일의 진상은 사람들이 범죄하였을 때에 그들은 불가피하게 마귀의 권세 아래 들어갔고, 하나님은 이것을 명한 것이 아니라 허용하였다는 것이다. (b) 그러므로 사탄에게는 속전 같은 것을 받을 권리가 없었고, 오히려 그 반대로 죄사함이 그리스도의 희생 제사에 의해서 확보되었을 때에 하나님의 은총은 회복되었고 인류는 해방되었다. (c) 그러나 하나님은 자신의 공의에 따라서 마귀가 자신의 지위를 남용한 것에 대한 형벌로 그의 무력에 의한 지배를 박탈하셨다. (d) 그런 까닭에, 진짜 목적은 다른 곳에 있었던 그리스도의 수난은 하나님의 아들을 사탄의 수중에 두었고, 사탄이 자기 꾀에 넘어가서 권세를 남용하여 그의 특징인 교만과 탐욕을 발동하여 하나님의 아들을 먹잇감으로 생각하여 손 대었을 때, 사탄은 그것에 대한 형벌로서 인류를 내어주도록 강제되었다.

이런 식으로 인간이 마귀로부터 해방된 것이 아우구스티누스의 구원론의 핵심 축(軸)이라고 고집해 온 학자들이 있었다. 그러나 그러한 주장은 유지될 수 없다. 아우구스티누스는 우리의 해방이 우리의 화해를 전제함과 동시에 그 결과라고 분명하게 말한다; 하나님이 만족을 받았고 죄사함을 수여하였기 때문에, 마귀는 정복된 것이다.[113] 이것은 우리를 사실상 그의 핵심적인 사상, 즉 구속의 본질은 그리스도가 자신의 수난을 통해서 우리를 위하여 드리신 속죄 제사에 있다는 사상으로 데려다 준다. 이것은 그리스도가 중보자로서 수행한 핵심적인 사역이다: 죄를 알지도 못하신 분 그리스도를 하나님

은 우리로 하여금 화목케 되게 하기 위하여 우리를 대신하여 죄, 즉 죄를 위
한 희생 제물로 삼으셨다."[114]

아우구스티누스에 의하면,[115] 구약성서에 나오는 모든 희생 제사들은 이러
한 희생 제사를 내다본 것이었고, 아우구스티누스는 그리스도가 전적으로
자신의 자유로운 선택에 의해서(*non necessitatis sed arbitrii*) 제사장인 동시
에 희생물로서(*ipse offerens, ipse et oblatio*) 자기 자신을 희생 제사에 내어
주었다는 점을 강조한다.[116] 이 희생 제사의 효력은 속죄와 화목이었다: "우
리 대신에 드려진 가장 참된 희생 제사였던 자신의 죽음을 통해서 그리스도
는 우리가 지니고 있던 모든 죄책을 …… 깨끗케 하고 폐하고 소멸시켰다."
[117] 이 희생 제사를 통하여 하나님의 진노는 진정되었고, 우리는 하나님과 화
목케 되었다: "그리스도는 하나님에게 이 번제를 드렸다; 그리스도는 십자가
위에서 팔을 벌리셨고 …… 우리의 악행들은 속죄되었다 …… 우리의 죄와
악행들은 이 저녁의 희생 제사로 말미암아 속죄되었기 때문에, 우리는 주님
에게로 나아갔고, 휘장은 제거되었다."[118] 우리가 예상할 수 있듯이, 이 희생
제사의 근본적인 존재 이유는 그리스도가 우리를 대신하여 속죄하였고, 스
스로 무죄하였기 때문에 우리가 마땅히 받아야 할 형벌을 면해 주었다는 것
이다. "죄책이 없었지만 그리스도는 우리의 형벌을 스스로 짊어지고, 우리의
죄책을 멸하고, 우리의 형벌을 끝장냈다"라고 아우구스티누스는 쓴다.[119] 또
한, "당신은 그리스도가 죄가 없으시면서도 우리의 죄로 인한 형벌을 스스로
짊어지셨다고 고백해야 한다";[120] "그리스도는 우리의 범죄들을 자신의 범죄
들로 삼음으로써, 자신의 의를 우리의 의가 되게 하셨다."[121] 그리스도의 죽
음에 속죄적 가치를 부여한 것은 바로 이러한 그리스도의 무죄함이었다. 왜
냐하면, "우리는 죄로 말미암아 사망에 처해졌고, 그리스도는 의로 말미암아
사망에 처해졌는데, 사망은 죄에 대한 우리의 형벌이었으므로, 그리스도의
죽음은 죄를 위한 희생 제사가 되었기" 때문이다.[122]

셋째, 아우구스티누스의 가르침은 그리스도의 사역이 전례가 없는 모범으로서의
측면을 지니고 있다는 점을 강조한다. 아우구스티누스는 십자가는 단지 우리가
모범으로 삼아야 할 이상에 지나지 않는다고 생각하는 사람들에게 독설을
퍼붓지만,[123] 성육신과 속죄의 주관적인 측면은 그가 보기에는 엄청난 가치를

지니고 있었다. 우리의 중보자이신 그리스도는 그의 인격 및 그가 행하신 일 속에서 하나님의 지혜와 사랑을 나타내 보이셨다.[124] 그러한 사랑의 장엄함은 우리를 이번에는 그리스도를 사랑하도록 유인하는 효과를 지닌다(*nulla est enim maior ad amorem invitatio quam praevenire amando*).[125] 더 구체적으로 말하면, 그것은 성육신 속에서 계시된 것으로써, 우리의 교만을 깨뜨리는 하나님의 겸비(humility)를 흠모하도록 우리의 마음을 분발시킨다. 따라서 아우구스티누스에게 있어서 놀라운 자기 비하 속에서 계시된 말씀의 겸비는 그리스도의 구원 사역의 결정적으로 중요한 부분을 이룬다. "하나님이 여자에게서 나셔서 유한한 인간들에게 그토록 수치스럽게 죽음에 내몰리는 것을 통해서 보여준 겸비는 우리의 잔뜩 부풀어 오른 교만을 치료하는 최고의 약이자 죄의 사슬을 끊는 심오한 신비(*sacramentum*)라고 믿는 것, 아니 우리의 가슴속에 요동할 수 없을 정도로 확고하게 붙잡아 두는 것은 아주 잘하는 일이다"라고 그는 쓴다.[126] 우리가 기억하건대, 교만은 아담의 범죄의 원인이었다. 따라서 아우구스티누스는 이렇게 부르짖는다:[127] "오직 겸비를 통해서만 우리는 되돌아갈 수 있다. 왜냐하면, 교만으로 인하여 우리가 타락했기 때문이다. 그래서 구속주는 자신의 인격 안에서 이러한 겸비의 모범을 나타내 보여주시기로 작정하셨고, 우리는 바로 이 길을 통해서 되돌아가야 한다."

그러나 이것이 구속에 관한 부당하게 주관적인 설명처럼 보인다면, 우리는 (a) 그리스도인들은 그리스도의 겸비를 재현해야 하지만, 우리의 화해를 먼저 가능하게 해 준 것은 성육신과 수난 속에서 드러난 저 객관적인 겸비였다는 것, (b) 아우구스티누스에게 있어서 우리가 그리스도를 닮는 것 자체가 십자가 위에서의 희생 제사에 의해서 가능해진 하나님의 은혜가 우리 마음속에 역사한 결과라는 것을 기억해야 할 것이다.

역사가들이 흔히 지적해 왔듯이, 아우구스티누스는 자신의 저작인 「신앙 지침서」(*Enchiridion*)에 나오는 한 유명한 구절[128] 속에서 자신의 구원론의 여러 조류들을 통합시키고 있는데, 이 구절을 여기에 그대로 재현하는 것이 좋을 것 같다. 이 구절은 다음과 같이 되어 있다: "그리스도가 동시에 하나님이 아니었다면, 우리는 결코 하나님과 인간 사이의 한 분 중보자, 사람 예수 그리스도에 의해서조차도 구원받을 수 없었을 것이다. 아담이 창조되었을 때, 물론 그는 의로웠고, 중보자는 필요하지 않았다. 그러나 죄로 인하여 인류와 하나님 사이에 넓은 간격이 생겨났을 때, 우리가 하나님과 화해되고 육신의 부활을 통해서 영원한 생명으로 나아가기 위해서는 유일무이하게 죄 없이 태어나서 살다가 죽으신 한 분 중보자가 필요하게 되었다. 따라서 하나님의 겸비를 통해서 인간의 교만은 책망을 받고 치유되었으며, 인간이 하나님으로부터 얼마나 멀어졌는지가 인간에게 계시되었다. 왜냐하면, 하나님의 성육신은 인간의 회복을 위해서 요구되었기 때문이다. 게다가 순종의 모범이 신인(神人)에 의해서 주어졌다; 이전에 우리가 거기에 합당한 그 어떤 것도 행하지 않았음에도 불구하고 독생자가 종의 형체를 입음으로써 은혜의 샘이 열렸고, 구속주 자신 속에서 구속받은 자들에게 약속된 육신의 부활이 예비적으로 실현되었다. 마귀는 자기가 보기 좋게 속였다고 생각했던 바로 그 본성[즉, 육신]에게 패배당했다."

이 본문은 아우구스티누스에게 있어서 화해와 회복은 성육신의 일차적인 특징들이었다는 것을 잘 보여 준다. 이 본문보다 몇 장 앞에서[129] 아우구스티누스는 더 자세하게 들어가서, 하나님이 우리를 위하여 그리스도를 죄로 정하셨다는 것, 즉 "우리의 화해를 가능케 하는 죄를 위한 희생 제물"로 삼으셨다는 것을 상기시킨다. 또한 이 구절도 그리스도의 겸비는 우리에게 모범이 되지만, 그 본질적인 기능은 희생 제사를 이루고 있는 자기 비하와 자기 포기의 행위의 내적인 측면이라는 것을 보여 준다. 끝으로, 이 구절은 우리가 마귀로부터 해방된 것을 진정한 관점에서 정립하여, 그것을 화해 자체의 결과이자 화해에 종속된 것으로 바라본다.

6. 주후 5세기의 동방 교회

주후 5세기의 초기 수십 년 동안에 동방 교회의 구원론과 관련해서 아우구스티누스에 필적할 만한 그 어떤 인물을 찾는 것은 불가능하다. 일반적인 경향은 흔히 총괄갱신설(또는 발생반복설)을 배경으로 삼아서 실재론적 유형의 이론들이 전면에 부각되어 있었다는 것이다. 그 한 좋은 예가 몹수에스티아의 테오도루스인데, 그는 둘째 아담에 의해서 첫째 아담이 대체되었다는 옛 교리를 고전적인 형태로 제시한다.[130] 첫 사람의 죄의 결과로 산산이 깨어졌던 하나님과 인간 사이의 연결 고리는 둘째 아담의 죽음과 부활로 말미암아 해소(解消)될 수 없을 정도로 다시 새롭게 정립되었다;[131] "덧입혀진 인간"은 우리와의 교제를 통해서 우리로 하여금 그의 승리에 참여할 수 있게 해 주었다.[132] 테오도루스의 제자였던 테오도레투스는 그리스도의 죽음은 아무런 빚도 지고 있지 않았던 분이 우리를 대신하여 지불한 속전 또는 "일종의 속전" (οἷόν τι λύτρον)이었고,[133] 우리를 속하고 우리를 하나님과 화해시키기 위하여 자발적이고 자유롭게 선택한 희생 제사였다고 가르친다.[134] 이러한 화해의 전제 조건은 그리스도가 자신의 피를 흘림으로써 우리를 위하여 우리의 채무를 탕감해 주었다는 것이다.[135] 이사야가 예언했듯이, 우리는 범죄로 인하여 형벌을 받아야 마땅했고 또한 형벌을 선고받았지만, 죄로부터 자유롭고 흠 없으신 분이 우리를 대신하여 징계받기를 동의하였다.[136]

그러나 그 밖의 다른 유형의 이론들도 결코 시대에 뒤떨어진 것으로 폐기된 것은 아니었다 — 주님의 속죄적인 희생 제사라는 개념과의 올바른 관계를 정립할 필요성이 인식되긴 했지만. 특히 인류가 마귀로부터 구조된 것에 관한 극적인 묘사는 계속해서 구속에 관한 통속적인 설명으로서 인기를 끌었다. 그러나 이러한 거래는 마귀가 마땅히 받아야 할 속전의 지불을 통해서 마귀의 권리들을 만족시키는 것이라는 설명은 더 이상 제시되지 않았다. 당시 키릴루스 같은 저술가들(흔히 그들은 이 개념을 의식적이고 수사적인 이미지의 일부로 활용한 것 같다)에게 인기가 있었던 해석이 보여주고 있는 경향은 사탄의 권리들을 뒷전으로 밀어내거나 심지어 그러한 권리들을 부정하고 사탄이 자신의 권세들을 남용함으로써 큰 형벌을 받아 마땅하게 되었다는 점을 강조하는 것이었다.[137]

위(僞)키릴루스(아마도 그는 다름아닌 테오도레투스일 것이다)는 다음과 같이 썼다:[138] "죽음은 죄인들에 대한 형벌이었기 때문에, 죄 없으신 분은 죽음을 겪는 것이 아니라 생명을 누릴 권리를 지니고 있었다. 그러므로 죄가 죄를 정복한 분을 죽음으로 단죄했을 때, 죄[즉, 마귀]는 정복되었다. 마귀는 그가 언제나 그의 신민들인 우리에게 내렸던 것과 동일한 선고를 그리스도에게 내림으로써 권력 남용의 죄를 범하였다. 죄가 자신의 신민들에게 사망

을 선고하는 한, 그의 행위는 공정한 것이고, 하나님은 그 행위를 인정하였
다 …… 그러나 그가 무죄하고 흠 없는 분을 동일한 형벌에 종속시켰을 때,
그는 불법하게 행동한 것이 되었고, 그의 지배권은 박탈당할 수밖에 없게 되
었다.”

키릴루스의 가르침을 전체적으로 개관해 보는 것으로 이 연구를 마치는 것
이 좋을 것 같다. 키릴루스는 선배들의 구원론적인 통찰들을 토대로 해서 종
합을 이루어 냄으로써, 그의 신학은 다메섹의 요한이 주후 8세기에 동방 교
회의 신학을 고전적으로 재정립한 저작을 발간할 때까지 영향력을 발휘하였
다. 앞서 우리가 살펴본 대로, 사탄의 정복에 관한 이론이 그의 도식 속에서
한 몫을 한다; 따라서 알렉산드리아 학파였던 그가 아타나시우스로부터 물
려 받은 성육설(또는 신비설)도 그의 도식 속에서 한 역할을 하였다. 그는 이
렇게 썼다:[139] “독생자가 우리의 흙으로 된 몸을 그 몸에 침투해 있는 부패로
부터 구원하기 위하여 스스로 우리와 같이, 즉 완전한 사람이 되셨다는 것은
…… 너무도 명백하지 않는가? 이것이 그리스도가 자신을 낮추어서 연합의
신비에 의해서 우리와 같이 되셨고 인간의 영혼을 취해서 그 영혼으로 하여
금 죄와 싸워서 이길 수 있게 하고 그 영혼을 그리스도 자신의 불멸성의 색
채로 채색한 이유이다 …… 따라서 그리스도는 뿌리, 말하자면 성령 안에서
생명의 새로움, 몸의 불멸성, 신성의 확고한 보장으로 회복되는 자들의 첫
열매이다 …… 따라서 우리는 말씀 전체가 자신을 사람 전체와 연합시켰다
고 말한다.”

성육신의 목적은 마치 불이 그 불과 접촉하는 철을 자신의 본성으로 충만
하게 하는 것과 마찬가지로 생명을 주시는 말씀이 인간의 본성과 그 모든 부
패성 및 썩어짐을 덧입음으로써 자신의 비부패성을 인간 본성 속에 주입시
키기 위한 것이었다고 그는 선포하였다.[140] 그의 논증은 아타나시우스와 니사
의 그레고리우스의 사상에 영향을 주었던 플라톤적인 실재론에 의해서 영향
을 받았다는 것을 우리는 알 수 있다. 인간 본성은 하나의 종(種)으로 다루어
졌기 때문에, 하나님의 말씀이 성육신 때에 인간의 본성을 덧입었을 때, “말
씀과 연합된 육신으로 말미암아 말씀은 우리 모두를 자기 자신 안에 가지고
있고,” “우리는 모두 그리스도 안에 있었으므로, 인류라는 공동의 인격은

그리스도 안에서 다시 부활하게 된다"라고 말하는 것이 옳다고 그는 생각하였다.[141)

성육신에 의해서 인간의 본성이 신성을 부여받았고 신적 본성에 참여하게 되었다는 이러한 가르침은 키릴루스가 애호하였던 주제였다; 그것은 그의 기독론에서 전체를 포괄하는 큰 모티프였다.[142) 그러나 이것 때문에 그가 주님의 죽음이 지닌 특별한 구원적 효력을 간과하거나 과소평가한 것은 아니었다. 만약 그리스도가 단순히 인간으로서 몇 년 동안 이 땅에 살았던 것이라면, 그리스도는 단지 우리의 선생이자 모범에 지나지 않았을 것이라고 그는 주장하였다. 더 적극적으로, 그는 "그리스도의 죽음은 생명의 뿌리로서 부패를 제거하고 죄를 폐하였으며 하나님의 분노를 종식시켰다"고 단호하게 말하였다.[143)

또한 그는 이렇게 말할 수 있었다:[144) "예수 그리스도는 우리를 위하여 자신의 피를 흘리셨을 때에 사망과 부패성을 멸하였다 …… 왜냐하면, 그리스도가 우리를 위하여 죽지 않았더라면, 우리는 구원받지 못했을 것이고, 만약 그리스도가 죽은 자들 가운데로 내려가지 않았더라면, 사망의 잔혹한 제국은 결코 분쇄되지 못했을 것이다." 이러한 사상들은 키릴루스를 아타나시우스와 연결시켜 주었는데, 아타나시우스도 비록 성육신이 인간의 본성을 고양시켜 주긴 하였지만, 사람들은 이미 사망 선고 아래 놓여 있었기 때문에, 신인의 죽음이 이 과정에서 필수적인 단계였다고 주장하였다.[145) 그러나 이와 아울러서, 키릴루스는 구주의 죽음은 희생 제사, 구약성서의 희생 제사 제도 속에 희미하게 예표되어 있었던 흠 없는 제사였다는 것을 알았다.[146) 죽음뿐만이 아니라 죽음의 원인이었던 죄도 인간의 회복에 있어서 장애물이었다. 이러한 관점은 다음과 같은 본문 속에서 강력하게 드러난다:[147) "

이제 옛적에 여러 모형들로 예표되었던 어린양은 세상의 죄를 없애고 인류를 파멸시킨 자를 전복시키며 모든 사람을 위하여 죽음으로써 사망을 폐하고 우리 위에 놓여진 저주를 우리로부터 제거하기 위하여 모든 사람을 위한 흠 없는 제물로서 도살장으로 끌려 간다 …… 우리가 많은 죄들로 인하여 죄책을 지니고 있었고, 그 이유 때문에 사망과 부패에 처할 수밖에 없었던 때에, 성부는 그의 아들을 모든 사람을 위한 속전(ἀντίλυτρον)으로 단번에 내어주셨다 …… 우리는 모두 우리로 인하여, 그리고 우리를 위하여 죽었다가 다시 살아나신 그리스도 안에 있었다. 그러나 죄가 멸해진 마당에, 어떻게 죄로부터 유래한 사망이 멸해지지 않을 수 있었겠는가?"

이 구절 속에는 그리스도를 새로운 인류를 개시시킨 둘째 아담이라고 보는 사상을 포함하여 키릴루스의 가르침 속에 나타나는 몇 가지 특징들이 한데 결합되어서 종합되어 있다. 키릴루스의 가르침이 지닌 진정한 성격을 파악하고자 한다면, 우리는 그 가르침의 두 가지 특징을 추가로 살펴볼 필요가 있다. 첫째, 그의 가르침에 있어서 지도적인 개념은 형벌적 대속이라는 친숙한 개념이다. 우리가 지금까지 언급해 온 거의 모든 교부 저술가들과 마찬가지로, 그는 자신의 영감을 이사야 53:4로부터 가져온다. 그는 이렇게 말한다:[148] "그리스도는 자신의 죄로 말미암아 고난을 당한 것이 아니라, 우리의 범죄로 말미암아 매를 맞았다 …… 옛적부터 우리는 하나님과 원수가 되어 있었다 …… 우리는 완악한 불순종으로 인하여 반드시 징계를 받아야 했다 …… 그러나 하나님과 전쟁하기를 그칠 수 있도록 하기 위하여 죄인들에게 내려져야 마땅했던 이러한 징벌이 그리스도에게 임했다 …… 하나님은 그리스도가 우리를 형벌로부터 해방시킬 수 있도록 하기 위하여 우리의 죄 때문에 그리스도를 내어주었다." 또 다른 문맥 속에서, 그는 이렇게 쓴다:[149] "독생자는 우리의 죄에 대한 형벌로 우리를 위협하였던 죽음에 자신을 내맡김으로써 그리스도의 인격 속에서 우리가 우리의 죄에 대하여 마땅히 치러야 할 형벌을 지불했기 때문에, 죄를 멸하고 사탄의 유죄 증명들을 종식시키기 위하여 사람이 되셨다."

둘째, 키릴루스는 자신의 선배들 중 그 누구보다도 더 명확하게, 그리스도로 하여금 이 일을 이룰 수 있도록 해 주었던 것은 그리스도가 자기 자신을 죄악된 인간의 본성과 동일시했기 때문만이 아니라 그리스도의 인격이 지닌 무한한 가치 때문이었다는 사실을 파악하고 있었다. 그는 우리에게 다음과 같은 사실을 일깨워준다(네스토리우스주의를 겨냥한 말 속에서):[150] "성부 하나님이 우리 대신에 내어주고, 중보자의 지위로 승격시켜서, 양자의 영광을 누리게 하며, 자기 자신과의 지속적인 연합 속에서 존귀케 하신 분은 평범한 사람이 아니었다 …… 그분은 모든 피조물을 초월하는 분, 자기 자신의 본질로부터 태어난 말씀이었기 때문에, 그분은 만유의 생명과 동격이라고 할 수 있었다."

그가 지적하듯이,[151] 아브라함, 야곱, 모세, 사무엘 같은 거룩한 사람들의
죽음조차도 인류의 곤경을 어찌할 수 없었다. 그리스도의 인격 안에서 그리
스도가 자신의 죽음을 통해서 모든 사람을 대신하여 만족을 드릴 수 있었다
는 것이 입증되었다면, 그것은 그리스도가 구원한 모든 자들의 위엄과 신분
을 훨씬 더 능가하는 그리스도의 위엄과 신분(즉, 그리스도가 바로 하나님이
었다는 사실) 때문이었다. 그리스도는 인간의 가치 판단으로는 도무지 헤아
릴 수 없을 정도로 존귀한 성육신한 하나님이었기 때문에, 그의 피로 드려진
제사는 온 세상을 구속하기에 차고 넘치도록 충분하였다($\alpha\xi\iota\acute{o}\chi\rho\epsilon\omega\varsigma$ $\acute{\eta}$
$\lambda\acute{u}\tau\rho\omega\sigma\iota\varsigma$ $\tau o\hat{u}$ $\kappa\acute{o}\sigma\mu ov$ $\pi\alpha\nu\tau\acute{o}\varsigma$).[152]

제 15 장

그리스도의 신비적 몸

1. 동방 교회에서의 교회론

흔히 사람들은 동방 교회에서의 교회론은 서방 교회의 교회론과 대비해 볼 때에 니케아 이후 시대에 진부한 것은 말할 것도 없고 여전히 미성숙하였다고 말한다. 교회론과 관련된 의도적인 진술들과 관련해서는 어쨌든 이러한 평가는 대체로 공정하다고 할 수 있다. 이것에 대한 좋은 예는 주후 4세기 중엽에 나온 전형적인 형태의 교회론을 담고 있는 예루살렘의 키릴루스가 쓴 『교리문답 강론』(*Catechetical Lectures*)에서 찾아볼 수 있다.[1] 교회는 구주에 대하여 음모를 꾸몄던 유대 교회를 대체하기 위하여 하나님이 불러 내신 영적인 결사체라고 그는 설명한다. 그리스도는 사도 베드로에게 한 자신의 유명한 말을 통해서(마 16:18) 교회에게 부족함이 없을 것이라는 약속을 주셨다. 사도 바울에 의하면(딤전 3:15), 교회는 "진리의 기둥이자 터"이고, 성령은 교회의 최고의 교사이자 보호자이다.[2] 또한 교회는 그리스도의 양떼들이 늑대로부터 안전하게 피할 수 있는 우리이다.[3]

교회의 기능은 도처에서 모든 직위, 유형, 기질의 신자들을 한데 모으는 것이고, 교회가 이러한 기능을 하기 때문에, 교회는 "가톨릭"(즉, 보편적)이라고 불린다. 또한 이 명칭은 인간에게 필요한 온갖 교리를 가르치고 온갖 종류의 죄를 치유할 수 있는 교회의 능력을 환기시키는 것이기도 하다. 또한 교회는 하나이고 거룩하며, 지혜와 지식, 온갖 미덕들의 본거지로서, 전 세계에 뻗쳐 있다. 키릴루스는 이러한 교회를, 교회라는 이름을 불법적으로 사용하고 있는 마르키온파와 마니교 같은 특정한 분파들과 대비시킨다. 끝으로, 교회는 그리스도의 신부이자 우리 모두의 어머니로서, 한때는 불임이었지만 지금은 그 자녀가 무수하다. 이러한 거룩한 보편 교회 속에서 사람들은 구원의 가르침을 받고, 하나님 나라와 영원한 생명을 허락받는다.

이러한 말들은 옛적부터 전해 내려온 상식들에 속한다; 분명한 것은 키릴루스가 교회의 존재와 관련된 여러 문제들을 깊이 있게 숙고해 보지 않았다는 것이다. 우리는 특히 키릴루스에게서는 꼬박 한 세기 이전에 키프리아누스 시대에[4] 크게 부각되었던 교회의 위계적 구조나 외적이고 경험적인 회중과 택함받은 자들로 이루어진 눈에 보이지 않는 공동체의 관계에 관한 그 어떠한 논의도 없었다는 점에 특히 주목한다 — 나중에 아우구스티누스가 깊이 몰두하였던 주제.

그러나 이렇게 키릴루스의 신학은 빈약하고 피상적이었지만, 그 밖의 다른 그리스 교부들이 그대로 재현했던 것은 바로 이러한 키릴루스의 신학과 거기에 사소한 수식들을 덧붙인 것이었다. 예를 들면, 크리소스토무스는 교회는 그리스도가 자신의 피값을 주고 자기 자신을 위하여 얻은 신부라고 말한다.[5] 통일성은 교회의 두드러진 특징이고, 교회를 하나로 묶고 있는 끈은 상호적인 사랑이고, 교회를 산산이 갈라놓는 분파주의는 교회의 신앙을 왜곡시키는 이단들만큼이나 유해하고 비난받을 만한 것이다. 그는 교회는 보편적이라고, 그러니까 온 세계에 퍼져 있다고 주장한다; 교회는 진리의 기둥이자 터로서 멸해질 수 없고 영원하다.

주후 381년에 콘스탄티노플 신조를 통해서 교회법으로 제정된 후에는, "하나의," "거룩한," "보편적," "사도적"이라는 수식어들은 통상적으로 교회에 적용되었다. 알렉산드리아의 키릴루스에게 있어서[6] 이러한 통일성은 보편 교회를 구성하고 있는 여러 구체적인 개별 교회들을 한데 묶는 "참된 교리의 조화" 및 신자들 간에 신앙의 분열이 없고 오직 하나의 세례가 존재한다는 사실로부터 오는 것이었다; 그리고 테오도레투스는 지리적으로는 여러 교회들이 존재할 수 있지만, 그 교회들은 모두 교회를 자신의 신부로서 아름다움과 사랑스러움으로 장식한 주님께 의지한 영적으로 하나인 교회라고 주장하였다.[7] 주후 7세기의 막시무스(Maximus)에 의하면,[8] 교회는 구주에 의해서 "정통적이고 구원적인 신앙 고백"으로 세움을 받았다; 초기의 펠루시움의 이시도루스(Isidore of Pelusium, 435년 경에 죽음)는 교회를 "올바른 신앙과 뛰어난 생활 양식에 의해서 한데 결합되어 있는 성도들의 총회"로 정의하면서,[9] 교회에는 영적인 은사들이 풍부하다는 말을 덧붙였다. 알렉산드리아의 키릴루스는 "거룩한 도성 바깥에서는 긍휼하심을 얻을 수 없다"고 씀으로써[10] 보편적으로 주장되어 온 전제들을 재차 확인하였고, 교회는 모든 사람이 분명하게 볼 수 있는 가시적인 모임이며, 흠이 없고 한 점의 오점도 없다고 주장하였다.[11]

이러한 것들과 같은 관습적이고 상투적인 어구들이 교회의 본질에 관한 그리스 교부들의 이해의 전체를 보여주는 것이라고 생각한다면, 그것은 오산일 것이다. 잘 알다시피, 그들이 명시적으로 진술한 교회론은 독창적이거나 심오한 것이 아니었는데, 그 이유는 이 주제가 동방 교회에서 중요한 쟁점이 아니었기 때문에, 그들이 확고한 결론들에 도달하기 위하여 아주 철저하게 이 주제를 탐구할 동기 부여가 되지 않았다는 것이다. 그들이 영적인 모임으로서의 교회에 관한 더 깊고 긍정적인 개념들을 지니고 있었다는 것은 분명하다 — 물론, 그 증거들은 대체로 얼핏 보기에는 교회론 자체와는 별 상관 없어 보이는 문맥들로부터 수집된 것이긴 하지만.

이러한 개념들에 대한 실마리는 모든 학파의 교부들에 의해서 공유되었고 사도 바울의 가르침으로부터 유래했던 확신, 즉 그리스도인들은 그리스도와의 친교 및 그리스도와 하나되는 것을 통해서 서로서로 신비적 통일체를 형성하고 있다는 것이었다. 물론, 나지안주스의 그레고리우스[12]와 크리소스토무스[13]가 교회를 그리스도의 몸이라고 지칭한다거나, 몹수에스티아의 테오도루스가 그리스도의 몸을 세례와 성령의 사역을 통해서 존재하게 되는 신자들의 연합으로 정의하는 등,[14] 이러한 교리는 종종 직접 교회와 관련하여 설명되기도 한다. 그러나 신비적 몸이라는 개념은 교회론에 대한 암시 없이, 그리고 이를테면 삼위일체 또는 기독론과 결부된 논증의 배경 속에서 설명되는 일이 훨씬 더 많다. 이렇게 신비적 몸이라는 개념이 교회론과 직접적으로 관련하여 그 맥락 속에서 설명되고 있지 않다는 핑계를 들어서 무시하는 것은 불행한 일이 될 것이다. 왜냐하면, 당연한 말이지만 신비적 몸이라는 개념은 교부들의 교회 개념의 핵심이자 그 가장 결실 있는 요소를 구성하기 때문이다.

예를 들면, 아타나시우스에게 있어서 신비적 몸이라는 개념은 아리우스파에 대한 그의 변증 전체의 배후에 자리잡고 있다. 이 변증의 중추는 그리스도 안에서 그리스도인이 신성을 부여받는다는 그의 가르침이었는데, 이것은 신비적 몸을 함축하고 있다. 우리는 그리스도 안에 있고, 양자됨을 통해서 하나님의 아들들이 되었다. 왜냐하면, 우리는 하나님과 연합되었기 때문이다.[15] 우리가 그리스도의 죽음, 부활, 불멸성에 참여할 수 있는 것은 우리가 말씀과 신비적으로 연합되었기 때문이다.[16] 물과 성령으로 중생한 그리스도인들은 그리스도 안에서 깨어나고, 그들의 육신 자체가 말씀으로 충만케 된다($\lambda o \gamma \omega \theta \epsilon i \sigma \eta s$ $\tau \hat{\eta} s$ $\sigma a \rho \kappa o s$[17]). 이것을 가장 뚜렷하게 보여주는 것은 요한복음 17:21 본문("아버지여, 아버지께서 내 안에, 내가 아버지 안에 있는 것 같이 그들도 다 하나가 되어 ……")에 관한 아타나시우스의 설명이다. 아리우스파는 이 본문을 그들의 주장을 밑받침하기 위하여 사용하면서, 이 유비로부터 성부와 성자의 연합은 오직 유사성(resemblance)의 연합일 수밖에 없다고 추론하였다. 이에 대해서, 아타나시우스는 그렇지 않다고 대답하였다;[18] 아리우스파가 주장한 것과는 달리, 사람들은 단지 본성의 유사성에 의해서만 연합되어 있는 것이 아니라, "동일한 그리스도에 참여함을 통해서 우리 모두는 한 몸이 되고 우리 자신 속에 한 주님을 소유하게 된다."

카파도키아 교부들도 이와 동일한 가르침을 반영하고 있는데, 나지안주스의 그레고리우스는 그리스도인들이 허락받은 "기이한 신비"를 "우리가 모두 그리스도 안에서 하나가 되고, 그리스도는 우리 안에서 모든 충만으로 거하신다"는 사실에 있다고 설명한다.[19] 그리스도인들이 신성을 부여받는다는 것은 니사의 그레고리우스에게 있어서 지속적인 주제였다; 예를 들면, 아폴리나리우스주의에 대한 그의 변증은 대체로 인간의 회복은 인간 본성 전체가 구주 안에서 하나님과 연합될 때에만 이루어질 수 있다는 주장에 근거하고 있다.[20] 그의 관점은 아리우스파가 신이 준 본문이라고 여겼던 고린도전서 15:28에 대한 그의 해설 속에서 강력하게 드러난다. 그는 사도 바울이 성자가 성부에게 종속되어 있다고 말할 때에 사도 바울은 실제로 우리 인간 존재들이 하나님의 양자들이라는 것을 생각하고 있었다고 주장한다.[21] "우리는

모두 참여에 의해서 그리스도의 유일무이한 몸과 연합되어 있기 때문에, 우
리는 하나의 단일한 몸, 즉 그리스도의 몸이 된다. 우리 모두가 완전해지고
하나님과 연합될 때, 그리스도의 몸 전체는 부활의 일깨우는 권능에 종속될
것이다. 이 몸의 종속은 성자 자신의 종속이라고 불리는데, 이는 성자가 그
의 몸인 교회와 동일시되기 때문이다." 그 다음에 나오는 글 속에서, 그는
그리스도는 모든 신자들 속에 임재해 계시기 때문에 그의 몸과의 교통을 통
해서 그와 연합되어 있는 모든 자들을 자기 자신 속으로 받아들이게 되고,
그 결과로서 수많은 그의 지체들은 하나의 단일한 몸을 구성한다고 말할 수
있다고 설명한다.

또한 크리소스토무스도 명시적으로 교회를 말하고 있지는 않지만 세례 속
에서 그리스도인들과 그리스도 간에 형성되는 연합의 친밀함을 강조한다.[22]
그는 성찬을 이러한 연합의 주된 원천으로 보면서, "우리는 이 몸과 어우러
지고, 우리는 그리스도의 한 몸, 하나의 단일한 육체가 된다"라고 말한다.[23]
제단에서 교통하는 자들은 "그리스도의 몸, 여러 몸이 아니라 한 몸이 된다
…… 이렇게 해서, 우리는 그리스도 및 서로와 연합된다."[24]

우리가 예상할 수 있듯이, 이러한 사상들은 알렉산드리아의 키릴루스에게서
활짝 만개하였다. 요한복음 1:14("말씀이 …… 우리 가운데 —$\dot{\epsilon}\nu$ $\dot{\eta}\mu\hat{\iota}\nu$—
거하시매")에 대한 그의 주석[25]은 성육신을 통해서 말씀은 자기 자신을 인간
본성과 동일시하였다는 것이다. 죄의 종들인 사람들과 자발적으로 종의 형
체를 취한 분 간의 신비적 연합이 이루어졌다; 이렇게 해서, 그들은 모두 한
몸 안에서 하나님과 화목되었다. 자기보다 이전 사람이었던 아타나시우스와
마찬가지로, 키릴루스는 그리스도가 제자들이 성부와 성자가 하나인 것 같
이 하나가 될 수 있게 해 달라고 기도한 것을 아리우스파가 주장했던 종류의
도덕적 연합이 아니라 실재적이고 "물리적인" 연합($\phi\nu\sigma\iota\kappa\hat{\eta}\varsigma$ $\dot{\epsilon}\nu\omega\sigma\epsilon\omega\varsigma$)을
함축하는 것으로 해석한다.[26] 그의 표현에 의하면, "우리 모두가 그리스도 안
에서 서로서로에 대하여 한 몸이라면 — 서로에 대해서만이 아니라 육체로
우리에게 오신 분에 대해서도 — 어떻게 우리가 서로에 대해서, 그리고 그
리스도 안에서 하나이지 않을 수 있겠는가? 그리스도는 한 분 동일한 분이자
하나님인 동시에 사람인 한에서 이러한 연합의 끈이다."

이 구절 속에서 그는 이러한 연합을 가져 오는 데 있어서 성령의 역할을 강조한다: "우리 모두는 동일한 유일무이한 영인 성령을 우리 자신들에게로 받음으로써, 서로서로 및 하나님에 대하여 연합된다. 우리는 서로 구별되고 성부의 영과 성자가 우리 각자 속에 거하지만, 그럼에도 불구하고, 이 영은 하나이고 나뉠 수 없다. 따라서 성령은 자신의 권능을 통해서 많은 구별되는 영들을 한데 묶어서 연합시키고, 그들을 자기 자신 안에서 단일한 영이 되게 만든다." 또한 그는 이러한 연합을 성찬과 결부시키는데, 이것은 그의 가르침 전체에 걸친 특징이다. 그리스도의 성례전적인 몸을 받음으로써, 우리는 그리스도의 생명과 권능이 우리에게 교통되게 하고, 그리스도와의 친교를 유지하고 강화시키게 된다고 그는 주장한다.[27] 따라서 그는 "우리 안에 있는 그리스도의 몸이 우리를 결합시켜서 연합되게 하고 …… 우리는 그리스도 및 서로에 대하여 연합되게 된다"라고 선언한다.[28]

2. 동방 교회와 로마 교황청

교회의 조직 구조에 관한 동방 교회의 태도라는 문제는 교리사가 아니라 교회사에 속한 것이긴 하지만, 여기서 이 문제에 대하여 몇 가지 말해 둘 것이 있다. 주후 4세기와 5세기는 총대주교 관구들이 서서히 출현하고 있던 시기였다; 로마, 알렉산드리아, 안디옥 총대주교 관구들은 니케아 공의회(325년)에서 인정되었고, 콘스탄티노플과 예루살렘은 나중에 각각 콘스탄티노플 공의회(381년)와 칼케돈 공의회(451년)에서 총대주교 관구로 인정되었다. 서방 교회에서만이 아니라 동방 교회에 속한 모든 곳에서도 로마 관구는 특별한 영예를 누렸는데, 이것은 로마 관구의 특별한 지위에 대하여 아무런 의문도 제기되지 않았다는 것에서 잘 드러난다. 로마 관구의 유일한 경쟁 상대는 새롭게 급속하게 확장되고 있었던 콘스탄티노플 관구였지만, 제2차 에큐메니컬 공의회(381년)에서 선언된 최고의 주장(이러한 주장조차도 알렉산드리아에 의해서 무시되었고, 칼케돈에서는 교황의 특사들에 의해서 거부되었으며, 교황 레오1세에 의해서 무효로 선언되었다)은 "콘스탄티노플은 새로운 로마이기 때문에 콘스탄티노플 주교는 로마 주교 다음으로 첫 번째 지위를 지닌다"라는 취지의 것이었다.[29]

이렇게 로마의 우월성은 교부 시대에서도 여전히 논란의 여지가 없었다. 이것을 보여주는 증거로는 우리는 단지 에베소 공의회(431년)와 칼케돈 공의회(451년)에서 교황이 당연한 일처럼 지도적인 지위를 주장하였고 그들에게 아무런 이의 없이 그런 지위가 인정되었다는 사실만을 생각해 보면 된다. 우리는 심지어 주후 5세기의 역사가들이었던 소크라테스(Socrates)[30]와 소조메누스(Sozomen)[31]가, 율리우스 1세가 (아타나시우스와 마르켈루스의 직위를 박탈한 것에 항의하는) 동방 교회의 주교들에게 보낸 저 유명한 서신[32](340년)을 잘못 해독한 것을 기초로, 교회회의들이 로마 교황을 초청함이 없이 열리거나 교황의 동의 없이 결정들을 내리는 것은 비헌법적이라고 결론을 내리고 있는 것을 발견하게 된다. 기독론과 관련된 논쟁이 발생하자, 네스토리우스와 키릴루스는 서둘러서 그들의 주장들을 로마로 보냈는데,[33] 키릴루스는 교회들의 오래된 관습을 따라 자기가 그러한 비중 있는 문제들을 교황에게 알리고 어떤 조치를 취하기 전에 교황의 조언을 구하지 않을 수 없었다고 분명하게 말한다.[34] 키릴루스는 자신의 한 설교 속에서[35] 켈레스티누스(교황)에게 "온 세계의 대주교"(πάσης τῆς οἰκουμένης ἀρχιεπίσκοπος)라고 지칭하며 문안 인사를 하기까지 한다.

그러나 결정적인 문제는 로마 교회가 지니고 있었던 이러한 의심할 바 없는 수위권(首位權)이 신적인 권리로서 포괄적인 치리권을 내포하고 있느냐 하는 것이었다. 동방 교회에 관한 한, 이러한 문제에 대한 대답은 대체로 부정적일 수밖에 없었다. 동방 교회들은 로마 교회에 대하여 대단한 경의를 표하고 자신의 성명서들을 통해서 많은 존경심을 표하기는 했지만, 결코 로마를 교회 조직의 구심점이자 머리로 여기지는 않았고, 신앙과 도덕의 무오한 신탁의 장소로 취급하지는 더더욱 않았다. 하지만, 그들도 종종 로마 교회의 명시적인 의지에 저항하는 것에 대하여 특히 양심의 가책을 느끼곤 했다. 사도 베드로에 대한 동방 교회의 평가를 눈여겨 보면 특히 시사해주는 것이 많다. 왜냐하면, 후대의 교황권의 신학적인 토대를 제공해 준 것이 바로 베드로에게 주어진 약속들과 책임들이었기 때문이다(특히 마 16:18f.; 욥 22:32; 요 21:15-17을 보라).

한편 사도 베드로가 사도들의 수장으로서의 지위를 갖고 있었다는 것에 대해서는 한 점의 의혹도 없이 인정되었다. 예를 들면, 디디무스는 사도 베드로를 사도들 가운데 으뜸의 지위(κορυφαῖος)를 지니고 있었던 지도자(πρόκριτος)이자 총지휘자(τὰ πρωτεῖα)였다고 칭송한다;[36] 참회자들(penitents)을 화목케 하는 권능은 직접적으로 사도 베드로에게 주어졌고, 다른 사도들에게는 오직 베드로를 통해서 그러한 권능이 주어졌다.[37] 크리소스토무스는 사도 베드로를 "합창대의 총지휘자, 사도적 무리들의 대변자, 그 무리의 머리, 온 세계의 지도자, 교회의 토대, 그리스도가 열렬히 사랑했던 자"라고 묘사한다.[38] 알렉산드리아의 키릴루스[39]와 테오도레투스[40] 같은 후대의 저술가들도 이와 같은 관점을 거의 동일한 언어로 표현한다. 이것과 맥을 같이하여, 한 해석학파는 마태복음 16:18에 언급된 반석을 베드로라는 실제 인물과 동일시하였다. 따라서 키릴루스는 "예수 그리스도가 그의 교회를 그 위에(ἐπ' αὐτῷ) 세우겠다고 하셨기 때문에" 시몬은 베드로라고 불리게 되었다고 설명한다.[41] 에피파니우스,[42] 고백자 막시무스[43]도 마태복음의 본문을 동일하게 해석한 인물들이었다.

다른 한편으로, 그리스 교부들에게서는 사도 베드로의 지도자로서의 지위가 다른 사도들의 지위와 질적으로 다른 지위였다는 주장은 찾아볼 수 없다. 베드로와 관련된 본문들 전체에 대한 당시의 주석은 그러한 추론을 강력하게 반대한다. 예를 들면, 알렉산드리아의 키릴루스는 마태복음 16:18에 나오는 반석을 신앙에 의해서 이해된 그리스도 자신이라고 스스럼 없이 말하고 있고,[44] 에피파니우스,[45] 크리소스토무스,[46] 테오도레투스[47](cf. σημαίνει δὲ ἡ πέτρα τῆς πίστεως τὸ στερρὸν καὶ ἀκράδαντον)는 반석을 사도 베드로의 믿음에 대한 상징으로 본다. "내 양을 먹이라" 등등(요 21:15–17)의 명령은 베드로에게 그 어떤 특별한 권세나 직위가 주어졌음을 보여주는 것이 아니라, 베드로가 주님을 부인한 후에 사도로서의 베드로의 목회적 기능에 대한 공식적인 확증에 다름 아니라고 키릴루스는 생각한다.[48] 마찬가지로, 그의 형제들을 견고하게 세우라는 권면(눅 22:32)도 통상적으로 단순히 하나님이 사람들을 다루시는 것과 관련된 일반적인 진리, 즉 죄를 지은 이후의 회복은 회개를 조건으로 해서만 가능하다는 진리를 예시해 주는 것으로 해석된다.[49] 아마도 이러한 것들보다 더 중요했던 것은 사도 베드로의 권세가 로마 관구에서 베드로를 계승한 자들에게 신비적으로 대물림된다는 것을 암시하는 아주 드물게 나오는 말들이다(예를 들면, 칼케돈 공의회에 참석했던 주교들이 레오의 공한에 대하여 "베드로가 레오를 통해서 말씀하셨다"라고 외침으로 경의를 표한 것).

3. 서방 교회의 교리들: 힐라리우스와 옵타투스

서방 교회의 신학이 교회론을 놓고 더 깊은 차원에서 씨름할 수 있었던 것은 도나투스파와의 싸움이 이 문제에 초점을 맞추었기 때문이었다. 이탈리아와 갈리아 지방 같은, 도나투스파가 거의 또는 전혀 영향을 미치지 못했던 지역에서는 교회의 본질에 관한 개념들은 거의 동일한 시기에 동방 교회에서 통용되었던 개념들과 실질적으로 차이가 없었다. 예를 들면, 암브로시우스에게 있어서 교회는 하나님의 도성, 그리스도의 순결한 몸이었다;[50] 이러한 교회를 갈가리 찢거나 스스로 이 교회로부터 떨어져 나간 자들은 용서받을 수 없는 죄를 범하는 것이었다.[51] 힐라리우스는 외적으로 고찰하면 교회는 "신자들의 조화로운 교제"이고,[52] 더 영적인 시각에서 보면 교회는 그리스도의 신부, 그리스도의 신비적 몸, 그리스도가 사람들에게 말할 때에 사용하는 입이라고 가르친다.[53] 그리스도에 의해서 세워졌고 사도들에 의해서 정립된 교회는 하나이고, 권세를 가지고 진리를 가르친다; 교회의 통일성은 서로 구별되는 무수한 몸들의 집합으로서의 통일성이 아니라 단일한 통합된 몸으로서의 통일성이고, 공통된 신앙, 사랑의 끈, 의지와 행위의 일치에 토대를 둔 것이다.[54]

이러한 말들이 보여주듯이, 그리스도와의 신비적인 하나라는 교회의 개념은 서방 교회에서도 생생하게 살아 있었다; 실제로 동방 교회와의 접촉을 통해서 많은 영향을 받았던 힐라리우스는 그러한 개념에 대한 특히 강력한 인식을 지니고 있었다. 세례를 통해서 신자들은 그들의 몸의 영적인 변화를 겪고 "그리스도의 육체와의 교제 속으로 들어간다"고 그는 주장한다;[55] "그리스도는 그 자신이 교회로서 신자들 모두를 자신의 몸의 신비를 통해서 자기 자신 안에 포괄하기 때문에," 신자들은 그리스도와 한 몸이 된다.[56] 이단들은 그리스도인들 사이에 존재하는 통일성은 단순히 의견 일치와 상호적인 사랑의 통일성이라고 주장하면서(요 17:21을 그 근거로 든다) 사도행전 4:32("믿는 무리가 한 마음과 한 뜻이 되어")을 그들의 토대로 삼는다고 그는 지적한다.[57] 실제로 교회의 통일성은 세례 때에 주어진 새 생명에 토대를 두고 그들이 한 분 나뉠 수 없는 그리스도를 모두 옷 입었다는 사실을 기초로 한 실재적인 통일성(unitas naturalis)이다. 이러한 연합의 실재성은 성찬의 신비에 의해서 보장되는데, 성찬을 통해서 그리스도인들이 그리스도의 몸과 하나 된 것이 유지되고 강화된다.[58]

성도들의 교통(communion)에 관한 가르침의 암시들은 힐라리우스의 저작들 속에서 그가 교회와 관련하여 "지금 존재하는 것이라는 의미에서이든 장차 존재하게 될 성도들로 이루어지는 것이라는 의미에서든"이라고 말할 때에 나타난다.[59] 그와 동시대인이었던 레메시아나의 니케타(Niceta of Remesiana)는 교회를 "모든 성도들의 회중"이라고 명시적으로 정의하면서,[60] 신자들이 그 안에서 누리는 유익들 중의 하나는 "성도들과의 교통," 즉 모든 시대의 사도들, 선지자들, 순교자들, 의인들과의 교통이라고 말한다. 그러나 힐라리우스는 현재적으로 구성되어 있는 교회는 선한 사람들만이 아니라 죄인도 포함하고 있는 혼합된 공동체(in ecclesia quidem manentes, sed ecclesiae disciplinam non tenentes)라는 것을 너무도 잘 알고 있었다.[61]

바로 이것이 도나투스파가 제기하였던 쟁점이었다. 이 분파의 사상은 백년이 넘게 아프리카 교회를 분열시키면서 격렬한 불화와 폭력을 확산시켰다. 여러 비신학적인 요소들(예를 들면, 민족주의적인 감정, 경제적인 궁핍)이 이 문제를 복잡하게 만들었지만, 표면상으로 이 분파를 발생시킨 것은 주후 311년에 카이킬리아누스(Caecilian)를 카르타고의 주교로 서임한 것이 잘못되었다는 주장이었다. 서품에 참여하였던 인물들 중에서 한 사람이었던 압퉁가의 펠릭스(Felix of Aptunga)는 디오클레티아누스의 박해 동안에(303년) 행정 당국에 성경의 사본들을 바친 배교자(traditor)라는 고소를 받았다(가톨릭 교회 측에 의하면, 이러한 고소는 잘못된 것이었다). 도나투스파는 엄격주의의 노선을 취하고 있었다; 성례전의 유효성은 집례자의 적격성에 달려 있기 때문에, 교회가 부적격한 주교들 및 그 밖의 성직자들, 특히 과거에 배교를 행하였던 자들을 성직에 머물도록 용납한다면, 교회는 거룩하기를 멈추게 되고, 교회가 그리스도의 몸이라는 주장의 타당성을 상실하게 된다고 그들은 가르쳤다. 이 경우에 그로부터 결과한 오염은 카이킬리아누스와 그의 후계자들만이 아니라 그들과 교통을 유지하고 있는 아프리카 및 온 세계의 신자들에게도 감염된다고 그들은 주장하였다.[62]

이와 같은 태도 속에 전제되어 있는 것은 교회를 사실상으로(*de facto*) 거룩한 공동체, 오로지 실제적으로 선한 사람들로 이루어진 공동체로 보는 청교도적인 개념이다. 이것을 그들의 전제로 삼고서, 도나투스파는 그들은 평신도나 성직자나 한결같이 모두에게 적극적인 거룩을 요구하기 때문에, 오직 그들만이 성경이 그리스도의 순결한 신부라고 말하고 있는 보편 교회(*ecclesia catholica*)가 될 수 있다고 주장하였다. 따라서 이른바 기존의 가톨릭 교회는 참된 교회라고 주장할 수 있는 정당성을 지니고 있지 않다고 그들은 주장하였다.

이러한 청교도주의적인 광신적인 집단에 대한 가톨릭 측의 반응은 밀레비스의 주교였던 옵타투스(Optatus)가 도나투스파의 지도자이자 선전책이었던 파르메니아누스(Parmenianus)를 반박하기 위하여 주후 366년 또는 367년에 쓴 6권(나중에 7권으로 증보되었다)의 책들 속에 잘 나타나 있다.

첫째, 그는 성례전의 유효성은 집례하는 사제가 아니라 하나님으로부터 유래한다는 점을 지적한다.[63] 예를 들면, 세례에 있어서 은사를 수여하는 분은 삼위일체적인 문구를 통해서 기원되는 삼위일체 하나님이다. 누가 심든, 그리고 누가 물을 주든, 자라나게 하시는 분은 항상 하나님이다; 집례자는 끊임없이 바뀔 수밖에 없지만, 그 예식 속에 삼위일체는 항상 현존한다. 이런 이유 때문에, 그는 기꺼이 도나투스파에 속한 사람들을 형제로 인정하고 (결국 그들이나 그는 모두 "하나의 동일한 영적 출생지"를 갖고 있기 때문에) 그들의 성례전의 유효성을 인정하였다.[64]

둘째, 그는 교회의 거룩성에 관한 도나투스파의 정의와 교회의 지체로서의 자격을 사실상으로(*de facto*) 선한 상태 속에 있는 자들에게로 한정해야 한다고 주장하는 그들의 태도를 비판한다. 교회가 거룩한 것은 거기에 속한 사람들의 특성 때문이 아니라, 교회가 삼위일체의 신조, 베드로의 의자, 신자들의 믿음, 그리스도의 구원의 계명들, 그리고 무엇보다도 성례전들을 소유하고 있기 때문이라고 그는 주장한다.[65] 우리 주님이 명하신 "우리의 죄를 사하여 주옵시고"라는 기도와 요한일서 1:8("만일 우리가 죄가 없다고 말하면 스스로 속이고") 같은 본문들, 가라지 비유는 그리스도가 심판의 날이 이르기까지 자신의 교회 속에 죄인들을 용납하기로 했다는 것을 풍부하게 증명해 준다.[66] 우리가 사도들 자신도 결코 하려고 하지 않았던 것, 즉 그리스도의 양떼 속에서 선한 자들과 악한 자들을 갈라내는 일을 시도하는 것은 불가능하다고 하지는 않더라도 잘못된 일임에 틀림없다.

셋째, 그는 보편성과 통일성은 적어도 거룩성만큼이나 참된 교회의 결정적인 표지들이라고 주장한다. 보편성은 구주의 약속에 따라서 교회가 온 세상에 널리 퍼져 있는 것을 의미하기 때문에, 도나투스파는 "아프리카의 한 조각, 작은 지역의 한 모퉁이"에 국한된 분파이기 때문에 보편성을 갖추고 있지 못하다.[67] 아가서 6:8("내 비둘기, 내 완전한 자는 하나뿐이로구나") 같은 구절들 속에서 성경에 의해 이미 예언된 교회의 통일성은 우리 주님이 의도하신 것이었고, 그 가시적인 표현은 베드로의 관구와의 교통에 있다.[68] 키프리아누스와 마찬가지로,[69] 옵타투스도 분파주의는 사랑의 정신에 대한 부정으로서 배교와 동일한 것이었다(*catholicum facit ······ unitas animorum, schisma vero ······ livore nutritur*[70]). 교회는 나누어질 수 없는 하나이기 때문에, 도나투스파와 같은 분파주의자들은 원 나무로부터 잘려 나간 가지들처럼 교회를 갈가리 찢어 놓는다기보다는 교회로부터 떨어져 나간 것이다.[71] 또한 키프리아누스와 마찬가지로, 옵타투스도 그들을 예레미야의 말을 빌려서 생수의 근원을 떠나서 스스로 물을 담을 수 없는 저수지들을 팠다고 단죄한다.[72]

4. 서방 교회의 교리들: 아우구스티누스

도나투스파와의 기나긴 논쟁 기간 동안에 옵타투스의 이러한 사상들을 발전시키고 심화시켰던 인물은 또 한 사람의 아프리카인이었던 아우구스티누스였다. 그에 의하면, 교회는 그리스도의 영역, 그리스도의 신비적 몸이자 신부, 그리스도인들의 어머니이다.[73] 교회 밖에 구원은 존재하지 않는다; 분

파주의자들도 신앙과 성례전들을 가질 수 있지만(이 점에서 그는 그가 존경
했던 스승인 키프리아누스[74]와는 달리 성례전들은 교회 외부에서 집례된다
고 할지라도 유효하다는 서방 교회의 전통적인 가르침을 선호하였다), 성령
은 오직 교회 안에서만 수여되기 때문에, 그 성례전들을 유익하게 사용할 수
는 없다.[75] 사도행전에 기록된 백부장 고넬료의 경우가 보여주듯이, 적절한
환경 속에서는 교회 외부에서도 분명히 은혜가 수여될 수 있다; 그러나 꼭
필요한 엄격한 조건은 은혜를 받는 자가 가시적인 은혜의 방편들을 회피하
고자 시도해서는 안 된다는 것이다(*contemptor sacramenti visibilis
invisibiliter sanctificari nullo modo potest*[76]).

아우구스티누스가 교회를 로마 교회를 중심으로 위계질서와 성례전들을
갖춘 당시의 보편적인 가톨릭 교회와 동일시했다는 것은 두말할 필요도 없
다. 사실 교회의 보편성은 부분적으로는 진리의 선별적인 파편들이 아니라
진리 전체를 가르치는 데에 있었고,[77] 또한 교회가 전 세계에 걸쳐서 분포되
어 있다는 사실에 있었던 것으로 보인다.[78] 후자의 특징은 특정한 지역을 기
반으로 융성한 분파들로부터 교회를 구별시킨다.[79] 아우구스티누스의 견해
에 의하면, 교회는 어느 한 시점에 있어서 보편적이고 경험적인 공동체에 국
한되는 것이 아니라, 현재의 그리스도인들과 과거에 그리스도를 믿었고 미
래에 그리스도를 믿을 모든 신자들을 포함하는 것이었다. 또한 교회는 도나
투스파의 인식과는 달리 선한 사람들만이 아니라 나쁜 사람들까지 포괄하는
"혼합된 공동체"(*corpus permixtum*[80])이고, 교회의 절대적인 완전성과 흠
없는 순결성을 강조하는 성경 본문들은 교회의 혼합적인 성격을 지적하고
있는 그 밖의 다른 본문들(예를 들면, 가라지 비유)과 더불어 균형 있게 보아
져야 하고, 지금 여기에서의 교회의 상태를 가리키는 것이 아니라 최후의 완
성의 때의 교회 상태를 가리키는 것으로 해석되어야 한다.[81]

이러한 내용들 중 대부분은 주후 4세기의 라틴 가톨릭 교회의 사상에 있어
서 상식적인 것들이었다. 교회론에 대한 아우구스티누스의 특별한 기여를
제대로 알고자 한다면, 우리는 이러한 내용들 중 일부를 더 상세하게 살펴
볼 필요가 있다.

첫째, 그의 가르침의 핵심은 그리스도의 신비적 몸으로서의 그리스도인 공동체

에 관한 그의 개념이다. 그리스도는 삼중적 존재 양태를 가지고 있다고 그는 주장한다.[82] 그리스도는 영원한 말씀으로 존재하고, 또한 신인(神人) 또는 중보자로서 존재한다; 그러나 또한 그리스도는 교회로서 존재하는데, 그리스도는 교회의 머리이고 신자들은 그 지체들이다. 이 전체가 단일한 영적인 실체 또는 인격을 이룬다. 그는 이렇게 쓴다:[83] "많은 그리스도인들이 존재하지만, 오직 한 분 그리스도가 존재한다. 그리스도는 승천하셨기 때문에, 그리스도인들 자신은 그들의 머리와 더불어서 한 분 그리스도를 형성한다. 그리스도는 한 분이고 우리는 다수라는 것은 사실이 아니며, 다수인 우리는 그리스도 안에서 하나의 통일체이다. 그러므로 머리와 몸을 이루고 있는 한 사람 그리스도가 존재한다."

그리스도와 그의 지체들은 "한 인격"(*una quaedam persona*[84]), 곧 모두가 각자의 기능을 가지고 있는 유기적인 통일체인데, 이것은 성찬식의 하나의 떡을 통해서 비유적으로 상징된다.[85] 통상적인 몸이 영혼 또는 영에 의해서 스며들어 있고 각성되며 결합되어 있는 것과 마찬가지로, 신비적 몸의 생명 원리는 교회 밖에서는 받을 수 없는 성령이다.[86] 그러나 성령은 인격화된 사랑, 성부와 성자의 상호적인 사랑의 산물이기 때문에, 교회의 생명 원리는 사랑이라고 묘사될 수도 있다.[87] 바로 이러한 모두를 하나가 되게 하고 각성시키는 사랑 또는 자비가 교회의 본질이다; 이 사랑은 무수한 지체들을 서로 결합시키고, 그 몸을 머리와 연합시키는데, 그 결과는 "스스로를 사랑하는 하나의 단일한 그리스도"이다.[88] 믿음과 소망은 사랑과 자연스럽게 결합된다. 왜냐하면, 오직 성육신과 십자가에 대한 믿음을 통해서만 사람들은 중보자와의 교제 속으로 들어가게 되고,[89] 교회는 소망을 가지고 구속의 완성을 바라보게 되기 때문이다.[90] 이렇게 내적으로 교회는 그들의 주님인 그리스도와 더불어 믿음과 소망과 사랑 속에서 한데 연합되어 있는 모든 자들의 교통이다.

둘째, 교회의 통일성에 관한 아우구스티누스의 사상은 사랑의 교제로서의 교회라는 그의 개념으로부터 논리적으로 도출된다. 교회의 지체들은 한 몸에 속한 지체들이기 때문에 연합되어 있을 수밖에 없다; 아담과 하와가 우리에게 사망을 낳았던 것과 마찬가지로, 그리스도와 교회, 즉 그리스도의 신부이자 우리의 영적인 어머니인 교회는 우리에게 영원한 생명을 낳았다.[91] 물론, 이러한 통일성은 믿음의 통일성을 내포하고 있기 때문에,[92] 그 어떠한 믿음의 분열도 이단으로 귀결된다.[93] 그러나 이것보다 더 심오하고 중요한 것은 교회는 사랑의 통일체이기도 하다는 것이다; 하나님과 동료 그리스도인들을 사랑하지 않는 사람이 교회에 속할 수 있다고 생각하는 것은 망상이다.[94] 사랑의 반대는 "범죄적인 분리"(*nefaria separatio*[95]) 행위를 통해서 그리스도의 깁지 않은 옷을 찢으며 그리스도의 몸을 갈기갈기 찢는 분열을 촉진시키는 영이다.

그러므로 아우구스티누스가 보기에는, 도나투스파가 교회를 떠난 것은 그들이 사랑의 원리를 포기하였기 때문이었다: "교회의 통일성을 끌어안지 않는 사람이 어떻게 진실로 그리스도의 사랑을 가지고 있다고 말할 수 있겠는가?"[96] 그들은 믿음에 있어서 정통적이고, 그들의 세례와 서품들이 기술적으로 올바르며, 그들의 엄격한 행위들은 극히 칭찬할 만하다고 할 수 있다; 그러나 이 모든 것들은 그들을 분열로 내몬 사랑의 결핍으로 인해서 전혀 효력을 발휘하지 못한다. 앞에서 보았듯이,[97] 키프리아누스에게 있어서 분열은 사실상 영적인 자살이었다; 분열은 언제나 그 자체로 연합되어 있는 그리스도의 몸으로부터 스스로를 잘라내는 것을 의미하였다. 아우구스티누스는 분파주의를 적극적인 신성모독의 행위로 보았는데, 이는 분파주의자들이 실제로 사랑의 결핍으로 인해서 교회를 찢어놓기 때문이었다.

셋째, 아우구스티누스는 성경을 토대로 역사적 제도로서의 교회는 의인들과 아울러 죄인들도 포함해야 하고, 이 두 집단은 마지막 심판 때에 분리될 것이라고 역설하면서도,[98] 그리스도의 신부는 지금 여기에서 "흠이나 주름이 없어야" 한다는 도나투스파의 주장에 대항하기 위하여 한 가지 중요한 내용을 말하게 되었다. 그것은 진정으로 그리스도에게 속한 사람들로 구성된 본질적인 교회와 외적이고 경험적인 교회를 주의깊게 구별한 것이었다. 플라톤적인 사상 배경을 지니고 있던 아우구스티누스에게 이러한 구별은 쉽게 다가왔다. 왜냐하면, 완전한 본질, 영원하고 초월적인 인식과 그 불완전한 현상적 구현 간의 대비는[99] 아우구스티누스의 마음속에 항상 어른거리고 있었기 때문이었다. 이러한 관점에서 보면, 오직 사랑으로 불타오르고 그리스도의 명령에 진실하게 헌신된 사람들만이 본질적인 교회에 속한다;[100] 선한 사람들만이 "본래적인 의미에 있어서의 그리스도의 몸이다"(cf. *boni, quiproprie sunt corpus Christi*[101]). 나머지, 즉 죄인들은 교회 안에 있는 것처럼 보일 수는 있지만, 그들은 "눈에 보이지 않는 사랑의 연합체"(*invisibilis caritatis compages*[102]) 속에서 아무런 분깃도 가지고 있지 않다. 그들은 집안에 있지만, 여전히 그 집의 구조에 이질적인 자들이다.[103] 그들은 "가톨릭 교회의 친교"(*catholicae ecclesiae communio*)에 속하고,[104] "성례전의 친교"(*communio sacramentorum*)를 누린다;[105] 그러나 엄밀한 의미에서 "성도들의 회중과 공동체,"[106] "거룩한 교회"를 구성하는 것은 의인들뿐이다.

이렇게 해묵은 문제에 대한 아우구스티누스의 해법은, 도나투스파의 주장대로, 그리스도의 진정한 신부는 실제로 오로지 선한 자들과 경건한 자들로만 이루어지지만, 이러한 "눈에 보이지 않는 사랑의 교제"는 오직 역사적인 가톨릭 교회 속에서만 찾아볼 수 있고, 그 영역 안에서 선한 자들과 죄인들은 여전히 "혼합된 친교" 속에서 서로 동거하고 있다고 주장하는 것이었다. 이러한 가설에 의하면, 도나투스파의 오류는 이 두 부류를 조악하게 제도적으로 구분하고자 한 데에 있었던 반면에, 이스라엘의 선례가 보여주었듯이, 이러한 구분은 영적인 것이었고, 하나님은 이 두 부류의 사람들이 이 세상 속에서 나란히 살아가도록 의도하셨다.

그러나 아우구스티누스는 자신의 예정 교리를 설명해 나갈 때에[107] 이러한 구별을 더 다듬어서 유형 교회와 무형 교회라는 개념을 도입하기에 이르렀다. 마침내 그는 교회의 참된 지체들(아가서 4:12 이하에서 그토록 웅변적으로 말하고 있는 "잠근 동산 …… 덮은 우물 …… 봉한 샘 ……")만이 "택함받은 자의 고정된 수(數)"일 수 있다는 것을 알게 되었다. 그러나 "하나님의 말로 표현할 수 없는 미리 아심 속에서 지금 안에 있는 것처럼 보이는 많은 사람들이 밖에 있고, 지금 밖에 있는 것처럼 보이는 많은 사람들이 안에 있다." 달리 말하면, 아무리 살펴보아도 "눈에 보이지 않는 사랑의 교제"에 속한 것으로 보이는 자들 중에서도 다수가 견인(perseverance)의 은혜를 소유하지 않아서 떨어져 나갈 운명에 처해 있고, 현재적으로는 이단자들이거나 분파주의자들이거나 무질서한 삶을 살아가거나 심지어 개종하지 않은 이교도들

인 사람들 중에서도 다수는 은혜의 충만함에 이르도록 예정되어 있을 수 있다는 것이다.[108]

이러한 사상 노선은 교회의 본질에 관한 문제 전체를 완전히 다른 차원으로 바꿔놓았다는 것은 분명하다. 아우구스티누스는 자신의 두 가지 인식, 즉 역사적 제도로서의 교회를, 진정으로 그리스도에게 헌신되어 있고 그리스도의 정신을 나타내는 자들로 이루어진 참된 교회로부터 구별하는 것과, 그리스도의 몸을 오직 하나님만이 아시는 택함받은 자들의 일정한 수와 동일시하는 것을 조화시키고자 하는 시도를 결코 하지 않았다. 실제로 그 어떤 종합이 궁극적으로 가능했는지는 의심스럽다. 왜냐하면, 후자의 교리를 진지하게 받아들인다면, 제도적 교회라는 개념은 그 어떤 유효성도 지니지 못하게 되기 때문이다.

5. 서방 교회와 로마의 수위권

주후 5세기 중엽에 이르러서는 로마 교회는 서방 교회에서의 수위권의 지위를 사실로만이 아니라 교회법상으로도 정립한 상태였고, 기독교계의 모든 주교들보다 로마 교황이 우월하다는 주장도 정확한 용어들로 표현되어 있었다. 이러한 과정이 어떤 단계들을 거쳐서 이루어졌는지에 대한 상세한 이야기는 교리사가 아니라 교회사의 분야에 속한다. 여기에서 우리는 단지 엄밀하게 신학적인 요소들과는 별개로 서방 교회에서 유서깊고 존경받은 유일하게 중요한 사도적 관구로서의 로마의 지위, 로마 교회가 서방제국에서 예전 및 신학과 관련하여 행사하였던 극히 포괄적인 영향력, 야만인들의 침공의 시대에 교황들에게 수행하도록 요구되었던 특별한 역할, 이 모든 것이 이러한 발전에 기여하였다는 말만을 해 두면 될 것이다.

여러 시기들의 역사, 특히 아리우스파, 도나투스파, 펠라기우스파, 기독론 등과 관련된 논쟁들의 역사를 추적하는 연구자들은 이 거룩한 관구가 노련하고도 끈질기게 자신의 주장들을 지속적으로 제기하고 공고히 하여 왔다는 인상을 받지 않을 수 없다. 로마의 주교좌를 차지하고 있는 사람은 사도들 중에서 수장이었던 성 베드로의 후계자로 받아들여졌기 때문에, 로마 교회가 사실상 누리고 있었고, 교황들이 그들의 인격들과 직임에 집중되어 있다고 보았던 유일무이한 권위가 하나님의 계획의 성취에 다름 아니었다는 추론을 이끌어 내기는 쉬운 일이었다.

이 절에서 우리의 관심은 교회의 신학에 있어서 로마의 수위권이 수행하였던 기능에 관한 것이다. 이 주제와 관련해서 힐라리우스로부터 얻을 수 있는 것은 거의 없어 보인다. 힐라리우스는 사도 베드로가 최초로 믿은 자, 사도적 무리의 으뜸(apostolatus princeps), 교회가 세워진 터이자 천국으로 들어가는 문의 문지기였다는 데에 동의하지만,[109] 이러한 사실들을 당시의 로마 관구와 결부시키고 있는 것 같지는 않다. 암브로시우스의 가르침은 이보다 훨씬 더 상세한데, 그가 로마 교회를 지극한 공경심으로 바라보았다는 것은 의심의 여지가 없다. 아주 초기부터 로마 교회는 교회 신조의 고결성과 순수성에 대한 흔들림 없는 확고한 대표자였다고 그는 가르쳤다;[110] 로마 교회와 교통 가운데 있다는 것은 올바른 신앙에 대한 보증이었다. 그런 까닭에, 그는 신앙과 직제와 정통 교회들의 상호관계에 관한 문제들을 해결하기 위해서는 로마 교황에게 문의하여야 한다고 조언한다.[111]

그렇지만 그는 그 어디에서도 로마 교황을 교회의 치리에 관한 법령들의 최종적인 해석자로 인정하지 않을 뿐더러, 로마 교황에게 교회에 대한 최고의 사법권을 돌리지도 않는다. 나중에 교황의 사법권에 대하여 그 신학적인 토대를 제공해 주었던 저 위대한 베드로 본문들에 대한 암브로시우스의 주석은 일관성이 없지만, 어쨌든 사도 베드로를 후대의 교황들과 동일시하지 않았다는 것은 분명하다. 예를 들면, 그는 종종[112] 마태복음 16:18을 교회가 사도 베드로 위에 세워졌다는 것을 의미하는 것으로 해석하면서, 심지어 "베드로가 있는 곳에는 교회가 있다"라는 말까지 덧붙이고 있지만, 이 본문에 대한 그의 더 상세한 논의를 보면, 이 본문 속에 언급된 반석은 사도 베드로라는 인물이 아니라 메시야 또는 하나님으로서의 그리스도에 대한 베드로의 믿음,[113] 또는 그의 믿음의 대상이었던 구주 자신[114]이었다고 그는 주장하고 있는 것으로 보인다. 마찬가지로, 암브로시우스는 종종[115] 사도 베드로 자신에게 교회에 대한 특별한 권위를 돌리고 있긴 하지만, 열쇠라는 은사는 사도 베드로 개인에게 수여된 것이 아니라, 사도들 및 사도들의 후계자들인 모두 가톨릭 주교들의 대표자로서의 베드로에게 수여된 것이라고 분명하게 말하

기도 한다.[116]

그러는 동안에 아프리카에서 통용되었던 교리는 키프리아누스의 가르침을 확장한 것이었다.[117] 앞에서 본 것처럼,[118] 밀레비스의 옵타투스는 도나투스파에 속했던 파르메니아누스와의 논쟁에서 "베드로의 의자"를 참된 교회의 필수불가결한 소유물들 중의 하나로 여겼다: 즉 베드로만이 받은 열쇠(*claves …… solus Petrus accepit*).[119] 실제로 그가 계속해서 설명해 나가고 있듯이, 이것을 통해서 그가 의도했던 것으로 보이는 것은, 주교직은 사도 베드로에게 최초로 그리고 유일무이하게 수여되었고, 그 밖의 다른 사도들과 그들의 후계자들은 이와 동일한 위임에 똑같이 참여한다는 것이었다. 이런 식으로 해서, 여러 "의자들," 그리고 그 불가피한 결과로서 비통일성이 존재할 가능성은 효과적으로 배제되었다. 그러므로 옵타투스에게 있어서 베드로 관구와의 교통은 결정적으로 꼭 필요한 것이었다 — 물론, 우리는 그가 동방 교회들과의 교통이 바람직하다는 것과 그가 "아시아의 일곱 교회"(*septiformis ecclesia Asiae*)라고 불렀던 것에 대해서도 거의 동일하게 강조하였다는 점을 유의하여야 하지만.[120]

아우구스티누스의 태도도 별반 다르지 않았다. 키프리아누스의 견해를 따라서, 아우구스티누스는 사도 베드로를 교회 및 사도적 무리들의 통일성의 대표자이자 상징으로 여겼고, 또한 수위권이 수여된 사도로 여겼다(그럴지라도 베드로는 전체 교회의 모형이었다[121]). 따라서 아우구스티누스에게 있어서 "주님이 부활하신 후에 그의 양떼를 먹이라고 위탁하셨던"[122] 사도 베드로의 자리였던 로마 교회는 "사도적 의자의 수위권(*principatus*)이 항상 꽃피워 왔던" 교회였다.[123] 아우구스티누스가 초안 작성자로 참여해서 아프리카 교회가 주후 416년에 인노켄티우스 1세에게 보낸 펠라기우스주의에 관한 세 편의 서신들[124]은 아우구스티누스가 교황에게 온 교회에 미치는 목회 및 가르침과 관련된 권위를 돌렸고, 그 토대를 성경 속에서 찾았다는 것을 보여준다.

이와 동시에, 아우구스티누스가 사도 베드로의 후계자라는 지위를 지닌 로마의 주교에게 무오한 교리를 가르치는 최고의 교도권(敎導權: magisterium)을 기꺼이 돌렸다는 것을 보여주는 증거는 전혀 없다. 예를 들면, 아우구스티누스가 에클라눔의 율리아누스와의 논쟁에서 인노켄티우스에게 호소했을 때, 그의 견해[125]는 교황은 오직 로마 교회가 그 밖의 다른 가톨릭 교회들과의 조화 속에서 예로부터 지니고 있었던 진리의 대변자라는 것이었다. 또한 아우구스티누스는 실제적인 문제들과 관련해서도 키프리아누스가 당시에 그토록 강력하게 옹호하였던 아프리카 교회의 독립적인 치리권을 한 치라도 포기하고자 하지 않았다. 따라서 사실은 로마 교회의 수위권이라는 교리는 아우구스티누스의 교회론에서만이 아니라 그의 개인적인 종교적 사고 속에서도 단지 미미한 역할만을 했을 뿐이었다.

로마의 수위권에 관한 이론을 실제적으로 형성하고 촉진시켰던 자들은 교황들 자신이었다. 다마수스(366-384년), 시리키우스(384-399년), 인노켄티우스(402-417년) 같은 인물들과 그 후계자들은 로마의 수위권을 실제적인 차원에서 진전시키려고 애썼을 뿐만 아니라, 로마 수위권의 토대가 된 신학, 즉 사도 베드로에게 그리스도께서 맡긴 유일무이한 지위와 권위는 로마의 주교로서 그의 뒤를 이은 교황들에게도 동일하게 귀속된다는 교리를 형성해 내었다. 대(大) 레오 (440-461년)는 이러한 명제를 구성하는 여러 요소들을 수집해서 최종적인 형태를 부여한 인물이었다. 수위권에 관한 그의 인식은 그가 주후 446년에 데살로니가의 주교인 아나스타시우스(Anastasius)에게 보낸 서신[126] 속에 아주 잘 드러나 있다.

그는 이렇게 분명하게 말했다: "실제로 주교들은 공통적인 위엄을 지니고 있지만, 복된 사도들 가운데에서도 그들의 영예로운 지위의 유사성에도 불구하고 모종의 권세의 구별이 있었던 것처럼, 주교들도 획일적인 직위를 가지고 있는 것은 아니다. 사도들은 모두 사도로 택함받은 것은 동일했지만, 사도의 무리를 이끄는 일은 한 사람[즉, 사도 베드로]에게 주어졌다. 이러한 모범으로부터 주교들의 구별이 생겨났고, 한 중요한 규례에 의해서, 각 사람은 모든 것을 부당하게 자신의 것으로 찬탈해서는 안 되고, 각각의 지역에서 형제들 가운데서 그의 의견이 우선되어야 하는 한 사람이 있어야 한다고 규정되어 왔다; 그리고 또한 대도시들에서 임명된 몇몇 주교들은 더 큰 책임을 져야 하고, 그들을 통해서 보편 교회에 대한 돌봄이 베드로의 한 의자를 향하여 수렴되어야 하며, 그 어디에 있는 그 무엇도 자신의 머리로부터 분리되어서는 안 된다고 규정되어 왔다."

많은 문맥들을 통해서 제시된 레오의 가르침은 다음과 같은 사상들을 포함하고 있었다. 첫째, 사도 베드로를 언급한 복음서의 유명한 본문들은 최고의 권위가 우리 주님에 의해서 사도 베드로에게 수여되었다는 것을 의미하는 것으로 해석되어야 한다. 둘째, 사도 베드로는 실제로 로마의 주교였고, 그의 교도권은 로마 관구를 그로부터 계승한 자들에게 영속적으로 계승되었다. 셋째, 사도 베드로는 이런 식으로 로마 관구에 신비적으로 현존하기 때문에, 기독교계 전체에 걸쳐서 그 밖의 다른 주교들의 권위는 그리스도로부터 직접적으로 기원하는 것이 아니라, (사도들의 경우에서와 마찬가지로) 사도 베드로, 즉 이런 식으로 베드로를 대표하는, 또는 더 정확하게 말해서, 일종의 "베드로의 화신"(*Petrus redivivus*)인 로마 교황을 통해서 그들에게 전달된다. 넷째, 주교들의 직무 명령은 당연히 그들 자신의 관구에 국한되지만, 사도 베드로의 교도권, 그리고 그의 후계자들인 로마 교황들의 교도권은 교회 전체에 미치는 충분한 권한(*plenitudo potestatis*)이기 때문에, 교회의 통치는 궁극적으로 교황에게 맡겨져 있고, 교황은 하나님이 임명한 교회의 대변자이다.

제 16 장

성례전에 관한 후기의 교리

1. 일반적인 이론

주후 4세기와 5세기에 서방 교회 또는 동방 교회는 체계적인 성례전 신학을 형성해 내기 위한 시도를 거의 또는 전혀 하지 않았다. 약간 모호하긴 했지만, 보편적인 전제는 성례전은 눈에 보이지 않는 것의 현존을 나타내는 외적이고 가시적인 표징들(signs)이지만, 그럼에도 불구하고 진정한 은혜라는 것이었다. 예를 들면, 크리소스토무스는 신비들(그가 말하는 신비들이란 세례와 성찬을 의미하였다)을 이해하기 위해서는 우리는 감각에 무엇이 느껴지는가가 아니라 주님이 무엇을 약속하였는가에 주목하면서 그 신비들을 지성의 눈으로 살펴야 한다고 지적하였다.[1] 또한 몹수에스티아의 테오도루스에 의하면,[2] "모든 성례전은 표징들과 상징들을 통해서 눈에 보이지 않고 말로 표현할 수 없는 실체들을 보여주는 것이다"; 주후 5세기 후반의 위(僞)디오니시우스는 "감각할 수 있는 예식들($\tau\grave{\alpha}$ $\alpha\iota\sigma\theta\eta\tau\grave{\alpha}$ $\iota\epsilon\rho\acute{\alpha}$)은 지성으로 알 수 있는 것들에 대한 표현들이고, 우리를 그러한 것들로 이끌고 인도한다"라고 말하였다.[3]

마찬가지로, 암브로시우스도 외적인 예식을 눈으로 볼 수 없는 은혜 또는 임재와 구별하였다.[4] 전자는 인간의 이중적 본성에 상응하는 상징 체계를 지니고 있고, 이것이 그 효력을 설명해 준다고 그는 지적하였다. 따라서 세례에 있어서 물은 몸을 씻어주지만, 영혼은 성령에 의해서 깨끗해진다;[5] 성찬에 있어서는 봉헌 후에 인식되는 것은 오직 실제로 거기에 존재하는 것에 대한 표징일 뿐이다.[6] 아우구스티누스는 특히 이러한 대비를 강조한다. 그는

"성례전 자체와 성례전의 권능(*virtus*)은 별개의 문제다"라고 분명하게 말한다.[7] 다른 곳에서, 그는 성찬의 떡과 포도주에 관하여 이렇게 쓴다:[8] "따라서 그것들 속에서 보여지는 것과 깨달아지는 것이 서로 별개이기 때문에, 그것들은 성례전들이라고 불린다. 보여지는 것은 유형의 겉모습을 갖고 있지만, 깨달아지는 것은 영적인 열매를 갖는다." 세례에 있어서 물은 주어지는 은혜에 대한 상징(sacrament)으로서의 역할을 하지만, 은혜 자체는 성령에 의해서 눈에 보이지 않게 역사된다.[9]

이상이 성례전에 관한 통용되는 개념이었지만, 성례전의 수는 아직 명확하게 고정되지 않았다. 이것은 일정 정도 '뮈스테리온'(μυστήριον)과 '사크라멘툼'(*sacramentum*)이라는 용어가 지니고 있었던 모호성에 기인하는 것이었다. 크리소스토무스는 전자의 용어를 하나의 동일한 문맥 속에서[10] 그리스도의 겸비(humiliation)와 십자가 사건에 적용함과 동시에 거룩한 세례에 적용하기도 하였다. 힐라리우스의 어휘 속에서 후자는 종종 하나님의 일체성,[11] 또는 주님의 신성,[12] 또는 성육신[13]의 신비를 나타내었다. 그러나 복음서들에 나오는 효력 있는 표징들을 가리키는 이러한 용어들의 특별한 의미들을 인식하고 그러한 표징들을 한 묶음으로 분류하고자 하는 경향이 점점 커져 갔다.

교리 학습자들을 훈련시키는 일에 주로 관심을 가지고 있었던 예루살렘의 키릴루스[14]와 암브로시우스[15]는 이러한 의미에서의 성례전은 세 가지가 있다고 보았다 — 세례, 견신례 또는 도유(chrism), 성찬. 또한 알렉산드리아의 키릴루스도 이 세 가지를 성례전으로 열거하였다.[16] 이러한 목록은 일반적으로 받아들여졌지만, 성례전에 관한 인식이 여전히 유동적이었기 때문에, 이 목록이 성례전을 다 열거하고 있는 것으로 보아서는 안 된다. 서품(ordination)에 관한 니사의 그레고리우스의 표현[17]과 고해에 관한 크리소스토무스의 표현[18]은 이러한 것들도 그들이 보기에는 성례전이라는 명칭을 받을 자격이 있었다는 것을 보여준다.

아우구스티누스는 '사크라멘툼'(*sacramentum*)의 넓은 의미와 좁은 의미, 이 두 가지를 예시한다. "표징들은 그것들이 신적인 것들과 관련이 있을 때에 성례전이라 불린다"고 그는 설명한다.[19] 이러한 정의에 의하면, 신적인 실재(實在)에 관한 자연적인 또는 관례적인 표징이 되는 것은 무엇이나 성례전이 될 수 있다. 따라서 그는 교리 학습자들에게 복된 소금을 건네주는 것,[20] 세례 때의 축귀,[21] 교리 학습자들에게 신조와 주기도문을 공식적으로 전수하는 것[22] 등과 같은 예식들, 그리고 그리스도 및 그의 구원을 신비적으로 예표하고 있는 구약의 사건들과 인물들도 이러한 의미에서의 성례전에 포함시킨다.[23] 다른 한편으로, 그는 "복음서에 나오는 소수의 매우 유익한 성례전들"에 관하여 말하면서,[24] 구약 율법의 여러 의식들을 "수에 있어서 극히 적고 식별하기가 매우 용이하며 그 의미에 있어서 가장 영광스러운 성례전들"과 대비시키는데,[25] 이 성례전들을 통해서 그리스도는 자기 백성을 한데 연합시켜 왔다. 아우구스티누스가 열거하고 있는 성례전의 예는 세례와 성찬이다; 그리고 그가 다른 곳에서[26] "주님 자신과 사도적 제자가 행하기 쉽고 그 의미에 있어서 엄청난 몇 가지 표징들을 물려주었다"고 말하면서 인용하고 있는 것도 바로 이 두 가지 성례전이다.

그러나 우리는 이 시기에 성례전에 관한 사상에 있어서 그 명확한 개요가 전적으로 결여되어 있었다고 생각해서는 안 된다. 우리는 이 시기에 몇몇 개념들이 완전히 정립되어 있지는 않았지만, 중세 시대의 성숙한 교리를 위한 길을 닦아 놓는 역할을 하였다는 것을 알아야 한다. 첫째, 성례전의 거행에 있어서 하나님 또는 예수 그리스도가 주된 행위자이고, 제사장은 단순히 그분의 도구라는 것이 공리로 받아들여졌다. 크리소스토무스는 이렇게 말한다:[27] "하나님의 은사들은 제사장의 그 어떤 미덕의 결과가 아니다; 그것들은 전적으로 은혜의 역사이다. 제사장의 기능은 단순히 자신의 입을 여는 것이고, 이루시는 이는 하나님이다 …… 성찬의 봉헌물은 바울이 주든 베드로가 주든 여전히 동일하다. 그리스도께서 그의 제자들에게 주신 봉헌물은 오늘날 사제들에 의해서 주어지는 것과 동일하다. 후자는 전자에 비해서 조금도 열등하지 않다. 왜냐하면, 그 봉헌물을 성별하는 이는 사람들이 아니라 원래의 봉헌물을 성별하였던 바로 그분이기 때문이다." 따라서 "사제가 세례를 줄 때, 세례를 주는 이는 사제가 아니라, 눈에 보이지 않는 능력으로 당신의 머리를 감싸는 하나님이다."[28]

앞 장에서 보았듯이,[29] 서방 교회에서 이러한 원리들은 교회와 도나투스파

간의 충돌의 결과로서 강력하게 인정을 받았다. 세례는 인간 집례자의 은사가 아니라 하나님의 은사라고 옵타투스는 주장한다;[30] 세례받는 자를 거룩하게 하는 이는 성 삼위일체이기 때문에, 집례자가 바뀐다고 해도, 삼위일체적인 문구는 여전히 침범되지 않은 채로 남아 있음에 틀림없다. 따라서 아우구스티누스는 성례전의 진리는 그 집례자가 부적격이라고 해서 무효화되지 않는데, 이는 성례전의 실제적인 집례자는 하나님 자신이기 때문이라고 가르친다.[31] 예를 들면, 세례를 집례하는 자들의 다양성에도 불구하고, 사실 세례를 수여하는 이는 그리스도이기 때문에, 세례는 여전히 하나의 동일한 성례전이다.[32]

둘째, 이 시기에는 무엇이 영적인 은사를 외적이고 인식 가능한 표징과 효과적으로 연결시켜 주는 원인(cause)인가에 대하여 훨씬 더 많은 논의가 이루어졌다는 것은 분명하다. 예루살렘의 키릴루스에 의하면,[33] 일단 삼위일체 하나님을 부르며 기원한 이상(그는 ἐπίκλησις라는 용어를 사용한다), 세례의 물은 더 이상 단순한 물이 아니라, 그 물 안에서 및 그 물을 통하여 역사하는 성령과 연합되어 있다는 사실로 인해서 성화(聖化)의 권능을 지니게 된다. 따라서 나지안주스의 그레고리우스는 세례의 효력의 토대를 성령에 두고 있고,[34] 바실리우스는 "세례의 물이 그 어떤 은혜를 지니고 있다면, 그 은혜는 물 자체의 본성으로부터 나오는 것이 아니라 성령의 임재로부터 나오는 것이다"라고 분명하게 말한다.[35] 암브로시우스는 바실리우스를 좇아서 성례전의 효력은 물 속에서의 성령의 임재로부터 나온다고 가르친다.[36] 그러나 또한 삼위일체적인 문구도 필수불가결하다: "세례받는 자가 성부와 성자와 성령의 이름으로 세례를 받지 않는다면, 그는 죄사함을 받을 수 없거나 영적인 은혜의 은사를 흡수할 수 없다."[37]

아우구스티누스에게 있어서 성례전의 효력을 작동하게 하는 요소는 삼중의 세례문답에 대한 세례받는 자의 대답들 속에 표현되어 있는 세례받는 자의 삼위일체에 대한 믿음이었던 것으로 보인다. 그는 이렇게 말한다:[38] "그 말들을 없애보라. 그러면 그 물은 단지 물 이외에 무엇이겠는가? 말씀이 세례의 물에 더해질 때, 그것은 성례전이 된다." 그는 계속해서 세례의 물에 구원의 능력을 부여하는 것은 단순히 세례문답에 답하는 말이 아니라 믿음

의 도구로서의 말이라고 설명한다; 그리고 아우구스티누스가 로마서 10:8-
10과 베드로전서 3:21을 언급하고 있는 맥락이 분명하게 보여주는 것은 그가
세례시의 삼중의 질문과 그 질문들에 대한 대답 속에서 드러나는 신앙고백
을 생각하고 있다는 것이다.

성찬식과 관련해서, 성찬의 기도는 성별의 효력을 가져오는 것으로 과거
에는 인식되었지만, 이제 성찬의 효력을 가져오는 원인이 무엇인지를 더 정
확하게 규정하고자 하는 시도들이 이루어졌다. 하나의 널리 퍼져 있던 이론
은 성별의 권능은 사제가 그리스도를 대신하여 그리스도가 최후의 만찬에서
하셨던 말씀들을 반복하는 데에 있다는 것이었다. 예를 들면, 크리소스토무
스는 사제는 주님의 자리에 서서 "이것은 내 몸이니"라는 문장을 반복하고,
그 효과는 제단 위에 있는 성찬의 성물들을 변화시키는 것이라고 분명하게
말한다.[39] 니사의 그레고리우스도 동일한 맥락의 사상을 보여준다;[40] 그리고
서방 교회에서 이 이론은 암브로시우스에게 와서 가장 주목할 만한 지지자
들 중의 한 사람을 확고하게 얻었다.[41] 한편, 세라피온(Serapion)의 예전문 같
은 문서는 성찬의 성물들을 성별시키는 것은 그것들 위에 신적인 말씀이 임
하기 때문이라는 사상의 흔적들을 보여준다.[42]

이와 동시에, 우리는 이미 『사도들의 가르침』(*Didascalia*) 속에 어렴풋이
그 윤곽이 드러나 있는 이론,[43] 즉 성찬의 성물들의 변화는 성령의 역사라는
이론이 출현하고 있는 것을 본다. 예를 들면, 예루살렘의 키릴루스는 이렇게
생각하였다:[44] 예전문 속에서 "우리는 하나님에게 …… 봉헌물들 위에 성령
을 보내 주셔서 하나님이 성찬의 떡을 그리스도의 몸이 되게 하고 잔을 그리
스도의 피가 되게 해 달라고 간구한다; 왜냐하면, 성령과 접촉하게 되는 것
은 무엇이든지 신성하게 되고 변화되기 때문이다." 크리소스토무스 자신도
종종 이 교리를 성찬 제정의 말씀들을 통한 성별이라는 이론과 조화시키려
고 하지 않고, 사제가 성령에게 성찬의 성물들에 임하여 접촉해 줄 것을 간
구하는 것이라고 설명한다.[45] 몹수에스티아의 테오도루스는 이 두 가지 이론
을 결합해서, "사제가 그것들[즉, 떡과 포도주]이 그리스도의 몸과 피라고 선
언할 때, 그는 분명히 그것들이 성령의 강림을 통해서 그러한 것들이 되었다
는 것을 계시하는 것"이라고 분명하게 말한다[46] — 그의 일반적인 가르침[47]

은 성찬의 신비는 성령의 임함에 의해서 이루어진다는 것이다. 마찬가지 방식으로, 고해성사와 관련해서는 교회의 사역자가 그리스도에 의해서 수여된 열쇠의 권능으로 죄인들의 죄를 사할 때, 실제로 그렇게 행하시는 이는 하나님 자신이라는 교리가 형성되었다.[48]

성례전들 속에 담겨 있는 은혜는 하나님의 은사로서 집례자와는 아무런 상관도 없다는 사상과, 은혜의 효력은 집례자에 의해서 반복되는 하나님에 의해서 규정된 문구와 결부되어 있다는 사상, 이 두 가지 이론은 오랜 세월을 거쳐서 이른바 성례전에 관한 사효설(*ex opere operato*), 즉 성례전들은 그것들이 나타내는 은혜를 실제적으로 및 자동적으로 실현하는 표징들이라는 이론을 만들어 내게 된다. 이것과 관련하여 우리가 주목할 필요가 있는 또 한 가지는 주후 4세기와 5세기에 교회가 이단자들과 분파주의자들에 의해서 거행된 성례전들에 대하여 보인 태도이다.

동방 교회에서는 아주 다양한 견해들이 유포되고 있었다. 아타나시우스는 아리우스파, 마니교도들, 몬타누스파, 파울루스파가 행하는 세례는 전적으로 무효라고 단호하게 말한다;[49] 그들이 의식을 거행할 수는 있지만, 그들의 믿음에는 결함이 있기 때문에, 그들은 말씀들에 다른 의미를 부여하게 된다. 위(僞)디디무스는 유노미우스파(Eunomians)에 속한 사람들은 오직 주님의 죽음과 합하여 세례를 받기 때문에, 그리고 몬타누스파에 속한 사람들은 삼위일체의 세 위격과 합하여 세례를 받는 것이 아니라 성부, 성자, 성령을 뒤섞기 때문에 다시 세례를 받아야 한다고 역설한다.[50] 예루살렘에서는 키릴루스는 모든 이단자들의 세례를 부정하였지만,[51] 가이사랴의 유세비우스는 재세례에 관한 로마의 전통[52]을 더 오래된 것으로 취급하였다.[53] 바실리우스는 이단자들과 분파주의자들을 구별해서 따로 다루면서,[54] 이단자들의 세례는 무가치한 것으로 여겼고, 분파주의자들의 세례에 대해서는 어떤 확고한 판단을 내리지 않았다.

앞에서 본 것처럼,[55] 서방 교회에서는 도나투스파와의 논쟁으로 인해서 어쨌든 분파주의자들에 의해서 거행된 성례전이라도 유효하다는 결론이 도출되었다. 이러한 논쟁 속에서 아우구스티누스의 관심을 끈 성례전은 세례와 서품이었다. 이 두 가지 성례를 받은 사람은 그가 비록 분파주의자라고 할지라도 그 은혜를 다른 사람들에게 전해 줄 권능을 보유하고 있기 때문에, 재세례와 재서품은 말도 되지 않는 것이라고 그는 분명하게 말한다.[56] 그 이유는 양 위에 찍힌 낙인과 마찬가지로 이 두 가지 성례가 나누어 주는 영속적인 성격(*dominicus character*)은 그 자격을 지닌 자가 분파주의에 빠진다고 해도 상실되지 않기 때문이라는 것이다.[57] 그러나 이런 식으로 도나투스파가 행하는 성례전들의 유효성을 인정할 수밖에 없긴 했지만, 아우구스티누스는 키프리아누스와 아프리카 전통의 후예답게, 이와 동시에 그 성례전들의 결함들을 강조할 필요가 있다고 느꼈다. 그래서 그는 성례전의 유효성(validity)과 실효성(efficaciousness)을 구별하고, 키프리아누스의 잘못은 이러한 구별을 하지 않은 데에 있었다고 주장한다.[58] 아우구스티누스는, 기술적인 유효성을 소유하고 있다고 하더라도 그 성례전을 받은 사람이 그 성례전과 적절하게 결부된 은혜를 받지 못하는 성례전이 존재할 수 있다고 보았다; 이 은혜는 오직 교회 안에서만 향유될 수 있다. 따라서 그는 "교회의 세례는 교회 밖에도 존재할 수 있지만, 복된 삶의 은사는 오직 교회 안에서만 발견된다"고 설명한다.[59] 분파주의자들의 세례는 완전한 유효성을 지니고 있긴 하지만, 거기에 참여하는 자가 가톨릭 교회의 온전한 지체가 아니라면, 그 세례는 적절한 효력을 내지 못하게 된다.[60]

2. 세례

앞에서 성례전들에 관하여 일반적으로 고찰하였으므로, 이제 각각의 성례전들을 차례로 살펴보기로 하자. 예루살렘의 키릴루스는 팔레스타인에서 주후 4세기에 활동했던 한 신학자로서 옳다고 보았던 세례에 관한 인식을 아주 자세하게 제시한다 — 물론, 항상 일관된 설명은 아니었지만. 그가 이 의식에 붙인 명칭은 "세례"[61] 또는 "목욕"(λουτρόν[62])이었다. 그것은 "중생의 목욕"[63]으로서, 거기에서 우리는 물과 성령으로 씻음을 받는다.[64] 그 효과들은 세 가지 주요한 표제 아래에 요약될 수 있다. 첫째, 세례받는 자는 죄들, 즉 세례 이전에 범해진 모든 죄들의 사함을 받는다.[65] 그는 죄에서 의로, 더러움에서 정결함으로 옮겨진다;[66] 그의 회복은 총체적인 것으로서 환자의 상처만이 아니라 그 흔적들마저도 없애주는 치료에 비유될 수 있다.[67] 이러한 변화를 자세하게 설명하기 위하여, 키릴루스는 영혼의 정화(淨化), 옛 사람을 벗어버리는 것, 종살이로부터의 구원 등등과 같은 전통적인 이미지들을 활용한다. 둘째, 세례는 성화라는 적극적인 축복을 전달해 주는데, 키릴루스는 이러한 축복을 신자의 영혼의 조명과 신성화, 성령의 내주, 새 사람을 입는 것, 영적인 거듭남과 구원, 은혜 위에서 하나님의 아들로 양자되는 것, 그리스도의 고난과 죽음에서만이 아니라 그리스도의 부활에 있어서도 그리스도와 연합되는 것, 하늘의 유업을 물려받을 권리로 묘사한다.[68] 죄사함은 모든 사람에게 동등하게 허용되지만, 성령의 주입(infusion)은 세례 받는 자의 믿음 분량에 따라서 이루어진다고 그는 지적한다.[69] 이것과 밀접하게 관련되어 있는 세 번째 내용은 세례는 신자의 영혼에 봉인(τὴν δι᾽ ὕδατος σφραγῖδα)을 각인한다는 것이다. 물이 몸을 깨끗케 하는 것과 마찬가지로, 성령은 영혼에 인을 친다(σφραγίζει).[70] 이러한 인침은 세례를 받는 순간에 일어나고[71](인용된 구절들은 인침을 직접적으로 물 속에 잠길 때와 연결시킨다), 그 결과로서 세례받는 사람은 성령의 임재를 느끼게 된다.

이러한 사상들은 주후 4세기와 5세기에 있어서 세례에 관한 동방 및 서방 교회의 가르침을 꽤 잘 대변하고 있다. 죄사함과 관련된 측면에 대해서는 여기서 길게 말할 필요가 없을 것이다. 예를 들면, 위(僞)디디무스는 진정한 세례는 그 예표였던 베데스다 연못 사건과는 대조적으로, 우리를 모든 죄들로부터 구원하며, 모든 영적인 질병들에 대한 치유를 가져다 준다고 분명하게 말한다;[72] 알렉산드리아의 키릴루스에 의하면,[73] "세례는 우리를 모든 더러움들로부터 깨끗케 해서 우리를 하나님의 거룩한 전(殿)이 되게 한다."

서방 교회에서는 옵타투스는 대홍수를 세례에 대한 모형으로 삼아서, 세례의 물에 잠긴 죄인은 죄의 더러움으로부터 씻김을 받고, 원래의 순수성으로 회복된다고 주장한다;[74] 그리고 제롬은 온갖 종류의 죄들, 부정함들, 신성 모독들은 그리스도의 놋대야(세례반) 안에서 정화되고, 그 효과는 완전히 새로운 사람의 창조라는 것을 인정한다.[75] 아우구스티누스의 표현에 의하면,[76] "세례는 그 죄가 행위이든 말이든 생각이든, 원래의 죄들이든 더해진 죄들이든, 알고 범한 것이든 모르고 범한 것이든, 우리의 모든 죄들, 절대적으로 모든 죄들을 씻어준다." 하지만 세례가 세례받는 그리스도인들을 장래에 범죄하는 것으로부터도 보호해 준다고 생각해서는 안 된다.

주후 4세기 말경에 이단자 요비니아누스(Jovinian)는 바로 그러한 명제를 주장하면서, 한 번 세례받은 사람은 더 이상 마귀에 의해서 죄의 유혹을 받을 수 없다고 말하였다.[77] 요비니아누스를 반박하는 일은 제롬에게 맡겨졌는데,[78] 그는 수많은 성경 구절들을 인용해서 세례받은 자들도 유혹에 노출될 뿐만 아니라 유혹에 넘어갈 수 있다는 것을 입증하였다.

유아 세례가 광범위하게 행해졌기 때문에, 그 근거를 제시하는 일이 불가피하게 되었다. 우리가 앞에서 본 대로,[79] 그리스 교부들은 어쨌든 죄책(guilt)이라는 의미에서의 죄를 새로 태어난 아이들에게 돌리기를 주저하였다. 이 문제를 논의하였던 나지안주스의 그레고리우스는 유아들이 세례를 받아야 할 타당한 이유로서 유아들은 아주 어릴 때부터 성령에 의해서 거룩해지고 성령에게 봉헌되는 것이 바람직하다는 점을 들었다;[80] 그는 유아들이 이 "인침"을 받아서 생애를 시작하는 것이 중요하다는 것을 강조하였다. 서방 교회에서는 암브로시우스가 유아들에게 세례는 필수적인데, 이는 유아들을 그들이 물려받은 죄책으로부터 건져내기 위한 것이 아니라 그들에게 하늘 나라를 열어주기 위한 것이라고 판단하였다;[81] 앞에서 본 것처럼,[82] 펠라기우스도 이와 비슷한 노선을 채택하였다. 원죄에 관한 서방 교회의 엄격한 교리가 확립되면서, 이러한 설명들은 낡은 이론이 되었다. 아우구스티누스에게 있어서는[83] 이 세상에 태어난 모든 유아들은 죄로 더럽혀져 있기 때문에, 세례는 그 죄를 없애는 필수불가결한 수단이었다. 제롬은 그의 사상을 반영해서, 일단 유아들이 세례를 받으면, 그들은 죄로부터 자유로워지지만, 그때까지는 유아들도 아담의 죄책을 짊어진다고 가르쳤다.[84]

세례의 적극적인 효과들과 관련해서는, 견신례가 점차 중요성을 더해가고 있었음에도 불구하고, 성령의 수여가 세례의 효과로서 계속해서 그 자리를 차지하고 있었다는 점을 주목하는 것이 중요하다. 교부들은 그리스도인들이 성령을 받는 방식에 대하여 갈피를 잡지 못하고 있었고, 이에 따라서 옛 교리를 반영한 가르침들과 새로운 교리가 나란히 공존하고 있었다. 예를 들면, 아타나시우스는 성령은 믿고서 중생의 목욕을 통해서 거듭난 자들에게 허락된다고 주장한다;[85] 또한 힐라리우스도 영혼 속에 성령이 임재하는 것은 회

심한 사람이 세례에 의해서 중생될 때에 시작되고, 성령으로 말미암아 우리
는 몸과 영혼이 새로워진다고 가르친다.[86] 제롬은 세례와 성령은 분리될 수
없다는 견해를 확신을 가지고 지지한 인물이었고,[87] 크리소스토무스는 오직
성령의 능력을 통해서만 세례의 물은 효력을 발생할 수 있다고 설명한다.[88]
테오도루스에 의하면,[89] 우리는 세례를 받음과 동시에 성령이라는 선물을 받
는다고 한다. 왜냐하면, 우리를 중생시키는 분도 성령이고, 우리의 완전함의
첫 열매도 바로 성령이기 때문이다. 이와 비슷하게, 아우구스티누스도 "세례
받은 유아들 속에는 그들이 알지는 못하지만 성령이 내주한다"고 말한다.[90]
교부들은 심심치 않게 성령의 수여를 신약성서에 나오는 인침이라는 이미지
의 관점에서 묘사한다. 예를 들면, 디디무스는 우리는 세례시에 성령의 인침
을 받은 결과로서 원래의 형상을 회복하게 된다고 말하고,[91] 다른 곳에서는[92]
인침을 그리스도인들이 경험하는 성령의 사역의 일부로서 중생과 결부시킨
다. 마찬가지로 크리소스토무스도 세례시의 성령의 인침을 군인들이 찬 견
장과 같은 독특한 표지(sign)라고 말한다.[93] 그리스도인들이 성령으로 인침받
는 것은 유대인들이 할례 의식을 통해서 인침받는 것과 상응한다고 그는 주
장한다.[94]

그러나 세례의 적극적인 효과들을 다른 방식으로 설명하는 것이 더욱 일
반적이었다. 아타나시우스에 의하면, 세례를 통해서 신자는 하나님과 연합
된다;[95] 세례는 하나님의 형상을 회복시키는 중생의 성례전이다.[96] 세례에 참
여하는 자는 영원한 생명의 상속자가 되고,[97] 성부의 양자가 된다.[98] 마찬가
지로 니사의 그레고리우스도 세례받는 자는 하나님을 영접하고 하나님 안에
거하게 된다; 세례받는 자는 영적인 거듭남을 통해서 그리스도와 연합되며,
하나님의 양자가 되고 신적인 본성을 옷 입는다.[99] 크리소스토무스는 그리스
도인은 세례의 결과로서 자기 자신 속에 그리스도를 소유하게 되고 그리스
도를 닮아가게 된다고 말한다;[100] 거룩한 목욕으로부터 걸어나올 때, 세례받
는 자는 빛으로 옷 입게 되고, 온전히 중생되어서 의와 거룩함을 소유하며
누리게 된다.[101] 알렉산드리아의 키릴루스는 그리스도를 완전히 아는 지식과
그리스도 안에 완전히 참여하는 것은 오직 세례의 은혜와 성령의 조명에 의
해서만 얻어진다고 말한다.[102] 세례를 통한 입교는 우리를 원형, 즉 본성상 하

나님의 아들인 분의 형상으로 만들어주고, 양자됨을 통해서 하나님의 아들로 만들어준다.[103] 테오도루스에 의하면,[104] 세례는 우리의 두 번째 출생이고, 그 결과로 우리는 그리스도에게 속하고, 그리스도의 몸과 지체들로서 그리스도의 영광스러운 삶의 특권들과 연합된다. 세례를 받음으로써, 우리는 하나님을 우리의 아버지라고 부를 수 있다. 왜냐하면, 우리는 아들로 입양되었고 불멸의 삶을 약속받았기 때문이다.

라틴 교부들의 언어도 비록 그리스 교부들의 특징인 신성화(deification)에 대한 강조는 없을지라도 별반 다르지 않다. 예를 들면, 힐라리우스에게 있어서[105] 세례는 우리의 죄들을 도말하여 주는 것과 아울러, 신적인 출생의 성례전으로서, 세례받는 자를 하나님의 양자, 하나님의 전으로 만들고, 죽음을 면제받게 만든다. 암브로시우스에 의하면,[106] 세례는 부활이라는 의미에서 거듭남을 나누어 주고, 성령의 영향력을 통해서 우리를 새롭게 하며, 입양을 통해서 우리를 하나님의 아들들이 되게 한다; 우리는 세례반 속에서 그리스도와 함께 죽고 그리스도의 은혜에 참여하는 자들이 된다. 암브로시아스터는 그리스도의 수난 이전에 세례받은 자들은 오직 죄사함만을 받는 데 반하여, 그리스도의 부활 이후에 세례받은 자들은 삼위일체적인 정식 덕분에 의롭다 하심을 받고 성령을 받아서 하나님의 아들로 인정된다고 말한다.[107] 아우구스티누스는 세례 받은 자들은 비록 유아일지라도 조명(illumination)과 칭의의 은혜들이 수여되고, 그리스도의 몸에 접붙임을 받는다는 것을 강조한다;[108] 그들은 죽음으로부터 놓여나서 하나님과 화해되어 영원한 생명을 얻게 되고, 사람의 아들들이라는 지위로부터 하나님의 아들들이라는 지위를 받게 된다.

3. 견신례 또는 도유식

주후 4세기와 5세기에 견신례 또는 도유식은 여전히 세례와 밀접하게 결부되어 있었지만, 세례로부터 분명하게 구별되어 있기도 하였다. 예를 들면, 예루살렘의 키릴루스는 그의 21번째 교리문답 강론을 이 견신례에 할애하였고, 위(僞)디디무스는 견신례를 세례와는 다른 것으로 취급하였다;[109] 견신례에 대한 암브로시우스의 설명[110]은 세례라는 주된 의식에 대한 설명 다음에 나오고, 아우구스티누스에게 있어서도[111] 견신례는 세례와는 구별되는 성례전(*sacramentum*)이었다. 그 일반적인 절차는 세례의 물로부터 올라오자마자 곧바로 새로 세례받은 그리스도인은 향유로 도유됨과 동시에 안수를 받는 것이었다. 동방 교회에서 도유는 언제나 필수적인 절차였고, 아타나시우스[112]와 예루살렘의 키릴루스[113]는 사도들의 안수에 의한 성령의 수여에 관하여 말할 때에 그것을 그들이 알고 있는 도유식과 결부시키지 않는다. 사도헌장(*Apostolical Constitutions*[114])에서는 안수는 비록 주교의 도유와 결합되어 있긴 하지만 상당한 중요성을 지니고 있다; 알렉산드리아의 키릴루스[115]와 테오도레투스[116] 같은 저술가들은 안수를 언급할 때에 아마도 단순히 도유식에 있어서의 주교의 행위를 가리키고 있는 것으로 보인다.

그러나 서방 교회에서 안수는 도유와 더불어 계속해서 입교 절차에서 중요한 요소였다. 옵타투스는 안수를 통상적이고 정상적인 것으로 보았고,[117] 안수의 원형을 예수의 수세시에 성부 하나님이 예수에게 내린 축복 속에서 발견하였다. 제롬은 안수의 중요성을 낮게 평가하고[118] 성령의 충만한 수여를 세례에 돌렸다는 것은 사실이지만, 아우구스티누스는 주교들이 안수를 행할 때에 그것은 단지 사도들의 선례를 따르는 것뿐이라고 가르쳤다.[119]

일반적인 이론은 안수가 있든 없든 도유(塗油)를 통해서 성령이 수여된다는 것이었다. 예루살렘의 키릴루스에 의하면,[120] 그리스도가 자신의 수세 후에 비둘기의 형상으로 된 성령을 받았던 것과 마찬가지로, 새로 세례를 받은 그리스도인에게 행해지는 도유는 그를 거룩하게 하는 성령을 상징한다. 축복의 말씀들을 통해서 도유는 "그리스도의 신성의 임재를 통해서 성령을 임하게 하는 그리스도의 도유"가 되었다. 힐라리우스는 세례의 물을 통과한 후에 성령이 어떻게 우리 위에 임하고(여기서도 그는 예수에게 비둘기가 강림한 것을 상기시킨다), 우리가 천상의 영광의 기름부음으로 온전히 젖게 되는지를 설명한다.[121]

세라피온(Serapion)의 예전문집 속에는[122] 하나님에게 도유식의 기름에 신적인 천상의 능력을 허락하여서 이미 중생의 목욕을 받은 자들이 성령을 받을 수 있도록 해 달라고 간구하는 특별한 기도문이 나온다. 위(僞)디디무스는 키릴루스의 사상을 이어받아서,[123] 도유는 그리스도가 성령을 받은 것과 상응하는 것이라고 말하지만, 외적인 도유를 고린도후서 1:21과 요한1서 2:20에 나오는 기름부음과 동일시한다. 니사의 그레고리우스는 그리스도인들이 그리스도를 굳게 붙잡고 성령을 소유하고자 한다면 먼저 향유로 기름부음을 받아야 한다고까지 역설한다.[124] 알렉산드리아의 키릴루스에게 있어서 도유식은 우리가 성령에 참여하는 것을 상징하는 의식이었고,[125] 테오도레투스는 도유를 받은 자는 향유 속에서 성령의 눈에 보이지 않는 은혜를 "하나의 모형을 통해서" 받는 것이라고 말한다.[126]

안수를 더 중시하였던 서방 교회에서는 안수의 성경적 권위를 사도행전에서 사도들이 안수를 행했다고 말하고 있는 구절들 속에서 찾았고, 그 효과는 당연히 성령의 수여라고 생각하였다. 예를 들면, 인노켄티우스 1세는 구비오의 데켄티우스(Decentius of Gubbio)에게 보낸 서신 속에서, 세례 후에 사제들에 의해서 시행되는 도유와는 구별되는 견신례는 주교의 본래적인 직무에 속하는 것으로서 주교가 보혜사 성령을 수여하는 매개체 역할을 한다고 주장하였다.[127]

이상에서 말한 것이 도유와 관련된 주된 사상이었지만, 이 의식에 관한 그 밖의 다른 해석들도 이것과 더불어 계속해서 공존하였다. 일반적으로 도유는 그리스도인이 그리스도의 지체가 된 것과 그리스도의 죽음과 부활에 참여하는 것에 대한 건덕을 위한 상징으로 여겨졌다. 따라서 바실리우스는 마태복음 6:17을 해설하면서 이렇게 말한다:[128] "죄들을 위하여 그대의 영혼을 씻으래즉, 세례를 받으래]; 그리스도에 참여하는 자가 되기 위해서는 거룩한 성유로 그대의 머리에 바르라." 바실리우스에 앞서서, 예루살렘의 키릴루스는 도유를 우리에게 그리스도인의 지위를 수여하는 행위로 인정하였었다.[129] 주후 5세기의 한 익명의 저술가는 세례 후에 받는 도유는 그리스도인이 주님의 고난과 영광에 참여하는 것을 상징하는 징표라고 설명하였고,[130] 아우구스티누스는 도유는 우리가 그리스도의 몸의 지체가 됨을 나타내는 것이라고 말하였다.[131] 라오디게아의 48번째 교령(敎令)에서는 우리를 그리스도의 나라에 참여하는 자들로 만드는 것은 성유로 기름부음을 받는 것이라고 말한다;[132] 도유는 세례받은 회심자에게 메시야의 왕권과 제사장직이 허락되었음을 나타내는 것이라는 것이 교부들의 통상적인 가르침이었다.[133]

이제까지 살펴본 바에 의하면, 견신례 또는 도유식에 관한 신학과 세례에 관한 신학 간에는 상당한 정도의 혼동이 존재하였다는 것은 분명하다. 이 두 의식은 성령의 수여를 매개하고 신자를 그리스도와 연합시키는 것으로 여겨졌던 것으로 보인다. 입교와 관련된 중요한 성례전이 단절이 없는 전체적으로 하나의 연속된 의식이었다고 볼 때, 이러한 혼동은 심각한 결함을 수반하지 않았고, 그 어떤 어려움도 만들어 내지 않았다. 그러나 일단 도유와 안수가 분리되자, 이 두 의식 간의 정확한 관계라는 문제가 점점 더 심각한 문제로 떠오르게 되었다.

후대의 신학이 제시하게 될 해법의 암시들은 도유식에 있어서 성령의 수여의 한 효과는 도유를 받은 자를 "든든하게 세우는 것"(cf. ἀσφαλισθέντες τῇ σφραγῖδι ταύτῃ)이라고 주장했던[134] 세라피온과, 성령의 수여의 기능은 우리를 "굳게 하는 것"(ῥώσῃ)이라는 위(僞)디디무스의 사상[135] 속에서 이미 발견된다. 알렉산드리아의 키릴루스에게서 발견되는 사상 노선[136], 즉 도유는 세례 속에서 그리스도로 말미암아 의롭다 함을 얻은 자들을 "완전케 하는 것"(τελείωσις)을 나타낸다는 사상도 이것과 유사하다. 이와 동일한 의미에서, 아레오바고 사람 디오니시우스(Dionysius the Areopagite)도 도유를 "완전케 하는 기름바름"(τελειωτικὴ χρῖσις)이라고 설명하고,[137] 아우구스티누스도[138] "이후의 우리의 삶 속에서 우리를 영적으로 완전하게 만들어 주는" 것은 도유라고 말한다. 암브로시우스는 세례시의 성령의 중생 사역과 뒤이어 행해진 도유식에서의 성령의 일곱 가지 은사의 수여를 구별하고자 하였다.[139]

이렇게 견고케 하는 것에 대한 강조가 점차 힘을 얻게 되면서, 서방 교회에서는 일반적으로 견신례(*confirmatio*)라는 명칭이 도유식을 대체하게 되었는데, 이 명칭은 제1차 오랑주 공의회(441년)의 법령 2항[140]에 처음으로 등장한다. 견신례에 대한 완전히 발전된 신학은 리에즈의 파우스투스(Faustus of Riez)가 썼다고 전해지는 오순절에 관한 영향력 있는 강해 설교문[141] 속에서 개진된다. 이 강해 설교문의 저자에 의하면, 중생의 축복들(즉, 세례)은 곧장 죽게 될 사람들에게는 충분하지만, 그들 앞에 삶이 놓여 있는 자들에게는 견신례에 의해서 주어지는 도움을 받는 것이 바람직하다. 세례를 통해서 이미 주어진 성령은 견신례를 통해서 현세의 위험들과 싸움들을 위하여 신자들을 견고히 세운다. 따라서 견신례는 그리스도의 군사들을 그들에게 필요한 병기들로 무장시키고 더 큰 은혜를 나누어 주는 일종의 축복(benedictio)이다. "세례를 통해서 우리는 생명을 위하여 중생을 얻고, 세례 후에 우리는 싸움을 위해서 견고히 세움을 받는다; 세례를 통해서 우리는 자양분을 공급받고, 세례 후에 우리는 견고하게 세워진다."

4. 고해

주후 4세기와 5세기의 문서들 속에는 세례 이후에 범해진 죄들을 사하는 교회의 관행에 대한 언급들이 많이 나온다; 이러한 언급들 중 다수는 노바티아누스파의 엄격주의(rigorism)를 반박하려고 하는 의도에 의해서 촉발된 것이었다. 동방 교회에서는 바실리우스와 니사의 그레고리우스가 둘 다 그들에게 친숙했던 고해 제도에 대하여 자세히 설명한다. 바실리우스는 보속 기간에 대하여 설명하고[142](중혼 또는 삼중혼에 대해서는 1년에서 4년까지, 낙태에 대해서는 10년, 살인에 대해서는 11년 등등), 음행죄로 인하여 유죄 판결을 받은 성직자들은 출교당하는 것이 아니라 평신도의 지위로 강등된다는, 서방의 교회 법학자들에게 "일사부재리"(non bis in idem)의 원칙으로 알려지게 된 것을 정립한다. 니사의 그레고리우스는 영혼에 있어서의 죄들의 뿌리들을 밝히면서,[143] 그 모든 죄들을 배교, 간음, 살인이라는 세 가지 대죄(大罪)들 아래에 포괄하고자 시도하였다.

나지안주스의 그레고리우스는 회개의 효력 및 회개 이후의 죄사함의 가능성을 놓고 노바티아누스파에 속한 사람들과 논쟁을 벌인다;[144] 에피파니우스는 오직 한 번의 "완전한 회개," 즉 세례시의 회개만이 존재한다는 것과 이런 의미에서 히브리서 6:4-6은 그 어떠한 두 번째 회복도 배제한다는 데에는 동의하면서도, 히브리서 본문의 그 다음 구절들(6:9f.)은 하나님이 그들의 선행들, 즉 회개를 고려하여 죄 지은 자들이 돌아오는 것을 기꺼이 환영하신다고 주장한다.[145] 사도 헌장(Apostolical Constitutions) 2:10-16에는 주교들의 책무, 죄인들과 관련된 주교의 의무들과 권리들, 죄인들의 화해를 위한 절차가 간결하게 기록되어 있다. 소크라테스에 의하면,[146] 콘스탄티노플에서 어떤 주교가 한동안 이 문제와 관련된 자신의 기능들을 고해 신부에게 위임하였고, 고해 신부는 죄들을 고백한 사람들에게 보속을 명하였는데, 말썽이 일자, 넥타리우스의 주교회의(381-97년)에서는 그 주교의 직위를 박탈하였다고 한다.

서방 교회에서는 암브로시우스가 세례 이후의 죄들을 사해 주기를 거부한 노바티아누스파의 가혹한 처사를 비판하였다.[147] 세례 이후에 범한 죄들을 사할 수 있는 교회의 권능은 세례를 주는 교회의 권능과 동일한 권위에 의거하고 있다고 그는 주장한다. 그는 세례 이후에 범한 죄들을 사할 수 없다는 것에 대한 증거 본문으로 통상적으로 인용된 성경 구절들(예를 들면, 삼상 2:25; 히 6:4-6; 요일 5:16)을 면밀하게 살핀 후에,[148] 그 구절들에 대한 참된 해석이라고 스스로 생각한 것을 제시한다. 예를 들면, 히브리서 6:4-6에 나오는 사도 바울의 가혹한 표현은 그가 다른 곳에서 보여주고 있는 관대함과 조화를 이루는 방식으로 해석되어야 한다고 그는 주장한다. 따라서 우리는 사도 바울이 세례 자체는 반복될 수 없고 죄인들의 회복은 사람에 의해서는 불가능하지만 하나님에게는 반드시 그렇지 않다는 것을 말하고 있는 것으로 해석하여야 한다.

암브로시우스의 동시대인이었던 바르셀로나의 파키아누스(Pacian of Barcelona)는 심프로니아누스(Symphronianus)에게 보낸 서신들 속에서 상당히 유익한 자료를 제공해 준다. 파키아누스는 노바티아누스파의 입장의 핵심을 세 가지로 요약하였다: (a) 세례 이후에는 고해의 여지가 있을 수 없다; (b) 교회는 대죄(大罪)들을 사할 수 없다; (c) 화해 이후에 죄인들을 다시 받아들이게 되면, 교회는 회복할 수 없는 상처를 입게 된다. 이에 대한 답변 속에서[149] 파키아누스는 관련된 성경 본문들을 검토한 후에, 교회에 맡겨진 열쇠의 권능을 지적하면서, 죄인들에 대한 건설적인 태도가 복음의 정신과 가장 잘 합치하고, 원칙적으로 모든 죄들은 사해질 수 있다고 주장한다.

고해에 관하여 무수하게 언급한 아우구스티누스는 고해를 세 가지 범주로 나눈다.[150] 첫째, 세례에 선행하는 고해가 존재하는데, 이 고해의 결과로서 온갖 종류의 죄들이 성례전을 위하여 사해진다; 둘째, 그리스도인들이 경미한 죄들과 관련하여 기도, 금식 등등의 수단을 통해서 날마다 얻는 죄사함이 존재한다; 셋째, 세례 이후에 범해진 진정으로 중대한 죄들에 대해서는 공식적인 고해를 통한 권징이 존재하는데, 이것을 통해서 교회는 마치 그리스도가 나사로를 일으키셨던 것과 마찬가지로 빈사 상태에 있는 죄인을 일으켜 세운다. 그의 표현에 의하면,[151] 이러한 "중대한 대죄들은 교회의 열쇠의 권능을 통해서 사함받는다." "왜냐하면, 그리스도 위에 세워진 교회는 그리스도로부터 베드로를 통해서 하늘 나라의 열쇠, 즉 죄들을 묶고 푸는 권세를 받았기 때문이다."[152]

이 시기에 존재하였던 고해의 몇 가지 특징들이 주목할 만하다. 첫째, 이 시기의 고해는 그것이 이전 세기들에 있어서 소유하고 있었던 성격, 즉 오직 한 번만 행해질 뿐이고 반복될 수 없는 권징이라는 성격을 여전히 지니고 있었다. "한 번의 세례가 존재하는 것과 마찬가지로, 오직 한 번의 공적인 고해가 존재한다"고 암브로시우스는 말한다;[153] 아우구스티누스는 교회가 한 번, 오직 한 번의 고해를 허용해 온 것은 "현명하고 유익한 규정"이었다고 말한다.[154] 요한 크리소스토무스가 고해를 자주 반복할 것을 격려하였다고 말하면서 그를 비판하고 있는 악의적인 주장들[155]은 적어도 동방 교회의 관행이 이 점에 있어서는 서방 교회의 관행과 맥을 같이하고 있었다는 것을 확증해 준다.

둘째, 죄인들에 대한 교회의 공식적인 화해라는 엄밀한 의미에서의 고해는 계속해서 공식적이고 공적인 행위였다. 이 공포스러운 절차는 (a) 죄인의 출교, 죄의 고백 후에 안수를 통해서 참회자들을 회중 속으로 받아들이는 것, 그리고 필요한 경우에 주교를 통해서 다시 그를 복권시키는 것; (b) 전문적으로는 '엑소몰로게시스'(exomologesis)라고 알려진 자기 비하(self-humiliation)와 부복(prostration)의 규정된 과정을 수행하는데, 그 기간은 범한 죄의 중대성에 따라 달랐고, 또한 때와 장소에 따라 달랐다; (c) 공식적인 사면(赦免)과 회복으로 이루어져 있었다.

어쨌든 사적인 고해와 사면의 시작을 이 시기에까지 소급하고자 하는 시도들이 있어 왔다.[156] 그렇지만 이것을 지지해 주는 분명한 증거가 존재하지 않고, 오히려 이러한 주장에 불리한 증거들은 많이 존재한다. 교부들이 묘사하고 있는 것은 언제나 공적인 고해인 것으로 보이고, 앞에서 보았듯이, 아우구스티누스 같은 저술가는 공적인 고해 이외에 유일한 고해의 형태는 죄인들이 경미한 죄들에 대하여 기도와 구제 등등을 통해서 날마다 행하는 참회뿐이라는 것을 역설한다.

사실 아우구스티누스는 심심치 않게 "책망이라는 묘약들"(*correptionum medicamenta*)에 대하여 언급하면서,[157] 마태복음 18:15은 범죄자에게 사적으로 충고하는 것을 인정하고 있는 본문이라고 말한다.[158] 그러나 이러한 것들은 범죄자에게 올바른 심령 상태를 찾게 해주어서 스스로 공적인 고해를 받을 수 있게 하고자 의도된 권면들을 언급하는 말들이다. 물론, 참회자의 죄책이 어떤 취급을 요구하는지를 결정하는 사람은 참회자가 자신의 마음을 털어놓는 주교에게 달려 있고,[159] 주교는 종종 간음 같은 죄의 경우에서조차도 이런저런 이유로 공적인 고해가 실행하기 불가능하거나 부적절하다는 점을 인정해서, 죄인을 사적으로 처리하는 경우도 있을 수 있었다.[160] 그러나 이러한 "사적인 책망"(*correptio secreta*) 또는 죄 지은 자를 교회의 권위에 의해서 사적으로 다루는 것이 성례전적인 죄사함으로 마무리되었다는 것을 보여주는 것은 아무것도 없다. 사적인 고해를 하나의 성례전으로 보여주는 최초의 믿을 만한 증거는, 그것을 "저주받을 월권"(*execrabilis praesumptio*)으로 규정하여 징계하고 있는 제3차 톨레도 공의회(589년)의 법령 2항[161]에서 발견된다.

셋째, 중대한 죄와 경미한 죄라는 개략적인 구별이 인정되긴 했지만, 어떠한 죄들이 전자의 범주에 속하여 공적인 고해를 요구하는지에 대해서는 여러 가지 서로 다른 견해들이 존재했던 것으로 보인다. 그러한 죄들에 대한 바실리우스의 목록[162]은 꽤 포괄적이어서 낙태, 살인, 성적인 범죄들, 중혼 등등을 포함하고 있다; 그러나 앞에서 본 것처럼,[163] 니사의 그레고리우스는 중대한 범죄를 배교, 간음, 살인이라는 세 가지 대죄로 축소시키고자 하는 시도를 보여준다. 또한 파키아누스는 그 밖의 다른 범죄들은 선행을 통해서 속죄될 수 있지만 이 세 가지 범죄는 더 진지한 치유 수단을 요구한다고 말한다.[164]

아우구스티누스는 종종 전통적인 목록을 인용하지만,[165] 다른 곳에서는 대죄(*peccata mortifera*)를 "율법의 십계명이 담고 있는 죄들과 사도가 그러한 일들을 행하는 자들은 하나님 나라를 소유하지 못하리라고 말한 죄들(갈 5:21)"로 정의한다.[166] 따라서 실제로는 고해의 가혹성과 고해를 오직 한 번만 할 수 있다는 사실로 인해서, 많은 사람들은 고해 성사를 그들의 임종시까지 미룸으로써 자신의 범죄가 공적으로 알려지는 것을 최소화하였다. 또한 아우구스티누스[167]의 견해를 기준으로 삼을 수 있다면, 아프리카에서도 "사적인 책망"(*correptio secreta*)은 주교가, 극악무도한 것은 아니지만 양심을 괴롭힐 만큼 중대한 죄들을 목회적으로 다루는 실제적인 방법론 — 비록 성례전적인 것은 아니었지만 — 을 제공해 주었던 것으로 보인다.

5. 성찬에 있어서의 임재

성찬에 관한 후기의 교리를 검토함에 있어서는 제8장에서와 마찬가지로 이 성례전에 있어서 주님의 임재에 관하여 당시에 받아들여졌던 개념들을 출발점으로 삼는 것이 편리할 것이다. 우리가 먼저 이해해야 할 것은 성찬에 관한 가르침은 일반적으로 의심할 여지 없이 실재론적인 것, 즉 성별된 떡과 포도주는 구주의 몸과 피로 받아들여지고 취급되고 지칭되었다는 것이다. 그러나 신학자들 사이에서는 이러한 동일성은 우리가 살펴보고 있는 시기에서는 적어도 두 가지 서로 다른 방식으로 해석되었고, 이러한 해석들은 엄밀한 논리에 있어서는 상호배타적인 것이었지만 내용상으로는 흔히 서로 중복된 것이었다. 첫째, 눈에 보이는 성물들(즉, 떡과 포도주)과 그것들이 나타내는 실재(實在) 간의 구별을 강조하였던 상징설은 여전히 상당한 정도의 지지를 얻고 있었다. 우리가 앞에서 살펴 본 것처럼,[168] 이 설은 테르툴리아누스와 키프리아누스에게까지 소급되는데, 아우구스티누스의 강력한 영향력으로 인해서 새로운 생명을 얻게 되었다. 그러나 둘째로, 이 동일성을 떡과 포도주 속에서의 실제적인 변화 또는 화체(conversion)의 결과라고 설명하는 새로운 경향이 점점 더 힘을 얻게 되었다. 이러한 학설들과 이 장의 제1절에서 언급한 성별(聖別)에 관한 서로 다른 견해들 간의 연결 관계는 여기에서 지적할 필요가 거의 없을 것이다.

전자의 경향을 보여주는 한 예로서, 우리는 이러한 신비들을 "그리스도의 보배로운 몸과 피에 대한 대형(對型)들(ἀντίτυπα)"이라고 설명하고,[169] "그리스도의 몸과 피의 상징들(συμβόλων χάριν)을 통해서" 그리스도의 죽음을 기념하는 것이라고 말하고 있는 사도 헌장(*Apostolical Constitutions*)을 들 수 있다. 이 예식 속에서 우리는 그 보배로운 피와 몸에 대하여 감사하고, "이 피와 몸에 대한" 이러한 대형들(ἀντίτυπα)을 송축한다. 그렇지만 이와 동시에 성찬에서 사용된 문구는 "그리스도의 몸"과 "그리스도의 피"이다. 세라피온(Serapion)은 성찬의 성물들을 "몸과 피"라고 언급하면서도, "독생자의 몸을 닮은 것(ὁμοίωμα)"으로서 "이 떡을 드리고," "피를 닮은 것(ὁμοίωμα)"으로서 "잔을 드리는 것"이라고 말한다.[170] 신학자들은 예전문들과 동일한 언어를 사용한다. 따라서 가이사랴의 유세비우스는 "우리는 계속해서 구주의 몸으로 먹여지고, 우리는 계속해서 어린양의 피에 참여한다"고 선언하면서도,[171] 그리스도인들은 "그리스도의 몸과 구원의 피에 대한 상징들을 통해서(διὰ συμβόλων)" 예수의 희생을 날마다 기념하는데, 그리스도는 제자들에게 "그리스도 자신의 몸의 형상(τὴν εἰκόνα)"을 상징하는 것으로서 떡을 사용하도록 가르쳤다고 말한다.[172] 그의 동시대인이었던 안디옥의 유스타티우스는 잠언 9:5을 해설하면서, "그[즉, 저자]는 떡과 포도주라는 말을 통해서 그리스도의 몸의 지체들에 대한 대형(對型)들을 예언적으로 언급하고 있다"고 말한다.[173]

화체설(the conversion doctrine)의 선구자인 예루살렘의 키릴루스조차도 성찬의 성물들은 여전히 지각할 수 있는 떡과 포도주로 남아 있다는 점을 지적하면서,[174] 그것들을 그리스도의 몸과 피에 대한 "대형"이라고 조심스럽게 부른다: "몸은 떡이라는 모형(τύπῳ)을 통해서 너희에게 주어지고, 피는 포도주라는 모형을 통해서 너희에게 주어진다."[175] 당시에 통용되고 있던 실재설을 받아들이고 있었던 나지안주스의 그레고리우스는 그의 청중들에게 "그 몸을 먹고 그 피를 마시라"고 권면하면서,[176] 자신의 누이가 그녀의 손에 소중히 놓인 그리스도의 보배로운 몸과 피의 "대형들"에 그녀의 눈물을 섞었다는 말은 한다;[177] 이집트의 마카리우스(Macarius of Egypt, 390년경에 죽음)는 떡과 포도주가 교회에서 "그리스도의 살과 피의 상징"으로 드려지고 있다고 말한다.[178] 또한 아타나시우스도 "상징" 또는 "대형" 같은 용어들을 사용하고 있지는 않지만, 눈에 보이는 떡과 포도주를 그것들이 전달해 주는 영적인 자양분과 분명하게 구별한다.[179]

물론, 우리는 이러한 "상징적" 언어들이, 떡과 포도주가, 부재(不在)하는 실재들에 대한 단순한 지표들 또는 징표들로 여겨졌다는 것을 함축한다고 생각해서는 안 된다. 오히려 그것들은 오직 믿음에 의해서만 인식될 수 있는 실제로 현존하는 실재들에 대한 표지들로 받아들여졌다. 진정으로 영적인 의미로 해석하는 이론에 대해서는 우리는 오리게네스 전통의 후예들에게로 눈을 돌리지 않으면 안 된다. 예를 들면, 가이사랴의 유세비우스는 통상적으로는 "상징설"에 만족하였지만, 요한복음 6장을 근거로, 우리 주님이 자신의 살을 먹고 자신의 피를 마시라고 말씀한 것은 영적인 의미로 이해되어야 한다고 추론하기도 하였다.[180] 그리스도께서 제자들에게 먹고 마시라고 요구했던 살과 피는 그리스도의 육체적인 살과 피가 아니라 그리스도의 가르침이었다. 에바그리우스 폰티쿠스(Evagrius Ponticus)는 이러한 접근 방식을 반영하여 이렇게 쓴다:[181] "우리는 그리스도의 살을 먹고 그의 피를 마시는데, 성육신을 통해서 말씀의 지각할 수 있는 삶과 그리스도의 지혜에 참여하는 자들이 된다. 왜냐하면, '살'과 '피'라는 말들을 통해서 그리스도는 이 땅에서 자신이 신비적으로 머물렀던 것 전체를 의미하였고, 실제적이고 자연스러우며 신학적인 통찰들로 이루어진 그리스도의 가르침을 가리키는 것이었기 때문이다."

그러나 거의 모든 곳에서 이 성례전에 관한 이러한 인식은 성찬의 성물들이 주님의 몸과 피로 화체된다고 보는 더 대중적이고 생생하게 물질주의적인 이론에 땅을 내어 주고 있었다. 이것을 보여주는 한 좋은 예는 아타나시우스가 썼다고 하는 한 단편[182] 속에 잘 드러나 있다: "너희는 레위인들이 떡들과 한 잔의 포도주를 가지고 와서 그것들을 탁자 위에 놓는 것을 보게 될 것이다. 기도들과 하나님의 이름을 부르는 것이 아직 행해지지 않았다면, 그것은 단순한 떡이요 단순한 잔이다. 그러나 위대하고 경이로운 기도들이 드려지는 바로 그때에, 떡은 우리 주 예수 그리스도의 몸이 되고 잔은 그 피가 된다 …… 위대한 기도들과 거룩한 간구들이 올려질 때, 말씀은 떡과 잔 위에 임하고, 그것은 그리스도의 몸이 된다."

예루살렘의 키릴루스는 우리는 "그리스도와 더불어 한 몸과 한 피"가 된다고 주장하면서,[183] 자신의 주장을 증명하는 본문으로 고린도전서 11:23-25을 든다; 예수 그리스도 자신이 "이것은 나의 몸이고 이것은 나의 피다"라고 말씀하였는데, 누가 감히 떡과 포도주가 진정으로 그리스도의 몸과 피라는 것을 의심할 수 있겠는가? 그러나 그는 계속해서 성별의 말씀들이 성찬의 성물들에 가져온 효력의 성질을 설명하고자 시도한다. 그는 "변화하다" 또는 "화체되다"(μεταβάλλειν)라는 동사를 사용해서,[184] 그리스도가 가나에서 물을 피와 아주 흡사한 포도주로 변화시켰기 때문에, 성찬의 연회라는 장엄한 장면에서 그것과 비슷한 이적을 일으킨다는 것을 의심할 이유가 전혀 없다고 지적한다. 그가 제시하는 설명[185]은, 집례자의 기도에 대한 응답으로 하나님은 성령을 봉헌물들 위에 보내어서 봉헌물들을 그리스도의 몸과 피로 만드는데, 이는 성령이 만지는 것마다 거룩해지고 변화되기(μεταβέβληται) 때문이라는 것이다.

니사의 그레고리우스는 화체설을 이어받아서, 날마다 수많은 신자들에게 나누어지는 그리스도의 유일무이한 몸이 어떻게 각각의 성찬 참여자에게 전체로서 주어지면서도 여전히 그 자체로 온전하게 남아 있을 수 있는가라는 문제를 풀고자 하는 시도 속에서, 자기 자신만의 독특한 방식으로 화체설을 설명한다.[186] 그의 이론의 취지는, 성육신한 말씀이 떡과 포도주를 자양분으로 흡수하였을 때, 그리스도는 그 떡과 포도주를 소화시켜서 자신의 살과 피로 흡수시켰다는 것이다. 따라서 떡과 포도주는 변화되어 그리스도의 몸의 본성을 지니게 되었다. 이제 성찬 속에서 일어나는 일도 이와 유사하다 — 물론, 하나의 특징적인 차이는 있지만. 그리스도가 이 땅에 머물러 있는 동안에는 떡과 포도주는 소화 과정을 거쳐서 변화되었던 반면에, 이제 성찬의 떡과 포도주는 즉각적으로 말씀의 몸으로 변화된다. 우리는 그가 "눈에 보이는 물체들의 본성"이 "성분 변화를 일으킨다"(μεταστοιχειώσας)고 설명한다는 점에 주목하여야 한다. 그가 상정하고 있는 것은 떡과 포도주를 구성하고 있는 요소들(στοιχεῖα)의 관계에 있어서의 변화인 것으로 보이고, 그 결과로서 그것들은 주님의 몸과 피의 "형상"(εἶδος)과 그에 걸맞는 속성들을 획득한다는 것인 것처럼 보인다.

그 밖의 다른 저술가들은 변화의 방식을 밝혀내고자 했던 그레고리우스의 사변적인 시도들을 따르지 않았지만, 이때 이후로 화체(化體)와 관련된 언어는 동방 교회에서 통상적인 것이 되었다. 나지안주스의 그레고리우스는 사제가 신적인 말씀을 불러내리고 자신의 목소리를 칼로 사용해서 구주의 몸과 피를 쪼갠다고 말한다.[187] 크리소스토무스는 영적인 은사는 감각에 의해서가 아니라 마음의 눈을 통해서만 이해될 수 있다는 것에 동의하면서도,[188] 화체설이 지닌 물질주의적인 함의들을 충분히 최대한으로 활용한다. 그는 그리스도를 먹는다고 말하고,[189] 심지어 그리스도의 살을 깨물어 먹는다고까지 말한다. 성배 속에 담겨 있는 포도주는 창에 찔린 그리스도의 옆구리로부터 흘러나온 것과 동일하고, 성찬 참여자가 받는 몸은 채찍에 맞고 십자가에 못 박힌 몸과 동일하다.[190] 따라서 성찬의 성물들은 변화를 겪었고, 크리소스토무스는 그 성물들이 재형성되거나(μεταρρυθμίζειν) 변화되었다(μετασκευάζειν)고 설명한다.[191]

주후 5세기에 화체설적 견해들은 알렉산드리아 학파와 안디옥 학파 모두에 의해서 당연시되었다. 키릴루스에 의하면,[192] 최후의 만찬에서 그리스도가 "이것은 내 몸이고 이것은 내 피다"라고 한 말씀들은 눈에 보이는 물체들이 모형들 또는 상징들(분명히 그는 이러한 말들을 부정적인 의미로 이해하였다)이 아니라, 하나님의 말로 표현할 수 없는 권능으로 말미암아 그리스도의 몸과 피로 변화되었다(μεταποιεῖσθαι)는 것을 보여 준다. 다른 곳에서[193] 그는 하나님이 "생명을 부여하는 권능을 성찬 봉헌물들 속에 주입시켜서 그것들을 그리스도 자신의 살로 변화시킨다(μεθίστησιν αὐτά)"고 말한다.

몹수에스티아의 테오도루스는 키릴루스와 아주 비슷하게 다음과 같이 주장하였다:[194] "그리스도는 '이것이 내 몸의 상징이고 이것이 내 피의 상징이다'라고 말씀한 것이 아니라, '이것이 내 몸이고 이것이 내 피다'라고 말함으로써, 우리에게 성찬 봉헌물들의 본성을 바라보지 말도록 가르쳤는데, 이는 그 본성이 성찬의 기도에 의해서 살과 피로 변화되었기 때문이다."

또한 네스토리우스도 우리가 성찬에서 받는 것은 우리 자신의 것과 동일한 실체인 그리스도의 몸과 피라고 주장하였다.[195] 이렇게 네스토리우스와 키릴루스는 실제적인 화체가 일어난다는 데에 동의하였다; 앞에서 본 것처럼,[196] 이 두 사람의 견해가 나뉘는 지점은, 네스토리우스의 원칙들에 의하면 성찬의 살은 말씀의 에너지로 충만한 생명을 수여하는 것이 될 수 없고 그저 한 개인의 살일 수밖에 없다는 것이 된다고 키릴루스가 주장한 것이었다. 그러나 분명한 것은 화체설은 단성론자들에게 이용당해서, 그들 중 일부는 마치 주님의 몸이 승천 후에 신성으로 변화된 것과 마찬가지로 성령 강림의 기도 후에는 성찬의 떡과 포도주는 다른 실체로 변화된다고 결론을 내렸다.[197]

그렇기 때문에, 우리는 안디옥 학파 중에서 온건파에 속한 테오도레투스가 단성론자들의 이러한 주장에 대한 반발을 주도하였다는 것을 이상하게 생각하지 않아야 한다. 그는 성별 이후에 봉헌물들이 원래의 본성을 상실한다는 것은 사실이 아니라고 주장하였다:[198] "그것들은 이전의 실체, 겉모습, 형태로 여전히 남고, 이전처럼 가시적이며 만질 수 있다." 그러나 그는 떡은 이제 몸이라 불린다는 것을 인정하였고, 이 성례전에 관한 실재론적인 언어를 습관적으로 사용하였기 때문에, 그는 성별(聖別, 또는 축성)이 어떠한 효력을 발생시키는지를 설명해야 하는 문제점에 봉착하였다. 이에 대하여 그는 변화(μεταβολή)는 분명히 일어나지만, 그것은 떡과 포도주의 실체가 그리스도의 몸과 피의 실체로 변화되는 것이 아니라, 신적인 은혜의 도구들로 된다는 데에 있다고 설명한다. 그의 표현에 의하면, 그리스도는 떡과 포도주를 자신의 몸과 피라고 지칭하면서 그것들의 본성을 바꾼 것이 아니라, 그것들의 본성에 은혜를 더한 것이었다. 이것은 실제적으로 그의 기독론적 이론과 병행하는 양성론적인 성찬에 관한 이론이었다. 왜냐하면, 떡과 포도주는 여전히 자신의 본성을 유지하고 있음과 동시에, 주님의 몸과 피의 본성을 매개해 줄 수 있는 것으로 생각되었기 때문이다.

이 시기의 서방 교회에서는 성찬의 성물들을 상징으로 보는 이론이 계속해서 유행되었다. 주후 4세기에 나온 암브로시우스의 『성례전에 관하여』(*De sacramentis*) 속에 나오는 미사에 관한 교회법은 그 한 예가 될 수 있을 것이다. 성찬은 말씀과 행위를 통해서 하나님 앞에서 최후의 만찬을 엄숙하게 모방하여 거행하는 것이고, 최후의 만찬에서 주님이 하신 말씀들을 반복함으로써, 떡과 포도주는 그것들이 나타내는 신적인 실재들과 성례전적으로 결합된다. 따라서 성찬의 봉헌물은 "우리 주 예수 그리스도의 몸과 피에 대한 상징(*figura*)"이다.[199] 제롬에 의하면, 성배에 들어 있는 포도주는 "그리스도의 피에 대한 모형(*typus*)"이고,[200] 성찬의 신비는 "그리스도의 수난에 대한 모형"(*in typum suae passionis*[201])이다. 구주의 몸은 성별된 떡을 통해서 "드러난다"(*ostenditur*); 성찬의 성물들을 통해서 그리스도는 자신의 몸과 피를 "나타낸다"(*repraesentat*).[202] 마찬가지로, 암브로시아스터는 "우리는 신비적 성배를 신적인 피에 대한 모형으로(*in typum*) 받는다"고 말하고,[203] 힐라리우스는 "우리는 신비 아래에서 그리스도의 몸의 살을 진정으로 먹는다"고 말한다.[204]

그러나 이 무렵에 암브로시우스를 통해서 성찬의 성물들의 화체라는 개념이 서방 교회에 도입되고 있었다. 따라서 그는 "성스러운 기도의 신비를 통해서 성찬의 성물들은 살과 피로 화한다"라고 말한다.[205] 테르툴리아누스가 오래 전에 지적했듯이,[206] 암브로시우스가 사용하고 있는 단어(*transfigurantur*)는 어떤 것이 이전의 모습으로부터 새로운 존재 양식으로 실제로 변화되는 것을 가리킨다. 주목할 만한 것은 암브로시우스가 이전의 표현 양식들을 버리지 않고 그리스도의 몸이 떡에 의해서 "상징되고"(*corpus significatur*) 있고, 포도주는 성별 이후에 그리스도의 피라고 "불린다"(*nuncupatur*)고 말할 수 있었다는 것이다.[207] 이 성례전은 "닮은 것으로"(*in similitudinem*) 행해지지만, 그것이 나타내는 실재의 효능을 전달해 준다.[208] 그러나 그의 가르침의 가장 특징적인 것은 화체라는 개념이었다. 성별(聖別)은 성경에 기록된 이적들과 유사한 신적인 권능의 이적이라고 그는 주장한다;[209] 성별은 성찬의 성물들의 실제적인 변화를 가져오고(*species mutet elementorum*), 그것들의 본성들을 그것들이 이전에 갖고 있지 않았던 어떤 것으로 변화시키는(cf. *mutate naturas*) 유사창조적인 행위이다.

암브로시우스의 영향력이 물리적 변화에 관한 가르침을 서방 교회에 전해 주는 것을 도왔다고 한다면, 아우구스티누스의 영향력은 다소 다른 방향으로 작용하였다. 성찬에 관한 아우구스티누스의 사상은 비체계적이고 다면적이어서 접근하기가 대단히 어렵다. 루프스(F. Loofs)를 비롯한 일부 학자들은 아우구스티누스를 순수한 상징설을 지지한 인물로 분류하여 왔다; 하르낙(A. Harnack)은 그리스도인이 그리스도의 신비적 몸인 교회와 합체되는 것을 성례전에 관한 그의 가르침의 핵심으로 파악하였다. 또한 어떤 사람들은 수용설적 견해들(receptionist views)을 아우구스티누스에게 돌려왔다. 아우구스티누스의 글들 속에는 이러한 모든 해석들을 피상적으로 정당화시켜줄 수 있는 구절들이 분명히 존재하지만, 아우구스티누스가 당시의 실재설을 받아들였다고 보는 것이 균형 잡힌 평가일 것이다.

따라서 갓 세례받은 사람들에게 "주님의 식탁의 성례전"에 관하여 설교하면서, 아우구스티누스는 이렇게 말하였다:[210] "여러분이 보고 있는 하나님의 말씀에 의해서 거룩케 된 제단 위에 있는 저 떡은 그리스도의 몸입니다. 저 잔, 아니 하나님의 말씀에 의해서 거룩케 된 저 잔의 내용물은 그리스도의 피입니다. 이러한 성찬의 성물들을 통해서 주님 그리스도는 우리를 위하여 흘리신 그의 몸과 피를 우리에게 전해 주기를 원하셨습니다." 또 다른 설교 속에서[211] 아우구스티누스는 "여러분이 먹고 있는 것과 여러분이 마시고 있는 것, 아니 여러분이 먹고 있는 분과 여러분이 마시고 있는 분"이라는 표현을 사용하였다. 우리에게 그리스도의 발을 받치고 있는 발등상을 경배하라고 말한 시편 기자의 명령에 대하여 설명하면서, 아우구스티누스는 발등상이 가리키는 것은 땅임에 틀림없다고 지적하였다.[212] 그러나 땅을 경배하는 것은 신성모독적인 것이기 때문에, 아우구스티누스는 이 말씀은 그리스도께서 땅으로부터 취하여 우리에게 먹으라고 준 살을 신비적으로 상징하는 것임에 틀림없다는 결론을 내렸다. 따라서 경배해야 할 것은 성찬의 몸이었다. 또한 그는 원문에서는, 가드 왕 아기스의 의심을 피하기 위한 다윗의 시도를 묘사하고 있는 사무엘상 21:13의 문장(LXX: "He was carried in his hands")을 이 성례전을 가리키는 것이라고 설명하였다:[213] "그리스도는 자신의 몸을 드리면서 '이것이 나의 몸이다' 라고 말씀하였을 때에 자신을 그의 손에 실었다."

우리는 아우구스티누스가 성찬의 성물들을 거룩한 몸과 피와 동일시했던 전통적인 견해를 당연한 것으로 받아들였다는 것을 보여주는 위에서 인용한 것 같은 대목들을 많이 열거할 수 있다. 아우구스티누스가 거의 모든 그의 동시대인들과 선배들에 의해서 주장되었던 실재설을 공유하고 있었다는 것은 의심의 여지가 없다. 사실 그의 사상은 그리스도의 성례전적인 몸으로부터 그리스도의 신비적 몸으로 쉽게 이동해 갔다. 그렇게 된 이유는 첫째는 한때는 서로 분리되어 있던 밀알들과 포도들의 다수로 이루어진 성별된 떡과 포도주 자체가 통일성에 대한 명백한 상징이었기 때문이고,[214] 둘째는 더 깊은 의미에서 신자들이 성찬에 참여한다는 사실은 그들이 교회의 지체라는 것을 보여주는 표지였기 때문이다.[215] 도나투스파와의 논쟁으로 말미암아, 아우구스티누스는 이러한 측면을 강조하게 되었지만, 이것은 그의 가르침의 전체이거나 가장 중요한 부분을 나타내는 것은 아니다; 어쨌든 신비적 몸과 성례전적 몸이라는 두가지의 몸은 여전히 그의 사상 속에서는 구별된 채로 남아 있었다.[216]

또한 아우구스티누스가 종종 그 자체로만 본다면 그가 떡과 포도주를 몸과 피에 대한 단순한 상징들로 보았다는 것을 시사해 주는 것일 수도 있는 언어 표현을 사용하였다는 것도 사실이다. 따라서 아프리카의 주교였던 보니파키우스(Boniface)가 세례받은 어린아이들이 어떻게 신앙을 가지고 있다고 말할 수 있느냐고 물었을 때, 아우구스티누스가 한 대답의 취지[217]는, 세례 자체가 신앙(*fides*)이라 불린다는 것과 당시의 용법에 의하면 표지(sign)를 그 표지가 나타내는 사물의 이름으로 사용할 수 있다는 것이었다. 예를 들면, 그리스도는 오직 한 번 죽임을 당했지만, 그리스도가 성례전적인 의미에서 날마다 죽임을 당한다고 말하는 것이 가능하다. "성례전이 그 성례전을 통해서 상징되고 있는 것에 대한 어느 정도의 닮은 모습을 지니고 있지 않다면, 그 성례전은 성례전일 수 없을 것이다. 대부분의 경우에 있어서 이러한 닮은 점 때문에, 성례전은 그 성례전이 상징하는 것의 이름을 지니게 된다. 따라서 그리스도의 몸에 관한 성례전이 어떤 방식을 따라 그리스도의 몸이고, 그리스도의 피에 관한 성례전이 어떤 방식에 따라 그리스도의 피인 것과 마찬가지로, 신앙에 관한 성례전은 신앙이다."

그러나 여기에서의 논증은 아우구스티누스가 표징으로서의 성례전과 위에서 말한 성례전의 실재(*res*)를 구별하였다는 것을 전제한다.[218] 물리적이고 현상적인 대상들로서의 떡과 포도주는 당연히 그리스도의 몸과 피에 대한 표지들이다; 그것들이 관례적으로 그리스도의 몸과 피라고 지칭된다면, 그 것들은 직설적으로 그러한 것이 아니라, "어떤 방식을 따라서" 그렇게 불리고 있는 것이라는 점이 인정되어야 한다. 다른 한편으로, 성찬 속에는 우리가 보는 것과 우리가 믿는 것, 이렇게 두 가지가 존재한다; 물리적인 인식 대상이 존재하고, 신앙에 의해서 인식되는 영적인 대상이 존재하는데,[219] 영혼을 먹이는 것은 바로 후자이다. 위에 인용된 대목에서조차도 아우구스티누스의 언어는 성찬의 실재성과 실재적인 임재에 관한 그의 인식과 전적으로 일치한다.

이것은 우리를 그가 성찬의 몸을 어떤 식으로 인식하였는가라는 결정적으로 중요한 문제로 인도해준다. 그의 글들 속에는 니사의 그레고리우스와 암브로시우스에 의해서 지지된 화체설을 보여주는 그 어떤 암시도 존재하지 않는다; 실제로 아우구스티누스가 『교리문답 강론』(Oratio catechetica) 또는 『신비들에 관하여』(De mysteriis) 같은 저작들을 알고 있었다고 생각할 만한 근거는 전혀 없다. 우리가 예상할 수 있듯이, 아우구스티누스의 사상은 테르툴리아누스와 키프리아누스에 의해서 규정된 노선을 따라서 움직이는 경우가 훨씬 더 많다. 예를 들면, 아우구스티누스는 "그리스도께서 제자들에게 자신의 몸과 피에 대한 상징(figuram)을 제시하고 전수해 준 연회"에 관하여 말할 수 있었다.[220]

그러나 아우구스티누스는 선배들보다 더 나아가서 철저하게 실재론적이면서도 솔직하게 말해서 영적인 해석을 가미한 가르침을 만들어낸다. 첫째, 그는 성찬에서 우리가 먹는 몸은 엄밀하게 말해서 그리스도의 역사적인 몸과 동일하지 않다는 것을 분명히 하고서, 그리스도께서 다음과 같이 말씀한 것으로 묘사한다:[221] "너희는 내가 한 말을 영적인 의미로 이해해야 한다. 너희는 너희가 보고 있는 이 몸을 먹게 되는 것이 아니고, 장차 나를 십자가에 못 박을 자들이 나로 하여금 흘리게 할 저 피를 마시게 되는 것이 아니다." 그리스도의 역사적인 몸은 온전한 상태로 승천하였다.[222] 어느 경우이든 성찬의 살은 "찢겨진 시신이나 고기 시장에서 팔리는 살"과 같지 않다.[223] 이러한 조악한 개념은 카파르나이투스파(the Capharnaites)의 특징이었다.

두 번째이자 더 적극적인 것은 성찬이 전해주는 은사는 생명의 은사라는 것이다. 이것은 영적인 은사이고, 먹고 마시는 것은 영적인 과정들이다.[224] 성찬의 몸은 지각될 수 있는 살이 아니다; 도리어 우리는 이 살의 본질, 즉 그 살을 일깨우는 영을 받는다.[225] 종종 아우구스티누스는 이러한 영적인 해석의 경향을 극한까지 밀고 나가서, "왜 너희의 치아와 너희의 배를 준비시키는가? 믿으라, 그러면 너희는 먹은 것이다"라고 말하거나[226] "그리스도를 믿는 것이 살아 있는 떡을 먹는 것이다. 믿는 자는 먹고 눈에 보이지 않게 배부르게 된다. 왜냐하면, 그 사람은 눈에 보이지 않게 거듭나기 때문이다"라고 말한다.[227] 그러나 아우구스티누스가 진정으로 말하고자 한 요지는, 그리스도의 몸과 피는 육체적이고 물질적으로 먹고 마셔지는 것이 아니라는 것이다; 이런 식으로 먹고 마셔지는 것은 떡과 포도주이다. 성찬 참여자는 몸과 피를 진정으로 받지만, 성례전적으로 또는 상징적으로(*in figura*) 받는다.

6. 희생제사로서의 성찬

우리가 예상할 수 있듯이, 이 시기 동안에 성찬은 의심할 여지 없이 기독교적인 희생제사로 여겨졌다. 그러나 우리는 이것 속에 내포된 개념들을 천착하기 전에, 먼저 성찬이 개별적인 성찬 참여자들에게 미친다고 생각된 효과들에 대하여 살펴볼 필요가 있다. 일반적으로는 믿음을 가지고 성찬에 참여하는 자들은 그리스도 및 하나님과 연합되고 동화되는 것으로 여겨졌다고 말하는 것으로 요약될 수 있다. 예를 들면, 힐라리우스는 성찬 참여자는 그리스도의 참된 살을 받는 것이기 때문에 구주가 자기 자신 안에 거하게 된 것으로 생각해야 한다고 주장한다;[228] 그런 까닭에, 성찬 참여자는 그리스도와 하나가 되고, 그리스도를 통해서 성부 하나님과 하나가 된다. 따라서 그에게는 그리스도가 하늘로부터 와서 사람들에게 준 신적인 생명 아래에서 살아가는 것이 이 땅에서도 가능해진다.[229] 암브로시우스도 이와 비슷한 말을 하고 있다:[230] "한 분 동일한 주 예수 그리스도가 신성과 인간의 몸을 소유하고 있다는 점에서, 그의 살을 받은 너희는 그 자양분을 통해서 그리스도의 신적인 본질에 참여하게 된다." 이 두 신학자는 성찬의 열매들 중에는 영원한 생명의 수여, 죄사함, 하늘의 기쁨을 나누어 주는 것 등이 있다고 가르친다.[231]

우리는 이미 아우구스티누스의 성찬과 관련된 사상 속에서 그리스도의 신비적 몸에 합체되는 것이 차지하고 있는 위치를 살펴본 바 있다.[232] 예루살렘의 키릴루스에 의하면,[233] "그리스도의 몸과 피가 우리의 사지(四肢) 전체에 퍼지기 때문에, 우리는 그리스도를 지닌 자들이 된다. 따라서 복된 베드로가 표현했듯이, 우리는 신적인 본성에 참여하는 자들이 된다." 성찬의 본질은 성찬 참여자들이 그리스도 및 서로서로와 연합하는 것이라고 요한 크리소스토

무스는 말한다:[234] "이 연합은 완전하고, 모든 분리를 제거한다."[235] 따라서 "우리는 천사들이 떨면서 바라보는 바로 그분을 먹는다. 우리는 그분과 뒤섞여서 그리스도와 한 몸, 한 육체가 된다."[236] 테오도루스의 견해에 의하면,[237] 성별된 떡과 포도주는 불멸을 전달해 주는 권능을 지니고 있다.

요컨대, 교부들에게 성찬은 그리스도인의 신성화(divinization)의 주된 도구였다; 성찬을 통해서 그리스도의 신비적 몸은 세워지고 유지된다. 우리는 이제 교부들이 그리스도의 죽음을 기념하여 그리스도의 몸과 피에 대한 "상징들"을 통해서 거행하였던 "피 없는 희생제사"를 어떻게 이해하였는지를 살펴보아야 한다.[238] 그들이 사용한 언어의 상당수는 관습적인 것이었지만, 우리는 예루살렘의 키릴루스에게서 희생제사적인 측면에 관한 자세한 진술을 발견하게 된다. 그는 전승을 따라서 성찬을 "영적인 희생제사"이자 "피 없이 드리는 제사"라고 말하고 있지만,[239] 성찬을 하나님께 교회들의 평화와 이 땅에서의 우리의 일반적인 필요들을 위하여 간구하는 "거룩하고 가장 깊은 외경심을 불러일으키는 희생제사"이자 "화목제사"($\tau\hat{\eta}_S$ $\theta\upsilon\sigma\acute{\iota}\alpha_S$ $\cdots$ $\tauο\hat{\upsilon}$ $\grave{\iota}\lambda\alpha\sigma\muο\hat{\upsilon}$)라고 묘사하기도 한다.[240] 실제로 우리 앞에 외경심을 불러일으키는 희생제물이 놓여 있는 동안에, 산 자들과 죽은 자들을 위한 중보기도가 드려질 수 있었다. 왜냐하면, 우리가 드리는 것은 "그들[죽은 자들]과 우리 자신을 위하여 자비로우신 하나님을 달래려고 우리의 죄들을 대신해서 죽임을 당한 그리스도"이기 때문이다.

이 세기의 후반에 크리소스토무스는 키릴루스의 가르침을 발전시켜서, "가장 두려운 희생제사"($\tau\grave{\eta}\nu$ $\varphi\rho\iota\kappa\omega\delta\epsilon\sigma\tau\acute{\alpha}\tau\eta\nu$ $\cdots$ $\theta\upsilon\sigma\acute{\iota}\alpha\nu$), "거기에 희생제물로 드려져서 누워 계시는 주님과 그 희생제물을 굽어보며 중보기도 하는 사제"[241]를 언급한다.[242] 그는 지금 제단 위에 드려진 희생제물은 주님 자신이 최후의 만찬에서 드렸던 것과 동일하다는 중요한 점을 지적한다.[243] 그는 그리스도께서 자기 자신을 단번에 드리셨다는 히브리서에 나오는 말씀을 해설하면서, 희생제물의 유일무이성에 관한 다음과 같은 가르침을 강조한다:[244] "우리는 희생제사를 날마다 드리는 것이 아닌가? 우리는 실제로 날마다 드리지만, 그리스도의 죽음을 기념하는 것으로서 드리고, 이 봉헌물은 여럿이 아니라 하나이다. 그러나 그것은 어떻게 여럿이 아니라 하나일 수 있는가?

왜냐하면, 그것은 옛적의 희생제사가 지성소에서 그랬던 것처럼 단번에 드려졌기 때문이다. 이것은 실제로 저 옛적의 희생제사에 대한 상징이다; 왜냐하면, 우리가 항상 드리는 것은 동일한 예수 그리스도이지, 오늘은 이 희생제물, 내일은 저 희생제물을 드리는 것이 아니기 때문이다. 희생제물은 언제나 동일하기 때문에, 희생제사는 하나이다. 그리스도가 많은 장소들에서 드려지기 때문에 많은 그리스도들이 존재한다고 우리가 말할 수 있겠는가? 물론 그렇지 않다. 모든 곳에서 드려지는 것은 한 분 동일한 그리스도이다; 그리스도는 여기에서나 저기에서나 온전한 그리스도, 하나의 유일무이한 몸이다. 그리스도가 많은 장소들에서 드려진다고 해도 다수의 몸인 것이 아니라 하나의 몸인 것과 마찬가지로, 희생제사도 하나이며 동일하다. 우리의 대제사장은 우리를 깨끗케 하는 희생제사를 드리셨던 바로 그 동일한 그리스도이다. 그때에 드려졌던 희생제물, 우리가 먹을 수 없는 그 희생제물은 우리가 지금 드리고 있는 바로 그것과 동일한 희생제물이다. 우리가 행하는 것은 그때에 행해진 것에 대한 기념으로 행해진다 …… 우리는 다른 희생제사를 드리는 것이 아니라, 동일한 희생제사를 항상 드린다. 아니, 우리는 그 희생제사에 대한 기념을 수행한다.” 그리스도는 “단번에 희생제사를 드리시고, 그 후로 하늘 보좌에 앉아 계신다.” 성찬의 행위 전체는 천상의 영적인 영역에서 일어난다;[245] 지상에서의 성찬식은 그 성찬을 지상적 차원에서 나타내 보이는 것이다.

또한 나지안주스의 그레고리우스도 성찬의 행위를 주님의 구속적 죽음과 밀접하게 연관시켰다. 성찬은 십자가 위에서의 그리스도의 제사의 신비를 대형(對型)으로서 나타내는 외적인(cf. τὴν ἔξω) 희생제사라고 그는 생각하였다.[246] 이것과 비슷한 맥락 속에서, 테오도루스는 새 계약의 희생제사는 한 진정한 봉헌에 대한 기념, 우리의 대제사장이자 중보자이신 그리스도가 지금도 자신의 사역을 수행하고 있는 하늘에서 거행되는 영원한 예전(liturgy)에 대한 형상(image)이자 표현이라고 가르쳤다.[247] 그리스도가 성찬을 통해서 성부에게 드리는 것은 한때 우리 모두를 대신하여 죽음에 넘기운 바로 그 자신이다. 테오도레투스에게 있어서[248] 강조점은 도리어 신비적 몸에 두어진다; 성찬 속에서 그리스도는 “자기 자신을 드리는 것이 아니라, 도리어 그가 교회를 자신의 몸이라고 부른다는 점에서, 제사를 드리는 자들의 머리로서 성찬을 통해서 인간으로서의 자신의 제사장 직분을 수행하고, 하나님으로서 성찬에서 드려지는 것을 받는다." 테오도레투스는 그리스도의 희생제사의 유일무이성과 교회의 성찬 봉헌들의 다수성의 모순을 후자에서 "우리는 또 다른 희생제사를 드리는 것이 아니라 저 유일무이한, 구원과 관련된 희생제사에 대한 기념(μνήμην)을 수행함으로써 …… 관상(觀想) 속에서 우리는 우리를 위하여 고난을 견디신 분을 회상한다"라고 지적함으로써 해결한다.[249]

성찬의 효과들과 관련해서, 동방 교회의 모든 저술가들은 성찬은 하나님께서 한량 없이 주신 은택들에 대하여, 특히 우리의 구속의 은택에 대하여 찬양과 감사를 드리는 희생제사라는 데에 동의한다. 그러나 예루살렘의 키릴루스가 보여주었듯이, 성찬은 산자와 죽은 자를 위한 화목의 희생제사이기도 하다. "우리가 신적인 신비들[즉, 성례전들] 속에서 우리로부터 떠나간 자들을 추모하여 그들을 위하여 중보기도 하고 우리 앞에 놓여 있는 어린양, 세상 죄를 짊어지신 어린양에게 간구하는 것은 헛되지 않다"라고 크리소스토무스는 말하였다.[250]

아우구스티누스 이전의 서방 교회의 저술가들은 희생제사로서의 성찬에 관한 이론을 당연시하였지만, 이 이론에 대하여 거의 기여를 하지 못했다. 예를 들면, 힐라리우스는 기독교적인 제단을 "희생제사의 상(床)"으로 묘사하고,[251] 옛적의 피의 희생제물들을 대신한 "감사와 찬양의 희생제사," 새로운 법 아래에서 유월절 어린양을 희생제물로 삼은 희생제사라는 말을 한다.[252] 제롬에 의하면,[253] 성찬 예식의 위엄은 성찬이 그리스도의 수난과 결부되어 있다는 것으로부터 나온다; 교회가 매일 드리는 희생제사에서 제물은 구주 자신이기 때문에, 성찬은 결코 공허한 기념이 아니다.[254] 암브로시우스의 가르침은 더 명시적이다. 그의 가르침은 다음과 같은 말 속에서 잘 드러난다:[255] "이제 우리는 한 형상(image) 속에서 선한 것들을 보고, 그 형상의 선한 것들을 굳게 붙잡는다. 우리는 대제사장이 우리에게 오는 것을 보아 왔다; 우리는 그리스도가 우리를 위하여 자신의 피를 드리는 것을 보고 들어 왔다. 사제들인 우리는 최선을 다해서 그리스도를 본받아, 사람들을 위하여 희생제사를 드림으로써, 잘 알다시피 공로에 있어서는 연약하지만 저 희생제사를 통하여 존귀하게 된다. 그리스도는 더 이상 희생제사를 드리고 있는 것으로 보이지 않는다고 할지라도, 그리스도의 몸이 드려지고 있는 곳마다 그리스도 자신은 세상 속에서 드려진다. 실제로 그리스도는 우리 안에서 드려지고 있다. 왜냐하면, 우리가 드리는 희생제사를 거룩하게 하는 것은 그리스도의 말씀이기 때문이다."

외적으로 보면, 이러한 봉헌은 사제가 그리스도의 효력 있는 말씀들을 반복하는 것으로 이루어진다;[256] 그러나 내적으로는 이 봉헌은 그리스도가 성부 앞에서 "우리 모두를 대신하여 자신의 죽음을 드려서" 우리를 위하여 영속적인 중보기도를 하는 것에 있다.[257] 성찬을 그리스도가 천상에서 영원히 자기 자신을 희생제물로 드리는 것에 대한 지상적인 표현으로 보는 이러한 개념은 그리스도가 제단 위에 희생제물로 드려지기 때문에 우리가 성찬에서 받는 것은 십자가 위에서 죽임을 당한 유월절 어린양이라는 개념과 결합되어 있다.[258] 나아가 암브로시우스는 제단의 희생제물은 효력 있는 희생제물인데, 이는 그리스도가 사람들의 죄사함을 얻어내기 위하여 골고다에서 자기 자신을 진정으로 드렸던 것과 마찬가지로 성찬에서도 그리스도는 동일한 목적을 이루기 위하여 하나의 형상을 통해서(*in imagine*) 자기 자신을 드리기 때문이라고 가르친다.[259]

희생제사로서의 성찬에 관한 아우구스티누스의 개념은 희생제사 전반에 관한 그의 개념들과 밀접하게 연결되어 있다. "참된 희생제사는 하나님과 우리의 거룩한 연합을 이루기 위한 목적으로 수행되는 모든 것"이라고 그는 쓴다.[260] 기본적으로 희생제사는 의지의 내적인 일이고, 관례적으로 희생제사라고 불리는 것은 이것에 대한 외적인 표지이다: "눈에 보이는 희생제사는 눈으로 볼 수 없는 희생제사에 대한 거룩한 상징(*sacrum signum*), 즉 성례전이다."[261] 물론, 유일무이하게 순수한 최고의 희생제사는 구주께서 골고다 위에서 자기 자신을 드린 것이다.[262] 이것은 유대 율법의 모든 희생제사들이 예표하였던 바로 그 희생제사이다; 그리스도인들이 오늘날 성찬을 통해서 거행하고 있는 것은 바로 그 희생제사에 대한 기념이다.[263] 그는 이렇게 말한다:[264] "이 희생제사는 장차 올 것에 대한 예표로서 도살되었던 구약의 모든 희생제물들을 이어받은 것이었다 …… 왜냐하면, 그 모든 희생제물들과 봉헌물들 대신에, 그리스도의 몸이 드려지고 참여자들에게 나누어지기 때문이다."

기독교의 성찬은 십자가 위에서의 죽음을 전제한다.[265] 거기에서 죽임을 당한 바로 그 동일한 그리스도가 신자들에 의해서 매일 진정한 의미에서의 죽임을 당하는 것이기 때문에, 피의 형태로 단번에 드려진 희생제사는 우리의 제단들 위에서 그리스도의 몸과 피의 봉헌물을 통해서 성례전적으로 새롭게 드려진다.[266] 이것으로부터 분명한 것은 희생제사로서의 성찬이 본질적으로 골고다에 대한 "은유" 또는 "기념"이라면, 그것은 골고다의 희생제사보다 훨씬 더 많은 것을 포함하고 있다는 것이다.

첫째, 성찬은 비록 성례전적이긴 하지만 그리스도의 몸과 피를 실제로 드리는 것을 포함한다; 그리스도는 스스로 제사장이면서 봉헌물이기도 하다.[267] 그러나 두 번째로, 성찬은 이러한 머리의 봉헌물과 아울러서 그 지체들의 봉헌을 포함하고 있다. 왜냐하면, 희생제사의 열매는 정확히 그리스도의 신비적 몸 안에서의 지체들의 연합이기 때문이다. 아우구스티누스가 표현한 대로,[268] "구속받은 전체 공동체, 즉 성도들의 회중과 모임은 우리를 위하여 수난을 통해서 자기 자신을 드림으로써 우리로 하여금 그토록 위대한 머리에 붙어 있는 몸이 될 수 있도록 하신 위대한 대제사장을 통해서 하나님에게 드려지는 보편적인 희생제사이다 …… 사도가 우리에게 우리의 몸을 살아 있는 산 제물로 드리라고 권면했을 때 …… 그가 명한 것은 그리스도인들이라는 희생제물이다: 다수인 우리는 그리스도 안에서 한 몸이다. 교회는 신자들에게 그토록 친숙한 제단의 성례전 속에서 이 희생제물을 드리는데, 교회는 성례전을 드림과 동시에 스스로 희생제물로 드려진다." 또한 아우구스티누스는 이렇게 말하기도 한다:[269] "가장 휘황찬란하고 뛰어난 희생제사는 우리 자신들, 그리스도의 백성으로 이루어진다. 이것은 우리가 우리의 봉헌물을 통해서 그 신비를 송축하는 희생제사이다."

제 4 부

에필로그

제 17 장

기독교적 소망

1. 종말론에 있어서의 긴장

　종말의 일들에 관한 기독교의 교리 속에는 처음부터 이중적인 강조점이 있어 왔다. 기독교의 종말론은 현재적 구원의 실재성과 완전성을 강조함과 동시에, 신자들에게 미래에 있게 될 몇몇 위대한 종말론적 사건들을 바라보게 하였다. 따라서 신약성서의 문서들이 보여주듯이, 사도 시대에 교회는 이스라엘이 그토록 열망하며 기다려 왔던 소망이 마침내 성취되었다는 강렬한 확신으로 가득 차 있었다. 그리스도의 오심 속에서, 그리고 그리스도의 죽음과 부활 속에서 하나님은 자기 백성을 찾아 오셔서 구속하시는 결정적인 역사(役事)를 이루셨다. 하나님은 "우리를 흑암의 권세로부터 구해내서 그의 사랑의 아들의 나라로 옮겨 놓으셨다."[1] 그리스도인들은 지금 성령의 내주하심을 통해서 그리스도의 부활의 생명을 미리 앞당겨서 공유하고 있고, 이미 "내세의 능력을 맛보았다."[2] 달리 말하면, 역사는 정점에 도달하였고, 우리 주님의 여러 비유들이 함축하고 있듯이, 하나님의 통치가 효과적으로 개시되었다.

　그러나 이제까지 놀랍도록 부어진 은혜는 단지 시작에 불과한 것이고, 장차 적절한 경과를 거쳐서, 실제로는 머지않아 그 극적인 완성을 이루게 될 것이라는 생생한 기대가 이러한 "실현된 종말론"(오늘날의 학자들의 전문용어를 사용하자면)과 서로 얽혀 있었다. 하나님의 우편에 높이 올리우신 주님은 새 시대를 완성하기 위하여 영광의 구름을 타고 다시 오실 것이고, 죽은 자들은 다시 살아나며, 최후의 심판이 행해지고, 피조 질서 전체가 하나님과 화해를 이루게 될 것이다. 이렇게 성경의 기자들에 의해서 묘사된 기독교적 소망은 지금 여기에서 이 기다림의 시간 동안에 누리는 복된 삶과 장차 도래하게 될 복된 삶에 대한 이중적인 인식이었다; 그리고 그들은 최후의 대단원은 역사의 차원에서 하나님에 의해서 수행될 일련의 사건들이 될 것이라고 현실적으로 인식하였다.

이 장에서 우리의 주된 관심은 이러한 종말론적 신앙에 있어서의 미래적인 요소들을 살펴보는 것이지만, 종말론의 또 다른 한 측면, 그리고 몇 가지 점에서는 좀 더 특징적인 측면에 대해서도 한 마디 해둘 필요가 있다. 기독교는 제1세대 이후에 급격한 변화를 겪었다는 주장이 심심치 않게 제기된다. 서신들 속에서 아주 강력하고 분명하게 나타나는 확신, 곧 메시야 시대에 살고 있고 성령의 첫 열매를 누리고 있다는 확신은 미래에 있게 될 하나의 지역 또는 상태로서의 하나님 나라, 즉 이 땅의 삶 속에서 굳세게 투쟁한 사람들에게 상급으로 주어지는 하나님 나라라는 개념에 자리를 내주었다는 주장이 바로 그것이다. 여기저기에서 하나님의 현재적인 구속 사역에 관한 이러한 약화된 인식과 거기에 함축된 종말론적 시각의 변화를 보여주는 여러 흔적들이 부인할 수 없을 정도로 나타난다.

예를 들면, 로마의 클레멘스는 사도 베드로와 바울, 그리고 그 밖의 다른 이름 없는 그리스도인들에 대하여 말하면서, 그들이 이 땅에서 견디어 낸 시련들에 대한 상급으로 하늘에 한 자리가 마련되어 있다고 말한다;[3] 클레멘스 2서의 저자에게 있어서[4] 하나님 나라에 들어가는 것은 선행들과 자선에 의해서 이루어진다. 또한 유스티누스도 하늘 나라를 이 땅에서 선행을 행한 사람들이 죽은 후에 얻게 될 상급으로 여긴다;[5] 천국의 축복들은 "그리스도의 훌륭한 가르침들에 따라서 삶을 산" 사람들이 누리게 될 것이다.[6]

이와 비슷한 맥락 속에서, 테르툴리아누스는 그리스도가 새로운 법과 천국에 관한 새로운 약속을 선포한 것으로 묘사한다;[7] 그리스도는 그의 성도들이 그들을 위해서 예비되어 있는 영원한 생명과 하늘의 축복들을 누릴 수 있도록 해 주기 위하여 영광 중에 다시 오실 것이다. 이러한 유형의 사고 속에서, 장차 도래할 시대가 이미 현재 속으로 뚫고 들어왔다는 그리스도인들의 자신 있고 기쁨에 찬 확신은 뒷전으로 사라져 버렸다. 이제 그리스도인들은 하나님을 자유롭게 그 앞에 나아갈 수 있는 성부 하나님으로 보는 것이 아니라 상과 벌을 나누어 주는 엄격한 분배자로 보게 되었고, 은혜는 신약성서 속에서 지니고 있었던 일차적으로 종말론적인 성격을 상실해 버리고 획득되어야 하는 대상이 되어 버렸다. 여기에서 더 많은 예들을 드는 것은 불필요할 것이다. 왜냐하면, 진정한 종말론 속에 들어 있는 "실현된" 요소가, 그 어떤 발붙일 자리도 발견할 수 없는 진부한 도덕주의로 변질되어 버리는 시험(temptation)은 기독교가 그 밖의 다른 모든 시대에 있어서와 마찬가지로 교부 시대에 있어서도 많이 노출된 시험이었기 때문이다.

그럼에도 불구하고, 기독교 신앙의 그러한 일방적인 표현들에 집중하는 것은 잘못된 것이다. 다른 시대들에서와 마찬가지로 기독교의 초기 시대들에서도 경건이 여전히 살아 있고 건강한 곳마다, 장차 도래할 시대의 축복들을 이미 누리고 있다는 원초적인 확신은 신자들의 의식 속에 여전히 생생하게 살아있었다. 부분적으로 이것은 하나님이 인간 역사 속에 단번에 개입하셨다는 것을 분명하게 보여주는 관점에서 구원을 설명해 놓은 성경과 사도적 전승을 교회가 굳게 붙잡고 있었던 것의 결과였다. 따라서 교부들은 그들이 현재적으로 경험한 은혜를 해석할 때에 저 위대한 계시의 행위들을 돌아볼 뿐만 아니라 그것들이 예표하고 있는 미래의 절정을 바라보지 않을 수 없었다.

그러나 한층 더 결정적이었던 것은 성례전들의 교리와 실천이었다. 오늘날의 한 저술가[8]가 표현하고 있듯이, "세례를 통해서 신자들은 약속된 유업에 대한 보증을 받고, 재림 때에 있을 영혼과 몸의 최종적인 구속에 대해서 인침을 받는다. 성찬을 통해서 종말론적인 하늘의 떡은 현재의 질서 속에서 맛보아진다." 앞 장에서 살펴본 초기 교회의 성례전적 가르침에 관한 설명은 이러한 예식들이 그리스도인들에게 그들을 위하여 예비되어 있는 복된 삶을 어떤 식으로 맛보게 해 주었는지에 관한 자세한 예시들을 제공해 준다. 부활과 심판은 구주의 재림과 아울러 시간적으로 미래에 놓여 있었다. 그러나 이미 세례를 통해서 신실한 자들은 부활에 참여하였다; 그들은 그리스도와 함께 죽었다가 다시 살아났고, 이제 성령의 삶을 살고 있다.[9] 이렇게 성취의 시대는 동이 텄다; 그리고 이러한 사실에 대한 추가적인 증거가 있는데,

그것은 새로운 하나님의 백성이 이미 성찬 속에서 이사야에 의해서 예언된 종말론적인 잔치(cf. 25:6[10]), 지혜 자신이 배설한 잔치를 즐기고 있다는 것이다.[11] 그들은 그리스도와 합체됨으로써 여전히 이 땅에 머물고 있으면서도 초자연적인 삶을 맛볼 수 있게 되었다. 따라서 신약성서의 특징을 이루었던 그 긴장은 여전히 진정한 기독교의 종말론의 한 특징으로 남아 있었고, 또한 언제나 남아 있을 것임에 틀림없다.

2. 주후 2세기의 종말론적 인식들

네 가지 주요한 계기들이 초기 기독교 신학의 종말론적 기대를 주도하고 있었다 — '파루시아'로 알려진 그리스도의 다시 오심, 부활, 심판, 현재적인 세계 질서의 파국적 결말. 초기에 이것들은 소박하고 성찰되지 않은 형태로 결합되어 있었고, 그것들이 지닌 함의들을 밝혀내거나 그것들이 제기하는 문제점들을 해결하고자 하는 시도들은 거의 또는 전혀 없었다.

우리는 마지막 때에 살고 있다고 이그나티우스는 쓰고 있다;[12] 그리고 헤르마스에 의하면,[13] 그의 상징 체계 속에서 교회를 의미하는 망대는 이제 거의 완성이 되어가고 있고, 그 망대가 완성될 때에 종말은 올 것이다. 주님이 언제 나타나실지, 그 시간은 불확실하지만, 하나님의 아들로 가장한 적그리스도의 출현이 그 신호탄이 될 것이다.[14] 바나바서의 저자는 마지막 날들의 소동이 실제로 우리에게 존재한다는 것을 확신하고,[15] 창세기에 나오는 창조 이야기가 '파루시아'의 시기에 대한 단서를 제공해 준다고 생각한다.[16] 창조의 6일은 6천년을 나타낸다. 왜냐하면, 성경은 주님에게는 하루가 천 년과 같다고 말하고 있기 때문이다. 그러므로 우주는 6천년 동안 지속될 것임에 틀림없고, 그 가운데 대부분의 기간은 이미 지나간 상태이다. 하나님이 제7일에 쉬었다고 말하고 있는 것이 지니는 의미는 그리스도가 불법한 자를 폐위시키고 불경건한 자들을 심판하며 해와 달과 별들을 변화시키기 위하여 일곱 번째 천 년의 시작점에 나타날 것이라는 것이다. 그럴지라도, 재림의 정확한 날짜는 여전히 베일에 가려져 있고, 이 점에 있어서는 초기의 저술가들은 모두 동의한다.[17] 그들이 주님께서 그들이 살아 있는 동안에 다시 오실 것을 기대하였느냐 아니냐라고 묻는 것은 공정한 질문이 아니다. 왜냐하면,

그들의 관점은 오늘날의 사람들과 같은 경험적인 관점이 아니었기 때문이다. 그러나 그리스도가 오실 때에는 위엄과 권능 중에 오실 것이고, 그리스도는 왕과 같이 자주색 옷을 입고 계실 것이다.[18]

『디다케』는 파루시아(재림)가 있기 전에 죽은 자들의 부활이 먼저 선행될 것이라고 말한다.[19] 이 저자는 죽은 자들의 부활을 의인들에게로 제한하는 듯이 보이지만(cf. οὐ πάντων δέ), 통상적인 가르침은 의인들과 악인들이 똑같이 부활하게 될 것이라는 것이다. 이그나티우스는 그리스도의 부활을 신자들의 부활에 대한 원형(原型)으로 인용하고,[20] 바나바서의 저자는 구주가 사망을 폐하고 우리의 부활에 대한 증거를 주기 위하여 다시 살아나셨다는 바울의 논증을 재현한다.[21] 우리는 바나바서와 클레멘스2서의 저자가 둘 다 우리가 지금 소유하고 있는 것과 동일한 육체를 입고 다시 살아날 것임에 틀림없다고 역설한다는 점에 주목하여야 하는데,[22] 이러한 사상은 우리가 우리가 행한 행위들에 대한 의로운 사면(赦免)을 받게 될 것이라는 것이다.

또한 클레멘스도 그리스도의 부활은 우리의 부활에 대한 예표라고 가르침으로써,[23] 나중에 부활 사상을 그럴 듯하게 입증한 고전적인 유형의 합리적인 논증들을 제시한 선구자가 되었다. 밤에서 낮으로 전환되는 것, 마르고 썩어지는 씨들이 활기찬 식물들로 변화되는 것은 이교의 신화 속에 나오는 불사조의 전설과 마찬가지로 부활에 대한 자연 질서로부터의 유비들을 제공해 준다고 그는 주장한다; 어쨌든 부활은 하나님의 전능하심과 부합하고, 성경 속에 풍부하게 예언되어 있다(예를 들면, 시 28:7; 3:6; 23:4; 욥 19:26). 이러한 저술가들이 부활 사상을 역설한 것은 물질적인 육체가 영원한 차원에서 살 수 있다고 믿기를 거부했던 가현설주의자들과 영지주의자들이 실제적인 부활을 부정하였기 때문인 것으로 보인다. 폴리카르푸스는 이러한 이단들(또는 아마도 마르키온)을 염두에 두고서, "부활과 심판을 부인하는 자는 사탄의 장자이다"라고 단호하게 말하였다.[24]

심판은 파루시아 및 부활과 밀접하게 결부되어 있는 것을 볼 수 있는데, 그리스도께서 "산 자들과 죽은 자들의 재판장"으로 다시 오실 것이라는 교리는 이미 하나의 정형문으로 정립되어 있었다.[25] 여기저기에서 죽음 직후의 개별적인 심판이라는 사상을 보여주는 암시들이 나온다. 예를 들면, 클레멘

스는 사도 베드로와 바울이 세상을 떠난 후에 즉시 "성소"로 가서 거기에서
큰 무리의 순교자들과 성도들이 "은혜 가운데 완전케 된" 것을 발견했다고
말한다;[26] 그리고 서머나 교회의 장로들은 죽은 폴리카르푸스가 이미 "불멸
의 면류관"을 받았다는 것을 알고 있었다.[27] 그러나 일반적으로 심판은 미래
에 보편적으로 행해지는 것으로 인식되었다; 자기 아들을 구주로 보내신 하
나님은 그를 재판장으로 다시 보내실 것이다.[28] 그는 악한 자들로부터 선한
자들을 분리해 내고, 그들이 이 땅에서 함께 뒤섞여 살았던 것을 이제는 분
리해 낼 것이다.[29]

바나바서의 저자는 이렇게 쓴다:[30] "각 사람은 자신의 행위에 따라 심판을
받게 될 것이다. 그가 선하다면, 그의 의가 그 사람 앞에 갈 것이지만, 그가
악하다면, 그의 악에 대한 응보가 그 사람에 대하여 예비되어 있다." 악한
자들, 회개치 않는 자들, 거짓 교사들, 하나님을 거부한 자들의 운명은 멸망
과 사망이 될 것이다; 그들은 영원히 멸해질 것이다.[31] 반면에 의인들은 그들
에게 예비된 "썩지 않음과 영원한 생명"을 받게 될 것이다;[32] 그들에게 주어
지는 상급은 "불멸 속에서의 삶"이 될 것이고,[33] 이러한 것들은 "하나님 나라
에 머무는 것을 통해서 분명해 질 것이다."[34] 그들은 천사들과 함께 거하게
되고, 고난과 시련 끝에 영원한 희락을 얻게 될 것이다.[35] 이와 동시에, 클레
멘스1서에 의하면,[36] 하늘과 땅이 용광로 속에서 녹아지는 납과 같이 녹아 없
어질 것이다; 헤르마스는 현재의 세상은 피와 불에 의해서 멸해질 것이라고
선포한다.[37] 우리가 알고 있는 우주 질서는 변화되어서 하나님의 택함받은
자들에게 적합한 곳으로 바뀌어질 것임에 틀림없다.[38]

3. 교의의 발전

주후 2세기 중엽에 기독교의 종말론은 새롭고 더 성숙한 단계로 진입한다.
전체적인 패턴은 여전히 변화되지 않은 채로 남아 있었고, 그것의 일부를 구
성하고 있던 모든 핵심적인 개념들은 의심 없이 받아들여졌다. 오직 한 가지
예만 들자면, 유스티누스는 구약성서의 예언을 토대로 그리스도는 성육신을
통해서 낮은 모습으로 오신 것과 아울러서 수많은 천사들과 함께 영광 중에
다시 오실 것이라고 가르친다;[39] 의인이든 악인이든 죽은 자들이 다시 살아

나게 될 것이고,[40] 그 뒤를 이어 시행되는 일반적인 심판에서 의인은 영원한 상을 받게 되고, 악인은 그 몸과 영혼이 영원한 불에 던져져서 영원토록 고통을 당하게 될 것이다;[41] 그리고 세계는 모두 불타서 없어지게 될 것이다.[42] 강력한 성경적 지향성을 지니고 있었던 이레나이우스 같은 신학자들은 적절한 수식을 수반해서 이와 동일한 주제들을 재현한다. 한편으로 변증적인 동기들과 점차 증대된 사변(思辨)의 결과로서 새로운 강조점들과 새로운 노선의 사상들이 출현하기 시작하였다. 유대교 및 이교와의 충돌로 인해서, 기독교는 계시된 교의들의 토대를 더욱 확고하게 정립하지 않으면 안 되었다. 기독교적 종말론을 영혼이 위로 올라가서 하나님께로 되돌아간다는 신화로 전락시켜 버린 영지주의적 경향은 반드시 대처할 필요가 있었다. 한편 천년왕국설(millenarianism), 또는 재림한 그리스도가 천 년 동안 이 땅에서 다스릴 것이라는 이론이 기독교 교사들 가운데에서 점차 지지를 받게 되었다.

우리는 이러한 경향성들이 변증가들 속에서 작용하고 있음을 볼 수 있다. 앞에서 보았듯이, 유스티누스는 유대교 비판자들에 맞서서 구약성서 속에서 메시야가 두 번 오신다는 것에 대한 증거를 샅샅이 뒤져서 찾아내었다. 그가 제시한 논거[43]는 수많은 맥락들이 그리스도가 낮은 모습으로 오신다는 것을 예언하고 있는 것은 틀림없고, 그리스도가 위엄과 권능 중에 오실 것임을 분명하게 전제하고 있는 맥락들도 존재한다는 것이다(예를 들면, 사 53:8-12; 겔 7f.; 단 7:9-28; 슥 12:10-12; 시 72:1-20; 110:1-7). 첫 번째 오심은 성육신을 통해서 이루어졌지만, 두 번째 오심은 여전히 미래에 놓여 있다. 두 번째 오심은 예루살렘에서 일어날 것이고, 거기에서 그리스도는 자신을 모욕하였던 유대인들에 의해서 모든 참회하는 죄인들에게 필요한 희생제물로 인정받고, 아울러 그의 제자들과 함께 먹고 마시게 될 것이라고 그는 주장한다;[44] 그리고 그리스도는 거기에서 천 년 동안 다스리게 될 것이다. 이러한 천년왕국설은 당시에 널리 유행하였다.

바나바서의 저자는 하나님의 아들이 7천 년이 시작되는 시기에 나타나서 8천 년이 시작되는 시점에서 새로운 우주가 탄생할 때까지 의인들과 함께 다스리게 될 것이라고 가르쳤다;[45] 그리고 이단자 케린투스(Cerinthus)는 그리스도의 지상적 왕국에서 성도들이 상으로 받게 될 물질적이고 감각적인 즐거움들에 대하여 상세하게 설명하였다.[46] 파피아스(Papias)는 놀라운 경이감을 가지고 밭과 포도원이 전례 없이 많은 소산들을 낼 것이라는 구약성서의 예언들이 이 시기에 문자적으로 성취될 것을 기대하였다.[47] 유스티누스도 이와 비슷한 맥락 속에서 예루살렘이 재건되고 확장되며 그리스도인들은 족장들 및 선지자들과 함께 거기에서 완전한 지복(至福) 속에서 그리스도와 함께 거하게 될 목가적인 천년 왕국에 대하여 쓰고 있다.[48] 그는 자기가 이러한 믿음을 공유하고 있지 않은 경건하고 순전한 마음을 지닌 그리스도인들을 알고 있다고 고백하면서도, 다른 사람들과 같이 자기는 이것이 요한계시록은 말할 것도 없고 이사야, 스가랴, 그리고 여러 선지자들의 예언들에 의해서 명백하게 인정되고 있다고 생각하였고, 그가 보기에 이것은 분명히 의심할 여지 없는 정통 신앙의 신조로 여겨졌다.

변증가들은 부활을 다루면서 그 합리성을 강조한다. 예를 들면, 유스티누스는 그 어떤 것도 하나님의 권능 바깥에 있는 것은 없다는 진리를 근거로 든 후에, 부활에 대한 유비를 인간의 정자가 살과 뼈로 가득 찬 살아 있는 몸으로 발전하는 방식 속에서 발견한다.;[49] 타티아누스[50]와 테오필루스[51]에게 있어서 죽은 자의 부활은 사람이 원래 생명이 없는 물질로부터 탄생한 것보다 조금도 더 기이한 일이 아니었다. 아테나고라스는 하나님이 죽은 자들을 일으키신다는 사상은 하나님의 지식, 하나님의 권능, 하나님의 공의와 어떤 식으로든 갈등을 일으키지 않는다고 주장한다.[52] 실제로 부활은 인간이 몸과 영혼으로 구성된 복합체라는 사실에 의해서 논리적으로 요구된다; 하나님이 인간에게 부여한 목적은 이 세상에서는 분명히 달성될 수 없는 것이기 때문에, 미래의 삶이 필수적이고, 영혼과 아울러 몸도 그러한 미래의 삶에 참여하여야 한다.[53] 그는 본성적인 불멸성이라는 개념을 전제하고, 하나님이 인간을 영원히 살도록 창조하였다고 생각한다.[54]

변증가들은 일반적으로 상당한 정도의 혼란이 있었음에도 불구하고 영혼이 하나님의 권능에 의해서 존재하게 된 것이라는 기독교의 교의와는 대조적으로, 영혼은 창조된 것이 아니라 본래부터 있는 것이라는 전제를 지닌 당시의 플라톤적인 불멸성에 관한 이론에 맞서서 기독교 교리를 지켜나가고 있었다.[55] 마찬가지 방식으로, 최후의 심판에 대한 반론들을 반박하기 위하

여, 그들은 이교의 신화 속에 나오는 병행들을 지적한다.[56] 또한 그들은 운명
론과 맞서 싸우기를 원했기 때문에 자유의지와 책임성을 강력하게 역설하였
고, 그것들로부터 상벌 체계의 합리성을 추론하였다.[57] 그러나 최종적으로는
그들은 이러한 신조를 "내가 그분을 주님이라고 부를 때, 나는 그분을 재판
장이라고 부르는 것이다"라는 테오필루스의 말에 함축된 신정론(神正論)을
통해서 정당화한다.[58] 그들이 염두에 두고 있었던 것은 그들의 선배들과 마
찬가지로 통상적으로 재림 때에 있을 일반적인 심판이었지만, 유스티누스는
의인들의 영혼을 더 편안한 대기소에 배치하고 악인들의 영혼을 덜 편안한
대기소에 배치하는 죽음 직후의 개별적 심판을 인정하고 있는 것으로 보인
다.[59]

변증가들의 뒤를 이은 위대한 신학자들이었던 이레나이우스, 테르툴리아
누스, 히폴리투스는 주로 영지주의에 맞서서 전통적인 종말론적 도식을 옹
호하는 데에 관심을 가졌다. 영지주의가 일관되게 주장했던 명제는 물질은
본질적으로 악하기 때문에 육체는 구원에 참여할 수 없고, 따라서 구원은 영
혼의 특권이어야 한다는 것이었다;[60] 따라서 부활이 사실이라면, 그것은 전
적으로 영적인 것으로서, 진리에 의한 정신의 조명에 있음에 틀림없다.[61] 몸
속에 갇혀 있던 영혼만이 구원을 받는다; 영지주의의 교사들에 의해서 사용
된 특징적인 용어들은 영혼이 플레로마(Pleroma, "충만")에게로 되돌아간다
는 것을 표현하는 용어들이었다[62] — $\dot{\alpha}\nu\alpha\tau\rho\dot{\epsilon}\chi\epsilon\iota\nu$, $\dot{\alpha}\nu\alpha\delta\rho\alpha\mu\hat{\epsilon}\hat{\iota}\nu$, *ascendere*,
resipere.[63]

이것에 맞서서, 이레나이우스는 몸들의 영역은 말씀에 종속되어 있고, 구원
은 영혼과 몸을 포함한 전인(全人)에 미친다는 것을 열렬하게 단언하였다.[64]
하나님이 인간의 몸을 애초에 만드신 것을 보면, 하나님의 권능은 부활을 충
분히 이루실 수 있음에 틀림없다.[65] 하나님은 자연보다 우월한 권능을 지니
고 있고, 또한 하나님은 선하시기 때문에, 그럴 의지를 가지고 있다; 이 땅의
삶 속에서 영혼과 협력하였던 몸이 그 상을 받을 때에 영혼과 함께 하는 것
은 하나님의 공의에 부합한다[66] 또한 그리스도가 사두개인들에게 한 답변은
몸의 부활을 분명하게 함축하고 있다;[67] 그리고 그리스도가 수행했던 치유와
소생 사건들은 그의 권능과 아울러서 우리의 부활에 대한 전조(前兆)를 잘

보여준다.[68] 그러나 가장 설득력 있는 증거는 성육신 자체이다. 왜냐하면, 말씀이 육신을 입었다면, 말씀은 육신을 구원하기 위하여 그렇게 했을 것임에 틀림없기 때문이다.[69]

테르툴리아누스는 영지주의가 육체를 폄하하는 것에 대항하여 이레나이우스와 아주 비슷하게 반응하면서, 육체는 하나님이 만드신 것이고, 성경이 이것을 칭송하고 있으며(그는 사 40:5; 욜 2:28; 고전 3:17; 6:15; 6:20; 갈 6:17을 인용한다), 하나님은 그의 사랑하는 아들이 취하였던 그 육체를 결코 버릴 수 없다는 점을 끈질기게 설명한다.[70] 자연 질서를 주기적으로 새롭게 하는 것 속에서 드러나는 하나님의 권능은 부활의 가능성을 보장해 준다;[71] 그리고 몸과 영혼은 그들의 모든 활동들 속에서 아주 긴밀하게 연합되어 있기 때문에, 하나님의 공의는 영혼과 몸이 둘 다 심판을 받기 위하여 결합될 것을 요구한다.[72] 그러나 테르툴리아누스에게 있어서나[73] 그의 동시대인이었던 히폴리투스에게 있어서나[74] 부활에 대한 가장 결정적인 증거는 성경에 나오는 무수한 증거들이었다.

이러한 사상가들의 가르침 속에서 우리는 추가적으로 두 가지 사항을 주목할 필요가 있다. 첫째는 죽은 후에 영혼이 어떤 상태에서 부활과 심판을 기다리는가에 대하여 높은 관심을 지니고 있었다는 것이다. 이레나이우스는 구주께서 죽은 후에 3일 동안 지옥(즉, 죽은 자들의 장소)으로 내려 갔다는 예를 들어서, 영혼이 죽음 직후에 하늘로 옮겨간다는 영지주의적인 사상을 비판한다.[75] 그의 결론은 스승을 능가하는 제자는 아무도 없기 때문에, "[그리스도인들의] 영혼은 하나님에 의해서 그들에게 지정된 눈에 보이지 않는 곳으로 가서 거기에서 부활 때까지 머물게 되고 …… 그 후에 주님 자신이 부활한 것과 마찬가지로, 몸을 받아서 완전하게, 즉 그들의 몸을 지닌 채 부활하여서 하나님의 존전에 나아가게 될 것"이라는 것이다. 오직 순교자들만이 이러한 대기 장소에 머무는 것이 면제된다.[76] 테르툴리아누스도 그리스도께서 지옥으로 내려간 사실을 토대로 해서, 순교자들을 제외하고는 모든 영혼들은 이 땅이 멸해질 때에 비로소 도래하게 될 주님의 날에 이르기까지 지하 세계 속에 머물게 되고, 그동안에 의인들은 부활에 대한 기대로써 위로를 받고, 죄인들은 그들이 장차 받게 될 정죄를 미리 맛보게 된다고 가르친다.[77] 이와 동일한 가르침은 히폴리투스에게서도 발견되는데,[78] 그는 악인들에게 가해지는 형벌들과 의인들이 누리는 복된 삶에 대하여 더 명시적으로 말하고 있다. 둘째, 그들은 모두 천년왕국설의 지지자들이다. 예를 들면, 이레나이우스는 눈부시게 찬란한 지상의 예루살렘에 대한 소망을 전통적인 정통 신앙으로 취급하고,[79] 그러한 소망을 바라보고 있는 것으로 보이는 구약성서의 위대한 본문들과 요한계시록을 알레고리화시키는 시도들을 강력히 비난한다. 마찬가지로, 테르툴리아누스도 하늘에 있는 그리스도의 나라의 실재성을 확고히 한 후에, 이것은 결코 지상의 나라를 배제하는 것은 아니라는 말을 덧붙인다.[80] 사실 지상의 천년왕국은 천상의 왕국 이전에 오게 되고, 하늘로부터 내려올 새 예루살렘을 중심으로 천 년 동안 지속될 것이다(그는 빌 3:20을 인용한다). 그러나 그는 이 가르침을 영적으로 해석하고자 하는 경향도 일부 보여준다. 왜냐하면, 다른 곳에서 그는 새 예루살렘이 주님의 육체를 나타내는 것이라고 말하고 있기 때문이다.[81] 히폴리투스는 『다니엘서 주석』(*Commentary on Daniel*)과 『그리스도와 적그리스도에 대하여』(*De Christo et Antichristo*)에서 천년왕국설을 옹호하였다. 그러나 천년왕국설을 반대하는 세력도 결집되고 있었는데, 로마에서 이러한 반대파의 지도자는 사제 카이우스(Caius)였다. 이에 맞서서, 히폴리투스는 핵심 본문인 요한계시록 20:2-5에 대한 이레나이우스의 주석을 논증의 출발점으로 삼았다. 거기에 언급된 천 년은 문자 그대로 천년왕국의 지속 기간을 언급하는 것으로 해석되어서는 안 되고, 천년왕국의 영광스러운 모습을 가리키는 것으로 해석되어야 하는 상징적인 숫자라고 히폴리투스는 설명하였다.[82]

4. 오리게네스

우리가 계속해서 살펴 보고 있는 신학자들은 친숙한 종말론적인 주제들을 반복하고 정교하게 다듬고 있었지만, 그들의 가르침과 맞물려 있었던 또 하나의 주제, 즉 그리스도인들의 신성화(deification)라는 주제가 있었는데 이 주제는 이후의 신학에 지대한 영향을 미쳤다. 이 교설에 의하면, 그리스도인들의 소망이 최종적으로 만개되는 것은 신적인 본성과 하나님의 복된 불멸성에 참여하는 것이었다. 의인들의 영원한 구원은 하나님과의 교제로 말미암아 얻어지게 되는 저 썩지 않음(incorruptibility)과 고통을 느끼지 않음(impassibility)의 특질을 지니는 형체를 취하게 되는 것이라고 유스티누스는 말하였다;[83] 그리고 타티아누스의 견해에 의하면,[84] 신적인 형상(image)과 모양(likeness)이 인간 속에서 회복되었을 때, 인간은 "완전한 것들을 볼" 수 있게 되고, 부활 후에 복된 불멸성을 받게 될 것이다.

이미 우리 속에서 역사하는 성령의 은혜는 장차 완전하게 주어져서 "성부의 뜻에 따라서 우리를 완전하게 만들어" 줄 것이라고 이레나이우스는 가르쳤다;[85] 왜냐하면, 그것은 인간을 하나님의 형상과 모양으로 회복시켜 줄 것이기 때문이다. 부활 후에 하나님은 인간으로 하여금 하나님 자신의 썩지 않음의 특권을 공유하게 하실 것이다. 이것은 성부가 지극히 선하심으로 말미암아 택함받은 자들에게 수여하게 될 하나님을 볼 수 있는 특권의 효과가 될 것이다; 왜냐하면, "하나님을 보는 자들은 하나님 안에 있고 하나님의 영광을 공유하기" 때문이다.[86]

주후 3세기에 오리게네스는 이러한 사상들 및 이와 유사한 개념들을 발전시켜서, 하나님 나라를 신적인 진리와 영적인 실재에 대한 인식[87] 또는 (눅 17:21에 대한 설명 속에서) 로고스의 내주 또는 영혼 속에 심겨진 진리의 씨앗들,[88] 또는 "예수 그리스도를 통해서 주어진 영혼화된(ensouled) 로고스의 영적인 가르침"으로 해석하였다.[89] "순수해져서 모든 물질적인 것들을 뛰어넘어 하나님을 정확하게 볼 수 있게 된 지성(νοῦς)은 그 보는 것에 있어서 신성화된 것이다"라고 그는 썼다;[90] 또한 그가 보기에는 참된 지식은 인식 주체와 객체의 연합을 전제하는 것이기 때문에, 성도들의 신적인 영지(gnosis)는 하나님과 그들의 연합 속에서 절정에 달한다.[91] 그러나 종말론에 관한 오리게네스의 성찰들은 아주 광범위하기 때문에 더 면밀하게 검토해 볼 필요가 있다.

첫째, 몸의 부활에 관한 그의 가르침을 살펴보도록 하자; 그는 나중에 분명해질 여러 이유들 때문에 육체의 부활이라는 말보다 몸의 부활이라는 말을 선호하였다. 자신이 지닌 플라톤 사상과 맥을 같이하여, 오리게네스는 영혼의 영성(spirituality)과 불멸성(immortality)을 믿었지만, 이교도들의 조롱에 맞서서 기독교 교의를 옹호하기로 결연하게 마음을 먹었다.[92] 오리게네스는 통속적

으로 제시된 기독교 교의의 난점들[93]과 기독교 교의에 대한 분명한 반대들을
아주 잘 알고 있었다;[94] 그는 하나님의 전능성을 근거로 삼는 것은 잘못이라
는 켈수스(Celsus)의 지적을 받아들였다.[95] 그의 과제는 (a) 마지막 날에 몸은
그 모든 육체적인 기능들과 아울러서 복원될 것이라고 본 조악한 문자주의,
(b) 몸을 구원으로부터 배제해야 한다고 주장했던 영지주의자들과 마니교도
들의 왜곡된 유심론(spiritualism)에 맞서서 진리를 제시해야 하는 이중적인
과제였다. 그가 제시한 설명[96]은, 인간을 포함한 모든 몸들의 "물질적 기층"
(τὸ ὑλικὸν ὑποκείμενον)은 끊임없이 변동하는 상태에 있고, 그 특질은 날
마다 변하는 반면에, 그들 모두는 불변하는 "독특한 형상"(τὸ
χαρακτηρίζον εἶδος 또는 τὸ σωματικὸν εἶδος)을 소유하고 있다는 전제
로부터 출발하였다. 사람이 어린아이에서 성인으로 자라가는 것이 그 한 예
이다. 왜냐하면, 인간의 몸은 완전한 육체적인 변화에도 불구하고 처음부터
끝까지 동일하기 때문이다; 그리고 역사적 예수는 또 하나의 예를 제공해 준
다. 왜냐하면, 예수의 몸은 어떤 경우에는 불품 없는 것으로 묘사될 수 있었
고(사 53:2), 어떤 경우에는 변화산에서의 광휘(光輝)로 옷 입고 있었기 때문
이다.

이러한 관점에서 보면, 부활은 충분히 이해될 수 있는 일이 된다. 성도들이
장차 부활할 때에 입게 될 몸들은 그들이 이 땅에서 입고 있었던 몸과 정확
히 똑같은 것이 될 것이다. 왜냐하면, 그것들은 동일한 "형상"(eidos)을 지니
게 될 것이기 때문이다. 한편으로 그 몸의 물질적인 기층의 특질들은 달라지
게 될 것이다. 왜냐하면, 그 몸들은 이 땅에서의 실존에 적합한 육적인 특질
들을 지니는 것이 아니라, 하늘 나라에 적합한 영적인 특질들을 지니게 될
것이기 때문이다. 영혼은 "더 순수하고 영묘한 천상계를 위한 더 나은 옷을
필요로 한다";[97] 저 유명한 바울 서신의 본문인 고린도전서 15:42-44은 이러
한 변모가 정체성의 손상 없이 가능하다는 것을 보여준다.

이 문제에 대한 그의 설명에 의하면,[98] 몸이 영혼을 섬기고 있었을 때에는
몸은 "혼적인" 것이었다; 그러나 영혼이 하나님과 연합되어서 하나님과 한
영이 될 때, 그 동일한 몸은 영적인 것이 되고, 몸의 본성은 그 상태에 걸맞는
특질들을 덧입을 수 있게 된다. "독특한 형상"(distinctive form)이라는 표현

을 통해서 자신이 무엇을 의도하고 있는지를 분명히 하기 위하여, 오리게네스는 그 표현을 항상 변하는 물질의 유동성 속에서도 몸의 동일성을 유지해 주는 에너지의 원리라는 스토아 학파의 개념과 등치시킨다.[99] 사도가 보여주었듯이, 땅에 묻힌 씨앗이 죽음과 해체를 극복하고 다시 살아나서 잎으로 회복되는 것과 마찬가지로, 각각의 몸 속에 내재하는 "이성의 종자"(λόγος σπερματικός)는 서로 다른 일련의 특질들을 지니고 있긴 하지만 각각의 몸을 소생시킬 수 있게 해 준다.[100] 나중에 비판자들[101]은 그가 "부활 때에 사람들의 몸은 둥근 구의 형태로(σφαιροειδῆ) 부활한다"고 단언하였다고 비난하였다. 그가 구(球)는 완전한 형태라는 플라톤의 이론[102]에 근거해서 그렇게 주장하였을 가능성이 있지만, 증거는 확실치 않다.

둘째, 심판에 관한 그의 서술 속에서 우리는 전통적인 교의를 유지하고자 하는 욕구와 그것을 지성적인 신자들에게 구미가 맞는 방식으로 재해석하고자 하는 욕구 사이에서 갈등하는 그의 특징적인 긴장관계를 다시 만나게 된다. "하나님의 의로운 심판은 교회가 선포한 신조들 중의 하나"라고 그는 분명하게 선언한다;[103] 실제로 심판은 도덕적인 행실을 위한 아주 중요한 동기이자 자유 의지에 대한 설득력 있는 증거이다. 죽음 직후에 사람들의 영혼은 잠정적으로 서로 분리가 되어서, 그들의 영원한 운명들을 준비하기 위하여 조사를 위한 일정 정도 기간의 중간 상태로 옮겨간다고 오리게네스는 믿었던 것으로 보인다[104](cf. *quodam eruditionis loco* ······ *auditorio vel schola animarum*). 심판 자체는 세상의 끝날에 이루어질 것이고, 그때에 선악 간에 명확한 분리가 이루어지게 될 것이다.[105] 이날이 바로 선지자들이 말하였던 진노의 날이고, 그날이 연기된 것은 사람들의 행위들의 온전한 결과들이 드러날 수 있도록 하기 위한 것이다.[106] 복음서에서도 주인이 "마지막 날에" 돌아올 것이라고 못박고 있다.[107] 각 사람은 자신의 행위를 따라서 심판받게 될 것이고, 이것이 심판이 하나님에게 유보되어 있는 이유이다; 오직 하나님만이 사람들의 삶속에 뒤섞여 있는 선과 악을 정확하게 평가하실 수 있다.[108] 이 모든 것의 구도는 전통적인 법정 이미지이고, 오리게네스는 온 교회가 그리스도께서 자신의 보좌에 앉아서 선과 악을 분리하게 되는 영광스러운 두 번째 오심에 관한 묘사를 받아들이고 있다는 것을 인정한다.[109] 오리게네스는 이러한 심판을 합리화하려는 시도를 시작할 때조차도 그의 독자들에게 자기는 파루시아에 대한 통상적인 설명들이 지닌 진리를 가볍게 여기거나 부인할 생각은 전혀 없다는 것을 서둘러서 재확인한다.[110]

그러나 그는 그러한 설명 및 공간적-시간적 전제들이 난점들로 가득 차 있다는 것을 알았기 때문에, 그것에 대한 영적인 재해석을 제시한다.[111] 그 재해석에 따르면, 복음서의 예언들 속에 나오는 모든 생생한 이미지들은 상징 체계로 설명된다. 파루시아의 진정한 의미는 그리스도와 그의 신성이 선한 자든 악한 자든 모든 인류에게 분명히 나타나서, 그 결과로 그들의 진정한 모습이 드러나는 것이라고 그는 말한다. 구주는 어느 특정한 장소에 나타나는 것이 아니라, 어느 곳에서나 그를 알게 만들 것이다; 그리고 사람들은 그리스도의 권세에 충성을 맹세할 것이라는 의미에서, 그리스도의 보좌 앞에 나아가게 될 것이다. 그들은 자신들의 진정한 모습을 보게 될 것이고, 그러한 지식에 비추어서 선한 자와 악한 자가 최종적으로 가려지게 될 것이다. 말할 필요도 없이, 이러한 설명 속에는 천년왕국설이 들어설 여지가 없는데, 오리게네스는 성경을 유대인들처럼 읽어서 부활 후에 마음에 흡족할 만큼 진탕 먹고 마시며 성적인 관계를 즐기는 지상의 예루살렘에 거하게 될 꿈을 꾸고 있는 문자주의적인 신자들의 어리석음을 통렬하게 비판한다.[112]

셋째, 의인들이 물려받게 될 하나님 나라는 신적인 진리에 대한 관상(contemplation)이라고 믿었던[113] 오리게네스는 저주받은 자들의 고통도 마찬가지로 영적인 의미로 바꾸어 놓는다. "각각의 죄인은 자신의 불을 점화시키고, 우리 자신의 악덕들이 그 연료가 된다"고 그는 말한다.[114] 달리 말하면, 악한 자들에 대한 진정한 형벌은 그들 내부의 고뇌, 그들의 최고의 선이어야 할 하나님으로부터 분리되어 있다는 그들의 느낌이라는 말이다. 또한 지옥의 고통을 포함한 그러한 모든 형벌은 끝이 있을 것임에 틀림없다고 그는 생각하였다. 오리게네스는 죄에 대한 형벌이 영원하다는 성경의 묘사가 지니는 억제적인 가치를 인정한다.[115] 그러나 그는 사실 형벌들은 언젠가는 끝나게 되고, 모든 것들은 원래의 질서로 회복될 것이라고 확신한다.

이것이 바로 광대한 우주적 진화의 결론은 그 처음과 동일할 것이라는 것을 상정하는[116] 만인구원설(*apocatastasis*)에 관한 그의 가르침인데, 이 가르침 속에서 그의 종말론, 아니 실제로는 그의 신학 체계 전체가 정점에 다다르게 된다. 인간의 자유 의지와 하나님의 선하심이라는 두 가지 지도 원리가 이 가르침에 대한 그의 이해를 지배하고 있다. 전자에 의거해서, 그는 무수한 이성적 피조물들이 높고 낮은 여러 실존의 단계들을 거치면서 때를 따라서 선이나 악을 선택하게 되는 여러 세상들의 연속적인 순환을 확신하였다.[117] 한편, 사도 바울은 만물은 처음과 마찬가지로 결국 마지막에는 만유의 주로서 만유 안에 계시게 될 하나님께 복속될 것임을 보여주었다(고전 15:25). 그러나 이성적 피조물들에 관한 한, 이것은 강제나 필연에 의해서가 아니라(그들의 자유 의지에 대한 존중으로 인해서) 훈육과 설득과 가르침을 통해서 이루어지게 될 것이다.[118] 하나님의 징계는 치료적인 목적을 지니고 있고, 이 목적이 달성되었을 때에 그 징계는 끝이 나게 될 것이라는 것을 우리는 안다.[119] 마귀조차도 최후의 회복에 참여하게 될 것이다.

후대에 오리게네스를 신봉하였던 루피누스에 의하면,[120] 자기가 이러한 주장을 했다는 말을 들었을 때, 오리게네스는 화를 내면서 자기는 결코 그러한 이론을 주장한 적이 없다고 항변하였다고 한다. 그러나 그의 신학 체계는 논리적으로 그러한 결론을 요구하는 것이었다. 왜냐하면, 그러한 결론이 아니라면, 하나님의 통치는 절대적인 것이 될 수 없게 되고, 하나님의 사랑은 그 목적을 달성하는 데에 실패하게 된 것이 되고 말 것이기 때문이다; 이러한 가르침은 비록 명시적으로 가르쳐지지는 않았지만, 그의 글들 속에 스며들어 있고,[121] 그의 대적자들에 의해서 당연한 것으로 여겨졌다.[122]

5. 후대의 사상: 몸의 부활

그리스 교부이든 라틴 교부이든 후대의 교부들에게 부활은 여전히 교회의 신앙에 있어서 의심할 여지 없는 확고한 신조로 남아 있었다; 그들은 부활의 보편성, 또한 부활의 몸과 자연적인 몸의 동일성을 당연한 것으로 받아들였다. 교부들 중 대다수는 사변적인 사고를 하려는 유혹을 떨쳐버리고 전통적인 교의를 재확인하고 하나님의 전능성에 주로 근거해서 전통적인 교의를 옹호하는 것으로 만족하였다. 여기서 구태여 그들의 가르침의 몇몇 표본들을 제시할 필요는 없을 것이다. 한편 이 시기의 신학자들 중에서 부활에 관

한 사상과 관련하여 주목할 필요가 있는 두 부류의 신학자들이 있었다 — (I)
부활 사상에 관한 오리게네스의 합리적인 분석에 반기를 들고 오리게네스의
이론들은 사실상 그 어떤 진정한 부활도 부정하는 것이라고 주장한 신학자
들; (II) 부활의 신비를 지금까지 인정되었던 조악한 통속적인 신앙보다 더 깊
은 차원에서 이해하고자 애쓴 건설적인 신학자들이 있었는데, 이들 중 일부
는 조심스럽게 오리게네스의 노선을 따랐으나, 오리게네스의 가르침 중에서
가장 특징적인 내용을 배제하였다.

　(I) 동방 교회에서 반(反)오리게네스파의 대표자로 가장 잘 알려져 있었던
인물들은 안디옥의 유스타티우스[123]와 에피파니우스[124]였다. 그러나 사실 이
두 교사가 제시한 논거들 중 상당 부분은 수십 년 전에 올림푸스의 메토디우
스(311년경에 죽음)가 오리게네스에 대하여 퍼부은 고전적인 맹공격에 의거
한 것이었다.

　핵심들만을 간추려서 말하자면, 메토디우스의 비판은 첫 번째로 오리게네
스에 의해서 전제된 영혼과 몸 간의 급진적인 이원론에 대한 것이었는데, 그
는 이러한 이원론이 영혼이 성육신 이전의 상태에서 범죄하였다는 이론과
모순된다는 것을 보았고,[125] 두 번째로는 부활 때에 회복되는 영속적인 요소
는 몸 자체가 아니라 "몸의 형상(form)"이라는 오리게네스의 사상에 대한 것
이었다. 만약 오리게네스의 주장대로 "몸의 형상"이 부활하는 것이라면, 부
활되는 것은 몸이 아니기 때문에 사실 진정한 부활은 존재하지 않는 것이라
고 메토디우스는 주장하였다; 그리고 실제로 오리게네스는 변화산 사건에서
모세와 엘리야가 출현한 일을 설명하기 위하여 "형상" 또는 "이성의 종자"
같은 동일한 개념을 사용하였기 때문에, 그의 설명에 의하면, 그리스도는
"죽은 자들로부터 처음 난 열매"였다고 할 수 없다.[126] 메토디우스가 보기에
는, 이러한 "형상"은 물이 통과하는 튜브와 같이 몸에 대하여 완전히 외적인
거푸집에 다름 아니었다;[127] 따라서 동상(銅像)의 형상은 청동이 녹을 때에 맨
먼저 사라지는 것과 마찬가지로, 몸의 형상은 육체 이후에 살아남기는커녕
육체 이전에 사라지고 만다.[128]

　메토디우스가 적극적으로 어떤 견해들을 제시했는지는 명확한 것은 아니
지만, 그리스도 자신의 부활을 죄로 인하여 방해받았던 창조 사역을 회복하

는 것으로 보는 견해에 확고하게 토대를 두고 있었다. 그러나 의심하는 도마와 그리스도의 대화가 잘 보여주듯이,[129] 그리스도는 십자가를 졌던 것과 동일한 바로 그 몸으로 부활하였다. 실제로 우리의 부활의 몸은 승화된 특질들을 지니게 될 것이다. 왜냐하면, 부활의 몸은 인간의 형상(form)이 타락 이전에 소유하고 있었던 고통을 느끼지 않는 성질과 영광으로 되돌아갈 것이기 때문이다; 그러나 부활의 몸들은 물질적으로는 우리가 현재 입고 있는 흙으로 된 몸과 동일할 것이다.[130] 몸의 입자들이 일단 해체된 후에는 다른 물질들과 다시는 되돌이킬 수 없을 정도로 혼합된다는 반론에 대해서, 메토디우스는 서로 완전히 혼합되어 있는 듯이 보이는 물질들을 분리해 내는 데에 사람들 또는 자연 자체가 성공한 경우들을 아무런 어려움 없이 지적한다;[131] 그리고 물론 전능자의 권능은 이것보다 이루 말할 수 없이 더 크다. 그의 설명에 있어서 가장 불만족스러운 특징은 그가 그의 논증 전체에 걸쳐서 영혼은 유형의 실체라고 전제하고 있다는 것이다.[132]

부활에 관한 오리게네스의 개념들에 대한 서방 교회의 비판자들 중에서 가장 탁월한 인물이 이 분야를 장악하기까지는 한 세기의 세월이 흘러야 했다. 그 인물은 바로 제롬이었는데, 그는 주후 394년까지는 오리게네스 사상에 대한 열렬한 지지자로서, 다른 가르침들보다도 자연적인 몸의 소멸과 택함 받은 자들이 부활의 때에 순수하게 영적인 존재들로 변모할 것이라는 스승의 이론을 지지하였다.[133] 그러나 주후 394년 이후에 그는 완전히 방향을 전환해서, 문자주의적인 자세한 설명을 통해서 부활의 몸과 지상의 몸의 육체적인 동일성을 강조하기 시작하였다.[134] 앞으로 보게 되겠지만, 모든 기독교 교사들이 이러한 문자주의를 공유한 것도 아니었고, 문자주의를 주장하는 사람들이 종종 도출해 내기 좋아했던 역설적인 결론들을 만족해하지도 않았다. 그러나 메토디우스에서 제롬에 이르기까지 오리게네스 사상에 대한 비판자들은 적어도 부활의 몸에 관하여 어떠한 견해를 취하든지 간에 부활의 몸은 단순히 지상의 몸의 "형상"이 아니라 자연적인 몸 자체와 어떤 식으로든 동일한 것으로 여겨져야 한다는 것에 대하여 동의를 얻어내는 데에 성공하였다.

(II) 예루살렘의 키릴루스는 이 문제를 다루는 건설적인 시도에 대한 좋은 예

를 보여준다. 그는 시체들의 부패에 토대를 둔 진부한 과학적인 반론들, 즉 시체들은 물고기나 독수리나 동물들에 의해서 먹힘을 당하고 불에 의해서 없어진다는 사실을 잘 알고 있었지만,[135] 하나님은 전능하셔서 이렇게 흩어진 입자들을 다시 결합시킬 수 있다고 생각하였다. 그러나 그는 그렇게 하여 소생된 몸들은 변모되고 어떤 식으로든 영적인 몸으로 바뀌어 있을 것이라고 보았다. 그의 표현에 의하면,[136] 부활되는 몸은 바로 이러한 몸이고, 과거에 지상에 있었던 그 몸에 머물지 않는다. 예를 들면, 의인들의 몸은 초자연적인 특질들을 입게 될 것이고, 악한 자들의 몸은 영원히 불탈 수 있는 특질을 지니게 될 것이다. 이렇게 해서, 그가 "혼적인" 몸과 "영적인" 몸이라는 바울의 구별(고전 15:44)에 토대를 두고 채택한 "이와 같은 것이 아니라 이것" (τοῦτο, οὐ τοιοῦτο)이라는 문구와 그 속에 함축되어 있는 조심스러운 설명은 사람들 사이에서 널리 통용되게 되었던 것으로 보인다.[137] 디디무스는 나중에 이것을 발전시켜서, 부활의 몸은 천상의 몸이 될 것이라고 주장하였다;[138] 생명은 우리의 지상의 장막을 멸하는 것이 아니라 흡수해서, 그 몸에 우월한 특질들을 나누어 주게 될 것이다.

한편 니사의 그레고리우스는 오리게네스를 연상시키는 노선을 따라서 더 대담한 해법을 제시하였다. 그레고리우스는 자신의 스승과 마찬가지로, 몸을 구성하고 있는 요소들 중에서 끊임없이 유동적이며 지속적으로 존재했다가 사라지는 물질적인 요소들과, 결코 그 개체성을 상실하지 않는 몸의 "형상"(εἶδος) 또는 "모형"(type)을 구별하였다.[139] 이 "형상"은 영혼에 의해서 알려져 있고, 실제로 영혼이 현세에서 유한한 삶을 사는 동안에 영혼 위에 자신의 각인을 남긴다; 따라서 영혼은 육체적인 요소들이 아무리 흩어져 있다고 할지라도 자신에게 속한 육체적인 요소들을 언제나 인식할 수 있고, 부활의 때에 자신에게 필요한 그러한 육체적인 요소들을 자기 자신에게로 이끌 것이다; 단순히 몸의 구성을 위해서 들어온 물질은 전혀 중요하지 않을 것이다. 그레고리우스는 조심스럽게 지상의 몸이 부활해서 갖게 될 적절한 지위를 인정하였지만, 이것은 아담의 죄로 말미암아 상실되어 버린 시원(始原)의 상태로 우리가 회복되는 것을 포함하게 될 것이라는 점도 지적하였다.[140] 부활의 몸은 죽음, 연약함, 기형성, 연령 등과 같은 죄의 모든 결과들로

부터 면제될 것이다; 따라서 인간 본성은 여전히 그 자체에 충실하게 머물면
서도, 영적이고 고통을 느끼지 않는 상태로 고양될 것이다.

　서방 교회에서 힐라리우스의 가르침은 예루살렘의 키릴루스의 가르침과 아
주 흡사했다. 죽은 자들의 몸을 일으켜 세움에 있어서, 하나님은 그 몸들이
전에 구성되어 있었던 것과 동일한 물질을 복원할 것이지만, 그 몸들의 특질
을 바꾸고, 그 몸들에게 그들의 새로운 상태에 적합한 광휘와 아름다움을 부
여할 것이라고 그는 주장한다.[141] 암브로시우스는 지상의 몸이 영혼에 의해서
주도된 행위들을 공유할 것이기 때문에, 영혼과 함께 심판으로 나아가게 될
것이라는 근거 위에서, 지상의 몸이 다시 부활할 것이라고 주장하고,[142] "부
활"이라는 용어 자체가 부활되는 것은 죽었다가 매장된 바로 그 몸이라는 것
을 함축하고 있다는 점을 지적한다.[143] 그럼에도 불구하고, 몸은 여전히 동일
하겠지만, 그 몸은 부활의 때에 변모와 영화(spiritualization)를 겪게 될 것이
다.[144]

　아우구스티누스에게 있어서,[145] 마지막 날에 있을 모든 사람의 부활은 기독
교 신앙의 의심할 여지 없는 교의였다; 그는 "땅에 묻히고, 죽고, 눈으로 보
고 손으로 만질 수 있으며, 계속적인 생존을 위해서 먹고 마셔야 했으며, 병
들고 고통을 당했던 바로 그 동일한 육체가 부활하게 될 것"이라는 것을 확
신하였다.[146] 그러나 이러한 동일성에도 불구하고, 택함받은 자들과 저주받은
자들의 몸은 둘 다 똑같이 썩지 않음을 옷 입게 될 것인데, 후자의 경우에는
그들에 대한 징계가 영속적으로 이루어질 수 있도록 하기 위한 것이다.[147] 불
이나 들짐승에 의해서 삼켜져 버렸거나 먼지로 화해 버렸거나 액체 속에 녹
아버린 몸들이라는 해묵은 문제점을 해결하기 위해서, 아우구스티누스는 단
지 창조주의 전능성을 그 근거로 든다;[148] 그러나 그는 이전에 몸을 구성하고
있던 물질의 모든 파편이 이전에 위치하고 있던 동일한 곳으로 회복되어야
한다는 전제는 불필요하고 지나친 것이라고 하여 거부한다.[149] 성도들의 부활
의 몸은 그 몸의 모든 기관들과 더불어 완전하고 온전할 것이고, 오직 추하
거나 기형적인 부분들만이 사라지게 될 것이다;[150] 또한 그는 어린아이들이
부활할 때는 그들은 성인의 성숙한 몸을 지니게 될 것이라는 견해를 선호하
였다.[151] 부활의 몸은 영적인 것이 될 것이라는 사도의 약속에 대한 그의 해석

[152)]은, 그 실체가 변화를 겪게 될 것이라는 의미가 아니라 부활의 몸이 영에 완전히 복속하게 되어서 모든 둔함과 연약함과 고통을 뛰어넘도록 부활하게 될 것임을 의미한다는 것이었다.

6. 후대의 사상: 파루시아와 심판

물론, 주후 4세기와 5세기의 교회의 설교 및 사상 속에서 크게 부각되어 있었던 극적인 사건인 주님의 두 번째 오심이 있기 전에 먼저 부활이 선행되어야 했다. 대체로 주님의 두 번째 오심의 배경은 구약성서의 예언과 신약성서의 계시록에 의해서 제공된 무시무시하고 장엄한 이미지들이지만, 그러한 것들이 문자적이 아니라 다른 식으로 받아들여졌다고 볼 만한 근거는 거의 없다.[153] 앞으로 보게 되겠지만, 최후의 심판과 관련해서 좀 더 성찰적인 저술가들이 심판과 관련된 현실주의적인 조악한 묘사들을 영적으로 해석하려는 경향을 보여주었다는 암시들이 아주 드물게 존재할 뿐이다. 반면에 천년왕국설의 영향력은 동방 교회에서는 거의 사라지다시피 했고, 서방 교회에서도 급속하게 기울어져 가고 있었다. 메토디우스 같은 사람들[154]이 이 케케묵은 신앙들을 수정된 형태로 지켜내기 위하여 최선을 다했다는 것은 사실이다(그는 주후 3세기 말경에 글을 썼다); 그러나 그러한 사람들에 대한 오리게네스의 비판은 결정적이었음이 입증되었다. 메토디우스보다 한 세대 이전 사람이었던 오리게네스의 제자 알렉산드리아의 디오니시우스는 그의 권위를 충분히 활용하여서 그들이 잘못되었음을 비판하면서, 자신의 공격을 요한계시록의 진정성에 대한 거부[155]와 연결시켰다; 그리고 주후 4세기에는 오직 아폴리나리우스[156]만이 동방 교회의 저술가들 중에서 그러한 신앙들을 지지하였다.

그러나 암브로시아스터에게 있어서[157] 로마 제국의 붕괴는 세상의 종말이 다가오고 있다는 징조였다. 그때에는 적그리스도가 출현해서 하나님의 권능에 의해서 멸망당하게 되고, 그리스도가 천 년 동안 성도들을 다스리게 될 것이다. 제롬은 지상의 천년왕국이라는 이상(理想)을 거의 언급하지 않았다.[158] 아우구스티누스는 자기가 한때는 천년왕국설에 매료된 적이 있었다고 고백하였다;[159] 그러나 나중에 육체적인 방탕에 관한 천한 꿈들에 신물이 난 아우구스티누스는 태도를 바꿔서 밧모 섬의 선견자가 본 이상을 알레고리적으로 해석하기를 좋아하였다. 이러한 그의 해석에 의하면,[160] 첫 번째 부활은 우리가 죄의 사망으로부터 회복되어서 그리스도인의 삶으로 부르심을 받은 것이고, 그리스도와 그의 성도들의 통치는 교회가 이 땅에서 사도직을 수행하는 것을 가리키는 것으로 이해되어야 한다는 것이었다. 천 년이라는 기간은 심판 이전에 선행하는 최후의 천년 또는 지상의 교회가 존속하는 전체 기간으로 설명될 수 있다고 그는 보았다.

파루시아와 밀접하게 연관된 것으로는 심판에 관한 사상이 있는데, 심판에 관한 사상은 이 시기의 사상 속에서 파루시아와 동일한 중요한 위치를 차지하고 있었다. 아타나시우스는 "우리 각자는 심판의 날에 현세에서의 자신의 행위들을 회계해야 할 것이다"라고 말한다;[161] 나지안주스의 그레고리우스는 하나님이 어떻게 우리의 모든 행실을 책에 기록하여 왔는지를 묘사한다.[162] 그 밖의 다른 저술가들도 심판이라는 주제를 어느 정도 자세하게 설명한다. 심판에 대한 정당화를 위해서, 그들은 일반적으로 현세에서는 상벌에 대한 적절한 분배가 존재하지 않기 때문에, 다음에 오는 세상에서 그러한 분배가 있는 것이 공평하다는 원리를 그 근거로 제시한다.

따라서 크리소스토무스는 이렇게 말할 수 있었다:[163] "하나님이 진정으로 하나님이라면, 하나님은 의롭다는 결론이 나온다. 왜냐하면, 하나님이 의롭지 않다면 하나님은 하나님일 수 없기 때문이다. 그러나 하나님이 의롭다면, 하나님은 각 사람에게 합당한 대로 갚으신다. 그러나 우리는 사람들이 모두 여기에서 그들이 마땅히 받아야 할 것을 받지 못한다는 것을 알고 있다. 그러므로 우리는 각 사람이 마땅히 받아야 할 것을 받고 하나님의 공의가 드러날 수 있는 또 다른 응보(應報)를 구하지 않으면 안 된다."

파루시아의 경우에서처럼, 심판에 대한 성경의 묘사들은 통상적으로 액면 그대로 받아들여진 것으로 보이지만, 동방 교회의 몇몇 신학자들은 오리게네스의 견해를 전적으로 따르지 않고, 심판에 관한 묘사들을 영적으로 이해하고자 하는 모습들을 보여준다. 예를 들면, 예루살렘의 키릴루스는 로마서 2:15 이하를 언급하면서, 각 사람이 스스로 참회하며 자신의 잘못을 지적한다는 관점에서 심문이 이루어질 것이라고 설명한다:[164] "당신은 당신 자신의 양심에 비추어서 판단받게 될 것이다"; 바실리우스[165]는 재판장의 표정이 우리의 죄악된 마음을 비춰주는 신적인 조명이 될 것이라고 말한다. 심판대에 우리를 고소하는 유일한 고소자는 우리의 기억 속에 떠오르게 될 우리 자신의 죄들이 될 것이다.[166] 심판의 진정한 의미는 각 사람의 양심을 누르는 무게의 경중이라고 나지안주스의 그레고리우스는 쓴다;[167] "심판의 날"(사 10:3)에 우리는 우리 자신의 과거의 생각들과 행위들에 의해서 불려나가게 되고, 우리 자신에 의해서 단죄받고 끌려나가게 될 것이다.[168]

라틴 교부들의 사상은 전체적으로 그리스 교부들의 사상과 아주 흡사하지만, 그 전체적인 분위기는 더 고풍스러운 경향이 있다. 그러나 우리는 서방 교회 특유의 전통을 눈여겨 보아야 하는데,[169] 이 전통에 의하면, 모든 사람이 마지막 날에 그리스도 앞에 서게 될 것이지만, 오직 선과 악을 뒤섞어서 제 멋대로 살아온 그리스도인들만이 엄밀한 의미에서의 심판을 받게 될 것이다. 사람들이 속하게 될 또 다른 두 부류 중에서는 의인들은 심판을 받을 필요가 없고, 악인들은 이미 심판을 받았다. 이러한 가르침에 대한 근거로는 시편 1:5(라틴역본, "악인들은 심판대에 다시 오르지 아니할 것이며"), 요한복음 3:18("그를 믿는 자는 심판을 받지 아니하는 것이요 믿지 아니하는 자는 …… 벌써 심판을 받은 것이니라") 같은 본문들이 제시되었다. 심판은 죄인 자신의 양심 속에서 일어나고 마음이 하나님을 알게 된 결과로서 일어난다는 암브로시우스의 인식[170]은 그리스 사상의 영향을 반영하는 것이다. 따라서 재판석에 일렬로 앉아 있는 재판관들과 펼쳐져 있는 책들은 죄책에 대한 우리의 인식을 상징하고, 재판장이신 하나님과 사도들, 입회인들의 보좌들은 은유적으로 해석되어야 하며, 선포된 선고는 단지 각 사람의 공로에 대한 영원한 인준을 의미한다는 그의 사상도 마찬가지이다.[171]

그러나 서방 교회의 균형 잡힌 사상을 가장 잘 대변하고 있는 인물은 다른 경우들에서와 마찬가지로 아우구스티누스이다. 하나님의 심판은 역사의 영속적인 특징이지만, 심판이라는 사실이 언제나 명백한 것은 아니기 때문에, 하나님은 그의 지혜와 의가 모든 사람의 눈 앞에서 옳다고 인정함을 받게 될 한 날을 갖게 될 것임에 틀림없다고 그는 단언한다.[172] 이러한 주장을 확증하고 그러한 설명 속에 빠져 있는 부분들을 채워넣기 위해서 아우구스티누스는 신구약 성경으로 눈을 돌린다.[173] 신구약 성경은 심판이 그리스도에게 속해 있다고 가르친다;[174] 아우구스티누스는 그리스도의 오심을 특정한 관점에서 알레고리화하여 교회 속에서의 그리스도의 통치로 해석함과 동시에 그리스도가 종말에 승리자의 모습으로 다시 오실 것임을 기대한다.[175] 의인들이나 죄인들이나 온 인류가 이 심판을 받게 될 것이고,[176] 아우구스티누스는 특정한 부류들이 이 심판에서 제외될 것이라는 사상을 명시적으로 거부한다.[177] 아우구스티누스는 펼쳐지게 될 책이라는 말을 각 사람이 회상 가운데 자신이 지은 죄들이 양심에 흘러넘치게 될 것을 의미하는 것으로 이해한다;[178] 그러나 전체적으로 그는 성경의 그림 같은 표현의 문자적인 의미를 받아들이는 것으로 만족하는 것 같다.

이제까지 우리는 일반적인 심판 또는 최후의 심판을 고찰해 왔는데, 그렇다면 죽음 직후에 영혼의 운명은 어떻게 되는 것인가? 이 문제에 대해서는 커다란 불확실성과 혼동이 그리스 교부들 사이에서 존재해 있었던 것으로 보인다. 알렉산드리아의 키릴루스가 그 전형적인 예이다. 부자와 나사로 비유를 다루면서, 그는 이 이야기가 부활의 때에 있을 장래의 심판에 대한 예표임이 틀림없다고 말한다;[179] 그러나 다른 대목들에서[180] 그는 의인들의 영혼은 하늘로 즉시 들어가고 악인들의 영혼은 즉시 징벌로 들어간다고 전제한다. 아마도 가장 일관된 주장을 펼쳤던 인물은 크리소스토무스인 것으로 보인다. 그는 하나님의 심판이 죽을 때에 한 번, 부활의 때에 한 번, 이렇게 두 번에 걸쳐서 이루어진다는 것을 명시적으로 인정한다.[181] 따라서 그는 죽은 자들이 즉각적으로 소환되는 "법정"에 관하여 말할 수 있었다;[182] 그리고 그는 부자와 나사로 비유가 사람들이 이생을 떠난 직후에 선악 간에 판단을 받는다는 것을 함축하고 있는 것으로 해석한다.[183]

라틴 교부들은 이 주제에 대하여 더 명확한 개념들을 지니고 있었다. 힐라리우스에 의하면,[184] 의인들은 아브라함의 품 속에서 쉬는 반면에, 악인들은 마지막 날에 확정될 형벌을 치르기 시작한다. 암브로시우스는 영혼들이 장차 심판대에서 선고를 받기 위하여 기다리는 장소인 "대기소"(*promptuaria*: cf. *2 Esdras* 7:32)가 존재하고, 거기에서 기다리는 동안에 영혼들은 자신이 장차 처하게 될 운명을 미리 맛보게 될 것이라고 분명하게 말한다.[185] 그러나 이제까지 그 어떤 신학자들도 이렇게 잠정적으로 상벌을 할당하는 것을 심판으로 설명하지는 않았었다. 이러한 잠정적인 과정을 심판이라고 아주 분명하게 못 박아서 말한 최초의 인물은 제롬이었다. 그는 "심판의 날에 모든 사람에게 예비되어 있는 것이 그들의 죽음의 날에 개개인들에게 성취된다"고 말하였지만,[186] 종종 심판의 날을 사람이 잠든 날 또는 이생을 떠난 날과 동일시하였다.[187] 아우구스티누스의 명시적인 가르침[188]은 인간의 영혼들은 몸을 벗어버린 때와 나중에 몸을 다시 입게 되는 때 사이의 중간기 동안에 현세에서 그들이 행한 지난 날의 행실에 따라서 괴로움을 당하거나 휴식을 누리게 된다는 것이었다. 그의 언어[189]는 그가 이것을 하나님의 심판의 결과로 여겼다는 것을 보여주지만, 한편 그는 엄밀한 의미에서의 "심판의 날"이라는 용어를 세상의 종말에 있게 될 큰 재판을 지칭하는 것으로 유보해 두었다.[190]

악인들의 운명과 관련해서는(복된 자들의 운명은 다음 절에서 다루어지게 될 것이다), 일반적인 견해는 그들의 징벌은 죄사함에 대한 그 어떤 가능성도 없이 영원할 것이라는 것이었다. 바실리우스의 표현에 의하면,[191] 지옥에 간 죄악된 영혼은 성령과 완전히 단절되어 있기 때문에 회개할 수 없다; 크리소스토무스는 불멸하게 될 저주받은 자들의 몸이나 그들의 영혼은 그들의 고통에 대한 그 어떤 끝도 알지 못할 것이라고 지적하였다.[192] 시간이나 우정이나 소망이나 죽음에 대한 기대나 심지어 그들의 운명을 공유하는 다른 불행한 영혼들이 겪는 볼 만한 광경도 그들의 고통을 완화시켜 주지 못할 것이다.[193] 그렇지만, 바실리우스는 대부분의 평범한 그리스도인들은 마귀에게 속아서 성경의 명백한 증거들에도 불구하고 거기에는 시간 제한이 있을 것이라고 믿고 있다고 고백하지 않을 수 없었다.[194] 이러한 사람들 가운데에는, 종종 과연 하나님에게 영원한 형벌이 가치가 있는 것인가라고 의아하게 여긴 것으로 보이는 나지안주스의 그레고리우스[195]와, 종종 영원한 고통에 대하여 언급하긴 하지만[196] 실제로는 악인들이 결국은 깨끗케 되고, 악이 정복되어 소멸되며, 마귀 자신을 포함한 모든 것들이 최종적으로 회복될 것이라고 가르쳤던[197] 니사의 그레고리우스가 포함될 것이다. 여기에서도 오리게네스의 영향력을 분명하게 볼 수 있지만, 주후 5세기에 이르러서는 죄인들은 현세 이후에 두 번째의 기회를 갖지 못할 것이고, 그들을 삼키게 될 불은 결코 꺼지지 않을 것이라는 엄격한 교리가 모든 곳에서 최고의 권위를 지니게 되었다.[198]

주후 4세기 말과 5세기 초에 오리게네스 사상의 영향하에 있었던 서방 교회의 사상은 동방 교회와는 약간 다른 미묘한 뉘앙스들을 보여준다. 힐라리우스 같은 예전의 저술가들[199]은 지옥의 불이 영원할 것이라는 전통적인 교리를 주장하였다; 그러나 그로부터 조금 후에 우리는 암브로시아스터가 진정으로 악한 자들은 "영원한 형벌로써 고통을 당하게 될 것이지만," 그리스도인들 가운데서의 죄인들에 대한 징계는 일정 기간 동안만 이루어질 것이라고 가르치는 것을 보게 된다.[200] 제롬도 이와 동일한 구별을 하면서, 마귀 및 하나님을 부인한 불경건한 자들은 죄사함 없는 고통을 당하게 될 것이지만, 그리스도를 믿은 사람들은 비록 범죄해서 떨어져 나간 경우라고 해도 결국은 구원을 받게 될 것이라고 말한다.[201] 암브로시우스에게서도 이와 유사한 가르침이 좀 더 자세하게 전개되고 있는 것을 본다.

아우구스티누스의 시대에서는 다양한 견해들이 유행하고 있었는데,[202] 어떤 이들은 지옥의 고통이 모든 사람들에게 차별 없이 일시적일 것이라고 주장하였고, 어떤 사람들은 성도들의 중보기도가 그들을 구원시킬 것이라고 주장하였으며, 어떤 이들은 비록 이단자들일지라도 세례를 전해 받았고 주님의 몸에 참여해서 어쨌든 가톨릭교회 내에서 이러한 성례들을 받았던 자들에 대해서는 구원이 보장되어 있다고 주장했으며, 어떤 이들은 계속해서 가톨릭 신자로 남아 있던 자들은 모두 비록 그들이 배은망덕하게 살았다고 할지라도 구원받을 것임에 틀림없다고 주장했으며, 어떤 이들은 살아 있는 동안에 자선을 베풀기를 게을리하였던 죄인들만이 영원한 징계에 처해지게 될 것이라고 주장하였다.

이러한 사상들 배후에 있는 동기는 하나님의 긍휼하심에 대한 잘못된 인식이고, 그러한 사상들은 성경에 어긋난다고 아우구스티누스는 주장한다:[203] "저주 받은 자들의 영원한 사망, 즉 하나님의 생명으로부터 그들이 소외되는 것은 일정하게 정해진 기간이 있는 것이 아니라 영속될 것이다." 그는 선지자가 말한 죽지 않는 구더기(사 66:24)라는 표현은 은유적으로 죄인들이 고

뇌와 후회 속에서 이를 가는 것으로 해석될 수 있다는 것에 동의하지만,[204] 꺼지지 않는 불은 실재적이고 유형적인 것이라고 주장한다. 죄인들이 견뎌야 할 고통은 각 사람의 죄책에 비례해서 경중이 달라질 것이고, 세례받지 않은 채로 죽은 어린아이들의 고통은 "가장 가벼울" 것이다;[205] 그러나 모든 사람들에게 징계는 영원할 것이다. 그럼에도 불구하고, 성경의 몇몇 본문들을 근거로(고전 3:13-15; 마 12:32), 그는 어떤 죄인들은 내세에 죄사함을 받게 될 것이라는 점을 인정한다. 그러한 사람들은 마음으로는 그리스도인들이지만 여전히 이 땅의 것들에 얽매여 있었던 사람들인데,[206] 그러한 사람들은 이생을 마친 후에 "연옥의 불"에 의해서 정화를 받게 되는 것이 당연하다는 것이다.[207]

7. 영원한 삶

교부들은 장차 도래할 세상에서 성도들이 누리게 될 복된 삶에 대하여 어떤 식으로 생각하였을까에 대한 약간의 설명으로써 이 책을 마무리하는 것이 적절할 것 같다. 이것에 대한 오리게네스의 묘사는 지적이고 신비적인 견지에서 표현되어 있다. 성도들이 하늘에 다다를 때, 구속받은 자들은 별들의 본성과 별들의 각각의 위치에 관한 이유들을 이해하게 될 것이라고 그는 설명한다.[208] 하나님은 성도들에게 수많은 현상들의 원인들을 밝히실 것이다; 그리고 나중 단계에서는, 그들은 눈으로 볼 수 없고 말로 표현할 수 없었던 것들에 다다르게 될 것이다. 마지막으로, 그들이 점점 진보해서 더 이상 몸이 아니고 영혼들도 순수한 지성이 되었을 때, 그들은 이성과 지성으로만 인식할 수 있었던 실체들을 얼굴을 맞대고 관상하게 될 것이다.

이러한 복된 상태에서 그들의 자유 의지는 계속해서 변하지 않고 있게 된다; 그러나 무엇이 자유 의지로 하여금 종종 죄에 빠지는 것을 막아줄 것인가라고 묻는다면, 사도는 "사랑은 결코 실패하지 않는다"라는 자신의 말로써 이에 대한 대답을 제시해 주고 있다. 피조물이 하나님을 순수하고 전심으로 사랑하는 법을 배우게 되었을 때, 다른 그 어떤 것보다 더 큰 바로 이 사랑이 피조물이 죄에 빠지는 것을 막아주게 될 것이다.[209]

이렇게 해서, "그때에는 하나님의 말씀을 통해서 하나님에게로 나아간 자들에게는 오직 한 가지 일, 즉 하나님에 대한 관상만이 있게 될 것이기 때문에, 성부에 대한 지식으로 형성된 그들은 모두 아들만이 아버지를 안다고 했던 것처럼 엄밀한 의미에서 아들이 될 수 있게 된다. 아버지와 아들이 하나인 것 같이, 아버지와 하나된 자 이외에는 그가 사도이든 선지자이든 아무도 아버지를 알지 못한다고 말하는 것은 전혀 잘못된 말이 아니다."[210]

마치 오리게네스가 하나님은 만유 가운데 계시는 만유의 주라고 한 사도 바울의 말을 신적인 실체 속에 모든 피조물들이 흡수되는 것을 의미하는 것으로 이해한 것인 양, 우리는 이러한 가르침을 일종의 범신론으로 희화화해서는 안 된다 ― 제롬이 그랬던 것처럼.[211] 오리게네스는 종말은 처음과 같을 것이라는 말을 쉴새없이 되풀이하고 있기 때문에,[212] 오리게네스가 만인구원설(apocatastasis)을 주장하면서 결국에는 하나님과 피조된 영들 간의 원래의 구별이 폐지될 것을 포함하는 것으로 생각했다고 보는 것은 모순일 것이다.

예루살렘의 키릴루스가 주창한 신조는 "영원한 생명"이라는 구절을 포함하고 있었고, 그는 이것에 도달하는 것이 모든 그리스도인들이 고군분투하는 목표라고 지적하였다.[213] 성부 자신이 우리의 참된 생명이기 때문에, "영원한 생명"은 야훼 하나님과 영원히 함께 있는 것이라고 간략하게 정의될 수 있다.[214] 그 밖의 다른 교부들도 하늘의 삶에 대해서 열정적인 언어로 자세하게 설명한다. 바실리우스는 부활 후에 택함받은 자들은 하나님을 얼굴을 맞대고 볼 자격이 있는 자들로 여겨질 것이라고 말한다;[215] 그들은 저 밝은 나라에서 꽃처럼 활짝 필 것이고,[216] 서로 및 하나님과 교제를 나누게 될 것이다. 바실리우스는 성도들이 하나님을 관상함으로써 얻게 될 고요하고 끝없는 즐거움을 이 땅의 삶 속에서 죽을 수밖에 없는 자들에게 이따금 임했던 하나님의 존재에 대한 갑작스럽고도 황홀한 섬광 같은 인식들과 대비시킨다.[217]

나지안주스의 그레고리우스에 의하면,[218] 하늘은 우리가 여기에서는 오직 잠깐씩만 얼핏 볼 수 있었던 하나님의 밝음에 의해서 조명되는 영속적인 축제의 장이고, 신적인 위격들로 이루어진 삼위일체 하나님을 응시하는 것은 우리의 기쁨이 될 것이다; 이해력으로는 우리를 기다리고 있는 축복들의 엄청난 것을 제대로 파악할 수 없다. 왜냐하면, 우리는 하나님의 아들들이 될 것이고, 사실 신성을 부여받게 될 것이기 때문이다. 니사의 그레고리우스는 이러한 신성화를 한층 더 강조한다; 우리의 인간적 본성은 불멸성과 더불어 영광, 존귀, 권능, 완전 같은 신적인 속성들로 장식될 것이다.[219]

크리소스토무스는 성도들의 가장 강렬한 즐거움은 하나님을 보는 것, 즉 하나님에 대한 명료하고도 완전한 지식을 소유하게 되는 것이 될 것이라고 단언한다.[220] 그러나 하나님을 절대적으로 알 수 있다는 것은 유노미우스파(the Eunomians)의 주장이었기 때문에,[221] 크리소스토무스는 자신의 가르침과 그들의 가르침을 구별하는 데에 주의를 기울였다. 그래서 택함받은 자들이 가능한 한도 내에서 최대한으로 하나님을 보게 될 것이라고 주장하면서도,[222] 크리소스토무스는 성도들이 실제로 신적인 본질을 이해할 수 있게 될 것이라는 것을 부인하였다. "하나님의 가장 내밀한 존재가 무엇인지는 선지자들도 천사들도 천사장들도 보지 못했다"고 그는 말하였다.[223] 이것은 성자 및 성령에게 유일무이하게 수여된 특권이고, 어떤 피조물도 이 특권을 찬탈할 수는 없다.

알렉산드리아의 키릴루스에 의하면,[224] 택함받은 자들과 주님의 연합이 해소될 수 없게 될 때, 우리의 구속(救贖)인 신성화의 과정은 파루시아와 부활 후에 그 절정에 도달하게 될 것이다. 그때에 우리의 지성(νοῦς)은 말로 표현할 수 없는 신적인 빛으로 충만하게 될 것이고, 우리가 이제까지 누렸던 부분적인 지식은 "눈부신 영지(gnosis)"에 자리를 내어주게 될 것이다. 모든 족쇄들로부터 해방되어서 "그 어떤 상징, 수수께끼, 비유가 필요 없이, 우리는 얼굴에 아무것도 쓰지 않고 마음에 그 어떤 것도 꺼릴 것 없이 우리 하나님 아버지의 신적 본성의 아름다움을 관상하게 될 것이다";[225] 그리고 이러한 "하나님에 대한 완전한 영지," 이러한 "종류의 신적인 지식"은 우리를 행복으로 가득 채우게 될 것이다.[226] 썩어짐과 그 밖의 다른 연약함들을 버린 우리의 부활된 몸들은 그리스도의 생명과 영광에 참여하게 될 것이다.[227]

테오도레투스는 아버지의 집에는 많은 집들이 있기 때문에 복된 자들의 행복은 그들의 공로에 비례해서 등급이 매겨지게 될 것이라고 지적한다.[228] 이러한 사상은 라틴 교부들에게서 다시 등장한다;[229] 암브로시우스에게 있어서 이와 같은 사상은 복된 삶을 완전히 소유할 때까지 점진적인 진보가 존재할 것이라는 주장과 짝을 이루고 있다.[230] 그리스 교부들과 마찬가지로, 그들은 하늘을, 택함받은 자들이 그리스도와의 연합의 결과로서 썩어짐과 멸망과 죽음으로부터 면제된 흠 없는 행복의 장소로 묘사한다. 암브로시우스에게 있어서[231] 천국은 최고의 안식, 영원한 빛, 쇠함 없는 영광의 장소이다. 그러나 천국에 대한 그의 주된 사상[232]은 성도들이 서로 및 하나님과 복된 교제를 누리는 곳, 서로의 마음을 이해하며 사랑하고 공감하는 것이 그들을 묶고 있는 곳이다. 실제로 그들이 경험하는 것은 단순히 하나님과의 연합이 아니라 하나님에게 꼭 붙어있는 것이다. 천국에서는 성도들이 서로 만나 대화할 것이라는 전망은 이 시기의 장래의 삶에 관한 서방 교회의 사상들 속에서 큰 역할을 하였다.

그러한 전망은 암브로시우스의 특징이었고,[233] 제롬은 이러한 전망을 진지한 웅변으로 자세하게 설명하면서,[234] 천국에서 그는 복된 동정녀, 성 안나, 그 밖에 그가 이 땅에서 결코 알지 못했던 복된 사람들을 만나게 될 것이라고 지적하였다. 성도들과 그들이 이 땅에서 열렬히 사랑하였던 사람들 간의 이러한 친밀한 관계는 죽음 후에 완전한 모습에 도달하게 되지만, 지금 여기에서 그러한 관계는 시작된다.[235] 그런 까닭에, 니케타(Niceta)는 그의 교리 학습자들에게 교회 속에서 그들이 다른 특권들보다도 "성도들의 교통"에 이르게 될 것이라고 약속할 수 있었고,[236] 이러한 초자연적인 복된 삶에 대한 언급은 이내 서방 교회의 신조 속에 자리를 잡게 되었다.

그 밖의 다른 많은 교리들의 경우에서와 마찬가지로, 영원한 삶에 관한 서방 교회의 가르침을 마무리한 인물은 아우구스티누스였다. 최고의 선을 찾는 과정 속에서 아우구스티누스는 그 어떠한 유한한 목표도 인간의 마음을 충족시킬 수 없다는 결론에 도달하였다.[237] "하나님을 앎으로써 그들은 피조된 만유의 목적이 어디에 있는지를 발견하였고, 진리를 인식할 수 있는 빛, 복된 삶을 길어올릴 수 있는 샘을 발견하였다"고 말한 플라톤주의자들은 적어도 이 점에서는 옳았다.[238] 사실 불변의 선, 우리의 최고의 선(*summum bonum*)은 하나님이고, 우리의 도덕적 완전과 우리의 최종적인 행복은 모두 신적인 삼위일체를 알고 사랑하는 데에 있다.[239] 사람이든 천사이든, 구속받은 자들이 그들의 참된 아버지 나라인 천국에서 누리게 될 것은 바로 이러한 지복(至福)의 삶이다.

　아우구스티누스는 이 복된 삶을 정확하고 의미있게 설명하지 못해서 안달한다. 왜냐하면, 그것은 우리의 모든 감각적 경험을 초월하는 것이기 때문이다. 그러나 그는 "그들은 몸으로 하나님을 보게 될 것"이라는 것을 확신한다. 성도들이 이러한 지복의 상태를 그들의 실제적인 눈으로 보게 될 것인가 아닌가라는 문제는 일생 동안 아우구스티누스를 괴롭혔다. 초기에 아우구스티누스는 이러한 사상을 거부하고 멸시했지만,[240] 후기에는 그럴 가능성도 있다고 생각하게 되었다.[241] 이제 그는 마치 사람들이 여기에서 지금 다른 사람들의 삶을, 그들의 몸을 지닌 채, 그리고 몸을 통해서 똑똑하게 인식하는 것과 마찬가지로, 부활의 결과로서 변화되고 영화된 눈들을 가지고 새 하늘과 새 땅에서 하나님이 임재하는 모든 곳에서 하나님을 보게 될 수도 있을 것이라고 깨닫게 되었다. 천국 또는 하나님의 도성에서의 주된 기쁨은 하나님을 찬양하는 데에 있게 될 것이다: "끊임없이 바라보게 되고 싫증남이 없이 사랑하게 되며 지침 없이 찬양하게 될 하나님은 우리의 소원들의 목적이 될 것이다."[242] 거기에는 공로를 근거로 한 존귀의 등급들이 존재할 것이지만, 그 어떠한 질시도 존재하지 않을 것이다; 자유 의지는 성도들에 의해서 계속해서 행사될 뿐만 아니라, 범죄함을 기뻐하는 것으로부터 해방되었기 때문에, 더욱 진정으로 자유롭게 될 것이다.[243] 사실 그들이 하나님의 축복과 성화(聖化)로 가득 채워질 때, 영원한 삶은 구속받은 자들에게 영속적인 안식일이 될 것이다. "잠잠하고 내가 하나님임을 알라"라는 시편 기자의 말은 마침내 성취될 것이다.[244]

제 18 장

마리아와 성인들

1. 순교자들과 성인들

교부 시대에 있어서 대단히 중요한 현상은 성인들, 특히 복된 동정녀 마리아에 대한 숭배가 생겨나서 점차적으로 발전하였다는 것이다. 이것이 완전히 만개하여 발전되고 공식적으로 정의된 것은 후대에 속하는 일이지만, 우리는 여기서 이러한 현상이 시작되고 형성된 과정을 잠깐 살펴볼 필요가 있다.

이 분야에서 가장 초기의 현상은 그리스도인들이 이미 하나님의 존전에 있고 하나님 보시기에 영화로운 상태에 있다고 생각하였던 믿음의 영웅들인 순교자들에 대한 숭배였다.[1] 처음에 이것은 순교자들의 유물을 소중히 보존하고 해마다 그들의 "탄생일"을 기념하는 형태를 취했다.[2] 그러나 순교자들은 지금 그리스도와 함께 영광 중에 있는 것으로 생각되었기 때문에, 이러한 형태로부터 순교자들에게 기도하고 도움을 구하는 단계로 넘어가는 것은 쉬운 일이었고, 주후 3세기에는 순교자들의 중보기도의 권능에 대한 믿음을 보여주는 증거들이 많이 나온다.[3] 이러한 것을 옹호하기 위하여, 오리게네스는 성도들의 교통(communion)을 그 근거로 들어서, 하늘에 있는 교회가 기도로써 지상에 있는 교회를 돕는다는 견해를 제시하였다.[4]

주후 4세기 초에 박해가 멈추면서, 순교자들에 대한 숭배는 순교자들과 아울러서 영웅적인 거룩함의 모범들을 보여주었던 그 밖의 다른 그리스도인들(예를 들면, 박해에 굴하지 않고 신앙을 지킨 증거자들, 금욕자들, 동정녀들)을 포함하는 쪽으로 확대되었다. 예루살렘의 키릴루스에 의하면,[5] 주후 4세기 중엽에 이르러서는, 교회들은 족장들, 선지자들, 사도들, 순교자들을 "그들의 기도와 중보기도를 통해서 하나님이 우리의 간구를 들어주시도록 하기 위하여" 예전을 통해서 기념하였다. 하나님이 사람들을 징계하실 때, 사람들은 하나님에게 효과적으로 나아갈 수 있는 성인들에게 호소하여야 한다고 크리소스토무스는 말하였다.[6] 나지안주스의 그레고리우스는 성인들은 지금 하나님에게 더 가까이 나아가 있기 때문에 그들이 살아 있을 때보다도 더 효과가 있다고 지적하였다.[7] 주후 5세기에는 서방 교회에서 대(大) 레오는 하나님이 그리스도인들의 모범이자 그리스도인들을 지켜주는 자로 임명한 성인들의 기도와 후견을 교회가 신뢰하는 것에 대하여 칭찬하였다.[8]

성인들과 그들의 유물에 대하여 드려진 헌신이 점차 자리를 잡아가게 되자, 그리스도인이든(예를 들면, 비길란티우스) 이교도이든(예를 들면, 배교자 율리아누스) 비판자들은 이러한 것을 격렬하게 비난하였다. 그러나 제롬은 이러한 헌신을 옹호하면서, 오리게네스 이래로 다른 그리스도인들이 그랬던 것처럼, 사도들이 아직 살아 있을 때에 그들의 동료 그리스도인들을 위하여 기도했을진대, 이제 하늘의 영광으로 관 쓴 지금에 있어서는 그들이 한층 더 그러할 것이라고 믿는 것은 당연하다고 주장하였다.[9] 하나님에게 드려야 마땅한 '예배'(latria)와 성인들에게 허용될 수 있는 '존숭'(dulia) 간의 전문적인 구별이 등장하기 시작한 것은 교부 시대였지만,[10] 폴리카르푸스의 신봉자들[11]과 아우구스티누스,[12] 알렉산드리아의 키릴루스[13] 같은 신학자들에 의해서 제시된 교회의 일관된 가르침은 성인들과 순교자들은 존숭을 받아 마땅하지만, 오직 하나님만이 예배의 대상일 수 있다는 것이었다. 테오도레투스는 순교자들에게 흔히 구하는 은택들을 열거한 후에, 그리스도인들은 그들을 신으로서가 아니라 자신들을 위하여 대신 간구하여 주는 사자(使者)들이 될 수 있는 경건한 사람들로서 그 이름을 부른다고 말한다.[14]

2. 니케아 이전 시대에 있어서의 마리아

복된 동정녀에 대한 숭배는 어쨌든 기독교의 처음 세 세기 동안에는 순교자들에 대한 열정적인 숭배에 가려서 느리게 발전하였다. 또한 마리아 숭배는 다소 다른 형태를 취하고 있었다. 따라서 동정녀 마리아에게 기도를 드렸

다거나 그녀의 보호나 도움을 구하였다는 믿을 만한 증거들은 처음 네 세기
동안에는 거의 존재하지 않는다(전혀 존재하지 않는 것은 아니지만). 반면
에, 하나님의 구속 계획에 있어서 마리아가 수행하였던 역할은 비교적 초기
부터 인정되었다.

예수가 동정녀 마리아에게서 태어났다는, 성경과 원시 전승 속에 배어 있
는 단언은 필수불가결한 출발점이었지만, 세월이 흐름에 따라서, 복음서들
에 나오는 분명한 언급들만이 아니라 신구약 성경에 나오는 수많은 그 밖의
다른 구절들도 마리아의 독특한 경험과 역할을 보여주는 것으로 해석되었
다. 마리아에게 신학적인 중요성을 부여한 최초의 정통 신앙을 지닌 저술가
는 안디옥의 이그나티우스였다. 다른 사도 교부들이 동정녀에 대하여 아무런
언급도 하지 않고 있을 때, 그는 예수가 하나님의 계획 속에서 마리아의 모
태에서 태어났다는 점을 부각시키면서,[15] 동정녀의 수태의 실재성을 강조하
였고,[16] 이것과 마리아의 동정(virginity)은 구주의 죽음과 마찬가지로 이 세
상의 임금의 눈길을 피하였는데, 이것들은 하나님의 침묵 속에서 이루어진
위대한 선포의 세 가지 신비들이라고 수수께끼 같은 말을 하였다.[17] 그의 일
차적인 관심은 가현설주의자들에 맞서서 성육신의 현실성을 수호하는 것이
었지만, 그는 이미 동정녀와 그녀의 기적적인 수태를 하나님의 구속 계획과
연결시키고 있었다.

"위대한 교회"의 주변부를 다루고 있는 외경 문헌들(주후 1세기 말과 2세
기 초)은 몇몇 진영들이 복된 동정녀 숭배에 빠져 있었다는 것을 웅변적으로
증언해 준다. 따라서 『이사야 승천기』(*Ascension of Isaiah*)에서 우리는 마리
아가 예수를 수태할 때만이 아니라 예수를 임신하고 있던 기간 동안에도 동
정녀였다는 믿음에 대한 가장 초기의 단언[18]을 발견한다("수태 중의 동정
설"): "그녀의 모태는 수태하기 이전의 모습 그대로였다." 그 어떠한 육체적
인 수고도 포함하지 않는 초자연적인 출생이라는 개념은 『솔로몬의 시가』
(*Odes of Solomon*) 속에도 다시 등장한다.[19]

그러나 복음서에 나오는 이야기들을 가장 풍부하게 장식하고 후대의 마리
아 숭배에 엄청난 영향을 행사하였던 작품은 『야고보 원복음서』
(*Protevangelium of James*)였다. 마리아를 찬양하기 위하여 씌어진 이 작품

은 마리아의 부모였던 요아킴과 안나가 나이 들어서 하나님의 정해주심에
따라 마리아를 낳았다는 것, 마리아의 기적 같은 유년 시절과 어린 시절, 마
리아가 성전에 봉헌될 때에 부모들이 하나님께서 마리아에게 "모든 세대들
가운데에서 영원히 유명한 이름"을 주시라고 기도하였다는 것[20] 등등을 기록
하고 있다. 이 작품은 마리아가 요셉과 정혼하였을 때에 요셉은 이미 자신의
아들들을 둔 나이 든 홀아비였다고 말한다;[21] 또한 이 작품은 마리아가 성적
인 관계 없이 예수를 수태하였다는 것과 그녀가 예수를 임신하고 있는 기간
동안에 그녀의 육체적인 본성은 여전히 아무런 손상도 없이 남아 있었다는
것에 대한 여러 증거들을 제시한다.

　이러한 생각들은 대체로 교회 속에서 즉각적으로는 받아들여지지 않았다.
이레나이우스가 마리아가 아이를 낳을 때에 육체적인 수고로부터 면제되었
다고 주장했다는 것은 사실이고,[22] 알렉산드리아의 클레멘스도 『야고보 원복
음서』에 근거해서 그러한 주장을 하였다는 것도 사실이다.[23] 그러나 테르툴
리아누스는 마리아의 모태가 열렸다는 것이 출애굽기 13:2에 예언되어 있다
고 보고 그러한 주장을 반박하였고,[24] 오리게네스도 테르툴리아누스의 견해
를 따라서[25] 마리아는 율법에 의해서 규정된 정결 예법을 필요로 하였었다고
주장하였다. 한편 테르툴리아누스는 마리아가 예수를 낳은 후에 요셉과 정
상적인 부부 관계를 가져서 "주의 형제들"은 예수의 진정한 형제들이라고
주장하였던 반면에,[26] 오리게네스는 마리아가 일생 동안 동정녀로 남았고
("출산 후의 동정설") 이른바 예수의 형제들은 요셉의 아들들이었지만 마리
아에 의해서 낳아진 아들들은 아니었다고 주장하였다.[27] 실제로 마리아가 일
생 동안 순결을 지켰다는 것을 기정사실로 보고, 그는 마치 예수 자신이 남
자들에 대하여 순결의 첫 열매이자 모범인 것과 마찬가지로, 마리아는 여자
들을 위한 순결의 첫 열매이자 모범이었다고 결론을 내린다.[28]

　마리아의 도덕적 및 영적인 완전함에 대한 후대의 믿음과는 대조적으로,
이러한 신학자들 중 그 누구도 마리아에게 결점들을 돌리는 것에 대하여 전
혀 거리낌을 느끼지 않았다. 이네레나이우스[29]와 테르툴리아누스[30]는 복음서
의 이야기들 속에는 마리아가 아들로부터 책망을 받은 경우들이 종종 있었
다는 것을 상기시켰고, 오리게네스는 모든 인간들과 마찬가지로 마리아도

그녀의 죄로부터의 구속을 필요로 하였다는 점을 역설하였다;[31] 특히 그는, 칼이 그녀의 영혼을 찌를 것이라는 시므온의 예언(눅 2:35)을 마리아가 그녀의 아들이 십자가에 못 박히는 것을 보았을 때에 의심들이 그녀에게 침투해 들어왔었다는 것을 확증해 주는 것으로 해석하였다.

그러나 마리아 숭배와 관련하여 이러한 초기의 세기들이 한 진정한 기여는 더 신학적인 것으로서, 마리아를 하와와 대비되는 인물로 묘사하고, 이것이 지닌 함의들을 이끌어 낸 데에 있었다. 이것과 관련하여, 선구자는 유스티누스였다 — 물론, 그가 이 주제를 소개하고 있는 방식은 그가 혁신적이지 않았다는 것을 보여주긴 하지만. 하와와 마리아는 둘 다 동정녀였지만, 하와는 하나님의 명령을 어겼고 그 결과로 인류에게 불순종과 죽음을 가져다 준 반면에, 마리아는 천사장 가브리엘의 말에 온유하게 응답하여 구속주의 탄생을 가능하게 만들었다고 그는 지적하였다.[32] 테르툴리아누스와 이레나이우스는 이러한 개념들을 신속하게 발전시켰다. 특히 이레나이우스는 하와는 여전히 동정녀인 동안에 불순종한 것이 입증되어서 그녀 자신 및 온 인류를 위한 사망의 원인이 되었지만, 마리아는 동일하게 동정녀이었으면서도 순종하여 그녀 자신 및 온 인류를 위한 구원의 원인이 되었다고 주장하였다.[33] "이렇게 해서, 인류는 한 사람의 동정녀로 말미암아 사망에 굳게 매였던 것과 마찬가지로, 한 사람의 동정녀를 통해서 구원을 받았다." 더 나아가, 이레나이우스는 마리아가 온 인류의 어머니가 된다는 것과 마리아가 그리스도의 구원 사역에 동역하였다는 것을 암시하였고, 마리아의 모태를 "사람들을 중생시켜서 하나님께로 나아가게 하는 순결한 모태"라고 묘사하였다.[34]

3. 니케아에서 에베소까지

복된 동정녀에 대한 관심은 니케아 이후의 세기에 두드러지게 증대되었지만, 마리아와 관련된 몇몇 주제들에 대한 논의는 상당한 진전을 이루었던 반면에, 몇몇 주제들은 일부 진영들 속에서 비교적 정체 상태에 있었다. 동방교회와 서방 교회에서 모두 금욕적인 진영들 속에서 동정이 점점 엄청난 숭상을 받게 되면서, 그러한 경향은 강력한 영향력을 행사하게 되었다.

동방 교회부터 먼저 살펴보자면, 알렉산드리아의 알렉산더(Alexander of

Alexandria)[35]에 의해서 마리아에게 아주 자연스럽게 적용되었던 '테오토코스' (*Theotokos*) 또는 "하나님을 낳은 자"라는 명칭은 이제 안디옥 학파에 속한 진영들을 제외하고는 널리 통용되게 되었다 — 배교자 율리아누스가 그리스도인들이 이 명칭을 쉴새없이 사용하는 것에 대하여 조롱했을 정도로.[36] 그러나 우리는 이 명칭으로부터 "하나님의 어머니"에 관한 완전한 교리가 형성되었다고 추론할 필요는 없다. "영원한 동정녀"(ἀειπάρθενος)라는 명칭도 유행하였다;[37] 그러나 우리는 예루살렘의 키릴루스가 이 점에 관하여 침묵하고 있는 동안에, 에피파니우스[38]에 의해서 공격을 받은 안티디코마리아누스파(the Antidicomarianites)와 아리우스주의자였던 유노미우스(Eunomius)[39]가 "주의 형제들"은 마리아가 요셉에게서 낳은 아들들이라고 공개적으로 가르쳤을 뿐만 아니라, 가이사랴의 바실리우스도 유노미우스를 비판하면서, 그러한 견해가 널리 주장되고 있고, 자신은 그러한 견해를 받아들이지는 않지만, 그러한 견해가 정통 신앙과 양립할 수 없는 것도 아니라고 말하였다.[40]

그러나 아타나시우스는 마리아가 예수를 낳은 후에도(*post partum*) 동정을 지켰다는 견해를 강력하게 옹호하였고, 아울러 마리아를 기독교적인 동정녀들을 위한 이상적인 모범으로 추켜세웠다.[41] 에피파니우스는 여전히 "독생자가 동정녀의 모태를 열었다"고 주장했지만,[42] 우리는 크리소스토무스[43]가 니사의 그레고리우스[44]와 더불어, 마리아는 예수를 수태했을 때만이 아니라 예수를 낳은 후에도 동정을 지켰다고 말하고 있는 것을 보고 이상하게 생각해서는 안 된다. 그레고리우스에 의하면,[45] 기나긴 사망의 통치를 최종적으로 멈춰 세웠던 것은 실제로 마리아와 그녀의 동정이었다.

사망의 원인으로서의 하와와 생명의 원인으로서의 마리아라는 오래된 병행은 계속해서 모든 곳에서 사용되었고,[46] 종종 새로운 뉘앙스들이 부여되기도 하였다. 예를 들면, 에피파니우스는 하와가 아니라 마리아가 "모든 산 자의 어머니"로 불릴(창 3:20) 자격이 있다고 주장하였다.[47] 우리는 심지어 에피파니우스가 마리아의 죽음을 긍정하거나 부정하기를 꺼려했고,[48] 마리아가 요한계시록 12:14에 나오는 "남자 아이를 낳은 여인"과 동일시되어야 하는지 아닌지를 놓고 의아해했다는 것을 발견하게 된다(어떤 사람들은 이러한 사변들 속에서 마리아가 육체를 지닌 채 승천했다는 사상에 대한 전조를 감지하였다).

반면에, 동방 교회의 모든 신학자들은 마리아의 영적·도덕적 완전을 인정하기는커녕, 오리게네스의 견해를 따라서, 마리아가 인간적인 연약성으로 인한 죄들을 범하였다고 말한다. 예를 들면, 바실리우스는 칼과 관련된 시므온의 예언을 예수가 십자가에 못 박힐 때에 마리아가 믿음을 잃어버린 것을 가리키는 것으로 보았던 오리게네스의 해석을 그대로 재현하였다.[49] 크리소스토무스는 이보다 훨씬 더 나가서, 마리아가 가나에서 나서기 좋아하는 성질을 과시하여 자기가 예수에 대하여 지닌 권세를 나타내 보이려는 욕구 때문에, 예수로부터 질책을 받게 되었다는 점을 지적하였다.[50] 오직 마리아 숭배가 특히 열렬하게 행해지고 있었던 시리아에서만, 우리는 에프라임(Ephraem)이 마리아를 예수와 마찬가지로 전혀 흠 없는 자로 묘사하고 있는 것을 발견하게 된다.[51]

서방 교회에서는 마리아 숭배가 처음에는 다소 느리게 진행되었지만, 주후 5세기 초반에 이르러서는 동방 교회보다 더 큰 절정에 도달하였다. 예를 들면, 힐라리우스는 마리아가 예수를 낳은 후에도 여전히 동정녀였다는 것을 부정하는 사람들을 격렬하게 성토하면서, 주님의 "형제들"은 요셉이 이전의 결혼에 의해서 낳은 자녀들이었다고 역설하였다.[52] 그렇지만, 그는 예수의 출생을 자연적인 출생으로 여겼다;[53] 또한 그는 마리아가 자신의 죄들 때문에 하나님의 심판을 받게 될 것임을 당연시하였다.[54] 이와는 대조적으로, 힐라리우스와 같은 시대에 활동했으면서도 그 보다 나이가 어렸던 베로나의 제노(Zeno of Verona)는 마리아가 예수를 수태하거나 낳을 때만이 아니라 출산 후에도 동정을 그대로 간직하였었다고 확신하였다.[55] 또한 그는 하와와 마리아 간의 대비를 가져와서, 마리아를 교회와 동일시함으로써 이러한 병행을 좀 더 정교하게 가다듬었다.[56]

그러나 서방 교회에서 마리아 숭배에 가장 큰 기여를 했던 인물은 제롬, 암브로시우스, 아우구스티누스였다. 오랫동안 제롬은 출산 중에(*in partu*) 마리아의 동정이 보존되었다는 것을 노골적으로 거부하였지만,[57] 출산 후에(*post partum*) 마리아가 동정을 지켰다는 것에 대해서는 열렬하게 옹호하였

다. 제롬은 나중에 서방 교회에서 유행하게 된 학설을 제기하였는데,[58] 그것
은 예수의 "형제들"은 사실 그의 사촌들이었고, 요셉과 마리아는 평생토록
동정을 지키며 살았다는 학설이었다. 제롬에게 있어서 마리아는 인류에게
생명을 회복시켜 준 새로운 하와였다;[59] 또한 마리아는 동정의 원형이자 모
델이기도 하였다.[60] 암브로시우스는 처음에는 마리아가 출산 중에 동정을 보
존하였다는 주장을 거부하였지만,[61] 후에는 마리아가 영속적으로 동정을 지
켰다는 이론을 강력하게 지지하게 되었다.[62] 암브로시우스가 마리아를 열렬
하게 숭배하게 된 것은 두 가지 사실, 곧 그녀가 불완전함의 그 어떤 흔적도
보이지 않을 뿐만 아니라 처녀에게 합당한 모든 미덕들을 보여주는 이상적
인 동정녀였다는 사실[63]과 하나님의 어머니로서[64] 특별한 은혜가 부여되었던
[65] 그녀가 인간의 구원과 결부되어 있었다는 사실 때문이었다.[66] 그는 마리아
와 하와 간의 대비를 더 정교하게 설명하면서,[67] 마리아와 교회 간에는 유사
성이 있다는 것을 발견하였는데,[68] 이는 둘 다 성령의 역사를 통해서 동정녀
와 어머니가 되었기 때문이었다. 그리스도께서 십자가 위에서 마리아와 요
한에게 하신 말씀들(요 19:26f.)은 실제로는 마리아와 사실상 동일시되었던
교회와 그 지체들에게 하신 말씀이었다.[69]

아우구스티누스는 이렇게 정립되어 있던 마리아 숭배에 관한 주제들을 종
합하여 정교하게 다듬었다. 그는 마리아가 영속적으로 동정을 지켰다는 것
을 열렬하게 지지했던 인물로서,[70] 부활하신 그리스도가 닫힌 문들을 통과할
수 있었던 것으로 보아서 예수께서 마리아의 동정을 그대로 유지시키는 가
운데 모태로부터 나올 수 없었다고 볼 이유가 전혀 없다고 주장하였다.[71] 암
브로시우스와 마찬가지로, 그는 마리아와 교회 간의 특별한 관계를 강조하
면서,[72] 마리아는 그리스도를 낳은 동정녀였고, 교회는 그리스도의 지체들을
낳는 동정녀라고 말하였다. 마리아의 죄 없으심에 관한 문제는 그가 펠라기
우스와 논쟁을 벌이는 과정에서 나왔는데, 그는 복된 동정녀를 그녀 자신의
자유 의지에 의해서 전혀 죄에 감염되지 않은 인간의 예로 인용하였다. 아우
구스티누스는 그 밖의 다른 사람들에 대해서는 그럴 가능성을 부정했지만
(성인[聖人]들은 자기가 죄악되다는 것을 앞장 서서 맨먼저 고백할 자들이었
을 것이다), 마리아가 유일한 예외라는 데에는 동의하였다; 그러나 마리아는

자기 자신의 의지적인 노력에 의해서가 아니라 성육신과 관련하여 그녀에게 주어진 은혜로 말미암아 죄 없는 자가 될 수 있었다.[73]

반면에, 그는 마리아가 원죄에 의한 온갖 감염으로부터 면제된 채 태어났다는 주장(흠 없는 수태에 관한 후대의 교리로서, 당시에 종종 주장되었다)에 대해서는 동의하지 않았다. 에클라눔의 율리아누스(Julian of Eclanum)는 원죄론에 대한 집중적인 공격 속에서 이러한 주장을 결정적인 논거로 제시하였지만, 이에 대해서 아우구스티누스는 마리아는 실제로 다른 모든 사람들과 마찬가지로 원죄를 지니고 태어났지만 "중생의 은혜에 의해서" 원죄의 효과들로부터 면제받은 것이라고 반박하였다.[74]

희소하지만 설득력 있는 증거들에 의하면, 동정녀 마리아에 대한 진정한 숭배가 출현하여 마리아에게 기도를 드리기 시작한 것은 바로 이 무렵이었다. 에피파니우스는 주후 370년경에 쓴 글 속에서 마리아와 관련된 예배 의식을 거행하였던 한 분파, 즉 콜리리스파(the Collyridians)에 관하여 묘사한다.[75] 그는 다른 정통적인 저술가들과 마찬가지로 마리아는 아름답고 거룩하며 큰 숭앙을 받아 마땅한 분이지만 예배는 오직 전능하신 하나님에게만 드려져야 한다고 항변하면서,[76] 그러한 이단적인 관행들을 반박하느라 애를 썼다; 그러나 이러한 분파의 존재, 그리고 그가 격렬하게 규탄한 것은 마리아 숭배가 단순히 고립적인 현상이 아니었다는 것을 보여준다.

반 세기 후에 네스토리우스가 만약 복된 동정녀를 여신으로 취급하지만 않는다면 '테오토코스'(*Theotokos*)라고 부르는 것을 반대하지 않겠다고 한 말[77]은 당시의 일부 진영들 속에서는 마리아를 여신으로 섬겼다는 것을 함축적으로 시사해 주는 것으로 해석될 수 있다. 마리아에게 드리는 기도와 관련해서 빛을 던져주는 두 가지 단편적인 증언이 존재한다. 첫 번째 증언은 한 처녀가 마리아에게 위험에 처한 자기를 도와달라고 간구하였다고 말하는 나지안주스의 그레고리우스의 이야기이다.[78] 그레고리우스는 이 이야기를 전혀 이상할 것이 없다는 듯이 평범한 어조로 말한다. 두 번째 증언은 주후 4세기 또는 그 이후에 나온 것으로 보이는 파피루스 단편인데,[79] 이 단편 속에는 당시의 민간 신앙을 반영하고 있는 다음과 같은 기도가 담겨 있다: "하나님의 어머니여, 내 간구를 [들으소서]; 우리를 곤경 속에 내버려두지 마시고, 위험에서 구하소서."

에베소 공의회와 칼케돈 공의회에서 절정에 달했던 주후 5세기 중엽의 기독론 논쟁들은 고전적인 교부 시대에 있어서의 마리아 숭배의 발전 과정에서 정점을 이루었다. 물론, 이 논쟁들의 관심사는 복된 동정녀에게 존귀를 돌리는 것이 아니라, 성육신한 주님 안에서의 신성과 인성의 연합을 해명하고 정의하는 것이었다. 그러나 전체적으로 이 문제는 마리아가 진정한 의미에서 '테오토코스'("하나님의 어머니")라는 것을 인정할 때에만 해결될 수 있다는 결론이 났기 때문에, 결국 마리아의 역할이 지닌 온전한 의미가 부각되었고, 그 과정에서 마리아의 지위가 높아져서, 마리아 숭배는 기독론과 확고하게 결합되었다. 그럼에도 불구하고, 교회들은 이제 점점 더 마리아를 숭배했고, 그녀를 기리는 축제들이 늘어났으며, 점점 더 자주 마리아라는 이름이 예전 속에 언급되긴 했지만, 마리아 숭배를 신학적으로 정립하는 과정은 사실 완성된 것이 결코 아니었다.

잘 알다시피, 에베소 공의회 이후에, 마리아가 하나님의 어머니라는 것과 영속적인 동정을 지켰다는 것은 동방 교회나 서방 교회에서 아무런 의문 없이 받아들여졌던 것으로 보인다; 그러나 마리아가 죄 없다는 것과 도덕적으로 완전하다는 주장에 관한 해묵은 의심들은 여전히 계속해서 널리 유포되어 있었다. 동방 교회에서는 마리아의 인간적인 연약성들과 아들에 대한 믿음의 결여를 강조했던 오리게네스에게로 소급되는 전통은 대단히 느리게 약화되어 가고 있었고, 서방 교회에서는 오직 그리스도만이 진정으로 선하셨다는 확신과 원죄에 관한 아우구스티누스의 좀 더 최근의 가르침이 한층 더 오랫동안 장애물로 남아 있었다.

실제로 수 세기가 지난 후에야, 마리아가 원죄로부터(오직 서방 교회에서만) 및 자범죄로부터 면제되었다는 것, 중보기도자와 은혜들의 중재자로서의 마리아의 지위, 마리아가 육체를 입은 채 승천하여서 그룹들과 스랍들보다 높여졌다는 것 등과 같은 교리들은 가톨릭 교인들의 일상적인 신앙의 요소들이 될 수 있었다 — 하지만, 교의(敎義)로 형성되지는 않았다.[80]

주후 4세기(?) 또는 5세기(?)의 익명의 저술가가 적절하게 표현했듯이,[81] 이 후로는 모든 세대들이 그녀를 복되다고 일컬으리라는 동정녀 자신의 예언

(눅 1:48)은 많은 세대들이 지난 후에야 비로소 완전하게 성취될 수 있었다. 그러나 신학자들이 그러한 중대한 결론들을 이끌어 내기 위한 성찰에 사용한, 적어도 필수적인 전제들은 본서에서 살펴본 창조적인 네 번의 세기들 동안에 정립되어 있었다.

주(註)

제1장

1) E.g. Irenaeus, *haer.*
2:26:1; Tertullian, *de
praescr.* 14:1-3.

2) 욥 28:12ff.; 잠 8:22ff.;
Wis. 7:22ff.; *Ecclus.*
24:1ff.

3) *2 Enoch* 30:8.

4) *Judith* 16:14; *2 Bar.*
21:4.

5) E.g. *Tob.* 12:15; *1 Enoch*
20:1ff.

6) *1 Enoch* 75:3.

7) E.g. *Apoc. Mos.* 33-5.

8) Cf. *quis rer. div. haer.*
66; *de spec. leg.* 1, 65.

9) *De ebriet.* 33-93.

10) *De confus. ling.* 190.

11) *De migrat. Abrah.*
89-93.

12) *Leg. alleg.* passim.

13) *De opif. mun.* 8.

14) *De post. Caini* 167;
leg. alleg. 2:2f.; *de mut.
nom.* 27.

15) E.g. *leg. alleg.* 1:51.

16) Cf. *quaest. in Exod.*

2:68; *de Abrah.* 121; *de
plant.* 86.

17) *Leg. alleg.* 3:175.

18) E.g. *de cherub.* 125-7.

19) E.g. *de migrat.
Abrah.* 174.

20) 아래 제4절을 보라.

21) *De opif. mun.* 20; 24.

22) *De vit. Mos.* 2:127.

23) *De agric.* 57.

24) *De cherub.* 36.

25) Cf. *de confus. ling.*
97.

26) *De somn.* 1:232-9; *de
mut. mom.* 87; *de
cherub.* 3; *de vit. Mos.*
1:66.

27) Cf. Prudentius,
perist. 10:1011-50.

28) Cf. Apuleius, *met.*
11:23f.

29) Cf. Asclepius, Zeus
and Serapis에 대한 그
의 연설들(B. Keil's ed.
nos. 42, 43, 45).

30) E.g. *de fac.* 30; *de
defect, orac.* 10; 13.

31) E.g. *de Is. et Osir.* 77f.

32) *Met.* 11:5.

33) 이 절과 다음 절에 나
오는 여러 사상들에 관
한 설명은 대단히 요약
적인 것이기 때문에,
자세한 출처는 생략하
였다.

34) Origen, *c. Cels.* 4:52;
4:54.

35) Ib. 4:14.

36) *Vit. Plot.* 23.

37) E.g. Irenaeus, *haer.*
2:14; Tertullian, *de
praescr.* 7; 30.

38) Hippolytus, *ref.*
praef. 8.

39) E.g. Irenaeus, *haer.*
1:23:2; 1:27:4; 2, praef. 1.

40) *Dogmengeschichte,*
4ed., 1:250.

41) *Ref.* 5:24-7.

42) Cf. Irenaeus, *haer.*
1:1-8; Hippolytus, *ref.*
6:21-37. Nag Hammad
에서 발견된 파피루스
들을 통해서 Valenti-
nus 자신의 가르침에
대한 많은 조명이 있어

왔다: *The Jung Codex* (studies by H. C. Puech, G. Quispel and W. C. Van Unnik), 1955, London을 보라.

43) Cf. Epiphanius, *haer.* 33:3-7.

44) Cf. Irenaeus, *haer.* 1:24; Hippolytus, *ref.* 7:20ff.

45) Cf. Hippolytus, *ref.* 5:24-7.

46) *Ref.* 5:1-11.

47) Hippolytus, *ref.* 7:28; Irenaeus, *haer.* 1:23:5; Eusebius, *hist. eccl.* 3:26.

48) 6 Hippolytus, *ref.* 7:28.

49) Irenaeus, *haer.* 1:24; Clement Alex., *strom.* 2:20:112; 3:1:1-3, 2.

50) Irenaeus, *haer.* 1:25; Clement Alex., *strom.* 3:2:5.

51) pp. 72f.를 보라.

52) Irenaeus, *haer.* 1:21:4.

53) Hippolytus, *ref.* 7:27:7

54) Cf. *The Jung Codex*, pp. 29ff.

55) *Haer.* 1:21:5.

56) E.g. *Strom.* 5:1; 6:3:3; 7 passim.

제2장

1) E.g. 눅 1:2; 고전 11:2; 11:23; 15:3; 유 3.

2) *Ad Serap.* 1:28.

3) 7:2.

4) *Dial.* 80:3.

5) Cf. Justin, *1 apol.* 12:9.

6) *Phil.* 6:3.

7) *1 apol* 32:2; *dial* 29:2.

8) E.g. Justin, *dial.* 8:1; Tatian, *ad Craec.* 29.

9) 6:9; 9:8; 10:10; 13:7.

10) *1 apol.* 50:12.

11) Ib. 49:5.

12) 42.

13) E.g. *1 apol* 42:4; 50:12; 53:3; 67:7; *dial* 53:1.

14) *Sim.* 9:17:1.

15) E.g. *Eph.* 11:2; *Magn.* 13:1; *Trail.* 7:1.

16) Cf. Eusebius, *hist. eccl.* 3:39:3f.

17) *Phil.* 3:2.

18) *1 apol.* 66:3; *dial.* 103:8.

19) *1 apol.* 61:9; 66:1-3.

20) Cf. Ignatius, *Eph.* 18:2; *Trall.* 9; *Smyrn.* 1:1f.; Polycarp, *Phil.* 2:1; Justin, *1 apol.* 13; 61:3; 61:10; 65:3; 67:2; *dial.* 63:1; 85:2; 126:1; 132:1.

21) *Rom.* 6:17.

22) Justin, *1 apol.* 53:3.

23) 7:2.

24) *Dial.* 38:2.

25) *Phil.* 7:2.

26) *1 apol.* 49:5.

27) Ib. 66:3.

28) E.g. Justin, *1 apol.* 53:6; *dial.* 42:1.

29) Cf. 42.

30) 17.

31) Cf. Irenaeus, *haer.* 3:2:1; Clement Alex., *strom.* 7:17:106-8; Epiphanius, *haer.* 33:7:9.

32) Cf. Irenaeus, *haer.* 3, praef.; 3:5:1; Tertullian, *de praesar.* 13.

33) Ib. 3:1:1.

34) Ib. 21.

35) Ib. 6: cf. 37.

36) Ib. 1:10:2: cf. 5:20:1.

37) Ib. 21; *c. Marc.* 1:21; 4:5.

38) *Haer.* 5, praef.

39) Ib. 3:4:1f.

40) Ib. 3:2-5.

41) Ib. 3:2-5(16번).

42) E.g. ib. 1:10:1f.; 1:22:1; 5:20:1; *dem. 6.*

43) Cf. *haer.* 3:2:2; 3:3:3; 3:4:1.

44) Eg ib. 3:24:1.

45) Ib. 4:26:2; cf. 4:26:5.

46) *Hoar.* 3:1:1.

47) Ib. 4:33:10-14.

48) Ib. 3:1:1; cf. 3:1:2; 3:10:6; 3:14:2.

49) Cf ib. 1:9:2; 3:1:1; 3:3:4; 3:10:1; 3:10:6; etc.

50) Ib. 2:27:2.

51) Ib. 1:8:1; 1:9:1-4.

52) Ib. 4:26:5; 4:32:1; 5:20:2.

53) Cf. ib. 2:35:4; 3, praef.; 3:2:1; 3:5:1; 4, praef., 1; 5, praef.

54) Ib. 3, praef.; 3:1:1.

55) Ib. 1:9:4.

56) *De cor.* 3f.

57) *De virg. vel.* 2.

58) *C. Marc.* 4:5; 5:19; *de monog.* 2.

59) *De praescr.* 21.

60) *De came Chr.* 3; *adv. Prax.* 29.

61) *Adv. Hermog.* 22; *de carne Chr.* 6.

62) E.g. *de praescr.* 21; 32; *c. Marc.* 4:5.

63) *De praescr.* 28.

64) Ib. 22; 27.

65) Cf. *de praescr.* 13; *de virg. vel.* 1; *adv. Prax.* 2.

66) *Apol.* 47:10.

67) *De praescr.* 37.

68) E.g ib. 9f.; *de resurr.* 21; *adv. Prax.* 26.

69) *De praescr.* 19.

70) *De pud.* 8: cf. *de praescr.* 12; *adv.*

71) *De praescr.* 15; 19; 37.

72) *Ep.* 63:1; 74:10.

73) *Ad Serap.* 1:28.

74) *Strom.* 7:16:93.

75) E.g. *de princ.* 1, praef.: 10; 1:5:4; 2:5:3.

76) *C. Cels.* 3:15.

77) *De princ.* 3:6:6.

78) *C. gent.* 1: cf. *de syn.* 6.

79) *Cat.* 4:17.

80) *In Col. hom.* 9:1; *in 2 Thess. hom.* 3:4 (PG 62:361; 485).

81) *De doct. christ.* 2:14.

82) *Common.* 2.

83) E.g. *strom.* 6:7:61; 6:8:68; 6:15:131.

84) E.g. *c. Cels.* 1:7; *in Rom.* 6:8; *hom: in Ios.* 23:4; *comm. in Matt.* 10:6.

85) Ib. 6:15:125.

86) *In Ioh.* 13:16:98.

87) *Frag. in 1 Cor.* (in *Journ. Theol. Stud:* x, p. 42).

88) *De princ.* 3:1:1.

89) Cf. esp. ib. 4:2:2.

90) Cf. *explan. symb. ad init.* (PL 17:1155f.); Rufinus: *in symb. apost.* 2.

91) *Ep. ad Caes.* 2 (PG

Prax. 20.

20:1537).

92) *Hist. eccl.* 4:21.

93) *De decret. Nic. syn.* 27.

94) *Ad Aft.* 1; *ad Snap.* 1:28.

95) *De Spir. sanct.* 26; 28; 67; 71.

96) Ib. 66; 71.

97) *C. Eunom.* 4 (PG 45:653).

98) *Ep.* 101 (PG 37:176).

99) *Haer.* 61:6.

100) *In 2 Thess. hom.* 4:2 (PG 62:488).

101) *Haer.* 27:6: cf. Ambrose: *ep.* 42:5; Rufinus: *comm. in symb. apost.* 3.

102) *Ancor.* 118f.

103) E.g. *de decret. Nic. syn.* 21.

104) *Or.* 31:23f.

105) *Cat.* 5:12.

106) *Serm. ad cat.* 1.

107) *De incarn.* 63.

108) *De Spir. sanct.* 66.

109) Ib. 16.

110) *Strom.* 7:16:103.

111) *C.gent.* 1.

112) *C. Ar.* 3:58.

113) *In Matt.* 13:1.

114) *De doct. christ.* 3:2.

115) *C. ep. Manich.* 6: cf. *de doct. christ.* 2:12; *c.*

Faust. Manich. 22:79.

116) *Ep.* 54:1.

117) *Ad monach.* (PG 77:12; 13).

118) *In Ioh. ev.* 4:11 (PG 74:216).

119) *Adv. Nest.* 4:2.

120) Cf. *de recta fide ad regin.; apol. c. Orient.* (PG 76:1212ff.; 316ff.).

121) A.C.O.I, 1:7:89ff.

122) *Ep.* 89.

123) *Ep.* 151 (PG 83:1440).

124) Cf. PG 83:81ff.; 169ff.; 284ff.

125) *De recta fide ad regin.* 2 (PG 76:1204): cf. *quod unus sit Christus* (PG 75:1257).

126) *Eran.* 1 (PG 83:48).

127) *Common.* 2.

128) Ib. 3: cf. 27.

129) Ib. 23.

130) Ib. 22: cf. 딤전 6:20.

제3장

1) E.g. 23; 34:6; 35: 7; 46:2f.

2) E.g. 4:7; 4:11; 5:4; 6:12.

3) *Dial:* passim.

4) Cf. Josephus: *c. Ap.* 1:8 (*c.* a.d. 90).

5) Cf. *2(4) Esd.* 14:44-6 (c. a.d. 90).

6) 3:4; 27:5.

7) 6:7.

8) 12:1; 19:9.

9) 10:2.

10) 4:5.

11) *Haer.* 4:26:3; 4:38:3; 5:5:2; 5:35:1; *dem.* 97.

12) Cf. Eusebius: *hist. eccl.* 4:26:13f.

13) *Ep. ad Afric.* 4f.

14) *Ep. heort.* 39.

15) *Cat.* 4:33; 4:35f.

16) *Carm.* 1:12.

17) *Haer.* 8:6; 76:5.

18) Ib. 4:36.

19) Loc. cit.

20) *De fide orth.* 4:17.

21) *In pss. prol.* 15.

22) *Comm. in symb. apost.* 38.

23) *Praef. in Sam. et Mai.:* cf. *praef. in Ezr; epp.* 53:8; 107:12.

24) *Praef. in lib. Sal.*

25) *De doct. christ.* 2:13.

26) 본문은 *Journ. Theol. Stud:* xiii (1911-12), pp. 77-82에 실려 있다.

27) E.g. *haer.* 4:9:1.

28) 3:15f.

29) E.g. *Smyrn.* 5:1; 7:2.

30) 2:4.

31) 4:14.

32) E.g. *dial.* 49:5.

33) 고후 3:14.

34) *Paed.* 1:59:1.

35) *Strom.* 3:11:71: Cf. ib. 6:15:125.

36) *De praescr.* 36.

37) *Adv. Prax.* 20.

38) E.g. *de test. anim.* 5.

39) 위의 제6절을 보라.

40) *Haer.* 1:27:2.

41) Cf. Tertullian: *c. Marc.* 4 (esp. 4:2).

42) Cf. id.: *c. Marc.* 5.

43) 살전 4:15; 고전 7:10.

44) E.g. Ignatius: *Smyrn.* 3:2; Polycarp: *Phil.* 2:3; 7:2; Papias, *frag.* (in Eusebius: *hist. eccl.* 3:39); Justin: *1 apol.* 14-17.

45) E.g. *1 apol.* 66; 67; *dial.* 103; 106.

46) *Haer.* 3:11:8.

47) *Eph.* 12:2.

48) Cf. 47.

49) Cf. Tertullian: *de carn. resurr.* 63.

50) *C. Marc.* 4:2; 4:5.

51) Ib. 5:1; *de praescr.* 23.

52) 그는 *c. Marc.* 5:21에서 목회서신들을 사도 바울이 썼다고 말한다.

53) *De pud.* 20.

54) Ib. 19.

55) 본문은 A. Souter: *Text and Canon of*

the New Testament (2nd. ed. 1954): pp. 191ff.를 보라.

56) Cf. R. P. C. Hanson: *Origen's Doctrine of Tradition:* 1954, ch. 8.

57) PG 26:1437.

58) 딤후 3:16.

59) 벧후 1:21.

60) E.g. Origen: *c. Cels.* 5:60; Basil: *hom: in ps.* 1:1; Jerome: *in Is.* 29:9ff.

61) E.g. Theodoret: *in pss.* praef. (PG 80:865); Jerome: *ep.* 70:7.

62) *Haer.* 2:28:2.

63) *C. Eunom.* 7 (PG 45:744).

64) In Iob (PG: 66:697).

65) *In Nah.* 1:1.

66) *In ps.* 1:4 (PG 12:1081).

67) *Or.* 2:105.

68) Cf. Origen, *in Os.* (PG 13:825ff.).

69) *Hom: in Ierem.* 39:1 (Klostermann: 197).

70) *In Eph.* 2 (3:6).

71) *In Philem.* prol.

72) *In illud: Vidi dom. hom.* 2:2 (PG 56:110).

73) *In illud: Salutate hom.* 1:1 (PG 51:187).

74) *Quis rer. div. haer.* 249-66; *de spec. leg.* 4:48f.

75) *Leg.* 7; 9.

76) 위의 제2절을 보라.

77) Cf. Epiphanius: *haer.* 48:4ff.

78) *C. Marc.* 4:22; 5:8; *de an.* 11:21.

79) *In Ioh. hom.* 1:1f; *de Laz. conc.* 6:9.

80) *De Abrah.* 2:61.

81) *De Christ. et antichr.* 2.

82) *C. Cels.* 7:3f.; *in Ezech.* 6:1f.

83) *Haer.* 48:1-10.

84) *In Gen. hom.* 7:4; 12:1; 20:4.

85) *In Ioh.* 1:10; 1:18 (PG 73: 148; 176); *in Rom.* 7:25; 8:3.

86) *In Is.* prol.

87) *In Is.* prol.; *in Ierem.* prol.; *in Am.* prol.

88) *Serm.* 246:1.

89) *De consens. evang.* 3:30.

90) *De Gen. ad litt.* 12:1-14.

91) *De div. quaest.* 2, q. 1:1.

92) *In Iob* (PG 66:697).

93) *In Nah.* 1:1.

94) 눅 24:25-48.

95) E.g. 43.

96) *Dial.* 29.

97) Cf. Clement Alex., *strom.* 6:15:128.

98) *1 apol.* 53.

99) Cf. C. H. Dodd: *According to the Scriptures:* 1952, pp. 126f.

100) 위의 제1장 제2절을 보라.

101) 4:7.

102) 9f.

103) 9.

104) 위의 제2절을 보라.

105) Cf. Epiphanius: *haer.* 33:3-7.

106) F. C. Burkitt: *Church and Gnosis:* 1932, p. 129.

107) *Dial.* 134:2; 141:4.

108) *Haer.* 3:12:14; 4, passim.

109) Ib. 4:13; 14; 38.

110) Ib. 4:12f.

111) Ib. 4:30-1.

112) Ib. 1:10:1.

113) Ib. 4:33:12.

114) Ib. 4:26:1.

115) *Ad Autol.* 3:12.

116) *C. Marc.* 1:19.

117) Ib. 4:39.

118) Ib. 4:11.

119) *In Ioh.* 5:8.

120) *In Matt. comm.* 14:4.

121) *In Iob.* 6:15-42.

122) *Quaest. in hept.* 2, q. 73.

123) 갈 4:24.

124) *Quaest. evang.* 2:19.

125) 위의 제1장 제2절을 보라.

126) 위의 제4절을 보라.

127) Cf. Origen: *in Iob.* 10:48-59.

128) E.g. 51:9-16.

129) *Hom: in Ierem.* 10:4.

130) 위의 제1장 제4절을 보라.

131) Cf. *comm. in Matt.* 15:3.

132) *Hom: in Ex.* 9:1; *in Gen.* 9:1; *in Ezech.* 4:1.

133) *De princ.* 4:2:4 : cf. *in Matt.* 10:14; *hom. in Lev.* 5:5.

134) E.g. *hom: in Num.* 8:1 (Baehrens, 49).

135) E.g. *in Cant. 2* (Baehrens, 165).

136) *Sel. in ps.* 3:4.

137) *Hom. in Lev.* 1:4f.

138) *De princ.* 4:2:2; *hom. in Num.* 26:3; *hom. in Ierem.* 12:1.

139) *De princ.* 4:2:5.

140) E.g. *c. Cels.* 2:69.

141) E.g. *in Iob.* 10:9; 13:59; etc.

142) Cf. *strom.* 5 passim.

143) *Ep.* 120:12: cf. *in Am.* 4:4; *in Ezech.* 16:31.

144) *In Matt.* 21:5; *in Gal.* 5:13.

145) *Confess.* 12:42; *de doct. christ.* 3:38.

146) *De util. cred.* 5-8.

147) E.g. *de doct. christ.* 3: esp. 3:14; 3:23.

148) *De poenit. hom.* 6:4: cf. *in ps.* 9:4.

149) *De creat.* 4:2 (PG 56:459).

150) *In ps.* 9:4.

151) *Praef. in pss.* (ed. L. Maries: *Recherches de science religieuse,* 1919): p. 88.

152) Art. cit. p. 88.

153) *In Ion.* praef.; 2:8ff. (PG 66:320f.; 337-40).

154) Cf. R. Devreesse: *Essai sur Theodore de Mopsueste (Studi e Testi,* 141, 1948), pp. 70ff.

155) E.g. *in pss.* 21:2; 30:6 (Devreesse: 121; 137f.).

156) Cf. *in Is.* 1:22; 6:6.

157) *In pss.* prol.

158) *In Cant.* prol.

제4장

1) *Mand.* 1:1.

2) *Vis.* 1:3:4.

3) 19:2.

4) 19:2.

5) 1:2.

6) *Did.* 10:3.

7) *Barn.* 21:5.

8) *1 Clem.* 8:2.

9) E.g. 20; 33.

10) 1; 4.

11) 위의 제1장 제4절을 보라.

12) 위의 제1장 제4절을 보라.

13) 15:3.

14) 위의 제1장 제4절을 보라.

15) *1 apol.* 44:8; 59:1.

16) Ib. 13:4.

17) Ib. 9:3; 61:11; 63:1.

18) Ib. 13:4; 25:2.

19) Ib. 14:1; *2 apol.* 6:1.

20) *1 apol.* 13:1; *dial.* 56:1; 3:5; 4:1.

21) *1 apol.* 58:1.

22) Ib. 10:2: cf. 59:5; 67:8.

23) E.g. 30; 53; 69: 위의 제1장 제4절을 보라.

24) Ib. 59.

25) Cf. ib. 59:5.

26) Ib. 59; 64; *2 apol.* 6.

27) *Or.* 5:1-3.

28) *Ad Autol.* 2:4.

29) *Supplic.* 19:2: cf. 10.

30) Ib. 4:1f.

31) Ib. 1:5.

32) Ib. 2:4.

33) *Haer.* 2:1:1: cf. *dem.* 4f.

34) *Dem.* 6.

35) *Haer.* 2:11:1.

36) Ib. 2:30:9; *dem.* 5.

37) *Haer.* 2:10:4.

38) *Dem.* 4: cf. *haer.* 2:6:1.

39) *Haer.* 2:1:4.

40) Ib. 2:17:7.

41) Ib. 2:1:5.

42) Ib. 4:2:5.

43) 증거들에 대한 요약으로는 J. N. D. Kelly, *Early Christian Creeds* (London, 3 ed. 1972), chap. 1을 보라.

44) E.g. *Eph.* 18:2; *Trall.* 9; *Smyrn.* 1:1f.

45) E.g. *1 apol.* 21:1; 31:7; *dial.* 63:1; 126:1.

46) 위의 제2장 제3절을 보라.

47) *Dem.* 6.

48) 7:1-3.

49) *1 apol.* 61:3.

50) Ib. 61:10-13.

51) *Dem.* 3: cf. ib. 7.

52) *1 apol.* 65.

53) *Mart. Polyc.* 14:3.

54) 58. 2.

55) 46:6.

56) 22:1; 16:2.

57) 36:1f.

58) 8:1; 13:1; 16:2; 63:2.

59) 1:1.

60) Ib. 3:1.

61) 9:5

62) 14:3.

63) 6:14; 12:2; 19:7.

64) 7:3; 11:9.

65) 5:5; 6:12.

66) 14:3; 14:6.

67) 5:5; 12:7.

68) *Eph.* 18:2.

69) *Philad.* inscr.

70) *Eph.* 17:2; *Philad.* 7:1.

71) *Eph.* 9:1; *Magn.* 13:1; 13:2.

72) *Magn.* 8:2.

73) *Eph.* 3:2; *Rom.* 8:2.

74) *Eph.* 7:2; 19:3.

75) E.g. *Eph.* inscr.; 18:2; *Trall.* 7:1; *Rom.* inscr.

76) *Smyrn.* 3:3.

77) *Eph.* 7:2; *Polyc.* 3:2.

78) *Smyrn.* 1:1.

79) 특히, F. Loofs (cf. *Leitfaden zum Studium der Dogmengeschichte*, 5 ed. 1950, § 15, 4).

80) *Magn.* 6:1; 7:2.

81) *Trall.* 3:1; *Magn.* 6:1; 7:1; *Smyrn.* 8:1.

82) *Eph.* 21:2; *Magn.* inscr.; *Trall.* 13:2; *Rom.* inscr.

83) *Eph.* 20:1; *Rom.* 4:2; *Smyrn.* 4:1.

84) *Sim.* 5:2.

85) *Sim.* 5:5.

86) Ib. 5:6.

87) Ib. 9:1:1.

88) Ib. 9:12:1-5; 9:14:5.

89) Ib. 9:1:1.

90) *Vis.* 5:2; *mand.* 5:1:7; *sim.* 5:4:4; 7:1:5; 8:1:2.

91) *Sim.* 8:3:3.

92) Ib. 5:6:4; 8:3:3.

93) Ib. 8:3:3; 9:5:2-7; 9:6:3-6; 9:10:4.

94) Ib. 8:2:5; 8:4:3; 9:7:1f.

95) 위의 제1장 제2절을 보라.

96) 위의 제1장 제2절을 보라.

97) 위의 제1장 제2, 3, 4절을 보라.

98) 1:1ff.

99) *Magn.* 8:2: cf. *Eph.* 3:2; *Rom.* 8:2.

100) 위의 제1장 제4절을 보라.

101) *1 apol.* 32:8; *2 apol.* 8:1; 10:2; 13:3.

102) *1 apol.* 46:3.

103) Ib. 5:4; *2 apol.* 10:1.

104) *Dial.* 128:4.

105) Ib. 56:4; 60:2.

106) Ib. 62:2.

107) Ib. 129:3f: Cf. ib. 61:3-7; 62:4.

108) Ib. 62:4.

109) *1 apol* 63:15.

110) *Dial* 63:5.

111) *2 apol.* 13:4.

112) *1 apol* 59; 64:5; *2 apol.* 63.

113) *1 apol* 5:4; 46; 63:10; *2 apol* 10:1f.; etc.

114) *2 apol* 63; *dial.* 62:4.

115) *Dial.* 61:1; 100:2.

116) *1 apol* 21:1; *dial.* 62:4

117) *Dial.* 125:3.

118) Ib. 105:1.

119) Ib. 61:1.

120) Ib. 61:1; 100:4; 127:4; 128:4.

121) *Dial.* 61:2.

122) Ib. 128:3f.

123) *Or.* 5:1.

124) Ib. 5:1f.

125) Ib. 5:1.

126) Ib. 7:1f.

127) *Ad Autol.* 2:10.

128) Ib. 2:22.

129) Ib.

130) *Supplic.* 10:1ff.

131) *Supplic.* 12:2.

132) Ib. 24:1.

133) Cf. *1 apol.* 13:3.

134) Cf. *1 apol.* 61:3-12; 65:3.

135) Ib. 6:1f.

136) Ib. 60:6f.: cf. Pseudo-Plato, *ep.* 2:312e.

137) *Or.* 13:3.

138) *Supplic.* 7:2; 9:1.

139) Ib. 10:3.

140) Ib.

141) *Ad Autol.* 1:7; 2:15; 18.

142) Ib. 2:15.

143) *Dial.* 87:2ff.

144) Ib. 4:1.

145) *1 apol* 33:9; 36:1.

146) *Ad Autol.* 2:10.

147) *1 apol.* 33:4ff.: cf. *dial.* 100:5f.

148) *1 apol.* 60:6; 64:1ff.

149) Ib. 13:3.

150) *Supplic.* 10:3.

151) 위의 서술을 보라.

152) *Ad Autol.* 2:10; 2:22.

153) Ib. 2:10.

154) *Dem.* 47.

155) *Haer.* 2:28:5: Cf. ib. 1:12:2.

156) *Dem.* 5.

157) *Haer.* 2:28:4-6: Cf. ib. 2:13:8.

158) E.g. ib. 2:30:9; 3:18:1; 4:20:1.

159) E.g. ib. 2:30:9; 4:20:3.

160) 아래 제5장 제2절을 보라.

161) *Dem.* 5.

162) E.g. *Ps.* 33:6; *Wis.* 1:6; 9:1f.; 9:17.

163) 위의 제5절을 보라.

164) *Haer.* 4:20:1.

165) Ib. 4:20:3.

166) E.g. ib. 4, praef. 4; 5:1:3; 5:5:1; 5:6:1; *dem.* 11.

167) E.g. *haer.* 4:20:2.

168) *Dem.* 5.

169) *Haer.* 4:6:3.

170) Ib. 4:6:3; 4:6:6.

171) E.g. ib. 4:9:1; 4:10:1.

172) Ib. 5:16:2.

173) *Dem.* 6.

174) Ib. 7.

175) Ib. 47.

176) Cf. *haer.* 5:12:2.

제5장

1) 위의 제4장 제5절을 보라.

2) *Adv. Prax.* 3

3) Cf. *Eph.* 3:9.

4) *Ref.* 10:33:1.

5) *Adv. Prax.* 6; *adv. Hermog.* 18; 20.

6) *C. Noet.* 10.

7) *Adv. Prax.* 5.

8) Ib.

9) *C. Noet.* 10f.

10) *C. Noet.* 7; 11; 14.

11) Ib. 10: Cf. ib. 8.

12) Ib. 10.

13) Ib. 15.

14) *Adv. Prax.* 7.

15) *Adv. Hermog.* 3.

16) *Adv. Prax.* 7.

17) Ib. 5.

18) *De praescr.* 13.

19) *Adv. Prax.* 4.

20) Ib. 8.

21) Ib. 11.

22) E.g. ib. 3; 11; 12; *de pud.* 21 (*trinitas unius divinitalis*).

23) *Adv. Prax.* 2.

24) Ib.

25) Ib. 3.

26) E.g. *apol.* 21:11-13; *adv. Prax.* 8.

27) *Apol.* 21:12.

28) *Adv. Prax.* 25.

29) Ib. 2.

30) Ib. 3.

31) 위의 제1장 제4절을 보라.

32) *Adv. Prax.* 9.

33) Ib. 2. Cf. ib. 19.

34) *Adv. Hermog.* 3.

35) *Adv. Prax.* 7.

36) *De trin.* 30.

37) Cf. Epiphanius: *haer.* 54:1:7.

38) Hippolytus: *ref.* 7:35.

39) Eusebius: *hist. eccl.* 5:28:13-17.

40) Epiphanius: *haer.* 54:3:1-6.

41) Eusebius: op. cit. 5:28:13f.

42) Eusebius: op. cit. 5:28:1-3, 9.

43) Hippolytus: *ref.* 7:36.

44) R. Walzer (참고문헌 을 보라).

45) *De trin.* 30.

46) Hippolytus: *Little labyrinth* (in Eusebius: *hist. eccl.* 5:28:3ff.).

47) Loc. cit.

48) Eusebius: op. cit. 7:27-30.

49) *De sectis* 3:3 (PG 86:1216).

50) In Epiphanius: *haer.* 73:12.

51) Athanasius: *de syn.* 45; Hilary: *de syn.* 81; Basil: *ep.* 52:1.

52) Hilary: loc. cit. 아래 제6장 제1절과 제9장 제3절을 보라.

53) Cf. F. Loofs: *Paulus von Samosata:* 1924, p. 257.

54) 아래 제9장 제5절을 보라.

55) Cf. Athanasius: *de syn.* 26.

56) E.g. *c. Ar.* 1:25; 1:38; 2:13; 3:26; 3:51.

57) Cf. H. de Riedmatten: *Les Actes du proces de Paul de Samosate,* 1952, chap. vi.

58) *Dial.* 128:3f.

59) Cf. *c. Noet.:* 또한 *ref.* 9.

60) *Haer.* 57.

61) Hippolytus: *c. Noet.* 1: cf. Epiphanius: op. cit. 57:1:8.

62) Hippolytus: op. cit. 2; 6f.

63) Id. 15.

64) Id. 1.

65) *Ref* 9:10.

66) Ib. 7.

67) Ib. 10.

68) Ib. 1; 2.

69) *Adv. Prax.* 5.

70) Ib. 14.

71) Ib. 27.

72) Ib. 29.

73) Cf. Hippolytus: *ref.* 9:11f.

74) Arius, *ep. ad Alex.* (in Epiphanius: op. cit. 69:7).

75) Epiphanius, *haer.* 62:1:4ff.

76) Pseudo-Athanasius, *c. Ar.* 4:25.

77) Epiphanius, *haer.* 62:1.

78) 아래 제9장 제5절을 보라.

79) 위의 제5장 제3절을 보라.

80) *Ref.* 10:27:4.

81) *Ref.* 9:11.

82) 위의 제5장 제4절을

보라.

83) E.g. A. Haraack (*Sitzungsberichte Preuss. Akad.*: 1923, pp. 51-7).

84) E.g. B. Capelle (*R. Ben.* xxxviii: 1926, pp. 321-30).

85) Cf. Tertullian, *adv. Prax.* 3.

86) *Ref.* 9:12:16-19; 10:27:3f.

87) *De trin.* 31.

88) Ib. 16.

89) *De trin.* 31 ad fin.

90) Ib. 29.

91) Ib. 7: cf. 8.

92) 위의 제1장 제5절을 보라.

93) 위의 제1장 제4절을 보라.

94) *Paed.* 1:71:1; *strom.* 2:6:1; 5:65:2; 5:78:3; 5:81:3.

95) *Prot.* 98:3; strom. 5:16:3; 7:5:5.

96) *Strom.* 4:156:1f.; 5:16:3.

97) Ib. 4:162:5; 5:1:3; 7:2:2.

98) *Paed.* 1:62:4; 1:71:3; 3:101:1.

99) Ib. 1:24:3; 1:53:1.

100) *Strom.* 6:138:1f.; 7:9:4; 7:79:4.

101) *Paed.* 1:42:1: Cf. ib. 3:101:2; *prot.* 118:4; *quis div.* 34:1; etc.

102) *De princ.* 1:1:6; *c.*

Cels. 7:38.

103) *In Ioh.* 2:2:16; 2:10:75.

104) *De princ.* 1:2:10; 1:4:3; 2:9:1.

105) *C. Cels.* 2:64; *in Ioh.* 1:20:119.

106) *De princ.* 1:2:4; *hom. in Ierem.* 9:4: cf. Plotinus, *enn.* 5:1:6.

107) *C. Cels.* 5:39; *in Ioh.* 6:39:202.

108) 위의 제1장 제4절을 보라.

109) Cf. Origen: *in Ioh.* 2:2:18; Albinus: *didask.* 14:3.

110) *De princ.* 1:3:1-4.

111) *In Ioh.* 2:10:75.

112) Ib. 2:10:75.

113) E.g. ib. 20:22:182f.; 32:16:192f.

114) Ib. 10:37:246: Cf. ib. 2:2:16; *in Matt.* 17:14.

115) *De orat.* 15:1; *c. Cels.* 8:12.

116) *Dial. Heracl.* 2.

117) *In Ioh.* 13:36:228f.

118) *Dial. Heracl.* 3.

119) *De princ.* 1:2:6; 4:4:1.

120) *In Ioh.* I: 19:115; *c. Cels.* 5:37.

121) *In Ioh.* 2:2:16; 2:10:76; 19:2:6.

122) *De princ.* 1:2:6; 4:4:1.

123) *Frag: in Hebr.* (PG

14:1308).

124) Ib. 2:10:77.

125) Ib. 2:10:76.

126) Ib. 2:3:20.

127) *hom. in Is.* 4:1.

128) Ib. 6:33:166; 10:39:270.

129) Ib. 2:2:13ff.

130) *C. Cels.* 7:57.

131) *De princ.* 1:2:13; *in Ioh.* 13:25:151; 32:28.

132) *C. Cels.* 2:9; 6:60.

133) *De orat.* 15:1; 16 init.; *c. Cels.* 8:13.

134) *In Ioh.* 13:25:151; *in Matt.* 15:10.

135) *C. Cels.* 3:41; 6:47; *in Matt.* 14:7.

136) *De princ.* 1:3:8.

137) Cf. Photius, *bibl.* cod. 106.

138) Cf. Athanasius: *de decret.* 25.

139) Photius: *bibl.* cod. 119.

140) Cf. Basil: *ep.* 210:5.

141) PG 10:184-8.

142) Cf. Athanasius: *desent. Dion.* 5.

143) Ib. 9; 10.

144) *De sent Dion.* 16.

145) Ib. 14.

146) Ib. 16.

147) Ib. 18.

148) Ib. 4.

149) Cf. ib.

150) *Ep*. 9:2

151) Cf. Athanasius, *de decret*. 26에 보존된 단편들.

152) Cf. Athanasius, *de sent. Dion*. 14; 18.

153) Ib. 17.

154) Cf. Basil: *de spir. sanct*. 72.

155) Cf. Athanasius: op. cit. 15f.

156) Ib. 18.

157) Cf. Athanasius: op. cit. 17.

제6장

1) E.g. 롬 10:9; 빌 2:11.

2) E.g. 롬 1:3f.; 8:9; 고후 3:17; 히 9:14; 벧전 1:11; 3:18.

3) *Leitfaden zum Stadium der Dogmengeschichte* (Halle, 5th ed. 1950), §14, 5a.

4) Justin, *dial*. 47: cf. Hegesippus (in Eusebius: *hist. eccl*. 4:22:2f.); Jerome, *ep*. 112:13; Epiphanius, *haer*. 29:7.

5) Justin, ib.; Irenaeus, *haer*. 1:26:1; 3:11:7; 3:21:1.

6) *Ref*. 7:35:1.

7) *De praescr*. 33.

8) E.g. 롬 15:26; 갈 2:10.

9) 위의 제5장 제3절을 보라.

10) Eusebius: *hist. eccl*. 7:30:4; 11; 16.

11) Ibid. 7:27:2.

12) Epiphanius: *haer*. 65:1:5-8.

13) 이 단편들과 그 진정성을 인정하는 최근의 논의에 대해서는 H. de Riedmatten(참고문헌에 나와 있음)을 보라.

14) Cf. Eusebius: *hist. eccl*. 6:12:6.

15) 위의 제3장 제2절을 보라.

16) 위의 제1장 제6절을 보라.

17) *De res*. 2.

18) *Trall*. 10; *Smyrn*. 2.

19) *Eph*. 7; 18-20; *Trall*. 9; *Smym*. 1-3; 7; *Magn*. 11.

20) *Smyrn*. 5.

21) *Phil*. 7:1.

22) 4:11 (ed. M. R. James, p. 91).

23) 위의 제1장 제6절을 보라.

24) Irenaeus: *haer*. 1:7:2.

25) E.g. ib. 1:6:1.

26) Ib. 3:16:5.

27) Cf. Tertullian: *de carn. Chr*. 3-5; Origen, *frag. in Luc. 1* (Rauer,2 227).

28) Cf. Tertullian, *c. Marc*. 1:19.

29) *Eph*. 7:2.

30) Ib. 1:1; 18:2; *Rom*. 6:3.

31) 위의 제4장 제3절을 보라.

32) *Ep. ad Traian. imp*. 96.

33) 5:6; 5:10f; 12:10; 7:3.

34) *Sim*. 5:6:5-7: 위의 제4장 제3절을 보라.

35) *Eph*. 18:2.

36) *Smyrn*. 1:1.

37) 9:5.

38) 22:1.

39) Cf. Hippolytus: *ref*. 9:12:17: 제5장 제5절을 보라.

40) *Quod idola* 11.

41) Cf. J. M. Creed: *The Gospel according to St. Luke* (London, 1930), ad loc: 위의 제4장 제5절을 보라.

42) *Or*. 21:1.

43) *Apol*. 15:1.

44) *De pascha* 8; 100; 66f.

45) *Frgg*. 2; 13; 15; *de pascha* 47.

46) *1 apol.* 63:10.

47) *Dial.* 87:2: cf. *1 apol.* 46:5.

48) *1 apol.* 66:2.

49) *Dial.* 34:2; 36:1; 39:7; 41:1; 49:2; etc.

50) Ib. 71:2; cf. ib. 100.

51) 위의 제4장 제4절을 보라.

52) *Dial.* 75:4.

53) *1 apol.* 32:8; 46:3; *2 apol.* 8:1; 10:2; 13:3.

54) *1 apol.* 32:8; *2 apol.* 8:1.

55) *1 apol* 46:3.

56) *2 apol.* 10:2; 13:3.

57) Ib. 10:1-3.

58) *Dial.* 105:5; 103:7f.

59) E.g. *haer.* 3:16:8.

60) E.g. ib. 1:9:2; 3:16:2f.; 3:16:8; 3:17:4.

61) Ib. 4. 6:7.

62) *Haer.* 5:14:2f.

63) Ib. 3:21f.

64) E.g. ib. 5:14:1; 5:14:4; 5:21:3.

65) Ib. 3:22:1: cf. 5:9:1.

66) Ib. 3:19:3.

67) *De antichr.* 4.

68) E.g. *in Dan.* 4:39:5.

69) *C. Noet.* 4; 17.

70) E.g. *c. Noet.* 18.

71) Ib. 15.

72) 위의 제5장 제2절을 보라.

73) 위의 제5장 제2절을 보라.

74) *De carn. Chr.* 17f.

75) *Adv. Prax.* 26.

76) *De carn. Chr.* 20.

77) Ib. 23.

78) Ib. 1; 5; 9.

79) Ib. 10-13.

80) *Adv. Prax.* 16.

81) E.g. *c. Marc.* 2:27.

82) *De carn. Chr.* 18.

83) *Adv. Prax.* 27.

84) Loc. cit.

85) *De carn. Chr.* 5.

86) *Adv. Prax.* 29.

87) Ib. 30; 29.

88) *De carn. Chr.* 13.

89) Ib. 5; *de pat.* 3; *c. Marc.* 2:27.

90) *De resurr.* 51.

91) *De carn. Chr.* 5. cf. *c. Marc.* 2:16.

92) *De trin.* 13.

93) Ib. 10.

94) IIb. 21; 13.

95) Ib. 15.

96) Ib. 24.

97) *Adv. Prax.* 27.

98) E.g. *de trin.* 11.

99) Ib. 21.

100) Ib. 25.

101) *Protr.* 11:111:2; 11:112:1; *strom.* 5:105:4.

102) *Strom.* 5:16:5.

103) *Protr.* 1:7:1.

104) *Quis div.* 37:3; *paed.* 1:2:4.

105) *Strom.* 6:127:2.

106) *Bibl.* cod. 109.

107) E.g. *protr.* 7:2; *paed.* 3:2:2; *Strom.* 3:102:1; 5:34:1; 6:127:1.

108) Ib. 3:49:3.

109) E.g. *quis div.* 37:4; *paed.* 1:85:2: if. Socrates: *hist. eccl.* 3:7.

110) *Strom.* 6:71.

111) Cf. ib. 6:135:1-4.

112) *Paed.* 3:1:2.

113) *De princ.* 2:6:2.

114) 위의 제5장 제6절을 보라.

115) Ib. 2:63-5.

116) Ib. 2:9:2.

117) Ib. 2:6:4.

118) Ib. 2:6:6; 2:6:3; *c. Cels.* 2:9.

119) Ib. 2:6:1f.

120) E.g. *c. Cels.* 3:14.

121) *In Ioh.* 10:6:24; 32:12:192; *c. Cels.* 3:28.

122) *In Ioh.* 1:28:195.

123) *C. Cels.* 4:15.

124) Ib. 2:23; *de princ.* 4:4:4; *in Ierem. hom.* 14:6.

125) *De princ.* 4:4:4 (31).

126) Ib. 2:6:3.

127) *C. Cels.* 1:66.

128) *In Ioh.* 1:28:196.

129) *C. Cels.* 3:41.

130) Ib. 2:9; 6:47.

131) *De princ.* 2:6:4; 4:4:4(31).

132) *Dial. Heracl.* 7.

133) E.g. *c. Cels.* 2:9; *in Ioh.* 6:53:275.

134) *De princ.* 4:4:4(31).

135) *In Ioh.* 2:3:27-31: Cf. ib. 1:7:43.

136) E.g. *c. Cels.* 3:34; *de orat.* 10:2.

137) *C. Cels.* 2:64; 1:69.

138) E.g. ib. 2:16.

139) Ib. 3:41.

140) Ib. 2:62.

141) *In Ierem. bom.* 15:6.

142) *In Ioh.* 32:25:325.

143) H. de Riedmatten: op. cit.에 나오는 본문.

144) S 36 (Riedmatten).

145) S 30 (Riedmatten).

146) Bk. 1 (PG 17:578f.: Rufinus의 라틴역).

147) Ib. (PG 17:590).

148) *De eccl. theol.* 1:20:90; *theoph.* 3:39 (Gressmann, 142).

149) *Dem. ev.* 10:8:503f.

150) Ib. 3:4:108: Cf. ib. 4:12:166; *theoph.* 3:41-4.

151) *De res.* 2:18; *symp.* 7:9.

152) *Symp.* 3:4.

153) Ib. 3:7.

154) *De res.* 2:18.

155) *De res.* 2:18; *c. Porphyr.*

156) *C. Porphyr.* 1.

157) *Symp.* 7:8.

158) Cf. *de res.* 1:51; *symp.* 6:4.

제7장

1) 12:5.

2) 6:11.

3) *Mand.* 12:1f.

4) 9:3; 10:2.

5) 36:2.

6) 59:2.

7) *Barn.* 14:5.

8) *2 Clem.* 1:4-7.

9) *Sim.* 5:5:3; 8:3:2f.

10) E.g. *1 Clem.* 2:1; 16f.

11) *2 Clem.* 20:5.

12) 5:6.

13) *Eph.* 15:3: cf. *Magn.* 14; Rom. 6:3.

14) *Eph.* 3:2; *Smyrn.* 4:1.

15) *Trall.* 2:1.

16) 21:6; 49:6.

17) *Rom.* 6:1; *Phil.* 9:2.

18) *Eph.* 1:1.

19) *Phil.* 8:1.

20) 5:1: cf. 6:11; 8:3.

21) 1:2f.

22) 7:4.

23) 12:7; 49:6.

24) 7:3.

25) E.g. 1:1; 7:16-18.

26) *Eph.* 7:2; 18-19.

27) *1 apol.* 10:4.

28) Ib. 28:3.

29) *Supp.* 24:4; *ad Autol.* 2:27; *or.* 11:2.

30) 위의 제1장 제4절을 보라.

31) *1 apol.* 43; *2 apol.* 7.

32) *1 apol.* 44:11; *dial.* 141:2: cf. Tatian, *or.* 7:2.

33) *2 apol* 14:1.

34) *Dial.* 95:1.

35) E.g. *1 apol.* 5:2; *2 apol.* 5:3f; 17:2f.

36) *Dial.* 94:2.

37) Ib. 88:4.

38) Ib. 100:4-6.

39) Ib. 124:3.

40) *1 apol.* 61:10.

41) *Or.* 7.

42) *Ad Autol.* 2:24f.; 27.

43) *Dial.* 18:3.

44) Ib. 11:2: Cf. ib. 43:1; 51:3.

45) *1 apol.* 12-19; 23.

46) *Dial.* 41:1; 94:2.

47) Ib. 45:4.

48) Ib. 103:6; 125:4.

49) Ib. 49:8.

50) Ib. 78:9.

51) Ib. 85:1.

52) *2 apol.* 6:6; *dial.* 30:3.

53) *1 apol.* 55:2.

54) Ib. 60:5; *dial.* 90f.

55) *2 apol.* 13:4.

56) *1 apol.* 66:2; 32:7.

57) *Dial.* 41:1; 111:3.

58) Ib. 134:5f.

59) Ib. 95:2f.

60) Ib. 138:2.

61) *Haer.* 4:6:2.

62) E.g. 롬 5:12-21; 고전 15:22; 15:45.

63) *Haer.* 5:6:1; 5:16:2.

64) Ib. 3:23:5.

65) Ib. 4:38:1-3.

66) *Dem.* 12.

67) *Haer.* 5:12:2.

68) Ib. 4:37:1; 4:38:3.

69) *Dem.* 16.

70) *Haer.* 3:18:1; 5:2:1.

71) Ib. 5:21:3.

72) Ib. 3:18:7.

73) *Haer.* 5:16:3.

74) Ib. 5:34:2.

75) 7:9f.

76) *Haer.* 5, praef.

77) *Eph.* 1:10.

78) *Haer.* 3:16:6.

79) Ib. 5:16:3.

80) Ib. 3:21:10.

81) Ib. 3:22:3.

82) Ib. 3:18:1; 2:22:4.

83) E.g. ib. 3:22:4.

84) Ib. 3:18:7.

85) Ib. 5:21:2.

86) Ib. 5:21:1; 5:21:3.

87) Ib. 5:1:1.

88) E.g. *haer.* 3:21:10.

89) Ib. 4:14:1; 4:17:1-5.

90) Ib. 5:21:2f.

91) Ib. 2:22:4.

92) Ib. 5:16:3.

93) Ib. 3:16:9; 5:17:1; 4:5:4.

94) 위의 제1장 제4절을 보라.

95) *De an.* 9.

96) Ib. 27.

97) Ib. 19.

98) *C. Marc.* 2:5-7.

99) Ib. 2:9f.: cf. *de exhort. cast.* 2.

100) *C. Marc.* 1:22; *de carn. Chr.* 16.

101) *De res. carn.* 49.

102) *De an.* 40.

103) Ib. 39; 41.

104) *De spect.* 2.

105) *De test. an.* 3.

106) *De an.* 39.

107) Ib. 16.

108) *De res. carn.* 49; *de an.* 39.

109) *De op. et eleem.* 1.

110) *De hab. virg.* 23.

111) *Ep.* 64:5.

112) *Test.* 3:54.

113) E.g. *de poen.* 5f.; *de exhort. cast.* 1; *scorp.* 6.

114) *C. Marc.* 3:8.

115) *De carn. Chr.* 6.

116) *De bapt.* 11.

117) *Adv. Iud.* 13.

118) *Scorp.* 7.

119) *De praescr.* 13; *apol.* 21.

120) *In Dan.* 4:11: cf. *de antichr.* 26; *c. Noet.* 17.

121) *De antichr.* 26.

122) *De antichr.* 3f.

123) *In cant. magn.* 1 (Achelis, 83).

124) *In Dan.* 4:41.

125) *Ad Fortun.* 6; *de op. et eleem.* 2; 26.

126) *De laps.* 17; *de op. et eleem.* 1; *ep.* 55:22; etc.

127) *Ep.* 63:16f.

128) Ib. 63:13.

129) *De op. et eleem.* 1; 7; *de laps.* 21; *de dom. or.* 15; 28.

130) *De op. et eleem.* 23.

131) E.g. *div. instit.* 4:10:1; 4:11:14; 4:13:1; 4:14:15; 4:24:1; 4:24:6.

132) *Protr.* 11:111; *strom.* 2:22:131.

133) *Strom.* 6:12:96.

134) *Protr.* 11:111; *strom.* 3:17:103.

135) E.g. *strom.* 3:12:88f.; 3:17:102.

136) Ib. 2:19:98; *paed.* 1:13:101; *protr.* 11:111.

137) *Paed.* 1:2:4; 3:12:93.

138) *Protr.* 6:68; *strom.*
2:15:62; 3:9:63ff.;
4:24:153.
139) *Protr.* 1:6f.; 11:114;
paed. 1:9:83; *strom.*
1:11:53; etc.
140) *Strom.* 3:16:100.
141) Ib. 4:25:160.
142) Esp. *adumbr. in
Iud.* 11.
143) *Strom.* 3:16:100f.: Cf.
ib. 3:9:63-5.
144) 위의 제5장 제6절과
제6장 제5절을 보라.
145) *De princ.* 2:9:6.
146) Ib. 2:6:3: cf. Jerome:
ep. 124:6.
147) Ib. 1:8:1.
148) *C. Celt.* 3:66: Cf. ib.
3:62.
149) *De princ.* 1:8:1.
150) E.g. *c. Cels.* 7:50.
151) *hom. in Lev.* 8:3;
hom. in Luc. 14.
152) *De princ.* 2:8:3.
153) *C. Cels.* 4:37-40, 특히,
4:40.
154) *In Rom.* 5 (PG
14:1018f.; 1024; 1029f.).
155) *C. Cels.* 4:40.
156) Ib. 3:42; 4:65f.
157) *De princ.* 2:1:4.
158) E.g. ib. 3:1:2-4; *d e
orat. dom.* 6.
159) *De princ.* 3:2:1-6.

160) *C. Cels.* 4:40.
161) *De princ.* 3:2:1.
162) *hom. in Luc.* 13; 35.
163) E.g. *de res.* 1:55.
164) Ib. 1:34-6; 52; 55.
165) Ib. 2:1.
166) Ib. 2:2-4.
167) Ib. 1:38f.
168) *Quis div.* 37:4; *paed.*
1:5:23; 1:11:97; 3:12:98;
protr. 11:111; 12:120.
169) *Strom.* 7:2:6.
170) *Paed.* 1:2:6.
171) *Protr.* 12:120:3.
172) *Strom.* 4:6:27.
173) *Protr.* 1:8:4.
174) *Paed.* 1:3:7.
175) 위의 제6장 제5절을
보라.
176) *De princ.* 4:1:2; 4:3:12;
c. Cels. 2:52; 3:7; etc.
177) *In Ioh.* 1:37:268.
178) *C. Cels.* 1:68.
179) Ib. 8:17.
180) *De princ.* 4:4:4.
181) *C. Cels.* 6:68.
182) Ib. 3:28.
183) Ib. 7:17.
184) Ib. 1:60; 6:45; *hom.
in Luc.* 30; 31.
185) *hom. in Ios.* 8:3; *in
Matt.* 12:40.
186) 위의 제7장 제2절을
보라.
187) *In Matt.* 13:9.

188) 위의 제7장 제3절을
보라.
189) *In Matt.* 16:8; cf. ib.
12:28; *in Ioh.* 6:53:274;
hom. in Exod. 6:9; etc.
190) *hom. in Lev.* 1:3.
191) *In Rom.* 3:8.
192) *hom. in Num.* 24:1.
193) *In Ioh.* 28:19:165.
194) *In Ioh.* 1:20:124.
195) *hom. in Ierem.* 15:6.
196) *Symp.* 3:6:65.
197) Ib. 3:4:60.
198) *Symp.* 3:7:69.
199) *Frg. c. Porphyr.* 1:3.
200) *De res.* 3:23:4.

제8장

1) *Eph.* 17:1.
2) *Did.* 9:4; 10:5.
3) *Mart. Polyc.* inscr.
4) Ib. 8:1.
5) *Smyrn.* 1:2.
6) Ib. 8:2.
7) *Sim.* 9:17.
8) *Dial.* 63:5.
9) 3:6; 5:7.
10) *Apol.* 2.
11) In Clement Alex.,
strom. 6:5:41.
12) 1.
13) 29:1-3.
14) E.g. *dial.* 11:5; 123.

15) 위의 제3장 제1절을
보라.

16) Ib. 8:1:4.

17) Cf. e.g. Muratorian
Canon.

18) E.g. Ignatius: *Eph*. 5:1;
Trall 11:2.

19) *Eph*. 10:3; *Magn*. 13;
Smyrn 12:2.

20) *Rom*. inscr.

21) 14:1-4; 2:1.

22) *Vis*. 2:4:1; 3:5:1.

23) *Haer*. 1:2:2; 1:11:1; 1:12:3.

24) E.g. *haer*. 5:32:2; 5:34:1.

25) Ib. 4:33:7; 3:24:1; 5:20:2.

26) Ib. 2:31:3; 2:32:4.

27) Ib. 3:24:1.

28) Ib. 1:10:2.

29) E.g. ib. 1:9:4; 1:10:1f.;
1:22:1.

30) 위의 제2장 제3절을
보라.

31) Ib. 3:3:2.

32) *Did*. 9:5.

33) *Did*. 7:1-3.

34) 46:6.

35) 7:6; 8:6.

36) *Sim*. 8:2:2f.; 8:6:3;
9:16:3f.

37) 11:11; 16:7f.

38) *Polyc*. 6:2.

39) *1 apol*. 61.

40) *Dial*. 14:1; 29:1.

41) Ib. 44:4.

42) *Ad Autol*. 2:16.

43) *Dem*. 3.

44) Ib. 41f.; *haer*. 5:11:2.

45) *Haer*. 4:38:2.

46) Ib. 3:9:3: Cf. ib. 3:17:1-3.

47) Ib. 1:21:3.

48) E.g. *did*. 14:3; Justin,
dial. 41:2f.; Irenaeus,
haer. 4:17:5.

49) 14:1.

50) 40-4.

51) 44:4.

52) *Philad*. 4.

53) *Dial*. 117:1.

54) Ib. 41:3.

55) *Haer*. 4:17:5.

56) *1 apol*. 66:3: cf. *dial*.
41:1.

57) *Dial*. 41:3.

58) Ib. 117:2.

59) 1 *apol*. 65:3-5.

60) Cf. esp. *haer*. 4:17:4-6;
4:18:1-6; 4:33:2; 5:2:2f.

61) 9:5; 10:3.

62) *Smyrn*. 6:2.

63) *Rom*. 7:3.

64) *Smyrn*. 6f.

65) *Eph*. 13:1; *Philad*. 4.

66) *Eph*. 20:2.

67) *1 apol*. 66:2.

68) *Haer*. 4:17:5; cf. ib.
4:18:4; 5:2:3.

69) Ib. 4:18:5: Cf. ib. 5:2:3. ï

70) 6:4-6; 10:26-31.

71) 5:16f.

72) *Mand*. 4:3:1.

73) *Dial*. 44:4.

74) 73-7; 18; 48:1; 51:3.

75) 4:14; 14:1.

76) *Philad*. 3:2; 8:1.

77) *Phil*. 11:4.

78) *2 Clem*. 8:1-3.

79) Cf. Tertullian, *de
pud*. 21.

80) *Vis*. 2:2:4f.; 3:5:5;
mand. 4:3:3-5; *sim*. 8:9.

81) *Mand*. 4:3:3.

82) Ib. 4:3:6.

83) Ib. 4:1:7f.; *sim*. 9:26:5.

84) *Apol*. 39:1.

85) *De virg. vel*. 2:2.

86) *C. Marc*. 4:11.

87) *Ad mart*. 1: cf. *de
oral*. 2; *c. Marc*. 5:4:8.

88) 위의 제1절을 보라.

89) E.g. *de exhort. cast*. 7;
de pud. 21.

90) *In cant*. 16; 19
(Achelis, 355f.; 364;
369); *de antichr*. 59.

91) *In Dan*. 1:17.

92) Ib. 1:15ff.

93) *Ref*. 9:12:22f.

94) *Strom*. 7:17:107.

95) *Paed*. 1:4:10.

96) Ib. 1:6:42: Cf. ib. 1:5:21.

97) *Strom*. 7:5:29.

98) Ib. 4:26:172.

99) Ib. 6:13:106f.

100) Ib. 4:8:66.

101) Ib. 6:14:108.

102) Ib. 7:11:68; 7:14:87f.

103) 위의 제1장 제4절을 보라.

104) *hom. in Ezech.* 1:11; *in Exod.* 9:3.

105) E.g. *c. Cels.* 8:75; *hom. in Ierem.* 11:3.

106) E.g. *hom. in Num.* 21.

107) *C. Cels.* 4:22.

108) *Hom. in Ierem.* 9:2; *in Ios.* 8:7.

109) *C. Cels.* 6:48: cf. *in Matt.* 14:17.

110) *Hom. in 36 ps.* 2:1.

111) *In Ioh.* 10:35f.: 229-38.

112) *In Matt.* 12:12; *hom. in Ios.* 21:1.

113) *De orat.* 20:1.

114) *In Cant.* 2 (Baehrens, 157).

115) Ib. 1; 3 (Baehrens, 90; 232).

116) E.g. ib. 3 (Baehrens, 176f.).

117) E.g. ib. 2 (Baehrens, 154f.).

118) *De princ.* 1:6:2.

119) *Ep.* 45:3.

120) E.g. *de unit. eccl.* 4; 7f.; *ep.* 75:3.

121) *De unit. eccl.* 23.

122) E.g. *ep.* 8:1; 59:5; 69:5.

123) *De unit. eccl.* 5: cf. *ep.* 55:24.

124) *Ep.* 33:1.

125) Ib. 66:8.

126) Ib. 72:3; cf. *sent. episcop.* praef. in Augustine, *de bapt.* 6:9.

127) *De unit. eccl.* 4.

128) E.g. ep. 33:1; 43:5; 66:8; 73:7: cf. 75:17 (by Firmilian).

129) *Ep.* 59:14.

130) Ib. 49:2.

131) Ib. 66:1.

132) *De unit. eccl.* 17.

133) *Ep.* 55:24.

134) *De unit. eccl.* 6.

135) *Ep.* 73:21.

136) Ib. 65:4; cf. ib. 67:3; 72:2.

137) Ib. 74:1 (quoting Stephen).

138) *De zel. et liv.* 6.

139) *Paed.* 1:6:26.

140) Ib. 1:5:21.

141) *Excerpta Theod.* 86:2.

142) *Strom.* 4:18:116.

143) *Hom. in Lev.* 6:2; *in Luc.* 21; *in Exod.* 10:4.

144) *Hom. in Ierem.* 19:14.

145) *Exhort. ad mart.* 30.

146) *Hom. in Exod.* 5:5; *in Rom.* 8:5.

147) *In Rom.* 5:9; *hom. in Luc.* 14.

148) *De princ.* 2:10:7; *hom. in Exod.* 5:5.

149) *Hom. in Luc.* 22; 27.

150) E.g. *de princ.* 1:3:7.

151) E.g. *trad. apost.* 22:1f. (Latin version).

152) E.g. *in Dan.* 1:16.

153) *De bapt.* 1; 12-15.

154) Ib. 18.

155) *De pud.* 19.

156) *De bapt.* 1; 18; *c. Marc.* 1:28.

157) *De bapt.* 6.

158) Ib. 8; 10.

159) E.g. *de res. carn.* 8.

160) *De trin.* 29.

161) Cf. Eusebius, *hist. eccl.* 6:43:15.

162) *De rebapt.* 11; 6 ad fin.

163) Ib. 5.

164) *Ad Donat.* 3f.

165) *Ep.* 63:8.

166) Ib. 64:3.

167) Ib. 69:13f.

168) Ib. 73:9.

169) Ib. 72:1.

170) Frag. arab. *in Gen.* 38:19 (Achelis, 96).

171) E.g. *de oral.* 19; *de idol.* 7.

172) *De pud.* 9.

173) *De res. carn.* 8.

174) *De laps.* 16: cf. *ep.*

15:1.

175) *De laps.* 25f.

176) *De orat. dom.* 18.

177) *Ep.* 57:2.

178) E.g. *c. Marc.* 3:19; 4:40.

179) Ib. 1:14; cf. Hippolytus, *apost. trad.* 32:3.

180) Cf. ib. 4:22; *de monog.* 10.

181) *Ep.* 63:13; cf. ib. 63:2.

182) Ib. 63:11.

183) *Quis div.* 23:4.

184) *Paed.* 2:2:20.

185) *Strom.* 5:10:66.

186) *Hom. in Ierem.* 19:13.

187) *C. Cels.* 8:33.

188) *Hom. in Exod.* 13:3.

189) *In Matt. comm. ser.* 82; *hom. in 37 ps.* 2:6.

190) *In Matt.* 11:14.

191) Ib.

192) E.g. *hom. in Lev.* 7:5; *hom. in Num.* 16:9; 23:6; *in Matt. comm. ser.* 85; *de orat.* 27:1-5.

193) *In Ioh.* 32:24:310.

194) *Strom.* 1:19:96; 4:25:161.

195) *De virg. vel.* 9.

196) *De cult. fem.* 2:11.

197) *De cor.* 3; *de monog.* 10; *de exhort.*

cast. 11.

198) Cf. *apol.* 30; *de orat. dom.* 28; *ad Scap.* 2.

199) *In Cant.* 3:4; *in Dan.* 4:35.

200) *Trad: apost.* (Latin version), 4.

201) *C. Cels.* 8:33f.

202) *Hom. in Lev.* 9:10.

203) Ib. 13:3.

204) E.g. ib. 4f.

205) *De unit. eccl.* 17.

206) *Ep.* 63:1.

207) Ib. 14.

208) Ib. 17.

209) Ib. 15:1; 17:2.

210) *Ep.* 1:2; 12:2; 39:3.

211) Ib. 63:13.

212) E.g. P. Galtier, *L'Eglise et la remission des peches* (Paris, 1932).

213) *Trad. apost.* 3:5.

214) E.g. Origen, *hom. in Num.* 10:1; *hom. in 37 ps.* 2:6.

215) Cf. Origen: *hom. in Lev.* 2:4.

216) *De paen.* 7:10.

217) 위의 제2절을 보라.

218) *Strom.* 2:13:56-9.

219) Loc. cit.

220) *Ref.* 9:12:20-26.

221) *De pud.* passim.

222) *De orat.* 28:8f.

223) *Ep.* 55:20f.

224) Loc. cit.

225) *De pud.* 1:6; passim.

226) *Ep.* 55:20.

227) 3:28.

228) *Ep.* 55:6, 17.

229) Mansi II, pp. 6ff.

230) 2:7.

231) 2:23.

232) 2:18f.

제9장

1) 위의 제5장 제7절을 보라.

2) *Ep. encyc.* (in Socrates: *hist. eccl.* I: 6); *ep. ad Alex. Byz.* (또는 아마도 *Thessal:* in Theodoret: *hist. eccl.* 1:4).

3) Cf. Socrates: *hist. eccl.* 1:5.

4) *Ep. ad Alex.* 45.

5) Ib. 26f; *ep. encyc.* 13.

6) *Ep. ad Alex.* 32-5.

7) 위의 제5장 제6절을 보라.

8) Ib. 52.

9) Ib. 15.

10) Ib. 38.

11) E.g. *de eccl. theol.* 2:6f; *dem. ev.* 4:1:145; *c. Marc.* 1:1:11.

12) *De eccl. theol.* 1:13:1;
dem. ev. 4:6:1-6.

13) *Dem. ev.* 4:3:1, 4.

14) Ib. 5:1:14-17.

15) *Dem. ev.* 4:2:1f.

16) E.g. ib. 4:3:13; 5:1:18.

17) Ib. 5:1:20.

18) Ib. 4:3:5.

19) Ib. 4:3:7.

20) *De eccl. theol.* 2:23;
ep. ad Euphrat.
(Mansi XII, 176).

21) E.g. *Dem. ev.* 5:6:2-4.

22) Ep. *ad Caes.* 12; *dem. ev.* 5:1:20.

23) *De eccl. theol.* 3:19.

24) In Athanasius, *de syn.* 16.

25) Cf. Athanasius, *c. Ar.* 2:24; *de decret.* 8.

26) *C. Ar.* 1:5; 1:9.

27) *Ep. ad Alex.* (in Athanasius, *de syn.* 16).

28) Ib.

29) *Ep. ad Euseb. Nicom.* (in Epiphanius, *haer.* 69:6).

30) *Ep. ad Alex.*

31) Ib.

32) Cf. Athanasius, *c. Ar.* 1:5; 2:37.

33) Ib. 1:6.

34) Cf. Athanasius, *ep.*

ad episc. Aeg. et Lib. 12: cf. *de syn.* 15.

35) Cf. Alexander, *ep. encyc.* 10.

36) Athanasius, *c. Ar.* 1:5.

37) Ib. 1:6.

38) Ib. 1:5; 1:9.

39) *Ep. ad Alex.*; Athanasius, *c. Ar.* 1:6.

40) 논란이 된 본문들에 관한 자세한 논의는 Athanasius, *c. Ar.* passim.과 Epiphanius, *haer.* 69:12-79에서 찾아볼 수 있다.

41) *Ep. ad Euseb. Nicom.*: cf. Alexander: *ep. ad Alex.* 35f.

42) Philostorgius, *hist. eccl.* 1 (cf. Nicetas Choniata, *thes.* 5:7; PG 139:1368).

43) *C. Ar.* 3:15f.

44) Cf. *ep. ad Euseb. Nicom.*; 또한 유세비우스에게 감명을 주었던 ep. ad Alex.에 나오는 신앙고백문 (cf. 후자의 *ep. ad Alex.*: H. Opitz, *Urk.* 7).

45) J. N. D. Kelly, *Early Christian Creeds* (London, 3 ed. 1972), 208; 220ff.를 보라.

46) 그리스어 본문은 J. N. D. Kelly, op. cit. 215f.를 보라.

47) *Ep. ad Alex.* 4; 9; passim.

48) E.g. *c. Ar.* 1:17f.; 1:20; 3:15f.

49) Ib. 2:41f.; *ep. ad episc. Aeg. et Lib.* 4.

50) E.g. *c. Ar.* 2:67; 2:70.

51) *Ep. ad Caes.* 5; 7.

52) *Ep. encyc.* 12.

53) 위의 제5장 제6절을 보라.

54) 위의 제1장 제4절을 보라.

55) 증거들에 대해서는 G. L. Prestige, *Cod in Patristic Thought*, ch. 10을 보라.

56) *In Ioh.* 20:20:170.

57) *De res.* 2:30:8.

58) *Dem. ev.* 1:10:13.

59) 위의 제5장 제6절을 보라.

60) 위의 제5장 제7절을 보라.

61) 위의 제5장 제3절을 보라.

62) E.g. *ep. ad Alex.*; Athanasius, *c. Ar.* 1:6.

63) Cf. Socrates, *hist. eccl.* 1:23.

64) *De decret.* 20 (350/51).

65) 이 신조들의 본문은 J. N. D. Kelly, op. cit. 268ff.; 275ff.; 279f.를 보라.

66) Cf. J. N. D. Kelly, op. cit. 285ff.; 291ff.

67) *Dial. c. Lucif.* 19.

68) *Hist. eccl.* 1:23.

69) Frg. 121; 98; 86; 88 (ed. E. Klostermann, G.C.S. 14).

70) Frg. 54; 71; 76; 77.

71) Frg. 52; 54; 60.

72) Frg. 61; 71; 73.

73) Frg. 76; 82; 83.

74) Frg. 42; 43; 91; 103.

75) Frg. 3-6; 43; 48.

76) Frg. 52; 61; 121.

77) Frg. 61.

78) Frg. 44.

79) Frg. 68; 121.

80) Frg. 67; 71.

81) Frg. 117; 121.

82) *Apo.* 21.

83) In Athanasius, *de sent. Dion.* 17.

84) Cf. Theodoret, *hist. eccl.* 2.8:37-52; J. N. D. Kelly, op. cit. 277f.

85) Cf. Origen, *c. Cels.* 8:12.

86) *Tom. ad Antioch.* 5.

87) *C. Ar.* 2:24-6; 2:29f.

88) *De syn.* 51.

89) Eg. *c. Ar.* 2:32.

90) Ib. 3:66.

91) Ib. 1:14.

92) *C. Ar.* 2:36; 3:66f.

93) Ib. 1:26-8; 2:59f.

94) *De decret.* 11.

95) *C. Ar.* 3:59-66.

96) Ib. 1:31; *de decret.* 28-30.

97) *C. Ar.* 3:4.

98) Ib. 1:58: cf. *de decret.* 23; *de syn.* 53: *ad Serap.* 26.

99) E.g. *c. Ar.* 2:29.

100) E.g. ib. 2:41; 3:4.

101) Ib. 2:22.

102) *De syn.* 53.

103) *C. Ar.* 1:39: cf. *de decret.* 12.

104) *C. Ar.* 3:10f.

105) Ib. 1:61.

106) Ib. 3:41.

107) Ib. 3:6.

108) E.g. ib. 3:11; *de decret.* 23f.

109) *C. Ar.* 3:4.

110) *Ad Serap.* 23.

111) *De decret.* 11; 24; *c. Ar.* 1:26; 1:28.

112) *De syn.* 53.

113) *c. Ar.* 3:15.

114) Ib. 3:4.

115) Ib.

116) *Ep. ad Afr.* 4; cf. *de decet.* 27; *de syn.* 41.

117) *De syn.* 52.

118) *C. Ar.* 3:6.

119) Ib. 3:12.

120) *De syn.* 51.

121) Cf. J. N. D. Kelly, op. cit. 268ff.

122) Cf. J. N. D. Kelly, op. cit. 275ff.

123) Ib. 279f.

124) Cf. Hilary, *de syn.* 11 (J. N. D. Kelly, op. cit. 285f.).

125) 특히 Aetius, *syntagmation* (in Epiphanius, *haer.* 76:12); Eunomius, *First Apology* (PG 30:835-68)를 보라.

126) Cf. Theodoret, *haer. fab.* 4:3.

127) Eunomius, *apol.* 24 (on Col. 1:15-17).

128) Cf. Socrates, *hist. eccl.* 4:7.

129) *Haer.* 73.

130) *Cat.* 4:7; 6:6; 11:16.

131) E.g. cat. 11:10.

132) Epiphanius, *haer.* 73:3-11에 나오는 본문.

133) George of Laodicea: 본문은 Epiphanius, *haer.* 73:12-22.

134) Theodoret, *hist: eccl.* 2:21:3-7; Athanasius, *de syn.* 30에 나오는 본문들. J.

N. D. Kelly, op. cit. 291; 293-3을 보라.

135) Cf. Epiphanius, *haer.* 73:23.

제10장

1) *De syn.* 41.
2) *De syn.* 67-71.
3) Ib. 72-6.
4) Ib. 84-9; cf. *ib.* 91.
5) *Tom. ad Antioch.* 5.
6) *Tom. ad Antioch.* 6.
7) E.g. Jerome, *ep.* 15:4 (dated 376).
8) Athanasius, *de syn.* 41; Hilary, *de syn.* 51; 71-4; 84.
9) *De syn.* 53; 48.
10) E.g. 67; 84; 88.
11) *In Matt.* 8:8; 16:4; 31:3; *de trin.* 4:33; 7:13; 11:1; *c. Aux.* 7f; 11.
12) *Ep. ad Alex.* 53.
13) *Ep. ad Alex.*
14) Cf. Athanasius, *c. Ar.* 1:6.
15) *Praep. ev.* 11:20.
16) *De eccl. theol.* 3:63.
17) *De eccl. theol.* 3:5:17.
18) Cf. Eunomius, *apol.* 25; 28; Basil, *c. Eunom.* 2:33.
19) *Cat.* 16:4.

20) Ib. 6:6.
21) Ib. 4:16; 16:3.
22) Ib. 8:5; 16:23.
23) Ib. 7:11; 11:12.
24) Ib. 16:24.
25) Ib. 17:5.
26) Ib. 16:4; 17:38.
27) E.g. *ad Strap.* 1:21; 1:30.
28) Ib. 1:1; 1: 17; 1:26; etc.
29) E.g. ib. 1:1.
30) Ib. 1:2.
31) Ib. 1:3; 1:11; 1:10.
32) Ib. 1:21.
33) Ib. 1:22-7.
34) Ib. 1:2; 1:20; 3:7.
35) E.g. ib. 1:25; 3:2.
36) Ib. 1:20.
37) Ib. 3:1.
38) Ib. 3:4f.
39) Ib. 3:5f.
40) Ib. 1:24.
41) *Ad Serap.* 1:27.
42) Ib. 1:28; cf. ib. 1:30f.
43) Ib. 1:14.
44) 위의 제9장 제6절을 보라.
45) Cf. Epiphanius, *haer.* 73:16.
46) *Tom. ad Antioch.* 3; 5f.
47) *Or.* 31:5.
48) Cf., e.g., Gregory Naz, *or.* 41:8.
49) Basil, ep. 263:3.

50) Cf. Basil, *ep.* 244:9; Sozomen, *hist. eccl.* 7:2; Pseudo-Athanasius, *dial. c. Maced.* 1:15.
51) Socrates, *hist. eccl.* 2:45.
52) Didymus, *de trin.* 28 (PG 39:617).
53) Ib. 3:30-40.
54) Ib. 2:10; Gregory Naz, *or.* 31:23-8.
55) Cf. Gregory Naz, *or.* 31:7f.; Didymus, *de trin.* 2:5; Pseudo-Athanasius, *dial. c. Maced.* 1:1.
56) *Ep.* 58.
57) *Epp.* 113; 114 (dated 372).
58) *Ep.* 125:3.
59) *Ep.* 159:2.
60) *Or. cat.* 3f.
61) *De orat. dom.* 3 (PG 44:1157-61).
62) *Or.* 31:10: cf. ib. 34:11.
63) Cf. esp. *or.* 31.
64) Ib. 31:26.
65) *De spir. sanct.* 46.
66) Ib. 45; 47.
67) *Or.* 31:7f.
68) *C. Maced.* 2; 10; 12; 24.
69) *Quod non sint* ad fin.

70) *C. Eunom.* 1:42 (PG 45:464).

71) *C. Maced.* 6.

72) *Ancor.* 7:7f.

73) Ib. 70.

74) E.g. *in Ioh.* 2:10:75f.

75) 위의 제10장 제2절을 보라.

76) *Ep.* 38:8 (아마도 Gregory of Nyssa가 저자일 것이다).

77) Gregory Nazianzen, *or.* 31:14.

78) Didymus, *de trin.* 1:16 (PG 39:336).

79) Cf. Basil, *ep.* 8:3 (아마도 Evagrius).

80) *Or.* 42:15.

81) *Ex commun. not.* (Jaeg. Ill, i, 25).

82) *Ep.* 236:6.

83) Basil, *ep.* 38:5.

84) Ib. 2f.

85) *Ep.* 214:4; 236:6.

86) Cf. Gregory Nazianzen, *or.* 25:16; 26:19; 29:2.

87) E.g. *or.* 31:8.

88) Frg. 15 (PG 39:112).

89) *C. Eunom.* 4 (PG 29:681).

90) G. L. Prestige, *God in Patristic Thought* (2nd ed. 1952), 244.

91) Gregory Nazianzen, *or.* 25:17.

92) Basil, *ep.* 38:4.

93) Cf. Basil, *ep.* 189:6f. (by Gregory).

94) *C. Eunom.* 3:4.

95) *C. Eunom.* 4 (PG 29:676).

96) *Quod non sint tres* (Jaeg. III, i, 47).

97) 위의 제9장 제3절을 보라.

98) Ib. (Jacg. III, i, 41).

99) *Or.* 31:15.

100) *Or.* 29:2.

101) Ib. 30:20.

102) Ib. 31:11.

103) *Ep. Basil.* 38:4.

104) Cf. Aristotle, *met.* 12:8:1074a; 14:2:1098b.

105) *Ep. Basil.* 8:2.

106) *C. Eunom* i (Jaeg. 1:85).

107) *De spir. sanct.* 44.

108) *Ep.* 243 *(ad Evag. Pont.,* PG 46:1104f.; 종종 Gregory of Nyssa의 글이라고 주장된다).

109) *Ep. Bas.* 8:2.

110) *De trin.* 4:42.

111) Ib. 5:38.

112) Cf. *de fid.* 1:2:17-19; 4:34; 5:42; *de incarn. dom. sacr.* 8:81-8.

113) *C. Ar.* 22.

114) *Adv. Ar.* 1:43.

115) *De gen. verb.* 29f.

116) *Adv. Ar.* 4:21.

117) E.g. ib. 4:20; *de gen. verb.* 2.

118) E.g. *adv. Ar.* 3:7; 4:20.

119) Ib. 1:31.

120) Ib. 1:41.

121) Ib. 1:13; 1:41.

122) Ib. 3:16.

123) Ib. 1:13.

124) *Hymn* 3.

125) *Adv. Ar.* 3:4; 3:17.

126) Ib. 1:15f.

127) Ib. 3:1.

128) Ib. 2:4; 3:4.

129) *Hymn* 3.

130) *Adv. Ar.* 1:60; *hymn* 1.

131) *Adv. Ar.* 1:32; 1:62-4.

132) E.g. *de fid. et symb.* 16; *de doct. christ.* 1:5; *de trin.* 1:7.

133) Cf. *de trin.* Bks. 1-4.

134) E.g. *serm.* 7:4; *ep.* 120:17; *Ioh. tract.* 74:1.

135) E.g. *serm.* 118:1; *de trin.* 15:2.

136) *De trin.* 5:3; 7:10.

137) *De civ. dei* 11:10; *ep.* 120:17.

138) *De trin.* 5:9.

139) Ib. 8:1: Cf. ib. 6:9.

140) *Ioh. tract.* 39:2-4.

141) *De trin.* 6:9; 7:11; 8:1.

142) Ib. 6:9.

143) Ib.; *Ioh. tract.* 20:13.

144) *De trin.* 5:10f.; 8:1.

145) Ib. 2:9; *c. serm. Ar.* 4; *enchir.* 38.

146) *De trin.* 5:15.

147) Ib. 1:7: cf. ib. 23.

148) *C. Maxim.* 2:10:2.

149) *De trin.* 2:12-34: cf. ib. 3:4-27.

150) *Serm.* 52 passim: cf. *de trin.* 2:9; 2:18; *ep.* 11:2-4.

151) *Ep.* 170:7; *de trin.* 5:6; 5:8; 5:15.

152) *De trin.* 5:12; 5:15-17; 8:1; *Ioh. tract.* 74:1-4.

153) *De trin.* 5:10; 7:7-9; *de civ. dei* 11:10; *c. serm. Ar.* 32.

154) 4 *De trin.* 5:4.

155) 위의 제1장 제4절을 보라.

156) 관계들에 관한 이론에 대해서는 *Ioh. tract.* 39; *enarr. in ps.* 68:1:5; *ep.* 170; 238-41; *de civ. dei* 11:10; *de trin.* Bks. 5-7을 보라.

157) E.g. Plotinus: *enn.* 6:1:6-8.

158) E.g. *de trin.* 9:17; 15:45.

159) Ib. 15:27: Cf. ib. 5:12 (*ineffabilis quaedam patris filiique communio*).

160) *Ioh. tract.* 99:6; *de trin.* 1:7.

161) *De trin.* 5:15.

162) E.g. *ep.* 170:4; *de trin.* 5:12; 15:29; 15:45.

163) *C. Maxim.* 2:14:1.

164) *C. Maxim.* 2:14:7-9; *Ioh. tract.* 99:9; *de tun.* 15:47.

165) *De trin.* 5:15.

166) Ib. 15:47.

167) E.g. *de ver. relig.* 13.

168) E.g. *serm.* 52:17-19.

169) *De trin.* 11:1.

170) Ib. 11:2-5.

171) Ib. 11:6f.

172) E.g. *enarr. in ps.* 42:6; *serm. de symb.* 1:2.

173) *De trin.* 8:12-9:2.

174) Ib. 15:5; 15:10.

175) 13:11.

176) *De trin.* 9:2-8.

177) Ib. 10:17-19.

178) *De trin.* 14:11-end.

179) Ib. 10:18.

180) *Serm.* 52:17: cf. *de trin.* 9:17; 10:19.

181) Ib. 15:7f.; 15:11-13.

182) Ib. 15:43.

183) Ib.

제11장

1) E.g. Theodore of Mopsuesria, *hom. cat.* 5:17.

2) 위의 제6장 제6절을 보라.

3) E.g. Epiphanius, *ancor.* 33:4; *haer.* 69:19:7; Theodore Mops., *hom. cat.* 5:7-19.

4) Holl, *Bibliothek der Symbole,* § 191.

5) 위의 제6장 제6절을 보라.

6) *C. Ar.* 3:26.

7) Cf. Athanasius, ib. 3:27.

8) *De engast.* 17f. (Klostermann, 45).

9) Ib. 10 (Klostermann, 31); frg. 74 (Spanneut, 121).

10) 아래의 제12장 제2절을 보라.

11) Frgg. 64; 70; 68 (Spanneut, 114; 118; 116).

12) Frg. 15 (Spanneut, 100).

13) Frg. 41 (Spanneut, 108)

14) Frgg. 37; 48 (Spanneut, 107; 109f.).

15) Frg 24 (Spanneut, 102f.).

16) E.g. frgg. 19; 41; 44; 45; 47 (Spanneut, 101; 108; 109).

17) Frg. 9 (Spanneut, 98).

18) Frg. 17 (Spanneut, 100).

19) Frgg. 42; 43; 59 (Spanneut, 108; 109; 112).

20) *C. Ar.* 3.30.

21) *De incarn.* 4.

22) *C. Ar.* 2.8.

23) *De incarn.* 17.

24) Ib. 8; 9; 10; etc.

25) Ib. 18.

26) Ib. 8; 9; 20; *ep. ad Adelph.* 7,

27) *C. Ar.* 3.35.

28) *De incarn.* 8.

29) Ib. 18.

30) Ib. 4; 16; 54.

31) *Ep. ad Epict.* 8.

32) Ib. 2. Cf. ib. 11; 12; *ep. ad Adelph.* 3.

33) 위의 제1장 제4절을 보라.

34) *C. gent.* 44; 30-4.

35) *De incarn.* 17.

36) E.g. *C. Ar.* 3.35.

37) Ib. 3:43; 3:54.

38) Ib. 3.34.

39) Ib. 3.55.

40) Ib. 3.54-8.

41) Ib. 3.51-3.

42) Ib. 3.42-6.

43) Ib. 3.35.

44) E.g. 요 1:14; 롬 8.3; 히 5:7; 벧전 4:1.

45) *C. Ar.* 3.30.

46) Ib. 3.57.

47) *Ep. ad Epict.* 5f.

48) *Tom. ad Antioch.* 7.

49) *Ep. ad Epict.* 7.

50) *Ep. ad Diocaes.* 2 (Lietzmann, *Apollinaris von Laodicea und seine Schule,* 1904, 256).

51) *Antirrh.* 9.

52) *Ep.* 102.2.

53) *Ep. ad Dion.* 1:1 (Lieu, 256f.).

54) *K.M.P.* 30 (Lietz, 178).

55) E.g. *ad Iov.* 3 (Lietz, 253).

56) Frg. 81 (Lietz, 224).

57) *Ep. ad Dion.* 1:1-9 (Lietz, 257-60).

58) Frg. 2; 9 (Lietz, 204; 206f.).

59) *De fid. et incarn.* 9 (Lietz, 202).

60) *Anaceph.* 9; 13; 20 (Lietz, 243f.).

61) Ib. 28 (Lietz, 245).

62) Frg. 76; *ep. ad Diocaes.* 2 (lietz, 222; 256).

63) Frg. 108; 109; 49; 52 (Lietz, 232; 233; 216).

64) *De un.* 2 (Lietz, 186).

65) Frg. 36 (Lietz, 212).

66) *Ep. ad Dion. 1:9* (Lietz, 260).

67) Ib. 6 (Lietz, 258f.).

68) *De un.* 10 (Lietz, 189).

69) *Ep. ad Dion.* 1:8 (Lietz, 259).

70) Frg. 107 (Lietz, 232).

71) *Anaceph.* 16; *tom. syn.* (Lietz, 244; 263).

72) Frg. 2 (Lietz, 204).

73) E.g. *de un.* 11-13 (Lietz, 190f.).

74) E.g. frg. 45 (Lietz, 214).

75) *De un.* 13; frg. 142 (Lietz, 191; 241).

76) Frg. 2 (Lietz, 204).

77) *Ep. ad Diocaes.* 2 (Lietz, 256).

78) *K.M.P.* 30 (Lietz, 176).

79) *Anaceph.* 20; 23 (Lietz, 244f.).

80) Frg. 129; 148 (Lietz, 239; 247).

81) *Ep. ad Dion.* 1:2 (Lietz, 257).

82) E.g. *de fid. et incarn.* 6 (Lietz, 199).

83) *Ad Iov.* 1 (Lietz, 251).

84) Cf. *de fid. et incarn.*

6 (Lietz., 199).

85) *Ep. ad Dion,* 1:8 (Lietz., 259).

86) Timothy of Berytus, *ep. ad Hom.* (Lietz., 278).

87) Frg. 116; 153; 160; *anaceph.* 29 (Lietz., 235; 248; 254; 246).

88) *Tom. syn.;* frg. 25; *anaceph.* 12 (Lietz., 263; 210; 243).

89) E.g. Gregory of Nazianzus, *ep.* 101:6; Gregory of Nyssi., *antirrh.* 13; 15:25.

90) Frg. 164, cf. *ad Iov. 3* (Lietz., 262; 253).

91) Frg. 85; *de fid. et incarn.* 6; *ad Iov.* 3 (Lietz., 225; 197; 253).

92) Frg. 9 (Lietz., 206f.).

93) Cf. Timothy of Berytus, *ep. ad hom.* (Lietz., 278).

94) Frg. 155 (Lietz., 249).

95) Frg. 116 (Lietz., 235).

96) *Ancor.* 119.

97) Ps. Athanasius, *c. Apoll.* 2:4.

98) Gregory Nyss., *antirrh.* 39.

99) Ib. 45.

100) Ps. Athanasius, *c. Apoll.* 1:15; cf. ib. 1:19.

101) Gregory Nyss., *antirrh.* 29; 45.

102) Ib. 23; 33.

103) E.g. ib. 24; 26; 34; Ps. Athanasius, *c. Apoll.* 1:4f.

104) *Ep.* 101:7.

105) Ib. 101:11; cf. *or.* 30:21.

106) *C. Eunom.* 3:10 (Jaeg. II, 294).

107) *C. Apoll.* 1:17.

108) Gregory Naz., *or.* 30:5f.

109) *Or.* 38:13.

110) Ib. 37:2.

111) Ib. 30:8.

112) *Ep.* 101:4.

113) *Ep.* 101:5.

114) *Ep.* 101:10; cf. *or.* 38:13.

115) 위의 제6장 제5절을 보라.

116) *Carm. dogm.* 10:49; *or.* 45:29.

117) *Ep.* 101:4.

118) *Or.* 43:38.

119) Ib. 30:15f.

120) Ib. 30:12; 30:5.

121) *In cant. hom.* 13; *c. Eunom.* 33 (Jaeg. VI, 311; II, 126).

122) *Antirrh.* 9; 55; *de trid. spat.* (Jaeg. IX, 292).

123) *Or. cat.* 11.

124) *C. Eunom.* 3:3; 3:4 (Jaeg. II, 130; 136); *antirrh.* 40.

125) *C. Eunom.* 3:4 (Jaeg. II, 135f.).

126) *Antirrh.* 21; 24; *c. Eunom.* 3:4 (Jaeg. II, 136f.).

127) *Antirrh.* 32; cf. *de trid. spat.* (Jaeg. IX, 292).

128) *Antirrh.* 28

129) *Or. cat.* 16.

130) *C. Eunom.* 3:3 (Jaeg. II, 122).

131) Ib. 33 (Jaeg. II, 131).

132) Cf. *ep.* 3 (PG 46:1024).

133) *C. Eunom.* 33 (Jaeg. II, 123).

134) *Antirrh.* 25; cf. ib. 53.

135) *C. Eunom.* 33 (Jaeg. II, 119).

136) *Antirrh.* 42.

137) *Ancor.* 119:5f.

138) *Ancor.* 92:2f.; *haer.* 77:33.

139) *Ep.* 261:3.

140) *Ep.* 236:1f.

141) E.g. frgg. 1:12 (PG 39, 100A, 109A).

142) Frg. 3 (PG 39, 100C, 101A).

143) Frg. 16 (PG 39,

116A).

144) E.g. *in Zach.* 4:92; 235.

145) Ib. 1:177; 281.

146) Text xviii, 10:2-7.

147) Text xiv, 14:7-14.

148) Texts x, 7:22; 5:20.

149) R. Abramowski, *Z.N.T.W.* 42 (1949), and by M. Briere, *Revue de l'orient chretien* 10 (30), 1946 에 수집되어 있다.

150) E.g. frg. 36; 16; 39 (Briere).

151) Frg. 26 (Briere).

152) E.g. frg. 42 (Abram.).

153) Frg. 19; cf. frg. 42 (Abram.).

154) Frg. 20 (Abram.).

155) Frg. 20; 35 (Abram.).

156) Frg. 35; 38 (Abram.).

157) *Hom. cat.* 5:10-14.

158) Ib. 5:9.

159) Ib. 5:19.

160) *C. Apoll.* 4 (in H. B. Swete, *Theodore of Mopsuestia on the Minor Epistles of S. Paul,* 2:318f.).

161) Ib. 5:19.

162) *De incarn.* 7 (Swete, 297f.).

163) Ib. 15 (Swete, 311).

164) *Hom. cat.* passim.

165) Eg. ib. 8:5; *in ps.* 26 (Devreese, 11).

166) E.g. *hom. cat.* 16:2 ("one from among us").

167) Ib. 8:13.

168) Ib. 8:14; cf. *de incarn.* 12 (Swete, 303).

169) *In ps.* 44:9 (Devreese, 11).

170) *Hom. cat.* 8:5.

171) *De incarn.* 7 (Swete, 293).

172) *De incarn.* 7 (Swete, 296).

173) *Hom. cat.* 5:7.

174) Ib. 8:10f.

175) Ib. 3:10.

176) *De incarn.* 11 (Swete, 302).

177) Frg. *in ep. ad Rom.* (PL 67:601).

178) *De incarn.* 8 (Swete, 299).

179) PL 67:587; 753, cf. *hom. cat.* 3:10; 63.

180) *De incarn.* 8:62 (Sachau, 69).

181) Cf. Swete, 299.

182) *Hom. cat.* 6:6; 8:10; 8:11f.

183) Ib. 3:10.

184) *C. Apoll.* 4 (Swete, 318).

185) *De incarn.* 5; 11 (Swete, 292; 302).

186) *Comm. in Ioh.* 17:10; 10:15 (Voste, 224; 145).

187) Ib. 16:14; 17:11 (Voste, 212; 226).

188) Ib. 8:16 (Voste, 119).

제12장

1) *Ep. ad Ioh. Antioch.* (F. Loofs, *Nestoriana,* 185).

2) Eg. *ep. ad Caelest.* 1; 3; *ad schol. eunuch.* (Loofs, 167; 181f.; 191).

3) Cf. *de incarn.* 15 (Swete, 310).

4) *Serm.* 1 (Loofs, 252).

5) *Nulla deterior* (Loofs, 245f.).

6) Loofs, 273.

7) Eg. *epp.* 3; 10.

8) Cf. A.C.O. I, 1:1 (p. 101f.).

9) E.g. *serm.* 1; 2; 4 (Loofs, 259; 275; 299).

10) *Heracl.* (ed. Nau) 514; 519.

11) E.g. *Serm.* 1 (Loofs, 262).

12) E.g. *nulla deterior* (Loofs, 249).

13) *Heracl.* 59f.; 133-5; etc.

14) Cyril, *c. Nest.* frg. 35;
40 (Loofs, 278; 295-7).

15) E.g. *Heracl.* 132-7; 91;
serm. 1 (Loofs, 254f.).

16) *Heracl.* 304f.; 442f.

17) *Ep.* 4.

18) Cf. *Heracl.* 236f.

19) E.g. ib. 415-8.

20) Ib. 67-71.

21) Frg. 198 (Loofs, 224).

22) Cyril, *c. Nest.* frg. 49
(Looft, 280).

23) *Ep.* 11 (Appendix 1).

24) E.g. *ep. ad Cyriu.* 2;
serm. 2 (Loofs, 178;
275).

25) E.g. Cyril, *c. Nest.* frg.
71 (Loofs, 357).

26) *Serm.* 2 (Loofs, 275).

27) E.g. frg. 261 (Loofs,
242).

28) E.g. frg. 102 (Loofs,
220).

29) Cyril, *c. Nest.* frg. 47
(Loofs, 289).

30) *Heracl.* 262.

31) Ib. 432; 289f.

32) Ib. 102; cf. frgg. 201f.
(Loofs, 219f.).

33) Ib. 212, Cf. ib. 250;
307.

34) Ib. 225.

35) Ib. 219; cf. ib. 250; 331;
439.

36) Ib. 305.

37) E.g. ib. 211f.

38) Ib. 252; 210.

39) Ib. 289; 307; 334; 362.

40) Ib. 331.

41) IIb. 216; 267.

42) Cyril, *c. Nest.* frg. 49
(Loofs, 281).

43) *Heracl.* 229-34.

44) Frg. 78 (Loofs, 217f.);
Heracl. 343f.

45) Cyril, *c. Nest.* frg. 43
(Loofs, 353).

46) *Serm.* 2 (Loofs, 276).

47) *Serm.* 1 (Loofs, 252).

48) Cf. Severus Antioch.,
philalethes (Sanda,
371).

49) *Heracl.* 76.

50) *Apol. c. Orient.* (PG
76:324).

51) E.g. *c. Nest.* 3:2; 4:4; 5:1.

52) Ib. 1:1, cf. *adv.
anthrop.* 10; ep. 45
(PG 77:236).

53) *C. Nest.* 4:5; 4:6; *ep. ad
Nest.* 3:7, cf. *ep.* 17 (PG
77:113).

54) 위의 제9장 제1절을
보라.

55) Cf. *ep.* 46; *c. Nest.* 2:6;
ep. 40 (PG 77:241;
76:85; 77:193).

56) *Quod unus* (PG
75:1301); *c. Nest.* 5:2.

57) *Explic. 12 capp. 2.*

58) E.g. *c. Nest.* 2,
prooem.; *ep.* 40; *ep.
ad Succens.* 2:3; cf.
apol. c. Orient. (PG
76:349).

59) *C. Nest.* 2, prooem.

60) *Ad regin.* 1:13; *de
incarn. unigen.;
quod unus* (PG
76:1221; 75:1220; 1289).

61) E.g. *apol. c. Theodor.*
(PG 76:396); *ad
Theodos.* 44.

62) *Ep.* 45 *ad Succens.* 1
(PG 77:233).

63) *Apol. c. Theodor.*
(PG 76:396).

64) *Schol. de incarn.* 25.

65) *C. Nest.* 2, prooem.;
quod B.M. sit deip.
(PG 76:60; 265).

66) E.g. *ep.* 1 (PG 77:24);
schol. de incarn. 17.

67) *Apol. c. Theodor.*
(PG 76:401).

68) E.g. *ep.* 17 (*ad Nest.*
3), anath. 11.

69) *De incarn. unigen.;
ep.* 46 (PG 75:1221;
77:241).

70) *Quod unus, ep.* 45
(PG 75:1292; 77:232).

71) *C. Nest.* 2:6.

72) *Ep.* 46 (*ad Succens.*
2) (PG 77:241).

73) *Ep.* 4 *(ad Nest.* 2).

74) *Ep.* 40 (PG 77:193).

75) *Schol. de incarn.* 9.

76) E.g. *ep.* 46 *(ad Succens.* 2); *quod unus* (PG 77:241; 75:1292).

77) E.g. *ep.* 45 (PG 77:232).

78) *C. Nest.* 2:10.

79) *Anath.* 12.

80) *De incarn. unigen.* (PG 75:1244).

81) Ib. (PG 75:1241); cf. *schol. de incarn.* 9.

82) *Ep.* 4; 45 (PG 77:48; 236); *c. Nest.* 5:4.

83) 위의 제11장 제3절을 보라.

84) *In Ioh. ev.* 6:38f.

85) Ib. 1:15; *thesaur.* 28.

86) *Ep.* 46; *ad regin.* (PG 77:240; 76:1413).

87) Schol. *de incarn.* 8.

88) *C. Nest.* 2; *ep.* 40 (PG 76:60; 77:192f.).

89) E.g. ep. 46:2.

90) I.e. *hom.* 17.

91) *Ep. 1.*

92) Cyril, *epp.* 2 and 4; Nestorius에 대해서는 Loofs, *Nestoriana,* 168f; 173-80을 보라.

93) *Ep.* 11.

94) Loofs, 165-8; 160-72.

95) *Ep. Caelest.* 13:11 (PL 50:483).

96) *Ep.* 17 *(cum salvator).*

97) *Eran.* 2 (PG 83:109).

98) *Expos, red. confess.* 10; *de incarn.* 11; 18; 30 (PG 6:1224; 75:1433; 1452; 1472).

99) *Ep.* 104; 109.

100) *De incarn.* 20; *rep. anathem.* 4 (PG 75:1453; 76:411).

101) *Rep. anathem.* 3 (PG 76:401-4).

102) E.g. *eran.* 3 (PG 83:280).

103) E.g. *rep. anathem.* 4 (PG 76:413).

104) *Epp.* 145; 146 (PG 83:1389; 1393).

105) Theodoret와 Andrew의 논증은 Cyril의 *apol. c. Theodor.*와 *apol. c. Orient.*로부터 재구성될 수 있다.

106) *Rep. anathem.* 2 (PG 76:400).

107) *Eran.* 3 (PG 83:252).

108) Cyril, *apol. c. Orient.* (PG 76:333).

109) *Ep.* 33 (to Acacius).

110) Cyril, *ep.* 38.

111) 그리스어 본문은 A.C.O. I, 1, 4, pp. 8f.를 보라.

112) *Ep.* 39.

113) E.g. *ep.* 40 (to Acacius); 44 (to Eulogius).

114) Cf. *epp.* 83; 85; 86.

115) 본문은 A.C.O. II, 1, 1, p. 114를 보라.

116) *Eran.* praef. (PG 83:28f.).

117) *Eran.* 2 (PG 83:153; 157).

118) E. Schwartz, *Der Prozess des Eutyches (Sitzb. Bay. Akad. Wiss.,* Phil. hist. 1929, 5). 14.

119) Ib. 15; 17; 19.

120) Ib. 15.

121) Ib. 15.

122) Ib. 15.

123) Ib. 25; cf. ib. 26.

124) Ib. 23.

125) Ib. 23; 24.

126) Ib. 24.

127) Ib. 24; cf. ib. 25.

128) Ib. 25.

129) *Ep.* 28:1, cf. *ep.* 20 *(imperite et imprudenter).*

130) *Ep. Leon.* 21.

131) *Ep. Leon.* 22.

132) *Ep.* 28.

133) 이 말은 Leo가 했다;

cf. *ep.* 95:2 (to Pulcheria, 20 July 451).

134) *De trin.* 9:14.

135) Ib. 9:3.

136) Ib. 10:19.

137) Cf. ib. 10:50-60.

138) *Tract. in ps.* 138:2.

139) E.g. ib. 68:25.

140) *De trin.* 9:14; cf. ib. 10:22.

141) Ib. 9:4; 9:14; 11:48; 12:6.

142) Ib. 10:23-32; 10:35.

143) Ib. 10:18.

144) Ib. 10:24; 10:35.

145) Ib. 10:23.

146) *De fide* 2:77.

147) *De fide* 3:65.

148) *De incarn. dom. sacram.* 64ff.; 76.

149) *De fide* 2:77; *de incarn. dom. sacram.* 23.

150) *De fide* 2:58.

151) *C. Maxim. Ar.* 2:10:2.

152) *Ep.* 137:9.

153) *Serm.* 130:3.

154) *De agon. Chr.* 20; 24.

155) *Tract, in ev. Ioh.* 23:6; cf. ib. 47:9.

156) *Ep.* 137:8; 140:12.

157) *Enchir.* 34; 41.

158) *De trin.* 1:23; *enarr. in ps.* 6:1.

159) *De agon. Chr.* 12; 20; 21; 22; 25.

160) *De trin.* 13:22.

161) *C. Maxim. Ar.* 1:19.

162) *Enchir.* 35.

163) *C. serm. Ar.* 8.

164) E.g. *serm.* 186:1; *tract. in ev. Ioh.* 19:15.

165) *Ep.* 28:3 (Leo의 *Tome*).

166) Ib. 4.

167) Ib. 3.

168) Ib. 4.

169) *Serm.* 27:1.

170) Cf. *epp. Leon.* 62-4.

171) *Ep.* 44; 45; 54; 70.

172) *Epp.* 138-40.

173) *Epp.* 76f. (Marcian and Pulcheria).

174) A.C.O. II, 1, 2, pp. 78-81.

175) A.C.O. II, 1, 2, p. 78.

176) 본문은 A.C.O. II, 1, 2, pp. 126-30을 보라.

177) A.C.O. II, 1, 2, pp. 81f.

178) A.C.O. II, 1, 2, pp. 123f.

179) 위의 제4절을 보라.

180) A.C.O. II, 1, 2, pp. 123-5.

181) E.g. *ep.* 40.

제13장

1) 위의 제1장 제3절을 보라.

2) 위의 제11장 제4절과 제12장 제2절을 보라.

3) E.g. *comm. in Iob* 3:3-5 (Henrichs 1:172ff.).

4) Cf., e.g., Leo, *ep.* 15:10.

5) *In Eph.* 1:4.

6) E.g. Cyril Hieros., *cat.* 4:19; Gregory Nazianzen, *or.* 37:15; Gregory Nyss., *de anim. et res.* (PG 46:125; 128).

7) *De civ. dei* 11:23; *ep.* 166:27.

8) E.g. Cyril Hieros., *cat.* 4:18f.; Epiphanius, *ancor.* 55; Cyril Alex., *in Ioh.* 1:9.

9) E.g. Pelagius, *libellus fidei* 9 (PL 45:1718).

10) *De hom. opif.* 28; 29.

11) E.g. *ep.* 190:14.

12) E.g. *de Gen. ad litt.* 10:23-end.

13) E.g. ep. 190:15.

14) *De lib. arbit.* 3:56-9; *ep.* 166:6-12.

15) *De anim. et eius orig.* 1:26; 4:2; *retract.* 1:13; *c. Iul. op. imperf.* 2:178.

16) Cf. *c. gent.* 35; *de incarn.* 3; 4; 11.

17) *C. gent.* 3; *de incarn.* 3; 4.

18) *C. Ar.* 2.68.

19) *C. gent.* 3.

20) *De incarn.* 4; 7.

21) Ib. 6.

22) 위의 제7장 제2절과 제3절을 보라.

23) *C. gent.* 4; 31-3.

24) Ib. 34; *de incarn.* 12.

25) *De incarn.* 14.

26) *C. Ar.* 1.51.

27) *C. Ar.* 3.33.

28) Cf. Basil, *hom.* 9 (*quod deus non est*), 6f.; Gregory Nazianzen, *or.* 45:8; Gregory Nyss., *or. cat.* 6.

29) Loc cit.

30) 위의 제1장 제4절을 보라.

31) *De hom. opif.* 16.

32) *In Gen. hom.* 3.2; 9.4.

33) Ib. 9.3.

34) *Ad pop. Antioch. hom.* 11, 12.

35) *In Gen. hom.* 16:5; 18.4.

36) Ib. 16.5f.

37) E.g. Basil, *hom.* 9 (*quod deus non est*), 7.

38) *Cat.* 2.5.

39) Cf. Gregory Nazianzen, *or.* 19:13f.; 14.25; 22.13; 45.8; 45.12; Gregory Nyss., *or. cat.* 6; 8; J. Chrysostom, *ad pop. Antioch. hom.* 11.2; *in Gen. hom.* 16.5f.; 17.2.

40) E.g. Basil, *hom.* 8.3; 8.5; Gregory Nyss., *or. cat.* 7; Chrysostom, *in Gen. hom.* 19:1; 20.3.

41) Gregory Nazianzen, *or.* 40:23; Gregory Nyss., *de infant, qui praemat. mor.* (PG 46:177-80); Chrysostom, *in Matt. hom.* 28.3.

42) *In Rom. hom.* 10.2f.

43) Cf. Augustine, *in Iul. op. imperf.* 1.21; 1.22; 1.26.

44) *Hom.* 9.9.

45) *Or.* 33.9.

46) Ib. 45.8.

47) *De oral. dom. or.* 5 (PG 44.1184).

48) E.g. Gregory Nazianzen, *or.* 14.25; 19.13f.

49) *Carm.* 2.1.45 (vv. 95-107).

50) *Dc oral. dom. or.* 4 (PG 44.1164).

51) *In Rom. hom.* 13.1.

52) *Hom.* 8.7.

53) Cf. Augustine, *c. Iul.* 1.26.

54) *De vit. Moys.; in ps.* 6 (PG 44.336; 609).

55) *De beat. or.* 6 (PG 44.1273).

56) *De trin.* 2.12; 3.12; 3.17; 3.21 (PG 39.684; 860; 876; 916).

57) *In 2 Cor.* 4:17 (PG 39.1692).

58) *C. Manich.* 8 (PG 39.1096).

59) *In Iob* 10:15 (PG 39.1145).

60) E.g. Cyril Hieros., *cat.* 4:18-21; Epiphanius, *haer.* 64:49; Gregory Nazianzen, 37:21; Gregory Nyss., *or. cat.* 30f.

61) *Or.* 37.13-15.

62) *In Gen. hom.* 25.7; 58:5; *in Rom. hom.* 14:7; 19:1; *in Hebr. hom.* 12.3.

63) *De incarn. et c. Ar.* 8.

64) *In Ioh.* 1:9 (PG 73.157).

65) *In ps.* 2.15f.; 59.4; 118, litt. 10.1.

66) *Quaest. vet. et novi*

test. 19.

67) *Ps. 118 expos.* 15:36; 4:5.

68) *Enarr. in ps.* 43:75.

69) *Expos, ev. Luc.* 7:142.

70) *De parad.* 24; 63; *ep.* 58:12.

71) *De parad.* 42.

72) *Ps 118 expos.* 7:8; *ep.* 73:5.

73) *In Rom.* 5:14.

74) Ib. 7:14.

75) Ib. 7:18.

76) Pseudo-Ambrose, *apol. proph. David* 2:71.

77) *Expos. ev. Luc.* 7:234.

78) *De excess. Satur.* 2:6.

79) *In Rom.* 5:12.

80) *De Noe* 9; 81; *de poenit.* 1:4.

81) *De Noe* 81.

82) *Ep.* 45:13-15.

83) *De myst.* 32; *enarr. in ps.* 48:8.

84) 3:5-7.

85) *Enarr. in ps.* 48:9.

86) *De Abrah.* 2:79.

87) *Apol. proph. Dav.* 56f.

88) *In Rom.* 7:14.

89) Ib. 7:22.

90) Ib. 7:20.

91) Ib. 5:14.

92) Ib. 5:12; 5:14.

93) *Quaest. vet. et novi test.* 21f.

94) Ib. 81.

95) *Tract. in ps.* 118, litt. 1:2; ib., litt. 16:10.

96) *Tract. in ps.* 142:3; 118, litt. 14:20.

97) *In Is.* 49:4.

98) *C. Pelag.* 1:5; 3:1; *ep.* 130:12.

99) *Expos, ev. Luc.* 2:84.

100) *De Iac.* 1:1.

101) E.g. *tract. in ps.* 43:7; 118, litt. 12:13; *de interpell. Iob* 4:4; *de Abrah.* 2:74.

102) *Exhort. virg.* 43.

103) *Expos, ev. Luc.* 1:10.

104) *De Cain et Ab.* 1:45.

105) *In Rom.* 11:6.

106) *In Phil.* 2:12f.

107) *Ad Demet.* 16f. (PL 30:30f.).

108) *Confess.* 10:40.

109) Cf. Augustine, *de dono persev.* 53.

110) *Ad Demet.* 2 (PL 30:16f.).

111) Cf. Augustine, *de grat. Chr. et pecc. orig.* 1:5.

112) *Ad Celant.* 13-15; *ad Demet.* 16 (PL 22:1210f.; 30:30f.).

113) Augustine, *op.*

imperf. c. Iul. 6:8; 6:21.

114) *In Rom.* 5:15.

115) Ib.

116) Ib. 5:12; 5:16; *a d Demet.* 8; 17.

117) Augustine, *de grat. Chr. et pecc. orig.* 2:14.

118) Augustine, *op. imperf. c. Iul.* 1:53; *de grat. Chr. et pecc. orig.* 2:20-3.

119) Augustine, *de grat. Chr. et pecc. orig.* 1:2; 1:8; 1:36.

120) Ib. 1:27-30.

121) Augustine, *de gest. Pelag.* 22; *ep.* 186:1.

122) *Ad Demet.* 2 (PL 30:16f.).

123) Ib. 4ff.; 8; Augustine, *de grat. Chr. et pecc. orig.* 1:45.

124) *In Phil.* 1:6.

125) *De grat. Chr. et pecc. orig.* 1:45.

126) Augustine, *de nat. et grat.* 20; 31; 60-4.

127) *De cast.* 13.

128) *In Rom.* 9:10; cf. ib. 8:29f.

129) Augustine, *de gest. Pelag.* 16.

130) *Qualiter* 4 (in Caspari, *Briefe, etc.* 119).

131) Ib. 2.

132) Augustine, *de nat. et grat.* 42-4.

133) *De vita christ.* 6 (PL 40:1037).

134) *Ad Demet.* 27 (PL 30:42); cf. Augustine, *de gest. Pelag.* 20.

135) Augustine, ib. 23f.; *de perfect, justit. hom.* passim.

136) Augustine, *op. imperf. c. Iul.* 1:78.

137) E.g. Augustine, op. cit. 6:10.

138) E.g. Augustine, op. cit. 1:71; 3:142; 5:5f.

139) Op. cit. 5:1; *de Gen. ad litt.* 8:25.

140) *De Gen. ad litt.* 6:36; *de civ. dei* 13:20.

141) *De corrept. et grat.* 33.

142) *De civ. dei* 14:11.

143) *De pecc. mer. et remiss.* 2:36; *de nupt. et concup.* 2:30.

144) *De civ. dei* 14:17; *de Gen. ad litt.* 11:42.

145) *De corrept. et grat.* 34.

146) *De civ. dei* 14:12.

147) Ib. 12:8.

148) Ib. 14:13, cf. *de lib. arbit.* 3:2.

149) *Enchir.* 45.

150) *Op. imperf. c. Iul.* 6:22; 3:57.

151) Ib.; *de nupt. et concup.* 2:57; *enchir.* 27.

152) *Enarr. in ps.* 50:10; *serm.* 170:2.

153) *De pecc. mer. et remiss.* 1:11.

154) Ib. 1:26.

155) *C. Iul.* 1:6-35.

156) E.g. *de nupt. et concup.* 1:22.

157) *Op. imperf. c. Iul.* 5:64; 6:27; 6:14.

158) Ib. 2:42; *de nupt. et concup.* 2:36; *de pecc. mer. et remiss.* 2:11.

159) 위의 제1절을 보라.

160) *C. Iul.* 5:17.

161) *De mor. eccl. cath.* 1:40.

162) *De nupt. et concup.* 2:15.

163) E.g. *retract.* 1:15:2.

164) *De pecc. mer. et remiss.* 3:14.

165) *Retract.* 1:13:5.

166) *C. Iul.* 6:49f.

167) *De trin.* 14:6.

168) *De civ. dei* 22:24:2.

169) E.g. ib. 13:3; 13:14; *op. imperf. c. Iul.* 4:104; 6:17; 6:22.

170) *De nupt. et concup.* 1:28f.; cf. *c. duas epp. Pelag.* 1:27.

171) *C. Iul.* 3:57.

172) *De grat. Chr. et pecc. orig.* 2:38; *de nupt. et concup.* 1:20; 2:25; 2:36; etc

173) *De nupt. et concup.* 1:27; *enchir.* 34; *serm.* 151:5.

174) E.g. *enchir.* 30; *ep.* 145:2.

175) *C. duas epp. Pelag.* 1:5; 3:24; *serm.* 156:12; *in ev. Ioh. tract.* 5:1.

176) *De perfect, iustit. hom.* 9; *op. imperf. c. Iul.* 1:106; 5:61.

177) *C. duas epp. Pelag.* 4:27.

178) *Ad Simplic.* 1:2:16; 1:2:20; *de grat. Chr. et pecc. orig.* 2:34.

179) *Op. imperf. c. Iul.* 3:199; *serm.* 294:2-4; *de pecc. mer. et remiss.* 1:55.

180) *Enchir.* 93.

181) *Enarr. in ps.* 89:4.

182) *Ep.* 188:11f.

183) *De grat. Chr. et pecc. orig.* 1:25.

184) *Enchir.* 37; *de trin.* 15:37.

185) *Ep.* 194:16f.

186) *Enchir.* 32; *de nat. et grat.* 35.

187) *De grat. et lib. arbit.* 33.

188) *De corrept. et grat.* 29-34.

189) *Ep.* 186:26; 194:7.

190) *De pat.* 17.

191) Ib. 21f.; *op. imperf. c. Iul.* 6:15.

192) *Ad Simplic.* 1:2:10; *de grat. et lib. arbit.* 29.

193) *De grat. et lib. orbit.* 31; *de spir. et litt.* 52; *ep.* 157:10; 177:4; *enchir.* 105.

194) *De corrept. et grat.* 45.

195) *Ad Simplic.* 1:2:13.

196) E.g. *de spir. et litt.* 60.

197) E.g. *enchir.* 33; *op. imperf. c. Iul.* 6:11.

198) *De corrept. et grat.* 33

199) *De mor. eccl. cath.* 1:21; *tract, in ev. Ioh.* 41:8; *de grat. et lib. orbit.* 31.

200) *De corrept. et grat.* 12-16; *enchir.* 98f.; etc.

201) *De civ. dei* 22:1:2; *enchir.* 29; 62.

202) *De corrept. et grat.* 44; *enchir.* 103.

203) *De dono persev.* 35; 47; 48; *de praedest. sanct.* 19; *ep.* 149:20.

204) *Ad. Simplic.* 1:2:14-16.

205) E.g. *tract. in ev. Ioh.* 43:13:110; 111:5; *de civ. dei* 15:1:1; 21:24:1.

206) *De dono persev.* 21.

207) Ib. 35.

208) *De corrept. et grat.* 23.

209) Cf. PL 20:693-5.

210) *Ep.* 214:1.

211) Ib. 225:3; 226:2-6.

212) Ib. 226:8.

213) Ib. 225:3; 226:2.

214) Ib. 225:6.

215) Ib. 226:2; cf. ib. 225:5.

216) Ib. 226:7; cf. ib. 225:4.

217) *Coll.* 13:8:4; 13:11:1f.

218) Ib. 13:12:2.

219) Ib. 3:12:3-5.

220) Ib. 13:13:1.

221) Ib. 13:9:5.

222) Ib. 13:13-14.

223) Ib. 13:7.

224) 오랑주 공의회의 법령들에 대해서는 Mansi, VIII, 711-19를 보라.

225) *In Ioh.* 14:20 (PG 74:276); c. *anthropomorph.* 8.

226) *In Rom.* 5:3-12; 18f.

227) *In Ioh.* 19:19; *in Rom.* 5:18.

228) Cf. *de ador. in spit. et verit.* 10 (PG 68:657; 672).

229) *In Rom.* 5:18f.

230) *De trin. dial* 1 (PG 75:673ff.).

231) E.g. *in Rom.* 7:15.

232) E.g. *in Luc.* 5:19.

233) Cf. Photius, *bibl.* cod. 177.

234) *Hom. cat.* 1:5; *in Rom.* 5:18f.; 7:4.

235) *In ps.* 50:7.

236) Theodore, *in Rom.* 5:12; 5:21; *hom. cat.* 1; Theodoret, *inps.* 50:7.

237) *In ps.* 50:7.

238) *In Rom.* 5:12.

239) *Haer. fab. comp.* 5:18.

240) *In Rom.* 5:19.

241) *In ps.* 38:6; *in Gal.* 2:15.

242) *In Rom.* 11:15.

243) *In ps.* 31:10f.; 36:23f.

244) *In Phil.* 1:29f.

제14장

1) 위의 제7장 제3절을 보

라.

2) 위의 제1장 제4절을 보
라.

3) 위의 제7장 제3절과 제
6절을 보라.

4) 위의 제7장 제3절을 보
라.

5) *De incarn.* 9.

6) *De decret.* 14.

7) *De incarn.* 20.

8) Ib. 11-16.

9) *C. Ar.* 1:16.

10) *De incarn.* 54.

11) *Ad Adelph.* 4.

12) *C. Ar.* 1:38; 3:25.

13) E.g. *De incarn.* 8; *C. Ar.* 3:33.

14) *Ad Adelph.* 8.

15) *C. Ar.* 3:33.

16) Ib. 2:61.

17) E.g. *ad Serap.* 2:6.

18) Cf. *De incarn.* 27-32.

19) *C. Ar.* 2:59; cf. *ad Serap.* 1:23f.

20) *De incarn.* 26.

21) Ib. 20.

22) *C. Ar.* 2:76; cf. ib. 1:60; 3:33.

23) Ib. 1:41; 2:7; *De decret.* 14.

24) *C. Ar.* 1:45.

25) Ib. 3:31.

26) *De incarn.* 20.

27) *C. Ar.* 1:44; 2:61; 2:67.

28) *Ep.* 261:a.

29) *Or.* 30:6; cf. ib. 2:23-5.

30) *In Ioh. hom.* 11:1.

31) *Or. cat.* 16; *antirrh.* 55.

32) *Or. cat.* 16.

33) Ib. 32.

34) Cf. *antirrh.* 16; 55.

35) *Or. cat.* 25.

36) *Antirrh.* 16f.

37) *De perf. chr. form.* (PG 46:264).

38) *C. Eunom.* 6 (PG 45:717).

39) *Antirrh.* 21.

40) *Or. cat.* 22-4.

41) Ib. 26.

42) Ib. 26; 35; 아래의 제17
장 제4절과 제6절을
보라.

43) *Hom. in ps.* 7:2.

44) Ib. 48:3f.

45) *Or.* 45:22.

46) *In Ioh. hom.* 67:2f.; *in Rom. hom.* 13:5.

47) *Dem. ev.* 1:10; 10:1.

48) *Cat.* 13:1.

49) Ib. 13:2.

50) Ib. 13:3-6; 13:21-3.

51) Ib. 13:33; cf. ib. 13:2.

52) *Hom. in ps.* 28:5.

53) Ib. 48:3f.

54) *Or.* 30:20.

55) Ib. 30:5.

56) Ib. 4:78.

57) Ib. 38:16.

58) *In Gal. comm.* 2:8.

59) *In Hebr. hom.* 15:2.

60) *In 2 Cor. hom.* 11:3f.; *in Eph. hom.* 17:1.

61) *In Gal. comm.* 2:8.

62) *In Hebr. hom.* 17:2.

63) *De trin.* 2:25.

64) Ib. 2:24; cf. *tract. in ps.* 51:16.

65) *C. Ar.* 3:3.

66) *In Gal.* 2:6:14.

67) *Ep.* 72:8; cf. *De Iac. et vit. beat.* 1:12; *expos. ev. Luc.* 7:117.

68) *Ep.* 41:7f.

69) E.g. *expos. ev. Luc.* 23; 4:12; 4:16.

70) *Tract. in ps.* 68:8.

71) Ib. 2:31.

72) *In Rom.* 7:4.

73) *In. Rom.* 8:4.

74) *In Col.* 2:15.

75) *Tract. in ps.* 68:23.

76) Ib. 53:13.

77) Ib. 135:15.

78) *De trin.* 1:13.

79) *Tract. in ps.* 64:4.

80) Ib. 129:9.

81) *C. Ar.* 1:45.

82) Ib. 1:35.

83) *In Gal.* 1:2:20.

84) *De incarn. dom. sacram.* 4.

85) *De spir. sand.* 1:4.

86) *Expos. ev. Luc.* 10:8.

87) E.g. *enarr. in ps.* 39:2; 14; 17.
88) *De fid.* 3:13; 3:84.
89) *De fuga saec.* 44.
90) *Expos. ev. Luc.* 4:7.
91) *De incarn. dom. sacram.* 56.
92) *De Abrah.* 1:16; *de offic.* 3:102.
93) *De Is. et an.* 46; *de Iac.* 1:25; *de spir. sanct.* 1:129.
94) *In ps.* 118:6:22.
95) *In Rom.* 5:6-10; *in Eph.* 5:2.
96) *In 2 Cor.* 5:15.
97) *In Rom.* 3:25.
98) Ib. 3:24; *in Gal.* 3:13.
99) *In Is.* 53:5-7.
100) *In Eph.* 2:14.
101) *De trin.* 4:19.
102) *Confess.* 10:68; cf. *tract. in ev. Ioh.* 82:4.
103) *Enarr. in ps.* 148:8.
104) *Serm.* 361:16.
105) Ib. 81:6; 189:4.
106) Ib. 293:7.
107) *Enchir.* 108; cf. *de civ. dei* 9:15:1.
108) *Ep.* 187:20.
109) *De doct. christ.* 1:38; *serm.* 192:1.
110) *De trin.* 13:19.
111) E.g. *serm.* 263:1.
112) Cf. *de trin.* 13:16-19.

113) Cf. *de civ. dei* 10:22; *de trin.* 4:17.
114) *Enchir.* 41.
115) *Enarr. in ps.* 39:12.
116) *Serm.* 152:9; *de civ. dei* 10:20.
117) *De trin.* 4:17.
118) *Enarr. in ps.* 64:6.
119) *C. Faust. Manich.* 14:4.
120) Ib. 14:7.
121) *Enarr. 2 in ps.* 21:3.
122) *De trin.* 4:15.
123) *In ev. Ioh. tract.* 98:3.
124) Ib. 110:6.
125) *De cat. rud.* 7f.
126) *De trin.* 8:7.
127) *De fid. et symb.* 6.
128) *Enchir.* 108.
129) Ib. 41.
130) *In Rom.* 5:13f.
131) Ib. 8:19.
132) *In 1 Tim.* 2:5.
133) *In Rom.* 3:24; *in 1 Tim.* 2:6.
134) *In Dan.* 9:24.
135) *In Col.* 1:20-2.
136) *In Is.* 53:4-8.
137) Cf. Cyril Alex, *ad regin.* 2:31; Theodoret, *de provid.* 10 (PG 83:757-60); Maximus Confessor, *cap. quinq. cent.* cent. 1:11.
138) *De incarn. dom.* 11

(PG 75:1433ff.).
139) *De incarn. unigen.* (PG 75:1213).
140) *Hom. pasch.* 17 (PG 77:785-7).
141) *C. Nest.* 1; *in Ioh.* 1:14; 16:6f. (PG 76:17; 73:161; 74:432).
142) 위의 제12장 제2절을 보라.
143) *In Hebr.* 2:14.
144) *Glaph. in Exod.* 2 (PG 69:437).
145) 위의 제14장 제2절을 보라.
146) E.g. in *Hebr.* 2:18; 3:1; 7:27; 9:12; 10:14.
147) *In Ion.* 1:29 (PG 73:192).
148) *In Is.* 53:4-6.
149) *De odor. in spir. et verit.* 3 (PG 68:293ff.).
150) *Quod unus* (PG 75:1341); cf. *ad regin.* 2:7; *ep.* 50 (PG 76:1344; 77:264).
151) *De recta fide ad regin.* 7 (PG 76:1208).
152) Ib. (PG 76:1292).

제15장

1) *Cat.* 18:22-8.
2) Ib. 16:19.

3) Ib. 6:36.

4) 위의 제8장 제3절을 보라.

5) Eg. *in Eph. hom.* 11:5; *in 1 Cor.* argum.; *in Matt. hom.* 54:2; *in illud 'Vididom.' hom.* 4:2; *in 1 Tim. hom.* 11:1.

6) *In ps.* 44:10.

7) *In Cant. Cant.* 3:6:1-4.

8) *Vita ac cert.* 24 (PG 90:93).

9) *Ep.* 2:246; cf. ib. 4:5.

10) *In ps.* 30:22.

11) *In Is. or.* 2 (PG 70 68).

12) *Or.* 23; 32:11.

13) *In 1 Cor. hom.* 32:1.

14) *In Ioh.* 16:14 (Voste, 212); *hom. cat.* 10:16-19.

15) E.g. *c. Ar.* 1:39; 2:69f.

16) Ib. 2:69.

17) Ib. 3:33.

18) Ib. 3:22.

19) *Or.* 7:23; cf. ib. 39:13.

20) E.g. *antirrh.* 16.

21) *In illud 'Tune ipse'* (PG 44:1317).

22) E.g. *in Gal. comm.* 3:5.

23) *In Matt. hom.* 82:5.

24) *In 1 Cor. hom.* 24:2.

25) Cf. *in Ioh.* 1:14 (PG 73:161-4).

26) Ib. 17:21f. (PG 74:557-61).

27) E.g. *in Ioh.* 6:54ff. (PG 73:577-84).

28) *C. Nest.* 4:5 (PG 76:193).

29) Canon 3.

30) *Hist. eccl.* 2:17.

31) *Hist. eccl.* 3:10.

32) Cf. Athanasius, *apol. c. Ar.* 21-35.

33) 위의 제7장 제3절을 보라.

34) *Ep.* 11:1; 11:7.

35) *Hom. div.* 11 (PG 77:1040).

36) *De trin.* 1:27; 2:18; 2:10 (PG 39:408; 725; 640).

37) Ib. 1:30 (PG 39:417).

38) *Hom. in Mud 'Hoc scitote'* 4.

39) *In Ioh.* 19:25; *De trin. dial.* 4 (PG 74:661; 75:865).

40) *Quaest. in Gen.* interr. 110; *in ps.* 2 (PG 80:220; 873).

41) *In Ioh.* 1:42 (PG 73:220); cf. *in Luc.* 22:32 (PG 72:916).

42) *Ancor.* 9.

43) *Vita ac cert.* 24 (PG 90:93).

44) *In Is.* 4, or. 2 (PG 70:940).

45) *Haer.* 59:7.

46) *In Matt. hom.* 54:2; *in Gal. comm.* I, 1.

47) *Quaest. in Exod.* interr. 68.

48) *In Ioh.* 21:15-17 (PG 74:749).

49) E.g. Chrysostom, *in Matt. hom.* 82:3; Basil, *hom. de humil.* 4.

50) *In ps.* 118:15:35.

51) *De poen.* 2:24.

52) *Tract. in ps.* 131:23.

53) Ib. 127:8; 128:9; 138:29.

54) *De trin.* 6:9f.; 7:4; *tract. in ps.* 121:5.

55) *In ps.* 91:9.

56) Ib. 125:6.

57) Cf. *de trin.* 8:6-13.

58) *De trin.* 8:15f.

59) *Tract. in ps.* 132:6.

60) *De symb.* 10.

61) *Tract. in ps.* 1:4; 52:13; *in Matt.* 33:8.

62) Cf. Augustine, *ep.* 129.

63) *De schism. Donat.* 5:4; 5:7.

64) Ib. 1:3f.; 4:2; 5:1.

65) Ib. 2:1; 2:9; 2:10; 7:2.

66) Ib. 2:20; 7:2.

67) *De schism. Donat.* 2:1; 2:5; 2:11; 3:2f.

68) Ib. 1:10; 2:2f.

69) 위의 제8장 제3절을
보라.

70) Ib. 1:11.

71) Ib. 2:9.

72) Ib. 4:9.

73) *Ep.* 34:3; *serm.* 22:9.

74) 위의 제8장 제3절을
보라.

75) *De bapt.* 4:24; 7:87;
serm. ad Caes. 6.

76) *Quaest. in hept.* 3:84.

77) *Ep.* 93:23.

78) Ib. 49:3; 185:5; *serm.*
46:32f.

79) *Serm.* 46:18.

80) Cf. *de doct. christ.*
3:45.

81) E.g. *c. litt. Pet.* 3:4;
brevic. coll. 3:15-19.

82) *Serm.* 34:1.

83) *Enarr. in ps.* 127:3.

84) *Enarr. 1 in ps.* 30:4.

85) *Ep.* 187:20, 40; *tract.
ev. Ioh.* 13:17; *serm.*
354:4.

86) *Serm.* 267:4; 268:2.

87) *Enarr. 2 in ps.* 32:21;
de trin. 15:33-7.

88) *Tract. in ep. Ioh.* 10:3.

89) *De civ. dei* 18:47, cf.
de nat. et grat. 2; *c.
Iul.* 4:17.

90) *Enarr. in ps.* 103;
serm. 4:17; *ep.* 55:25f.

91) Serm. 22:10; 121:4;

216:8.

92) *De civ. dei* 18:50:1.

93) *Ep.* 118:32.

94) *C. Cresc.* 1:34.

95) *Serm.* 265:7; *ep.* 43:21.

96) *Ep.* 61:2.

97) 위의 제8장 제3절을
보라.

98) E.g. *serm.* 88:22f.

99) 위의 제1장 제4절을
보라.

100) *De bapt.* 5:38; 6:3;
7:99.

101) *C. Faust.* 13:16.

102) *De bapt.* 3:26.

103) Ib. 7:99.

104) Ep. 93:3; 112:3.

105) *De unic. bapt. c.
Petil.* 24; *c. Cresc.* 3:35;
De bapt. 7:100.

106) *De civ. dei* 10:6.

107) 위의 제13장 제7절을
보라.

108) Cf. *De bapt.* 5:38f.;
De corrept. et grat.
39-42.

109) *In Matt.* 7:6; 16:7.

110) *Ep.* 42:5; 11:4; *d e
excess. Sat.* 1:47.

111) *Ep.* 56:7; cf. ib. 13:7.

112) *De fid.* 4:56; *enarr.
in ps.* 40:30.

113) E.g. *De incarn.
dom. sacram.* 33f.;
expos. ev. Luc. 6:98.

114) *Expos. ev. Luc.* 6:97;
ep. 43:9.

115) *Enarr. in ps.* 43:40.

116) Ib. 38:37; *De poen.*
2:12.

117) 위의 제8장 제3절을
보라.

118) 위의 제4절을 보라;
cf. *de schism. Donat.*
2:2.

119) Ib. 1:10.

120) Ib. 2:6; 6:3.

121) *Enarr. in ps.* 108:1;
serm. 46:30; 295:2.

122) *C. ep. fund.* 5 (PL
42:175).

123) *Ep.* 43:7.

124) Augustine, *epp.* 175-
7.

125) *C. Iul.* 1:13.

126) *Ep.* 14:11.

제16장

1) *In Matt. hom.* 82:4.

2) *Hom. cat.* 12:2.

3) *De eccl. hierarch.* 23:2
(PG 3:397).

4) *De myst.* 8; *De
sacram.* 1:10.

5) *Expos. ev. Luc.* 2:79.

6) *De myst.* 50; 52; 54; *De
sacram.* 4:14-16.

7) *Tract. in ev. Ioh.* 26:11.

8) *Serm.* 272.

9) *Ep.* 98:2.

10) *In 1 Cor. hom.* 7:1.

11) *De trin.* 7:23; 9:19.

12) Ib. 10:48.

13) Ib. 9:25f.

14) *Cat.* 19-23.

15) *De myst.; de sacram.*

16) *In Ioel* 32.

17) *In bapt. Chr.* (PG 46:581-4).

18) *De sacerdot.* 3:6.

19) *Ep.* 138:7.

20) *De cat. rud.* 50.

21) *Serm.* 227.

22) Ib. 228:3.

23) *Enarr. in ps.* 83:2.

24) *De vet. rel.* 33.

25) *Ep.* 54:1.

26) *De doct. christ.* 3:13.

27) *In 2 Tim. hom.* 2:4.

28) *In Matt. hom.* 50:3.

29) 위의 제15장 제3절을 보라.

30) *De schism. Donat.* 5:7.

31) *C. litt. Pet.* 2:69.

32) *De unit, eccles.* 58.

33) *Cat.* 3:3f.

34) *Or.* 39:17.

35) *De spir. sanct.* 35.

36) *De spir. sanct.* 1:77; *de myst.* 8.

37) *De myst.* 20; *de spir. sanct.* 2:104f.

38) *Tract. in ev. Ioh.* 80:3.

39) *De prod. Iud. hom.* 1:6; cf. *in 2 Tim. hom.* 2:4.

40) *Or. cat.* 37.

41) *De myst.* 50; 52; 54; *de sacram.* 4:14-23.

42) 13:15 (Funk, II, 174-6); cf. Pseudo-Athanasius, *ad nuper baptiz.* (PG 26:1325).

43) 6:22:2; cf. 6:21:2 (Funk, I, 376; 370).

44) *Cat.* 23:7.

45) *Hom. in coem. app.* 3; cf. *de sacerdot.* 3:4.

46) *Hom. cat.* 16:12.

47) Cf. *in Ioh.* 6:63 (Voste, 6:109).

48) Cf. Pacian, *ep. ad Symp.* 1:6; Ambrose, *De poenit.* 1:34-9; Cyril Alex., *in Luc.* 5:24; 7:28.

49) *C. Ar.* 2:42f.

50) *De trin.* 2:15.

51) *Procat.* 7.

52) 위의 제8장 제3절을 보라.

53) *Hist. eccl.* 7:2.

54) *Ep.* 188:1.

55) 위의 제15장 제3절과 제4절, 제16장 제1절을 보라.

56) Cf. *ep. Parm.* 2:28.

57) *Ep.* 185:23; 173:3; cf. *c. ep. Parm.* 2:29.

58) *De bapt.* 6:1.

59) Ib. 4:1.

60) Ib. 1:18; 5:9; 6:7.

61) *Procal.* 16; *cat.* 3:15.

62) *Procat.* 7; 11; *cat.* 3:3; etc.

63) *Procat.* 11.

64) *Cat.* 3:3f.

65) Ib. 3:15.

66) Ib. 1:4.

67) 1Ib. 18:20.

68) *Procat.* 2; 6; *cat.* 1:2; 3:2; 3:13-15; 20, passim.

69) Ib. 1:5.

70) Ib. 3:4.

71) Ib. 4:16; 16:24.

72) *De trin.* 2:14 (PG 39:708).

73) *In Luc.* 22:8.

74) *De schism. Donat.* 5:1.

75) *Ep.* 69:2f.

76) *C. duas epp. Pelag.* 3:3:5.

77) Augustine, *de haer.* 82.

78) *Adv. Iov.* 2:1-4.

79) 위의 제13장 제3절을 보라.

80) *Or.* 40:17; 40:28.

81) *De Abrah.* 2:79.

82) 위의 제13장 제5절을

보라.

83) E.g. *de peccat. mer. et remiss.* 134.

84) *Dial. adv. Pelag.* 3:17f.

85) *Ad Serap.* 1:4.

86) *Tract. in ps.* 64:15; *in Matt.* 11:24.

87) *Dial. c. Lucif.* 6; 9.

88) *In Act. hom.* 15.

89) *In Gal.* 2:16.

90) *Ep.* 187:26.

91) *De trin.* 2:15 (PG 39:717).

92) Ib. 2:12 (PG 39:680).

93) *In 2 Cor. hom.* 3:7.

94) *In Eph. hom.* 2:2.

95) *C. Ar.* 2:41.

96) *De incarn.* 14.

97) *Ad Serap.* 1:22.

98) *C. Ar.* 1:34.

99) *Or. cat.* 40; *c. Eunom.* 3 (PG 45:609).

100) *In Gal. comm.* 3:5.

101) *Ad illumin. cat.* 1:3.

102) *Glaph. in Exod.* 2 (PG 69:432).

103) *In Rom.* 1:3.

104) *In Ioh.* 3:3-5; 17:20f.; *in Gal.* 3:21.

105) *De trin.* 1:21; 6:44; *tract. in ps.* 65:11.

106) *De sacram.* 3:3; *de spir. sanct.* 3:63-8; *de*

107) *In Rom.* 4:23-5.

108) *De peccat. mer. et remiss.* 1:10; 1:39; *c. duas epp. Pelag.* 2:11.

109) *De trin.* 2:14; 2:15 (PG 39:712; 720).

110) *De myst.* 29f.; 42.

111) *C. litt. Pet.* 2:239.

112) *Ad Serap.* 1:6.

113) *Cat.* 14:25.

114) 3:163f. (Funk, I, 211).

115) *De odor. in spir. et litt.* 11 (PG 68:772).

116) *In Hebr.* 6:1; *quaest. in Num.* 47.

117) *De schism. Donat.* 4:7.

118) *Dial. c. Lucifer.* 9.

119) *De trin.* 15:46.

120) *Cat.* 21:1-3.

121) *In Matt.* 26.

122) *Euchol.* 25:2 (Funk, II, 187).

123) *De trin.* 2:6 (PG 39:557; 560).

124) *Adv. Maced.* 16.

125) *In Is.* 25:6f. (PG 70:561).

126) *In Cant.* 1:2 (PG 81:60).

127) *Cod. can. eccl. et const. s. sed. apost.* 2:3.

128) *Hom. De ieiun.* 1:2.

129) *Cat.* 21:5.

130) *Quaest. et resp. ad orthodox.* 137 (PG 6:1389).

131) *Enarr. in 26 ps.* 2:2.

132) Mansi, II, 571.

133) E.g. *apost. const.* 3:16:4; Chrysostom, *in 2 Cor. hom.* 3:5; Augustine, *serm.* 351:12; *enarr. in 26 ps.* 2:2.

134) *Euchol.* 25:2 (Funk, II, 186).

135) *De trin.* 2:14 (PG 39:712).

136) *In Ioel* 3:2.

137) *De eccl. hierarch.* 4:3:11 (PG, 3:484).

138) *Enarr. in 26 ps.* 2:2.

139) *De sacram.* 3:8-10; 6:6f.

140) Mansi, VI, 435.

141) *Hom. in Pentecost.* (ed. J. Gagnaeus, Paris, 1547, pp. 77-9).

142) *Ep.* 188.

143) *Ep. can.*

144) *Or.* 39:17-19.

145) *Haer.* 59:1f.

146) *Hist. eccl.* 5:19; cf. Sozomen, *hist. eccl.* 7:16.

147) *De poen.* 1:33-9.

148) Ib. 1:40-96; 2:6-19.

149) *Ep.* 3:8 ad fin.

150) E.g. *serm.* 352:2-8; *serm. ad catech.* 15f.

151) *Serm.* 278:12.

152) *Tract. in ev. Ioh.* 124:5.

153) *De poen.* 2:95.

154) *Ep.* 153:7.

155) Cf. Socrates, *hist. eccl.* 6:21.

156) E.g. *de fid. et op.* 48.

157) Loc. cit.; *serm.* 82.

158) Cf. *serm.* 351:9.

159) E.g. *serm.* 82:11.

160) Mansi, IX, 995.

161) *Ep.* 188.

162) 위의 서술을 보라.

163) *Paraen.* 4.

164) *Serm.* 352:8; *de fid. et op.* 34.

165) *Serm.* 351:7.

166) E.g. *de fid. et op.* 48.

167) 위의 제8장 제5절을 보라.

168) 5:14:7; 6:23:5; 7:25:4 (Funk, I, 273; 361; 412).

169) *Euchol.* 13:12-14 (Funk, II, 174).

170) *De solemn, pasch.* 7.

171) *Dem. ev.* 1:10:39; 8:1:380.

172) Frg. 2 (PG 18:685).

173) *Cat.* 22:9; 23:20.

174) Ib. 22:3.

175) *Or.* 45:19.

176) Ib. 8:18.

177) *Hom.* 27:17.

178) *Ad Serap.* 4:19.

179) *Eccl. theol.* 3:12.

180) Basil, *ep.* 8:4.

181) Frg. *ex serm. ad baptiz.* (PG 26:1325).

182) *Cat.* 22:1.

183) Ib. 22:2.

184) Ib. 23:7.

185) *Or. cat.* 37.

186) *Ep.* 171.

187) *In Matt. hom.* 82:4.

188) *In Ioh. hom.* 46:3.

189) *In 1 Cor. hom.* 24:1-4.

190) *In prod. Iud. hom.* 1:6; *in Matt. hom.* 82:5.

191) *In Matt.* 26:27.

192) *In Luc.* 22:19.

193) *In Matt.* 26:26 (PG 66:713); cf. cat. 6.

194) *Heracl.* 39 (Nau).

195) 위의 제12장 제2절을 보라.

196) Cf. Theodoret, *eran.* 2 (PG 83:168).

197) Loc. cit.

198) Op. cit. 1 (PG 83:53-6).

199) Cf. *de sacram.* 4:21.

200) *In Ierem.* 3:10.

201) *Adv. Iovin.* 2:17.

202) *Ep.* 98:13; *in Marc.* 14:17f.; *in Matt.* 26:26.

203) *In 1 Cor.* 11:*26*.

204) *De trin.* 8:13.

205) *De fid.* 4:124.

206) *C. Prax.* 27:7.

207) *De myst.* 54.

208) *De sacram.* 6:3.

209) *De myst.* 51-3.

210) *Serm.* 227.

211) Ib. 9:14.

212) *Enarr. in ps.* 98:9.

213) Ib. 33:1:10.

214) *Serm.* 272.

215) Cf. ib.; *de civ. dei* 22:10; *tract. in ev. Ioh.* 26:13.

216) 위의 제15장 제4절을 보라.

217) *Ep.* 98:9.

218) 위의 제16잘 제1절을 보라.

219) Cf. *serm.* 112:5; *De doct. christ.* 3:13.

220) *Enarr. in ps.* 3:1.

221) Ib. 98:9.

222) *Serm.* 131:1; *tract. in ev. Ioh.* 27:5.

223) *Tract. in ev. Ioh.* 27:5.

224) *Serm.* 131:1.

225) *Tract. in ev. Ioh.* 27:5.

226) Ib. 25:12.

227) Ib. 26:1.

228) *De trin.* 8:13.

229) Ib. 8:15-17.

230) *De sacram.* 6:4.

231) E.g. Hilary, *tract. in ps.* 127:10; Ambrose, *de ben. patriarch.* 39; *in Luc.* 10:49; *de sacram.* 17.

232) 위의 제16장 제5절을 보라.

233) *Cat.* 22:3.

234) *In 1 Cor. hom.* 24:2.

235) *In 1 Tim. hom.* 15:4.

236) *In Matt. hom.* 82:5.

237) *Hom. cat.* 18, passim.

238) *Apost. constit.* 6:23:5 (Funk, I, 361).

239) *Cat.* 23:8-10.

240) Loc. cit.

241) Ib. 3:4

242) *De sacerdot.* 6:4.

243) *In 2 Tim. hom.* 2:4.

244) *In Hebr. hom.* 17:3.

245) *In Hebr. hom.* 13:1; 14:1.

246) *Or.* 2:95.

247) *Hom. cat.* 15:15f.

248) *In ps.* 109:4.

249) *In Hebr.* 8:4f.

250) *In 1 Cor. hom.* 41:4.

251) *Tract. in ps.* 68:19.

252) Ib. 68:26.

253) *Ep.* 114:2.

254) Ib. 21:26.

255) *Enarr. in ps.* 38:25.

256) Cf. *de myst.* 54.

257) *Enarr. in ps.* 39:8; cf. ib. 38:25.

258) *In Luc.* 1:28; *enarr. in ps.* 43:36.

259) *De offic. min.* 1:238.

260) *De civ. dei* 10:6.

261) Ib. 10:5.

262) E.g. *enarr. in ps.* 149:6.

263) *C. Faust.* 6:5; 20:18.

264) *De civ. dei* 17:20:2.

265) *Serm.* 112:1.

266) *Ep.* 98:9; cf. *c. Faust.* 20:18; 20:21.

267) *De civ. dei* 10:20.

268) Ib. 10:6.

269) Ib. 19:23:5.

제17장

1) 골 1:13.

2) 히 6:5.

3) *Ad Cor.* 5f.

4) 9; cf. 6.

5) *Dial.* 117:3.

6) *1 apol.* 14:3.

7) *De praescr.* 13.

8) G. W. H. Lampe (참고문헌을 보라).

9) E.g. Cyril Hieros., *cat.* 20:5f.

10) Eusebius, *dem. ev.* 10:31-3.

11) Origen, *comm. in Cant.* 2:4 (Baehrens, 185f.); Cyprian, *test.* 2:2.

12) *Eph.* 11:1; cf. *Barn.* 4:9; 6:13.

13) *Vis.* 3:8:9.

14) *Did.* 16.

15) 4:3; 4:9; 21:3.

16) 15.

17) Cf. *did.* 16:1; *2 Clem.* 12:1; Hennas, *vis.* 3:8:9.

18) *Barn.* 7:9f.; cf. *2 Clem.* 17:5.

19) 16:6.

20) *Trall.* 9:2.

21) 5:6.

22) Ib. 21:1; *2 Clem.* 9:1-4.

23) *l Clem.* 24-6.

24) *Phil.* 7:1.

25) E.g. *Barn.* 7:2; *2 Clem.* 1:1; Polycarp, *Phil.* 2:1.

26) *1 Clem,* 5:4-7; 6:1; 50:3.

27) *Mart. Polyc.* 17:1.

28) *Ep. Diog.* 7:5f.

29) *1 Clem.* 28:1; *2 Clem.* 17:4-7; Hermas, *sim.* 3; 4:1-3; Polycarp, *Phil.* 7:1f.

30) 4:12.

31) E.g. Hermas, *vis.* 3:7:2; *mand.* 12:2; *sim.* 4:4; 9:18:2; Ignatius, *Eph.* 16:2.

32) Ignatius, *Polyc.* 2:3.

33) *1 Clem.* 35:2.

34) Ib. 50:3.

35) Hermas, *vis.* 2:2:7;
   sim. 9:27:3; *2 Clem.* 5:5;
   7:2f.; 11:5; 19:4; 20:2.

36) 16:3.

37) *Vis.* 4:3.

38) Ib. 1:3.

39) *1 apol.* 52; *dial.* 40:4;
   45:4; 49:2; etc.

40) *Dial.* 80:5; 81:4.

41) Ib. 45:4; 120:5f.; *1 apol.*
   8; 28.

42) *1 apol.* 45; 60; *2 apol.*
   7.

43) *1 apol.* 50-2; *dial.* 14;
   31; 32; 34.

44) *Dial.* 40; 51.

45) 15:4-9.

46) Cf. Eusebius, *hist.
   eccl.* 3:28:2; 7:25:2f.

47) Cf. Irenaeus, *haer.*
   5:33:3f.

48) *Dial* 80f.

49) *1 apol.* 18f.

50) *Or. ad Graec.* 6.

51) *Ad Autol.* 1:8.

52) *De resurr.* 1-10.

53) Ib. 18-25.

54) Ib. 12f.

55) E.g. Justin, *dial* 5.

56) E.g. Justin, *1 apol.* 8:4;
   Theophilus, *ad
   Autol.* 2:36-8.

57) E.g. Justin, *1 apol.* 57;

2 *apol.* 7; 9; *dial.* 141.

58) *Ad Autol.* 1:3.

59) *Dial.* 5:3.

60) Eg. Irenaeus, *haer.*
   1:6:2; 1:27:3; 5:1:2.

61) Id. 2:31:2.

62) 위의 제1장 제6절을
   보라.

63) Id. 1:30:3; 2:12:4;
   Clement Alex., *paed.*
   I, 6:32:1; Hippolytus, *c.
   Noet.* 11.

64) *Haer.* 5:2:2f.; 5:20:1.

65) Ib. 5:3:2.

66) Ib. 2:29:2.

67) *Haer.* 4:5:2.

68) Ib. 5:12:5; 5:13:1.

69) Ib. 5:14.

70) *De resurr. carn.* 5-11.

71) Ib. 12f.

72) Ib. 14-16.

73) Ib. 18-end.

74) E.g. *De antichr.* 65f.

75) *Haer.* 5:31:1f.

76) Ib. 4:33:9.

77) *De anim.* 55-8; cf. *c.
   Marc.* 4:34.

78) *C. Graec.* (PG 10:796-
   800).

79) *Haer.* 5:33-6; esp. 35:1.

80) *C. Marc.* 3:24; cf. ib.
   4:39.

81) *De resurr. carn.*
   26:11.

82) *Cap. c. Caium* (GCS

1, Pt. 2:246f.).

83) *1 apol.* 10; 52; *dial*
   104.

84) *Or. c. Craec.* 13f.

85) *Haer.* 5:8:1.

86) Ib. 4:20:5f.

87) *Sel. in ps.* 144:13.

88) *In Ioh.* 19:12:78.

89) *In Matt.* 10:14
   (Klostermann, 17).

90) *In Ioh.* 32:27:338.

91) Ib. 19:4:23f.

92) Cf. *c. Cels.* 5:14; 8:49.

93) E.g. ib. 5:18; 7:32.

94) E.g. *sel. in ps.* 1:5.

95) *C. Cels.* 5:23.

96) *Sel. in ps.* 1:5.

97) *C. Cels.* 7:32.

98) *De princ.* 3:6:6; cf. *c.
   Cels.* 3:41f.; 4:56f.

99) 위의 제1장 제4절을
   보라.

100) *De princ.* 2:10:3; cf.
   c. Cels. 5:18f.; 7:32; 8:49.

101) Cf. Justinian's letter
   to Mennas in Mansi,
   IX, 516D and 533C.

102) Cf. Plato, *tim.* 33b.

103) *De princ.* 3:1:1.

104) Ib. 2:11:6.

105) Ib. 2:9:8; *c. Ccls.* 4:9.

106) *In Rom.* 2:4.

107) *In Matt.* 14:12f.

108) *In Rom.* 2:1f.; cf. ib.
   2:4; 9:41; *in Matt.* 14:8.

109) *In Matt. comm. ser.* 70.

110) *In Matt.* 12:30.

111) *In Matt. comm. ser.* 70; cf. *in Matt.* 12:30.

112) *De princ.* 2:11:2.

113) Ib. 2:11:7.

114) Ib. 2:10:4; cf. Jerome, *in Eph.* 5:6.

115) *C. Cels.* 3:79; 6:26; *in Ierem. hom.* 19:4.

116) E.g. *De princ.* 1:6:2.

117) Ib. 1:6:3; 3:6:3 (in Jerome, *ep.* 124:3; 124:10); cf. Jerome, *c. Ioh. Hieros.* 19.

118) Ib. 3:5:7f; cf. ib. 3:6:6; 1:6:4.

119) E.g. *in Ezech. hom.* 1:2.

120) *De adult, lib. Orig.* (PG 17:624f.).

121) E.g. *De princ.* 1:6:3.

122) E.g. Jerome, *c. Ioh. Hieros.* 16.

123) *De engast. c. Orig.* 22 (PG 18:660).

124) *Haer.* 64:63-8; *ancor.* 87-92.

125) *De res.* 1:29-33.

126) Ib. 3:5.

127) Ib. 3:3.

128) Ib. 3:6.

129) *De res.* 3:12-14.

130) Ib. 3:16.

131) Ib. 2:27f.

132) Ib. 3:18.

133) E.g. *in Eph.* 5:29; *adv. Iovin.* 1:36.

134) E.g. *c. Ioh. Hieros.* 33

135) *Cat.* 18:2f.

136) Ib. 18:18f.

137) Cf. Amphilochius, frg. 10 (PG 39, 108); Epiphanius, *expos. fid.* 17; Isidore, *ep.* 2:43; etc.

138) *In 2 Cor.* 5:1; 5:2 (PG 39:1704).

139) *De hom. opif.* 27; *de anim. et resurr.* (PG 46:73-80; 145f.).

140) *De anim. et resurr.* (PG 46:148f.).

141) *Enarr. in ps.* 2:41.

142) *De excess. Sat.* 2:88.

143) Ib. 2:87.

144) *Enarr. in ps.* 1:51; *expos. ev. Luc.* 10:168; 170.

145) E.g. *enchir.* 84-7; *serm.* 241:1.

146) *Serm.* 264:6.

147) *Enchir.* 92.

148) *De civ. dei* 22:20:1.

149) *Enchir.* 89.

150) *De civ. dei* 22:19.

151) *Serm.* 242:4.

152) *De civ. dei* 13:20.

153) E.g. Cyril Hieros., *cat.* 15; Chrysostom, *in Matt. hom.* 79:1f.; Cyril Alex., *in Zach.* 105; Hilary, *in Matt.* 25-8.

154) E.g. *symp.* 9:1; 9:3; 9:4; 10:5 (Bonwetsch, 114; 117; 119; 127).

155) Cf. Eusebius, *hist. eccl.* 7:24f.

156) Cf. Basil, *ep.* 263:4.

157) *In 2 Thess.* 2:8f.; *in 1 Cor.* 15:52.

158) *In Is.* 18, init. (PL 24:627f.).

159) *De civ. dei* 20:7:1; cf. *serm.* 259:2.

160) *De civ. dei* 20:6:1f.; 20:7:2; 20:9:1.

161) *Apol. C. Ar.* 35.

162) *Or.* 19:15.

163) *De diab. tent. hom.* 1:8; cf. Cyril Hieros., *cat.* 18:4; Ambrosiaster, *in Rom.* 23-6.

164) *Cat.* 15:25.

165) *Hom. in ps.* 33:4.

166) Ib. 48:2.

167) *Poem. mor.* 34:254f.

168) *Or.* 16:8.

169) E.g. Hilary, *tract. in ps.* 1:15-18; Zeno, *2 tract.* 21; Ambrose, *enarr. in ps.* 1:51 and

56; Ambrosiaster, *in 1 Cor.* 15:51-3.

170) *Ep.* 2:9f.; 7:3.

171) *Enarr. in ps.* 1:51f.; *expos. in Luc.* 2:60; 2:82; 10:49.

172) *De civ. dei* 20:1-3.

173) Ib. 20:4f.

174) Ib. 20:30.

175) *Ep.* 199:41-5.

176) *De civ. dei* 20:21:3; *ep.* 193:11.

177) *De agon. Christ.* 29; *tract. in ev. Ioh.* 19:18; 43:9.

178) *De civ. dei* 20:14.

179) *In Luc.* 16:19.

180) E.g. *De ador. in spir. et verit.* 6; *hom. pasch.* 1:2; *in ps.* 48:16.

181) *In 2 Tim. hom.* 3:3.

182) *In 1 Cor. hom.* 42:3.

183) *De Laz. hom.* 1:11; 2:2f.; 5:3; 6:6; 7:4.

184) *Tract. in ps.* 51:22f.; 57:5; cf. ib. 2:48.

185) *De bon. mort.* 45-7.

186) *In Ioel* 2:1.

187) E.g. *in Is.* 13:6-9.

188) *De praedest. sanct.* 24; cf. *enchir.* 109.

189) E.g. *serm.* 109:4; *De civ. dei* 20:1:2.

190) *De civ. dei* 20:1:2.

191) *De spir. sanct.* 40.

192) *Ad Theod. laps.* 1:9f.

193) *In ps.* 49:6.

194) *Reg. brev. tract.* 267.

195) E.g. *or.* 40:36.

196) *De castig.* (PG 46:312).

197) *Or. cat.* 26; 35; *de anim. et resurr.* (PG 46:72; 104; 105:152; 157).

198) E.g. Cyril Alex., *in Ioh.* 3:36; 9:29; Theodoret, *in Is.* 65:20.

199) E.g. *tract. in ps.* 51:19; 55:4; *in Matt.* 4:12.

200) *In 1 Cor.* 15:53.

201) *Ep.* 119:7; *in Is.* 56:24.

202) *De civ. dei* 21:17-22.

203) *Enchir.* 112f.

204) *De civ. dei* 20:22; 21:9:2; 21:10:1.

205) *Enchir.* 93; 111; 113; *de civ. dei* 21:16.

206) *De civ. dei* 21:26:2.

207) *Enchir.* 69.

208) *De princ.* 2:11:7.

209) *In Rom.* 5:10.

210) *In Ioh.* 1:16.

211) *Ep.* 124:10; 124:14.

212) E.g. *de princ.* 1:6:2; 3:6:3.

213) *Cat.* 18:28.

214) Ib. 18:29.

215) *Hom. in ps.* 33:11.

216) Ib. 28:3; cf. *hom. 1 in ps.* 14:1.

217) Ib. 32:1.

218) *Or.* 24:19; 43:82; 7:23.

219) *De anim. et resurr.* (PG 46:156f.).

220) *In Rom. hom.* 32:3; *in 1 Cor. hom.* 34:2.

221) 위의 제9장 제6절을 보라.

222) *De beat. Philog.* 6:1.

223) *Hom. in Ioh.* 15:1f.

224) *In Mal.* 4:2f.

225) *In Ioh.* 16:25; cf. *glaph. in Exod.* 2 (PG 69:432).

226) *In Ioh.* 14:4; cf. *glaph. in Exod.* 2 (PG 69:429).

227) *In Luc.* 5:27; *in 1 Cor.* 6:15.

228) *In Cant. Cant.* 1 (PG 81:61).

229) E.g. Hilary, *tract. in ps.* 64:5; 64:17f.; Ambrose, *ep.* 7:11; *expos. in Luc.* prol., 6; 4:37; 5:61.

230) *Expos. in Luc.* 5:61.

231) *De ob. Theod.* 30; 32; *De bon. mort.* 47.

232) *De ob. Theod.* 29; 31; 37; 39.

233) E.g. *De ob. Val.* 71;

77; *de instit. virg.* 113.

234) E.g. ep. 39:6.

235) Ib. 39:7.

236) *De symb.* 10.

237) *De beat. vit.* 11; *confess.* 1:1.

238) *De civ. dei* 8:10:2.

239) *Tract. in ev. Ioh.* 26:5; *De trin.* 8:4-8.

240) E.g. *ep.* 92:6.

241) *De civ. dei* 22:29:3-6.

242) Ib. 22:30:1.

243) Ib. 22:30:2f.

244) Ib. 22:30:4.

제18장

1) *1 Clem.* 5:4; Hermas, *vis.* 3:2:1; *sim.* 9:28:3.

2) *Mart. Polyc.* 18:2; cf. Cyprian, *epp.* 12:2; 39:3.

3) E.g. Origen, *orat.* 31:5; Cyprian, *ep.* 60:5; 또한 죽은 자들과 관련된 금석문들.

4) Esp. *in Iesu nave* hom. 16:5.

5) *Cat.* 23:9.

6) *Adv. Iudaeos* 8:6.

7) *Orat.* 18:4.

8) *Serm.* 85:4.

9) *C. Vigil.* 6; cf. Origen, *exhort. ad mart.* 38.

10) 이 구별에 대해서는 Augustine, *quaest. in Hept.* 2:94를 보라; cf. *De civ. dei* 10:1:2; *c. Faust.* 20:21.

11) *Mart. Polyc.* 17:3.

12) *Serm.* 273:7; *De vera rel.* 108.

13) *C. Iul. imp.* 6 (PG 76:812).

14) *Graec. affect., cur.* 8:63.

15) *Eph.* 18:1.

16) *Trall.* 9:1.

17) *Eph.* 19:1.

18) *Asc. Is.* 11:8-14.

19) *Od. Sal.* 19:6-10.

20) *Protev. Iac.* 6:2.

21) Ib. 9:2.

22) *Dem.* 54; cf. *haer.* 3:21:6; *frg. Arm.* 8 (TU 36, la: p. 127).

23) *Strom.* 7:93:7-94:2.

24) *De carne Chr.* 23.

25) *Hom. in Luc.* 14.

26) *Adv. Marc.* 4:19; *de monog.* 8; *de virg. vel.* 6.

27) *Hom. in Luc.* 7.

28) *Comm. in Matt.* 10:17.

29) *Haer.* 3:16:7.

30) *De carne Chr.* 7.

31) *Hom. in Luc.* 17 (GCS 49:105-7).

32) *Dial.* 100.

33) *Haer.* 3:22:4; cf. 5:19:1; 또한 Tertullian, *de carn. Chr.* 17:2.

34) *Haer.* 4:33:1.

35) *Ep. ad Alex. Thess.* 54.

36) Cyril Alex., *adv. lib. Iul.* 8 (PG 76:901).

37) E.g. Athanasius, *or. c. Ar.* 2:70.

38) *Haer.* 78.

39) Philostorgius, *hist. eccl.* 6 (summary by Photius) (GCS 21:71).

40) *Hom. in sanctam Christi gen.* (PG 31:1468f.).

41) Cf. *Le Museon* 42, pp. 89-91 (trans, of Coptic text).

42) *Haer.* 78:19.

43) *In Matt. hom.* 5:2f.; *in Gen. hom.* 49:2 (PG 57:56-9; 54:446).

44) E.g. *vita Mos.* 2:21; *or. in cant. cant.* (Jaeger vi, 388f.).

45) *De virg.* 14:1.

46) E.g. Cyril Hier., *cat.* 12:5; Greg. Nyss., *hom. in cant.* 13; Chrysostom, *expos. in ps.* 24:7 (PG 55:193).

47) *Haer.* 78:18.

48) *Haer.* 78:11.

49) *Ep.* 260:9.

50) E.g. *hom. in Matt.* 44:2; *in Ioh.* 21:2.

51) *Carm. Nisib.* 27:8.

52) *Comm. in Matt.* 1:3f.

53) *De trin.* 10:47.

54) *Tract. in ps.* 118:3:2.

55) *Tract.* 2:8:2; cf. 2:9:1.

56) *Tract.* 1:13:1.

57) *Adv. Helvid.* 18f.; 그 의 후기의 견해는 *Dial. c. Pelag.* 2:4를 보라.

58) *Adv. Helvid.* 15; 19; *comm. in Matt.* 12:47.

59) *Ep.* 22:21.

60) E.g. *ep.* 107:7.

61) *Expos. in Luc.* 2:57.

62) E.g. *ep.* 42:4-6.

63) E.g. *de virg.* 2:6-15.

64) *Hexaem.* 5:65; *de virg.* 2:13.

65) *Expos. in Luc.* 2:9; 17.

66) *Expos. in Luc.* 2:17; *epp.* 49:2; 63:33.

67) *Epp.* 42:3; 63:37.

68) *Expos. in Luc.* 2:7.

69) Ib. 7:5.

70) E.g. *serm.* 186:1; 215:3.

71) *Serm.* 191:2.

72) E.g. *serm.* 192:2.

73) *De nat. et grat.* 42.

74) *Opus imperf. c. Iul.* 4:122; cf. *enarr. in ps.* 34:3.

75) *Hair.* 79.

76) *Hair.* 79:4; 7.

77) Frg. III (Loofs, 353)

78) *Or.* 24:11 (date 379).

79) P. Ryl. III, 470.

80) 마리아의 흠 없는 수태는 동방 교회에서는 부정 되었 지만 — Andrew of Crete와 John of Damascus은 이와 유사한 주장을 하 긴 했다 — 1854년에 Pius IX에 의해서, 마 리아의 승천은 1950년 에 Pius XII에 의해서 교의(敎義)로 선포되 었다.

81) Origen, *comm. in. Luc.,* frg. 101 (GCS 35 —1st ed., 1930, p. 279). 이 본문은 그 핵 심적인 내용은 오리게 네스의 것일 수 있지만 분명히 오리게네스로 부터 나온 것은 아니 다; 연대는 극히 불확 실하다. 내가 이 자료 에 관심을 두게 된 것 은 H. Chadwick 덕분 이었다.

참고문헌

제 1 장

1. B. Altaner, Patrologie (Freiburg i.B., 7 ed. 1966); H. von Campenhausen, *The Fathers of the Greek Church; The Fathers of the Latin Church* (London, 1963; 1964); J. Quasten, Patrology (Utrecht and Brussels, 1950 contd.); A. di Berardino, *The Golden Age of Latin Patristic Literature* (Westminster, Maryland, 1986). 2. W. Bousset, *Die Religion des Judentums in späthellenistischen Zeitalter* (Tübingen, 3 ed. 1926); J. Daniélou, *Philon d'Alexandrie* (Paris, 1958); E. R. Goodenough, *Introduction to Philo Judaeus* (Oxford, 2 ed. 1962); G. F. Moore, *Judaism in the First Centuries of the Christian Era* (Harvard, 1927 and 1930).   3. S. Angus, *The Religious Quests of the Graeco-Roman World* (London, 1929); F. Cumont, *Les Religions orientales dans le paganisme romain* (Paris, 4 ed. 1929); T. R. Glover, *The Conflict of Religions in the Early Roman Empire* (London, 10 ed. 1923); H. Lietzmann, *A History of the Early Church*, Vols. I and II (Eng. trans.: London, 2 ed. 1949-50); H. C. Puech, *Le Manichéisme* (Paris, 1940).   4. and 5. A. H. Armstrong, *The Architecture of the Intelligible Universe in the Philosophy of Plotinus* (Cambridge, 1940); *An Introduction to Ancient Philosophy* (London, 1947); (ed.), *Later Greek and Early Medieval Philosophy* (Cambridge, 1967); E. Bevan, *Stoics and Sceptics* (Oxford, 1913); *Hellenistic Popular Philosophy* (Cambridge, 1923); F. Copleston, *A History of Philosophy*, Vol. I (London, 1946); F. M. Cornford, *Plato's Theory of Knowledge* (London, 1935); I. M. Crombie, *An Examination of Plato's Doctrines* (London, 1962); R. D. Hicks, *Stoics and Epicureans* (London, 1910); G. E. R. Lloyd, *Aristotle: the Growth and Structure of his Thought* (Cambridge, 1968); M. Pohlenz, *Die Stoa* (Göttingen, 3 ed. 1964); J. M. Rist, *Stoic Philosophy* (Cambridge, 1969); R. T. Wallis, *Neoplatonism* (London, 1972); R. E. Witt, *Albinus and the History of Middle Platonism* (Cambridge, 1937).   6. F. L. Cross (ed.), *The Jung Codex* (London, 1955); R. M. Grant, *Gnosticism and Early Christianity* (New York, 2 ed. 1966); *Gnosticism: an Anthology* (London, 1961); H. C. Puech and G. Quispel, 'Les Écrits gnostiques du Codex Jung' (art. in *Vig. Christ.*, 1954); G. Quispel, 'The Original Doctrine of Valentine' (art. in *Vig. Christ.*, 1947); F. Sagnard, *La Gnose valentinienne* (Paris, 1947); R. McL. Wilson, 'Gnostic Origins' (art. in *Vig. Christ.*, 1955); *The Gnostic Problem* (London, 1958); *Gnosis and the New Testament* (Oxford, 1968).

제 2 장

A. Benoit, 'Écriture et tradition chez saint Irénée (art. in *Rev. d'hist. et de phil. relig.*, 1960); J. Beumer, *Die mündliche Überlieferung als Glaubensquelle* (Freiburg-Basel-Vienna, 1962); L. Bouyer, 'Holy Scripture and Tradition as Seen by the Fathers' (art. in *East. Churches Quarterly*, 1947); Y. Congar, *Tradition and Traditions* (Eng. trans.: London, 1966); A. Deneffe, *Der Traditionsbegriff* (Münster i.W., 1931); D. van den Eynde, *Les Normes de l'enseignement chrétien dans la littérature patristique des trois premiers siècles* (Gembloux and Paris, 1937); E. Flesseman-van Leer, *Tradition and Scripture in the Early Church* (Assen, 1954); R. P. C. Hanson, *Origen's Doctrine of Tradition* (London, 1954); *Tradition in the Early Church* (London, 1962); H. Holstein, 'La Tradition des apôtres chez saint Irénée (art. in *Rech. des sc. rel.*, 1949); G. W. H. Lampe, 'Scripture and Tradition in the Early Church' (essay in *Scripture and Tradition*, ed. F. W. Dillstone, London, 1955); A. Michel, 'Tradition' (art. in *Dict. Théol. Cath.*); G. L. Prestige, *Fathers and Heretics*, chap. I (London, 1940); H. E. Symonds, 'The Patristic Doctrine of the Relation of Scripture and Tradition' (art. in *East. Churches Quarterly*, 1947); H. E. W. Turner, *The Pattern of Christian Truth*, Lectures VI and VII (London, 1954); M. Wiles, *The Making of Christian Doctrine* (Cambridge, 1967).

제 3 장

Canon. E. C. Blackman, *Marcion and His Influence* (London, 1948); H. von Campenhausen, *The Formation of the Christian Bible* (Eng. trans.: London, 1972); J. Knox, *Marcion and the New Testament* (Chicago, 1942); M. J. Lagrange, *Histoire ancienne du canon du nouveau testament* (Paris, 1933); A. Merk, 'Origenes und der Kanon des alten Testaments' (art. in *Biblica*, 1925); A. Souter (rev. by C. S. C. Williams), *The Text and Canon of the New Testament* (London, 1956); H. B. Swete, *Introduction to the Old Testament in Greek* (Cambridge, 2 ed. 1914).

Inspiration. H. Cremer, 'Inspiration' (art in Hauck's *Realencyk.*); E. Mangenot, 'Inspiration de l'Écriture' (art in *Dict. Théol. Cath.*); W. Sanday, *Inspiration* (London, 1893); M. Wiles, *The Making of Christian Doctrine*, chap. 3 (Cambridge, 1967).

Exegesis. G. Bardy, 'Interprétation chez les pères' (art. in *Dict. de la Bible: Suppl.*); J. Daniélou, *Origen* (Eng. trans., London, 1955); *Sacramentum Futuri* (Paris, 1950); 'The Fathers and the Scriptures' (art. in *Theology*, 1954); R. Devreesse, *Le Commentaire de Théodore de Mopsueste sur les psaumes* (Vatican City, 1939); C. H. Dodd, *According to the Scriptures* (London, 1952); R. M. Grant, *The Letter and the Spirit* (London, 1957); R. P. C. Hanson, *Allegory and Event* (London, 1959); G. W. H. Lampe, 'Typological Exegesis' (art. in *Theology*, 1953); G. W. H. Lampe and K. J. Woollcombe, *Essays on Typology* (London, 1957); H. de Lubac,

'Typologie et allégorisme' (art. in *Rech. sc. relig.*, 1947); *Histoire et esprit: l'intelligence de l'écriture d'après Origène* (Paris, 1950); J. Pépin, *Mythe et allégorie* (Paris, 1958); L. Pirot, *L'Œuvre exégétique de Théodore de Mopsueste* (Rome, 1913); M. Pontet, *L'Exégese de saint Augustin prédicateur* (Paris, 1945); A. Vaccari, 'La Θεωρία antiochena nella scuola esegetica di Antiochia' (arts. in *Biblica*, 1920 and 1934); M. Wiles, *The Spiritual Gospel*, esp. chap. 3 (Cambridge, 1960).

General.   *The Cambridge History of the Bible*, vol. I (eds. P. R. Ackroyd and C. F. Evans: Cambridge, 1970): esp. chap. iii, 6 and 7; chap. iv, 9, 10 and 12; chap. v, 13–18; vol. II (ed. G. W. H. Lampe: Cambridge, 1969): esp. chaps. ii, iv and vi, 1.

제 4 장

General. G. Bardy, 'Trinité' (art. in *Dict. Théol. Cath.*); J. Daniélou, *The Theology of Jewish Christianity* (Eng. trans.: London, 1964); G. Kretschmar, *Studien zur frühchristlichen Trinitätstheologie* (Tübingen, 1956); J. Lebreton, *Histoire du dogme de la Trinité* (Paris, 1928); F. Loofs, 'Christologie, Kirchenlehre' (art. in Hauck's *Realencyk.*); G. L. Prestige, *God in Patristic Thought* (London, 2 ed. 1952); A. E. J. Rawlinson (ed.), *Essays on the Trinity and the Incarnation* (London, 1928).

Special.   N. Bonwetsch, *Die Theologie des Irenäus* (Gütersloh, 1925); L.W. Barnard, *Justin Martyr* (Cambridge, 1967); H. Chadwick, *Justin Martyr's Defence of Christianity* (Manchester, 1965); E. R. Goodenough, *The Theology of Justin Martyr* (Jena, 1923); R. M. Grant, 'Theophilus of Antioch to Autolycus' (art. in *Harv. Theol. Rev.*, 1947); J. Lawson, *The Biblical Theology of Irenaeus* (London, 1948); V. A. S. Little, *The Christology of the Apologists* (London, 1934); E. F. Osborn, *Justin Martyr* (Tübingen, 1973); M. Rackl, *Die Christologie des hl. Ignatius von Antiochien* (Freiburg i.B., 1914).

제 5 장

General.   G. Bardy, 'Trinité' (art. in *Dict. Théol. Cath.*); G. Kretschmar, *Studien zur frühchristlichen Trinitätstheologie* (Tübingen, 1956); J. Lebreton, *Histoire du dogme de la Trinité* (Paris, 1928); F. Loofs, 'Christologie-Kirchenlehre' (art. in Hauck's *Realencyk.*); R. A. Norris, *God and World in Early Christian Theology* (London, 1967); G. L. Prestige, *God in Patristic Thought* (London, 2 ed. 1952); A. E. J. Rawlinson (ed.), *Essays on the Trinity and the Incarnation* (London, 1928).

Special.   É. Amann, 'Hippolyte' (art. in *Dict. Théol. Cath.*); A. d'Alès, *La Théologie de Tertullien* and *La Théologie d'Hippolyte* (Paris, 1905 and 1906); G. Bardy, 'Monarchianisme' (art. in *Dict. Théol. Cath.*); H. J.

Carpenter, 'Popular Christianity and the Theologians in the Early Centuries' (art. in *Journ. Theol. Stud.*, 1963); H. Chadwick, *Early Christian Thought and the Classical Tradition* (Oxford, 1966); J. Daniélou, *Origen* (Eng. trans., London, 1955); E. Evans, *Tertullian's Treatise against Praxeas* (London, 1948); C. L. Feltoe, *The Letters of Dionysius of Alexandria* (Cambridge, 1904); J. Lebreton, 'Le Désaccord de la foi populaire et de la théologie savante dans l'eglise chrétienne du 3me siècle' (art. in *Rev. d'hist. eccl.*, 1923 and 1924); C. W. Lowry, 'Origen as Trinitarian' (art. in *Journ. Theol. Stud.*, 1936); R. A. Markus, 'Trinitarian Theology and the Economy' (art. in *Journ. Theol. Stud.*, 1958); P. Nautin, *Hippolyte contre les hérésies* (Paris, 1949); H. de Riedmatten, *Les Actes du procès de Paul de Samosate* (Fribourg en Suisse, 1952); M. Simonetti, 'Sul *De Trinitate* di Novaziano' (*Studi in onore di A. Monterverdi* 2: 1959); G. C. Stead, 'Divine Substance in Tertullian' (art. in *Journ. Theol. Stud.*, 1963); R. Walzer, *Galen on Jews and Christians* (Oxford, 1949); M. F. Wiles, 'Eternal Generation' (art. in *Journ. Theol. Stud.*, 1961).

제 6 장

General. J. Daniélou, *The Theology of Jewish Christianity* (Eng. trans., London, 1964); J. A. Dorner, *History of the Development of the Doctrine of the Person of Christ* (Eng. trans., Edinburgh, 1878); C. Gore, *The Incarnation of the Son of God* (London, 1891); *Dissertations* (London, 1895); A. Grillmeier, *Christ in Christian Tradition* (2nd rev. ed.: Eng. trans., London, 1975); J. Liébaert, *Christologie: Von der apostolischen Zeit bis zum Konzil von Chalcedon* (*Handbuch der Dogmengeschichte* III, 1a: 1965); F. Loofs, 'Christologie' (art. in Hauck's *Realencyk.*); J. Michel, 'Incarnation' (art. in *Dict. Théol. Cath.*); R. L. Ottley, *The Doctrine of the Incarnation* (London, 1896); R. V. Sellers, *Two Ancient Christologies* (London, 1940).

Special. G. Bardy, 'Origène' (art. in *Dict. Théol. Cath.*); G. N. Bonwetsch, *Die Theologie des Methodius von Olympus* (Berlin, 1903); R. Cantalamessa, 'Méliton de Sardes: une christologie antignostique du 2me siècle' (art. in *Rev. sc. rel.*, 1963); *La Cristologia di Tertulliano* (*Paradosis* 18; Fribourg, 1962); H. J. Carpenter, 'The Birth from Holy Spirit and the Virgin in the Old Roman Creed' (art. in *Journ. Theol. Stud.*, 1939); H. Chadwick, 'Justin Martyr's Defence of Christianity' (art. in *Bull. J. Rylands Lib.*, 1965); J. Daniélou, *Origen* (Eng. trans., London, 1955); A. Houssiau, *La Christologie de saint Irénée* (Louvain, 1958); A. Lieske, *Die Theologie der Logos-Mystik bei Origenes* (Münster, 1938); H. de Riedmatten, *Les Actes du procès de Paul de Samosate* (Fribourg en Suisse, 1952).

제 7 장

General. G. Aulén, *Christus Victor* (English trans., London, 1931); J. K. Mozley, *The Doctrine of the Atonement* (London, 1915); J. Rivière, *Le Dogme de la rédemption* (Paris, 1905); A. Slomkowski, *L'État primitif de l'homme dans la tradition de l'Église avant saint Augustin* (Paris, 1928); H. E. W. Turner, *The Patristic Doctrine of Redemption* (London, 1952); N. P. Williams, *The Ideas of the Fall and Original Sin* (London, 1927).

Special. A. d'Alès, 'La Doctrine de la récapitulation en saint Irénée' (art. in *Rech. de science relig.* 6, 1916); A. Benoit, *Saint Irénée: Introduction* (Paris, 1960); J. Daniélou, *Origen* (Eng. trans., London, 1955); H. Koch, 'Zur Lehre vom Urstand und der Erlösung bei Irenäus' (*Theol. und Kritik.*, 1925); T. Rüther, *Die Lehre von der Erbsünde bei Clemens von Alexandrien* (Freiburg im Breisgau, 1902); F. Stoll, 'Die Lehre des hl. Irenäus von der Erlösung und Heiligung' (art. in *Der Katholik*, 1905); A. Wintersig, *Die Heilsbedeutung der Menscheit Iesu in der vornicänischen Theologie* (Tübingen, 1932).

제 8 장

The Church. G. Bardy, *La Théologie de l'Église*, Vols. I and II (Paris, 1945 and 1947); P. Batiffol, *L'Église naissante* (Paris, 9 ed. 1927); M. Bévenot, 'Saint Cyprian's *De unitate*, Chap. IV, in the Light of the Manuscripts' (in *Analecta Gregoriana*, 1938); 'St. Cyprian on the Papacy' (art. in *Journ. Theol. Stud.*, 1954); E. W. Benson, *Saint Cyprian* (London, 1897); J. Chapman, 'Les Interpolations dans le traité de s. Cyprien sur l'unité de l'Église' (art. in *Rev. Bén.*, 1902-3); J. Daniélou, *The Theology of Jewish Christianity*, chap. 10 (Eng. trans., London, 1964); R. P. C. Hanson, '*Potentiorem principalitatem* in Irenacus iii, 3, 1' (*Studia Patristica* III: Berlin, 1961); W. L. Knox, 'Irenaeus, *Adv. Haer.* 3, 3, 2' (art. in *Journ. Theol. Stud.*, 1946); H. Koch, 'Cyprian und der römische Primat' (in *Texte und Untersuchungen*, XXXV, 1910); A. Lieske, *Die Theologie der Logosmystik des Origenes*, pp. 74–98 (Münster i. W., 1938); C. H. Marrou, 'Le témoignage de saint Irénée sur l'église de Rome' (*Studi in onore di A. Pincherle*: Rome, 1967); Ch. Mohrmann, 'A propos de Irenaeus, *Adv. haer.* 3, 3, 1' (*Vig. Christ.* 3, 1949); J. C. Plumpe, *Mater Ecclesia* (Washington, 1943); D. Stone, *The Christian Church* (London, 1905); H. B. Swete (ed.), *Essays on the Early History of the Church and Ministry* (London, 1918).

Baptism. J. G. Davies, 'The Disintegration of the Christian Initiation Rite' (art. in *Theology*, 1947); G. Dix, *The Theology of Confirmation in Relation to Baptism* (London, 1946); G. W. H. Lampe, *The Seal of the Spirit* (London, 2 ed. 1967); P. Lundberg, *La Typologie baptismale dans l'ancienne Église* (Uppsala, 1942); A. J. Mason, *The Relation of Confirmation to Baptism* (London, 2 ed. 1893); P. B. Neunheuser, *Taufe und Firmung* (Handbuch der Dogmengeschichte IV, 2, 1956).

Eucharist. P. Batiffol, *L'Eucharistie: la présence réelle* (Paris, rev. ed. 1913); J. Betz, *Die Eucharistie in der Zeit der Griechischen Väter* (Freiburg, 1958); A. Gaudel, 'Messe' (art. in *Dict. Théol. Cath.*); C. Gore, *The Body of Christ* (London, 3 ed. 1903); F. Kattenbusch, 'Messe' (art. in Hauck's *Realencyk.*); F. Loofs, 'Abendmahl' (art. in Hauck's *Realencyk.*); J. H. Srawley, 'Eucharist (to the end of the Middle Ages)' (art. in Hastings' *Encyc. Relig. Eth.*); D. Stone, *A History of the Doctrine of the Holy Eucharist* (London, 1909).

Penance. É. Amann, 'Pénitence' (art. in *Dict. Théol. Cath.*); P. Galtier, *L'Église et la rémission des péchés* (Paris, 1932); R. C. Mortimer, *The Origins of Private Penance in the Western Church* (Oxford, 1939); B. Poschmann, *Die abendländische Kirchenbusse* (Munich, 1928); *Paenitentia Secunda* (1940); W. Telfer, *The Forgiveness of Sins* (London, 1959); O. D. Watkins, *A History of Penance* (London, 1920).

제 9 장

General. G. Bardy, 'Trinité' (art. in *Dict. Théol. Cath.*); É. Boularand, *L'hérésie d'Arius et la 'foi' de Nicée* (Paris, 1972); A. E. Burn, *The Council of Nicaea* (London, 1925); J. Gummerus, *Die Homöusianische Partei bis zum Tode des Konstantius* (Leipzig, 1900); H. M. Gwatkin, *Studies of Arianism* (Cambridge, 2 ed. 1900); J. N. D. Kelly, *Early Christian Creeds* (London, 3 ed. 1972); F. Loofs, 'Arianismus' and 'Christologie' (arts. in Hauck's *Realencyk*); G. L. Prestige, *God in Patristic Thought* (London, 2 ed. 1952); E. Schwartz, *Kaiser Constantin und die christliche Kirche* (Berlin, 2 ed. 1938).

Special. P. Arnou, 'Arius et les relations trinitaires' (art. in *Gregorianum* xiv, 1933); G. Bardy, *Recherches sur Lucien d'Antioche et son école* (Paris, 1936); H. Berkhof, *Die Theologie des Eusebius von Caesarea* (Amsterdam, 1939); W. Gericke, *Marcell von Ancyra* (Halle, 1940); E. P. Meijering, *Orthodoxy and Platonism in Athanasius* (Leiden, 1968); H. G. Opitz, *Urkunden zur Geschichte des arianischen Streites* (in Vol. III of Berlin edition of Athanasius); I. Ortiz de Urbina, *El símbolo niceno* (Madrid, 1947); T. E. Pollard, 'The Origins of Arianism' (art. in *Journ. Theol. Stud.*, 1958); M. Simonetti, *Studi sull' Arianesimo* (Rome, 1965); G. C. Stead, 'The Platonism of Arius' (art. in *Journ. Theol. Stud.*, 1964); 'Homoousios dans la pensée de saint Athanase' (in *Politique et théologie chez Athanase d'Alexandrie:* ed. Ch. Kannengiesser, Paris, 1974); G. C. Stead, *Divine Substance* (Oxford, 1977); A. A. Stephenson, *The Works of Saint Cyril of Jerusalem*, Vol. 1, Introduction (Washington D.C., 1969); M. Wiles, 'In Defence of Arius' (art. in *Journ. Theol. Stud.*, 1962); R. D. Williams, *Arius: Heresy and Tradition* (London, 1987).

제 10 장

General. G. Bardy, 'Trinité' (art. in *Dict. Théol. Cath.*); J. Gummerus, *Die homöusianische Parteibis zum Tode des Konstantius* (Leipzig, 1900); J. N. D. Kelly, *Early Christian Creeds* (London, 3 ed. 1972); J. C. Murray, *The Problem of God* (New Haven, 1964); G. L. Prestige, *God in Patristic Thought* (London, 2 ed. 1952); R. Seeberg, *Lehrbuch der Dogmengeschichte* II (Basel, 4 ed. 1953).

Special. R. Arnou, 'Unité numérique et unité de nature chez les pères après le concile de Nicée' (art. in *Gregorianum*, 1934); G. Bardy, *Didyme l'Aveugle* (Paris, 1910); 'Macédonius et les Macédoniens' (art. in *Dict. Théol. Cath.*); J. Chevalier, *La Théorie augustinienne des relations trinitaires* (Fribourg en Suisse, 1940); A. Gardeil, *La Structure de l'âme et l'expérience mystique* (Paris, 2 ed. 1927); J. Gribomont and P. Smulders, 'Esprit saint chez les pères' (art. in *Dict. Spirit.* IV); K. Holl, *Amphilochius von Ikonium und seine Verhältnisse zu den grossen Kappadoziern* (Tübingen, 1904); J. N. D. Kelly, *The Athanasian Creed* (London, 1964); J. Lebon, 'La Position de saint Cyrille de Jérusalem' (art. in *Rev. d'hist. ecclés.*, 1924); F. Loofs, *Eustathius von Sebaste* (Halle, 1898); 'Makedonius und die Makedonier' (art. in Hauck's *Realencyk.*); M. Schmaus, *Die psychologische Trinitätslehre des hl. Augustins* (Münster i.W., 1927); C. R. B. Shapland, *The Letters of Saint Athanasius concerning the Holy Spirit* (London, 1951); M. Simonetti, *Studi sull' Arianesimo* (Rome, 1965); 'Alcune considerazioni sul contributo di Atanasio alla lotta contro gli Ariani' (in *Studi e Materiali di Storia delle Religioni*, 1967); 'La processione dello Spirito santo nei padri latini' (art. in *Maia*, 1955); G. C. Stead, *Divine Substance* (Oxford, 1977); H. B. Swete, *The Holy Spirit in the Ancient Church* (London, 1912).

제 11 장

General. A. Grillmeier, *Christ in Christian Tradition* (Eng. trans., London, 2 ed. 1975); F. Loofs, 'Christologie' (art. in Hauck's *Realencyk.*); A. Michel, 'Incarnation' (art. in *Dict. Théol. Cath.*); R. L. Ottley, *The Doctrine of the Incarnation* (London, 1896); G. L. Prestige, *Fathers and Heretics* (London, 1940); R. V. Sellers, *Two Ancient Christologies* (London, 1940); E. Weigl, *Die Christologie vom Tode des Athanasius bis zum Ausbruch des nestorianischen Streites* (Munich, 1925).

Special. É. Amann, 'Théodore de Mopsueste' (art. in *Dict. Théol. Cath.*); P. T. Camelot, 'De Nestorius à Eutychès' (art. in *Das Konzil von Chalkedon* I); R. Devreesse, *Essai sur Théodore de Mopsueste* (Vatican City, 1948); V. Ermoni, 'Diodore de Tarse et son rôle doctrinal' (art. in *Le Muséon*, NS 2, 1901); A. Gesché, *La christologie du Commentaire sur les Psaumes découvert à Toura* (Gembloux, 1962); 'L'âme humaine de Jésus dans la christologie du ivme siècle' (art. in *Rev. hist. ecclés.* 54, 1959); R. A. Greer, 'The Antiochene Christology of Diodore of Tarsus' (art.

in *Journ. Theol. Stud.*, 1966); A. Michel, 'Hypostase' (art. in *Dict. Théol. Cath.*); J. Montalverne, *Theodoreti Cyrensis doctrina antiquior de Verbo 'inhumanato'* (Rome, 1948); R. A. Norris, *Manhood and Christ* (Oxford, 1963); M. Richard, 'Saint Athanase et la psychologie du Christ selon les Ariens' (art. in *Mélanges de sc. relig.* 4, 1947); 'Hypostase' (arts in. *Mélanges de sc. relig.* 2, 1945); H. de Riedmatten, 'Some Neglected Aspects of Apollinarist Christology' (art. in *Dominican Studies* I, 1948); 'La Christologie d'Apollinaire de Laodicée' (essay in *Studia Patristica*, Vol. II, TU LXIV): R. V. Sellers, *Eustathius of Antioch* (Cambridge, 1928); F. A. Sullivan, *The Christology of Theodore of Mopsuestia* (Rome, 1956); M. F. Wiles, 'The Nature of the Early Debate about Christ's Human Soul' (art. in *Journ. Theol. Stud.*, 1963).

제 12 장

General. T. H. Bindley, *The Oecumenical Documents of the Faith* (rev. by F. W. Green, London, 4 ed. 1950); P. T. Camelot, 'De Nestorius à Eutychès' (art. in *Das Konzil von Chalkedon* I); A. Grillmeier, *Christ in Christian Tradition* (Eng. trans., London, 2 ed. 1975); F. Loofs, 'Christologie'(art. in Hauck's *Realencyk.*); G. L. Prestige, *Fathers and Heretics* (London, 1940); R. V. Sellers, *Two Ancient Christologies* (London, 1940); *The Council of Chalcedon* (London, 1953).

Special. É. Amann, 'Nestorius' (art. in *Dict. Théol. Cath.*); J. F. Bethune-Baker, *Nestorius and His Teaching* (Cambridge, 1908); H. Chadwick, 'Eucharist and Christology in the Nestorian Controversy' (art. in *Journ. Theol. Stud.*, 1951); R. Draguet, 'La Christologie d'Eutychès' (art. in *Byzantion*, 6, 1931); G. R. Driver and L. Hodgson, *Nestorius: The Bazaar of Heracleides*, Appendix IV (Oxford, 1925); P. Lamarche, *Christologie von der apostolischen Zeit bis zum Konzil von Chalcedon (451)* (HDG III, Freiburg etc., 1965); J. Liébaert, *La Doctrine christologique de saint Cyrille d'Alexandrie avant la querelle nestorienne* (Lille, 1951); F. Loofs, *Nestorius and His Place in the History of Christian Doctrine* (Cambridge, 1914); A. Michel, 'Hypostase' (art. in *Dict. Théol. Cath.*); J. Montalverne, *Theodoreti Cyrensis doctrina antiquior de Verbo 'inhumanato'* (Rome, 1948); M. Richard, 'L'Introduction du mot "hypostase" dans la théologie de l'incarnation' (art. in *Mélanges de science relig.* 2, 1945); L. I. Scipioni, *Ricerche sulla cristologia del 'Libro di Eraclide' di Nestorio* (*Paradosis* XI, Fribourg, 1956).

제 13 장

General. A. Slomkowski, *L'État primitif de l'homme dans la tradition de l'Église avant saint Augustin* (Paris-Strasbourg, 1928); F. R. Tennant, *The Sources of the Doctrine of the Fall and Original Sin* (Cambridge, 1903); N. P. Williams, *The Ideas of the Fall and of Original Sin* (London, 1927).

Special. É. Amman, 'Semi-Pélagiens' (art. in *Dict. Théol. Cath.*); J. de Blic,

'Le Péché originel selon saint Augustin' (art. in *Rech. de science relig.*, 1926); T. Bohlin, *Die Theologie des Pelagius und ihre Genesis* (Uppsala, 1957); G. Bonner, *St. Augustine of Hippo* (London, 1963); O. Chadwick, *John Cassian* (Cambridge, 2 ed. 1968); J. Chéné, *La Théologie de saint Augustin: grâce et prédestination* (Lyon, 1962); R. Devreesse, *Essai sur Théodore de Mopsueste* (Studi e Testi 141, Rome, 1948); R. F. Evans, *Pelagius: Inquiries and Reappraisals* (London, 1968); É. Gilson, *Introduction a l'étude de saint Augustin* (Paris, 3 ed, 1949); J. B. Mozley, *A Treatise on the Augustinian Doctrine of Predestination* (London, 3 ed. 1883); R. A. Norris, *Manhood and Christ*, Pt. III (Oxford, 1963); G. de Plinval, *Pélage* (Lausanne, 1943); J. M. Rist, 'Augustine on Free Will and Predestination' (art. in *Journ. Theol. Stud.*, 1969); H. Rondet, 'La liberté et la grâce dans la théologie augustinienne' (in *Saint Augustin parmi nous*, 1954).

제 14 장

General. G. Aulén, *Christus Victor* (English trans., London, 1934); R. S. Franks, *A History of the Doctrine of the Work of Christ* (London, 1918); J. K. Mozley, *The Doctrine of the Atonement* (London, 1915); J. Rivière, *Le Dogme de la rédemption: essai d'étude historique* (Paris, 1905; Eng. trans., London, 1909); H. E. W. Turner, *The Patristic Doctrine of Redemption* (London, 1952).

Special. G. A. Pell, *Die Lehre des hl. Athanasius von der Sünde und Erlösung* (Passau, 1888); J. Rivière, *Le Dogme de la rédemption chez saint Augustin* (Paris, 1928); O. Scheel, *Die Anschauung Augustins über Christi Person und Werk* (Leipzig, 1901); D. Unger, 'A Special Aspect of Athanasian Soteriology' (*Franciscan Studies*, 1946).

제 15 장

P. Batiffol, *Le Catholicisme de saint Augustin* (Paris, 1920); G. Bonner, *St. Augustine of Hippo* (London, 1963); L. Bouyer, *L'Incarnation et l'église-corps du Christ dans la théologie de s. Athanase* (Paris, 1943); W. Bright, *The Roman See in the Early Church* (London, 1896); P. T. Camelot, *Die Lehre von der Kirche: Väterzeit bis ausschliesslich Augustinus* (HDB III, 3b: Freiburg-Basel-Wien, 1970); W. H. C. Frend, *The Donatist Church* (Oxford, 1952); S. L. Greenslade, *Schism in the Early Church* (London, 1953); F. Hofmann, *Der Kirchenbegriff des hl. Augustinus* (Munich, 1933); T. G. Jalland, *The Church and the Papacy* (London, 1944); B. J. Kidd, *The Roman Papacy to A.D. 461* (London, 1936); É. Mersch, *Le Corps mystique du Christ* (Brussels and Paris, 3 ed. 1951: Eng. trans., *The Whole Christ*, London, 1956); A. Robertson, *Regnum Dei* (London, 1901); T. Specht, *Die Lehre von der Kirche nach dem hl. Augustin* (Paderborn, 1892); H. B. Swete (ed.), *The Early History of the Church and Ministry* (London, 1918); G. G. Willis, *Saint Augustine and the Donatist Controversy* (London, 1950).

제 16 장

Baptism and Confirmation.   A. d'Alès, *Baptême et confirmation* (Paris, 1928; Eng. trans., 1929); B. Neunheuser, *Baptême et confirmation* (Paris, 1966); D. Stone, *Holy Baptism* (London, 4 ed. 1905); G. W. H. Lampe, *The Seal of the Spirit* (London, 2 ed. 1967); A. J. Mason, *The Relation of Confirmation to Baptism* (London, 2 ed. 1893).

Penance.   É. Amann, 'Pénitence' (art. in *Dict. Théol. Cath.*); P. Galtier, *L'Église et la rémission des péchés* (Paris, 1932); R. C. Mortimer, *The Origins of Private Penance in the Western Church* (Oxford, 1939); B. Poschmann, *Die abendländische Kirchenbusse* (Munich, 1928); *La Pénitence et l'onction des malades* (Fr. trans., Paris, 1966); O. D. Watkins, *A History of Penance* (London, 1920).

Eucharist.   K. Adam, *Die Eucharistielehre des hl. Augustins* (Augsburg, 1908); P. Batiffol, *L'Eucharistie: la présence réelle* (Paris, 1905); J. Betz, *Die Eucharistie in der Zeit der Griechischen Väter* (Freiburg, 1955); P. T. Camelot, 'Réalisme et symbolisme dans la doctrine eucharistique de s. Augustin' (art. in *Rev. sc. phil. et théol.*, 1947); G. Dix, *The Shape of the Liturgy* (London, 1945); H. M. Féret, 'Sacramentum—res dans la langue théologique de S. Augustin' (art. in *Rev. sc. phil. et théol.*, 29, 1940); A. Gaudel, 'Messe: le sacrifice de la messe dans l'Église latine' (art. in *Dict. Théol. Cath.*); C. Gore, *The Body of Christ* (London, 1901); F. Kattenbusch, 'Messe' (art. in Hauck's *Realencyk.*); J. H. Srawley, 'Eucharist (to the end of the Middle Ages)' (art. in Hastings' *Encyc. Relig. Eth.*); D. Stone, *A History of the Doctrine of the Holy Eucharist* (London, 1909).

제 17 장

L. Atzberger, *Geschichte der christlichen Eschatologie innerhalb der vornicänischen Zeit* (Freiburg i.B., 1896); H. Chadwick, 'Origen, Celsus and the Resurrection of the Body' (art. in *Harvard Theol. Rev.*, 1948); O. Cullmann, *Christ and Time* (Eng. trans., London, 1951); H. Eger, *Die Eschatologie Augustins* (Greifswald, 1933); L. Gry, *Le Millénarisme dans ses origines et son développement* (Paris, 1904); W. L. Knox, 'Origen's Conception of the Resurrection Body' (art. in *Journ. Theol. Stud.*, 1938); G. W. H. Lampe, 'Early Patristic Eschatology' (essay in *Scottish Journal of Theology Occasional Papers*, No. 2); A. Michel, 'Résurrection' (art. in *Dict. Théol. Cath.*); J. Rivière, 'Jugement' (art. in *Dict. Théol. Cath.*).

제 18 장

H. von Campenhausen, *Die Idee des Martyriums in der alten Kirche* (Göttingen, 1936); H. Delehaye, *Les origines du culte des martyrs* (Bruxelles, 1912); W. Delius, *Texte zur Geschichte der Marienverehrung und Marienverkündigung in der alten Kirche* (Berlin, 1956); *Geschichte der Marienverehrung* (München/Basel, 1963); H. C. Graef, *Mary: A History of Doctrine and Devotion*, Vol. I (London and New York, 1963); G. Jouassard, 'Marie à travers la patristique' (art. in *Maria: Études sur la Sainte Vierge*, Vol. I: ed. H. du Manoir, Paris, 1949); P. Séjourné, 'Saints (Culte des)' (art. in *Dict. Théol. Cath.*, Vol. XIV (1)); H. Thurston, 'Saints and Martyrs (Christian)' (art. in Hastings' *Encyc. Rel. Eth.*, Vol. XI: Edinburgh, 1920); C. Vagaggini, *Maria nelle opere di Origene* (O.C.A. 131: Roma, 1942).

● 독자 여러분들께 알립니다!

'CH북스'는 기존 '크리스천다이제스트'의 영문명 앞 2글자와
도서를 의미하는 '북스'를 결합한 출판사의 새로운 이름입니다.

고대 기독교 교리사

1판 1쇄 발행 2004년 8월 30일
1판 중쇄 발행 2022년 3월 10일

발행인 박명곤 **CEO** 박지성 **CFO** 김영은
기획편집 채대광, 김준원, 박일귀, 이은빈, 김수연
디자인 구경표, 한승주
마케팅 임우열, 유진선, 이호, 김수연
펴낸곳 CH북스
출판등록 제406-1999-000038호
전화 070-4917-2074 **팩스** 0303-3444-2136
주소 경기도 파주시 회동길 37-20
홈페이지 www.hdjisung.com **이메일** main@hdjisung.com
제작처 영신사 월드페이퍼

© CH북스 2004